Hendrik Schulte-Wrede

Arbeitnehmerbeteiligung in Europa

DE GRUYTER

Zitiervorschlag: *Schulte-Wrede* Europ. Arbeitnehmerbeteiligung, S.

ISBN 978-3-11-033193-6
e-ISBN 978-3-11-033196-7

Bibliografische Information der Deutschen Nationalbibliothek
Die Deutsche Nationalbibliothek verzeichnet diese Publikation in der Deutschen Nationalbibliografie; detaillierte bibliografische Daten sind im Internet über http://dnb.dnb.de abrufbar.

Einbandabbildung: Ralf Roletschek
Autorenfoto: Fotostudio Balsereit – Köln – www.Balsereit.de Mail: info@balsereit.de
Datenkonvertierung/Satz: jürgen ullrich typosatz, 86720 Nördlingen
Druck: CPI books GmbH, Leck
♾ Gedruckt auf säurefreiem Papier
Printed in Germany

www.degruyter.com

Hendrik Schulte-Wrede
Arbeitnehmerbeteiligung in Europa
De Gruyter Praxishandbuch

Vorwort

Die Idee zu diesem Buch entstand im Zuge meiner Dissertation (Universität Siegen, Fakultät III – Wirtschaftswissenschaften, Wirtschaftsinformatik und Wirtschaftsrecht, Erstgutachter Professor Dr. Peter Krebs) „Die Beteiligung der Arbeitnehmer in der Europäischen Privatgesellschaft – SPE“, welche demnächst erscheint.

Bei der Arbeit daran zeigte sich, wie ungemein vielschichtig sich das Beteiligungsrecht in Europa mittlerweile gestaltet. Das meint nicht nur die unmittelbar betriebliche Sphäre. Viel mehr betrifft es mit der Unternehmensmitbestimmung auch die Einflussnahme auf die grundlegenden wirtschaftlichen Entscheidungen. Ob – und wenn ja in welcher Weise – den Arbeitnehmern hier Mitspracherechte zukommen sollen, wird von den europäischen Rechtsordnungen – und den betroffenen Sozialpartnern – unterschiedlicher denn je beantwortet. Zuletzt entsteht durch die jüngeren und jüngsten Entwicklungen, auch und vor allem auf supranationaler Ebene, im Wettbewerb der Rechtsordnungen eine zunehmende Dynamik. Die Verhältnisse ändern sich, und das mitunter rasant.

Wer sich als Unternehmer grenzüberschreitend betätigen möchte, sollte sich daher möglichst frühzeitig auch mit diesen Fragen befassen. Mit diesem Buch soll hierzu ein Hilfsmittel zur Verfügung gestellt werden, das die gegenwärtige Situation nicht nur in den EU-28, sondern auch im EWR und auf supranationaler Ebene ebenso aktuell wie umfassend abbildet. Mein Ziel war es, sich hierbei gerade nicht nur auf eine bloße Beschreibung der Gegebenheiten zu beschränken, sondern auch deren jeweilige Grundlagen mit einzubeziehen und weitestmöglich nachzuhalten, ohne sich jedoch in der Dogmatik zu verlieren. Dazu finden sich vor allem Verweise auf die normativen Vorgaben und deren jeweilige Umsetzung im gelebten Alltag, sowie weitere relevante Informationen für den Praxisanwender, der einen raschen Zugang zu den wesentlichen beteiligungsrelevanten Faktoren sucht. Das Buch soll insoweit als „Brückenkopf“ in die anderen Rechtsordnungen dienen und eine Basis für eigene weitere Recherchen bieten.

Aufgrund der Breite des Themas ist die Darstellung (notwendig individuell) gewichtet. Ich wäre daher für inhaltliche Anregungen und ergänzende Vorschläge für eine Weiterentwicklung dankbar.

Das Manuskript wurde im Wesentlichen am 04.03.2014 abgeschlossen. Spätere Entwicklungen konnten noch vereinzelt berücksichtigt werden.

Attendorn, im Juni 2014 — Hendrik Schulte-Wrede

Inhaltsübersicht

Teil 5 – Arbeitnehmerbeteiligung in ausgesuchten Europäischen Richtlinien

Teil 6 – Arbeitnehmerbeteiligung in supranationalen Rechtsformen – SE und SPE

Inhaltsverzeichnis

Teil 6 – Arbeitnehmerbeteiligung in supranationalen Rechtsformen – SE und SPE

Literaturverzeichnis

Teil 1 – Schrifttum

Andersen, Paul Krüger Employees' Co-Determination in Danish Companies in: Baums/Ulmer (Hrsg.) Unternehmens-Mitbestimmung der Arbeitnehmer im Recht der EU-Mitgliedstaaten (Employees' Co-Determination in the Member States of the European Union) S. 11–24, Heidelberg 2004 (zit. Andersen, Co-Determination DK, S)

Arbeitskreis „Europäisches Unternehmensrecht" (Hrsg.) [Mitglieder, nach Eigendarstellung: Arnold, Bachmann, Casper, Dauner-Lieb; Drygala; Grunewald; Habersack; Hennrichs; Hirte; Kersting; Maul; Müller; Noack; Royla; Schäfer; Siems; Teichmann; Veil; Vetter; Weller] Comments and Suggestions in response to the Proposal for a Council Regulation on the Statute for a European private company (SPE) 10.10.2008, abrufbar unter: http://www.europeanprivatecompany.eu/working_papers/download/Comments-EUAK-EPG.pdf [später veröffentlichte deutsche Version „Thesen zum Vorschlag einer EPG (SPE)" NZG 2008, S. 897–901] (zit.: AKEUR, Stellungnahme 2008, Rn.)

Banspach, Dirk/Nowak, Karsten Der Aufsichtsrat der GmbH – unter besonderer Berücksichtigung kommunaler Unternehmen und Konzerne, Der Konzern 2008, S. 195–207

Baums, Theodor Reform der unternehmerischen Mitbestimmung in Deutschland NJW-Spezial 2009, S. 410–411

Bedrac, Janja The Slovenian system of worker board-level representation in: Social Development Agency asbl and European Trade Union Institute for Research, Education and Health and Safety (Hrsg.) Worker board-level representation in the new EU Member States: Country reports on the national systems and practices, S. 39 ff. Brüssel 2005

Berlin Center of Corporate Governance – BCCG (Hrsg.) Modernisierung der Mitbestimmung – Diskussionspapier, Axel von Werder, Berlin 2003 (zit.: BCCG 2003, S.)

Bertelsmann Stiftung, Hans-Böckler-Stiftung (Hrsg.) Bericht der Kommission Mitbestimmung, Gütersloh 1998, abrufbar unter: http://www.bertelsmann-stiftung.de/cps/rde/xbcr/SID-9F3D61AA-05C42BA2/bst/Abschlussbericht1.pdf (zit.: Kommission Mitbestimmung 1998, S.)

Bohnic, Rado/Bainbridge, Stephen M. Corporate Governance in Post-Privatized Slovenia in: The American Journal of Comparative Law 2001, S. 49 ff.; als 34-seitiges Einzeldokument abrufbar unter: http://ecgr.org/research/accession/991207305.pdf

Boneberg, Franziska Die Drittelmitbestimmungslücke im Dienstleistungssektor: Ausmaß und Bestimmungsgründe (Universität Lüneburg, Working Paper No. 114) Januar 2009, abrufbar unter: http://www.leuphana.de/fileadmin/user_upload/Forschungseinrichtungen/ifvwl/WorkingPapers/wp_114_Upload.pdf

Bormann, Jens/Böttcher, Leif Vermeidungsstrategien bei der unternehmerischen Mitbestimmung in der SPE auf der Grundlage des ungarischen Kompromissvorschlags NZG 2011, S. 411–416

Brandes, Stephan Mitbestimmungsvermeidung mittels grenzüberschreitender Verschmelzungen ZIP 2008, S. 2193–2199

Bundesministerium für Arbeit und Soziales (Hrsg.) Mitbestimmung – eine gute Sache, Bonn 2008 (zit.: BMAS, Mitbestimmung 2008, S.)

Bundesvereinigung der Deutschen Arbeitgeberverbände (BDA), Bundesverband der Deutschen Industrie (BDI) (Hrsg.) Mitbestimmung modernisieren – Bericht der Kommission Mitbestimmung, Berlin 2004 (zit.: BDA/BDI 2004, S.)

Cerny, Josef (Hrsg.) Arbeitsverfassungsrecht – Band 3: Betriebsverfassung II, Befugnisse der Arbeitnehmerschaft, Rechte der Betriebsratsmitglieder [Österreich], 4. Aufl. 2009 (zit.: *Bearbeiter* in Cerny, ArbVR, §, Rn.)

Dauses, Manfred A. (Hrsg.) Handbuch des EU-Wirtschaftsrechts, München September 2013 (33. EL) (zit.: *Bearbeiter* in Dauses, EUWR, (Kapitel), Rn.)

Davulis, Tomas Worker board-level representation in Lithuania in: Social Development Agency asbl and European Trade Union Institute for Research, Education and Health and Safety (Hrsg.) Worker board-level representation in the new EU Member States: Country reports on the national systems and practices, S. 67–72, Brüssel 2005

Den Boogert, M.W./Hendrix, E.H.J./Krol, A.N./Oostwouder, W.J./Stevens, A.J.A./Viersen, A.C.J./Zaman, D.F.M.M./Wennekes, A. G. (Red.) De Wet Bestuur en Toezicht Newsletter Loyens & Loeff Nr. 93, März 2013, abrufbar unter: http://www.loyensloeff.com/nl-NL/Documents/Nieuws/Publicaties/Nieuwsbrieven/Genoteerd93_E.pdf

Donges, Juergen B./Eekhoff, Johann/Franz, Wolfgang/Fuest, Clemens/Möschel, Wernhard/Neumann, Manfred J.M. (Kronberger Kreis) Unternehmensmitbestimmung ohne Zwang, Stiftung Marktwirtschaft Schriftenreihe: Band 47, Berlin 2007

Doralt, Peter/Nowotny, Christian/Kalss, Susanne (Hrsg.) Kommentar zum Aktiengesetz in 2 Bänden, Band I (§§ 1–136) [Österreich], 2. Aufl. 2012 (zit.: *Bearbeiter* in Doralt/Nowotny/Kalss, AktG, §, Rn.)

Dragsbæk, Peter Denmark in: Hans Böckler Stiftung/European Trade Union Institute (Ed.) Workers' participation at board level in the EU-15 countries; S. 19–25, Brüssel 2004, abrufbar unter: http://www.seeurope-network.org/homepages/seeurope/file_uploads/eu_15_reports_blr.pdf

Eberspächer, Friedemann Unternehmerische Mitbestimmung in zugezogenen Auslandsgesellschaften: Regelungsmöglichkeiten des deutschen Gesetzgebers? ZIP 2008, S. 1951–1958

Ehricke, Ulrich Konzeptionelle Probleme der Europäischen Privatgesellschaft KSzW 2010, S. 6–14

Eidenmüller, Horst/Engert, Andreas/Hornuf, Lars Incorporating under European Law: The Societas Europaea as a Vehicle for Legal Arbitrage in: European Business Organization Law Review 2009, S. 1–33

European Foundation for the Improvement of Living and Working Conditions–Eurofound (Hrsg.) Employee involvement in companies under the European Company Statute, März 2011, abrufbar unter: http://www.eurofound.europa.eu/pubdocs/2010/78/en/1/EF1078EN.pdf (zit.: Eurofound, SE-Studie 2011, S.)

European Industrial Relations Observatory – EIRO (Ed.) European industrial relations observatory on-line/EIROnline [Eigenschreibweise] 1997–2013, Darstellungen in Form von Länderprofilen (*Country Profile*) und Berichten zu den jeweiligen nationalen industriellen Beziehungen (*Article*), abrufbar unter http://www.eurofound.europa.eu/eiro/(englisch)

Feyereisen, Marc Country Report Luxembourg: Workers' participation at board-level in: Hans Böckler Stiftung/European Trade Union Institute (Hrsg.) Workers' participation at board level in the EU-15 countries; S. 76 ff., Brüssel 2004, abrufbar unter http://www.seeurope-network.org/homepages/seeurope/file_uploads/eu_15_reports_blr.pdf

Ficker, Hans-Claudius Die europäische Entwicklung zu einem Aufsichtsratssystem für Großgesellschaften in: Lutter/Kohlhosser/Trusen (Hrsg.), Recht und Wirtschaft in Geschichte und Gegenwart, Festschrift für Johannes Bärmann zum 70. Geburtstag, S. 299–320, München 1975

Fitting, Karl/Wlotzke, Otfried/Wißmann, Hellmut/Koberski, Wolfgang/Kleinsorge, Georg/Freis, Gerhild Mitbestimmungsrecht–Mitbestimmungsgesetz, Drittelbeteiligungsgesetz, Wahlordnungen, Mitbestimmung auf europäischer Ebene (Kommentar), 4. Auflage 2011 (zit.: *Bearbeiter* in Fitting/Wlotzke/Wißmann/Koberski/Kleinsorge, MitbestR, Abschnitt, (§), Rn.)

Forst, Gerrit Die Beteiligung der Arbeitnehmer in der Vorrats-SE NZG 2009, S. 687–692

Fuchs, Maximilian/Marhold, Franz Europäisches Arbeitsrecht, 3. Auflage 2010

Fulton, Lionel (Ed.) Worker representation in Europe. Labour Research Department and ETUI [= European Trade Union Institute] 2009–2013 in Form von fortlaufend aktualisierten Länderberichten, abrufbar unter: http://www.worker-participation.eu/National-Industrial-Relations/Countries (zit.: Fulton, ETUI (Landeskürzel, Kapitel), S.)

ders. UK in: Hans Böckler Stiftung/European Trade Union Institute (Ed.) Workers' participation at board level in the EU-15 countries; S. 126–134, Brüssel 2004, abrufbar unter: http://www.seeurope-network.org/homepages/seeurope/file_uploads/eu_15_reports_blr.pdf (zit.: Fulton, Country Report UK, S.)

Gahleitner, Helmut Mitwirkung im Aufsichtsrat–Grundzüge des Gesellschaftsrechts für ArbeitnehmervertreterInnen II [Österreich] Stand März 2012, Nachdruck September 2013, abrufbar unter http://www.voegb.at/cs/Satellite?c=Content&cid=1342534391425&n=S08_4.1.4.a&pagename=S08%2Findex, S. 1–76 (zit.: Gahleitner, H., Mitwirkung AR 2012, S.)

Gahleitner, Siegline The essentials of corporate law for workers' representatives II–Supervisory board participation (Österreich) Juli 2003, abrufbar unter: http://de.worker-participation.eu/content/download/760/4164/file/austria_mitbestimmungimarenglisch1.pdf (zit.: Gahleitner, MB-AT, S.)

Götze, Cornelius/Winzer, Thomas/Arnold, Christian Unternehmerische Mitbestimmung – Gestaltungsoptionen und Vermeidungsstrategien ZIP 2009, S. 245–254

Grech, Charmaine The Maltese system of worker board-level representation in: Social Development Agency asbl and European Trade Union Institute for Research, Education and Health and Safety (Hrsg.) Worker board level representation in the new EU Member States: Country reports on the national systems and practices, S. 18 ff., Brüssel 2005

Greif, Wolfgang Country Report Austria–Workers' participation at board level (Österreich) 2004, abrufbar unter: http://de.worker-participation.eu/content/download/762/4174/file/eu_15_reports_blr_austria.pdf (zit.: Greif, MB-AT, S.)

ders. Die neu gefasste Richtlinie zum Europäischen Betriebsrat in Fragen und Antworten GPA-djp/Österreich, März 2009, abrufbar unter: http://www.worker-participation.eu/european_works_councils/(zit.: Greif, EBR-RL, S.)

Habersack, Mathias Grundsatzfragen der Mitbestimmung in SE und SCE sowie bei grenzüberschreitender Verschmelzung ZHR 171 (2007), S. 613–643

Hall, Mark/Purcell, John Information and consultation practice across Europe five years after the EU Directive in: European Industrial Relations Observatory (EIRO)–EIROnline, 19.01.2011, Dokument-Nr. TN1009029S, http://www.eurofound.europa.eu/eiro/studies/tn1009029s/tn1009029s.htm

Hanau, Peter Die Verpflichtung zur Abführung von Aufsichtsratsvergütungen an die Hans-Böckler-Stiftung, Hans-Böckler-Stiftung Arbeitspapier 254, Düsseldorf 2012, abrufbar unter http://www.boeckler.de/pdf/p_arbp_254.pdf

Hansen, Hone L./Werlauff, Erik Employee Representation on the Board of Directors of a Company with its Registered Office in a Nordic Country ECL 2009, S. 68–81

Hansen, Jesper Lau The New Danish Companies Act of 2009 EBOR 2010, S. 87–94

Havel, Bohumil An Outline of Czech Company Law EBOR 2005, S. 581–623

Heidemann, Winfried Weiterentwicklung von Mitbestimmung im Spiegel betrieblicher Vereinbarungen, Hans-Böckler-Stiftung 45, Düsseldorf 2000

Hellsten, Jari Finland in: Hans Böckler Stiftung/European Trade Union Institute (Ed.) Workers' participation at board level in the EU-15 countries; S. 26–32, Brüssel 2004, abrufbar unter: http://www.seeurope-network.org/homepages/seeurope/file_uploads/eu_15_reports_blr.pdf

Helms, Dietmar Die Europäische Privatgesellschaft–Rechtliche Strukturen und Regelungsprobleme einer supranationalen Gesellschaft des Gemeinschaftsrechts, Köln 1998

Hemström, Carl Swedish Company Legislation over Six Decades–A Brief Outline in: Scandinavian Studies in Law 2004, S. 193–201, abrufbar unter: http://www.scandinavianlaw.se/pdf/45-11.pdf

Henssler, Martin Arbeitnehmermitbestimmung im deutschen Gesellschaftsrecht in: Baums/Ulmer (Hrsg.) Unternehmens-Mitbestimmung der Arbeitnehmer im Recht der EU-Mitgliedstaaten, Employees' Co-Determination in the Member States of the European Union, S. 133–158, Heidelberg 2004 (zit.: Henssler, Arbeitnehmermitbestimmung, S.)

ders. Bewegung in der deutschen Unternehmensmitbestimmung – Reformdruck durch Internationalisierung der Wirtschaft RdA 2005, S. 330–337

ders. Erfahrungen und Reformbedarf bei der SE – Mitbestimmungsrechtliche Reformvorschläge ZHR 173 (2009), S. 222–249

Henssler, Martin/Braun, Axel Arbeitsrecht in Europa, 3. Auflage 2011 (zit.: *Bearbeiter* in Henssler/Braun, EuropArbR, Rn.)

Heppnerová, Denisa The Czech system of worker board-level representation in: Social Development Agency asbl and European Trade Union Institute for Research, Education and Health and Safety (Hrsg.) Worker board-level representation in the new EU Member States: Country reports on the national systems and practices, S. 3 ff., Brüssel 2005

Hexel, Dietmar/Pütz, Lasse Compliance aus gewerkschaftlicher Sicht in: Audit Committee Quarterly II/2012, S. 40–43, abrufbar unter: http://www.audit-committee-institute.de/docs/aci_quarterly_2012_2.pdf#page=40

Hörisch, Felix Unternehmensmitbestimmung im nationalen und internationalen Vergleich – Entstehung und ökonomische Auswirkungen, Berlin 2009

Hojnik, Janja Croatia–The employee representation system in Croatia, Juni 2006, abrufbar unter: http://www.seeurope-network.org/homepages/seeurope/file_uploads/croatiacountryreport.pdf (zit.: Hojnik, Country report Croatia, S.)

dies. Slovenian Law on Employee Co-decision-making and the European Company Statute, Juni 2006, abrufbar unter: http://www.seeurope-network.org/homepages/seeurope/file_uploads/sloveniareport2006.pdf (zit.: Hojnik, Slovenian Law 2006, S.)

Hommelhoff, Peter SPE-Mitbestimmung: Strukturen, Wertungen und rechtspolitische Kompromisslinien ZEuP 2011, S. 7–40

ders. SPE-Mitbestimmung bei grenzüberschreitenden Sitzverlegungen nach dem schwedischen Verordnungsentwurf in: Festschrift für Uwe H. Schneider, S. 547–557, Köln 2011 (zit.: Hommelhoff, FS Schneider 2011, S.)

Hommelhoff, Peter/Helms, Dietmar (Hrsg.) Neue Wege in die Europäische Privatgesellschaft, Köln 2001 (zit.: *Bearbeiter* in Neue Wege 2001, S.)

Hommelhoff, Peter/Krause, Rüdiger/Teichmann, Christoph Arbeitnehmerbeteiligung in der Europäischen Privatgesellschaft (SPE) nach dem Verordnungsvorschlag GmbHR 2008, S. 1193–1204

Hommelhoff, Peter/Teichmann, Christoph Auf dem Weg zur Europäischen Privatgesellschaft (SPE) DStR 2008, S. 925–933

dies. Eine GmbH für Europa: Der Vorschlag der EU-Kommission zur Societas Privata Europaea (SPE) GmbHR 2008, S. 897–911

Hüffer, Uwe Aktiengesetz (Kommentar), 10. Auflage München 2012

Ilossi, Dario Italy in: Hans Böckler Stiftung/European Trade Union Institute (Ed.) Workers' participation at board level in the EU-15 countries; S. 61–75, Brüssel 2004, abrufbar unter: http://www.seeurope-network.org/homepages/seeurope/file_uploads/eu_15_reports_blr.pdf

Ioannou, Christos A. Country Report Greece: Workers' participation at board-level in: Hans Böckler Stiftung/European Trade Union Institute (Hrsg.) Workers' participation at board level in the EU-15 countries; S. 49 ff; Brüssel 2004, abrufbar unter http://www.seeurope-network.org/homepages/seeurope/file_uploads/eu_15_reports_blr.pdf (zit.: Ioannou, Country Report Greece, S.)

ders. Worker board-level representation in Cyprus in: Social Development Agency asbl and European Trade Union Institute for Research, Education and Health and Safety (Hrsg.) Worker board-level representation in the new EU Member States: Country reports on the national systems and practices, S. 49 ff., Brüssel 2005 (zit.: Ioannou, Country Report Cyprus, S.)

Jacobs, Matthias Privatautonome Unternehmensmitbestimmung in der SE in: Festschrift für Karsten Schmidt (herausgegeben von Georg Bitter, Marcus Lutter, Hans-Joachim Priester, Wolfgang Schön, Peter Ulmer), S. 795–816, Köln 2009

Jung, Stefanie Das Normanwendungsregime der SPE im Spannungsverhältnis zwischen Verordnung, Satzung und nationalem Recht GesRZ 2012, S. 153–162

Junker, Abbo Sechsundsiebzig verweht–Die deutsche Mitbestimmung endet in Europa NJW 2004, S. 728–730

ders. Unternehmensmitbestimmung in Deutschland–Anpassungsbedarf durch internationale und europäische Entwicklungen ZfA 2005, S. 1–44

Kalss, Susanne Die Arbeitnehmermitbestimmung in Österreich in: Baums, Theodor/Ulmer, Peter (Hrsg.) Unternehmens-Mitbestimmung der Arbeitnehmer im Recht der EU-Mitgliedstaaten Employees' Co-Determination in the Member States of the European Union, S. 95–124, Heidelberg 2004 (zit.: Kalss, Arbeitnehmermitbestimmung, S.)

dies. Das österreichische Gesellschaftsrecht im Spiegel der Entwicklung des deutschen Rechts NZG 2012, S. 161–167

Kalss, Susanne/Burger, Florian/Eckert, Georg Die Entwicklung des österreichischen Aktienrechts, Geschichte und Materialien, 2003

Kastner, Walther/Doralt, Peter/Nowotny, Christian Grundriss des Österreichischen Gesellschaftsrechts, 5. Auflage, Wien 1990

Katuoka, Sauliaus/Česnulevičiūtė, Vaida European Private Company: Perspectives of Legal Regulation in: Mykolas Romeris University – Research Papers "Jurisprudencija", 2012, No. 19 (1), S. 159–178, abrufbar unter: http://www.mruni.eu/en/mokslo_darbai/jurisprudencija/paskutinis_numeris/dwn.php?id=312626 (zit.: Katuoka/Česnulevičiūtė, MRU 2012, S.)

Kisker, Olaf Unternehmerische Mitbestimmung in der Europäischen Gesellschaft, der Europäischen Genossenschaft und bei grenzüberschreitender Verschmelzung im Vergleich RdA 2006, S. 206–212

Klinkhammer, Heiner/Welslau, Dietmar Mitbestimmung in Deutschland und Europa – Eine Einführung für Praktiker, Neuwied u.a., 1996

Kluge, Norbert/Stollt, Michael Die Europäische Aktiengesellschaft (SE) – Perspektiven für eine europäische Unternehmensmitbestimmung, Brüssel 2006

Kneisel, Katharina Die Europäische Privatgesellschaft (SPE) im Konzern, Frankfurt 2012

Kommission zur Modernisierung der deutschen Unternehmensmitbestimmung (Hrsg.) [Mitglieder: Biedenkopf, Kurt; Streeck, Wolfgang; Wißmann, Hellmut [wissenschaftliche Mitglieder]/ Gentz, Manfred; Hundt, Dieter; Thumann, Jürgen [Vertreter der Unternehmen]/Peters, Jürgen; Reppien, Günter; Sommer, Michael [Vertreter der Arbeitnehmer]] Bericht der wissenschaftlichen Mitglieder der Kommission mit Stellungnahmen der Vertreter der Unternehmen und der Vertreter der Arbeitnehmer, Dezember 2006, abrufbar unter: http://kohte.jura.uni-halle.de/recht/Kommissionsbericht_Endfassung.pdf (zit.: *Biedenkopf*-Bericht, S.)

Končar, Polonca EU vs. National Industrial Relations: The Slovenian Perspective in: Rönnmar, Mia (Hrsg.) EU Industrial Relations vs. National Industrial Relations, S. 41ff., Alphen an den Rijn (NL) 2008

Krause, Rüdiger Co-determination by Workers under the proposed European Private Company (SPE) in: Hirte, Heribert/Teichmann, Christoph (Hrsg.), The European Private Company–Societas Private Europaea (SPE), ECFR Special Volume 3, S. 375–395, Berlin 2013

Kuhlmann, Jens/Ahnis, Erik Konzern- und Umwandlungsrecht, 2. Auflage 2007

Lehne, Klaus-Heiner Conference on European Company Law: The way forward – Eine Perspektive aus dem Europäischen Parlament, 16.05.2011, abrufbar unter: http://ec.europa.eu/internal_market/company/docs/modern/conference201105/lehne_de.pdf

Leupold, Andreas Die Europäische Aktiengesellschaft unter besonderer Berücksichtigung des deutschen Rechts: Chancen und Probleme auf dem Weg zu einer supranationalen Gesellschaftsform, Aachen 1993

Levinson, Klas Employee representatives on company boards in Sweden IRJ 2001, S. 264–274

Lutter, Marcus/Bayer, Walter/Schmidt, Jessica Europäisches Unternehmens- und Kapitalmarktrecht, 5. Auflage 2012

Lutter, Marcus/Hommelhoff Peter (Hrsg.) GmbH-Gesetz (Kommentar), 18. Auflage 2012

Mävers, Gunther Die Mitbestimmung der Arbeitnehmer in der Europäischen Aktiengesellschaft, Baden-Baden 2002

Muda, Merle Worker board-level representation in Estonia in: Social Development Agency asbl and European Trade Union Institute for Research, Education and Health and Safety (Hrsg.) Worker board-level representation in the new EU Member States: Country reports on the national systems and practices, S. 53ff., Brüssel 2005 (zit.: Muda, EST-System, S.)

Müller-Bonanni, Thomas/Müntefering, Michael Grenzüberschreitende Verschmelzung ohne Arbeitnehmerbeteiligung? – Praxisfragen zum Anwendungsbereich und Beteiligungsverfahren des MgVG NJW 2009, S. 2347–2353

Münchener Handbuch des Gesellschaftsrechts Priester, Hans-Joachim/Mayer, Dieter/Wicke, Hartmut (Hrsg.) Band 3 – Gesellschaft mit beschränkter Haftung, 4. Auflage München 2012 (zit.: *Bearbeiter* in Priester/Mayer/Wicke, HbGesR III, §, Rn.)

Münchener Kommentar zum Aktiengesetz Goette, Wulf/Habersack, Mathias/Kalss, Susanne (Hrsg.) Band 7 – Europäisches Aktienrecht, SE-VO, SEBG, Europäische Niederlassungsfreiheit, 3. Auflage München 2012 (zit.: *Bearbeiter* in MüKo-AktG 2012, §, Rn.)

Milutinov, Christine Industrielle Beziehungen und Interessenvertretung in Osteuropa, München 2006, abrufbar unter http://edoc.ub.uni-muenchen.de/6176/1/Milutinov_Christine.pdf

Naumann, Reinhard Country Report Portugal: Workers' participation at board level in: Hans Böckler Stiftung/European Trade Union Institute (Ed.) Workers' participation at board level in the EU-15 countries; S. 88–101, Brüssel 2004, abrufbar unter: http://www.seeurope-network.org/homepages/seeurope/file_uploads/eu_15_reports_blr.pdf (zit.: Naumann, Country Report Portugal, S.)

Neubauer, Michael Arbeitsrecht in den neuen EU-Ländern, Wien September 2008, abrufbar unter: http://www.wu.ac.at/executiveeducation/other/we4u/text/AR-20.pdf

Neumann, László The Hungarian System of worker board-level-representation in: Social Development Agency asbl and European Trade Union Institute for Research, Education and Health and Safety (Ed.) Worker board-level representation in the new EU Member States: Country reports on the national systems and practices, S. 11–14, Brüssel 2005 (zit.: Neumann, HU-System, S.)

ders. Employee Board representation in Hungary's new company law, Oktober 2006, abrufbar unter: http://www.seeurope-network.org/homepages/seeurope/file_uploads/hungary_changesincompanylaw112006final.pdf (zit.: Neumann, HU-CL, S.)

Neye, Hans-Werner Die Europäische Privatgesellschaft: Uniformes Recht ohne Harmonisierungsgrundlage? in: Festschrift für Uwe Hüffer zum 70. Geburtstag (herausgegeben von Peter Kindler, Jens Koch, Peter Ulmer, Martin Winter), S. 717–722, München 2010 (zit.: Neye, FS Hüffer 2010, S.)

Nilsson, Roger Sweden in: Hans Böckler Stiftung/European Trade Union Institute (Ed.) Workers' participation at board level in the EU-15 countries; S. 111–125, Brüssel 2004, abrufbar unter: http://www.seeurope-network.org/homepages/seeurope/file_uploads/eu_15_reports_blr.pdf (zit.: Nilsson, Country Report Sweden, S.)

O'Kelly, Kevin/Compton, Pat Ireland in: Hans Böckler Stiftung/European Trade Union Institute (Ed.) participation at board level in the EU-15 countries; S. 56–60, Brüssel 2004, abrufbar unter: http://www.seeurope-network.org/homepages/seeurope/file_uploads/eu_15_reports_blr.pdf (zit.: O'Kelly/Compton, Country Report IRL, S.)

Ondruška, Peter; Krajcír, Peter The Slovak system of worker board-level representation in: Social Development Agency asbl and European Trade Union Institute for Research, Education and Health and Safety (Hrsg.) Worker board-level representation in the new EU Member States: Country reports on the national systems and practices, S. 34 ff., Brüssel 2005 (zit.: Ondruška/Krajcír, SK-System, S.)

Peltzer, Martin Unternehmerische Mitbestimmung und gute Corporate Governance: Führt die Unvereinbarkeit zur Nachbesserungspflicht des Gesetzgebers? in: Festschrift für Karsten Schmidt (herausgegeben von Georg Bitter, Marcus Lutter, Hans-Joachim Priester, Wolfgang Schön, Peter Ulmer), S. 1243–1264, Köln 2009

Puntuža, Agnese Worker board-level representation in Lativa in: Social Development Agency asbl and European Trade Union Institute for Research, Education and Health and Safety (Ed.) Worker board-level representation in the new EU Member States: Country reports on the national systems and practices, S. 60–64, Brüssel 2005 (zit.: Puntuža, LV-System, S.)

Radwan, Arkadiusz 25 Thoughts on European Company Law in the EU of 25 EBLR 2006, S. 1169–1179

Raiser, Thomas/Veil, Rüdiger Mitbestimmungsgesetz und Drittelbeteiligungsgesetz, 5. Auflage Berlin 2009

Raynaud, Valérie Employees' Co-Determination in Luxembourgian Companies in: Baums, Theodor/Ulmer, Peter (Hrsg.) Unternehmens-Mitbestimmung der Arbeitnehmer im Recht der EU-Mitgliedstaaten Employees' Co-Determination in the Member States of the European Union, S. 63 ff., Heidelberg 2004

Rebhahn, Robert Unternehmensmitbestimmung in Deutschland – ein Sonderweg im Rechtsvergleich in: Zukunft der Unternehmensmitbestimmung – ZAAR Schriftenreihe Band 1, S. 42–85, München 2004 (zit.: Rebhahn, ZAAR 2004, Rn.)

ders. Das Kollektive Arbeitsrecht im Rechtsvergleich NZA 2001, S. 763–774

Reichold, Hermann Durchbruch zu einer europäischen Betriebsverfassung – Die Rahmen-Richtlinie 2002&14/EG zur Unterrichtung und Anhörung der Arbeitnehmer NZA 2003, S. 289–299

Richardi, Reinhard (Hrsg.) Betriebsverfassungsgesetz mit Wahlordnung (Kommentar), 13. Auflage 2012 (zit.: *Bearbeiter* in Richardi, BetrVG, §, Rn.)

Rieble, Volker Mitbestimmung zwischen Legitimationslast und Modernisierungsdruck in: Zukunft der Unternehmensmitbestimmung – ZAAR Schriftenreihe Band 1, S. 10–32, München 2004 (zit.: Rieble, ZAAR 2004, Rn.)

ders. Schutz vor paritätischer Unternehmensmitbestimmung BB 2006, S. 2018–2023

ders. Unternehmensmitbestimmung vor dem Hintergrund europarechtlicher Entwicklungen NJW 2006, S. 2214–2217

ders. Reformbedarf in der betrieblichen Mitbestimmung in: Institut der deutschen Wirtschaft (Hrsg.) – Perspektiven der Mitbestimmung in Deutschland, S. 127–140, 2008 (zit.: Rieble, IW 2008, S.)

ders. Vereinbarte Mitbestimmung in der Europäischen AG – from status to contract in: Ritsumeikan Law Review – International Edition, Nr. 26 (2009), S. 209–241, abrufbar unter: http://www.ritsumei.ac.jp/acd/cg/law/lex/rlr26/VolkerRIEBLE-2.pdf (zit.: Rieble, RLR 2009, S.)

Riesenhuber, Karl Europäisches Arbeitsrecht, Heidelberg 2009 (zit.: Riesenhuber, EuArbR, §, Rn.)

ders. (Hrsg.) Europäische Methodenlehre – Handbuch für Ausbildung und Praxis, 2. Auflage Berlin 2010 (zit.: *Bearbeiter* in Riesenhuber, EuMethodenlehre 2010, S.)

Roth, Christian Entwicklung des Gesellschaftsrechts: Kündigt die Europäische Gesellschaft die Europäische Privatgesellschaft an? in: European Legal Forum 2000/2001, S. 396–403

Roturier, Patrick Country Report France: Workers' participation at board level in: Hans Böckler Stiftung/European Trade Union Institute (Ed.) Workers' participation at board level in the EU-15 countries; S. 33–39, Brüssel 2004, abrufbar unter: http://www.seeurope-network.org/homepages/seeurope/file_uploads/eu_15_reports_blr.pdf (zit.: Roturier, Country Report France, S.)

Rudolf, Stanislaw Die Mitbestimmung nach der EU-Erweiterung–Die Situation in den neuen Mitgliedstaaten; Referat im Rahmen der 7. Int. Konferenz der Otto-Brenner-Stiftung „Mitbestimmung im vereinten Europa", 30.05.–01.06.2006, von Prof. Stanislaw Rudolf, Universität Łódź, abrufbar unter: http://www.otto-brenner-stiftung.de/fileadmin/dokumente_moc_2006_einf_ref_rudolf_de.pdf (zit.: Rudolf, OBS 2006, S.)

Schilfgaarde, Peter van/Winter, Jaap Van de BV en de NV (Niederlande), 15. Auflage 2009

Schubert, Claudia Die Mitbestimmung der Arbeitnehmer bei grenzüberschreitender Verschmelzung RdA 2007, S. 9–17

Schulten, Thorsten/Zagelmeyer, Stefan Board-level employee representation in Europe in: European Industrial Relations Observatory (EIRO)–EIROnline, 28.09.1998, Dokument-Nr. TN9809201S, http://www.eurofound.europa.eu/eiro/1998/09/study/tn9809201s.htm

Schulze, Reiner/Zuleeg, Manfred/Kadelbach, Stefan (Hrsg.) Europarecht – Handbuch für die deutsche Rechtspraxis, 2. Auflage 2010 (zit.: *Bearbeiter* in Schulze/Zuleeg/Kadelbach, EuropaR 2010, §, Rn.)

Seweryński; Michał Employee Involvement in Poland (ohne Datum; jedenfalls nach 2002), abrufbar unter: http://www.seeurope-network.org/homepages/seeurope/file_uploads/poland_employeeinvolvement_sewerynski.pdf (zit.: Seweryński, PL Employee Involvement, S.)

Sick, Sebastian Mitbestimmungsrelevante Unternehmen mit ausländischen/kombiniert ausländischen Rechtsformen, Düsseldorf Januar 2010, abrufbar unter: http://www.boeckler.de/pdf/mbf_2010_01_20_sick.pdf, S. 1–5

Siems, Mathias/Rosenhäger, Erik/Herzog, Leif Aller guten Dinge sind zwei: Lehren aus der Entwicklung der SE für die EPG Der Konzern 2008, S. 393–401

Sigeman, Tore Insiders and Outsiders in the Labour Market – Experiences of a Nordic Welfare State in Labour Law Perspective in: Scandinavian Studies in Law 1999, S. 265–278, abrufbar unter: http://www.scandinavianlaw.se/pdf/38-12.pdf

Skarby, Elina Capacity building for social dialogue in Bulgaria, Dublin 2006, in: http://www.eurofound.europa.eu/pubdocs/2006/516/en/1/ef06516en.pdf

Spindler, Gerald/Stilz, Eberhard Kommentar zum Aktiengesetz Band 2, 2. Auflage 2010 (zit.: *Bearbeiter* in Spindler/Stilz, AktG, §, Rn.)

Steinko, Armando Fernández Country Report Spain: Workers' participation at board level in: Hans Böckler Stiftung/European Trade Union Institute (Hrsg.) Workers' participation at board level in the EU-15 countries; S. 102 ff, Brüssel 2004, abrufbar unter http://www.seeurope-network.org/homepages/seeurope/file_uploads/eu_15_reports_blr.pdf (zit.: Steinko, Country Report Spain, S.)

Stelina, Jakub The Polish system of worker board-level representation in: Social Development Agency asbl and European Trade Union Institute for Research, Education and Health and Safety

(Ed.) Worker board-level representation in the new EU Member States: Country reports on the national systems and practices, S. 26–30, Brüssel 2005 (zit.: Stelina, PL-System, S.)
Stollt, Michael/Wolters, Elwin Worker involvement in the European Company (SE)–A handbook for practitioners, Oktober 2011, abrufbar unter: http://www.etui.org/content/download/4705/47789/file/SE-Handbook-BD.pdf
Strasser, Rudolf/Jabornegg, Peter Arbeitsrecht: Kollektives Arbeitsrecht (Arbeitsverfassungsrecht) Band 2 [Österreich], 4. Auflage, Wien 2001
Stroinski, Rafal/Stanuch, Slawomir Employee Participation on Companies' Boards in Poland and Selected CEE Jurisdictions ECL 2009, S. 82–87
Taylor, Robert Unternehmensmitbestimmung in den EU-15-Ländern – Ein Überblick, Aktualisierung Dezember 2005 in: Kluge, Norbert/Stollt, Michael (Hrsg.) Die Europäische Aktiengesellschaft (SE) – Perspektiven für eine europäische Unternehmensmitbestimmung, Brüssel 2006
Teichmann, Christoph Mitbestimmung und grenzüberschreitende Verschmelzung Der Konzern 2007, S. 89–98
Thüsing, Gregor Europäisches Arbeitsrecht, München 2008 (zit.: Thüsing, EuropArbR, §, Rn.)
ders. Deutsche Unternehmensmitbestimmung und europäische Niederlassungsfreiheit – Eine Skizze nach Centros, Überseering und Inspire Art ZIP 2004, S. 381–388
Timmermann, Levinus/Spanjaard, Salco-Jean Arbeitnehmermitbestimmung in den Niederlanden in: Baums, Theodor/Ulmer, Peter (Hrsg.) Unternehmens-Mitbestimmung der Arbeitnehmer im Recht der EU-Mitgliedstaaten Employees' Co-Determination in the Member States of the European Union, S. 75–94, Heidelberg 2004
Toiviainen, Heikki Employees' Co-Determination in Finnish Companies in: Baums, Theodor/Ulmer, Peter (Hrsg.) Unternehmens-Mitbestimmung der Arbeitnehmer im Recht der EU-Mitgliedstaaten Employees' Co-Determination in the Member States of the European Union, S. 25–46, Heidelberg 2004
Tóth, András The New Hungarian Labour Code–Background, Conflicts, Compromises, Budapest Juni 2012, abrufbar unter: http://www.fesbp.hu/common/pdf/Nachrichten_aus_Ungarn_june_2012.pdf, S. 1 10
Triangle, Luc Country Report Belgium: Workers' participation at board level in: Hans Böckler Stiftung/European Trade Union Institute (Ed.) Workers' participation at board level in the EU-15 countries; S. 14–18, Brüssel 2004, abrufbar unter: http://www.seeurope-network.org/homepages/seeurope/file_uploads/eu_15_reports_blr.pdf
Troch, Sebastian Drittelbeteiligung im Aufsichtsrat–Gesetzliche Regelung versus Unternehmenspraxis; Ausmaß und Bestimmungsgründe der Umgehung des Drittelbeteiligungsgesetzes in Industrieunternehmen (Universität Lüneburg, Working Paper No. 128), Mai 2009, abrufbar unter: http://www.leuphana.de/fileadmin/user_upload/Forschungseinrichtungen/ifvwl/WorkingPapers/wp_128_Upload.pdf
Ulmer, Peter/Habersack, Mathias/Henssler, Martin MitbestG – Kommentar, 2. Auflage, München 2006
Van het Kaar, Robbert H. Employee Board-Level Representation in the EU: A Contested Subject ECL 2009, S. 55–61
Victorin, Anders Employee participation on the company board: The Swedish experience in: Baums, Theodor/Ulmer, Peter (Hrsg.) Unternehmens-Mitbestimmung der Arbeitnehmer im Recht der EU-Mitgliedstaaten Employees' Co-Determination in the Member States of the European Union, S. 125–132, Heidelberg 2004
Walk, Werner/Burger, Stefan Konzernmitbestimmung ohne Konzern? – Zur Reichweite des § 5 Abs. 3 MitbestG RdA 2009, S. 373–376
Werlauff, Erik A „Copenhagen Effect"?: Denmark's answer to Centros: a far-reaching company law reform aimed at strengthening the 'free movemet of companies' ECL 2009, S. 160–168

Teil 2 – Materialien

[Anmerkung: So weit möglich wurde jeweils die deutsche Sprachfassung verwendet. War eine solche zum Zeitpunkt der Manuskripterstellung nicht vorhanden, wurde auf die englische, ggf. die französische Fassung zurückgegriffen. Die jeweiligen, mitunter wechselnden, Schreibweisen entsprechen den Quellen.]

I. „Allgemein“

Sachverständigengruppe „European Systems of Worker Involvement" (with regard to the European Company Statute and the other pending proposals). Abschlussbericht.
Luxemburg, Mai 1997
zit.: *Davignon*-Bericht, S.

Bericht der Hochrangigen Gruppe von Experten auf dem Gebiet des Gesellschaftsrechts über Moderne gesellschaftsrechtliche Rahmenbedingungen in Europa
04.11.2002
abrufbar unter: http://ec.europa.eu/internal_market/company/docs/modern/report_de.pdf
zit.: *Winter*-Bericht 2002, S.

Mitteilung der Kommission zur Überprüfung der Richtlinie 2001/86/EG des Rates vom 8. Oktober 2001 zur Ergänzung des Statuts der Europäischen Gesellschaft hinsichtlich der Beteiligung der Arbeitnehmer
30.09.2008, KOM (2008) 591 endg.
abrufbar unter: http://eur-lex.europa.eu/LexUriServ/LexUriServ.do?uri=COM:2008:0591:FIN:DE:PDF
zit.: Kommission, Mitteilung SE-RL 2008, S.

Report of the Reflection Group On the Future of EU Company Law
05.04.2011
abrufbar unter http://ec.europa.eu/internal_market/company/docs/modern/reflectiongroup_report_en.pdf (englisch)
zit.: Bericht Reflexionsgruppe 2011, S.

Neuregelungen für Europäische Betriebsräte – Einblick in Richtlinie 2009/38/EG (Neufassung 2011)
2011
abrufbar unter: http://ec.europa.eu/social/BlobServlet?docId=6647&langId=de
zit.: Kommission, EBR-RL 2011, S.

Öffentliche Konsultation über die Zukunft des europäischen Gesellschaftsrechts
20.02.2012
abrufbar unter: http://ec.europa.eu/yourvoice/ipm/forms/formpdf/companylaw2012.pdf
zit.: Kommission, Konsultation EuGesR 2012, S.

Mitteilung der Kommission an das Europäische Parlament, den Rat, den Europäischen Wirtschafts- und Sozialausschuss und den Ausschuss der Regionen; Aktionsplan: Europäisches Gesellschaftsrecht und Corporate Governance – ein moderner Rechtsrahmen für engagierte Aktionäre und besser überlebensfähige Unternehmen

vorläufige Fassung, vorgelegt am 12.12.2012, COM(2012) 740/2
abrufbar unter: http://ec.europa.eu/internal_market/company/docs/modern/121212_company-law-corporate-governance-action-plan_de.pdf
zit.: Kommission, Aktionsplan 2012, S.

II. SPE (Entwürfe)

Vorschlag für eine Verordnung des Rates über das Statut der Europäischen Privatgesellschaft)
25.06.2008, KOM (2008)396
abrufbar unter: http://ec.europa.eu/internal_market/company/docs/epc/proposal_de.pdf
zit.: SPE-VOE-KOM

(englische Fassung abrufbar unter http://ec.europa.eu/internal_market/company/docs/epc/proposal_en.pdf,
französische Fassung abrufbar unter http://ec.europa.eu/internal_market/company/docs/epc/proposal_fr.pdf)

Vermerk – Vorschlag für eine Verordnung des Rates über die Europäische Privatgesellschaft – Politische Einigung
23.05.2011, 10611/11, DRS 84, SOC 432
abrufbar unter:
http://register.consilium.europa.eu/pdf/de/11/st10/st10611.de11.pdf
zit.: SPE-VOE-Hu

(Kompromisstext von SPE-VOE-Hu inhaltsgleich mit:
Note – Proposal for a Council Regulation on a European private company – Preparation for political agreement
20.06.2011, 11786/11, DRS 89, SOC 580
abrufbar unter: http://register.consilium.europa.eu/pdf/en/11/st11/st11786.en11.pdf (englisch))

Anhang : Stellungnahmen (alphabetisch/chronologisch)

Bundesverband der Deutschen Industrie/Bundesvereinigung der Deutschen Arbeitgeberverbände (BDI/BDA)
Positionspapier – Vorschlag für eine Verordnung des Rates über das Statut der Europäischen Privatgesellschaft – (KOM(2008) 396)
11.09.2008
(Verfasser nicht namentlich genannt)
abrufbar unter:
http://www.arbeitgeber.de/www/arbeitgeber.nsf/res/Stellungnahme%20EPG.pdf/$file/Stellungnahme%20EPG.pdf
zit.: BDI/BDA, Positionspapier vom 11.09.2008, S.

Deutscher Industrie- und Handelskammertag (DIHK)
Stellungnahme zum Thema: Vorschlag für eine Verordnung des Rates über das Statut der Europäischen Privatgesellschaft, KOM (2008) 396
28.08.2008

(Verfasser nicht namentlich genannt)
abrufbar unter: http://www.dihk.de/ressourcen/downloads/international_stellungnahmen/spe.pdf/at_download/file?mdate=1292338067149
zit.: Stellungnahme DIHK 2008, S.

Letztes Abrufdatum der Internetquellen: 04.03.2014

Abkürzungsverzeichnis

[Anmerkung: *Gesellschaftsrechtsformen* sind sowohl in der abgekürzten als auch in der ausgeschriebenen Form kursiv gesetzt. Übernommen wurde die jeweils landesübliche Schreibweise, auch bei den Kurzformen. Die jeweils nachfolgenden Umschreibungen beziehen sich auf das funktionale Äquivalent, es besteht jedoch keine echte Kongruenz.

Die Abkürzungen der Gesetzestexte orientieren sich soweit möglich am jeweiligen landesspezifischen Original, sonst zunächst an der, gelegentlich offiziellen, englischen, dann der deutschen Übersetzung. Wo besondere Verwechslungsgefahr gesehen wurde, wurde zur besseren Kenntlichkeit ein Landeskürzel hinzugesetzt.]

§	Paragraph
£	*Pound (Sterling)* (Irland; Vereinigtes Königreich)
%	Prozent
Φ.Ε.Κ./FEK	Φίλο Εφημερίδας Κυβέρνησης/Filo Efimeridas Kyvérnisis (Amtsblatt; Griechenland)
a.E.	am Ende
A.E.	*Ανώνυμη Εταιρεία/Anonimi Eteria* (Aktiengesellschaft; Griechenland)
a.F.	alte Fassung
a.s.	*Akciová spoločnosť* (Aktiengesellschaft; Slowakische Republik)
A/S	*Aktieselskab* (Aktiengesellschaft; Dänemark)
Ab (auch: *Oy*)	*Aktiebolag/yksityinen osakeyhtiö* (private Aktiengesellschaft; Finnland)
Abp (auch: *Oyj*)	*publikt Aktiebolag/julkinen osakeyhtiö* (Publikumsaktiengesellschaft; Finnland)
AB	*Akcinė bendrovė* (Aktiengesellschaft; Litauen)/*Aktiebolag* (Aktiengesellschaft; Schweden; als börsennotierte Publikumsaktiengesellschaft *AB (publ)*)
Abkg.	Abkürzung
Abs.	Absatz
AD (auch: *АД*)	*акционерното дружество/aktionerno družestvo* (Aktiengesellschaft; Bulgarien)
AEUV	Vertrag über die Arbeitsweise der Europäischen Union
AG	*Aktiengesellschaft*
akc. spol (auch: *a.s.*)	*akciová společnost,* (Aktiengesellschaft; Tschechische Republik)
AKEUR	*Arbeitskreis Europäisches Unternehmensrecht*
AktG	Aktiengesetz
AML	Lov om arbeidsmiljø, arbeidstid og stillingsvern mv., kurz meist: *Arbeidsmiljøloven* (Gesetz über die Arbeitsumgebung, Arbeitszeit und Beschäftigung etc.; Norwegen)
AN	Arbeitnehmer
ANI	Accord National Interprofessionel (Tarifvertrag auf nationaler Ebene; Frankreich)
ANV	Arbeitnehmervertreter/Arbeitnehmervertretung (Liechtenstein)
ApS	*Anpartsselskab* (GmbH; Dänemark)
AR	Aufsichtsrat
ArbSchb	Arbeitsschutzbeauftragte

ArbVG	Bundesgesetz [...] betreffend die Arbeitsverfassung; Arbeitsverfassungsgesetz (Österreich)
Arr. gd.	arrêté grand-ducal („großherzoglicher Erlass" = Verordnung; Luxemburg)
Art.	Artikel
AS	*Akciju sabiedrība* (Aktiengesellschaft; Lettland)/*Aksjeselskap*, auch: „*Lutlag*", abgekürzt *LL* oder *L/L* (GmbH; Norwegen)/*aktsiaselts* (Aktiengesellschaft; Estland)
ASA	*Allmennaksjeselskap* (Aktiengesellschaft; Norwegen)
asbl	*association sans but lucratif* (Idealverein; Belgien)
AÜS	Ametiühingute seadus (Gewerkschaftsgesetz; Estland)
Az.	Aktenzeichen
BAG	Bundesarbeitsgericht
BAGE	Entscheidungen des Bundesarbeitsgerichts
BB	Betriebs-Berater (Zeitschrift)
BCCG	*Berlin Center of Corporate Governance*
beGGB	Code des societés (C.Soc)/Wetboek van vennootschappen (W. Venn.) (Gesellschaftsgesetzbuch; Belgien)
beGOW	Loi [...] portant organisation de l'économie/Wet [...] houdende organisatie van het bedrijfsleven (Gesetz über die Organisation der Wirtschaft; Belgien)
beGWA	Loi [...] relative au bien-être des travailleurs lors de l'exécution de leur travail/Wet [...] betreffende het welzijn van de werknemers bij de uitvoering van hun werk (Gesetz über das Wohlbefinden der Arbeitnehmer bei der Ausführung ihrer Arbeit; Belgien)
BEK	Bekendtgørelse (Verordnung; Dänemark)
BetrVG	Betriebsverfassungsgesetz
bgArbGB	Кодекс на труда/Kodeks na truda (Arbeitsgesetzbuch; Bulgarien)
BGBl.	Bundesgesetzblatt
BGH	Bundesgerichtshof
bgHGB	Търговски закон/Tŭrgovski zakon (Handelsgesetzbuch; Bulgarien)
BGHZ	Entscheidungen des Bundesgerichtshofs in Zivilsachen
BGN	bulgarischer *Lew*
BI	Betriebliche Interessenvertretung
BMAS	Bundesministerium für Arbeit und Soziales
BOE	Boletín Oficial del Estado (Amtsblatt, Spanien)
BR	Betriebsrat
bt.	*betéti társaság* (KG, Ungarn)
BT-Drucks.	Bundestagsdrucksache(n)
BV (auch *B.V.*)	*besloten vennootschap (met beperkte aansprakelijkheid)* (GmbH; Niederlande)
bvba	*besloten vennootschap met beperkte aansprakelijkheid* (GmbH, Belgien)
BVerfG	Bundesverfassungsgericht
BVerfGE	Entscheidungen des Bundesverfassungsgerichts
BW	Burgerlijk Wetboek (Bürgerliches Gesetzbuch; Niederlande)
CAC	Central Arbitration Committee (Zentrale Einigungsstelle; Vereinigtes Königreich)
čArbGB	Zákoník práce (Arbeitsgesetzbuch, Tschechische Republik)

CCE	Comité Central d'Entreprise (Zentralbetriebsrat; Frankreich)
CE	Comité d'Entreprise (Betriebsrat; Frankreich)/Conseil d'Entreprise (Betriebsrat; Belgien)
CEE	Central and Eastern Europe („Mittel- und Osteuropäische Staaten")
čHGB	Handelsgesetzbuch, a.F. (Tschechische Republik)
chMWG	Bundesgesetz über die Information und Mitsprache der Arbeitnehmerinnen und Arbeitnehmer in den Betrieben (Mitwirkungsgesetz) vom 17.12.1993 (Schweiz)
CHSCT	Comité d'Hygiène, de Sécurité et de Conditions de Travail (Ausschuss für Gesundheitsschutz und Sicherheit am Arbeitsplatz; Frankreich)
CIS	Comissão Intersindical (gemeinsame Gewerkschaftsvertretung; Portugal)
Čl.	Članak („Artikel"; Kroatien)
COR	Centrale Ondernemingsraad (Zentralbetriebsrat; Niederlande)
CPBW (auch *CPPT*)	Comités voor Preventie en Bescherming op het Werk (Ausschuss für Gefahrenverhütung und Schutz am Arbeitsplatz; Belgien)
CPPT (auch *CPBW*)	Comité Prévention et Protection au Travail (Ausschuss für Gefahrenverhütung und Schutz am Arbeitsplatz; Belgien)
CRP	Constituição da República Portuguesa (Verfassung; Portugal)
CS	Comissão Sindical (Gewerkschaftsvertretung; Portugal)
CT	Comissão de Trabalhadores (Betriebsrat; Portugal)
cyCL	Companies Law (Gesellschaftsgesetz; Zypern)
D	dualistisch
d.d.	*delniška družba* (Aktiengesellschaft, Slowenien)/*dioničko društvo* (Aktiengesellschaft; Kroatien)
d.o.o.	*društvo s ograničenom odgovornošću* (GmbH, Kroatien)/*družba z omejeno odgovornostjo* (GmbH, Slowenien)
DCGK	Deutscher Corporate Governance Kodex
dkCA	Lov om aktie- og anpartsselskaber (selskabsloven) auch: Danish Companies Act (Kapitalgesellschaftsgesetz; Dänemark)
DKK	dänische *Krone*
DL	Darba likums (Arbeitsgesetzbuch; Lettland)
DP	Délégues du Personnel (Belegschaftsvertreter; Frankreich)
DrittelbG	Gesetz über die Drittelbeteiligung der Arbeitnehmer im Aufsichtsrat; Drittelbeteiligungsgesetz
DS	Délégué syndical (repräsentativer Gewerkschaftsdelegierter; Frankreich)
DStR	Deutsches Steuerrecht (Zeitschrift)
DUP	Délégation Unique du Personnel (einheitliche Arbeitnehmervertretung; Frankreich)
DV (auch ДВ)	Държавен вестник/Daržaven Vestnik (Amtsblatt; Bulgarien)
Dz. U.	Dziennik Ustaw (Amtsblatt; Polen)
Ε.Π.Ε./E.P.E.	*εταιρεία περιορισμένης ευθύνης/Eteria Periorismenis Efthinis* (GmbH; Griechenland)
E.U.R.L.	*Entreprise Unipersonnelle à Responsabilité Limitée* (Einpersonen-GmbH; Frankreich)
EBLR	*European Business Law Review* (Zeitschrift)
EBOR	*European Business Organization Law Review* (Zeitschrift)
EBR	Europäischer Betriebsrat

EBR-RL 1994	Richtlinie 94/45/EG des Rates vom 22. September 1994 über die Einsetzung eines Europäischen Betriebsrats oder die Schaffung eines Verfahrens zur Unterrichtung und Anhörung der Arbeitnehmer in gemeinschaftsweit operierenden Unternehmen und Unternehmensgruppen
EBR-RL 2009	Richtlinie 2009/38/EG des Europäischen Parlaments und des Rates vom 6. Mai 2009 über die Einsetzung eines Europäischen Betriebsrats oder die Schaffung eines Verfahrens zur Unterrichtung und Anhörung der Arbeitnehmer in gemeinschaftsweit operierenden Unternehmen und Unternehmensgruppen (Neufassung)
EBRG	Gesetz über Europäische Betriebsräte; Europäische Betriebsräte-Gesetz
EBVBA	*Éénpersoons besloten vennootschap met beperkte aansprakelijkheid* (Einpersonen-GmbH; Belgien)
ECFR	*European Company and Financial Law Review* (Zeitschrift)
ECL	*European Company Law* (Zeitschrift)
ECS	European Company Survey
Ed.	*Editor*
EEK	estnische *Kroon*
eG	*eingetragene Genossenschaft*
EGBGB	Einführungsgesetz zum Bürgerlichen Gesetzbuche
EI	Europäische Interessenvertretung
EICRA	Employee (Information And Consultation) Regulations (Vorgaben zu Information und Konsultation der Arbeitnehmer; Malta)
Einl.	Einleitung
EIRA	Employment and Industrial Relations Act (Gesetz über Beschäftigungsverhältnisse und Arbeitsbeziehungen; Malta)
EIRO	*European Industrial Relations Observatory*
EK	Eigenkapital
EMRK	Europäische Menschenrechtskonvention
EPG	*Europäische Privatgesellschaft* (dt. Bezeichnung für die *SPE*)
esET	Estatuto de los Trabajadores (Arbeitnehmerstatut, Spanien)
esLOLS	Ley Orgánica [...] de Libertad Sindical (Gesetz über die Gewerkschaftsfreiheiten; Spanien)
esLSC	Ley de Sociedades de Capital (Kapitalgesellschaftsgesetz; Spanien)
estHGB	Äriseadustik (Handelsgesetzbuch; Estland)
ETUI	*European Trade Union Institute*
EU	Europäische Union
EuGH	Europäischer Gerichtshof
EWR	Europäischer Wirtschaftsraum
f./ff.	folgend(e)
FFS	Finlands Författningssamling (Amtsblatt; Finnland)
fiCA	Osakeyhtiölaki; auch: Aktiebolagslag; Finnish Limited Liability Companies Act (Kapitalgesellschaftsgesetz; Finnland)
Fn.	Fußnote
frCCom	Code de Commerce (Handelsgesetzbuch; Frankreich)
frCT	Code du Travail (Arbeitsgesetzbuch; Frankreich)
FS	Festschrift
gem.	gemäß

GenG	Genossenschaftsgesetz
GesRZ	Der Gesellschafter (Zeitschrift)
ggf.	gegebenenfalls
GmbH	*Gesellschaft mit beschränkter Haftung*
GmbHG	Gesetz betreffend die Gesellschaften mit beschränkter Haftung
GmbHR	GmbH-Rundschau (Zeitschrift)
GOR	Groepsondernemingsraad (Gruppenbetriebsrat; Niederlande)
GSV	*Gospodarsko-socijalno vijeće* (Nationaler Ökonomischer und Sozialer Rat; Kroatien)
Gt.	Gazdasági törvény (Wirtschaftsgesellschaftsgesetz; Ungarn)
GW	Gewerkschaft
h.M.	herrschende Meinung
Hrsg.	Herausgeber
HS	Halbsatz
huArbGB	Törvény – a munka törvénykönyvéről (Arbeitsgesetzbuch; Ungarn)
HUF	ungarischer *Forint*
HRK	kroatischer *Kuna*
I	Information
i.d.R.	in der Regel
i.E.	im Einzelnen
ICA 2006	Employees (Provision of Information and Consultation) Act 2006 (Gesetz von 2006 zur Bereitstellung von Information und Konsultation der Arbeitnehmer; Irland)
ICE	The Information and Consultation of Employees Regulations 2004 (Regelwerk für Information und Konsultation der Arbeitnehmer 2004; Vereinigtes Königreich)
ieCA [Jahreszahl]	Companies Acts [1963 – 2012] (Gesellschaftsgesetze; Irland)
ILO	International Labour Organization
insbes.	insbesondere
IRA [Jahreszahl]	Industrial Relations Act (Gesetz über Arbeitsbeziehungen; Irland)
IRC	Industrial Relations Code (Gesetzbuch über Arbeitsbeziehungen; Zypern)
IRJ	Industrial Relations Journal (Zeitschrift)
itCC	Codice Civile (Zivilgesetzbuch; Italien)
itSL	Statuto dei Lavoratori (Arbeitnehmerstatut; Italien)
IuK	Information und Konsultation
IVS	*Iværksætterselskab* („haftungsbeschränke Unternehmergesellschaft"; Dänemark)
j.d.o.o.	*jednostavnog društva s ograničenom odgovornošću* („einfache GmbH"; Kroatien)
JCC	Joint Consultative Committee („gemeinsamer beratender Ausschuss"; Irland; Vereinigtes Königreich; Dänemark offiziell *Samarbejdsudvalg*, hier meist als „Kooperationsausschuss" übersetzt)
JSSC	Joint Shop Stewards' Committee („gemeinsamer Gewerkschaftsausschuss"; Vereinigtes Königreich)
JO (auch: JORF)	Journal officiel (de la République française) (Amtsblatt; Frankreich)

K	Konsultation
k.d.	*komanditno društvo* (KG; Kroatien)
KB	Koninklijke Besluiten („Königliche Beschlüsse“ = Allgemeinverfügungen; Niederlande)
Kč (auch: CZK)	tschechische *Koruna*
kft.	*korlátolt felelősségű társaság* (GmbH; Ungarn)
KGaA	*Kommanditgesellschaft auf Aktien*
kkt.	*közkereseti társaság* (OHG; Ungarn)
KL	Komerclikums (Handelsgesetzbuch; Lettland)
KMU	Kleine und Mittlere Unternehmen
KSH	Kodeks spółek handlowych (Gesetzbuch über Handelsgesellschaften; Polen)
KSzW	Kölner Schrift zum Wirtschaftsrecht (Zeitschrift)
L.	Loi (französisch „Gesetz“)
L.[da] (auch: *„Limitada“*)	*Sociedade por Quotas* (GmbH; Portugal)
LAG	Landesarbeitsgericht
LG	Landgericht
liMWG	Gesetz vom 23. Oktober 1997 über die Unterrichtung und Anhörung der Arbeitnehmerschaft in den Betrieben, Mitwirkungsgesetz (Liechtenstein)
litArbGB	Darbo Kodeksas (Arbeitsgesetzbuch; Litauen)
litBetrRG	Darbo tarybų įstatymas (Betriebsrätegesetz; Litauen)
litGewerkG	Profesinių sąjungų įstatymas (Gewerkschaftsgesetz; Litauen)
litHGG	Akcinių bendrovių istatymas (Handelsgesellschaftsgesetz; Litauen)
litZGB	Civilinis Kodeksas (Zivilgesetzbuch; Litauen)
LL oder *L/L*	auch: *„Lutlag“*, eigentlich *Aksjeselskap* (GmbH; Norwegen)
LRC	Labour Relations Commission (auch: An Coimisiún um Chaidreamh Oibreachais) (Kommission für Arbeitsbeziehungen; Irland)
Ltd.	*Limited Company* (GmbH; Irland, Malta, Vereinigtes Königreich, Zypern)
LTL	litauischer *Litas*
luxArbGB	Loi du 31 juillet 2006 portant introduction d'un Code du Travail (Arbeitsgesetzbuch; Luxemburg)
luxHGB	Loi du 10 août 1915 concernant les sociétés commerciales (Handelsgesellschaftsgesetz; Luxemburg)
LV	Latvijas Vēstnesis (Amtsblatt; Lettland)
M	Mitwirkung/monistisch
M.B.	Moniteur Belge/Belgisch Staatsblad (Amtsblatt; Belgien)
M. Of.	Monitorul Oficial (Amtsblatt; Rumänien)
m.w.N.	mit weiteren Nachweisen
MB	Mitbestimmung
MBL	Lag (1976:580) om medbestämmande i arbetslivet, kurz meist: Medbestämmandelagen (Gesetz über die Mitbestimmung in der Arbeitswelt; Schweden)
mgl.	möglich
MgVG	Gesetz über die Mitbestimmung der Arbeitnehmer bei einer grenzüberschreitenden Verschmelzung
MitbestG	Gesetz über die Mitbestimmung der Arbeitnehmer; Mitbestimmungsgesetz

MoMiG	Gesetz zur Modernisierung des GmbH-Rechts und zur Bekämpfung von Missbräuchen
MontanMitbestG	Gesetz über die Mitbestimmung der Arbeitnehmer in den Aufsichtsräten und Vorständen der Unternehmen des Bergbaus und der Eisen und Stahl erzeugenden Industrie
MontanMitbestErgG	Gesetz zur Ergänzung des Gesetzes über die Mitbestimmung der Arbeitnehmer in den Aufsichtsräten und Vorständen der Unternehmen des Bergbaus und der Eisen und Stahl erzeugenden Industrie
MS	Mitgliedstaat
mtCA	Companies Act (Gesellschaftsgesetz; Malta)
NJW	Neue Juristische Wochenschrift (Zeitschrift)
NN	Narodne Novine (Amtsblatt; Kroatien)
NOZ	Nový občanský zákoník (Bürgerliches Gesetzbuch; Tschechische Republik)
NV (auch: *N.V.*)	*naamloze vennootschap* („Namenlose Partnerschaft", Aktiengesellschaft; Belgien, Niederlande)
nyrt.	*nyilvánosan működı részvénytársaság* („offene Aktiengesellschaft", d.h. börsennotiert; Ungarn)
NZA	Neue Zeitschrift für Arbeitsrecht (Zeitschrift)
NZG	Neue Zeitschrift für Gesellschaftsrecht (Zeitschrift)
OBS	Otto-Brenner-Stiftung
OBZ	*Obchodní zákonník* (Handelsgesetzbuch; Slowakische Republik)
OGH	Oberster Gerichtshof (Österreich)
OLG	Oberlandesgericht
OOD (auch: *ООД*)	*дружеството с ограничена отговорност/druženstvo s ograničena otgovornost* (GmbH; Bulgarien)
OR	Obligationenrecht (Schweiz)/Ondernemingsraad (Betriebsrat; Belgien, Niederlande)
Org.	Organisationsstruktur
östAktG	Bundesgesetz über Aktiengesellschaften; Aktiengesetz (Österreich)
östGmbHG	Gesetz vom 6. März 1906, über Gesellschaften mit beschränkter Haftung; GmbH-Gesetz (Österreich)
OÜ	*osaühing* (GmbH; Estland)
OWM	*onderlinge waarborgmaatschappij* (Versicherungsverein auf Gegenseitigkeit; Niederlande)
Oy (auch: *Ab*)	*yksityinen osakeyhtiö/Aktiebolag* (private Aktiengesellschaft; Finnland)
Oyj (auch: *Abp*)	*julkinen osakeyhtiö/publikt Aktiebolag* (Publikumsaktiengesellschaft; Finnland)
PEA	pre-existing agreement („bereits bestehendes Übereinkommen"; Vereinigtes Königreich)
PersVG	Personalvertretungsgesetz
Pkt.	Punkt
PLC	*Public Limited Company* (Aktiengesellschaft; Irland, Malta, Vereinigtes Königreich, Zypern)
PLN	polnischer *Złoty*
poCSC	Código das Sociedades Comerciais (Handelsgesellschaftsgesetz; Portugal)
poCT	Código do Trabalho (Arbeitsgesetzbuch; Portugal)

PSG	Bundesgesetz über Privatstiftungen [etc.]; Privatstiftungsgesetz (Österreich)
PVT	Personeelsvertegenwoordiging (Personalvertretung; Niederlande)
R.S.A.	Rappresentanza Sindacale Aziendale (Betriebliche Gewerkschaftsvertretung; Italien)
R.S.U.	Rappresentanza Sindacale Unitaria (einheitliche Gewerkschaftsvertretung; Italien)
RdA	Recht der Arbeit (Zeitschrift)
Règl. gd.	Règlement grand-ducal („Großherzogliche Verordnung" – Allgemeinverfügung; Luxemburg)
RHSD	*Rady hospodářské a sociální dohody České republiky* (etwa „Rat für Wirtschaft- und Sozialabkommen der Tschechischen Republik")
RL 2001/86/EG	siehe SE-RL
RL 2002/14/EG	Richtlinie 2002/14/EG des Europäischen Parlaments und des Rates vom 11. März 2002 zur Festlegung eines allgemeinen Rahmens für die Unterrichtung und Anhörung der Arbeitnehmer in der Europäischen Gemeinschaft
RL 2005/56/EG	Richtlinie 2005/56/EG des Europäischen Parlaments und des Rates vom 26. Oktober 2005 über die Verschmelzung von Kapitalgesellschaften aus verschiedenen Mitgliedstaaten
RL 2009/38/EG (auch: EBR-RL 2009)	Richtlinie 2009/38/EG des Europäischen Parlaments und des Rates vom 6. Mai 2009 über die Einsetzung eines Europäischen Betriebsrats oder die Schaffung eines Verfahrens zur Unterrichtung und Anhörung der Arbeitnehmer in gemeinschaftsweit operierenden Unternehmen und Unternehmensgruppen (Neufassung)
RLR	*Ritsumeikan Law Review* (Zeitschrift)
Rn.	Randnummer
RON	rumänischer *Leu*
Rs.	Rechtssache
RSS	Représentant de la Section Syndicale (nicht-repräsentativer Gewerkschaftsdelegierter; Frankreich)
rt.	*részvénytársaság* (Aktiengesellschaft; Ungarn)
RT	Riigi Teataja (Amtsblatt; Estland)
ruArbGB	Legea nr.53 din 24 ianuarie 2003 Codul muncii (Arbeitsgesetzbuch; Rumänien)
ruHGG	Legea nr. 31 din 16 noiembrie 1990 privind societăţile comerciale (Gesetz über Handelsgesellschaften; Rumänien)
s.	siehe
S.	Seite
S.A.	*Sociedad Anónima* (Aktiengesellschaft; Spanien)/*Sociedade Anonima* (Aktiengesellschaft; Portugal)/*Societatea pe acţiuni* (Aktiengesellschaft; Rumänien)/*Société Anonyme* (Aktiengesellschaft; Belgien, Frankreich, Luxemburg)/*Spółka Akcyjna* (Aktiengesellschaft; Polen)
S.a.r.l.	*Société à responsabilité limitée* (GmbH; Luxemburg)
S.A.R.L.	*Société à Responsabilité Limitée* (GmbH; Frankreich)
S.a.r.l.u.	*Société à responsabilité limitée unipersonnelle* (Einpersonen-GmbH; Luxemburg)

S.A.S.	*Société par Actions Simplifiée* („vereinfachte Aktiengesellschaft“; Frankreich)
S.I.	Statutory Instrument (Rechtsverordnung; Irland, Vereinigtes Königreich)
S.p.a.	*Società per azioni* (Aktiengesellschaft; Italien)
S.p.r.l.	*Société privée à responsabilité limitée* (GmbH; Belgien)
Sp. z. o.o.	*Spółka z ograniczoną odpowiedzialnością* (GmbH; Polen)
S.r.l.	*Società a responsabilità limitata* (GmbH; Italien)
S.R.L. (auch: *S.L.*)	*Sociedad de Responsabilidad Limitada* (GmbH; Spanien)
s.r.o.	*společnost s ručením omezeným* (GmbH; Tschechische Republik)/ *Spoločnosť s ručením obmedzeným* (GmbH; Slowakische Republik)
S-bvba	*besloten vennootschap met beperkte aansprakelijkheid „Starter“* (vereinfachte GmbH; Belgien)
Sb.	*Sbírka zákonů* (Amtsblatt; Tschechische Republik)
SCE	*Societas Cooperativa Europaea* (Europäische Genossenschaft)
SE	*Societas Europaea* (Europäische Gesellschaft)
SE-RL	Richtlinie 2001/86/EG des Rates vom 8. Oktober 2001 zur Ergänzung des Statuts der Europäischen Gesellschaft hinsichtlich der Beteiligung der Arbeitnehmer
SE-VO	Verordnung (EG) Nr. 2157/2001 des Rates vom 8. Oktober 2001 über das Statut der Europäischen Gesellschaft (SE)
SEAG	Gesetz zur Ausführung der Verordnung (EG) Nr. 2157/2001 des Rates vom 8. Oktober 2001 über das Statut der Europäischen Gesellschaft (SE); SE-Ausführungsgesetz
SEBG	Gesetz über die Beteiligung der Arbeitnehmer in einer Europäischen Gesellschaft; SE-Beteiligungsgesetz
Sec.	*Section* (englisch „Paragraph“)
SEK	schwedische *Krona*
SER	*Sociaal-Economische Raad* („Sozial Ökonomischer Rat“; Niederlande)
SFS	Svensk författningssamming (Amtsblatt; Schweden)
SIA	*Sabiedrība ar ierobežotu atbildību* (GmbH; Lettland)
skLC	*Zákonník práce* (Arbeitsgesetzbuch; Slowakische Republik)
SLNE	*Sociedad Nueva Empresa* (vereinfachte GmbH; Spanien)
sog.	so genannte(r)
SPE	*Societas Privata Europaea* (Europäische Privatgesellschaft)
SPE-VOE-KOM	Vorschlag für eine Verordnung des Rates über das Statut der Europäischen Privatgesellschaft), 25.6.2008, KOM (2008) 396 (SPE-Verordnungsvorschlag, Kommission)
SPE-VOE-Hu	Vermerk – Vorschlag für eine Verordnung des Rates über die Europäische Privatgesellschaft – Politische Einigung, 23.5.2011, 10611/11, DRS 84, SOC 432 (SPE-Verordnungsvorschlag, ungarische Ratspräsidentschaft)
SPRLU	*Société privée à responsabilité limitée unipersonnelle* (Einpersonen-GmbH; Belgien)
SPRL-S	*Société privée à responsabilité limitée – „Starter“* (vereinfachte GmbH; Belgien)
SRL (auch: *S.r.l.*)	*Societate cu răspundere limitată* (GmbH; Rumänien)
SSC	shop stewards’ committee (Gewerkschaftsausschuss; Vereinigtes Königreich)
st.	stavak („Absatz“; Kroatien)
SUP	*Societas Unius Personae* (Europäische Einpersonen-GmbH)

SUP-RLE	Vorschlag für eine Richtlinie des Europäischen Parlaments und des Rates über Gesellschaften mit beschränkter Haftung mit einem einzigen Gesellschafter vom 09.04.2014; COM(2014) 212 final, 2014/0120 (COD)
swCA	Aktiebolagslag (Aktiengesellschaftsgesetz; Schweden)
TR	Tillidsrepræsentant (lokaler Gewerkschaftsvertreter; Dänemark)
TUIS	Töötajate usaldusisiku seadus („Treuhänder-Gesetz"; Estland)
U	Unternehmen
UAB	*Ŭzdaroji akcinė bendrovė* (geschlossene Aktiengesellschaft; Litauen)
UG (haftungsbeschränkt)	*Unternehmergesellschaft (haftungsbeschränkt)*
UIK	Ustawa informowaniu pracowników i przeprowadzaniu z nimi konsultacji (Gesetz über Unterrichtung und Anhörung von Arbeitnehmern; Polen)
ukCA	Companies Act 2006 (Gesellschaftsgesetz; Vereinigtes Königreich)
UVA	Utvecklingsavtalet (Vereinbarung über Effizienz und Mitwirkung; Schweden)
UZZ	Ustawa związkach zawodowych (Gewerkschaftsgesetz; Polen)
VerwR	Verwaltungsrat
vgl.	vergleiche
VO	Verordnung des Bundesministers für soziale Verwaltung vom 17. Juni 1974 über die Entsendung von Arbeitnehmervertretern in den Aufsichtsrat (Österreich)
Vss.	Voraussetzung(en)
VVaG	*Versicherungsverein auf Gegenseitigkeit*
WO	Wahlordnung
WOR	Wet op de Ondernemingsraden (Betriebsrätegesetz; Niederlande)
Z	Ziffer
z.B./Z.B.	zum Beispiel
z.T.	zum Teil
z.Z.	„verfassungsänderndes Gesetz" (Slowakische Republik)
ZAAR	Zentrum für Arbeitsbeziehungen und Arbeitsrecht
Zb.	slowakisches Amtsblatt
ZEuP	Zeitschrift für Europäisches Privatrecht (Zeitschrift)
ZESD	Zakon o evropskih svetih delavcev (Gesetz über Europäische Betriebsräte; Slowenien)
ZfA	Zeitschrift für Arbeitsrecht (Zeitschrift)
ZGD	Zakon o gospodarskih družbah (Wirtschaftsgesellschaftsgesetz; Slowenien)
ZHR	Zeitschrift für das gesamte Handelsrecht und Wirtschaftsrecht (Zeitschrift)
ZIP	Zeitschrift für Wirtschaftsrecht (inkl. EWiR) (Zeitschrift)
ZOK	Zákon o obchodních korporacích (Gesetz über Handelskorporationen; Tschechische Republik)
ZOR	Zakon o Radu (Arbeitsgesetz; Kroatien)
ZRSin	Zakon o reprezentativnosti sindikatov (Gesetz über die Repräsentativität von Gewerkschaften; Slowenien)

zrt.	*zártkörően mőködı részvénytársaság* (geschlossene Aktiengesellschaft; Ungarn)
ZSDU	Zakon o sodelovanju delavcev pri upravljanju (Gesetz über die Mitbestimmung bei der Unternehmensführung; Slowenien)
ZTD	Zakon o trgovačkim društvima (Gesetz über die Handelsgesellschaften; Kroatien)

Länderkürzel	
AT	Österreich
BE	Belgien
BG	Bulgarien
CH	Schweiz
CY	Zypern
CZ	Tschechische Republik
DE	Deutschland
DK	Dänemark
ES	Spanien
EST	Estland
FI	Finnland
FR	Frankreich
GR	Griechenland
HU	Ungarn
HR	Kroatien
IRL	Irland
IT	Italien
LI	Lichtenstein
LT	Litauen
LUX	Luxemburg
LV	Lettland
MT	Malta
NO	Norwegen
NL	Niederlande
PL	Polen
PO	Portugal
RO	Rumänien
SI	Slowenien
SK	Slowakische Republik
SW	Schweden
UK	Vereinigtes Königreich

Teil 1 – **Einleitung**

Das Buch bietet einen vergleichenden Überblick über die im privaten Sektor bestehende Rechtslage zur Arbeitnehmerbeteiligung in Europa, fokussiert auf die Beteiligung auf betrieblicher Ebene sowie auf die unternehmerische Mitbestimmung.

Die Ausführungen sind nach Ländern geordnet. Die einzelnen Länderberichte enthalten zunächst einige Hintergrundinformationen zu den jeweiligen industriellen Beziehungen und eine knappe Erläuterung der kapitalgesellschaftsrechtlichen Kernfaktoren. Danach werden die Beteiligungsstrukturen beschrieben.

Dargestellt werden die grundlegenden Strukturen anhand der jeweiligen normativen Vorgaben sowie deren unmittelbare Wirkungen. Dies dient dem ersten Einstieg in die jeweilige Rechtsordnung und soll die Voraussetzung für weitere eigene Recherchen schaffen, ohne den Text gleichzeitig allzu sehr ausufern zu lassen. Hierzu finden sich neben verschiedenen Literaturhinweisen vor allem Internetlinks, die einen schnellen eigenen Zugriff auf die aktuellen Informationen ermöglichen.

Querschnittserläuterungen zu den insoweit relevantesten jüngeren Richtlinien und den supranationalen Kapitalgesellschaften SE und SPE sowie einige zusammenfassende Tabellen runden die Beschreibungen ab.

Teil 2 – **Begrifflichkeiten**

A. Arbeitnehmerbeteiligung – Ausprägungen

I. Grundsätzlich

Unter dem Begriff „Arbeitnehmerbeteiligung" versteht man allgemein die kollektive Interessenwahrnehmung der Arbeitnehmer gegenüber dem Arbeitgeber.

Dahinter steht der Ansatz, dass wegen der „strukturellen Unterlegenheit" des einzelnen Beschäftigten gegenüber dem Arbeitgeber zu dessen wirksamer Interessenvertretung ein kollektiver Mechanismus notwendig ist.[1]

Die Arbeitnehmerbeteiligung kann grundsätzlich vor allem auf zwei Ebenen stattfinden.

Erste Ebene ist der Betrieb als Stätte zur Verfolgung arbeitstechnischer Zwecke (Produktion, Vertrieb, Verwaltung, Dienstleistungen). Zweite Ebene ist das Unternehmen als rechtsfähige organisatorische Einheit zur Verfolgung wirtschaftlicher oder ideeller Ziele (Planung, Leitung, Strategie). Diese Aufteilung wird auch auf europäischer Ebene anerkannt[2] und ist u.a. im Rahmen der SE-RL übernommen worden.[3]

Bisweilen wird zudem auch noch von einer „Dritten Ebene des Zusammenwirkens von Arbeitgebern und Arbeitnehmern" gesprochen. Gemeint ist damit die Tarifautonomie. Diese beschreibt das Recht der Sozialpartner, unabhängig von einer staatlichen Beeinflussung die Arbeits- und Wirtschaftsbedingungen über Tarifverträge zu regeln. Tarifverträge gelten grundsätzlich nur zwischen den jeweiligen Vertragsparteien und behandeln grundsätzlich solche Fragen, die das Arbeitsverhältnis und die Organisation der Arbeit im jeweiligen Betrieb betreffen. Sie geben also gewisse Rahmendaten vor und beeinflussen die unternehmerische Entscheidung lediglich mittelbar. Betriebliche Beteiligung und Unternehmensmitbestimmung hingegen wirken unmittelbar und allgemein für alle Arbeitnehmer, d.h. vor allem auch ohne Rücksicht auf eine etwaige Gewerkschaftszugehörigkeit.[4] Diese Mitwirkungsform bleibt im Rahmen dieser Darstellung grundsätzlich ebenso außer Betracht wie finanzielle Beteiligungsformen der Arbeitnehmer und der Bereich des Arbeitsschutzes.

---

1 Für Deutschland vgl. zuletzt BVerfG vom 23.11.2006, 1 BvR 1909/06, insbes. Rn. 51f., Text unter http://www.bverfg.de/entscheidungen/rk20061123_1bvr190906.html; *Wißmann* in *Fitting/Wlotzke/Wißmann/Koberski/Kleinsorge*, MitbestR, MitbestG, Vorbem., Rn. 5.

2 Vgl. die Begriffsbestimmungen des Anhangs II zum *Davignon*-Bericht zu den Begriffen „Beteiligung", „Information", „Anhörung" und „Mitbestimmung" der Arbeitnehmer. Vgl. auch Europäisches Parlament, Bericht zum *Davignon*-Bericht vom 06.11.1997, A4-0354/97, (PE 224.250/endg.), S. 5.

3 Richtlinie 2001/86/EG des Rates vom 8. Oktober 2001 zur Ergänzung des Statuts der Europäischen Gesellschaft hinsichtlich der Beteiligung der Arbeitnehmer, ABl. L 294 vom 10.11.2001, S. 22, im Folgenden *SE-RL*. Vgl. hier Art. 2(h)–(k) SE-RL.

4 Für Deutschland vgl. Art. 9 III GG; näher *Wißmann* in *Fitting/Wlotzke/Wißmann/Koberski/Kleinsorge*, MitbestR, MitbestG, Vorbem., Rn. 6, 9f.; *Richardi* in *Richardi*, BetrVG, § 2, Rn. 24ff.

II. Betriebliche Beteiligung

Die Beteiligung auf betrieblicher Ebene zielt auf die Teilhabe der Arbeitnehmer an den personellen, sozialen und wirtschaftlichen Auswirkungen, die ihrerseits erst aus konkreten unternehmerischen Leitungs- und Organisationsentscheidungen folgen. Es geht grundsätzlich also um die Arbeitsbedingungen. Hierzu bestehen vor allem Unterrichtungs- und Anhörungsrechte, bisweilen bestehen daneben auch Mitwirkungs- und Mitbestimmungsrechte.

„Unterrichtung" bedeutet, dass die Unternehmensleitung die Arbeitnehmer bzw. deren Vertretungen vor der Durchführung bestimmter Maßnahmen informiert. Dies muss nach Zeitpunkt, Form und Inhalt so geschehen, dass der Arbeitnehmerseite die eingehende Prüfung der möglichen Auswirkungen der beabsichtigten Maßnahme und gegebenenfalls die Vorbereitung von Anhörungen mit der Unternehmensleitung möglich bleibt.[5] Die Unterrichtung ist meist die Vorstufe für weiter reichende Beteiligungsrechte.

Die „Anhörung" bezieht sich auf die Errichtung eines mehr oder minder ständigen Dialogs und Meinungsaustauschs zwischen der Arbeitnehmer- und der Arbeitgeberseite, der es den Arbeitnehmervertretern auf der Grundlage der erhaltenen Informationen ermöglicht, eine eigene Stellungnahme zu den geplanten Maßnahmen abzugeben, die dann im Rahmen des Entscheidungsprozesses durch die Arbeitgeberseite berücksichtigt werden kann.[6]

Im Rahmen der „Mitwirkung" geht es um Beratung und Mitsprache bei der Entscheidung des Arbeitgebers im Sinne einer gemeinsamen Erörterung. Hängt die Entscheidung in ihrer Wirksamkeit von einer Zustimmung der Arbeitnehmerseite ab, wird allgemein von „Mitbestimmung" gesprochen. Die Mitbestimmungsrechte sind in ihrer Intensität abgestuft, je nachdem, ob sie ein Initiativ- und Zustimmungsrecht, nur ein Zustimmungsrecht oder ein Zustimmungsverweigerungsrecht im Sinne eines „Vetos" gewähren. Die genauen Übergänge sind oft fließend.[7]

Inhaltlich geht es bei der Beteiligung auf betrieblicher Ebene vor allen Dingen um solche Aspekte, die die Arbeitnehmer an ihrem jeweiligen Arbeitsplatz unmittelbar betreffen. Die Vertretungsgremien gleichen dabei auch die unterschiedlichen Interessen unter den jeweiligen Arbeitnehmern, bzw. unter den verschiedenen Betriebsteilen, aus und sichern ggf. ein regelkonformes Verhalten (*compliance*).[8]

---

5 Vgl. Art. 2(f) RL 2002/14/EG, 2(i) SE-RL, Art. 2 (i) SCE-RL, Erwägungsgrund 21f., Art. 2(f) EBR-RL 2009.

6 Vgl. Art. 2(g) RL 2002/14/EG, 2(j) SE-RL, Art. 2 (j) SCE-RL, Erwägungsgrund 23, Art. 2(g) EBR-RL 2009.

7 Zur Unterscheidung in Deutschland *Richardi* in *Richardi*, BetrVG, Vorbemerkung, Rn. 21, 27ff.

8 Vgl. allgemein zur Compliance die Darstellung von *Mengel* unter http://www.soldan.de/WebRoot/SoldanDB/Shops/Soldan/Sample/Grobys_B.pdf, zur Mitbestimmung des deutschen Betriebs-

III. Unternehmerische Mitbestimmung

Die Mitbestimmung auf Unternehmensebene betrifft die unmittelbare Einflussnahme der Arbeitnehmerseite auf alle zentralen Planungs-, Leitungs- und Organisationsentscheidungen der Gesellschaft. Sie beruht auf dem Recht, einen Teil der Mitglieder des gesellschaftlichen Aufsichts- oder Verwaltungsorgans zu wählen oder zu bestellen, bzw. eine entsprechende Wahl oder Bestellung zu empfehlen oder abzulehnen.[9]

Es geht hier also um Einwirkung auf solche Entscheidungen, die die unternehmerische Substanz betreffen, kurz um die Unternehmenspolitik. Hier sollen die Interessen der Arbeitnehmer insgesamt berücksichtigt und soziale Belange möglichst frühzeitig einbezogen werden. Das gilt also insbesondere auch losgelöst von der Zugehörigkeit zu einer bestimmten Interessengruppe wie z.B. einer Gewerkschaft.

Umgesetzt wird die Mitbestimmung letztlich durch ein Stimmrecht im Gesellschaftsorgan, durch Zustimmungsvorbehalte bei bestimmten Angelegenheiten oder Initiativrechte als erzwingbare Regelungen durch Dritte. Grundsätzlich bedeutet sie, dass bestimmte unternehmerische Maßnahmen nur dann durchgeführt werden können, wenn die Arbeitnehmerseite tatsächlich zustimmt. In diesem Sinne bildet die Mitbestimmung einen Teilaspekt der industriellen Beziehungen und damit auch der Corporate Governance als dem *„Verhältnis zwischen der Führung eines Unternehmens, seinem Verwaltungsrat, Aktionären und anderen Interessengruppen"*.[10]

Während betriebliche und unternehmerische Mitbestimmung rein rechtlich selbständig nebeneinander stehen, ergänzen sie sich funktional. Praktisch sind sie oft auf verschiedene Weise miteinander verwoben. Nicht selten besteht eine personelle Identität zwischen den Arbeitnehmervertretern auf betrieblicher und auf unternehmerischer Ebene. Zudem müssen die Arbeitnehmervertreter im Bereich der Mitbestimmung meist die Vertretungen auf betrieblicher Ebene über ihre Arbeit informieren. Bisweilen können sie daneben auch von diesen Gremien bestellt und begründungslos wieder abberufen werden, etc.[11]

---

rats bei der Einführung von Compliance-Regeln dort insbes. S. 9 f.; *Richardi* in *Richardi*, BetrVG, § 77, Rn. 88, § 87, Rn. 181, 196; aus gewerkschaftlicher Sicht *Hexel/Pütz*, ACQ II/2012, S. 40 ff.

9 Vgl. Art. 2 (k) SE-RL, Art. 2 (k) SCE-RL, Erwägungsgrund 13 RL 2005/56/EG.

10 Kommission, Aktionsplan 2012, S. 3. Demzufolge ist der europäische Rahmen für eine Corporate Governance eine Kombination aus Rechtsvorschriften und unverbindlichen Bestimmungen wie nationalen Corporate Governance Kodices; ebd. Allerdings findet die Mitbestimmung in diesen Kodices keinesfalls durchgängig Eingang. Wo dies der Fall ist, wird im Zuge der weiteren Erläuterungen darauf hingewiesen.

11 Vgl. *Wißmann* in *Fitting/Wlotzke/Wißmann/Koberski/Kleinsorge*, MitbestR, MitbestG, Vorbem., Rn. 5, 9 f.; *Rebhahn*, ZAAR 2004, Rn. 1; *ders.*, NZA 2001, S. 763, 770 ff.; BMAS Mitbestimmung 2008, S. 11 f.

IV. Arbeitnehmerbegriff

Für diese beiden Beteiligungsformen bestehen also mittlerweile unionsweit autonome Begriffsbestimmungen. Das gilt allerdings (zumindest derzeit noch) nicht für eine entsprechende Definition des „Arbeitnehmers" selbst, sofern das für die Beteiligungsrechte relevant wird.

In vielen Bestimmungen des primären und sekundären Unionsrechts wird der Begriff in unterschiedlichem Sinne verwendet.[12] Um gleichwohl einen einheitlichen Geltungsbereich des Unionsrechts zu gewährleisten, kann aber nicht auf die Begriffsbildung in den Mitgliedstaaten zurückgegriffen werden, da diese sonst darin frei wären, über entsprechende nationale Definitionen auch den entsprechenden unionsrechtlichen Schutz auszudehnen oder zu beschneiden. Für den primärrechtlichen Arbeitnehmerbegriff ist daher eine unionsrechtlich autonome Begriffsauslegung geboten, die in den unterschiedlichen Rechtsakten auch verschiedene Bedeutung entfalten kann.[13]

Auf sekundärrechtlicher Ebene, insbesondere in den verschiedenen Richtlinien, wird hingegen durchaus auf die Definition des nationalen Rechts zurück verwiesen.[14] Die Union bestimmt den Begriff in diesem Zusammenhang also nicht selbst, sondern setzt ihn voraus. Vor allem, soweit es die rein nationalen Gestaltungen angeht, ist die Konkretisierung den Mitgliedstaaten überlassen.

---

12 Z.B. hat die Arbeitnehmerfreizügigkeit gem. Art. 45 AEUV einen anderen personalen Geltungsbereich als Art. 48 AEUV, der die sozialen Sicherungssysteme regelt; *Schlachter/Seifert* in *Schulze/Zuleeg/Kadelbach*, EuropaR 2010, § 39, Rn. 6ff.

13 Der EuGH hat im Zusammenhang mit der Arbeitnehmerfreizügigkeit gem. Art. 45ff. AEUV auch den Begriff des Arbeitnehmers definiert und legt ihn hier gemeinschaftsautonom und weit aus. Nach der Entscheidung in Rs. C-66/85 vom 03.07.1986 (*Deborah Lawrie-Blum/Baden-Württemberg*), dort insbes. Rn. 17, ist in diesem Sinne ein Arbeitnehmer jeder EU-Bürger, der a) während eines bestimmten Zeitraums Leistungen erbringt, b) diese Leistungen für eine andere Person oder Firma erbringt, c) weisungsgebunden gegenüber einem anderen ist und d) ein Arbeitsentgelt für diese Leistungen erhält. Das EU-Recht sieht für die Definition einer Person als „Arbeitnehmer" keine weiteren Bedingungen vor (vgl. auch EuGH Rs. C.197/86, Urteil vom 21.06.1988 (*Steven Malcolm Brown/The Secretary of State for Scotland*), insbes. Rn. 22). Auch Personen, die eine Vorbereitungszeit im Rahmen der Berufsausbildung absolvieren, sind u.U. als „Arbeitnehmer" zu betrachten, nämlich wenn die Vorbereitungszeit unter den gleichen Bedingungen einer tatsächlichen und echten Tätigkeit absolviert wird. Geringere Produktivität und niedrigeres Entgelt ändern daran nichts (EuGH Rs. C-3/90, Urteil vom 26.02.1992 (*M.J.E. Bernini/Minister van Onderwijs en Wetenschappen*), dort Rn. 14ff., insbes. Rn. 16); vgl. auch *Riesenhuber*, EuArbR, § 3, Rn. 9ff.; *Schlachter/Seifert* in *Schulze/Zuleeg/Kadelbach*, EuropaR 2010, § 39, Rn. 7ff. Die EuGH-Urteile sind abrufbar unter http://curia.europa.eu/jcms/jcms/j_6/.

14 Art. 3 Ia RL 2008/114/EG; *Schlachter/Seifert* in *Schulze/Zuleeg/Kadelbach*, EuropaR 2010, § 39, Rn. 6.

Die Mitgliedstaaten entscheiden somit z.B. auch über die Einbeziehung von Auszubildenden oder Teilzeitbeschäftigten in „ihren" jeweiligen beteiligungsrelevanten Arbeitnehmerbegriff. Die unterschiedlich weit reichende Einbeziehung kann dann wiederum auf die Berechnung von Schwellenwerten und letztlich auf die Etablierung bestimmter Arbeitnehmervertretungsgremien durchschlagen.

B. Organisationsverfassung der Kapitalgesellschaften

Die konkrete Umsetzung und Wirkung jeder Arbeitnehmerbeteiligung hängt davon ab, wie das betroffene Unternehmen institutionell ausgestaltet wird, da sich je nachdem auch für die Mitbestimmung unterschiedliche Ansatzpunkte, und letztlich auch unterschiedliche Wirkungsreichweiten, ergeben können. In den Mitgliedstaaten bestehen für die Organisation der Leitungsstruktur von Kapitalgesellschaften, vereinfacht,[15] zwei Möglichkeiten, das monistische und das dualistische Modell.

Beim monistischen Modell (*one-tier-system*) ist die Geschäftsleitung institutionell nicht von der Überwachung der Geschäfte getrennt. Beide Funktionen werden von einem einzigen Organ wahrgenommen, dem Verwaltungsrat (*board of directors*). Namentlich in größeren Gesellschaften, wo die Verwaltungsräte personell stärker besetzt sind, wird er noch aufgeteilt in operativ geschäftsführende Mitglieder (*executive directors*) und eher beratende bzw. überwachende nicht-geschäftsführende Mitglieder (*non-executive directors*).[16] Für die geschäftsführenden Verwaltungsratsmitglieder ist auch die Bezeichnung *Chief Officer* gebräuchlich, teilweise unter Hinzufügung ihrer jeweiligen Funktionsbezeichnung.

Im dualistischen Modell (*two-tier-system*) werden Geschäftsführung und Kontrolle von separaten Organen ausgeübt. Das Kontrollorgan bestellt die Mitglieder des Leitungsorgans und beruft sie auch ab. Zudem überwacht es die Führung der Geschäfte durch das Leitungsorgan. Es ist aber seinerseits nicht berechtigt, die Geschäfte der Gesellschaft zu führen.

Traditionell herrscht in den Mitgliedstaaten jeweils eine dieser Varianten vor. Im angelsächsischen Rechtskreis ist das monistische Modell besonders verbreitet,

15 Die Reflexionsgruppe zur Zukunft des EU-Gesellschaftsrechts beobachtet, dass die praktisch bestehende Vielfalt weit über die bloße Zweiteilung eines one tier/two tier-Systems hinausgeht („... *this diversity far transcends the simple dichotomy of a one-tier/two-tier system* ..."); Bericht Reflexionsgruppe 2011, S. 11.

16 Schon 1975 wies *Ficker* darauf hin, dass sich diese Unterscheidung auch in der Vergütung widerspiegelt; *Ficker*, FS Bärmann, S. 299, 313 f.

während sich in Zentraleuropa vornehmlich das dualistische Modell findet. Im nordischen Rechtskreis existieren Mischformen, die in der Literatur gelegentlich als *one-and-a-half-tier*-System bezeichnet werden.[17]

Mit Einführung der SE begann die ursprünglich scharfe Trennung zu verwischen, da die SE wahlweise[18] über *„entweder ein Aufsichtsorgan und ein Leitungsorgan (dualistisches System) oder ein Verwaltungsorgan, das die Aufgaben von Unternehmensleitung und -kontrolle in sich vereint (monistisches System)"* verfügt.

Die hier vorgesehene Wahlfreiheit bedeutete unter den Gesichtspunkten des *effet utile* und des Anwendungsvorrangs des Unionsrechts, dass nunmehr alle Mitgliedstaaten unabhängig von ihren jeweiligen Traditionen zumindest für die SE beide Strukturvarianten zu Verfügung stellen mussten. Manche Mitgliedstaaten haben diesen Anstoß aufgenommen und auch für einige oder alle ihrer nationalen Kapitalgesellschaften entsprechende Wahlmöglichkeiten eröffnet. Konsequent spricht sich nun auch die Reflexionsgruppe zur Zukunft des EU-Gesellschaftsrechts dafür aus, die Wahlmöglichkeit durchgängig in allen Mitgliedstaaten zu etablieren.[19]

Demgegenüber erkennt die Kommission die Koexistenz beider Strukturvarianten an und will diese weder in Frage stellen, noch ändern.[20]

In der unternehmerischen Praxis erweist sich die rechtlich rigide Unterscheidung zunehmend als nicht mehr ganz so scharf. Individuelle Anpassungen auf unternehmerische Gegebenheiten scheinen damit immer häufiger möglich.

Im dualistischen System lässt sich oftmals eine enge Zusammenarbeit zwischen Vorstand und Aufsichtsrat beobachten, was bis zu einer laufenden Beratung der Unternehmensleitung im Tagesgeschäft durch das an sich nur für die Kontrolle zuständige Organ reicht.

Im monistischen System hingegen kommt es innerhalb des einen Organs in der Regel zu einer Aufteilung der Funktionen und Verantwortlichkeiten bezüglich Führung und Überwachung auf geschäftsführende und nicht-geschäftsführende Mitglieder. Im Detail werden so beträchtliche Abstufungen möglich.[21]

---

17 Die Terminologie ist uneinheitlich. Die Reflexionsgruppe zur Zukunft des EU-Gesellschaftsrechts z.B. verwendet den Begriff *„dual executive system"*; Bericht Reflexionsgruppe 2011, S. 55.

18 Art. 38(b) 2. HS, Verordnung (EG) Nr. 2157/2001 des Rates vom 8.10.2001 über das Statut der Europäischen Gesellschaft (SE), ABl. L 294 vom 10.11.2001, S. 1, zuletzt geändert durch Verordnung (EG) Nr. 1791/2006 des Rates vom 20. November 2006, ABl. L 363 vom 20.12.2006, S. 1, im Folgenden *SE-VO*. Die Festlegung zum gewünschten System erfolgt in der Satzung, so dass die Entscheidung durch eine spätere Satzungsänderung u.U. wieder abänderbar ist.

19 Bericht Reflexionsgruppe 2011, S. 56.

20 Kommission, Aktionsplan 2012, S. 6.

21 Aktuell sieht die Reflexionsgruppe zur Zukunft des EU-Gesellschaftsrechts daher „eine ganze Palette von Varianten innerhalb des sogenannten „one tier-Systems" („... *a whole panoply of variations within the socalled ‚one tier system'*"), Bericht Reflexionsgruppe 2011, S. 55 f.

Die theoretischen Unterschiede relativieren sich also immer mehr, die Systeme konvergieren zunehmend.[22] Auch der Deutsche Corporate Governance Kodex[23] stellte fest, dass sich das duale Führungssystem und das monistische Verwaltungsratssystem *„wegen des intensiven Zusammenwirkens von Vorstand und Aufsichtsrat im dualen Führungssystem in der Praxis aufeinander zu [bewegen] und gleichermaßen erfolgreich [sind]"*.[24]
Aus dem Blickwinkel der Arbeitnehmerbeteiligung wird allerdings im monistischen Modell die Mitbestimmung trotz einer solchen Aufteilung als intensiver beschrieben, als im dualistischen Modell. Begründet wird das mit der tatsächlich größeren Nähe der nicht-geschäftsführenden Direktoren zu den geschäftsführenden Direktoren, die so über den allgemeinen Gang der Ereignisse immer noch besser informiert sein sollen, als die Aufsichtsräte im dualistischen System.[25]

C. Unternehmensgruppen

Praktisch organisieren sich in einem zunehmend diversifizierten und globalisierten Umfeld namentlich die mittleren und großen Unternehmen nicht so sehr als Einzelunternehmen, sondern als Unternehmensgruppe. Im Gegensatz zu dieser praktischen Relevanz haben aber längst nicht alle Mitgliedstaaten ein eigenes spezifisches Recht für derartige Gruppensachverhalte entwickelt.

Entsprechende Vorgaben bestehen vor allem in Deutschland, an dessen Modell sich später auch Portugal, Ungarn, Tschechien und Slowenien orientiert haben. Selbst das deutsche Konzernrecht ist aber fragmentarisch und beschränkt sich hauptsächlich auf die Aktiengesellschaft. Der GmbH-Konzern wird demgegenüber ungleich weniger reglementiert. Hintergrund hierfür ist die wesentlich stärkere Stel-

22 *Ficker* sprach darum bereits 1975 von einer *„Gegenüberstellung [...] nur formaler Art"*, *Ficker*, FS Bärmann, S. 299, 305.

23 Der Deutsche Corporate Governance-Kodex, DCGK, ist ein durch eine Regierungskommission erarbeitetes Regelwerk, in dem neben geltendem Gesetzesrecht auch Empfehlungen und Anregungen im Sinne einer „best practice" zusammengestellt sind, die auf eine „gute Unternehmensführung" zielen. Die Regelungen des DCGK gelten vor allem für börsennotierte Unternehmen. Während von den dortigen Anregungen abgewichen werden kann muss den Empfehlungen grundsätzlich gefolgt werden, etwaige Abweichungen sind zu begründen und offenzulegen, sog. Entsprechenserklärung, § 161 AktG. Jedoch hat der DCGK nach h.M. keinen Rechtsnormcharakter i.S.d. Art. 2 EGBGB. Die Kommission hatte den ausdrücklichen Regierungsauftrag, die Mitbestimmung in ihre Überlegungen nicht mit einzubeziehen. Dementsprechend wird sie nur ein einziges Mal, im Zusammenhang mit der SE, erwähnt. Vgl. Darstellung unter http://www.corporate-governance-code.de/. Zur möglichen Nichtigkeit von Beschlüssen bei Verstößen gegen den Kodex vgl. OLG München, Urteil vom 06.08.2008, 7 U 5628/07; BGH, Urteil vom 21.09.2009, II ZR 174/08; Volltextveröffentlichungen über http://dejure.org/.

24 Vgl. DCGK in der Fassung vom 15.05.2012, Präambel, S. 2; aktuell ist die Fassung vom 13.05.2013, unter http://www.corporate-governance-code.de/ger/download/kodex_2013/D_CorGov_Endfassung_Mai_2013.pdf.

25 Vgl. z.B. *Den Boogert et al.*, Bestuur en Toezicht 2013, S. 12; *Van het Kaar*, ECL 2009, S. 55, 59.

lung der GmbH-Gesellschafter im Vergleich zu derjenigen der Aktionäre, die sich in der Weisungsbefugnis und möglichen Sonderrechten im Gesellschaftsvertrag widerspiegelt.[26] Die meisten anderen Mitgliedstaaten verfolgen hier einen noch bruchstückhafteren Ansatz. Die Länder des nordischen Rechtskreises beispielsweise haben keine eigenen Gesetze für Unternehmensgruppen, sehen aber in ihren jeweiligen Unternehmensgesetzgebungen einzelne Regelungen vor; ähnlich auch Spanien und Italien.[27]

Insbesondere besteht auf europäischer Ebene kein harmonisiertes Konzernrecht.[28] Die geschäftlichen Aktivitäten auf internationaler Ebene werden daher üblicherweise durch ein Netzwerk von mehr oder weniger autonomen Tochtergesellschaften und/oder Zweigniederlassungen in mehreren Staaten organisiert, das von einer einzigen gemeinsamen Unternehmenszentrale geleitet wird.

Der Hauptunterschied zwischen einer Niederlassung und einer Tochtergesellschaft ist, dass letztere eine eigene Rechtspersönlichkeit hat. Sie verfügt damit über eigene Vermögenswerte, kann Verträge mit Dritten im eigenen Namen abschließen und muss für diese haften. Eine Niederlassung hingegen bleibt ein integraler Bestandteil des Gründungsunternehmens.
Sowohl Tochtergesellschaften als auch Zweigniederlassungen operieren auf der Grundlage der Niederlassungsfreiheit nach Art. 49 AEUV, die gem. Art. 54 AEUV auch auf die Unternehmen Anwendung findet. Art. 49 AEUV spricht in Satz 1 von der Niederlassung und stellt in Satz 2 die Gründung von Agenturen, Zweigniederlassungen und Tochtergesellschaften gleich, sog. primäre und sekundäre Niederlassungsfreiheit. Eine primäre Niederlassung liegt demnach vor, wenn in einem anderen Mitgliedstaat ein Unternehmen neu gegründet oder übernommen wird oder wenn eine Standortverlegung (Verlagerung der Betriebsmittel oder Produktionsanlagen) erfolgt. Sekundäre Niederlassungen können entweder rechtliche selbständige (Tochtergesellschaften) oder unselbständige (Agenturen, Zweigniederlassungen) Einheiten sein.[29]

Ist das Recht für die Unternehmensgruppen selbst schon lückenhaft, gilt das insbesondere für die gruppenspezifischen beteiligungsrelevanten Sachverhalte, da auf diese noch weniger eingegangen wird. Im Folgenden wird darum nur sehr gelegentlich auf etwaige Reibungspunkte in diesem Feld hingewiesen.

---

26 § 37 GmbHG; *Kneisel*, SPE-Konzern 2012, S. 56.

27 Bericht Reflexionsgruppe 2011, S. 59 ff. (zur Problematik des Konzerninteresses v.a. S. 61 ff., zur Transparenz S. 68 ff.); *Winter*-Bericht 2002, S. 102 ff.

28 Gescheitert ist namentlich die sog. 9. gesellschaftsrechtliche Richtlinie zum Konzernrecht. Zum *Forum Europaeum Konzernrecht* vgl. ggf. *Lutter/Bayer/J. Schmidt*, EuropUR 2012, § 9, Rn. 5 ff.

29 Zu dieser Unterscheidung vgl. z.B. *Behrens* in *Dauses*, EUWR, E III, Rn. 2, zu wirtschaftlichen Entwicklungsmöglichkeiten vgl. Bericht Reflexionsgruppe 2011, S. 33 f.

Teil 3 – **Allgemeine Übersicht**

Bislang gibt es in Europa kein einheitliches System der Arbeitnehmerbeteiligung. Vielmehr hat sich in den einzelnen Ländern eine beachtliche Vielfalt von höchst unterschiedlichen Arbeitnehmerbeteiligungsmodellen entwickelt, je nach deren wirtschaftlichen, sozialen, kulturellem und politischen Kontext. Dabei weisen die normativen Vorgaben ebenso wie ihre tatsächliche Umsetzung eine beträchtliche Bandbreite auf.

A. Betriebliche Beteiligung

Die Vielfalt beginnt schon auf der betrieblichen Ebene. Manche Staaten sehen hier bereits direkte Beteiligungsrechte der individuellen Arbeitnehmer an ihrem jeweiligen Arbeitsplatz vor.[30] Üblich sind aber vor allem indirekte Formen, wahrgenommen durch Vertretungsgremien.

Bei diesen reicht das Spektrum von Vertretungen durch einen einzelnen Arbeitnehmervertreter bis zu eigenständigen Repräsentanzen mit einer Vielzahl von Mitgliedern. Dies sind vor allem Betriebsräte sowie lokale Gewerkschaftsvertretungen. Diese Gremien wiederum bestehen in den einzelnen Betrieben mal parallel (*dual-channel*), mal in ausdrücklicher Konkurrenz unter- und zueinander, mal quasi oder vollständig separat (*single-channel*). Teilweise sind auch davon unabhängig zusätzliche betriebsübergreifende Vertretungsformen wie Gesamt- oder Konzernbetriebsräte etabliert.

In diesem Zusammenhang haben sich die einzelnen Länder für jeweils sehr unterschiedliche Schwerpunktsetzungen entschieden. In vier EU-Staaten sind vor allem Betriebsräte vorgesehen, während gewerkschaftliche Vertretungen auf betrieblicher Ebene nicht vorkommen.[31] Acht Mitgliedstaaten bevorzugen demgegenüber die gewerkschaftliche Vertretung.[32] In fünf Ländern war zwar traditionell nur eine gewerkschaftliche Vertretung vorgesehen, zuletzt wurden aber auch andere Vertretungsformen eingeführt.[33] Elf Staaten kennen ein grundsätzlich gemischtes Modell, wobei sich die Kompetenzen der Gremien im Einzelnen aber bisweilen erheblich unterscheiden und z.T. je nach den politischen Gegebenheiten auch mehrfach verschoben wurden.[34]

Dieses eher theoretische Modell geht allerdings nicht notwendig mit den tatsächlichen Realitäten einher. Praktisch kommt es viel mehr trotz einer nominellen

30 Z.B. Deutschland, Frankreich.

31 Deutschland, Luxemburg, Niederlande, Österreich.

32 Dänemark, Finnland, Italien, Litauen, Malta, Rumänien, Schweden, Zypern.

33 Bulgarien, Estland, Großbritannien, Irland, Lettland.

34 Belgien, Frankreich, Griechenland, Kroatien, Polen, Portugal, Slowakische Republik, Slowenien, Spanien, Tschechische Republik, Ungarn.

Trennung zwischen den Gremien oft zu personellen Überschneidungen. Häufig sind die jeweiligen indirekten Repräsentanten gleichzeitig Mitglied einer Gewerkschaft, so dass die Gewerkschaften selbst in den nicht-gewerkschaftlichen Vertretungen eine beträchtliche Rolle spielen. Eine „Reinform" der jeweiligen Modelle kommt hingegen quasi nicht vor.

Formell und materiell bestehen bei den jeweiligen Vertretungsformen gravierende Unterschiede. Das gilt insbesondere für Gründungsvoraussetzungen, Befugnisse und reale Vertretungsmöglichkeiten.

Schon die Bildungsvoraussetzungen sind sehr verschieden. Denn mal ist die Einführung von betrieblichen Unterrichtungs- und Anhörungsmechanismen ab einem bestimmten personellen Schwellenwert gesetzlich vorgeschrieben, mal bedarf es dazu mehr oder minder aufwändiger Schritte von Arbeitnehmern oder Gewerkschaften („*trigger mechanism*"). Manchmal ist die Gründung allein einer entsprechenden Vertretung recht unkompliziert, jedoch bedarf dann der allgemeine Vertretungsanspruch dieses Gremiums einer vorherigen Anerkennung durch den Arbeitgeber („*recognition*") oder dem Erreichen bestimmter Quoren.

Die jeweiligen Bestellungs- und Abberufungsverfahren der einzelnen Vertreter weichen z.T. gravierend und mitunter bereits für ein und dasselbe Gremium voneinander ab. So beispielsweise im Hinblick auf die jeweils Vorschlagsberechtigten und die notwendigen Mehrheiten, manchmal auch unter unterschiedlicher Einbeziehung und Gewichtung der verschiedenen Arbeitnehmergruppen.

Die Anzahl der Gremiumsmitglieder ist dann in einigen Fällen nach oben begrenzt, teilweise ausschließlich von der Größe des jeweiligen Bezugsobjekts abhängig, so dass sich nicht zuletzt auch sehr unterschiedliche Stimmgewichte und Repräsentationsquoten der letztlichen Amtsinhaber ergeben.

Im Hinblick auf die Befugnisse operieren die Vertretungen manchmal auf Basis ebenso detaillierter wie umfangreicher gesetzlicher Regelungen, mal nahezu ausschließlich auf Grundlage tariflicher Vereinbarungen, bisweilen sind auch mehr oder minder weit reichende Anpassungsmöglichkeiten vorgesehen. Manchmal sind auch nur die Verfahren vorgegeben, während die nähere inhaltliche Ausgestaltung offen bleibt. Mitunter genießen die Vertretungen hieraus umfangreiche Rechte bis hin zu Vetomöglichkeiten, mal sehen schon die Vorgaben nur begrenzte Möglichkeiten vor.

Erkennbar werden diese Unterschiede insbesondere bei der Umsetzung im betrieblichen Alltag. Sitzungen werden zuweilen mindestens monatlich, andernorts allenfalls einmal im Jahr abgehalten. Die entsprechenden Treffen finden zum Teil als reines Arbeitnehmergremium statt, mal unter mehr oder weniger weit reichender Einbeziehung des Arbeitgebers. In den Sitzungen selbst gelten dann im Hinblick auf den Zugang zu Informationen, ihre Vertraulichkeit bzw. ihre mögliche Weitergabe unterschiedlichste Standards. Große Unterschiede bestehen u.a. auch bei den Sachausstattungen und Freistellungen für die Arbeitnehmervertreter sowie deren Zugang zu Weiterbildungsmaßnahmen und externen Beratern.

Und abschließend bestehen mitunter deutliche Abweichungen auch bei der rechtlichen Durchsetzbarkeit, dem Zugang zu (Arbeits-)Gerichten und Schiedsstellen und den Sanktionsmöglichkeiten.

Schon die reinen Vorgaben sind also äußerst uneinheitlich. Harmonisierungsbestrebungen, zuletzt durch die Unterrichtungs- und Anhörungsrichtlinie 2002/14/EG,[35] haben daran bislang nur wenig geändert. Tatsächlich wurde die dort angestrebte Vereinheitlichung bislang nicht erreicht. Im Gegenteil hatte die Richtlinie sogar real höchst unterschiedliche Auswirkungen, je nach den in den Mitgliedstaaten bereits bestehenden Traditionen und der tatsächlich sehr divergent erfolgten Umsetzung der Richtlinienvorgaben.

Erhebliche Abweichungen bestehen auch bei der tatsächlichen Resonanz auf die Beteiligungsformen, sowohl in den einzelnen Mitgliedstaaten als auch unter den unmittelbar Betroffenen. Insbesondere bedeutet alleine das Zurverfügungstellen noch lange keine gleichzeitige (geschweige denn allgemeine) Akzeptanz der Maßnahmen und Mittel. Dies gilt keinesfalls nur für die Arbeitgeber. Je nach Ausgestaltung der nationalen Regelungen überwiegt viel mehr selbst bei den Gewerkschaften die Skepsis, fürchten sie doch um eine Einschränkung ihrer Positionen und Privilegien.[36]

Dies dürfte besonders in solchen Staaten gelten, in denen die betrieblichen Gewerkschaften untereinander in starkem Wettbewerb stehen. Näher zu den Gewerkschaften sogleich unter Punkt C.

Immer noch lassen sich darum drei Großgruppen unterscheiden, nämlich Länder mit einem „stabilen" System von Unterrichtung und Anhörung, daneben solche, in denen entsprechenden Arrangements zunehmende Bedeutung beikommen und schließlich solche, in denen deren Bedeutung schwach ausgeprägt ist oder sogar zurückgeht.[37] Faktisch hat die Richtlinie also dazu beigetragen, dass sich die Spektren noch weiter auffächerten.

---

35 Näher zur Richtlinie Teil 5 B.

36 *Hall/Purcell*, EIRO I&C 2011, S. 14, 27 f., konstatieren für eine Reihe von Ländern aus verschiedensten Gründen eine „mangelnde Begeisterung der Gewerkschaften zur Errichtung von Unterrichtungs- und Anhörungsgremien" (*„lack of enthusiasm on the part of trade unions [...] for establishing I&C bodies"*), hier vor allem aber nicht nur: Bulgarien, Großbritannien, Irland und Italien. In Portugal besteht Widerstand sowohl bei den Arbeitgebern als auch bei den Arbeitnehmern. *Kovácz*, *A participação no contexto de competitividades*, in *Organizações e Trabalho*, Nr. 12, S. 11 ff., Lissabon Oktober 1994, führt aus: *„The large majority of employers does not want to promote workers' involvement. Workers' representatives themselves have similar positions";* zit. nach *Naumann*, Country Report Portugal, S. 97 f.

37 *Hall/Purcell* zählen zu den Staaten mit einem stabilen System Belgien, Dänemark, Deutschland, die Niederlande, Österreich und Schweden (*„stable pattern of I&C arrangements"*), zunehmende Bedeutung wird für Estland, Frankreich, Luxemburg, Polen, die Slowakische Republik, Slowenien, Spanien und das Vereinigte Königreich festgestellt (*„growing incidence (or use) of I&C arrangements"*), geringe oder sogar abnehmende Bedeutung wird für Bulgarien, Griechenland, Irland, Italien, Litauen, Malta, Portugal und Rumänien konstatiert (*„declining incidence, or very low take up, of I&C arrangements"*); *Hall/Purcell*, EIRO I&C 2011, S. 12 f., 28 f. (*Commentary*). In der Studie blieben

B. Mitbestimmung auf Leitungsebene

Noch tiefgreifender als bei der betrieblichen Beteiligung sind die Unterschiede im Bereich der Unternehmensmitbestimmung.

In zehn Mitgliedstaaten sind schon generell keine entsprechenden Regelungen vorgesehen.[38] Fünf weitere Staaten begrenzen die Mitbestimmung auf staatliche oder kürzlich privatisierte Unternehmen.[39]

Dreizehn EU-Länder kennen eine Unternehmensmitbestimmung auch im privaten Sektor.[40] Allerdings wird dort nicht immer jede Gesellschaftsrechtsform einbezogen, meist wird nur die jeweilige nationale „große" Kapitalgesellschaft erfasst. Eine unternehmerische Mitbestimmung in der „kleinen" Kapitalgesellschaft gibt es hingegen nur in acht Mitgliedstaaten.[41]

Wie schon bei der betrieblichen Beteiligung bestehen unter den Mitgliedstaaten mit Mitbestimmung auch bei deren näherer Ausgestaltung deutliche Differenzen bei Regelungsdichte, Ansatzpunkt und Ausgestaltung der jeweiligen Beteiligungsrechte und damit auch im Hinblick auf deren Bedeutung und Wirkung.

Schon die Verortung ist uneinheitlich, die relevanten Regelungen finden sich mal in den nationalen Arbeitsgesetzen, mal in den Gesellschaftsrechten. Dabei werden die jeweiligen Vorgaben dann aber vergleichsweise einheitlich angewendet. So sehen z.B. die acht Staaten mit mitbestimmten „kleinen" Kapitalgesellschaften kein wirklich „gattungs-" oder gar „rechtsformspezifisches Beteiligungsmodell" vor, sondern beschränken sich im Grunde darauf, die für die jeweils andere(n) Rechtsform(en) geltenden Vorschriften sinngemäß anzuwenden, ungeachtet des grundlegend anderen konzeptionellen Zuschnitts einer „kleinen" Kapitalgesellschaft.

Auch ab wann eine Mitbestimmung angezeigt sein soll, wird national unterschiedlich bewertet.

Finnland und Lettland unberücksichtigt, ebenso Kroatien, jedoch wurde der EWR-Staat Norwegen hinzugenommen. Dieser wird von den Autoren ebenfalls zu den Ländern mit stabilem System gezählt.

38 Belgien, Bulgarien, Estland, Großbritannien, Italien, Lettland, Litauen, Malta, Rumänien, Zypern.

39 Griechenland, Irland, Polen (sog. Kommerzialisierung, bei der mit zunehmender Privatisierung auch die Mitbestimmung zurückgefahren wird), Portugal (nominell, tatsächlich aber nie umgesetzt), Spanien.

40 Dänemark, Deutschland, Frankreich (seit 2013 für bestimmte Großunternehmen), Finnland, Kroatien, Luxemburg, Niederlande, Österreich, Schweden, Slowakische Republik, Slowenien, Tschechische Republik (mit Änderungen ab 2014), Ungarn.

41 Dänemark, Deutschland, Finnland, Kroatien, Niederlande, Österreich, Schweden Ungarn.

Schon die Schwellenwerte zu ihrer Etablierung reichen von mindestens 25 Arbeitnehmern bis zu mehr als 500 Beschäftigten[42] – absolut eine Abweichung um das 20-fache.

Mal ist sie gesetzlich verbindlich, mal ist ihre Einführung mehr oder weniger optional.[43]

Die Anzahl der durch die Arbeitnehmer besetzten Sitze im jeweiligen Mitbestimmungsgremium variiert zwischen einem einzelnen Arbeitnehmer bzw. einem Zwölftel des Gremiums, und einer paritätischen Beteiligung, wobei in den Mitgliedstaaten insgesamt die Drittelbeteiligung klar überwiegt. Allerdings stellen die Arbeitnehmervertreter niemals die Mehrheit des entsprechenden Gremiums.[44]

Die jeweiligen Repräsentanten werden mal von der Belegschaft gewählt, mal durch die betrieblichen Vertretungsgremien benannt, wobei wiederum mal Vorschlags- oder sogar Entsendeprivilegien der Gewerkschaften bestehen[45] und mal deren Einflussnahme (quasi) ausgeschlossen ist.[46] Externe Arbeitnehmervertreter sind im Gremium mal verboten, mal möglich und mal zwingend vorgeschrieben.[47]

Konzernsachverhalte werden kaum je explizit geregelt, bisweilen bestehen hier aber auch differenzierte Sonderbestimmungen und Ausnahmeregelungen.[48]

Ebenso wie bei der betrieblichen Beteiligung beruhen die Befugnisse der dann bestellten Arbeitnehmervertreter auch im Rahmen der Mitbestimmung teilweise auf mehr oder weniger detaillierten gesetzlichen Regelungen,[49] und teilweise (nahezu) ausschließlich auf Tarifvereinbarungen mit bisweilen hochindividuellen Abweichungen.[50]

---

42 Schweden einerseits bzw. Deutschland andererseits.

43 Z.B. Deutschland einerseits, Dänemark andererseits.

44 Ein einzelner Arbeitnehmervertreter: Kroatien, ein Zwölftel: Frankreich (bei sehr großen Unternehmen mit mindestens 5.000 Beschäftigten in Frankreich oder 10.000 Beschäftigten weltweit muss in Leitungsorganen mit bis zu 12 Mitgliedern ein Arbeitnehmervertreter sitzen, in größeren Gremien sind es zwei Arbeitnehmervertreter), ein Viertel: Finnland, paritätisch: Deutschland bei mehr als 2.000 Beschäftigten, Drittelbeteiligung faktisch Dänemark und Schweden, Deutschland bei zwischen 501 und 2.000 Beschäftigten, Niederlande, Österreich, Ungarn.

45 Deutschland, Ungarn, Schweden.

46 Dänemark, Niederlande.

47 Dänemark, Kroatien, Österreich (verboten), Deutschland, Schweden (möglich, in Schweden praktisch aber ausgeschlossen), Niederlande (zwingend vorgeschrieben).

48 Z.B.: Dänemark, Schweden und Deutschland bzw. Niederlande (namentlich für internationale Konzerne, die hier vom sog. „Strukturregime" (weitgehend) befreit werden, um sie und die ausländischen Arbeitnehmer vor einem übermäßigen Einfluss niederländischer Arbeitnehmer zu schützen); Kroatien und Ungarn bleiben hinsichtlich der Regelungsdichte zurück, Finnland sieht gar keine Konzernmitbestimmung vor.

49 Deutschland, Kroatien, Niederlande, Österreich, nominell Ungarn.

50 Dänemark, Finnland, Schweden.

In der tatsächlichen Gremiumsarbeit sind die Arbeitnehmervertreter allgemein zwar denjenigen der Anteilseigner gleichgestellt. Gleichwohl bestehen sehr abweichende Ansichten zur tatsächlichen Ausprägung dieser „Gleichstellung“. Faktisch lassen sich auffällige Unterschiede hinsichtlich der Reichweite der Mitwirkungsmöglichkeiten feststellen.[51]

Beachtenswert sind auch die unterschiedlichen Ansichten zur zusätzlichen Vergütung von Arbeitnehmerrepräsentanten in den Leitungsgremien.[52]

In den Niederlanden schließlich besteht mit der sog. „Strukturregelung“ ein gänzlich eigenes Mitbestimmungsregime, das in seinen faktischen Wirkungen so begrenzt ist, dass streng genommen selbst nach lokalen Beobachtern eine „Mitbestimmung nur auf betrieblicher Ebene stattfindet“.[53]

Selbst dort, wo Bestimmungen zur Unternehmensmitbestimmung bestehen, werden sie und ihre jeweiligen Prämissen schon prinzipiell höchst unterschiedlich wahrgenommen. Sind sie teilweise nur „Mitläufer“ der Corporate Governance kommt ihnen anderswo schon der Status eines „Rechtskulturgutes“ zu. Eine durchgängige Akzeptanz ist aber nicht gegeben. In Anlehnung an die Unterteilung bei der betrieblichen Beteiligung könnte man bei der privaten unternehmerischen Mitbestimmung daher im Wesentlichen wohl nur zwei Gruppen unterscheiden, nämlich einerseits Länder mit einem individuell „stabilen“ System und andererseits solche, in denen die Mitbestimmung schwach ausgeprägt ist oder sogar zurückgeht. Hingegen gibt es keine Länder, in denen entsprechenden Arrangements tatsächlich wachsende Bedeutung zukommt.

C. Gewerkschaften

Ähnlich wie bei der Beteiligung ist auch der gewerkschaftliche Organisationsgrad, also der Anteil der Arbeitnehmer, die Mitglied in einer Gewerkschaft sind, in den

---

51 Beispielsweise dürfen in Dänemark die Arbeitnehmervertreter nicht über Arbeitskonflikte abstimmen. In Finnland sind sie ausgeschlossen bei der Beschlussfassung über Einstellung, Entlassung und Vertragsbedingungen von Führungskräften sowie über Beschäftigungsbedingungen des Personals und Arbeitskampfmaßnahmen. In Schweden greift eine Ausnahme unter anderem schon bei der Diskussion über solche Themen, bei denen möglicherweise ein wesentliches Eigeninteresse besteht bzw. in denen Gewerkschaft und Arbeitgeber entgegengesetzte Positionen vertreten. Aus der deutschen Praxis wird demgegenüber berichtet, dass gerade in diesen Bereichen die Hauptinteressen der Arbeitnehmervertreter lägen.

52 Z.B. Österreich, Finnland.

53 *„Codetermination takes place in the OR only“*, *Directie Sociale Zaken* beim *SER* im Oktober 2010; *Van het Kaar*, noch in der vorherigen Ausgabe des Eurofound-Countryreports The Netherlands: Industrial relations profile (z.T. 25.11.2009), Abschnitt *Employee board-level representation*: *„Strictly speaking, the Netherlands does not have employee representatives at board level.“*

einzelnen Ländern sehr verschieden. Aktuell werden von Gewerkschaftsseite für den privaten Sektor Werte von ca. 70% in den skandinavischen Staaten und 8% in Frankreich angegeben, der europäische Durchschnittswert liegt bei 24%.[54]

Allerdings sind diese Zahlen für sich alleine meist kein hinreichender Indikator, um den tatsächlichen Einfluss einer Gewerkschaft zutreffend einschätzen zu können. Auch hier ist oft ein nationaler Kontext bedeutend. Gerade in den südeuropäischen Ländern, insbesondere in Frankreich und Spanien, gelingt es den Gewerkschaften regelmäßig, auch Nicht-Gewerkschaftsmitglieder z.B. für Arbeitskampfmaßnahmen heranzuziehen. Der hohe Wert in den nordischen Staaten hingegen lässt sich wohl zumindest teilweise darauf zurückführen, dass die dortige Arbeitslosenversicherung lange Zeit an die gewerkschaftlichen Institutionen gekoppelt war und teilweise noch ist; erst die Mitgliedschaft in einer Gewerkschaft führt zur Mitgliedschaft in einer Arbeitslosenversicherung (nach der flämischen Stadt sog. „*Gent*-System"). Der Wert an sich reflektiert damit aber nicht notwendigerweise eine tatsächlich in diesem Umfang bestehende „Durchsetzungsmacht". In vielen mittel- und osteuropäischen Staaten hingegen besteht nach den gravierenden Veränderungen seit den 1990er Jahren eine fast allgemeine „Gewerkschafts-Skepsis".

Tendenziell geht die Zahl der Gewerkschaftsmitglieder dabei in den meisten Ländern beständig zurück, so dass der gewerkschaftliche Organisationsgrad insgesamt sinkt. Dort, wo er gleichwohl gestiegen ist, gingen die Zahlen immer noch nicht mit dem allgemeinen Beschäftigungswachstum konform, so dass auch hier der Organisationsgrad insgesamt abgenommen hat. Zuletzt scheinen sich die Werte auf dem eher niedrigen Niveau allerdings zu stabilisieren.

Einige Gewerkschaften reagieren auf diesen Umstand mit Zusammenschlüssen zu neuen Gewerkschaften und/oder Gewerkschaftsbünden, mitunter auch auf regionaler oder übergeordneter Ebene. Teilweise versperren aber auch hier gewachsene Traditionen und Gegensätzlichkeiten unter den Betroffenen die Spielräume.[55]

Dabei sind die Gewerkschaften selbst ebenfalls stark unterschiedlich organisiert. Teilweise legen sie ihren Schwerpunkt auf bestimmte Berufsgruppen und/oder Branchen, teilweise ist (oder war) eine politische bzw. konfessionelle Ausrichtung

---

54 Europäisches Gewerkschaftsinstitut, Darstellung „Gewerkschaften", abrufbar unter http://de.worker-participation.eu/Nationale-Arbeitsbeziehungen/Quer-durch-Europa/Gewerkschaften, vgl. auch die jeweiligen Angaben in den Eiro-Länderberichten (*Country Profiles*), dort jeweils im Abschnitt *Facts and figures*, Unterabschnitt *Industrial relations characteristics*; Länderübersicht unter http://www.eurofound.europa.eu/eiro/country_index.htm (englisch).

55 Ein Beispiel aus Deutschland ist die Gründung der „Vereinten Dienstleitungsgewerkschaft ‚ver.di'" im Jahr 2001 aus der Deutschen Postgewerkschaft, der Gewerkschaft Handel, Banken und Versicherungen, der IG Medien, Druck und Papier, der Gewerkschaft Öffentliche Dienste, Transport und Verkehr und der Deutschen Angestellten-Gewerkschaft. Die ebenfalls an den Verhandlungen beteiligten Gewerkschaft der Eisenbahner Deutschlands sowie die Gewerkschaft Erziehung und Wissenschaft schlossen sich dem neuen Gewerkschaftsbund nicht an.

ausschlaggebend.[56] Teilweise sind auch regionale Schwerpunkte entscheidend. Mitunter werden verschiedene dieser Faktoren kombiniert.

Vor allem betrifft das aber auch die Vertretungsebenen. Mitunter sind bereits in den einzelnen Betrieben mehrere einzelne Gewerkschaften aktiv.[57] Auf übergeordneter Ebene gibt es meist mehrere, z.T. untereinander konkurrierende, Gewerkschaftsbünde, teilweise existiert aber auch nur ein einziger übergeordneter Gewerkschaftsbund.[58]

Mit der Zahl der Ansprechpartner wächst der Abstimmungsbedarf, was ggf. die Tarifvereinbarungen ebenso wie die Interessenvertretung verkomplizieren kann. Dies gilt umso mehr, wenn mehrere Ebenen gleichzeitig einzubeziehen sind und entsprechende Gespräche im Unternehmen, betriebsübergreifend, für die jeweilige Branche oder auch national zu führen sind, und dann weiter, wie die jeweiligen Einflusssphären verlaufen und ob die Ergebnisse ggf. auf alle Beschäftigten ausgedehnt werden oder nur die jeweiligen Verhandlungspartner unmittelbar betreffen. Manche Länder versuchen insofern, die Bedingungen für eine tatsächliche Verhandlungslegitimation der Gewerkschaften, sprich die Voraussetzungen, die diese erfüllen müssen, um überhaupt Tarifvereinbarungen schließen zu können, an bestimmte Kriterien zu knüpfen, sog. Repräsentativität.[59] Die Unterschiede setzen sich also auch in diesem Bereich fort.

---

56 Z.B. gibt es in Dänemark, Finnland und Schweden Gewerkschaften jeweils für Arbeiter, für Angestellte und für Akademiker. In Luxemburg, Italien und Spanien bestehen bestimmte Gewerkschaften im Finanzsektor. In Polen und Ungarn existieren solche Gewerkschaften, die als Nachfolgeorganisationen aus ihren kommunistischen Vorläufern entstanden sind, neben anderen, die traditionell eine Oppositionsrolle eingenommen hatten. Belgien und die Niederlande kennen Gewerkschaftsbünde, die traditionell konfessionell entweder protestantisch oder katholisch orientiert sind.

57 Das betrifft beispielsweise viele italienische Betriebe. Aufgrund der dort geltenden Gewerkschaftsfreiheit gibt es dort manchmal Betriebsgewerkschaften mit nur einem einzigen Mitglied, die grundsätzlich gleichwohl beteiligt werden müssen. Ähnliches gilt für Polen.

58 Ein einziger übergeordneter Gewerkschaftsbund z.B. in Großbritannien, Irland, Lettland, Österreich und der Slowakischen Republik. In Deutschland gibt es neben dem DGB u.a. auch den DBB. Untereinander konkurrierende Gewerkschaftsbünde bestehen z.B. in Belgien, Bulgarien, Frankreich, Italien, Kroatien, Litauen, Luxemburg, Malta, den Niederlanden, Polen, Portugal, Rumänien, Slowenien, Spanien, der Tschechischen Republik, Ungarn und Zypern.

59 Beispielsweise in Belgien, Kroatien, Polen, Slowenien, Spanien; 2008 wurden auch die entsprechenden Bestimmungen in Frankreich verschärft.

Teil 4 – **Länderdarstellungen nach Rechtskreisen**

A. Zentral- und osteuropäischer Rechtskreis

I. Deutschland[60]

1. Übersicht

In Deutschland besteht eine außerordentlich dichte Gesetzgebung zur Arbeitnehmerbeteiligung. Normiert sind sowohl eine eingliedrige betriebliche Vertretung als auch eine unternehmerische Mitbestimmung. Schon auf betrieblicher Ebene sind für die Betriebsräte durchgreifende Unterrichtungs-, Anhörungs- und Mitwirkungsbefugnisse vorgesehen. Die daneben bestehende Unternehmensmitbestimmung wird durch vier verschiedene Gesetze grundsätzlich rechtsformbezogen sowie unter Berücksichtigung der Beschäftigtenanzahl und der Unternehmensbranche ausgestaltet. Das führt letztlich zu drittelparitätischen bis paritätischen Beteiligungen.

2. Hintergrund[61]

Die institutionalisierte Arbeitnehmerbeteiligung reicht in Deutschland weit zurück. Erste moderne Gesetze stammen aus der Zeit der Weimarer Republik,[62] wurden aber in der NS-Zeit unter der Vorgabe des „Führerprinzips" wieder abgeschafft.[63]

Nach dem Zweiten Weltkrieg kam es auch zu einer Neuordnung der Wirtschaft. Im Kontrollratsgesetz Nr. 22 vom 10. April 1946[64] wurden einheitliche Maßstäbe zu Bildung und Tätigkeit von Betriebsräten festgesetzt. Zeitgleich forderten die Gewerkschaften die Vertretung der Arbeitnehmer in den Vorständen und Aufsichtsräten, zunächst nur in der Montanindustrie, später für alle Wirtschaftszweige.

---

60 Zum Überblick *Raiser/Veil,* MitbestG, Einl., Rn. 1ff.; BCCG 2003, S. 8, *Biedenkopf*-Bericht, S. 7f., zur Entwicklung der Gesetzeslage ebd., S. 81ff., aus betriebsverfassungsrechtlicher Sicht *Richardi* in *Richardi,* BetrVG, Einl., Rn. 6ff.; ferner BMAS, Mitbestimmung 2008, S. 13ff.; *Hörisch,* Vergleich, S. 17ff. *Fulton,* ETUI-DE-Betriebliche Interessenvertretung, ETUI-DE-Unternehmensmitbestimmung sowie ETUI-DE-Europäische Interessenvertretung (ETUI-DE-BI, ETUI-DE-MB, ETUI-DE-EI) unter http://www.worker-participation.eu/National-Industrial-Relations/Countries/Germany sowie *Vogel, Germany: Industrial relations profile* (z.T. 18.04.2013) bei Eiro online unter http://www.eurofound.europa.eu/eiro/country/germany.htm (englisch).

61 Vgl. zur Entwicklung Kommission Mitbestimmung 1998, S. 29ff.; *Raiser/Veil,* MitbestG, Einl., Rn. 1–8; BCCG 2003, S. 8, *Biedenkopf*-Bericht, S. 7f., 81ff.; aus betriebsverfassungsrechtlicher Sicht *Richardi* in *Richardi,* BetrVG, Einl., Rn. 6ff.

62 Vgl. Art. 165 Verfassung des Deutschen Reichs vom 11.08.1919, RGBl. S. 1383; Betriebsrätegesetz vom 04.02.1920, RGBl. S. 147, zuletzt geändert durch Reichsgesetz vom 28.02.1928, RGBl. S. 46; Gesetz über die Entsendung von Betriebsratsmitgliedern in den Aufsichtsrat vom 15.02.1922, RGBl. S. 209.

63 „Gesetz zur Ordnung der nationalen Arbeit" vom 20.01.1934, in Kraft von 1934 bis 1945.

64 ABl. AHK, S. 133.

Ab 1951 kam es tatsächlich zu einer bundesdeutschen gesetzlichen Regelung der Mitbestimmung, zunächst in der Montanindustrie. Betroffen waren hier erst nur die Montangesellschaften selbst, der Geltungsbereich wurde später aber auch auf solche Konzerne ausgedehnt, die selbst keine Montanproduktion ausübten, aber solche Unternehmen beherrschten. Es folgten verschiedene Gesetze, die auf die Absicherung dieses einmal erreichten Mitbestimmungsstatus zielten (u.a. sog. *„Lex Mannesmann“*, *„Lex Rheinstahl“*).[65]

Das erste branchenübergreifende Betriebsverfassungsgesetz trat 1952 in Kraft.[66] Es regelte die Mitbestimmung für die anderen Wirtschaftsbereiche und kleineren Kapitalgesellschaften. Demnach waren die Aufsichtsräte bestimmter Kapitalgesellschaften mit mehr als 500 Beschäftigten zu einem Drittel mit Arbeitnehmervertretern zu besetzen.[67] Dieses Gesetz wurde 1972 um weitere Regelungen zur Beteiligung auf betrieblicher Ebene ergänzt.

Seit 1976 gilt das Mitbestimmungsgesetz, in dem eine paritätische unternehmerische Mitbestimmung in allen deutschen Kapitalgesellschaften mit mehr als 2.000 Beschäftigten vorgesehen wird.[68]

2001 wurde durch ein Reformgesetz das Betriebsverfassungsgesetz von 1972 an die zwischenzeitlich veränderten Gegebenheiten angepasst.[69] Im Mai 2004 löste das Drittelbeteiligungsgesetz das Betriebsverfassungsgesetz von 1952 ab.[70]

Diese Gesetze wurden ihrerseits durch weitere gesetzgeberische Maßnahmen flankiert, beispielsweise durch verschiedene Verordnungen für die Wahlverfahren der Arbeitnehmervertreter.

In ihren jeweiligen historischen Erscheinungsformen war die deutsche Arbeitnehmerbeteiligung weder ein in sich geschlossenes System noch ein einheitliches Ganzes. Insbesondere haben sich die betriebliche Mitbestimmung und die Mitbestimmung auf Unternehmensebene lange weitgehend unabhängig voneinander entwickelt.

Die aktuelle Rechtslage ist insgesamt das Ergebnis eines entsprechend langen, und teils erbittert geführten, Prozesses.

Namentlich gegen das Mitbestimmungsgesetz von 1976 regte sich zunächst ein beträchtlicher gesellschaftspolitischer Widerstand, der bis zur Verfassungsbeschwerde führte. Mit Urteil vom 01.03.1979 entschied das BVerfG aber, dass die erweiterte Mitbestimmung der Arbeitnehmer nach dem MitbestG mit den Grundrechten der Gesellschaften, der Anteilseigner und der Koalitionen der Arbeitgeber vereinbar ist.[71] Verfassungsrechtlich ist daher zumindest diese Erscheinungsform der Mitbestimmung akzeptiert. Im Gegensatz zu dieser ursprünglich kontroversen Lage sind nach dem

65 Zur Montanmitbestimmung Abschnitt 4 b. aa.

66 Betriebsverfassungsgesetz vom 11.10.1952; BGBl. I, S. 681.

67 Vgl. §§ 76 ff. BetrVG 1952.

68 Zum Mitbestimmungsgesetz von 1976 Abschnitt 4 b. bb.

69 Zum Betriebsverfassungsgesetz von 2001 Abschnitt 4 a.

70 Zum Drittelbeteiligungsgesetz von 2004 Abschnitt 4 b. cc.

71 Vgl. BVerfGE 50, 290 ff. (sog. „Mitbestimmungsurteil“).

Gesetzerlass nur wenige grundsätzliche Rechtsstreitigkeiten vor die Gerichte gebracht worden. In seinen Entscheidungen hat der BGH die auf Umgehung des Mitbestimmungsgedankens gerichteten Maßnahmen und Praktiken konsequent verworfen, im Übrigen aber die gesellschaftsrechtliche Gestaltungsautonomie der Unternehmen so weit wie möglich beibehalten.[72] Die Rechtsprechung ebnete so den Weg zu einem gewissen „Burgfrieden".

Davon unabhängig steht aber die Frage der (Verfassungs-)Politik und einer möglichen Weiterentwicklung der Beteiligungsgesetze. Angesichts weltweit geänderter Rahmenbedingungen liegen inzwischen verschiedenste Reformvorschläge vor, die inhaltlich von einer Ausweitung und Erstreckung der deutschen Mitbestimmungsregeln bis zur Öffnung für verhandelte Lösungen nach dem europäischen Modell reichen.[73] Die Positionen sind jedoch festgefahren. Änderungen im Sinne einer umfassenden Reform sind daher derzeit nicht geplant. Dessen ungeachtet lassen sich in der unternehmerischen Praxis zuletzt gewisse Entziehungstendenzen im Sinne einer Mitbestimmungsvermeidung beobachten, was z.B. durch die Nutzung von Auslandsgestaltungen möglich ist.

3. Organisationsverfassung der Kapitalgesellschaften

a) Grundlagen

Hinsichtlich der Organisationsverfassung der Kapitalgesellschaften gilt in Deutschland das dualistische System. Die bedeutendsten Kapitalgesellschaftsformen sind die Aktiengesellschaft, AG,[74] und die Gesellschaft mit beschränkter Haftung, GmbH.[75]

Beide verfügen neben der Anteilseignerversammlung,[76] über das Leitungsorgan und ein Kontrollorgan. Geschäftsführendes Leitungsorgan ist in der Aktiengesellschaft der Vorstand,[77] bei der GmbH ein oder mehrere Geschäftsführer.[78]

---

72 Vgl. die drei zeitgleich am 25.02.1982 ergangenen Entscheidungen BGHZ 83, 106ff.; 144ff. und 153ff.; BGH AG 1983, 134 (Nichtannahmeentscheidung in der bereits entschiedenen Frage der Ausschussbesetzung); BGH DB 1984, 104 (Anstellungskompetenz des Aufsichtsrats; Unzulässigkeit eines Vetorechts der Geschäftsführung). Zum Beschluss des BVerfG vom 12.10.2004, 1 BvR 2130/98 zu den verfassungsrechtlichen Anforderungen an ein Unterschriftenquorum bei Wahlen von Arbeitnehmervertretern zum Aufsichtsrat (§ 12 I 2 MitbestG) vgl. BMAS, Mitbestimmung 2008, S. 58f.; *Ulmer/Habersack/Henssler*, MitbestG, Einl., Rn. 59.

73 Überblicksartig zu den Reformvorschlägen *Ulmer/Habersack/Henssler*, MitbestG, Einl., Rn. 69; *Raiser/Veil*, MitbestG, Einl., Rn. 74, 80ff.

74 Aktiengesetz vom 6. September 1965 (BGBl. I S. 1089), zuletzt geändert durch Artikel 26 des Gesetzes vom 23. Juli 2013 (BGBl. I S. 2586), im Folgenden *AktG*. Konsolidierte Fassungen der deutschen Gesetze beim gemeinsamen Portal des Bundesministeriums der Justiz und der *juris* GmbH unter http://www.gesetze-im-internet.de/index.html.

75 Gesetz betreffend die Gesellschaften mit beschränkter Haftung in der im Bundesgesetzblatt Teil III, Gliederungsnummer 4123-1, veröffentlichten bereinigten Fassung, zuletzt geändert durch Artikel 27 des Gesetzes vom 23. Juli 2013 (BGBl. I S. 2586), im Folgenden *GmbHG*.

76 In der Aktiengesellschaft die sog. Hauptversammlung, §§ 118ff. AktG, in der GmbH die Gesellschafterversammlung, §§ 45, 48 GmbHG.

77 §§ 76ff. AktG.

78 §§ 35ff. GmbHG

Nach § 6 I GmbHG muss mindestens ein Geschäftsführer bestellt werden.

Gesetzliches Kontrollorgan ist der Aufsichtsrat.[79] Aktiengesellschaften, Kommanditgesellschaften auf Aktien und bestimmte Genossenschaften haben verpflichtend stets einen Aufsichtsrat.[80] Dort liegt gleichzeitig der Ansatzpunkt für die unternehmerische Mitbestimmung.

Ergänzend zum Aufsichtsrat können auf freiwilliger Basis weitere Kontrollgremien wie Aktionärsausschüsse, Verwaltungsräte oder Beiräte eingerichtet werden.[81]

Das Mindestkapital beträgt für die AG 50.000,– Euro[82] und für die GmbH 25.000,– Euro.[83] Konstitutiv ist die Eintragung ins Handelsregister.[84]

aa) Aufsichtsrat

Der Aufsichtsrat ist das gesetzlich zwingend vorgeschriebene Überwachungsorgan. Er vertritt die Gesellschaft gegenüber dem Vorstand,[85] ernennt die Vorstandsmitglieder und beruft sie auch ab.[86] Daneben überwacht er die Geschäftsführung.[87]

Zu überprüfen sind deren Rechtmäßigkeit, Ordnungsmäßigkeit und Wirtschaftlichkeit. Konkret wird im Rahmen der Rechtmäßigkeit die Einhaltung insbesondere wirtschaftsrechtlicher, steuerrechtlicher und arbeitsrechtlicher Vorschriften sowie die Einhaltung der Satzung überprüft. Die Ordnungsmäßigkeit der Geschäftsführung umfasst u.a. den Nachweis über eine angemessene Unternehmensplanung und eine entsprechende interne Kontrolle aufgrund eines effektiven Rechnungs- und Betriebswesens, das sich an der Größe und der Struktur der Gesellschaft zu orientieren hat. Zur Wirtschaftlichkeit zählt die Sicherung der Lebensfähigkeit der Gesellschaft, wozu insbesondere die Sicherung der Zahlungsfähigkeit und, je nach Größe des Unternehmens, Vorkehrungen zur Früherkennung existenzgefährdender Risiken gehören, vgl. § 91 II AktG. Überwachungsgegenstand sind alle Leitungsmaßnahmen sowie die wesentlichen Einzelmaßnahmen, die von der Geschäftsführung oder einer mit Führungsaufgaben betrauten nachgeordneten Ebene getroffen werden. Eine wirksame Kontrolle ist aber nur gegeben, wenn unternehmerische Entscheidungen nicht erst im Nachhin-

---

79 §§ 95–116 AktG.

80 §§ 95ff., 287 AktG; 9 Genossenschaftsgesetz in der Fassung der Bekanntmachung vom 16. Oktober 2006 (BGBl. I S. 2230), zuletzt geändert durch Artikel 8 des Gesetzes vom 15. Juli 2013 (BGBl. I S. 2379) (GenG).

81 Vgl. zur Abgrenzung *Marsch-Barner/Diekmann* in *Priester/Mayer/Wicke*, HbGesR III, § 48, Rn. 5ff., zum GmbH-Beirat *Lutter* in *Lutter/Hommelhoff*, GmbHG, § 52, Rn. 109ff.

82 § 7 AktG.

83 § 5 I GmbHG.

84 §§ 41 AktG; 7, 11 GmbHG.

85 § 112 AktG.

86 § 84 AktG.

87 § 111 I AktG.

ein hinterfragt, sondern bereits im Vorfeld der Planung und Entscheidungsfindung begleitet werden. Zur zukunftsgerichteten Kontrolle zählt daher auch die Beratung der Geschäftsführung.[88]

Zur Umsetzung dieser Vorgabe bestehen seitens der Unternehmensleitung Auskunfts- und Berichtspflichten.[89]

Maßnahmen der Geschäftsführung können dem Aufsichtsrat nicht übertragen werden.[90] Jedoch ist er nach dem Deutschen Corporate Governance Kodex, DCGK,[91] in Entscheidungen von grundlegender Bedeutung einzubinden.[92] Zudem kann er im Rahmen seiner Überwachungstätigkeit Geschäftsführungsmaßnahmen bei Geschäften von grundlegender Bedeutung von seiner Zustimmung abhängig machen.[93]

Seit Inkrafttreten des Gesetzes zur weiteren Reform des Aktien- und Bilanzrechts, zu Transparenz und Publizität (TransPuG) im Jahr 2002 ist diese Einbindung verpflichtend. Als Geschäfte von grundlegender Bedeutung in diesem Sinne gelten Vorgänge, die nach den Planungen oder Erwartungen die Ertragsaussichten der Gesellschaft oder ihre Risikoexposition grundlegend verändern und damit eine existentielle Bedeutung für das künftige Schicksal der Gesellschaft haben.[94] Durch eine Zustimmungsverweigerung wird die Unternehmensleitung gezwungen, eine geplante Handlung so lange zurückzustellen, bis der Aufsichtsrat seine Zustimmung erteilt hat. Ggf. kann der Vorstand aber verlangen, dass die Hauptversammlung über die Zustimmung beschließt.[95] Im Ergebnis nähert sich hier das dualistische Modell der Unternehmensführung dem monistischen Modell weiter an.

Die Arbeitsweise des Aufsichtsrats wird durch die jeweilige Satzung der Gesellschaft geregelt.[96] In der Regel geben sich die Aufsichtsräte aber auch eigene Geschäftsordnungen.[97] Zur Beratung über einzelne Gegenstände können zu den Aufsichtsratssitzungen Sachverständige oder andere Auskunftspersonen hinzugezogen werden.[98]

---

88 BGH, Urteil vom 25.03.1991, Az. II ZR 188/89; *Hüffer*, AktG, § 111, Rn. 3, 5; *Marsch-Barner/Diekmann* in *Priester/Mayer/Wicke*, HbGesR III, § 48, Rn. 49, 55; *Lutter* in *Lutter/Hommelhoff*, GmbHG, § 52, Rn. 16 ff.; *Banspach/Nowak*, Der Konzern 2008, S. 201 ff.

89 §§ 90, 111, insbes. II, S. 1, 3 AktG, 290 HGB.

90 § 111 IV 1 AktG.

91 Zum DCGK oben Fn. 23.

92 Vgl. DCGK 5.1.1., S. 2.

93 § 111 IV 2 AktG.

94 Regierungsbegründung zum TransPuG, BT-Drucks. 14/8769, S. 17.

95 § 111 IV 3–5 AktG.

96 § 107 I 1 AktG.

97 Vgl. DCGK 5.1.3; *Marsch-Barner/Diekmann* in *Priester/Mayer/Wicke*, HbGesR III, § 48, Rn. 64 ff.

98 § 109 I 2 AktG.

Entscheidungen erfolgen durch einen Beschluss, der in der Regel im Rahmen der Aufsichtsratssitzungen und grundsätzlich mit einfacher Mehrheit ergeht.[99]

Zulässig ist eine Satzungsregelung, wonach bei Stimmengleichheit der Aufsichtsratsvorsitzende entscheidet, ihm kann aber kein Vetorecht eingeräumt werden.[100]

Um Verhandlungen und Beschlüsse vorzubereiten sowie um die Ausführung seiner Beschlüsse zu überwachen, kann der Aufsichtsrat aus seiner Mitte eigenverantwortlich einen oder mehrere Ausschüsse bestellen.[101] Diesen Ausschüssen können auch Entscheidungskompetenzen übertragen werden.

Üblich ist vor allem die Bestellung eines Prüfungsausschusses zur Überwachung der Rechnungslegung, des internen Kontrollsystems, des Risikomanagements, des Revisionssystems und der Abschlussprüfung.[102]

Der Aufsichtsrat besteht grundsätzlich aus drei Mitgliedern, wobei die Satzung eine höhere Zahl festlegen kann, die aber durch Drei teilbar sein muss. Die Höchstzahl staffelt sich nach dem jeweiligen Grundkapital der Gesellschaft und liegt maximal bei 21 Aufsichtsratsmitgliedern für mehr als 10 Mio. Euro Grundkapital.[103]

Da der Aufsichtsrat seine Funktionen von der Gesamtheit aller Anteilseigner ableitet werden personell zunächst auch nur deren Vertreter in ihn entsandt. Unterliegt die Gesellschaft jedoch dem Anwendungsbereich der Mitbestimmungsgesetze, werden je nach deren einzelnen Vorgaben zusätzlich Arbeitnehmervertreter bzw. weitere Mitglieder entsandt.[104] Das dürfte grundsätzlich auch für die Aufsichtsratsausschüsse gelten.

Über die Zusammensetzung und die Abstimmungsmodi entscheidungsbefugter Ausschüsse enthalten weder die einschlägigen Gesetze noch der DCGK ausdrückliche Vorgaben. Insbesondere gibt es dort keinen Zwang zur „Spiegelbildlichkeit", also zur Besetzung entsprechend dem Verhältnis im Aufsichtsrat insgesamt. Allgemein anerkannt ist aber wohl, dass die Mitbestimmung im Aufsichts-

99 Vgl. § 108 AktG, zur Beschlussfassung in schriftlicher, fernmünddlicher oder vergleichbarer Form vgl. Abs. 4.

100 *Hüffer*, AktG, § 108, Rn. 8, *Marsch-Barner/Diekmann* in *Priester/Mayer/Wicke*, HbGesR III, § 48, Rn. 133; *Lutter* in *Lutter/Hommelhoff*, GmbHG, § 52, Rn. 31; für MitbestG: BGHZ 83, 106, 117.

101 § 107 III AktG, DCGK 5.3.

102 Zur Zusammensetzung der Ausschüsse, ihren Kompetenzen und den Abstimmungsmodi in ihnen vgl. *Henssler*, Arbeitnehmermitbestimmung, S. 142 m.w.N.; *Marsch-Barner/Diekmann* in *Priester/Mayer/Wicke*, HbGesR III, § 48, Rn. 81, 136ff.; BGHZ 83, 106, insbesondere 115ff., 122, 342, 358.

103 § 95 I AktG.

104 § 96 I AktG.

rat in ihrer Wirksamkeit nicht durch die Bildung ohne Arbeitnehmervertreter zusammengesetzter Ausschüsse unterlaufen werden „soll".[105]

Im Anwendungsbereich der Mitbestimmungsgesetze werden alle Aufsichtsratsmitglieder gleich behandelt, unabhängig von ihrer jeweiligen „Herkunft" aus Anteilseigner- oder Arbeitnehmerseite.[106] Daraus folgt, dass die Arbeitnehmervertreter die Befugnisse des Gremiums insgesamt teilen. Konzeptionell wird also nicht danach differenziert, ob spezifische Arbeitnehmerinteressen zu entscheiden sind.

Ungeachtet dieser gesetzlichen Konzeption sollen sich die Arbeitnehmervertreter in der gelebten Praxis nahezu ausschließlich auf arbeits- und sozialrelevante Fragen beschränken.[107] In mitbestimmten Aufsichtsräten sind zudem Vorbesprechungen der jeweiligen „Bänke" von Arbeitnehmern und Anteilseignern üblich. Nach dem DCGK „können" die jeweiligen Seiten die Sitzungen des Aufsichtsrats jeweils gesondert, ggf. mit Mitgliedern des Vorstands vorbereiten.[108] Praktisch werden im Rahmen der Vorbesprechungen (ggf. auch in offener Auseinandersetzung) Informationen erteilt, etwaige ausstehende Fragen erörtert und die spätere endgültige Position festgelegt. Kritiker monieren, dass diese Vorbesprechungen ein „Denken in Bänken" festigen würden und der offenen Diskussion in der folgenden Aufsichtsratssitzung abträglich seien.[109]

Für alle Aufsichtsratsmitglieder gelten auch die gleichen allgemeinen gesellschaftsrechtlichen Vorschriften über die Wählbarkeit.[110]

Die Aufsichtsratsmitglieder haben nach dem Aktienrecht auch einen grundsätzlich gleichen Anspruch auf Vergütung.[111] Die dortigen Vorschriften beziehen sich

---

105 Vgl. *Hüffer*, AktG, § 109, Rn. 6; *Biedenkopf*-Bericht, S. 42; *Lutter* in *Lutter/Hommelhoff*, GmbHG, § 52, Rn. 58, spricht sich für ein Teilnahmerecht zumindest eines Arbeitnehmervertreters mindestens dann aus, wenn im Ausschuss über solche Angelegenheiten beraten und beschlossen wird, die in engem sachlichem Zusammenhang mit unentziehbaren Kompetenzen des Gesamtaufsichtsrats stehen.

106 §§ 116, 93 AktG. Vgl. *Hüffer*, AktG, § 116 Rn. 1ff., § 93 Rn. 1ff.; § 76, Rn. 13ff.; *Henn*, HdBAktR, Rn. 1577; DCGK 5.5.1 Der DCGK bezieht in 4.1.1 die Belange „seiner" Arbeitnehmer in das Unternehmensinteresse ein. Zum Recht zur Teilnahme an der Hauptversammlung bzw. an den Gesellschafterversammlungen vgl. §§ 118 III 1 AktG, 1 I Nr. 3 DrittelbG, 25 I Nr. 2 MitbestG, 3 II MontanMitbestG. Dieses Teilnahmerecht umfasst das Rederecht, jedoch kein Antragsrecht. Diejenigen Aufsichtsratsmitglieder, die Beschäftigte des Unternehmens sind, dürfen wegen ihrer Tätigkeit nicht benachteiligt werden, §§ 9 DrittelbG, 26 MitbestG.

107 Vgl. *Ulmer/Habersack/Henssler,* MitbestG, Einl., Rn. 70 m.w.N.

108 DCGK 3.6, Abs. 1.

109 Vgl. statt vieler Kommission Mitbestimmung 1998, S. 102ff.; DGB, Mitbestimmung aktuell Ausgabe 1/2012, S. 1, unter http://www.igbau.de/Binaries/Binary11906/120228_DCGK_mitbest_akt_V3_1.pdf.

110 §§ 100, 105 AktG. Zur fachlichen Eignung insbesondere im Hinblick auf eine etwaige internationale Tätigkeit des Unternehmens vgl. DCGK 5.4.1, zur Unabhängigkeit vgl. DCGK 5.4.2.

111 Vgl. § 113 AktG.

aber ausschließlich auf Tätigkeiten, die dem gesetzlichen Aufgabenbereich des Aufsichtsrates zuzuordnen sind. Es bleibt daneben grundsätzlich möglich, außerhalb der gesetzlichen und satzungsmäßigen Aufgaben des Aufsichtsrats weitere Verträge zwischen einem Aufsichtsratsmitglied und der Unternehmensleitung zu schließen.[112]

In der Regel handelt es sich hierbei dann um ergänzende Beraterverträge. Die Wirksamkeit eines solchen Vertrags hängt von der Zustimmung des gesamten Aufsichtsrats ab.[113] Dies gilt allerdings nicht z.B. für das Arbeitsverhältnis, das zwischen einem Arbeitnehmervertreter im Aufsichtsrat und der Gesellschaft besteht.[114]

Der DCGK schlägt neben der festen Vergütung einen erfolgsorientierten Vergütungsbestandteil vor, basierend auf dem langfristigen Unternehmenserfolg.[115] Faktisch werden die Aufsichtsratsbezüge in den DAX-Konzernen mittlerweile individuell ausgehandelt. Auch zusätzliche Sitzungsgelder sind nicht unüblich.

Nicht zulässig ist jedoch die Gewährung von Aktienoptionen an Aufsichtsratsmitglieder. Nach der Rechtsprechung kommt es hierbei unvermeidlich zu Interessenkollisionen, die Kontrollfunktion wird untergraben.[116] Soweit professionelle Aufsichtsratsmitglieder berufen werden, dürfte zudem an eine „übliche" Vergütung iSv. § 612 BGB zu denken sein.

Von DGB-Gewerkschaften werden aufgrund eines Beschlusses des Bundesausschusses des DGB v. 10.10.2000 für die Vertretung im Aufsichtsrat nur solche Personen vorgeschlagen, die sich dazu verpflichten, ihre Bezüge nach Abzug eines vergleichsweise geringen Selbstbehalts an die *Hans-Böckler-Stiftung* abzuführen. Im Jahr 2009 wurde der Abführungsbeschluss auf Aufsichtsratswahlen in Unternehmen europäischer oder ausländischer Rechtsform ausgedehnt.

Dieser Selbstbehalt staffelt sich seinerseits nach der Höhe der Vergütung. Er liegt pro Jahr für einfache Aufsichtsratsmitglieder bei max. 4.600,– Euro, für stellvertretende Aufsichtsratsvorsitzende bei 6.900,– Euro und für Aufsichtsratsvorsitzende bei 9.200,– Euro.[117] Die Abführungsregelung wurde in mehreren gerichtlichen Entscheidungen seit dem Jahr 2000 jedenfalls für den Fall gebilligt, dass

---

112 § 114 AktG.

113 § 114 I a. E., II AktG.

114 *Marsch-Barner/Diekmann* in *Priester/Mayer/Wicke*, HbGesR III, § 48, Rn. 84; *Lutter* in *Lutter/Hommelhoff*, GmbHG, § 52, Rn. 74.

115 DCGK 5.4.6. Dessen ungeachtet zahlen 20 der 30 DAX-Konzerne aber nur eine Jahrestantieme; Handelsblatt, 08.04.2010, S. 1 f., „*Traumberuf Aufsichtsrat*". Der Trend geht entgegen der Empfehlungen des DCGK zur Pauschalvergütung, was als „*Abschied der Praxis vom Praxis-Kodex der Wirtschaft*" kritisiert wird; Handelsblatt, 14.04.2011, S. 20, „*Aufseher gehen auf Nummer sicher*".

116 BGH, Urteil vom 16.02.2004, Az. II ZR 316/02. Vgl. auch DCGK 4.2.3 bzw. 5.4.6. Ein Missbrauch lässt sich hierdurch aber auch nicht gänzlich vermeiden, z.B. wenn Teile der variablen Vergütung an die Höhe der Dividende gekoppelt werden, worüber wiederum der Aufsichtsrat entscheidet.

117 *Hanau*, Abführungsverpflichtung 2012, S. 9 f.

die satzungsmäßige Abführungsverpflichtung der Gewerkschaft von einer individuellen Verpflichtungserklärung begleitet wird.[118]

---

bb) Aufsichtsrat in der mitbestimmten GmbH

Bei einer GmbH kann ein Aufsichtsrat grundsätzlich freiwillig eingerichtet werden.[119] Im Anwendungsbereich der Mitbestimmungsgesetze muss jedoch auch eine GmbH obligatorisch einen Aufsichtsrat bilden.[120] Grundsätzlich werden in diesen Fällen die Vorschriften des Aktiengesetzes entsprechend angewendet.[121] Allerdings bestehen hinsichtlich der jeweiligen Reichweite der Verweise Unterschiede im Detail; teils wird auf das AktG verwiesen, teils auf das jeweilige Organisationsrecht.

Vgl. im Einzelnen §§ 3 II MontanMitbestG, 25 I 1 Nr. 2 MitbestG, 1 I Nr. 3 DrittelbG. Während § 3 II MontanMitbestG „die Vorschriften des Aktienrechts" für sinngemäß anwendbar erklärt, werden im MitbestG und im DrittelbG die entsprechend anwendbaren Normen im Einzelnen aufgeführt. Auch dort besteht keine Deckungsgleichheit bzgl. der Verweise. Die Reichweite der Verweise ist aber jedenfalls zwingend.[122]

Grundsätzlich reicht in der mitbestimmten GmbH die Veränderung der Organisationsstruktur nur so weit, wie sie durch mitbestimmungsspezifische Normzwecke gefordert wird. Daher ist der Aufsichtsrat der mitbestimmten GmbH auch nicht mit dem aktienrechtlichen Aufsichtsrat gleichzusetzen.

Entsprechend zum Aufsichtsrat in der AG hat auch der GmbH-Aufsichtsrat die Aufgabe, die Geschäftsführung zu überwachen.[123] Er vertritt die Gesellschaft aber nur ausnahmsweise[124] und ist an der Geschäftsführung nicht beteiligt.

Zudem spielen die Gesellschafter eine bedeutendere Rolle. So steht es der Gesellschafterversammlung auch in einer mitbestimmten GmbH grundsätzlich frei, die Geschäftsführer zu bestellen.

---

118 Vgl. z.B. OLG Frankfurt/Main vom 22.08.2001, 23 U 177/00, OLG Stuttgart vom 05.02.2008, 12 U 122/07, OLG Hamburg vom 22.04.2008, 11 U 267/07.

119 Zum fakultativen Aufsichtsrat und seinen Aufgaben vgl. *Marsch-Barner/Diekmann* in *Priester/Mayer/Wicke*, HbGesR III, § 48, Rn. 12ff.; *Lutter* in *Lutter/Hommelhoff*, GmbHG, § 52, Rn. 3ff.

120 Ein Aufsichtsrat ist außerdem obligatorisch für GmbHs, die Kapitalanlagegesellschaften sind (§ 6 II InvestmG); *Lutter* in *Lutter/Hommelhoff*, GmbHG, § 52, Rn. 1.

121 § 52 I GmbHG bzw. die wechselnden Vorgaben der jeweiligen Mitbestimmungsgesetze, näher dazu sogleich unter Punkt 4.

122 Vgl. *Lutter* in *Lutter/Hommelhoff*, GmbHG, § 52, Rn. 37.

123 § 52 I GmbHG i.V.m. § 111 AktG.

124 Vgl. § 112 AktG i.V.m. § 52 I GmbHG.

Vgl. insoweit § 46 Nr. 5 GmbHG. Auf § 84 AktG wird in § 52 I GmbHG, § 1 I Nr. 3 S. 2 DrittelbG nicht verwiesen, so dass es insbesondere in der drittelparitätisch mitbestimmten GmbH bei der Ernennungskompetenz der Gesellschafterversammlung bleibt.[125]
Bedeutende Ausnahmen davon sind aber die nach dem MitbestG mitbestimmte GmbH, also diejenige mit mehr als 2.000 Beschäftigten, bzw. die montanmitbestimmte GmbH. Hier obliegt die Kompetenz zur Entscheidung über Bestellung und Abberufung des Geschäftsführers zwingend dem Aufsichtsrat.[126]

Daneben kann die Gesellschafterversammlung den Geschäftsführern grundsätzlich am Aufsichtsrat vorbei Weisungen erteilen,[127] jede Maßnahme der Geschäftsführung an sich ziehen und selbst entscheiden.[128] Anders als die Hauptversammlung der AG kann die Gesellschafterversammlung Beschlüsse des Aufsichtsrats jederzeit, ggf. mit satzungsändernder Mehrheit, ändern oder aufheben. Das gilt allerdings insoweit nicht, als der Aufsichtsrat aufgrund zwingender gesetzlicher Regelung ausschließlich zuständig ist.

Dieser Vorrang der Gesellschafter gilt vor allem auch für den Bereich der Überwachung der Geschäftsführung, für die die Gesellschafter neben dem Aufsichtsrat zuständig sind,[129] sowie ferner für die zustimmungsabhängigen Geschäfte.[130] Für die Kontrollfunktionen des Aufsichtsrats besteht dann kein Raum mehr.[131] Die Grenze erreicht das Weisungsrecht der Gesellschafterversammlung erst dort, wo anderenfalls die von den Mitbestimmungsgesetzen verfolgten Zwecke nicht mehr erreicht werden können.[132]

Weitergehend als im Aktienrecht können die Gesellschafter der GmbH auch die innere Verfahrensordnung des Aufsichtsrats bestimmen und z.B. festlegen, dass vor bestimmten Entscheidungen die Gesellschafter anzuhören sind oder die Gesellschafterversammlung zuständig wird, wenn im Aufsichtsrat kein Beschluss zustande kommen sollte.[133]

---

125 Vgl. *Ulmer/Habersack/Henssler*, MitbestG, § 1 DrittelbG, Rn. 34, *Raiser/Veil*, MitbestG, § 1 DrittelbG, Rn. 22.

126 §§ 25 I Nr. 2, 31 I 1 MitbestG; 12, 13 MontanMitbestG; 13 S. 1 MontanMitbestErgG, 84 AktG; vgl. *Marsch-Barner/Diekmann* in *Priester/Mayer/Wicke*, HbGesR III, § 48, Rn. 10.

127 §§ 37 I, 45 I, 46 Nr. 6 GmbHG.

128 *Raiser/Veil*, MitbestG, § 25, Rn. 88; *Marsch-Barner/Diekmann* in *Priester/Mayer/Wicke*, HbGesR III, § 48, Rn. 120; *Henssler*, Arbeitnehmermitbestimmung, S. 135 f.; *Banspach/Nowak*, Der Konzern 2008, S. 197 f.

129 §§ 46 Nr. 6, 51a GmbHG.

130 Vgl. §§ 15 I Nr. 2 MitbestG, 1 I Nr. 3 S. 2 DrittelbG, jeweils i.V.m. § 111 IV AktG.

131 Vgl. BVerfGE 50, 290, 346 ff. (sog. „Mitbestimmungsurteil"); BGHZ 89, 48, 57.

132 *Henssler*, Arbeitnehmermitbestimmung, S. 136.

133 *Marsch-Barner/Diekmann* in *Priester/Mayer/Wicke*, HbGesR III, § 48, Rn. 10.

In einem Pflicht-Aufsichtsrat nach dem DrittelbG haben die Aufsichtsratsmitglieder keine aus dem Gesetz folgenden Ansprüche auf Vergütung. Vielmehr müssen diese in der Satzung oder durch die Gesellschafterversammlung festgelegt werden. Sie kann dann für die jeweiligen Mitglieder (je nach Funktion) unterschiedlich hoch sein, wobei aber sachliche Gründe zu beachten sind. Insbesondere darf es nicht zu einer Diskriminierung der Arbeitnehmervertreter kommen.[134]

b) Aktuell

Jüngste bedeutende Entwicklung war die Einführung des „MoMiG" von 2008.[135] Hierdurch kam es zu diversen Vereinfachungen im deutschen Gesellschaftsrecht.[136]

Insbesondere kann seitdem der reale Verwaltungssitz einer Gesellschaft, sowohl von AG als auch von GmbH, frei gewählt werden und muss nun nicht mehr mit dem Satzungssitz übereinstimmen,[137] allerdings ist eine inländische Geschäftsanschrift anzugeben.[138] Damit kann eine solche Gesellschaft ihre geschäftlichen Aktivitäten nunmehr auch ausschließlich außerhalb des deutschen Hoheitsgebiets entfalten.[139] Erstmals wurde auch die Gründung einer Gesellschaft in einem vereinfachten Verfahren unter Verwendung von Musterprotokollen möglich gemacht.

Dies gilt, sofern die Gesellschaft höchstens drei Gesellschafter und einen Geschäftsführer hat, § 2 Ia i.V.m. der Anlage GmbHG. Wird eine Gesellschaft im vereinfachten Verfahren gem. § 2 Ia GmbHG gegründet, ist diese Gründung kostenprivilegiert, § 41d KostO, wobei jedoch die weiterhin bestehenden Kosten für die Anmeldung zum Handelsregister und die Registrierung unberücksichtigt bleiben.

Wesentlichste Neuerung war hier aber die Einführung der „Unternehmergesellschaft (haftungsbeschränkt)",[140] vulgo auch als „Mini-GmbH" bezeichnet. Diese ist keine eigene Rechtsform sondern eine Sonderform der GmbH mit einem im Vergleich geringeren Mindeststammkapital von nur einem Euro, die allerdings in ge-

---

134 Vgl. §§ 52 I GmbHG, 1 I Nr. 3 DrittelbG 25 I 1 Nr. 2 MitbestG, *Lutter* in *Lutter/Hommelhoff*, GmbHG, § 52, Rn. 70.

135 Gesetz zur Modernisierung des GmbH-Rechts und zur Bekämpfung von Missbräuchen vom 23.10.2008, BGBl. I S. 2026, in Kraft getreten am 01.11.2008.

136 Möglich ist z.B. eine variable Einteilung der Geschäftsanteile, §§ 3 I Nr. 4; 5 II, III GmbHG. Geändert wurden durch das MoMiG daneben diverse weitere Regelungen, z.B. zu den Geschäftsführern (vgl. § 6 GmbHG), zur Führungslosigkeit einer Gesellschaft (vgl. § 25 I 2 GmbHG), zum Fortfall der Vorlage von Genehmigungen bei der Anmeldung (vgl. § 8 I Nr. 6 a.F. GmbHG), sowie einige Vorschriften in weiteren Gesetzen. Diese Neuerungen sollen hier nicht vertieft dargestellt werden.

137 §§ 4a GmbHG, 5 AktG Streichung der Bestimmungen im jeweiligen Abs. 2.

138 § 8 IV Nr. 1 GmbHG.

139 Vgl. auch BT-Drucks. 16/6140 vom 25.07.2007, S. 29.

140 § 5a GmbHG.

wissem Umfang zwangsthesaurierend ist und daneben weiteren Beschränkungen unterliegt. Hintergrund für deren Einführung war die zunehmend Konkurrenz durch die britische *Limited*.[141]

In der Bilanz der UG (haftungsbeschränkt) ist zwangsweise eine gesetzliche Rücklage von 25% des Jahresüberschusses zu bilden, die wiederum nur zum Ausgleich von Verlustvorträgen bzw. Fehlbeträgen oder für eine Kapitalerhöhung verwendbar ist, bis das Stammkapital auf mindestens 25.000,– Euro (und damit das normale Stammkapital der GmbH) erhöht worden ist.[142] Ist dieses Stammkapital erreicht, wird die UG (haftungsbeschränkt) ipso iure zur GmbH. Anders als in der „normalen" GmbH sind in der UG (haftungsbeschränkt) keine Sacheinlagen möglich, § 5 II 2 GmbHG, was wohl auch für „sonstige" GmbH nach Musterprotokoll gilt, vgl. insoweit die Formulierung in der Anlage, hier Nr. 3, wonach die Einlagen „in Geld zu erbringen" sind.

4. Arbeitnehmerbeteiligung

a) Betriebliche Interessenvertretung

aa) Grundsätzlich

Maßgebliche Rechtsquelle ist das Betriebsverfassungsgesetz.[143] Es regelt auf der betrieblichen Ebene die Zusammenarbeit zwischen dem Arbeitgeber, der Belegschaft und deren kollektiven Interessenvereinigungen. Hierzu sieht es als institutionalisierte Form der Arbeitnehmervertretung, rechtsformunabhängig, den Betriebsrat vor.

Betriebsräte existieren nur im privaten Sektor. Zudem gibt es noch eine Jugend- und Auszubildendenvertretung (§§ 60 ff. BetrVG) bzw. eine Schwerbehindertenvertretung (§ 94 SGB IX), die an den für sie relevanten Sitzungen des Betriebsrats teilnehmen dürfen. Leitende Angestellte werden durch den Sprecherausschuss vertreten.[144] Im Bereich der öffentlichen Verwaltung bestehen Personalvertretungen. Hier hat jedes Bundesland ein eigenes Landespersonalvertretungsgesetz erlassen, daneben gibt es ein Bundespersonalvertretungsgesetz für die Beschäftigten auf Bundesebene.

Die Errichtung eines Betriebsrats ist grundsätzlich freiwillig, aber bereits von einer deutlichen Belegschaftsminderheit erzwingbar. Praktisch ist er namentlich in größeren Unternehmen äußerst weit verbreitet.

---

141 Hierzu näher unter Teil 4 C. I 3.

142 § 5a II, III, V GmbHG.

143 Betriebsverfassungsgesetz in der Fassung der Bekanntmachung des Gesetzes vom 25. September 2001 zuletzt geändert durch Artikel 3 Abs. 4 des Gesetzes vom 20.04.2013 (BGBl. I S. 868) im Folgenden *BetrVG*.

144 Gesetz über Sprecherausschüsse der leitenden Angestellten (Sprecherausschussgesetz – SprAuG) vom 20. Dezember 1988 (BGBl. I S 2312) zuletzt geändert durch Verordnung vom 31. Oktober 2006 (BGBl. I 2407).

bb) Geltungsbereich

Sachlich erstreckt sich der Geltungsbereich des BetrVG auf Betriebe des privaten Rechts.

Dabei wird der Begriff „Betrieb" im Gesetz nicht definiert sondern vorausgesetzt. Allgemein wird darunter eine organisatorische Einheit verstanden, innerhalb derer ein Unternehmer allein oder in Gemeinschaft mit seinen Arbeitnehmern mit Hilfe von sachlichen und/oder immateriellen Mitteln bestimmte arbeitstechnische Zwecke fortgesetzt verfolgt.
Da der Betriebsbegriff somit der Einflussnahme durch das Unternehmen unterliegt, können sich im Einzelfall beträchtliche Abgrenzungsschwierigkeiten ergeben.
Tendenzbetriebe und Religionsgemeinschaften unterliegen gewissen Einschränkungen; zwar können in ihnen Betriebsräte gebildet werden, jedoch sind deren Rechte vor allem in personellen und wirtschaftlichen Angelegenheiten begrenzt, um diesen Betrieben die unbehinderte Ausübung ihrer im Grundgesetz gewährten Grundrechte zu ermöglichen.[145]

Der räumliche Anwendungsbereich des BetrVG ist gesetzlich nicht geregelt. Mit dem Territorialitätsprinzip, nach dem ein Staat die innerstaatliche Vorgänge seinem Recht unterwerfen kann, umfasst er aber unstreitig sämtliche in Deutschland belegenen Betriebe inländischer und ausländischer Unternehmen. Auf die jeweilige Staatsangehörigkeit der Arbeitgeber, der Arbeitnehmer oder der Eigner kommt es nicht an.[146]

Auf die Arbeitnehmer im Ausland gelegener Betriebe deutscher Unternehmen findet das deutsche BetrVG nur dann Anwendung, wenn die Auslandstätigkeit eine Ausstrahlung des inländischen Betriebs darstellt. Entscheidend ist, ob der betreffende Arbeitnehmer weiterhin in einen inländischen Betrieb integriert geblieben und so als betriebszugehörig anzusehen ist.[147]

cc) Gesamt-/Konzernbetriebsrat

In Unternehmen mit mehreren Betrieben muss ein Gesamtbetriebsrat gebildet werden.[148] In einem Konzern mit mehreren Unternehmen mit Gesamtbetriebsräten kann daneben zusätzlich ein Konzernbetriebsrat etabliert werden.[149]

---

145 Vgl. § 118 BetrVG. Daneben gelten Sonderbestimmungen für Seeschifffahrts- und Luftfahrtunternehmen, §§ 114–117 BetrVG.

146 BAG, NZA 2000, 1119; *Kraft* in GK-BetrVG, § 1, Rn. 12ff.; *Henssler*, Arbeitnehmermitbestimmung, S. 140.

147 BAG NZA 90, 658; 97, 493; vgl. auch *Eberspächer,* ZIP 2008, S. 1952 m.w.N.

148 §§ 47 ff. BetrVG.

149 §§ 54 ff. BetrVG.

Allerdings kann bei einem Konzern ggf. nur einziger, beim herrschenden Unternehmen angesiedelter, Konzernbetriebsrat errichtet werden.[150] Trotz seiner Bedeutung ist die Errichtung eines Konzernbetriebsrats fakultativ und praktisch eher selten.[151]

Diese übergreifenden Gremien sind für die sozialen, personellen und wirtschaftlichen Aufgaben zuständig, die das Gesamtunternehmen, mehrere Betriebe oder den ganzen Konzern betreffen. Dabei werden aber die Angelegenheiten, die der einzelne Betriebsrat wahrnehmen kann, von der Zuständigkeit des Gesamt- bzw. des Konzernbetriebsrats nicht berührt. Sie haben eigene Aufgabenbereiche und sind nicht untergeordnet.[152]

Konzeptionelles Ziel ist hier, weiterhin ein Verhandeln von Arbeitnehmervertretung und Arbeitgeber auf „gleicher Augenhöhe“ zu erlauben, auch wenn es zu einer Verlagerung der unternehmerischen Leitungsmacht auf übergeordnete Ebenen kommt. Daneben soll der Konzernbetriebsrat den Ausgleich der zwischen einzelnen Konzernunternehmen unter Umständen divergierenden Arbeitnehmerinteressen fördern, und so ein einheitliches Vorgehen gegenüber der Konzernleitung ermöglichen.[153]
Für die Arbeitgeberseite liegt in einer solchen Bündelung von Abstimmungs- und Entscheidungsprozessen ein Geschwindigkeitsvorteil. In der Praxis wird von den Betriebsräten allerdings teilweise ein zu geringer Informationsfluss zwischen dem Arbeitgeber und ihnen geltend gemacht.[154]

dd) Aufgaben und Befugnisse des Betriebsrats

Die Aufgaben des Betriebsrats sind im Gesetz festgelegt.[155]

Nach ihrer ursprünglichen Konzeption sollte die betriebliche Mitbestimmung allein soziale und personelle Fragen betreffen, mittlerweile erstreckt sie sich jedoch auch auf wirtschaftliche Angelegenheiten.

Erste Aufgabe ist es, darüber zu wachen, dass die zugunsten der Arbeitnehmer erlassenen Vorschriften eingehalten werden. Zudem sollen die Betriebsräte die Beschäftigung im Betrieb umfassend fördern und sichern. Der Anwendungsbereich ist inzwischen also eher übergreifender Art.

---

150 BAG Beschluss vom 09.02.2011, Az. 7 ABR 11/10.

151 Vgl. ETUI-D-BI, S. 5.

152 §§ 50 I 2, 58 I 2 BetrVG.

153 BAG Urteile vom 21.10.1980, Az. 6 ABR 41/78 und vom 22.11.1995, Az. 7 ABR 9/95.

154 Zweite Repräsentative WSI-Befragung von Betriebs- und Personalräten in Deutschland (2001), dort S. 4; unter http://www.mitbestimmt.de/dokumente/?no_cache=1&cid=157&did=200&sechash=e746e4ab.

155 Zu den allgemeinen Aufgaben vgl. § 80 BetrVG. Vgl. hierzu *Richardi* in *Richardi*, BetrVG, vor § 74, Rn. 2ff.

Zur Wahrung dieser Aufgaben hat der Betriebsrat bei allen Fragen der betrieblichen Ordnung sowohl Mitwirkungsrechte (Unterrichtungs-, Anhörungs-, Vorschlags- und Beratungsrechte) als auch Mitbestimmungsrechte (Initiativ- und Zustimmungsverweigerungsrechte), wobei die Begriffe jedoch nicht klar voneinander abzugrenzen sind und auch in der Literatur uneinheitlich gebraucht werden.

Die konkrete Reichweite dieser Beteiligungsrechte ist mitunter beträchtlich und umfasst Befugnisse bis ins Detail.[156] Je nach Bereich sind sie weiter oder enger ausgestaltet. Tendenziell sind sie im sozialen Bereich umfassender als in wirtschaftlichen Angelegenheiten. Beispielsweise gibt es Mitbestimmungsrechte bei der betrieblichen Entgeltgestaltung, bei der Anordnung von Mehrarbeit bzw. Überstunden sowie bei allgemeinen personellen Angelegenheiten. Alleine in der Zentralnorm zur Mitbestimmung in sozialen Angelegenheiten, § 87 I BetrVG, finden sich 13 Tatbestände, die jeweils dahingehend ausgelegt werden müssen, ob eine bestimmte „Angelegenheit" insgesamt oder in Teilaspekten mitbestimmungspflichtig ist.[157]

Allgemein ist der Arbeitgeber u.a. verpflichtet, den Betriebsrat über die Personalplanung zu informieren und diese sodann mit ihm zu erörtern. Dies gilt auch für die Einrichtungen der Berufsbildung. Bei konkreten personellen Einzelmaßnahmen, wie etwa Einstellungen, Versetzungen und Ein-/Umgruppierungen, hat der Arbeitgeber die Zustimmung des Betriebsrats einzuholen; vor jeder Kündigung ist er zu hören und kann ggf. widersprechen.[158]

Hierbei müssen sich Betriebsrat und Arbeitgeber einigen. Kommt eine Einigung nicht zustande, entscheidet eine Einigungsstelle, deren Kosten der Arbeitgeber zu tragen hat.[159]

Bei Ordnungs- und Verhaltensregeln, Beginn/Ende der Arbeitszeit und Pausen, Überstunden und Kurzarbeit, Urlaubsregeln, Bestimmung der Entlohnungsgrundsätze (z.B. Prämienlohn) und Auszahlung, Einführung technischer Maßnahmen zur Überwachung der Arbeitnehmer und den Regeln für bestimmte Sozialeinrichtungen bestehen für den Betriebsrat Mitbestimmungsrechte.

In Unternehmen mit mehr als zwanzig wahlberechtigten Arbeitnehmern muss der Arbeitgeber den Betriebsrat über geplante Betriebsänderungen, die wesentliche Nachteile für die Belegschaft oder erhebliche Teile davon bedeuten können, recht-

---

156 §§ 80 I, II; 87; 91; 93; 94; 95; 98; 99; 102; 104; 112 BetrVG; bei gravierenden Betriebsänderungen wie Stilllegungen, Verlegungen und Zusammenschlüssen besteht ein erzwingbares Mitbestimmungsrecht, §§ 111 ff. BetrVG., kritisch hierzu *Rieble*, IW 2008, S. 137. Vgl. auch *Rieble*, RLR 2009, S. 212 f.; BAG vom 22.07.2008, 1 ABR 40/07, NZA 208, 1248.

157 Zum ggf. ersatzweisen Spruch der Einigungsstelle vgl. § 87 II BetrVG.

158 Vgl. §§ 87, 90 ff., 102 ff., 106 ff. BetrVG.

159 §§ 76, 76a BetrVG.

zeitig und umfassend unterrichten und die geplanten Änderungen mit dem Betriebsrat beraten.[160]

Beispiel: Dies gilt z.B. die Einführung neuer Arbeitsmethoden/neuer Technologien, die negative Folgen für die Belegschaft haben können.

Im Zuge des Interessenausgleichs kommt es dann meist zur Aufstellung eines Sozialplans.[161]

Korrespondierend zu diesen Rechten besteht eine Geheimhaltungspflicht für Betriebs- und Geschäftsgeheimnisse.[162]

Materiell gesehen ist die Betriebsverfassung einseitig zwingend, die Mitbestimmungsrechte sind daher nicht dispositiv. Möglich ist allenfalls ihre Erweiterung.[163] Tatsächlich sind bereits die gesetzlichen Befugnisse des Betriebsrats derart umfangreich, dass es in Deutschland keiner gesonderten Umsetzung der Unterrichtungs- und Anhörungsrichtlinie 2002/14/EG[164] bedurfte; die dort vorgesehenen Befugnisse zu Information und Konsultation bleiben hinter den bereits bestehenden Rechten zurück.

Gesetzliche Leitlinie für die Ausübung dieser Aufgaben ist die vertrauensvolle Zusammenarbeit zwischen Arbeitgeber und Betriebsrat.[165]

Dass die rechtlichen Möglichkeiten der Betriebsräte nicht nur zur Unterstützung, sondern auch zur Behinderung von Veränderungen eingesetzt werden können, legt aus Sicht der Unternehmen ein kooperatives Vorgehen nahe.[166]

---

ee) Voraussetzungen

Das Gesetz knüpft die Etablierung eines Betriebsrats an eine gewisse Mindestgröße des Betriebs. Konkret müssen mindestens fünf wahlberechtigte Arbeitnehmer ständig beschäftigt sein. Von diesen wiederum müssen drei zum Betriebsrat

---

160 § 111 BetrVG. In Betrieben mit mehr als 100 Arbeitnehmern wird diese Aufgabe vom Wirtschaftsausschuss wahrgenommen, vgl. §§ 106 ff. BetrVG.

161 §§ 112, 112a BetrVG.

162 § 79 BetrVG.

163 *Rieble*, RLR 2009, S. 213.

164 Richtlinie 2002/14/EG des Europäischen Parlaments und des Rates vom 11. März 2002 zur Festlegung eines allgemeinen Rahmens für die Unterrichtung und Anhörung der Arbeitnehmer in der Europäischen Gemeinschaft, ABl. L 80 vom 23.03.2002, S. 29 ff. Näher dazu Teil 5 B.

165 § 2 I BetrVG; vgl. zum Grundsatz der vertrauensvollen Zusammenarbeit *Kraft* in GK-BetrVG, § 2, Rn. 5 ff.

166 Vgl. Kommission Mitbestimmung 1998, S. 73.

wählbar sein.[167] Leitende Angestellte sind hier weder aktiv noch passiv wahlberechtigt.[168]

Ein Betriebsrat wird also schon eingerichtet, wenn mindestens drei Arbeitnehmer es verlangen. Er ist mithin von einer deutlichen Minderheit erzwingbar.

---

ff) Größe und Besetzung des Betriebsrats

Die absolute Größe des Betriebsrats hängt von der Anzahl der regelmäßig beschäftigten wahlberechtigten Arbeitnehmer ab und ist nach oben nicht begrenzt. Sie liegt zwischen einer Person in Betrieben mit 5–20 Arbeitnehmern und 35 Mitgliedern bei 7.001–9.000 Arbeitnehmern. Darüber erhöht sich die Zahl der Betriebsratsmitglieder um zwei für jeweils angefangene weitere 3.000 Beschäftigte.[169] Dabei wird der Betriebsrat ausschließlich mit Arbeitnehmern besetzt.[170] Der Arbeitgeber hat keinen Einfluss auf die Besetzung.

In Betrieben, die einen Betriebsrat mit mindestens drei Mitgliedern haben, d.h. die regelmäßig zwischen 21 und 50 Arbeitnehmer beschäftigen, muss das Geschlecht, das in der Belegschaft in der Minderheit vertreten ist, mindestens entsprechend seinem zahlenmäßigen Verhältnis in der Belegschaft im Betriebsrat vertreten sein.[171]

Ab 200 Arbeitnehmern im Betrieb ist mindestens ein Betriebsratsmitglied von seiner beruflichen Tätigkeit unter Fortzahlung des Arbeitsentgelts dauerhaft freizustellen. Auch dieser Wert staffelt sich weiter nach der Betriebsgröße. Er erreicht bei bis zu 10.000 Arbeitnehmern im Betrieb zwölf freizustellende Betriebsratsmitglieder, darüber jeweils ein weiteres für je 2.000 angefangene Arbeitnehmer.[172]

In der Praxis werden in 23% der Betriebe außerdem Freistellungen über den gesetzlichen Anspruch hinaus gewährt. Dies gilt auch für kleine und mittlere Betriebe.[173]

---

167 § 1 I BetrVG. Freilich gibt es noch andere Wege, um einen Betriebsrat zu gründen, vgl. z.B. § 17 I 1 BetrVG.

168 § 5 III BetrVG.

169 § 9 BetrVG; die Zahl der Betriebsratsmitglieder wurde durch gesetzliche Änderungen 2001 für fast alle Kategorien erhöht, ETUI-D-BI, S. 2. Zeitarbeitnehmer sind bei der Anzahl der Arbeitnehmer eines Betriebs grundsätzlich zu berücksichtigen, BAG vom 05.12.2012, 7 ABR 48/11.

170 § 8 BetrVG.

171 § 15 II BetrVG.

172 § 38 I BetrVG

173 Zweite Repräsentative WSI-Befragung von Betriebs- und Personalräten in Deutschland (2001), dort S. 3; unter http://www.mitbestimmt.de/dokumente/?no_cache=1&cid=157&did=200&sechash=e746e4ab.

Die freizustellenden Betriebsratsmitglieder werden nach Beratung mit dem Arbeitgeber vom Betriebsrat aus seiner Mitte grundsätzlich in geheimer Verhältniswahl gewählt.[174]

Bei Antrag von mindestens einem Viertel der Betriebsratsmitglieder kann ein Beauftragter einer im Betrieb vertretenen Gewerkschaft mit beratender Stimme an den Sitzungen des Betriebsrats teilnehmen.[175] Darüber hinaus haben die Gewerkschaften faktisch einen beträchtlichen Einfluss auf die Betriebsräte, da sich deren Mitglieder meist aus den Gewerkschaften rekrutieren[176] und Weiterbildungsmaßnahmen meist von den Gewerkschaften organisiert werden. Separate gewerkschaftliche Strukturen sind in den Betrieben aber gesetzlich nicht vorgesehen.

gg) Bestellung und Wahlmodalitäten

Die Betriebsratsmitglieder werden gewählt.[177] Betriebsratswahlen finden regelmäßig alle vier Jahre statt.[178] Sie erfolgen nach dem Grundsatz der Verhältniswahl aus mehreren Vorschlagslisten.[179]

Die Betriebsratswahl wird durch einen Wahlvorstand eingeleitet, der aus drei Mitgliedern besteht; in Großbetrieben ist die Zahl höher, aber stets ungerade.[180] Jede im Betrieb vertretene Gewerkschaft kann zusätzlich einen dem Betrieb angehörenden Beauftragten als nicht stimmberechtigtes Mitglied in den Wahlvorstand entsenden, sofern ihr nicht ein stimmberechtigtes Wahlvorstandsmitglied angehört.[181]

Der Wahlvorstand stellt eine Wählerliste auf und wacht über die ordnungsgemäße Wahldurchführung. Abschließend lädt er die Mitglieder des Betriebsrats zur

---

174 § 38 II BetrVG.

175 § 31 BetrVG.

176 Nach dem *Trendreport Betriebsratswahlen 2010* der *Hans-Böckler-Stiftung*, hier S. 11, waren 68,13% der Betriebsratsmitglieder in DGB-Gewerkschaften organisiert, unter http://www.boeckler.de/pdf/p_arbp_231.pdf.

177 §§ 7–20 BetrVG, näher präzisiert durch die Erste Verordnung zur Durchführung des Betriebsverfassungsgesetzes (Wahlordnung – WO) vom 11.12.2001, zuletzt geändert am 23.06.2004; sie umfasst 43 Einzelnormen.

178 § 13 I BetrVG.

179 § 14 BetrVG.

180 § 16 I BetrVG. Der Wahlvorstand wird spätestens zehn Wochen vor Ablauf der Amtszeit des vorherigen Betriebsrats von diesem bestellt. Falls noch kein Betriebsrat existiert, wird der Wahlvorstand vom Gesamt- bzw. vom Konzernbetriebsrat bestellt. Das Gleiche gilt dann, wenn der Betriebsrat acht Wochen vor Ende seiner Amtszeit noch keinen Wahlvorstand berufen hat. Besteht weder ein Gesamt- noch ein Konzernbetriebsrat, wird der Wahlvorstand in einer Betriebsversammlung von der Mehrheit der anwesenden Arbeitnehmer gewählt, § 17 BetrVG.

181 § 16 I 6 BetrVG. Vgl. hierzu *Kreutz* in GK-BetrVG, § 16, Rn. 43 ff.

konstituierenden Sitzung ein.[182] Wahlvorschläge können von den wahlberechtigen Arbeitnehmern oder von den Gewerkschaften stammen. Solche der Arbeitnehmer müssen von mindestens einem Zwanzigstel der wahlberechtigten Arbeitnehmer, mindestens von drei Arbeitnehmern, unterzeichnet sein, in kleineren Betrieben reichen zwei Unterstützer.[183] Jeder Wahlvorschlag einer Gewerkschaft muss von zwei Beauftragten unterzeichnet sein.[184]

In Kleinbetrieben mit bis zu 50 Wahlberechtigten, nach Vereinbarung mit dem Arbeitgeber auch in Betrieben mit bis zu 100 Wahlberechtigten, gilt ein vereinfachtes Wahlverfahren mit zwei Stufen.[185] In der ersten Stufe wird der Wahlvorstand gewählt und die Wahlvorschläge werden vorgelegt. Nach einer Woche wird in der zweiten Stufe der Betriebsrat in geheimer und unmittelbarer Wahl nach dem Prinzip der Mehrheitswahl gewählt.

Die Wahl des Betriebsrats gilt als ein wesentliches Element der Betriebsverfassung, es besteht ein umfassender Schutz durch den Gesetzgeber. So steht z.B. eine Behinderung oder Beeinflussung der Wahl unter Strafe.[186]

Zudem sieht § 23 III BetrVG vor, dass dem Betriebsrat bei groben Verstößen des Arbeitgebers gegen Pflichten aus dem BetrVG ein Unterlassungsanspruch zusteht. Das BAG bejaht zudem und über den Wortlaut des § 23 III BetrVG hinaus seit 1994 das Bestehen eines eigenständigen Unterlassungsanspruchs, soweit Mitbestimmungsrechte des Betriebsrats nach § 87 BetrVG verletzt sind.[187] Dies setzt jedoch voraus, dass die Gefahr der Wiederholung vermutet wird.[188]

---

hh) Amtszeit und Abberufung

Die regelmäßige Amtszeit des Betriebsrats beträgt vier Jahre.[189] Besteht bei Spaltung des Betriebs der Betriebsrat fort, oder werden Betriebe oder Betriebsteile zu einem neuen Betrieb zusammengefasst, gilt zunächst ein Übergangsmandat bis zur Wahl eines neuen Betriebsrats. Geht ein Betrieb durch Stilllegung, Spaltung oder Zusammenlegung unter, bleibt der Betriebsrat so lange im Amt, wie dies noch zur Aufgabenwahrnehmung erforderlich ist.[190]

Bei grober Verletzung seiner Pflichten kann ein Viertel der wahlberechtigten Arbeitnehmer, der Arbeitgeber selbst oder eine im Betrieb vertretene Gewerk-

182 §§ 18, 21 BetrVG.
183 Vgl. § 14 IV BetrVG.
184 § 14 V BetrVG.
185 § 14 a BetrVG.
186 §§ 119 ff. BetrVG.
187 BAG vom 03.05.1994, Az. 1 ABR 24/93.
188 BAG vom 29.02.2000, Az. 1 ABR 4/99.
189 § 21 S. 1 BetrVG; unter Effiziensgesichtspunkten für eine Ausweitung auf fünf Jahre *Rieble*, IW 2008, S. 137.
190 §§ 21 a, 21 b BetrVG.

schaft beim Arbeitsgericht den Ausschluss eines Mitglieds aus dem Betriebsrat oder die Auflösung des Betriebsrats insgesamt beantragen. Der Ausschluss eines Einzelmitglieds kann auch vom Betriebsrat selbst beantragt werden. Erst mit der gerichtlichen Entscheidung über den Ausschluss erlischt die Mitgliedschaft.[191]

ii) Arbeitsweise

Der Betriebsrat ist nur als Organ in seiner Gesamtheit handlungsfähig. Er trifft seine Entscheidungen aufgrund von Mehrheitsbeschlüssen.[192]

Eine herausgehobene Stellung hat der Betriebsratsvorsitzende inne. U.a. vertritt er den Betriebsrat, nimmt Erklärungen entgegen und führt die laufenden Geschäfte.[193] Ferner beruft er die Sitzungen ein und legt die Tagesordnung fest.[194] Ggf. leitet und schließt er die Betriebsversammlungen.[195] Der Betriebsratsvorsitzende wird vom Betriebsrat aus seiner Mitte gewählt.[196]

Bei mehr als acht Mitgliedern, d.h. in Betrieben mit mehr als 201 Arbeitnehmern, muss der Betriebsrat einen Betriebsausschuss bilden, der dann die laufenden Geschäfte führt. Daneben kann der Betriebsrat in Betrieben mit mehr als 100 Arbeitnehmern weitere Ausschüsse bilden.[197]

jj) Wirtschaftsausschuss

In Unternehmen mit mehr als 100 ständig beschäftigten Arbeitnehmern ist zwingend die Bildung eines Wirtschaftsausschusses vorgeschrieben.[198]

Allerdings kann der Betriebsrat beschließen, die Aufgaben des Wirtschaftsausschusses einem Ausschuss des Betriebsrats zu übertragen und sie so in den Betriebsrat zu integrieren.[199]

Der Wirtschaftsausschuss setzt sich aus mindestens drei und höchstens sieben Mitgliedern zusammen, die dem Unternehmen angehören und von denen mindestens

---

191 §§ 23, 24 Nr. 5 BetrVG.

192 § 33 BetrVG.

193 Zu den persönlichen Aufgaben des Betriebsratsvorsitzenden vgl. §§ 26, 27, 29, 34 und 42, hier §§ 26 II, 27 III BetrVG.

194 § 29 BetrVG. Er unterzeichnet auch die Sitzungsniederschrift, § 34 I BetrVG.

195 § 42 BetrVG.

196 § 26 I BetrVG.

197 §§ 27 f. BetrVG.

198 § 106 I BetrVG.

199 § 107 III BetrVG.

eines ein Betriebsratsmitglied sein muss. Ihm können auch leitende Angestellte angehören. Seine Mitglieder werden vom Betriebsrat oder, sofern ein Gesamtbetriebsrat besteht, von diesem bestellt.[200]

Der Wirtschaftsausschuss verfügt über weitreichende Informations- und Beratungsrechte in wirtschaftlichen und finanziellen Angelegenheiten des Unternehmens und informiert seinerseits den Betriebsrat detailliert über seine Arbeit.[201] An den einmal monatlich stattfindenden Beratungen muss ein Mitglied der Unternehmensleitung teilnehmen.

kk) Vergütung, Sachmittel und Kündigungsschutz

Nach der gesetzlichen Konzeption ist das Betriebsratsamt ein unentgeltliches privatrechtliches Ehrenamt; der grundsätzliche Charakter ist der eines (nur) vorübergehend ausgeübten Wahlamts.[202]

Das Rechtsverhältnis des einzelnen Betriebsratsmitglieds zum Arbeitgeber bleibt also ein „normales" Arbeitsverhältnis, auch wenn dessen Inhalt durch das BetrVG teilweise modifiziert wird. Dementsprechend gilt hinsichtlich der Vergütung das Entgeltausfallprinzip; die Betriebsräte sind so zu bezahlen, als hätten sie in ihrem angestammten Beruf gearbeitet.[203]

Für langjährige Betriebsratsmitglieder vgl. § 37 IV BetrVG, nach dem die hypothetische berufsübliche Entwicklung vergleichbarer Arbeitnehmer maßgeblich ist.

Daher verstößt aber auch jede (gesonderte) Bezahlung für die Betriebsratsarbeit als solche als eine unzulässige Betriebsratsbegünstigung gegen das Gesetz und ist strafbar.[204]

Der BGH sieht insofern eine Beeinträchtigung „*der inneren Unabhängigkeit der Amtsführung*".[205]

---

200 § 107 BetrVG.

201 § 106 II, III (dort eine nicht abschließende Aufzählung, was alles zu den wirtschaftlichen Angelegenheiten im Sinne der Vorschrift gehört) BetrVG. Allerdings ist im Konzern ein Wirtschaftsausschuss beim herrschenden Unternehmen auch nur für dieses, nicht aber für die untergeordneten Einheiten zuständig.

202 Vgl. §§ 7 ff. BetrVG; BGH Urteil vom 17.09.2009, Az. 5 StR 521/08 (*Klaus Volkert*); dort insbes. Rn. 32 ff.

203 § 37 I BetrVG.

204 §§ 78 S. 2, 119 I Nr. 3 BetrVG; LG Braunschweig vom 27.02.2007, 6 KLs 48/06 (*Peter Hartz*); BGH (*Klaus Volkert*) (oben Fn. 202).

205 BGH (*Klaus Volkert*) (oben Fn. 202), Rn. 34.

Unzulässig ist daher auch die Gewährung einer Vergütung durch die Arbeitnehmer selbst oder durch eine Gewerkschaft, wie auch jede (kollektiv-)vertragliche Vergütungsregelung.[206]

Unabhängig davon haben alle Betriebsratsmitglieder das Recht, an Bildungsmaßnahmen teilzunehmen, die im Zusammenhang mit der Betriebsratsarbeit stehen.[207]

Die durch die Tätigkeit des Betriebsrats entstehenden Kosten trägt der Arbeitgeber, der auch die notwendigen sachlichen Mittel zur Verfügung zu stellen hat.[208]

Aufgrund ihrer betriebsverfassungsrechtlichen Sonderstellung sind Betriebsratsmitglieder vor Kündigungen besonders geschützt. Die ordentliche Kündigung eines Mitglieds eines Betriebsrats bzw. einer Jugend- oder Auszubildendenvertretung ist grundsätzlich unzulässig, § 15 KSchG. Möglich bleibt aber die ausnahmsweise ordentliche Kündigung bei Betriebsstillegung, § 15 IV KSchG (notwendig bleibt aber die Anhörung gem. § 102 I, II BetrVG), sowie jedenfalls die außerordentliche Kündigung aus wichtigem Grund bei schwerwiegenden Verletzungen der Arbeitnehmerpflichten i.S.v. § 626 BGB.[209] Diese außerordentliche Kündigung bedarf der Zustimmung des Betriebsrats, § 103 BetrVG.

ll) Praxis

(1) Verbreitung

Bei der praktischen Verbreitung von Betriebsräten lässt sich eine gewisse Größenabhängigkeit beobachten. So gut wie alle Betriebe, die zu (großen) unternehmerisch mitbestimmten Unternehmen gehören, haben auch Betriebsräte.[210] Insofern hat sich

---

206 §§ 41, 78 S. 2 BetrVG, 134 BGB; *Rieble*, IW 2008, S. 28.

207 § 37 VI, VII BetrVG.

208 § 40 BetrVG, zum diesbezüglichen Umlageverbot vgl. § 41 BetrVG.

209 Vgl. BAG, Urteil vom 18.02.1993, 2 AZR 526/92.

210 Nach der Betriebsgrößenstatistik der *BA* gab es 2010 ca. 1,1 Mio. Betriebe mit mehr als fünf Arbeitnehmern. Insgesamt verfügen aber nur knapp 10% dieser Betriebe auch tatsächlich über einen Betriebsrat. Die Verbreitung steigt mit der Betriebsgröße. Die gewerkschaftlich sog. *„Kernzone im System der industriellen Beziehungen"* sind Großbetriebe mit mehr als 500 Beschäftigten. Sie hatten im Jahr 2010 in Westdeutschland zu 89 Prozent Betriebsräte, im Osten lag die Quote bei 90 Prozent. Bei 51 bis 100 Beschäftigten betrugen die Werte 37 bzw. 36 Prozent, bei 5 bis 50 Beschäftigten aber lediglich sechs und sieben Prozent. Damit hat nur ca. jeder 14. Kleinbetrieb auch einen Betriebsrat; in: *Hans-Böckler-Stiftung, Zahlen und Fakten – Betriebsräte und Personalräte in Deutschland* (ohne Datum, jedoch unter Rückgriff auf Datenmaterial von 2010), unter http://www.boeckler.de/5306.htm. *Dribbusch* schätzt unter Rückgriff auf Zahlen des *IAB* dass es 2009 in Deutschland insgesamt 97.000 Betriebsräte gab, die ca. 11 Millionen Arbeitnehmer vertraten, in: *Germany: „The effect of the information and consultation directive on Industrial Relations in the EU Member States five years after its transposition"* (19.01.2011), unter http://www.eurofound.europa.eu/eiro/studies/tn1009029s/de1009029q.htm (englisch). Insgesamt sinkt die Quote der durch Betriebsräte vertretenen Arbeitnehmer in der privaten Wirtschaft seit Beginn der 1980er Jahre ständig; siehe Kommission Mitbestimmung 1998, S. 50 ff., ETUI-D-BI, S. 1 f.

der Begriff der „*doppelten Mitbestimmung*“[211] eingebürgert. In Zonen mit doppelter Mitbestimmung werden die Arbeitnehmer somit nicht nur durch ihre Vertreter in den Aufsichtsräten, sondern noch zusätzlich auf mehreren Stufen (kaskadenartig) durch Betriebsräte vertreten. Dementsprechend schwierig ist mitunter die Zuständigkeitsabgrenzung.[212]

Zwar überschneiden sich das BetrVG und die Mitbestimmungsgesetze nach ihrem gedanklichen Ansatz nicht, da sich das BetrVG auf die betriebliche Sphäre beschränkt und in die unternehmerischen Entscheidungen, auf die die Mitbestimmungsgesetze abzielen, gerade nicht eingreift.[213] Selbst wenn sich die Beteiligungsrechte nicht direkt kumulieren lassen ergänzen sie sich aber jedenfalls in ihren Wirkungen. Dies gilt vor allem bei der Mitbestimmung in wirtschaftlichen Angelegenheiten.

Zudem kommt es meist zu personellen Übereinstimmungen, so dass die leitenden Betriebsratsmitglieder oft auch in (fast schon institutionalisierter[214]) Personalunion die Arbeitnehmervertretung im Aufsichtsrat stellen und ihre dortige Position zur Erweiterung ihrer betriebsverfassungsrechtlichen Informations- und Handlungsmöglichkeiten nutzen.[215] Wo die Vertretungsformen nebeneinander bestehen, haben sie sich Beobachtern zufolge zum Teil so eng miteinander verwoben, dass „*beide Versionen der Mitbestimmung in der Praxis der Betriebe und Unternehmen [...] zusammengewachsen und heute nicht mehr voneinander zu trennen sind*“.[216]

(2) Betriebsvereinbarung

Praktisch geht der Trend immer mehr in die Richtung einer kooperativen Ausübung der Beteiligung. Instrument hierzu ist die Betriebsvereinbarung,[217] die als „geschaf-

---

211 Kommission Mitbestimmung 1998, S. 52.

212 *Rieble*, RLR 2009, S. 212.

213 Vgl. *Raiser/Veil*, MitbestG, Einl., Rn. 56ff.; vgl. auch Kommission Mitbestimmung 1998, S. 34.

214 *Rieble*, ZAAR 2004, Rn. 42.

215 Vgl. *Raiser/Veil*, MitbestG, Einl., Rn. 74. Mit *Troch* liegt in solchen Kompetenzüberschneidungen zwischen Aufsichtsrat und Betriebsrat ein Grund, im Rahmen von drittelmitbestimmten GmbHs auf die (zusätzliche) Einrichtung eines Aufsichtsrats zu verzichten, da über den Wirtschaftsausschuss die Belange der Arbeitnehmer an die Geschäftsführung gelangen und die Interessen der Anteilseigner in jedem Fall durch die Gesellschafterversammlung vertreten werden; siehe *Troch*, Drittelbeteiligung, S. 5, 14. Im *Biedenkopf*-Bericht sprachen die Vertreter der Arbeitnehmer daher auch von einer „*künstlichen Trennung der Mitbestimmungsebenen*“; *Biedenkopf*-Bericht, S. 69.

216 So bereits die Kommission Mitbestimmung 1998, S. 22. Nach *Rieble* sind unternehmerische und betriebliche Mitbestimmung „*rechtlich und phänomenologisch Subsysteme eines einheitlichen Systems Mitbestimmung*“, ZAAR 2004, Rn. 41.

217 § 77 BetrVG. Die Bestimmung gilt für Betriebsvereinbarungen mit dem Gesamt- bzw. dem Konzernbetriebsrat entsprechend, §§ 51 V, 59 I BetrVG.

fenes Gesetz des Betriebs“ unmittelbar und zwingend gilt[218] und in erster Linie der Umsetzung der Mitbestimmungsrechte dient.

In diesen Vereinbarungen werden zunächst vor allem die Verfahren von Information, Beratung und Entscheidung geregelt. Hier werden insbesondere gemeinsame Kommissionen von Arbeitgeber und Betriebsrat eingerichtet, die zum Teil mit Entscheidungskompetenzen ausgestattet sind.[219]

Dies geschieht oft in Form paritätischer Ausschüsse nach § 28 BetrVG.

Die Beteiligung bleibt durch solche Verfahrensvereinbarungen offen für Entwicklungen. Im Streitfall finden wieder die gesetzlichen Mitbestimmungsrechte des Betriebsrats Anwendung.

Zunehmend üblich ist auch die Einbeziehung der betrieblichen Interessenvertretungen in Vorbereitung und Umsetzung von Entscheidungen. Basis sind „Gegengeschäfte“, in denen sich die Interessenvertretungen auf eine Mitarbeit an der Modernisierung einlassen, an der Akzeptanzsicherung mitwirken, und sich im Gegenzug hierdurch Einflussmöglichkeiten für die Zukunft sichern.[220]

Beispiele aus der Praxis sind Beschäftigungssicherungen und Sozialplanabfindungen.[221]

Schließlich nimmt auch die individuelle Beteiligung durch die Verlagerung von Mitgestaltungs- oder Mitentscheidungsrechten auf die Beschäftigten in Arbeits- und Projektgruppen bzw. auf die individuelle Aushandlung von Arbeitsbedingungen an Bedeutung zu.[222] In zerstreuten Unternehmensstrukturen kommt es zur Bildung von Standortsbetriebsräten oder gemeinsamen Betriebsratsgremien.[223]

Während das Gesetz noch klar zwischen Information, Beratung und Mitbestimmung unterscheidet finden sich in den Vereinbarungen fließende Übergänge zwischen diesen Beteiligungsformen.[224] Das Gesetz stellt als Grundlage aber die Basis für die wechselseitige Verlässlichkeit des Handelns der Betriebsparteien dar.

---

218 § 77 IV 1 BetrVG; vgl. *Kreutz* in GK-BetrVG, § 77, Rn. 141 ff.; *Richardi* in *Richardi*, BetrVG, § 77, Rn. 126 ff.

219 *Heidemann,* Weiterentwicklung, S. 26 ff.

220 *Heidemann,* Weiterentwicklung, S. 67

221 Vgl. Böckler Impuls 17/2008, *„Bittere Pillen für Betriebsräte“*, http://www.boeckler.de/32015_93292.html.

222 *Heidemann,* Weiterentwicklung, S. 49 ff., 54 ff.; Kommission Mitbestimmung 1998, S. 39.

223 Kommission Mitbestimmung 1998, S. 81.

224 *Heidemann,* Weiterentwicklung, S. 35 ff., zur Mitbestimmung insbesondere S. 41 ff.

Bei kleineren Unternehmen sind formale Vereinbarungen offenbar noch schwächer ausgeprägt, es wird häufiger auf der Basis tagtäglichen Zusammenwirkens von Arbeitgeber und Betriebsrat (oder sogar: von individuellen Beschäftigten) gehandelt.[225]

mm) Vertretung auf supranationaler Ebene

(1) Europäische Betriebsräte

Die deutschen Mitglieder des Besonderen Verhandlungsgremiums für einen Europäischen Betriebsrat (EBR) werden grundsätzlich vom Konzernbetriebsrat bestellt.[226]

Ggf. wird der Konzernbetriebsrat um die Vorsitzenden und die Stellvertreter etwaiger separater Gesamtbetriebsräte erweitert, § 11 II 2 EBRG.

Besteht jedoch kein Konzernbetriebsrat, sind zunächst die Gesamtbetriebsräte berufen. Falls neben dem Gesamtbetriebsrat noch Betriebsräte bestehen, die nicht durch den Gesamtbetriebsrat vertreten werden, sind deren jeweilige Vorsitzende und Stellvertreter hinzuzuziehen. Sie gelten insoweit als Mitglieder des Gesamtbetriebsrats.[227]

Sofern kein Gesamtbetriebsrat existiert, aber mehrere Einzelbetriebsräte, werden die Mitglieder des Besonderen Verhandlungsgremiums gemeinsam durch diese bestellt.[228]

Gibt es nur einen einzelnen Betriebsrat, so hat dieser auch die Mitglieder des besonderen Verhandlungsgremiums zu bestellen.[229]

Möglich ist hier ausnahmsweise auch die Bestellung von leitenden Angestellten.[230] Grundsätzlich sollen Frauen und Männer entsprechend ihrem zahlenmäßigen Verhältnis bestellt werden.[231]

Das grundsätzlich gleiche Bestellungsverfahren gilt auch für die deutschen Mitglieder eines EBR kraft Gesetzes, also eines solchen, der nach der Auffangregelung eingesetzt wird.[232] Entsprechendes gilt für die Abberufung.[233]

---

225 *Heidemann*, Weiterentwicklung, S. 68.
226 § 11 II 1 Gesetz über die Europäischen Betriebsräte (Europäische Betriebsräte-Gesetz – EBRG) in der Fassung der Bekanntmachung vom 7. Dezember 2011 (BGBl. I S. 2650).
227 § 11 III a), b) EBRG.
228 § 11 III c) EBRG.
229 § 11 III d) EBRG.
230 § 11 IV EBRG.
231 § 11 I 2, V EBRG.
232 § 23 EBRG.
233 § 23 IV EBRG.

Auch hier soll ein spiegelbildliches Verhältnis zwischen den Geschlechtern und den jeweiligen Berufsgruppen beachtet werden.[234]

Sofern dieser EBR kraft Gesetzes mehr als vier deutsche Mitglieder hat, kann der Sprecherausschuss eines seiner Mitglieder entsenden, das dann mit Rederecht, aber ohne Stimmrecht, an den Sitzungen zur Unterrichtung und Anhörung des EBR teilnimmt.[235]

Auf diese Weise werden die leitenden Angestellten mit einbezogen. In diesem Fall gelten die Bestimmungen zur Verschwiegenheit und zur Beiziehung von Sachverständigen entsprechend.[236]

---

(2) Europäische Aktiengesellschaft

Die deutschen Mitglieder eines Besonderen Verhandlungsgremiums in der SE werden von einem aus maximal 40 Personen bestehenden Wahlgremium in geheimer und unmittelbarer Wahl gewählt.[237]

Die Zusammensetzung dieses Wahlgremiums richtet sich nach dem Umfang der deutschen Beteiligung an der jeweiligen SE-Gründung. Zur Vertretung berufen ist jeweils das höchste bestehende betriebliche Vertretungsgremium.

Ist eine deutsche Unternehmensgruppe an der SE-Gründung beteiligt, besteht das Wahlgremium aus den Mitgliedern des Konzernbetriebsrats, bei dessen Fehlen ggf. aus Mitgliedern der Gesamtbetriebsräte oder der Betriebsräte.[238]

Ist lediglich ein deutsches Unternehmen an der SE-Gründung beteiligt, besteht das Wahlgremium aus den Mitgliedern des Gesamtbetriebsrats bzw. der Betriebsräte.[239]

Ist nur ein deutscher Betrieb beteiligt, besteht auch das Wahlgremium nur aus Mitgliedern des Betriebsrats.[240]

Sofern eine oder mehrere Unternehmensgruppen oder nicht verbundene Unternehmen an der SE-Gründung beteiligt sind bzw. von der Gründung unternehmensunabhängige Betriebe betroffen sind, setzt sich das Wahlgremium aus den jeweiligen Arbeitnehmervertretungen auf Konzernebene, Unternehmensebene oder Betriebsebene zusammen. Falls keine solche Arbeitnehmervertretung besteht, werden die Mitglieder des Wahlgremiums von den Arbeitnehmern in Urwahl gewählt.

---

234 § 23 V EBRG.

235 §§ 23 VI 1, 22 II EBRG.

236 §§ 23 VI 2, 35 II, 39 EBRG.

237 § 8 I 1, VI Gesetz über die Beteiligung der Arbeitnehmer in einer Europäischen Gesellschaft (SE-Beteiligungsgesetz – SEBG) vom 22. Dezember 2004 (BGBl. I S. 3675, 3686).

238 § 8 II SEBG.

239 § 8 III SEBG.

240 § 8 IV SEBG.

Die Wahl wird dann von einem Wahlvorstand eingeleitet und durchgeführt, der in einer Versammlung der Arbeitnehmer gewählt wird, zu der die inländische Konzernleitung, Unternehmensleitung oder Betriebsleitung einlädt. Für diesen Fall werden so viele Mitglieder des Wahlgremiums gewählt, wie eine ggf. bestehende Arbeitnehmervertretung an gesetzlichen Mitgliedern hätte.[241]

Eine deutsche Besonderheit ist die Vorgabe, dass jedes dritte deutsche Mitglied eines Besonderen Verhandlungsgremiums ein unternehmensinterner Gewerkschaftsvertreter[242] und jedes siebte ein Vertreter der leitenden Angestellten[243] sein muss.[244]
Diese verbindlichen Entsenderegelungen im deutschen Umsetzungsgesetz SEBG gehen über die Vorgaben der SE-RL hinaus.[245] Das Wahlgremium kann von den Vorschlägen nicht abweichen, selbst wenn es einen anderen Kandidaten für geeigneter erachten sollte.
Das Wahlgremium vertritt ggf. auch solche Arbeitnehmer, die in ihrem Unternehmen, u.U. bewusst, keinen Betriebsrat gewählt haben. Insgesamt wird die deutsche Regelung daher z.T. als europarechtswidrig angesehen.

Das grundsätzlich gleiche Verfahren gilt für die Besetzung der deutschen Mitglieder eines kraft Gesetzes eingerichteten SE-Betriebsrats nach der Auffangregelung.[246] Wählbar sind ausschließlich Arbeitnehmer der jeweiligen SE.[247]

Bedeutende Abweichung ist allerdings, dass es hier keine Vorschrift in Bezug auf Gewerkschaftsvertreter oder Vertreter der leitenden Angestellten gibt.[248]

Ebenfalls gilt das grundsätzlich gleiche Wahlverfahren für die Bestellung der deutschen Mitglieder im Verwaltungs- oder Aufsichtsorgan der SE nach der Auffangregelung.

---

241 § 8 V SEBG, zu den Einzelheiten dieser Urwahl § 8 VII SEBG. v.

242 § 8 I i.V.m. § 6 III SEBG, falls dem Besonderen Verhandlungsgremium mehr als zwei deutsche Mitglieder angehören. Zu den einzelnen Wahlvorschlagsvoraussetzungen vgl. § 8 I 2, 3, 4 SEBG.

243 § 8 I i.V.m. § 6 IV SEBG, falls dem Besonderen Verhandlungsgremium mehr als sechs deutsche Mitglieder angehören. Zu den einzelnen Wahlvorschlagsvoraussetzungen vgl. § 8 I 5, 3, 6 SEBG.

244 Außerdem sollte der Anteil von Frauen und Männern unter den Mitgliedern ihrem zahlenmäßigen Verhältnis in der Belegschaft entsprechen; § 6 II 2 SEBG.

245 Vgl. Art. 3 II b) UAbs. 2 SE-RL.

246 Beteiligung der Arbeitnehmer kraft Gesetzes, §§ 21ff. SEBG.

247 § 23 I 2 SEBG.

248 § 23 I 3 SEBG erklärt im Wesentlichen die Vorschriften über Bildung und Zusammensetzung des Besonderen Verhandlungsgremiums für entsprechend anwendbar. Ausdrücklich erwähnt werden hier neben § 5 I die Vorschriften des § 6 I 2 und 3 sowie der §§ 7 bis 10 und 11 I 2 und 3. Die Entsendeprivilegierungen sind aber in § 6 III und IV SEBG normiert. Aus dem explizit fehlenden Bezug kann geschlossen werden, dass die Privilegierungen hier nicht zum Tragen kommen sollen. § 8 I 2 bzw. 4 sehen aber wiederum vor, dass § 6 III bzw. IV gegeben sind.

Aufgrund entsprechender Verweisung gilt hier jedoch wieder, dass jedes dritte deutsche Mitglied im Wahlgremium ein Gewerkschaftsvertreter und jedes siebte Mitglied ein Vertreter der leitenden Angestellten sein muss.[249]

b) Unternehmensmitbestimmung

In Deutschland bestehen insgesamt vier verschiedene Mitbestimmungsgesetze, die für die Unternehmen je nach Rechtsform, Branchenzugehörigkeit und Unternehmensgröße eine mehr oder weniger weitreichende Beteiligung der Arbeitnehmerseite vorsehen. Ansatzpunkt hierfür ist der Aufsichtsrat.

aa) Montanmitbestimmung

(1) Montan-Mitbestimmungsgesetz 1951

Grundstein ist das Montan-Mitbestimmungsgesetz von 1951.[250] Alle weiteren deutschen Mitbestimmungsgesetze basieren darauf.

Es ermöglicht über eine Vorrangsregelung die paritätische, also gleich starke, Mitbestimmung in den Aufsichtsräten von Unternehmen aus dem Bereich Bergbau sowie aus der Eisen und Stahl erzeugenden Industrie, sofern sie als AG oder als GmbH organisiert sind und in der Regel mehr als 1.000 Beschäftigte haben.[251]

Das Gesetz schreibt die Anwendung auch für sog. „Einheitsgesellschaften" vor.[252] Dieser Begriff geht hier auf ein Gesetz der Alliierten Hohen Kommission vom 16.05.1959 zurück. Er bezeichnet die seinerzeit für die Konzernentflechtung im Montanbereich gebildeten Gesellschaften, AHK-Gesetz Nr. 27, ABl. AHK, S. 299.

In der Folgezeit wurde der Anwendungsbereich des MontanMitbestG mehrfach angepasst. So wurde durch die Rechtsprechung klargestellt, dass auch solche Unternehmen erfasst werden, die nicht im AHK-Gesetz Nr. 27 namentlich aufgeführt sind, weil sie erst später gegründet wurden, aber dieselben sachlichen Merkmale wie diese Unternehmen aufweisen.[253] Die ursprünglich ebenfalls mit geregelte Gesellschaftsform der „bergrechtlichen Gewerkschaft" hingegen wurde mit Wirkung zum 31.12.1985 abgeschafft.[254]

---

249 § 36 III SEBG; der dortige S. 2 bezieht ausdrücklich u.a. § 6 II bis IV ein.

250 Gesetz über die Mitbestimmung der Arbeitnehmer in den Aufsichtsräten und Vorständen der Unternehmen des Bergbaus und der Eisen und Stahl erzeugenden Industrie vom 21.05.1951 (BGBl. I S. 347), zuletzt geändert durch Verordnung vom 31.10.2006 (BGBl. I S. 2407) im Folgenden *MontanMitbestG*.

251 §§ 1, 2 MontanMitbestG.

252 § 1 I 1 b), II MontanMitbestG.

253 BGH Beschluss vom 28.02.1983, II ZB 10/82.

254 Vgl. §§ 163 ff. BbergG.

Insgesamt sind nur wenige Unternehmen montanmitbestimmt. Diese beschäftigen jedoch eine beträchtliche Anzahl von Arbeitnehmern.[255]

Die Aufsichtsräte der vom MontanMitbestG erfassten Unternehmen bestehen mindestens aus elf Mitgliedern, tatsächlich meist aus 21 Mitgliedern.

Entscheidend ist das Nennkapital und eine entsprechende Entscheidung in der Satzung. Bei mehr als zehn Mio. Euro Nennkapital können 15 Mitglieder, bei mehr als 25 Mio. Euro Nennkapital können insgesamt 21 Mitglieder bestellt werden.[256] Letzteres ist übliche Praxis.

In einem 21-köpfigen Aufsichtsrat werden jeweils acht Mitglieder von den Arbeitnehmern und von den Anteilseignern benannt. Zu jeder Seite kommen noch zwei „weitere Mitglieder" hinzu, für die besondere Wählbarkeitsvoraussetzungen gelten.

Konkret dürfen die „weiteren Mitglieder" weder in den Unternehmen als Arbeitnehmer oder Arbeitgeber tätig, noch dürfen sie Gewerkschafts- bzw. Arbeitgebervertreter sein. Darüber hinaus dürfen sie auch nicht in größerem Umfang am Unternehmen beteiligt sein.[257]
Durch diese Vorgaben soll erreicht werden, dass potentielle Konflikte zwischen der Arbeitgeber- und der Arbeitnehmerseite vermindert werden. Daneben sollen die „weiteren Mitglieder" eventuelle „übergeordnete Interessen" in die Entscheidungsfindung des Unternehmens einbringen können.

Zusätzlich bestimmt der Aufsichtsrat noch ein so genanntes „neutrales Mitglied", das in Streitfragen für eine gütliche Einigung sorgen soll.[258]

Durch ein recht komplexes Verfahren besteht für dessen Wahl ein gewisser Einigungszwang.

Das „neutrale Mitglied" ist auf Vorschlag der übrigen Aufsichtsratsmitglieder durch das zur Wahl von Aufsichtsratsmitgliedern berufene Organ (Wahlorgan, vgl. § 5) zu wählen. Dieser Vorschlag wird mit der Mehrheit aller Stimmen der Aufsichtsratsmitglieder beschlossen und bedarf der Zustimmung von mindestens je drei Mitgliedern der Arbeitgeber- und der Arbeitnehmerseite. Kommt ein Vorschlag nicht zustande oder wird die vorgeschlagene Person nicht gewählt, ist ein Vermitt-

---

255 Der Montanmitbestimmung unterlagen bis Ende der 1980er Jahre noch 31 Unternehmen. Aufgrund der Wiedervereinigung stieg die Quote 1991 auf 46 Unternehmen und lag 1998 bei 45. Seinerzeit waren in ihnen ca. 400.000 Arbeitnehmer tätig; Kommission Mitbestimmung 1998, S. 43. 2004 waren nach Arbeitgeberinformationen von dieser Mitbestimmungsform zusammen mit dem Montanmitbestimmungsergänzungsgesetz noch ca. 50 Unternehmen erfasst; BDA/BDI 2004, S. 4.

256 §§ 4, 9 MontanMitbestG.

257 § 4 II MontanMitbestG (hier insbesondere Buchstabe d) *„wirtschaftlich wesentlich interessiert"*).

258 Vgl. §§ 4 I, 6 I–III, 9 I MontanMitbestG.

lungsausschuss zu bilden, der seinerseits drei Personen zur Wahl vorschlägt. Werden auch diese Vorschläge abgelehnt, entscheidet über die Berechtigung der Ablehnung das für das Unternehmen zuständige OLG. Wird die Ablehnung von diesem für unberechtigt erklärt, so hat das Wahlorgan einen der Vorgeschlagenen zu wählen, erfolgte die Ablehnung zu Recht so wählt das Wahlorgan von sich aus das weitere Mitglied.[259]

Hierdurch soll sichergestellt werden, dass es das Vertrauen möglichst vieler, mindestens aber der Mehrheit der Aufsichtsratsmitglieder genießt. Aufgrund seiner Funktion und der insgesamt ungeraden Anzahl der Aufsichtsratsmitglieder hat es eine sehr starke Position. Seinem Stimmverhalten kann bei Aufsichtsratsbeschlüssen die entscheidende Rolle zukommen, sollten sich die Vertreter von Anteilseignern und Arbeitnehmern nicht einigen können.

Für Aufsichtsräte mit elf bzw. fünfzehn Mitgliedern gelten Verhältnisse von 4+1:4+1:1 bzw. von 6+1:6+1:1. Es ändert sich also nur die absolute Größe, nicht das Verhältnis.

Die Vertreter der Anteilseignerseite werden durch das per Gesetz, Satzung oder Gesellschaftsvertrag zur Wahl von Aufsichtsratsmitgliedern berufene Wahlorgan nach Maßgabe der Satzung oder des Gesellschaftsvertrags gewählt.[260]

Von den acht Arbeitnehmervertretern müssen vier im Unternehmen tätig sein. Die anderen vier Arbeitnehmervertreter sowie die „weiteren Mitglieder" der Arbeitnehmerseite werden von den Spitzenorganisationen der im Betrieb vertretenen Gewerkschaften vorgeschlagen. Alle Arbeitnehmervertreter, auch diejenigen externen, die von den Gewerkschaften vorgeschlagen werden, werden von den Betriebsräten gewählt. Anschließend schlagen die Betriebsräte die Mitglieder der Arbeitnehmerseite der Anteilseignerversammlung zur Bestätigung vor. Bei dieser Bestätigung handelt es sich aber lediglich um einen formalen Akt, da die Vorschläge nicht abgelehnt werden können.[261]

Im Geltungsbereich des MontanMitbestG muss dem Vorstand ein Arbeitsdirektor angehören. Dieser kann nicht gegen die Stimmenmehrheit der Arbeitnehmervertreter berufen werden und hat als Ressortchef des Personal- und Sozialwesens auftretende Sozialprobleme gleichberechtigt neben den weiteren Bereichen in die Unternehmensplanung einzubringen. Diese Aufgaben hat er wie die übrigen Mitglieder des zur gesetzlichen Vertretung berufenen Organs im engsten Einvernehmen mit dem Gesamtorgan auszuüben.[262]

259 §§ 4 I c), 8 MontanMitbestG.

260 § 5 MontanMitbestG.

261 §§ 4–8, 9 MontanMitbestG.

262 §§ 13 MontanMitbestG, 84 IV AktG. *Klinkhammer/Welslau*, S. 62.

(2) Montanmitbestimmungsergänzungsgesetz 1956

Das Mitbestimmungsergänzungsgesetz von 1956[263] sieht eine leicht abgeschwächte Form der Montanmitbestimmung für die beherrschenden Obergesellschaften von Montan-Konzernen (in Form einer AG oder einer GmbH) vor, die ihrerseits selbst keine Montanunternehmen sind.[264]

Dieses Gesetz wurde notwendig, weil es im Laufe der Zeit in der Montanindustrie zunehmend zu Konzentrationen und Umstrukturierungen kam, aufgrund derer immer mehr Unternehmen aus dem Geltungsbereich des MontanMitbestG heraus zu fallen drohten, während die Montanmitbestimmung als Institution aber politisch gesichert werden sollte. Das Gesetz selbst wurde wiederholt geändert, vor allem wurde die sog. Auslauffrist für ein Ausscheiden aus der Montanmitbestimmung mehrfach verlängert. Das BVerfG billigte diese politischen Sicherungsbestrebungen.[265]

Die Aufsichtsräte bestehen hier grundsätzlich aus 15 Mitgliedern[266]: jeweils sieben Vertreter von Arbeitnehmer- und Anteilseignerseite und ein „neutrales Mitglied". Von den sieben Vertretern der Arbeitnehmer müssen fünf in den Konzernunternehmen beschäftigt sein, während die zwei weiteren von den Spitzenorganisationen der im Betrieb vertretenen Gewerkschaften vorgeschlagen werden.[267] Das „neutrale Mitglied"[268] ist funktional mit demjenigen nach dem MontanMitbestG vergleichbar.

Die Arbeitnehmervertreter werden in einem recht komplexen Verfahren bestellt.[269] Es wird grundsätzlich nach der Unternehmensgröße differenziert und entweder eine Wahl durch Delegierte oder eine unmittelbare Wahl durchgeführt, wobei auch ein Wechsel des Wahlverfahrens möglich ist.

Im MontanMitbestErG bestehen einige beteiligungsrelevante Besonderheiten. In seinem Anwendungsbereich obliegen auch bei der GmbH Bestellung und Abberufung der Mitglieder des Vertretungsorgans dem Aufsichtsrat und nicht den Gesellschaftern.[270]

---

263 Gesetz zur Ergänzung des Gesetzes über die Mitbestimmung der Arbeitnehmer in den Aufsichtsräten und Vorständen der Unternehmen des Bergbaus und der Eisen und Stahl erzeugenden Industrie (Mitbestimmungs-Ergänzungsgesetz) vom 7. August 1956 (BGBl. I S. 707), zuletzt geändert durch Gesetz vom 23. Juli 2013 (BGBl. I S. 2586) im Folgenden *MontanMitbestErgG*.

264 §§ 1–3 MontanMitbestErgG.

265 BVerfG v. 02.03.1999, NZA 1999, 435 ff., 439. Vgl. zur Entwicklung *Mävers*, SE-Mitbestimmung 2002, S. 43 ff. m.w.N., *Raiser/Veil*, MitbestG, Einl., Rn. 20 ff.

266 § 5 MontanMitbestErgG; bis zu 21 Mitglieder sind möglich, notwendig ist dann ein Gesellschaftskapital in Höhe von mehr als 25 Millionen Euro; § 5 I 2 MontanMitbestErgG.

267 § 6 MontanMitbestErgG; bei 21 Mitgliedern: sieben Arbeitnehmer aus dem Konzern, drei Gewerkschaftsvertreter; § 6 I 2 MontanMitbestErgG.

268 § 5 I c MontanMitbestErgG. Für seine Bestellung gilt grundsätzlich § 8 MontanmitbestG, für seine Abberufung § 11 III MontanMitbestG, § 5 III MontanMitbestErgG.

269 §§ 7 ff. MontanMitbestErgG.

270 § 13 S. 1 MontanMitbestErgG i.V.m. §§ 76 III und 84 AktG; vgl. § 46 Nr. 5 GmbHG.

Zudem gilt hier die Zuständigkeit des Aufsichtsrats für den Fall einer Beteiligung an einem anderen Unternehmen bereits ab einem Viertel.[271]
Daneben kann hier der Arbeitsdirektor auch gegen die Stimmen der Arbeitnehmervertreter berufen werden.[272]

---

bb) Mitbestimmungsgesetz 1976

In den 1970er Jahren sollte die Mitbestimmung auch auf Unternehmen anderer Wirtschaftszweige, außerhalb der Montanindustrie, ausgedehnt werden. In den Anwendungsbereich des Mitbestimmungsgesetzes vom 4. Mai 1976[273] fallen darum branchenunabhängig bestimmte, im Einzelnen aufgezählte Kapitalgesellschaften mit mehr als 2.000 Beschäftigten. Das Gesetz schreibt hier eine paritätische Besetzung des (verpflichtend zu bildenden[274]) Aufsichtsrats durch Arbeitnehmer- und Anteilseignervertreter vor.[275]

Die Arbeitnehmer können auf diese Vertretung nicht einmal freiwillig verzichten; ein an sich mitbestimmter Aufsichtsrat ist ohne Arbeitnehmervertreter nicht ordnungsgemäß zusammengesetzt. Der Staat sorgt damit im Zuge der Registereintragung mit dem speziellen Kontrollverfahren, ob der Aufsichtsrat ordnungsgemäß besetzt ist, von Amts wegen für den faktischen Normvollzug.[276] Praktisch ist diese Beteiligungsform daher weit verbreitet.[277]

---

271 § 15 MontanMitbestErgG.

272 Vgl. den fehlenden Verweis auf § 13 I 2 und 3 MontanMitbestG in §§ 13 MontanMitbestErgG, 84 IV AktG.

273 Gesetz über die Mitbestimmung der Arbeitnehmer (Mitbestimmungsgesetz – MitbestG) vom 4. Mai 1976 (BGBl. I S. 1153), zuletzt geändert durch Gesetz vom 22.12.2011 (BGBl. I S. 3044).

274 § 6 I MitbestG.

275 § 1 I MitbestG.

276 Vgl. §§ 37 IV Nr. 3, 3a, 4; 38 AktG; *Rieble* in *Rebhahn*, ZAAR 2004, Rn. 89; *Raiser/Veil*, MitbestG, § 1, Rn. 49; vgl. auch *Rebhahn*, ZAAR 2004, Rn. 88.

277 Der *Hans-Böckler-Stiftung* zufolge gab es in Deutschland Ende 2010 insgesamt 681 Unternehmen, die dem MitbestG unterlagen. Hiervon waren 280 AG und 345 GmbH, daneben gab es elf mitbestimmte SE. Von den mitbestimmten Unternehmen hatten 446 einen 12-köpfigen Aufsichtsrat, 108 einen 16-köpfigen und 127 einen 20-köpfigen, was insgesamt 4.810 Aufsichtsratsmandaten für die Arbeitnehmer entspricht. Die Gesamtzahl der nach dem MitbestG mitbestimmten Unternehmen lag im Jahr 1977 bei 462 und erreichte im Jahr 2002 mit 767 Stück ihren Höhepunkt. Sie ist seitdem kontinuierlich leicht rückläufig; Daten unter http://www.boeckler.de/38347.htm. Wie viele Beschäftigte konkret betroffen sind lässt sich nur schätzen. Für 1996 konnten für die Unternehmen im Anwendungsbereich des MitbestG etwa 5,2 Mio. Arbeitnehmer ermittelt werden, 1992 hatten die Arbeitnehmer insgesamt 4.922 Aufsichtsratsmandate; Kommission Mitbestimmung 1998, S. 48.

(1) Geltungsbereich

Das MitbestG verfolgt einen streng rechtsformspezifischen Ansatz. Es gilt für grundsätzlich alle Unternehmen, die als AG, KGaA, Genossenschaft oder GmbH organisiert sind. Erfasst werden auch GmbHs, die kein Unternehmen im materiellen Sinn betreiben, z.B. wenn sie keinen eigenen Geschäftsbetrieb haben.[278] Das MitbestG gilt jedoch nicht für die Unternehmen, die bereits unter das MontanMitbestG oder das MontanMitbestErgG fallen sowie für sog. Tendenzbetriebe nach näherer Kennzeichnung des Gesetzes.[279]

Derartige Tendenzbetriebe sind Unternehmen, die unmittelbar und überwiegend politischen, koalitionspolitischen, konfessionellen, karitativen, erzieherischen wissenschaftlichen oder künstlerischen Bestimmungen dienen bzw. Zwecken der Berichterstattung oder Meinungsäußerung, und auf die Art. 5 I 2 GG anzuwenden ist. Ausgenommen sind auch Religionsgemeinschaften und deren karitative und erzieherische Einrichtungen.[280] Für diese Tendenzbetriebe gilt eine absolute Freistellung von der Arbeitnehmermitbestimmung. Zu deren betriebsverfassungsrechtlichen relativen Tendenzschutz vgl. § 118 BetrVG; demnach können in Tendenzunternehmen zwar Betriebsräte gebildet werden, eine Mitbestimmung ist aber ausgeschlossen, wenn Tendenzaspekte berührt werden.

Aus der strengen Rechtsformbezogenheit folgt auch, dass es Wege gibt, die deutsche Mitbestimmung zu vermeiden, falls gewünscht.

Eine Möglichkeit liegt z.B. in der Nutzung einer unselbständigen Zweigniederlassung eines ausländischen Unternehmens.[281] Als nicht eigenständige Unternehmen werden bloße Niederlassungen nicht von den Mitbestimmungsgesetzen erfasst. Praktisch möglich ist dieses Vorgehen z.B., indem ein der Mitbestimmung unterliegendes deutsches Unternehmen sein Betriebsvermögen im Zuge eines ***„asset deals"*** auf ein ausländisches Unternehmen überträgt, das anschließend das deutsche Unternehmen als Zweigstelle weiterbetreibt.[282]

Aber auch eigene Auslandsgesellschaften sind denkbar. Denn seit der EuGH-Rechtsprechung i.S. *Centros* et al.[283] können die mitgliedstaatlichen Kapitalgesellschaften grundsätzlich auch in ihrer ursprünglichen Rechtsform unter Anwendung des ausländischen Gesellschaftsstatuts in Deutschland tätig werden. Es handelt sich hierbei also um Kapitalgesellschaften, die rechtswirksam im Ausland errichtet wurden und dort ihren statuarischen Sitz haben, deren tatsächlicher Verwaltungssitz sich jedoch im Inland befindet. Weitere Verbindungen zum Gründungsstaat bestehen im Allgemeinen nicht, weshalb in diesem Zusammenhang meist von „Schein-Auslandsgesellschaften"

---

278 *Marsch-Barner/Diekmann* in *Priester/Mayer/Wicke*, HbGesR III, § 48, Rn. 140.

279 § 1 II–IV MitbestG.

280 § 1 IV MitbestG.

281 Zur Abgrenzung zwischen Niederlassung und Tochtergesellschaft vgl. oben Teil 2 C.

282 *Siems/Rosenhäger/Herzog*, Der Konzern 2008, Fn. 81; vgl. auch *Götze/Winzer/Arnold*, ZIP 2009, Fn. 13.

283 EuGH Rs. C-212/97, Urteil vom 09.03.1999 *(Centros)*; EuGH Rs. C-208/00, Urteil vom 05.11.2002 *(Überseering BV)*; EuGH Rs. C-167/01, Urteil vom 30.09.2003 *(Inspire Art)*, EuGH Rs. C-411/03, Urteil vom 13.12.2005 *(Sevic Systems AG)*; hier geht es um einen Zuzugsfall; EuGH Rs. C-210/06, Urteil vom 16.12.2008 *(Cartesio)*, für den Wegzug; EuGH Rs. C-378/10, Urteil vom 12.07.2012 *(VALE Építési kft.)*, für die grenzüberschreitende Umwandlung.

gesprochen wird. Wenn eine (dann) in Deutschland tätige Gesellschaft einem ausländischen Gesellschaftsstatut unterliegt, ist auch das ausländische Mitbestimmungsrecht anzuwenden. Das allerdings setzt voraus, dass es im Gründungsstaat der Gesellschaft überhaupt Mitbestimmungsregelungen gibt, was nicht immer der Fall ist. Ein Unternehmen, das in Deutschland seine Hauptverwaltung hat, kann die Anwendung der deutschen Unternehmensmitbestimmung darum auch dadurch ausschließen, dass es sich einer mitbestimmungsfreien Gesellschaftsform aus einem anderen Mitgliedstaat der EU bzw. des EWR bedient, ggf., sofern zulässig, auch in einer Mischform.[284] Technisch möglich ist dies z.B. über eine ausländische Holding. Daneben aber auch, indem eine bestehende Gesellschaft aus einem anderen Mitgliedstaat ihre Hauptverwaltung nach Deutschland verlegt, indem ein deutscher Unternehmensgründer direkt eine ausländische Gesellschaftsform wählt oder indem das Unternehmen der deutschen Gesellschaft in eine ausländische Zielgesellschaft eingebracht wird.[285] Notwendig ist aber wohl die tatsächliche Ausübung einer wirtschaftlichen Tätigkeit mittels einer festen Einrichtung im Aufnahmemitgliedstaat auf unbestimmte Zeit.[286] Das wiederum stützt sich auf die Feststellung objektiver, von dritter Seite nachprüfbarer Anhaltspunkte. Nicht erfasst sind hingegen rein künstliche Gestaltungen, insbesondere nicht Tochtergesellschaften, die „Briefkastenfirmen" oder „Strohfirmen" sind.[287]
Weitere Gestaltungsmöglichkeiten ergeben sich durch die Verschmelzungsrichtlinie[288] bzw. durch die Nutzung supranationaler Rechtsformen wie der SE.[289]

Sonderfall KGaA: In der Kommanditgesellschaft auf Aktien, §§ 278ff. AktG, verfügt der Aufsichtsrat weder über Personalkompetenz, noch über Zustimmungsrechte zur Geschäftsführung; § 111 IV 2 AktG ist nicht anwendbar. Zusätzlich sind bestimmte Normen des MitbestG auf die KGaA nicht anwendbar, so diejenige über die Bestellung des Arbeitsdirektors, § 33 I 2 MitbestG, sowie die über die Bestellung des zur Vertretung berufenen Organs durch den mitbestimmten Aufsichtsrat.
Begründet wird diese sog. mitbestimmungsrechtliche Privilegierung der KGaA mit der Natur dieser Gesellschaftsform und insbesondere der Rechtsstellung der persönlich haftenden Gesellschafter, die als ihre gesetzlichen Vertreter fungieren.[290]

---

284 Unter Rückgriff auf eine britische *Limited* ist z.B. eine *Ltd.* & Co. KG denkbar. Derartige Mischformen zwischen Kapital- und Personengesellschaften sind in Deutschland möglich, im Ausland jedoch teilweise ausdrücklich verboten, so z.B. in der Schweiz, Art. 594 II OR.

285 Vgl. *D. Jasper/Wollbrink* in *Priester/Mayer/Wicke*, HbGesR III, § 75, Rn. 52ff.; *Henssler*, RdA 2005, S. 332f.; *Rieble*, BB 2006, S. 2019; *Götze/Winzer/Arnold*, ZIP 2009, S. 248ff., dort auch zum Sonderfall der (grenzüberschreitenden) Anwachsung bei einer Personengesellschaft nach dem Prinzip von § 738 I 1 BGB; hierzu auch *Müller-Bonanni/Müntefering*, NJW 2009, S. 2350.

286 EuGH Rs. C-378/10, Urteil vom 12.07.2012 *(VALE Építési kft.)*, Rn. 34.

287 Vgl. EuGH Rs. C-196/04, Urteil vom 12.09.2006 (*Cadbury Schweppes*), Rn. 54, 55, 61, 67, 68, 75.

288 Hierzu Teil 5 C.

289 Hierzu Teil 6 B.

290 § 31 I 2 MitbestG; mitbestimmungsrechtliche Privilegierung der KGaA für die GmbH & Co. KGaA klargestellt durch BGHZ 134, 392, 400. Vgl. *Hüffer*, AktG, § 278, Rn. 11, 15; *Ulmer/Habersack/Henssler*, MitbestG, § 1, Rn. 38ff.; *Lorz*, S. 65; a.A. wohl *Raiser/Veil*, MitbestG, § 31, Rn. 45.

(2) Berechnung der Arbeitnehmerzahl

Neben der Rechtsform muss im Unternehmen auch die notwendige Arbeitnehmerzahl von mehr als 2.000 Beschäftigten gegeben sein.[291] Zur Bemessung werden die Mitarbeiterzahlen in den jeweiligen Betrieben addiert. Entscheidend ist der regelmäßige Stand der Belegschaft.[292] Eine etwaige Veränderung ist relevant, wenn sie dauerhaft und nicht nur kurzfristig ist.[293]

Im Ausland beschäftigte Arbeitnehmer werden berücksichtigt, wenn sie dorthin nur vorübergehend entsandt wurden, z.B. als Montagearbeiter. Dauerhaft im Ausland Beschäftigte werden hingegen nicht mitgezählt. Es kommt darauf an, ob die Tätigkeit im Ausland als Ausstrahlung eines inländischen Arbeitsverhältnisses und der Zugehörigkeit zu einem inländischen Betrieb des Unternehmens anzusehen ist, sog. Ausstrahlungstheorie.[294]

In einer GmbH & Co. KG werden die Arbeitnehmer der Kommanditgesellschaft der Komplementär-GmbH zugerechnet, wenn die Mehrheit der Kommanditisten auch die Mehrheit der Anteile bzw. der Stimmen in der GmbH innehat und die GmbH keinen eigenen Geschäftsbetrieb mit in der Regel mehr als 500 Arbeitnehmern betreibt.[295]

Hier liegt in der Verbindung mit der strengen Rechtsformbezogenheit der deutschen Mitbestimmung auch eine weitere Variante, sich zumindest der paritätischen Mitbestimmung nach dem MitbestG zu entziehen, nämlich in der Gründung einer „Ausländischen Kapitalgesellschaft und Co. KG". Hierbei ist die deutsche Konzernmutter in Gestalt einer KG organisiert, deren einzige Komplementärin eine juristische Person ausländischen Rechts ist, die ihren Registersitz im Ausland hat. Bei einer deutschen GmbH und Co. KG werden im Anwendungsbereich des Mitbestimmungsgesetzes die Arbeitnehmer der KG der als Komplementärin fungierenden GmbH zugerechnet, § 4 MitbestG. Bei einer ausländischen Kapitalgesellschaft gilt dies aber gerade nicht, so dass das Unternehmen mitbestimmungsfrei bleibt.[296]

---

291 Zum Arbeitnehmerbegriff vgl. §§ 3 MitbestG, 5 f. BetrVG.

292 Vgl. 1 I Nr. 2 MitbestG.

293 *Marsch-Barner/Diekmann* in *Priester/Mayer/Wicke,* HbGesR III, § 48, Rn. 94, 141; *Raiser/Veil,* MitbestG, § 1, Rn. 18.

294 *Raiser/Veil,* MitbestG, § 1, Rn. 16 ff., 19; vgl. auch ebd. § 5, Rn. 29; *Ulmer/Habersack/Henssler,* MitbestG, § 3, Rn. 8 ff., 36 ff., 46 ff.; 52 ff.

295 § 4 I 1 MitbestG.

296 Vgl. *Henssler,* RdA 2005, S. 332, *ders.* in BT-Ausschussdrucks. 17(11)501, S. 21 f. *Ulmer/Habersack/Henssler,* MitbestG, § 4, Rn. 11; *Raiser/Veil,* MitbestG, § 4, Rn. 5, vgl. auch OLG Stuttgart 8 W 355/93, Beschluss vom 30.03. 1995. Zur Komplementärfähigkeit einer ausländischen Kapitalgesellschaft *Baumbach/Hopt,* HGB, Anh. § 177 a, Rn. 11. *Rieble,* BB 2006, S. 2019, weist zudem darauf hin, dass hier auch eine ausländische Stiftung Komplementär sein kann. Je nach gewähltem Stiftungsrecht ergeben sich so weitere, mitunter recht preiswerte Ausweichmodelle; vgl. auch *dens.* in BT-Ausschussdrucks. 17(11)501, S. 58.

(3) Konzern

Ein Konzern ist der Zusammenschluss mehrerer rechtlich selbständiger Unternehmen zu einer wirtschaftlichen Einheit unter der einheitlichen Leitung eines herrschenden Unternehmens.[297]

Unterschieden werden insoweit der Vertragskonzern und der sog. faktische Konzern.[298] Bei einem Vertragskonzern beruht die Verbindung der beteiligten Unternehmen auf einem Beherrschungsvertrag bzw. einer Eingliederung,[299] wobei letztere aber ausschließlich zwischen AGs möglich ist. Ein faktischer Konzern liegt dagegen vor, wenn sich ein oder mehrere Unternehmen ohne Beherrschungsvertrag und ohne Eingliederung einem (meist aufgrund Mehrheitsbeteiligung) herrschenden Unternehmen gegenübersehen; unter Umständen übt das herrschende Unternehmen auch tatsächliche Leitungsmacht aus.

Durch das MitbestG werden die Arbeitnehmer sämtlicher zu berücksichtigender Konzernunternehmen dem herrschenden Unternehmen zugerechnet.[300] Es wird also fingiert, dass die Konzernspitze selbst alle konzernangehörigen Arbeitnehmer beschäftigt. Damit wird der für das MitbestG relevante Schwellenwert auch dann erreicht, wenn die jeweiligen einzelnen, beherrschten Unternehmen für sich genommen unter der Schwelle liegen. Im Rahmen dieser Zurechnung ist aber die Rechtsform der abhängigen Unternehmen unerheblich.

Bei der Zurechnung werden daher insbesondere auch Personengesellschaften berücksichtigt, die sonst im Rahmen des MitbestG nicht erfasst werden.[301]

Daneben kommt es für das MitbestG bei der Zurechnung auch nicht auf die Unterscheidung zwischen einem Vertragskonzern und einem faktischen Konzern an. Stattdessen wird die Abhängigkeit widerleglich vermutet (sog. Konzernvermutung).[302] Durch welche Beherrschungsmittel die Abhängigkeit bewirkt wird, ist hier also irrelevant.

Eine Zurechnung erfolgt darum auch bei rein faktischer Konzernierung im GmbH-Konzern. Ist also eine GmbH herrschendes Unternehmen eines Konzerns, werden sämtliche in den Konzernunternehmen beschäftigten Arbeitnehmer zusammengezählt. Erreicht die Gesamtzahl mehr als 2.000 Beschäftigte, ist die GmbH nach dem MitbestG mitbestimmungspflichtig.

---

297 Vgl. §§ 17 I, 18 I AktG.

298 *Kuhlmann/Ahnis*, KonzernR, Rn. 11 ff., 232 ff.

299 §§ 291 I 1 (1), 308, 319 ff. AktG.

300 § 5 MitbestG.

301 *Ulmer/Habersack/Henssler*, MitbestG, § 5, Rn. 18; *Walk/Burger*, RdA 2009, S. 373.

302 Vgl. LG Nürnberg-Fürth, Beschluss vom 22.11.2007, Az. 1 HK O 6803/06; zur Widerlegung der Konzernvermutung *Walk/Burger*, RdA 2009, S. 373.

Wenn die Konzernspitze ihrerseits nicht in einer der aufgezählten Rechtsformen verfasst ist, oder ihren Sitz im Ausland hat, ist der mitbestimmte Aufsichtsrat bei dem der Konzernleitung am nächsten stehenden und unter den Anwendungsbereich des MitbestG fallenden Unternehmen zu bilden, falls die Konzernspitze andere Konzernunternehmen über dieses Unternehmen beherrscht (Teilkonzernregelung).[303]

Durch diese Vorgabe soll praktisch eine Flucht von Konzernen ins Ausland oder in andere Rechtsformen verhindert werden.[304]

Ist eine GmbH & Co. KG herrschendes Unternehmen und wird die Komplementär-GmbH von der Mehrheit der Kommanditisten beherrscht, sind die Arbeitnehmer ebenfalls der GmbH zuzurechnen mit der Folge, dass ein mitbestimmter Aufsichtsrat zu bilden ist.[305]

Die h.M. in der Literatur wendet § 5 MitbestG generell neben § 4 MitbestG an, da beide auf den gleichen Zweck gerichtet sind, die Mitbestimmung bei Kombination mehrerer Gesellschaften zu sichern. Ob die KG von der Komplementärgesellschaft abhängig ist, hängt von der Ausgestaltung des Gesellschaftsvertrags der KG ab.[306]

An Umfang und Intensität der einheitlichen Leitung werden dabei grundsätzlich die gleichen Anforderungen gestellt wie bei einem aktienrechtlichen Konzern.[307] Sollte das herrschende Unternehmen – z.B. als Unternehmen im Ausland – nicht unter das MitbestG fallen, die Konzernleitung aber über eine GmbH ausüben, würden dieser GmbH als Teilkonzernspitze die Arbeitnehmer des beherrschten Unternehmens zugerechnet.[308]

Ist ein zum Konzern gehörendes Unternehmen seinerseits mitbestimmungspflichtig, ist auch in diesem ein mitbestimmter Aufsichtsrat zu bilden.

Für eine tatsächlich beherrschende Holding bedeutet das praktisch, dass es auch dann zur Bildung eines mitbestimmten Aufsichtsrats kommt, wenn keines der beteiligten Einzelunternehmen die Mindestzahl von 2.000 Beschäftigten erreicht. Überschreitet eines der abhängigen Unternehmen die Schwelle zum Großunternehmen, so unterliegt es als solches ebenfalls der Mitbestimmung. Den Arbeitnehmern wird

303 § 5 III MitbestG.

304 *Ulmer/Habersack/Henssler*, MitbestG, § 5, Rn. 55ff., 65, Einl., Rn. 73; *Walk/Burger*, RdA 2009, S. 373f.

305 § 5 II MitbestG.

306 *Raiser/Veil*, MitbestG, § 5, Rn. 20f.; *Ulmer/Habersack/Henssler*, MitbestG, § 5, Rn. 9.

307 Vgl. *Raiser/Veil*, MitbestG, § 5, Rn. 9.

308 § 5 III MitbestG; *Marsch-Barner/Diekmann* in *Priester/Mayer/Wicker*, HbGesR III, § 48, Rn. 142.

dann, kaskadenartig, eine Vertretung sowohl im eigenen Unternehmen als auch in dem Unternehmen eingeräumt, das die eigentliche Leitungsmacht ausübt.

Im sog. Gleichordnungskonzern gem. § 18 II AktG findet eine entsprechende Zurechnung jedoch nicht statt. Ein Gleichordnungskonzern besteht bei einer einheitlichen Leitung mehrerer rechtlich selbständiger Unternehmen ohne eine gleichzeitige Abhängigkeit. Praktisch ist er allerdings eher selten.

Sonderfall „Konzern im Konzern“: Zu einer solchen Kaskadenbeteiligung kommt es auch, wenn das abhängige Unternehmen selbst ein Konzern ist, es also zur Bildung eines mitbestimmungsrechtlich relevanten „Konzerns im Konzern“ kommt.[309] Hier ist die Zwischenkonzernspitze ebenso wie eine freistehende Holding auch dann mitbestimmungspflichtig, wenn sie selber und ihre abhängigen Unternehmen einzeln jeweils unterhalb des Schwellenwerts liegen, aber zusammen genommen mehr als 2.000 Arbeitnehmer beschäftigen. Begründet wird dies mit dem Gesetzeszweck, nach dem die Mitbestimmung nach § 5 MitbestG überall dort eingerichtet werden soll, wo maßgebliche, die Arbeitnehmerschaft betreffende Entscheidungen fallen. Das kann rein praktisch auch auf den Zwischenstufen eines Konzerns der Fall sein, je nachdem, wie weit der Konzern dezentralisiert ist.[310] Auf diese Weise kann die Umstrukturierung eines einzigen mitbestimmten Unternehmens zu einer beträchtlichen Erhöhung der Zahl der mitbestimmten Aufsichtsräte führen, auch wenn sich die Gesamtzahl der Beschäftigten nicht verändert oder sogar sinkt.
Allerdings ist im Einzelfall entscheidend, wann genau eine Tochtergesellschaft neben der Mutter eine einheitliche Leitungsmacht ausübt. In der Rechtsprechung wurde, so weit ersichtlich, der Tatbestand noch nie bejaht. Die ordentlichen Gerichte unterscheiden insoweit zwischen eigenverantwortlicher und lediglich abgeleiteter Führung eines Konzernteils als wesentliches Kriterium. Notwendig wäre ein erhebliches Maß an selbständiger, eigenverantwortlicher Führung. Bei der Überprüfung des Einzelfalls kommen sie jedoch stets zu dem Ergebnis, dass nur eine abgeleitete Führung vorliegt. Der mitbestimmungsrechtliche Konzern im Konzern dürfte daher nur in seltenen Ausnahmefällen und unter ganz bestimmten Umständen zu bejahen sein.[311]

Sonderfall „Mehrmütterkonzern“: Ein sog. „Mehrmütterkonzern“ liegt vor, wenn zwei oder mehr Obergesellschaften ein Unternehmen gemeinsam leiten. Auch hier ist die konkrete Ausgestaltung der Mitbestimmung umstritten. Bei Streitigkeiten zu Einzelaspekten überwiegt hier zum Bereich des MitbestG in Literatur und Rechtsprechung die Meinung, dass auch bei solchen Gemeinschaftsunternehmen die Mitbestimmung nach § 5 MitbestG in allen herrschenden Unternehmen in Betracht kommt. Begründet wird dies auch hier mit dem Gesetzeszweck. Ähnlich wie bei der Konstel-

---

309 Die Existenz des „Konzerns im Konzern“ ist umstritten. Namentlich im aktienrechtlichen Schrifttum wird die Figur mit Blick auf eine „einheitliche Leitung“ für „nicht denkbar“ bzw. für „nicht praktikabel“ gehalten. Mitbestimmungsrechtlich wird die Rechtsfigur aber durch die überwiegende Meinung in der Literatur und die Rechtsprechung der Arbeitsgerichte bejaht, um nicht durch eine Verlagerung der Unternehmensleitung auf eine mitbestimmungsfreie Konzernspitze die Mitbestimmungs insgesamt auszuhebeln; vgl. *Raiser/Veil*, MitbestG, § 5, Rn. 22, Fn. 51 ff.; LAG Düsseldorf DB 1978, 987, 988; BAG DB 1981, 895; LG Hamburg AG 1996, 89 f.; LG München I AG 1996, 186, 187.

310 *Raiser/Veil*, MitbestG, § 5, Rn. 22 ff.

311 *Raiser/Veil*, MitbestG, § 5, Rn. 24, unter Nennung der einzelnen überprüften Beispiele.

lation des Konzerns im Konzern ist aber in jedem Einzelfall zu prüfen, wo konkret die Leitung ausgeübt wird, wer also herrschendes Unternehmen ist. Unter Umständen kann sich die Repräsentanz der Arbeitnehmer dann vervielfältigen, wenn die Muttergesellschaften den Konzern tatsächlich gemeinsam leiten.[312]

(4) Größe und Besetzung des Aufsichtsrats

Der Aufsichtsrat nach dem MitbestG wird paritätisch mit Arbeitgeber- und Arbeitnehmervertretern besetzt.

Seine absolute Größe ist proportional zur Gesamtbelegschaft. Bei bis zu 10.000 Beschäftigten hat der Aufsichtsrat zwölf Mitglieder im Verhältnis 6:6, bis 20.000 Beschäftigte ist das Verhältnis 8:8, bei mehr als 20.000 Beschäftigten dann 10:10.[313]

Die Satzung, bzw. der Gesellschaftsvertrag, kann bereits im Vorfeld eine Erweiterung des Aufsichtsrats auf maximal zwanzig Mitglieder vorsehen.[314] Weitere Mitglieder mit beratender Funktion können nicht bestellt werden.[315]

Bei nachträglichen Änderungen der Arbeitnehmerzahl, die sich auch auf die Größe des Aufsichtsrats auswirken würden, ist das förmliche Statusverfahren gem. §§ 96 ff. AktG durchzuführen, es sei denn, dass die Vergrößerung bzw. Verkleinerung des Aufsichtsrats alleine auf einer Satzungsänderung beruht.[316]

Die Arbeitnehmerbank wird ihrerseits noch weiter nach Interessengruppen aufgeteilt. Die Gewerkschaften – sie müssen im Unternehmen selbst oder in einer Konzerntochter vertreten sein – erhalten hier in einem 12- oder 16-köpfigen Aufsichtsrat zwei Sitze, in einem 20-köpfigen drei. Dabei kommt es aber auf den tatsächlichen gewerkschaftlichen Repräsentationsgrad der Belegschaft nicht an. Die übrigen Sitze der Arbeitnehmerseite besetzen die im Unternehmen Beschäftigten.[317] Einer von diesen Plätzen wird (im Gegensatz zur Montanmitbestimmung) den leitenden Angestellten garantiert.[318]

Zur Wählbarkeit eines Prokuristen als Arbeitnehmervertreter vgl. § 6 II 1 a.E. MitbestG.

---

312 BAGE 22, 390; 53, 287; *Ulmer/Habersack/Henssler*, MitbestG, § 5, Rn. 47 f., 53; *Raiser/Veil*, MitbestG, § 5, Rn. 25 ff.

313 § 7 I 1 MitbestG.

314 § 7 I 2 MitbestG.

315 BGH, Beschluss vom 30.01.2012, II ZB 20/11.

316 *Marsch-Barner/Diekmann* in *Priester/Mayer/Wicke*, HbGesR III, § 48, Rn. 143; vgl. OLG Hamburg DB 1988, 1941.

317 § 7 II, IV MitbestG.

318 § 15 I 2 MitbestG.

Ein „neutrales Mitglied“ zur Vermeidung von Pattsituationen ist im Bereich des MitbestG nicht vorgesehen, stattdessen kommt dem Aufsichtsratsvorsitzenden u.U. ein Doppelstimmrecht zu.

(5) Bestellung und Wahlmodalitäten

Die Aufsichtsratsmitglieder der Anteilseigner werden durch das je nach Rechtsform zur Wahl von Mitgliedern des Aufsichtsrats befugte Wahlorgan nach Maßgabe der Satzung oder des Gesellschaftsvertrags bestellt.[319]

Dabei gilt die Verweisung in § 8 II MitbestG auf das Entsenderecht nach § 101 II AktG nicht für die GmbH.[320] Grundsätzlich schränkt § 101 II AktG das Wahlrecht der Hauptversammlung ein indem er eine Satzungsgestaltung erlaubt, mit der bestimmten Aktionären bzw. den Inhabern bestimmter Aktien das Recht eingeräumt wird, Mitglieder in den Aufsichtsrat zu entsenden. Hierdurch sollen bestimmte, ggf. stärker in der Aktiengesellschaft involvierte, Kreise die Möglichkeit bekommen, Personen ihres Vertrauens im Aufsichtsrat zu installieren. In der GmbH ist dies nicht möglich.

Für die Arbeitnehmervertreter hingegen ist ein sehr komplexes Wahlverfahren anzuwenden. Es gibt, abhängig von der Unternehmensgröße, zwei grundsätzliche Wahlprinzipien. Bei Unternehmen mit bis zu 8.000 Beschäftigten sieht das Gesetz die unmittelbare Wahl vor. In größeren Unternehmen erfolgt die Wahl durch Delegierte. Die Mehrheit der Belegschaft kann aber einen Wechsel des jeweils einschlägigen Wahlverfahrens beschließen, sofern sich an dieser Abstimmung mindestens die Hälfte der Wahlberechtigten beteiligen.[321]

Bei der unmittelbaren Wahl sieht das Gesetz drei Wahlgänge vor, in denen die wahlberechtigten Arbeitnehmer gemeinsam die Vertreter für die Gewerkschaftssitze, den Vertreter der leitenden Angestellten und die Vertreter der übrigen Arbeitnehmer in den Aufsichtsrat wählen.[322]

Im Delegiertenverfahren müssen zunächst die Delegierten gewählt werden. Hierbei entfällt auf 90 wahlberechtigte Arbeitnehmer je ein Delegierter. Die ermittelte Gesamtzahl wird entsprechend dem zahlenmäßigen Verhältnis zwischen leitenden Angestellten und übrigen Beschäftigten aufgeteilt.[323] Die Wahlvorschläge für die

---

319 § 8 MitbestG.

320 *Marsch-Barner/Diekmann* in *Priester/Mayer/Wicke,* HbGesR III, § 48, Rn. 146; *Raiser/Veil,* MitbestG, § 8, Rn. 7.

321 § 9 MitbestG; vgl. zum Verfahren grundsätzlich §§ 7 ff. MitbestG. Nach neuerer Rechtsprechung zählen wahlberechtigte Leiharbeitnehmer i.S.d. § 7 S. 2 BetrVG bei der Berechnung für die Frage des jeweils einschlägigen Wahlverfahrens mit; LAG Hessen vom 11.04.2013, 9 TaBV 308/12.

322 §§ 18, 15–17 MitbestG.

323 §§ 10, 11 MitbestG.

Delegierten der leitenden Angestellten und für diejenigen der übrigen Arbeitnehmer müssen von einem Zwanzigstel oder 50 wahlberechtigten Arbeitnehmern der jeweiligen Gruppe unterzeichnet sein.[324] Alle Wahlberechtigten wählen gemeinsam die Delegierten der leitenden Angestellten und der übrigen Arbeitnehmer. Die so bestimmten Delegierten wählen den Aufsichtsrat in gleicher Weise wie bei der unmittelbaren Wahl in drei Wahlgängen.[325]

Die Wahlvorschriften des MitbestG werden ergänzt durch drei jeweils recht umfangreiche Wahlordnungen.[326]

Wahlberechtigt sind ausschließlich die Arbeitnehmer der in Deutschland gelegenen Betriebe. Ausländische Arbeitnehmer, und zwar sowohl in einer ausländischen Tochtergesellschaft als auch in einer ausländischen Zweigniederlassung, zählen weder bei der Berechnung der Arbeitnehmer mit, noch haben sie das aktive oder passive Wahlrecht.[327]

Begründet wird dies mit mangelnder Praktikabilität. Es soll aber nach einer Ansicht in der Literatur generell möglich sein, die betroffenen ausländischen Arbeitnehmer freiwillig aktiv und passiv an den Wahlen zu beteiligen, sofern nicht die ausländischen Rechtsvorschriften entgegenstehen.[328]

Für die Arbeitnehmervertreter bestehen verschiedene Wählbarkeitsvoraussetzungen. Konkret müssen sie das 18. Lebensjahr vollendet haben, mindestens ein Jahr dem Unternehmen angehören und die weiteren Voraussetzungen des § 8 BetrVG erfüllen.[329]

Wahlvorschläge müssen für die leitenden Angestellten und die übrigen Arbeitnehmer getrennt eingereicht werden. Auf der Kandidatenliste für den Sitz der leitenden Angestellten müssen zwei Bewerber aufgeführt sein, die in einer Vorabstimmung aufgrund eigener Vorschläge von den leitenden Angestellten gewählt werden. Die Wahlvorschläge für die übrigen Arbeitnehmervertreter sind von einem Fünftel oder 100 der dort wahlberechtigten Arbeitnehmer zu stützen.[330]

---

324 § 12 MitbestG.

325 §§ 15–17 MitbestG.

326 § 39 MitbestG. Erste, Zweite und Dritte Wahlordnung zum Mitbestimmungsgesetz vom 27.05.2002. Die Erste Wahlordnung (1. WOMitbestG, BGBl. I S. 1682) regelt im Wesentlichen das Verfahren zur Wahl und Abberufung der Arbeitnehmervertreter in Unternehmen mit nur einem Betrieb, die Zweite Wahlordnung (2. WOMitbestG, BGBl. I S. 1708) entsprechend in Unternehmen mit mehreren Betrieben, die dritte Wahlordnung (3. WOMitbestG, BGBl. I S 1741) gilt, wenn an der Wahl Arbeitnehmer mehrerer Unternehmen (Konzernstruktur) teilnehmen. Die 1. WOMitbestG enthält 95 Vorschriften, die 2. und die 3. enthalten jeweils 117 Vorschriften.

327 *Raiser/Veil*, MitbestG, § 1, Rn. 29; vgl. LG Düsseldorf DB 1979, 1451.

328 *Raiser/Veil*, MitbestG, § 5, Rn. 29 a.E.; a.A. *Ulmer/Habersack/Henssler*, MitbestG, § 5, Rn. 55.

329 § 7 III MitbestG.

330 § 15 MitbestG.

Zur Wahl der Gewerkschaftsvertreter können nur die im Unternehmen tatsächlich vertretenen Gewerkschaften Vorschläge machen,[331] wobei es aber nicht auf den gewerkschaftlichen Repräsentationsgrad der Belegschaft ankommt. Aufgrund dieses Vorschlagsmonopols besitzen die Gewerkschaften ein faktisches Entsenderecht. Ungeachtet einer etwaigen Inkompatibilität kann hier auch ein Gewerkschaftsvertreter zum Aufsichtsrat bestellt werden, der bereits Mitglied im Aufsichtsrat eines konkurrierenden Unternehmens ist.[332]

Mängel des Wahlverfahrens berechtigen grundsätzlich zur Anfechtung der Wahl,[333] es sei denn der Hauptwahlvorstand hat die Mängel bereits korrigiert.[334]

Nach dem Gesetz trägt das Unternehmen die Kosten der Wahlen.[335]

(6) Amtszeit und Abberufung

Die Amtszeit der Aufsichtsratsmitglieder beginnt mit der Annahme der Wahl und dauert längstens bis zur Beendigung der Hauptversammlung bzw. der Gesellschafterversammlung, die über die Entlastung für das vierte Geschäftsjahr nach dem Beginn der Amtszeit beschließt. Das Geschäftsjahr, in dem die Amtszeit beginnt, wird dabei nicht mitgerechnet.[336] Die Satzung kann nur eine Verkürzung der Amtszeit regeln, die dann für alle Aufsichtsratsmitglieder gilt. Wiederbestellung ist zulässig, solange die Höchstdauer des Mandats nicht umgangen wird.[337]

Die Abberufung von Anteilseignervertretern ist nach § 6 II MitbestG i.V.m. § 103 AktG zulässig, die von Arbeitnehmervertretern auf Antrag von drei Vierteln der jeweiligen Entsendeberechtigten.[338]

Darüber hinaus bleibt stets eine Niederlegung des Mandats möglich, ebenso die gerichtliche Abberufung aus wichtigem Grund.[339]

Ein wichtiger Grund idS ist gegeben, wenn der Verbleib eines Mitglieds im Aufsichtsrat für die Gesellschaft unzumutbar ist, z.B. weil das betreffende Mitglied seine Aufsichtsratspflichten (etwa die zur Verschwiegenheit) nicht unerheblich verletzt hat. Ein Grund zur außerordentlichen Kündigung

---

331 § 16 MitbestG.

332 *Marsch-Barner/Diekmann* in *Priester/Mayer/Wicke,* HbGesR III, § 48, Rn. 145; zur Inkompatibilität vgl. ebd. Rn. 23.

333 §§ 21, 22 MitbestG.

334 Vgl. BAG DB 1991, 2550 ff.; *Marsch-Barner/Diekmann* in *Priester/Mayer/Wicke,* HbGesR III, § 48, Rn. 147; *Ulmer/Habersack/Henssler,* MitbestG, § 22, Rn. 1 ff.

335 § 20 III 1 MitbestG.

336 § 6 II 1 MitbestG i.V.m. § 102 I AktG.

337 *Marsch-Barner/Diekmann* in *Priester/Mayer/Wicke,* HbGesR III, § 48, Rn. 110 f.

338 § 23 MitbestG.

339 § 6 II 1 MitbestG i.V.m. § 103 III AktG.

des Arbeitsverhältnisses mit einem Arbeitnehmer ist dabei aber nicht auch gleichzeitig ein wichtiger Grund zur Abberufung aus dem Aufsichtsrat.[340]

Endet das Arbeitsverhältnis der unternehmensangehörigen Arbeitnehmervertreter, führt dies automatisch zu deren Ausscheiden aus dem Aufsichtsrat.[341]

Ggf. kommt dann das Ersatzmitglied nach § 101 III AktG zum Zug. Ist ein solches nicht bestellt worden bedarf es grundsätzlich einer außerordentlichen Hauptversammlung, allerdings kann ein Aufsichtsratsmitglied auf Antrag auch durch das Registergericht bestellt werden, § 104 AktG. Das Verfahren lässt sich so abkürzen.

Wechselt ein Arbeitnehmervertreter seine Gruppenzugehörigkeit als Arbeiter/Angestellter oder leitender Angestellter, verliert er hierdurch nicht sein Mandat als Aufsichtsratsmitglied.[342]

(7) Innere Ordnung und Beschlussfassung

Der Aufsichtsrat wählt aus seiner Mitte mit einer Zweidrittelmehrheit seinen Vorsitzenden und einen Vertreter. Da keine der beiden Seiten über diese Mehrheit verfügt, müsste es grundsätzlich zu einem zweiten Wahlgang kommen. Für diesen ist dann gesetzlich vorgeschrieben, dass die Vertreter der Anteilseigner den Aufsichtsratsvorsitzenden und die Arbeitnehmervertreter den Stellvertreter wählen.[343] Dieses Verfahren hat in der Praxis dazu geführt, dass der Aufsichtsratsvorsitzende auch bei der Wahl im ersten Wahlgang immer ein Vertreter der Anteilseigner ist.

Zweidrittelmehrheiten sind nur bei der Wahl des Aufsichtsratsvorsitzenden und seines Stellvertreters sowie bei der Bestellung und Abberufung der Unternehmensleitung notwendig. Dieses Mehrheitserfordernis ist nicht durch die Satzung oder die Geschäftsordnung des Aufsichtsrats auf weitere Fälle ausdehnbar.[344]

Die Beschlüsse des Aufsichtsrats werden grundsätzlich mit einfacher Mehrheit gefasst.[345] Er ist beschlussfähig, wenn mindestens die Hälfte der Mitglieder, aus denen er insgesamt besteht, an der Beschlussfassung teilnimmt.[346]

---

340 Vgl. dazu BGHZ 39, 116, 123.
341 *Marsch-Barner/Diekmann* in *Priester/Mayer/Wicke*, HbGesR III, § 48, Rn. 115.
342 § 24 II MitbestG.
343 § 27 I, II MitbestG.
344 Vgl. dazu *Raiser/Veil*, MitbestG, § 29, Rn. 7; *Marsch-Barner/Diekmann* in *Priester/Mayer/Wicke*, HbGesR III, § 48, Rn. 159.
345 § 29 I MitbestG.
346 § 28 S. 1 MitbestG.

Der Beschlussfähigkeit steht nicht entgegen, dass dem Aufsichtsrat weniger Mitglieder als die durch Satzung oder Gesetz festgelegte Zahl angehören.[347]
Die Satzung kann grundsätzlich Regelungen zur Beschlussfähigkeit vorsehen; es ist jedoch nicht möglich, die Beschlussfähigkeit an die Anwesenheit des Aufsichtsratsvorsitzenden, seines Stellvertreters oder eine bestimmte Zahl von Anteilseignervertretern zu knüpfen.[348] Um gleichwohl Zufallsmehrheiten zu vermeiden, kann die Satzung Vertagungsklauseln vorsehen. Solche Klauseln sind zulässig, wenn sie die Grundsätze der Parität und der Gleichbehandlung der Aufsichtsratsmitglieder beachten und die Aufsichtsratsarbeit nicht blockiert wird.[349]

Kommt es bei Abstimmungen wegen Stimmengleichheit zu einer Pattsituation, hat der Aufsichtsratsvorsitzende eine zweite Stimme. Wird eine Abstimmung über denselben Gegenstand wiederholt und dabei immer noch Stimmengleichheit erzielt, kann der Aufsichtsratsvorsitzende von seinem Doppelstimmrecht Gebrauch machen. Er ist hierzu aber nicht verpflichtet und darf auch nicht dazu gezwungen werden, bei der Abgabe der Zweitstimme in Übereinstimmung mit der Erststimme zu votieren.[350] Die zweite Stimme ist an die Person des Vorsitzenden gebunden, d.h. sie kann bei dessen Verhinderung nicht auf den Stellvertreter übertragen werden.[351]

Dieses Doppelstimmrecht des Aufsichtsratsvorsitzenden stellt im Ergebnis ein *„leichtes Übergewicht“*[352] der Anteilseignerseite sicher. Es rechtfertigt sich aus dem gesetzgeberischen Ziel, die Anteilseigner als die Eigentümer des Unternehmens nicht in ihren Eigentumsrechten zu beschneiden; sie sollen die grundsätzliche Entscheidungsgewalt behalten. Insofern wird auch von „Quasi-Parität“ gesprochen.[353]

Aus der Praxis wird berichtet, dass es ausgesprochen unbeliebt sein soll, sich auf dieses Zweitstimmrecht auch tatsächlich zu berufen, so dass seine Ausübung bislang Extremkonstellationen vorbehalten geblieben sein soll.[354]
Üblicherweise soll die Arbeitnehmerseite, schon aus ihrem Selbstverständnis heraus, stets einheitlich votieren.[355]

347 §§ 28 S. 2 MitbestG, 108 II 4 AktG.

348 OLG Hamburg BB 1984, 1763, 1766; BGHZ 83, 151, 155; *Marsch-Barner/Diekmann* in *Priester/Mayer/Wicke,* HbGesR III, § 48, Rn. 158.

349 Vgl. dazu LG Hamburg, BB 1979, 1367; *Marsch-Barner/Diekmann* in *Priester/Mayer/Wicke,* HbGesR III, § 48, Rn. 161.

350 *Hörisch,* Vergleich, S. 28.

351 § 29 II MitbestG.

352 BVerfGE 50, 290, 323.

353 Die Gewerkschaften kritisieren dieses ausschlaggebende Zweitstimmrecht. Dadurch, und durch die Zuordnung eines Leitenden Angestellten zur Arbeitnehmerbank, könne von einer echten Parität nicht gesprochen werden; *Finzer* in Handelsblatt, 16.04.2009, *„Mitbestimmung in der Europa-AG“.*

354 *Henssler,* Arbeitnehmermitbestimmung, S. 140 f.

355 *Peltzer,* FS K. Schmidt 2009, S. 1259 f.

Die Mitglieder des Vorstands bzw. die Geschäftsführer, inklusive des Arbeitsdirektors,[356] werden mit Zwei-Drittel-Mehrheit der anwesenden Aufsichtsratsmitglieder gewählt und abberufen. Kann diese Mehrheit im ersten Wahlgang nicht erreicht werden, muss ein Vermittlungsausschuss eingerichtet werden, dem der Aufsichtsratsvorsitzende, sein Vertreter und ein weiteres Aufsichtsratsmitglied jeder Seite angehören.[357] Über den Vorschlag für das weitere Aufsichtsratsmitglied entscheidet der Aufsichtsrat dann mit absoluter Mehrheit. Sollte auch diese nicht erreicht werden, so hat in einer dritten Abstimmung der Aufsichtsratsvorsitzende das Doppelstimmrecht.[358] Dieses Wahlverfahren bewirkt, dass im Unterschied zum Montanmitbestimmungsgesetz der Arbeitsdirektor auch gegen den Willen der Arbeitnehmervertreter berufen werden kann.

Diese Möglichkeit sollte in der Praxis nicht überbewertet werden, da ohne eine entsprechende Akzeptanz des Arbeitsdirektors durch die Arbeitnehmerseite ein vertrauensvolles Zusammenwirken nicht möglich ist, was aber wiederum Sinn und Zweck der Stellung des Arbeitsdirektors unterlaufen würde.[359]

Als Annexkompetenz zu Bestellung und Abberufung der Geschäftsleitung ist der Aufsichtsrat auch für Abschluss, Änderung und Beendigung der Anstellungsverträge mit den einzelnen Mitgliedern der Geschäftsleitung zuständig.[360]

cc) Drittelbeteiligungsgesetz 2004

Im Geltungsbereich des Drittelbeteiligungsgesetzes vom 18. Mai 2004[361] werden die Aufsichtsräte zu einem Drittel mit Vertretern der Arbeitnehmer und zu zwei Dritteln mit Vertretern der Anteilseigner besetzt, sog. Drittelparität.[362] Auch die Vorgaben des DrittelbG sind grundsätzlich zwingend, so dass sie weder durch

356 § 33 MitbestG.
357 §§ 31 III, 27 III MitbestG.
358 § 31 II–IV MitbestG. Gem. § 31 V MitbestG sind die Abs. II–IV für den Widerruf der Bestellung entsprechend anzuwenden.
359 *Klinkhammer/Welslau*, S. 91; in diese Richtung auch *Donges et al.*, Unternehmensmitbestimmung, S. 17.
360 *Raiser/Veil*, MitbestG, § 31, Rn. 24 ff.; *Marsch-Barner/Diekmann* in *Priester/Mayer/Wicke*, HbGesR III, § 48, Rn. 153; dort auch zu Übertragungsmöglichkeiten auf einen Ausschuss.
361 Gesetz über die Drittelbeteiligung der Arbeitnehmer im Aufsichtsrat (Drittelbeteiligungsgesetz – DrittelbG) vom 18. Mai 2004 (BGBl. I S. 974), zuletzt geändert durch Gesetz vom 22. Dezember 2011 (BGBl. I S. 3044). Das DrittelbG hat m.W.v. 1. Juli 2004 die §§ 76 ff. des BetrVG 1952 zur Beteiligung der Arbeitnehmer abgelöst.
362 § 4 I DrittelbG. Nach den Erhebungen der *Hans-Böckler-Stiftung* waren im Jahr 2009 insgesamt 1.477 Unternehmen drittelparitätisch mitbestimmt, davon waren 715 GmbH, 695 AG, 34 eG, 24 VVaG und neun KGaA; unter http://www.boeckler.de/32015_102453.html.

Satzung noch durch Tarifvertrag oder Betriebsvereinbarung geändert werden können.[363]

Für den Fall, dass entgegen dieser Verpflichtung in einer aufsichtsratslosen GmbH oder einer Genossenschaft kein Aufsichtsrat gebildet werden sollte, verweist § 1 DrittelbG grundsätzlich auf das gerichtliche Statusverfahren über die Zusammensetzung des Aufsichtsrats gem. § 98 AktG.[364] Antragsberechtigt sind u.a. der Betriebsrat sowie mindestens ein Zehntel oder 100 der Arbeitnehmer, die nach den gesetzlichen Vorschriften, deren Anwendung streitig oder ungewiss ist, selbst oder durch Delegierte an der Wahl von Aufsichtsratsmitgliedern der Gesellschaft teilnehmen.[365] Das Statusverfahren muss auch durchgeführt werden, wenn eine drittelparitätisch mitbestimmte GmbH durch dauerhaftes Absinken der Arbeitnehmerzahl mitbestimmungsfrei wird.[366]

Die Arbeitnehmer haben also ein wirkungsvolles Instrument, um ggf. die Etablierung einer Drittelbeteiligung durchzusetzen. Dass es insoweit zu umfangreichen Rechtsstreitigkeiten gekommen wäre, ist jedoch nicht ersichtlich. Ggf. betrafen sie dann nahezu ausschließlich das Bestellungsverfahren. Es ging also lediglich um das „wie" der Einrichtung. Dies scheint auch für die sonstige insoweit vorliegende Rechtsprechung zu gelten.[367]

---

(1) Geltungsbereich

Die erfassten Unternehmen sind enumerativ aufgezählt. Das Gesetz gilt demnach für AG, KGaA, GmbH, VVaG sowie die Erwerbs- und Wirtschaftsgenossenschaften, falls diese Gesellschaften in der Regel mehr als 500 Arbeitnehmer beschäftigen.[368]

Erfasst ist als Sonderform der GmbH auch die Unternehmergesellschaft (haftungsbeschränkt) gem. § 5a GmbHG, was freilich aufgrund der dort eher niedrigen Arbeitnehmerzahl praktisch nicht relevant sein dürfte.

Die Drittelbeteiligung gilt aber auch für AGs und KGaAs mit weniger als 500 Arbeitnehmern, wenn sie vor dem 10. August 1994 eingetragen wurden und keine Familiengesellschaften sind.

---

363 Vgl. ErfK/*Oetker*, Einführung DrittelbG, Rn. 6.

364 Vgl. §§ 1 I Nr. 3 DrittelbG, 27 EGAktG; BAG, Beschluss vom 16.04.2008, Az. 7 ABR 6/07.

365 § 98 II Nr. 4, 8 AktG.

366 OLG Frankfurt 20 W 362/10 vom 02.11.2010; vgl. auch LAG Hessen 9 TaBVGa 116/10 vom 29.07.2010.

367 BAG 7 ABR 6/07, Beschluss vom 16.04.2008. Zur Berechnung der Schwellenwerte OLG Hamburg 11 W 27/07 vom 29.10.2007 und LG Hamburg 417 O 171/07 vom 21.10.2008, zur Zurechnung im faktischen Konzern OLG Zweibrücken 3 W 136/05 vom 18.10.2005, zur Wahl von Arbeitnehmervertretern in den Aufsichtsrat einer AG – Konzernvermutung gem. § 18 I 3 AktG BAG 7 ABR 56/10 vom 15.12.2011, zur Anfechtung der Wahl der Arbeitnehmervertreter LAG Hessen 9 TaBV 26/10 vom 05.08.2010, zum Mitbestimmungsrecht in der Alt-AG mit weniger als 500 Beschäftigten OLG Düsseldorf 26 W 7/10 vom 27.07.2011 und BGH II ZB 14/11 vom 07.02.2012.

368 § 1 I DrittelbG. Vgl. §§ 29, 35, 53 I 1 VAG für den VVaG, sowie § 9 I GenG für die Genossenschaft.

Als Familiengesellschaften gelten solche Aktiengesellschaften, deren Aktionär eine einzelne natürliche Person ist oder deren Aktionäre untereinander i.S.v. § 15 I Nr. 2–8, II AO verwandt oder verschwägert sind, § 1 I Nr. 1 S. 3 DrittelbG. Hintergrund für diese Regelung ist das Gesetz für kleine Aktiengesellschaften und zur Deregulierung des Aktiengesetzes vom 2. August 1994 (BGBl. I S. 1961). Mit diesem Gesetz wurden AGs mit weniger als 500 Beschäftigten, die neu gegründet oder aus anderen Rechtsformen umgewandelt werden, von der Drittelbeteiligung der Arbeitnehmer im Aufsichtsrat freigestellt. Damit wurde die kleine Aktiengesellschaft der GmbH gleicher Größe (Maßstab ist nur die Beschäftigtenzahl) gleich gestellt. AGs, die vor dem 10. August 1994 eingetragen wurden und keine Familiengesellschaften sind, bleiben also mitbestimmungspflichtig, selbst wenn sie weniger als 500 Arbeitnehmer beschäftigen.[369]

Nicht erfasst hingegen sind diejenigen Unternehmen, für die das Mitbestimmungsgesetz oder die Montanmitbestimmung gelten sowie bestimmte Tendenzbetriebe nach näherer Kennzeichnung des Gesetzes.[370]

Ebenfalls nicht erfasst ist die „Kapitalgesellschaft und Co. KG". Gemäß dem Grundprinzip des „Gleichlaufs von Herrschaft und Haftung" wäre es nach dem Willen des Gesetzgebers unverhältnismäßig, den persönlich haftenden Gesellschaftern einer Personengesellschaft eine Fremdbestimmung durch Arbeitnehmervertreter aufzuerlegen.[371]

In diesem Umstand liegt, sofern gewünscht und eine entsprechende Unternehmensgröße unterstellt, eine Möglichkeit zur Mitbestimmungsvermeidung. Personenhandelsgesellschaften unterfallen schon grundsätzlich nicht dem Geltungsbereich der Mitbestimmungsgesetze (ggf. unter Beachtung von § 4 MitbestG).[372]

Relevant ist hier insbesondere die Gestaltung als GmbH & Co. KG, da bei dieser im Bereich des DrittelbG eine Zurechnung nur stattfindet, wenn auch ein Beherrschungsvertrag abgeschlossen wird (vgl. § 2 II DrittelbG).

Denkbarer Sonderfall wäre daneben die Form einer Stiftung und Co. KG. Auch in ihr ist kein mitbestimmter Aufsichtsrat zu errichten. Allerdings unterliegt eine Stiftung der staatlichen Aufsicht und bedarf der Anerkennung durch die zuständige Behörde des Landes, in dem die Stiftung ihren Sitz haben soll, § 80 I BGB.[373]

Der regelmäßige Anwendungsbereich des DrittelbG beschränkt sich also auf Kapitalgesellschaften mit 501 bis 2.000 Arbeitnehmern.

---

369 Vgl. hierzu aktuell BGH, Beschluss vom 07.02.2012, II ZB 14/11, für eine solche Gesellschaft mit gerade einmal fünf Arbeitnehmern.

370 § 1 II DrittelbG; vgl. *Raiser/Veil*, MitbestG, § 1, Rn. 27 ff., 37 ff., § 1 DrittelbG, Rn. 17 f.

371 Vgl. BT-Drucks. 6/344, S. 116 f.; *Ulmer/Habersack/Henssler*, MitbestG, DrittelbG, Einl., Rn. 3.

372 Zur auch aus verfassungsrechtlichen Gesichtspunkten getroffenen Entscheidung des Gesetzgebers, die typischen Personengesellschaften mitbestimmungsfrei zu lassen s. BVerfGE 50, 290, 348; *Ulmer/Habersack/Henssler*, MitbestG, § 1, Rn. 32; *Habersack*, ZHR 2007, S. 638.

373 Vgl. *Götze/Winzer/Arnold*, ZIP 2009, S. 247; s. auch *Palandt/Heinrichs*, § 80, Rn. 6, 9; *Rieble*, BB 2006, S. 2019.

(2) Berechnung der Arbeitnehmerzahl

Bei der Berechnung des Schwellenwerts werden leitende Angestellte nicht gezählt.[374] Ebenso wie beim MitbestG werden im Ausland beschäftigte Mitarbeiter einberechnet, wenn sie sich nicht dauernd sondern nur vorübergehend dort aufhalten.[375]

(3) Konzern

Für die Zurechnung in Konzernen gilt beim DrittelbG eine Sonderregel.[376] Hier besteht ein wichtiger Unterschied zum MitbestG.
Ähnlich wie nach dem MitbestG werden die in den konzernverbundenen Unternehmen beschäftigten Arbeitnehmer der Konzernobergesellschaft bei der Berechnung des Quorums zwar grundsätzlich zugerechnet, so dass sie sich auch an der Wahl der Aufsichtsratsmitglieder der Konzernobergesellschaft beteiligen können. Allerdings unterscheidet das DrittelbG die Zurechnung von Konzernarbeitnehmern und deren Wahlrecht, vgl. § 2 Abs. I (Wahl) bzw. II (Berechnung) DrittelbG.

Eine Arbeitnehmerbeteiligung im Aufsichtsrat des herrschenden Unternehmens findet nach dem DrittelbG statt, wenn die Summe der in den Konzernunternehmen beschäftigten Arbeitnehmer den Schwellenwert von 500 übersteigt und zwischen den Unternehmen ein Beherrschungsvertrag besteht oder das abhängige Unternehmen in das herrschende Unternehmen eingegliedert ist.

Nach der Rechtsprechung gilt diese Arbeitnehmerzurechnung aber nicht bei GmbHs im Rahmen der faktischen Konzernierung.[377]

Bei einem Vertragskonzern beruht die Verbindung der beteiligten Unternehmen auf einem Beherrschungsvertrag gem. § 291 I 1 (1) AktG, der der Obergesellschaft ein Weisungsrecht i.S.v. § 308 I AktG verschafft. Hinsichtlich dieses Weisungsrechts steht dem Beherrschungsvertrag eine Eingliederung i.S.v. §§ 319 ff. AktG gleich. Die Eingliederung gem. §§ 319 ff. AktG ist aber ausschließlich zwischen AGs möglich. Nach der gesetzlichen Terminologie meint „Konzern" lediglich denjenigen mit einer einheitlichen Leitung.[378]
Ein etwaiger Gewinnabführungsvertrag spricht zwar für eine faktische Konzernierung, reicht aber für eine Zurechnung i.S.d. § 2 II DrittelbG angesichts des dortigen klaren Wortlauts „Beherrschungsvertrag" (vgl. § 291 AktG) ebenso wenig aus wie eine Beherrschung der Tochtergesellschaften in anderer Weise, etwa nach Weisungsrecht gem. § 37 I GmbHG. Für Zwecke der Zurechnung

---

374 § 3 I DrittelbG i.V.m. § 5 III BetrVG.

375 *Marsch-Barner/Diekmann* in *Priester/Mayer/Wicke*, HbGesR III, § 48, Rn. 93; *Raiser/Veil*, MitbestG, § 1 DrittelbG, Rn. 15 f.

376 § 2 II DrittelbG.

377 LG Düsseldorf, Beschluss vom 20.12.2007, Az. 31 O 142/06 (AktE); KG Berlin, Beschluss vom 07.06.2007, Az. 2 W 8/07; OLG Zweibrücken, Beschluss vom 18.10.2005, Az. 3 W 136/05.

378 *Kuhlmann/Ahnis*, KonzernR, Rn. 11 ff., 232 ff.

bleiben Arbeitnehmer sonstiger abhängiger Konzernunternehmen i.S.v. § 18 I AktG daher außer Betracht, eine Ausdehnung der Norm ist nicht möglich.[379]
Für die Berechnung sind also die Arbeitnehmer von nur faktisch abhängigen Unternehmen nicht hinzuzuzählen.[380] Dies gilt auch, wenn eine GmbH &Co. KG von ihrer Komplementär-GmbH beherrscht wird.[381]

Das Gesetz sagt nichts darüber aus, ob die Konzernunternehmen neben dem Mutterunternehmen selbst mitbestimmungspflichtig bleiben. Aus diesem Umstand wird geschlossen, dass es bei den allgemeinen Regeln des DrittelbG bleiben soll. Auch die Grundsätze über den „Konzern im Konzern" finden Anwendung. Daraus folgt dann, dass in Konzernunternehmen auf mehreren Stufen ein sich u.U. nach verschiedenen Vorschriften richtendes Mitbestimmungsrecht anzuwenden ist.[382]

(4) Größe und Besetzung des Aufsichtsrats

Im Gegensatz zu den anderen Mitbestimmungsgesetzen benennt das DrittelbG keine exakte Zahl der Aufsichtsratsmitglieder. Die absolute Größe des jeweiligen Aufsichtsrats hängt daher von der Satzung ab, deren Gestaltungsspielraum sich wiederum nach den zugrunde liegenden gesellschaftsrechtlichen Normen richtet. Vorgeschrieben sind mindestens drei Aufsichtsratsmitglieder, danach eine durch drei teilbare Anzahl, unter Berücksichtigung des Stammkapitals maximal 21.[383]

Die Arbeitnehmermandate werden dem Aufsichtsrat nicht etwa zugeschlagen, so dass sich die Gesamtzahl der Mandate erhöht. Vielmehr sind die Arbeitnehmer berechtigt, ein Drittel der nach der Satzung zu wählenden Aufsichtsratsmitglieder zu bestimmen. Ergeben sich hieraus dann unter Berücksichtigung der Drittelparität lediglich ein oder zwei Arbeitnehmermandate, so müssen die Arbeitnehmervertreter dem jeweiligen Unternehmen angehören.[384] Ab drei Mandaten können auch unternehmensfremde Personen, also beispielsweise Gewerkschaftsvertreter, gewählt werden. Vorschläge hierfür dürfen Betriebsräte und ein Zehntel oder 100 der wahl berechtigten Arbeitnehmer des Unternehmens machen.[385]

---

379 Anders aber bei der Bestimmung des Wahlkörpers, § 2 I DrittelbG.

380 *Marsch-Barner/Diekmann* in *Priester/Mayer/Wicke*, HbGesR III, § 48, Rn. 95; *Ulmer/Habersack/Henssler*, MitbestG, DrittelbG, Einl, Rn. 4; § 2, Rn. 5 ff., 12 ff; *Rieble*, BB 2006, S. 2018; vgl. BayObLG vom 10.12.1992, Az. 3 Z BR 130/92; OLG Düsseldorf AG 1997, 129 f.

381 *Marsch-Barner/Diekmann* in *Priester/Mayer/Wicke*, HbGesR III, § 48, Rn. 95.

382 Vgl. *Raiser/Veil*, MitbestG, § 5, Rn. 1; *Ulmer/Habersack/Henssler*, MitbestG, DrittelbG, § 2, Rn. 8 ff.

383 § 95 S. 1, 3, 4 AktG.

384 § 4 II 1 DrittelbG; vgl. *Ulmer/Habersack/Henssler*, MitbestG, DrittelbG, § 4, Rn. 9 ff.

385 § 4 II 2, § 6 DrittelbG.

Nach Beobachtungen aus der Praxis soll hiervon aber kein Gebrauch gemacht werden.[386]

(5) Bestellung und Wahlmodalitäten

Es gelten die allgemeinen persönlichen Wählbarkeitsvoraussetzungen.[387] Begrenzend wirken neben den Vorschriften zur sog. Überkreuzverflechtung und zur Karenzzeit vor allem diejenigen über die Höchstzahl der Aufsichtsratsmandate, die von einer Person wahrgenommen werden können.[388]

Die Vertreter der Anteilseigner werden von diesen gewählt bzw. entsandt.[389]

Die Arbeitnehmervertreter werden von den Beschäftigten nach den Grundsätzen der Mehrheitswahl in unmittelbarer Wahl unter Berücksichtigung der Wahlordnung zum DrittelbG[390] gewählt.[391] Für Konzernsachverhalte ist eine bestimmte Sitzverteilung auf die Arbeitnehmer aus herrschenden und beherrschten Unternehmen nicht vorgeschrieben.[392]

Eine Anfechtung der Wahl ist nur bei groben Verstößen gegen Wahlvorschriften, die Wahlberechtigung, die Wählbarkeit oder das Wahlverfahren möglich und hat innerhalb von zwei Wochen seit Bekanntgabe des Ergebnisses durch entsprechenden Antrag beim Arbeitsgericht zu erfolgen. Anfechtungsberechtigt sind mindestens drei Wahlberechtigte, die Betriebsräte und die Geschäftsleitung.[393]

Die Wahl soll bei schwerwiegenden Verstößen nichtig sein, namentlich, wenn der „Anschein einer Wahl" nicht mehr vorliegt.[394]

---

386 *Rieble*, RLR 2009, S. 211.

387 Insbesondere hindert die Aufsichtsratstätigkeit bei einem Konkurrenzunternehmen es nicht, Aufsichtsratsmitglied zu werden. Allenfalls kann im Einzelfall bei Eintritt in den Aufsichtsrat konkurrierender Unternehmen eine Abberufung in Betracht kommen. Zu etwaigen Inkompatibilitäten vgl. *Marsch-Barner/Diekmann* in *Priester/Mayer/Wicke,* HbGesR III, § 48, Rn. 103, 22 f.; *Ulmer/Habersack/Henssler*, MitbestG, § 7, Rn. 34 ff., DrittelbG, § 4, Rn. 14 ff.

388 § 100 II 1 Nr. 1, 3, 4 AktG.

389 Vgl. *Marsch-Barner/Diekmann* in *Priester/Mayer/Wicke,* HbGesR III, § 48, Rn. 104.

390 Verordnung zur Wahl der Aufsichtsratsmitglieder der Arbeitnehmer nach dem Drittelbeteiligungsgesetz vom 23.06.2004 (Wahlordnung zum Drittelbeteiligungsgesetz – WODrittelbG, BGBl. I, S. 1393); sie enthält insgesamt 51 Vorschriften.

391 § 5 DrittelbG. Die Möglichkeit der mittelbaren Wahl durch Delegierte, die noch im BetrVG 1952 vorgesehen war, besteht im DrittelbG nicht mehr.

392 BAG DB 1982, 755; *Marsch-Barner/Diekmann* in *Priester/Mayer/Wicke,* HbGesR III, § 48, Rn. 102.

393 § 11 DrittelbG.

394 *Marsch-Barner/Diekmann* in *Priester/Mayer/Wicke*, HbGesR III, § 48, Rn. 108.

(6) Amtszeit und Abberufung

Zu Amtszeit[395] und Abberufung[396] gilt im Wesentlichen dasselbe wie beim MitbestG. Anders als dort scheiden die unternehmensangehörigen Arbeitnehmervertreter aber auch aus dem Aufsichtsrat aus, wenn sie zu leitenden Angestellten ernannt werden,[397] was im Hinblick auf die Nichtwählbarkeit der leitenden Angestellten nach § 3 I DrittelbG konsequent ist.

(7) Innere Ordnung und Beschlussfassung

Auch hier gelten keine gesonderten Bestimmungen, allerdings ergeben sich gravierende Unterschiede in der Praxis. Aufgrund ihrer Zwei-Drittel-Mehrheit können die Vertreter der Anteilseigner letztlich unabhängig von der Arbeitnehmerseite entscheiden. In der GmbH bleibt zudem für Bestellung und Abberufung der Geschäftsführung die Gesellschafterversammlung zuständig. Auch ein Arbeitsdirektor ist im Geltungsbereich des DrittelbG nicht vorgesehen.

Die Mitwirkungsmöglichkeiten sind also im Rahmen des DrittelbG wesentlich begrenzter. Bei einem drittelmitbestimmten Aufsichtsrat handelt es sich damit funktional in erster Linie um ein Informationsorgan.

5. Zusammenfassung

- Die deutsche Arbeitnehmerbeteiligung beruht auf einer umfangreichen und stark zergliederten Gesetzgebung. Sie findet sowohl auf der betrieblichen Ebene wie auch auf der unternehmerischen Leitungsebene statt.
- Deutsche Kapitalgesellschaften sind nach dem dualistischen System mit den gesonderten Gremien des unternehmensleitenden Vorstands und des überwachenden Aufsichtsrats organisiert. Eine Hauptaufgabe des Aufsichtsrats in der AG ist es, den Vorstand zu bestellen. In der GmbH bleibt dieses Recht grundsätzlich der Gesellschafterversammlung vorbehalten. Ausnahme ist die paritätisch mitbestimmte GmbH. Hier obliegt die Kompetenz zur Entscheidung über Bestellung und Abberufung des Geschäftsführers zwingend dem Aufsichtsrat.
- Aktiengesellschaften, Kommanditgesellschaften auf Aktien und bestimmte Genossenschaften haben gesetzlich verpflichtend immer einen Aufsichtsrat, Gesellschaften mit beschränkter Haftung nur dann, wenn sie mehr als

---

395 § 1 I Nr. 3 DrittelbG i.V.m. § 102 I AktG.

396 Vgl. §§ 12 DrittelbG, 32 ff. WODrittelbG.

397 *Marsch-Barner/Diekmann* in *Priester/Mayer/Wicke*, HbGesR III, § 48, Rn. 117; vgl. BGHZ 39, 116, 120.

500 Arbeitnehmer beschäftigen, ansonsten auf freiwilliger Basis nach Satzung.
- In Betrieben des privaten Rechts ab fünf Arbeitnehmern kann ein Betriebsrat eingerichtet werden. Dieser hat Unterrichtungs-, Anhörungs- und Mitbestimmungsrechte, die im Detail sehr weit reichend sein können.
- Die betrieblichen Beteiligungsrechte sind konzeptionell auf die betriebliche Sphäre beschränkt. In der Unternehmenspraxis finden sich gleichwohl enge Verflechtungen zwischen betrieblicher und unternehmerischer Mitbestimmung, die teilweise auf die praktisch gängigen personenidentischen Besetzungen zurückzuführen sind.
- Der Aufsichtsrat ist der Ansatzpunkt für die Unternehmensmitbestimmung. Nach Maßgabe weiterer Gesetze werden in ihn neben den Vertretern der Anteilseigner auch Arbeitnehmervertreter und ggf. weitere Mitglieder entsandt. Je nach dieser gesetzlichen Grundlage ist auch der Grad des Arbeitnehmereinflusses unterschiedlich.
- Im Rahmen ihrer praktischen Aufsichtsratsarbeit haben alle Aufsichtsratsmitglieder die gleichen Rechte und Pflichten, insbesondere gleiches Recht auf Information und Mitwirkung. Sie sind nicht an Aufträge oder Weisungen gebunden und haben gleichen Anspruch auf Vergütung. Es greifen aber auch die gleichen Haftungsregeln. Die durch DGB-Gewerkschaften bestimmten Arbeitnehmervertreter im Aufsichtsrat unterliegen mit einem Großteil ihrer Vergütung faktisch einem Abführungszwang.
- Zusammensetzung und Größe des mitbestimmten Aufsichtsrats richten sich nach Rechtsform und Größe des Unternehmens sowie seinem Wirtschaftsbereich.
- Für AGs und GmbHs in der Montanindustrie liegt der Schwellenwert bei mehr als 1.000 Arbeitnehmern. Der Aufsichtsrat wird hier paritätisch von Arbeitnehmern und Arbeitgebern besetzt. Zur Vermeidung von Pattsituationen kommt ein neutrales Mitglied hinzu. Er besteht so insgesamt je nach Nenn- bzw. Stammkapital der Gesellschaft aus elf, 15 oder 21 Mitgliedern. Die Arbeitnehmerbank setzt sich aus unternehmensangehörigen Arbeitnehmern und unternehmensexternen Arbeitnehmervertretern zusammen, außerdem kommen bis zu zwei weitere externe Mitglieder hinzu, die etwaige „übergeordnete Interessen“ in die Entscheidungsfindung einbringen sollen. Die externen Arbeitnehmervertreter werden von den Spitzenorganisationen der im Betrieb vertretenen Gewerkschaften vorgeschlagen. Das neutrale Mitglied wird vom Aufsichtsrat bestimmt. Dem Unternehmensvorstand muss ein Arbeitsdirektor angehören. Dieser kann nicht gegen die Mehrheit der Stimmen der Arbeitnehmervertreter im Aufsichtsrat bestellt werden. Beherrscht eine AG oder eine GmbH ein Montanunternehmen, ohne ihrerseits ein solches zu sein, gelten Sonderbestimmungen. Es gibt derzeit ca. 50 montanmitbestimmte Unternehmen.

- Außerhalb des Montanbereichs greift das Mitbestimmungsgesetz. Beschäftigt demnach eine AG, eine KGaA, eine Genossenschaft oder eine GmbH allein oder zusammen mit ihren Konzerntöchtern mehr als 2.000 Mitarbeiter, wird der Aufsichtsrat paritätisch besetzt. Die absolute Größe des Aufsichtsrats staffelt sich nach der Mitarbeiterzahl im Unternehmen. Bei 2.000–10.000 Beschäftigten hat der Aufsichtsrat 12 Mitglieder, bei 10.001 bis zu 20.000 Beschäftigten dann 16, darüber besteht er aus 20 Mitgliedern. Die Satzung, bzw. der Gesellschaftsvertrag, kann bereits im Vorfeld eine Erweiterung des Aufsichtsrats auf 20 Mitglieder vorsehen. Auf der Arbeitnehmerbank sitzen ein Vertreter der leitenden Angestellten und zwei (bei einem Aufsichtsrat mit 20 Mitgliedern: drei) unternehmensunabhängige Mitglieder der im Unternehmen vertretenen Gewerkschaften. Der Aufsichtsratsvorsitzende, in der Praxis stets ein Vertreter der Anteilseigner, hat in Pattsituationen ein Doppelstimmrecht. Auch hier ist ein Arbeitsdirektor vorgesehen, der aber auch gegen den Willen der Arbeitnehmerseite durchgesetzt werden kann. Im Jahr 2008 gab es insgesamt 694 Unternehmen, die dem MitbestG unterlagen, was insgesamt 4.896 Aufsichtsratsmandaten für die Arbeitnehmerseite entspricht.
- Unterhalb des Mitbestimmungsgesetzes greift das Drittelbeteiligungsgesetz. Beschäftigt eine AG, eine KGaA, eine Genossenschaft, ein VVaG oder eine GmbH allein oder zusammen mit ihren Konzerntöchtern mehr als 500 aber weniger als 2.001 Arbeitnehmer, wird der Aufsichtsrat zu zwei Dritteln mit Vertretern der Anteilseigner und zu einem Drittel mit Vertretern der Arbeitnehmer besetzt (Drittelparität). Grundsätzlich werden die Mitarbeiterzahlen in den abhängigen Unternehmen addiert, beim faktischen GmbH-Konzern findet eine Arbeitnehmerzurechnung aber nicht statt. Eine AG, die vor dem 10.08.1994 eingetragen wurde und gleichzeitig keine Familiengesellschaft ist, ist aufgrund Sonderregelung mitbestimmungspflichtig, selbst wenn sie weniger als 500 Arbeitnehmer beschäftigt. Die absolute Größe des Aufsichtsrats ist satzungsabhängig. Ergeben sich hieraus mehr als zwei Arbeitnehmersitze, können auch unternehmensfremde Personen gewählt werden. Ein Arbeitsdirektor ist nicht vorgesehen. Aufsichtsräte nach dem DrittelbG bestanden 2009 in 1.477 Unternehmen.

  Die jeweiligen Arbeitnehmervertreter werden in demokratischen, im Einzelnen sehr komplexen und zeitintensiven Verfahren entweder unmittelbar oder über Delegierte gewählt.

Aus der strengen Rechtsformbezogenheit der deutschen Mitbestimmungsgesetze folgt, dass z.B. über die Nutzung ausländischer Gesellschaftsformen Vermeidungsgestaltungen möglich sind.

II. Österreich[398]

1. Übersicht

Österreich verfügt über ein hoch entwickeltes System der Arbeitnehmerbeteiligung. Es basiert auf Betriebsräten in allen Unternehmen mit mindestens fünf Beschäftigten und sieht zusätzlich für bestimmte Kapitalgesellschaften eine unternehmerische Mitbestimmung vor, die quantitativ einer Drittelparität entspricht.

2. Hintergrund

Auch in Österreich hat die Arbeitnehmerbeteiligung eine lange Tradition, die sich teils bis in die Zeit der Habsburger zurückverfolgen lässt. Ein erstes modernes Gesetz zur Einrichtung von Betriebsräten wurde bereits 1919 erlassen.[399] Dieses Betriebsrätegesetz 1919 wurde 1934 im sog. „Ständestaat" durch das Werksgemeinschaftsgesetz[400] ersetzt, welches wiederum seinerseits im Nazi-Regime aufgehoben wurde.[401] Das Betriebsrätegesetz 1947[402] führte die Mitbestimmung wieder ein. Es sah die Entsendung von zwei Arbeitnehmervertretern in den Aufsichtsrat vor, unabhängig von der dort vorhandenen Zahl der Anteilseignervertreter.[403]

Mittlerweile maßgeblich ist das Arbeitsverfassungsgesetz 1974 (ArbVG).[404] Es normiert vorrangig die Mitwirkung auf betrieblicher Ebene, bildet aber auch das

398 *Taylor*, S. 76 f.; *Kalss*, Arbeitnehmermitbestimmung, S. 95 ff.; *Gahleitner*, MB-AT, S. 1 ff.; *Gahleitner, H.*, Mitwirkung AR 2012, S. 1 ff.; *Greif*, MB-AT, S. 1 ff.; *Fulton*, ETUI-AT-Betriebliche Interessenvertretung, ETUI-AT-Unternehmensmitbestimmung sowie ETUI-AT-Europäische Interessenvertretung (ETUI-AT-BI, ETUI-AT-MB, ETUI-AT-EI) unter http://www.worker-participation.eu/National-Industrial-Relations/Countries/Austria sowie *Allinger/Adam*, *Austria: Industrial relations profile* (z.T. 18.04.2013) bei Eiro online unter http://www.eurofound.europa.eu/eiro/country/austria.htm (englisch). Ein Überblick findet sich ferner beim Österreichischen Gewerkschaftsbund ÖGB unter http://www.oegb.at/servlet/ContentServer?pagename=OEGBZ/Page/OEGBZ_Index&n=OEGBZ_3.2.a.

399 Gesetz über die Errichtung von Betriebsräten vom 15. Mai 1919, StGBl. 283/1919, dort v.a. § 3 Z 11; unter http://alex.onb.ac.at/cgi-content/alex?aid=sgb&datum=19190004&seite=00000651.

400 Werksgemeinschaftsgesetz vom 12. Juli 1934, BGBl. 1934/153.

401 „Gesetz zur Ordnung der nationalen Arbeit", in Österreich in Geltung von 1938 bis 1945; geprägt vom „Führerprinzip" ließ es für Mitbestimmungsbefugnisse der Arbeitnehmer keinen Raum.

402 Bundesgesetz vom 28. März 1947 über die Errichtung von Betriebsvertretungen (Betriebsrätegesetz), BGBl. 97/1947.

403 *Kastner/Doralt/Nowotny*, GesR, S. 247.

404 Bundesgesetz vom 14. Dezember 1973 betreffend die Arbeitsverfassung (Arbeitsverfassungsgesetz – ArbVG), BGBl. Nr. 22/1974 zuletzt geändert durch BGBl. I Nr. 71/2013, in Kraft seit dem

Fundament für die Mitwirkung im Aufsichtsorgan, wo es eine drittelparitätische Besetzung vorsieht. Insoweit wird die Mitbestimmung auch im Österreichischen Corporate Governance Kodex genannt.[405]

Im Laufe der Zeit hat sich in Österreich ein institutionalisiertes System der Sozialpartnerschaft etabliert. Die industriellen Beziehungen beruhen auf enger und konsensorientierter, aber grundsätzlich freiwilliger, Kooperation zwischen Arbeitgebern, Arbeitnehmern und dem Staat.[406] Sie erstreckt sich über konkrete arbeitsbezogene Themen bis auf allgemeine Wirtschafts- und Sozialfragen. Die Arbeitnehmerbeteiligung wird hier als integrativer Bestandteil wahrgenommen.

Dabei ist die österreichische Wirtschaft insgesamt stark von KMU geprägt. Nach aktuellen Schätzungen verfügen in Österreich 1.500 Unternehmen über Aufsichtsräte mit Arbeitnehmerbeteiligung. Betroffen hiervon sind bis zu 400.000 Arbeitnehmer, was wiederum 12 Prozent der gesamten erwerbstätigen Bevölkerung des Landes entspricht. Von insgesamt ca. 90.000 GmbHs haben 2,3% einen Aufsichtsrat.[407]

Der gewerkschaftliche Organisationsgrad liegt in Österreich aktuell bei 32–34%, bei insgesamt stets rückläufiger Tendenz. Einziger Dachgewerkschaftsbund ist der *Österreichische Gewerkschaftsbund – ÖGB*, mit seinerseits derzeit sieben Teilgewerkschaften und insgesamt ca. 1,2 Millionen Mitgliedern. Ihm gegenüber steht die *Wirtschaftskammer Österreich – WKO*, in der alle gewerblich Tätigen qua Gesetzes Pflichtmitglied sind. Zum 31. Dezember 2013 hatte sie insgesamt 466.178 aktive Mitglieder.[408]

---

3. Organisationsverfassung der Kapitalgesellschaften

a) Grundlagen

Bis 1938 war in Österreich für Aktiengesellschaften ein monistisches Verwaltungssystem (Verwaltungsrat) vorgeschrieben.[409] Mit dem deutschen Aktiengesetz wurde dann auch das dualistische Modell eingeführt, das nach dem Zweiten Weltkrieg in

---

01.07.1974. Die österreichischen Gesetze sind im Volltext abrufbar unter http://www.jusline.at/gesetze.html.

405 Österreichischer Corporate Governance Kodex, Fassung Jänner 2012; unter http://www.wienerborse.at/corporate/pdf/CG%20Kodex%20deutsch_Jan_2012_v3.pdf. Die Mitbestimmung findet sich dort unter Rn. 59 als sog. „L-Regel". L-Regeln übernehmen die Vorgaben aus den Gesetzen *(„law")* und werden ergänzt durch „C-Regeln" *(„comply or explain")* und empfehlenden „R-Regeln" *(„recommend")*.

406 Vgl. auch Art. 120a II Bundes-Verfassungsgesetz. Zur österreichischen Sozialpartnerschaft vgl. *Adam, Constitutional amendmendt endorses role of social partners* (21. April 2008), unter http://www.eurofound.europa.eu/eiro/2008/02/articles/at0802019i.htm (englisch).

407 *Taylor*, S. 77; ETUI-AT-MB, S. 1; *Allinger/Adam*, (oben Fn. 398), Abschnitt *Economic context*.

408 *Fulton*, ETUI, Landesübersicht AT, bzw. *Allinger/Adam*, (oben Fn. 398), Abschnitte *Trade union density, Main Actors*; Daten jeweils Eigenangaben nach http://www.oegb.at/cs/Satellite?c=Page&cid=1342537134397&n=S06_2&pagename=S06%2Findex bzw. http://wko.at/statistik/jahrbuch/mgkm.pdf (Jänner 2014).

409 *Kalss/Burger/Eckert*, Entwicklung östAktR, S. 265.

der Zweiten Republik beibehalten wurde.[410] Auch Österreich ist seitdem ein Vertreter des dualistischen Systems, so dass nunmehr neben dem Vorstand als zweites separates Organ der Aufsichtsrat zu bilden ist. Mit der SE allerdings wurde auch das monistische Modell teilweise wieder „rück-eingeführt". Die jeweiligen Rechtsformen sind grundsätzlich in Einzelgesetzen geregelt. Daneben besteht eine Vielzahl von ergänzenden Vorschriften.

In Aktiengesellschaften[411] und in Versicherungsvereinen auf Gegenseitigkeit[412] sind Aufsichtsräte obligatorisch kraft Rechtsform vorgeschrieben.

Bei der GmbH[413] sind Aufsichtsräte grundsätzlich fakultativ,[414] ebenso bei der Genossenschaft und der Privatstiftung.[415]

Liegen jedoch weitere unterschiedliche Faktoren vor, wird die Etablierung eines Aufsichtsrats durch Sonderbestimmung verpflichtend.[416] Hat die GmbH einen Aufsichtsrat, egal ob fakultativ oder obligatorisch eingerichtet, ist dieser in jedem Fall mitbestimmt.

Das gilt nach der Rechtsprechung des OGH auch in dem Fall, wenn ein anders bezeichnetes Gremium geschaffen wird, dem jedoch die Kernkompetenzen des Aufsichtsrats zugeordnet werden.[417]

Die Bestimmungen über die Mitwirkung im Aufsichtsrat der Aktiengesellschaft werden dann sinngemäß angewendet.[418]

Daneben gibt es eine Reihe von Spezialgesetzen, die eine gesetzliche Aufsichtsratspflicht für Unternehmen verankern, die entweder einem besonderen öffentlichen Interesse dienen oder die aus dem öffentlichen Bereich ausgegliedert wurden (z.B. Österreichische Postsparkasse, Sparkassen,

---

410 Vgl. *Kalss/Burger/Eckert*, Entwicklung östAktR, S. 328.

411 Aktiengesetz 1965, im Folgenden *östAktG*, BGBl. 98/1965, zuletzt geändert durch BGBl. I Nr. 35/2012.

412 Bundesgesetz vom 18. Oktober 1978 über den Betrieb und die Beaufsichtigung der Vertragsversicherung (Versicherungsaufsichtsgesetz – VAG), BGBl. 569/1978 zuletzt geändert durch BGBl. I Nr. 184/2013; dort §§ 43 I, 47 VAG.

413 Gesetz vom 6. März 1906 über die Gesellschaften mit beschränkter Haftung (GmbH-Gesetz), RGBl. 58/1906 zuletzt geändert durch BGBl. I Nr. 109/2013, im Folgenden *östGmbHG*.

414 § 29 VI östGmbHG; *Gahleitner*, MB-AT, S. 11 ff.

415 Vgl. Gesetz vom 09. April 1873, über Erwerbs- und Wirthschaftsgenossenschaften im Folgenden *östGenG*, RGBl. Nr. 70/1873 zuletzt geändert durch BGBl. I Nr. 70/2008; dort § 24 III 1, I 1; Privatstiftungsgesetz (PSG), BGBl. Nr. 694/1993 zuletzt geändert BGBl. I Nr. 111/2010; dort § 22 I.

416 *Kalss* in *Doralt/Nowotny/Kalss*, AktG, vor § 86, Rn. 27.

417 OGH vom 27.09.2006, Az. 9 ObA 130/05s; *Kalss*, Arbeitnehmermitbestimmung, S. 98; *Preiss* in *Cerny*, ArbVR, § 110, Rn. 44; *Strasser/Jabornegg*, Arbeitsverfassungsrecht, § 110, Fn. 59; *Gahleitner*, MB-AT, S. 11.

418 § 110 V ArbVG.

Österreichischer Rundfunk, Bundestheater), sowie für Rechtsträger eigener Art (z.B. Österreichische Bundesbahn) mit eigenen Entsendungsregelungen.[419]

Eine GmbH wird von Gesetzes wegen aufsichtsratspflichtig, wenn ihr Stammkapital 70.000,– Euro und, kumulativ, die Anzahl ihrer Gesellschafter fünfzig Personen übersteigt.[420]

Damit soll ein taugliches Überwachungsinstrument etabliert werden, da eine zu große Gruppe von Gesellschaftern dazu nicht mehr in der Lage sein soll.[421] Praktisch soll diese Gestaltung indes kaum relevant sein.[422]

Praktisch am bedeutsamsten ist aber wohl die Vorgabe, dass eine GmbH auch dann aufsichtsratspflichtig wird, wenn sie – selbst oder als Konzernobergesellschaft – mehr als 300 Arbeitnehmer beschäftigt.[423]

Entscheidend ist gem. Z. 3, dass die Gesellschaft AGs bzw. aufsichtsratspflichtige GmbHs i.S.d. Abs. 2 Z. 1 einheitlich leitet (§ 15 I östAktG 1965) oder auf Grund einer unmittelbaren Beteiligung von mehr als 50 Prozent beherrscht und in beiden Fällen die Anzahl der Arbeitnehmer jener Gesellschaft und dieser Gesellschaften zusammen im Durchschnitt dreihundert übersteigt.
Die Literatur spricht in diesem Zusammenhang von *„relevanten Töchtern"*.[424]

Fungiert eine GmbH als persönlich haftende Gesellschafterin einer KG, und werden in dieser Gesellschaft insgesamt mehr als 300 Arbeitnehmer beschäftigt, ist ebenfalls ein Aufsichtsrat einzurichten.[425] Ist eine GmbH allerdings ihrerseits Tochtergesellschaft einer aufsichtsratspflichtigen und mitbestimmten Gesellschaft, d.h. einer AG oder einer GmbH bei Vorliegen der Voraussetzungen, besteht eine Aufsichtsratspflicht erst bei mehr als 500 Arbeitnehmern.[426]

Schließlich muss im Falle einer grenzüberschreitenden Verschmelzung ein Aufsichtsrat bestellt werden, wenn zuvor Mitwirkungsrechte bestanden haben.[427]

---

419 Vgl. *Preiss* in *Cerny*, ArbVR, § 110, Rn. 82, *Strasser/Jabornegg*, Arbeitsverfassungsrecht, § 110, Fn. 2; *Gahleitner*, MB-AT, S. 3; *Greif*, MB-AT, S. 8 f. Auf diese Spezialfälle soll hier nicht näher eingegangen werden.

420 § 29 I Z 1 östGmbHG.

421 *Kalss*, NZG 2012, S. 166.

422 *Gahleitner*, MB-AT, S. 11; *Gahleitner, H.*, Mitwirkung AR 2012, S. 22.

423 § 29 I Z 2, 3 östGmbHG.

424 *Gahleitner, H.*, Mitwirkung AR 2012, S. 22.

425 § 29 I Z 4 östGmbHG.

426 § 29 II Z 1 östGmbHG; *Kalss*, Arbeitnehmermitbestimmung, S. 95, 99; *Gahleitner, H.*, Mitwirkung AR 2012, S. 23.

427 § 29 I Z 5 östGmbHG i.V.m. §§ 259 ff. ArbVG.

In Genossenschaften ist die Einrichtung eines mitbestimmten Aufsichtsrats bei mehr als 40 Mitarbeitern vorgeschrieben, unter dieser Schwelle bleibt der (fakultative) Aufsichtsrat mitbestimmungsfrei.[428] Hierin liegt ein wesentlicher Unterschied zur GmbH, bei der nur auf das Bestehen eines Aufsichtsrats abgestellt wird, unabhängig von der Beschäftigtenzahl.[429]
In einer Privatstiftung muss ein Aufsichtsrat bestellt werden, wenn sie mehr als 300 Arbeitnehmer dauernd beschäftigt oder die Konzernleitung innehat,[430] Auch der fakultative Aufsichtsrat einer Privatstiftung ist mitbestimmt. Genossenschaft und Privatstiftung sollen im Weiteren unberücksichtigt bleiben.

b) Aktuell

Das österreichische GmbH-Recht wurde zuletzt überarbeitet,[431] das entsprechende Änderungsgesetz trat rückwirkend zum 01.07.2013 in Kraft.[432]

Die wichtigste Neuerung ist wohl die Reduzierung des (bis dahin europaweit höchsten) Mindeststammkapitals von 35.000,– auf 10.000,– Euro.[433] Davon muss die Hälfte bei Leistung der Einlagen bar einbezahlt werden.[434]

Zudem wurden im Zuge der Reform auch die allgemeinen Gründungskosten abgesenkt[435] und einige weitere Vereinfachungen[436] beschlossen.

4. Arbeitnehmerbeteiligung

Maßgebliche Rechtsgrundlage ist das Arbeitsverfassungsgesetz von 1974 (ArbVG). Es normiert sowohl eine betriebliche Beteiligung als auch die Mitwirkung im Aufsichtsorgan.[437]

---

428 §§ 24 I östGenG, 110 V Z 4 ArbVG; *Preiss* in *Cerny*, ArbVR, § 110, Rn. 47.

429 Näher zur Mitbestimmung in der Genossenschaft *Gahleitner, H.*, Mitwirkung AR 2012, S. 30 ff.

430 § 22 I PSG; *Kalss*, Arbeitnehmermitbestimmung, S. 99.

431 GmbH-Reform – Vorblatt und Erläuterungen, beim österreichischen Bundesministerium für Justiz unter http://www.justiz.gv.at/web2013/file/2c9484853d643b33013d92140125696b.de.0/erl.pdf.

432 Bundesgesetz, mit dem das GmbH-Gesetz, die Insolvenzordnung, das Notariatstarifgesetz, das Rechtsanwaltstarifgesetz und das Körperschaftsteuergesetz 1988 geändert werden (Gesellschaftsrechts-Änderungsgesetz 2013 – GesRÄG 2013), BGBl I Nr 109/2013.

433 § 6 I östGmbHG a.F./n.F.; vgl. auch *Kalss*, NZG 2012, S. 161, 165.

434 § 10 I östGmbHG.

435 Z.B. gilt dies für die Notariatsgebühren und die gewöhnlichen Rechtsanwaltskosten bei einer GmbH-Gründung, vor allem bei Ein-Personen-GmbHs, die mit der Mustersatzung gegründet werden, § 5 VIII Notariatstarifgesetz – NTG, § 10 Z 5 c) und d) Rechtsanwaltstarifgesetz – RATG.

436 Z.B. ist die Verpflichtung zur Veröffentlichung der Eintragung einer Neugründung im Amtsblatt der Wiener Zeitung weggefallen.

437 Bundesgesetz vom 14. Dezember 1973 betreffend die Arbeitsverfassung (Arbeitsverfassungsgesetz – ArbVG), BGBl. Nr. 22/1974 zuletzt geändert durch BGBl. I Nr. 71/2013, in Kraft seit dem 01.07.1974.

a) Betriebliche Interessenvertretung

Die betriebliche Beteiligung ist rechtsformunabhängig ausgestaltet. Die gesetzlich vorgesehenen betriebsverfassungsrechtlichen Mechanismen gewährleisten eine Reihe von Unterrichtungs-, Anhörungs- und Interventionsrechten der Arbeitnehmer, vor allem in personellen und sozialen Bereichen. Wahrgenommen werden diese Rechte durch Vertretungsorgane der Belegschaft, insbesondere den Betriebsrat. Dieser tritt aber nicht als ein Organ des Unternehmens auf, sondern als ein von außen kommender Verhandlungs- und Vertragspartner.[438] Gesetzliche Leitlinie ist die Herbeiführung eines Interessenausgleiches zum Wohl der Arbeitnehmer und des Betriebes.[439]

aa) Voraussetzungen

(1) Grundlagen

Der Geltungsbereich des ArbVG erstreckt sich auf „Betriebe" aller Art.[440]

Als Betrieb in diesem Sinne gilt gem. § 34 ArbVG jede Arbeitsstätte, die eine organisatorische Einheit bildet, innerhalb derer eine physische oder juristische Person oder Personengemeinschaft mit technischen oder immateriellen Mitteln die Erzielung bestimmter Arbeitsergebnisse fortgesetzt verfolgt, ohne dass es auf eine Erwerbsabsicht oder einen bestimmten Unternehmenszweck ankommt.[441] Damit sind kleinere organisatorische Einheiten wie z.B. Abteilungen nicht erfasst, so dass hier auch keine separaten Vertretungen vorgesehen sind.

In der Regel bilden ein oder mehrere Betriebe ein Unternehmen, es können aber auch mehrere Unternehmen zusammen einen Betrieb oder mehrere Betriebe führen.[442]

Nach dem ArbVG ist ein Unternehmen eine vollkommene, selbständige, in sich abgeschlossene Einheit, die durch die kaufmännische zentrale Verwaltung, das einheitliche Hinarbeiten auf einen bestimmten wirtschaftlichen Erfolg und eine organisatorische Zusammenfassung einzelner Tätigkeiten charakterisiert ist.[443]

Sind rechtlich selbständige Unternehmen zu wirtschaftlichen Zwecken unter einer einheitlichen Leitung zusammengefasst, bilden sie einen Konzern.[444]

---

438 *Kalss*, Arbeitnehmermitbestimmung, S. 106.

439 § 39 I ArbVG.

440 § 33 ArbVG.

441 Zum Betriebsbegriff *Strasser/Jabornegg*, Arbeitsverfassungsrecht, § 34 m.w.N.

442 *Strasser/Jabornegg*, Arbeitsverfassungsrecht, §34, Rn.15; *Kalss*, Arbeitnehmermitbestimmung, S.102.

443 *Strasser/Jabornegg*, Arbeitsverfassungsrecht, § 40, Rn. 9.

444 §§ 15 östAktG, 115 östGmbHG.

Verfolgen in einem vom ArbVG erfassten Betrieb[445] mindestens fünf dauernd Beschäftigte[446] unter einheitlicher Betriebsorganisation fortgesetzt die Hervorbringung von Arbeitsergebnissen, haben die Arbeitnehmer dieses Betriebs das Recht und die gesetzliche Pflicht, entsprechende Vertretungsorgane einzurichten.[447]

Die etwaige Nichteinhaltung dieser Verpflichtung zieht allerdings keine Sanktionen für die Beschäftigten nach sich.[448] Wird kein Vertretungsorgan eingerichtet, werden die Arbeitnehmer in diesem Fall schlicht nicht im Rahmen der betrieblichen Beteiligung eingebunden. Da ggf. die Arbeitnehmervertreter im Aufsichtsrat aus den Reihen des Betriebsrats entsendet werden, findet dann aber auch keine unternehmerische Mitbestimmung statt.
Praktisch haben nur sehr wenige Kleinbetriebe einen Betriebsrat, regelmäßiger treten sie erst in Betrieben mit mehr als 50 Beschäftigten auf.[449]

Tendenzbetriebe sind nach näherer Kennzeichnung des Gesetzes von der betrieblichen Mitwirkung sowie ggf. auch von der Mitbestimmung im Aufsichtsrat ausgenommen. Dies betrifft neben dem öffentlichen Sektor (Behörden, Verkehrsbetriebe, öffentliche Unterrichts- und Erziehungsanstalten, Verwaltungsstellen juristischer Personen öffentlichen Rechts) auch die Unternehmen und Betriebe, die unmittelbar politischen, koalitionspolitischen, konfessionellen, wissenschaftlichen, erzieherischen oder karitativen Zwecken dienen,[450]. Bzgl. der Medienunternehmen haben die Bestimmungen des Rundfunkgesetzes als leges speciales Vorrang vor der allgemeinen Regelung des § 110 ArbVG.

---

(2) Formen

Vertretungsorgane sind namentlich der Betriebsrat[451] sowie in Unternehmen, die mehrere zentral gelenkte Betriebe umfassen, der Zentralbetriebsrat.[452]

In einem Konzern, in dem in mehr als einem Unternehmen Betriebsräte bestehen, kann zur gemeinsamen Interessenvertretung eine Konzernvertretung errichtet werden. Hierzu bedarf es der Zustimmung von mindestens zwei Dritteln der Zent-

---

445 Ausgeschlossen sind Tendenzbetriebe, näher dazu sogleich.

446 Leitende Angestellte, freie Mitarbeiter und Personen, die kurzzeitig zu Ausbildungszwecken beschäftigt sind, gelten nicht als Arbeitnehmer i.S.v. § 36 ArbVG, *Gahleitner* in *Cerny*, ArbVR, § 36, Rn. 1, *Strasser/Jabornegg*, Arbeitsverfassungsrecht, § 36, Rn. 8.

447 §§ 36ff., 40 ArbVG (vgl. den verbindlichen Wortlaut von § 40 I 1, 2. HS, *„... sind nach Maßgabe der folgenden Bestimmungen von der Arbeitnehmerschaft Organe zu bilden“*).

448 Vgl. *Strasser/Jabornegg*, Arbeitsverfassungsrecht, § 34, Rn. 9, 10; *Kalss*, Arbeitnehmermitbestimmung, S.100f.; *Rebhahn*, ZAAR 2004, Rn. 29, 88.

449 ETUI-AT-BI, S. 1.

450 Vgl. §§ 1 II, 132 I, II, IV i.V.m. 108–112 ArbVG.

451 §§ 50ff. ArbVG. Zu den möglichen Organen der Arbeitnehmerschaft vgl. § 40 ArbVG.

452 §§ 80ff. ArbVG. Zur Kompetenzabgrenzung vgl. § 113 IV ArbVG.

ralbetriebsräte, die zusammen mehr als die Hälfte der im Konzern beschäftigten Arbeitnehmer repräsentieren.[453]

Sofern in Betrieben getrennte Betriebsräte für die Gruppen der Arbeiter und der Angestellten bestehen, bildet die Gesamtheit beider Betriebsräte zur Wahrnehmung der gemeinsamen Angelegenheiten einen Betriebsausschuss.[454] Zur Jugendvertretung vgl. §§ 123 ff. ArbVG.
Betriebsrat und Betriebsausschuss können dem Zentralbetriebsrat mit dessen Zustimmung die Ausübung ihrer Befugnisse für einzelne Fälle oder für bestimmte Angelegenheiten – grundsätzlich widerruflich – übertragen, vgl. § 114 ArbVG.

---

bb) Größe und Zusammensetzung

Die Zahl der Betriebsratsmitglieder staffelt sich nach der Betriebsgröße und ist nach oben nicht begrenzt.

In Betrieben mit fünf bis neun Arbeitnehmern besteht der Betriebsrat aus einer Person, bei zehn bis neunzehn Arbeitnehmern hat er zwei Mitglieder, bei 20–50 Arbeitnehmern drei und bei bis zu 100 Arbeitnehmern setzt er sich aus vier Mitgliedern zusammen. Je weitere 100 Arbeitnehmer kommt ein Betriebsratsmitglied hinzu, in Betrieben über 1.000 Beschäftigten eines für jeweils 400 Arbeitnehmer.[455]

Die Betriebsratsmitglieder werden in geheimer Verhältniswahl aus der Belegschaft über Wählerlisten, die vom Wahlvorstand erfasst werden, gewählt.[456]

Zu den einzelnen Wahlvorschlägen vgl. § 55 IV ArbVG; in Betrieben bis zu neunzehn Arbeitnehmern gilt ein vereinfachtes Wahlverfahren, § 58 ArbVG. Faktisch gibt es meist nur eine Liste.[457]

Sind mindestens vier Betriebsratsmitglieder zu wählen, also in Betrieben mit mehr als 50 Arbeitnehmern, sind, nach dem Gesetzeswortlaut, auch Vorstandsmitglieder und Angestellte einer zuständigen freiwilligen Berufsvereinigung der Arbeitnehmer, also externe Gewerkschaftsmitglieder, wählbar. Dabei müssen aber drei Viertel der Betriebsratsmitglieder Unternehmensangehörige bleiben.[458]

Der Zentralbetriebsrat besteht in Unternehmen bis zu 1.000 Arbeitnehmer aus vier Mitgliedern. Die Zahl der Mitglieder erhöht sich für je weitere 500 Arbeitnehmer, (in Unternehmen mit mehr als 5.000 Arbeitnehmern für je weitere 1.000 Ar-

---

453 § 88a ArbVG. Zur Kompetenzabgrenzung vgl. § 113 V ArbVG.
454 § 76 I ArbVG. Zur Kompetenzabgrenzung vgl. § 113 II ArbVG.
455 § 50 ArbVG. Hierbei sollen die Geschlechtsverhältnisse entsprechend ihrem zahlenmäßigen Verhältnis vertreten sein, § 50 III ArbVG.
456 §§ 51–60 ArbVG.
457 ETUI-AT-BI, S. 2 a.E.
458 § 53 IV ArbVG.

beitnehmer) um jeweils ein Mitglied.[459] Die Zentralbetriebsratsmitglieder werden von und aus der Mitte der Gesamtheit der in einem Unternehmen errichteten Betriebsräte ebenfalls in geheimer Verhältniswahl gewählt.[460]

Die Konzernvertretung besteht aus je zwei Delegierten jedes im Konzern errichteten Zentralbetriebsrats, sofern er nicht mehr als 500 Arbeitnehmer vertritt; je angefangene weitere 500 Arbeitnehmer kommt ein Delegierter hinzu.[461]

Die Amtszeit dieser Arbeitnehmervertretungen, das Gesetz spricht von „Tätigkeitsdauer", beträgt grundsätzlich vier Jahre.[462]

cc) Befugnisse

Nach dem Gesetz haben die Organe der Arbeitnehmerschaft des Betriebs die Aufgabe, die wirtschaftlichen, sozialen, gesundheitlichen und kulturellen Interessen der Arbeitnehmer im Betrieb wahrzunehmen und zu fördern.[463] Hierzu werden verschiedene allgemeine und spezielle Befugnisse aufgelistet, die der Arbeitnehmerschaft zustehen.[464] Korrespondierend zu diesen Rechten ist auch die Verschwiegenheitspflicht der Mitglieder des Betriebsrats normiert.[465]

Die allgemeinen Befugnisse umfassen Überwachungs-, Informations-, Beratungs- und Interventionsrechte, die speziellen Befugnisse greifen vor allem in sozialen und personellen Bereichen, in geringerem Umfang auch in wirtschaftlichen Angelegenheiten.

Der Betriebsrat hat hinsichtlich der sozialen und beschäftigungsrelevanten Angelegenheiten allgemein das Recht zur Überwachung des Arbeitgebers. Hierdurch soll sichergestellt werden, dass die Gesetze und Tarifvereinbarungen eingehalten werden.

Die meisten sozialen Fragen betreffen die Aus- und Weiterbildung und werden, praktisch bedeutsam, im Rahmen von Betriebsvereinbarungen zwischen Arbeitgeber und Betriebsrat geregelt. Auch insgesamt spielen diese Betriebsvereinbarungen eine bedeutende Rolle, da sie sich auf nahezu alle Bereiche außerhalb der Entlohnung beziehen können.[466]

---

459 § 80 ArbVG.

460 § 81 ArbVG.

461 § 88a I 2, VI ArbVG.

462 §§ 61 f. ArbVG, 88b V ArbVG.

463 § 38 ArbVG.

464 §§ 89–114 ArbVG; Allgemeine Befugnisse (§§ 89–93), Mitwirkung in sozialen Angelegenheiten (§§ 94–97), Mitwirkung in personellen Angelegenheiten (§§ 98–107), Mitwirkung in wirtschaftlichen Angelegenheiten (§§ 108–112).

465 § 115 IV ArbVG.

466 Zu den Betriebsvereinbarungen vgl. §§ 29 ff., 97 (hier in Abs. 1 eine Aufzählung von 32 Unterpunkten über den möglichen Anwendungsbereich) ArbVG, zu deren Rechtswirkungen insbes. § 31,

Daneben normiert das Gesetz eine (kurze) Liste von tatsächlich zustimmungspflichtigen Maßnahmen,[467] insbesondere in personellen Angelegenheiten,[468] bei Versetzungen, Kündigungen und Entlassungsmaßnahmen.[469]

Im wirtschaftlichen Bereich hat der Betriebsinhaber den Betriebsrat vor allem umfassend zu informieren und auf Verlangen mit ihm über diese Informationen zu beraten.[470]

Ggf. sind hierzu die erforderlichen Unterlagen zur Verfügung zu stellen. In Handelsbetrieben, Banken und Versicherungen mit mindestens 30 Beschäftigten, in sonstigen Betrieben mit mindestens 70 Beschäftigten sowie in Industrie- und Bergbaubetrieben muss zudem der Jahresabschluss übermittelt werden.[471]

Das betrifft bereits den regelmäßigen Geschäftsbetrieb. Dazu muss der Arbeitgeber mindestens alle drei Monate die Wirtschafts- und Finanzlage des Betriebes, sowie deren voraussichtliche Entwicklung, mit dem Betriebsrat erörtern.

Eine qualifizierte Informations- und Beratungspflicht gilt bei Betriebsänderungen. Solche sind namentlich Betriebsschließung, Betriebsübergang, rechtliche Verselbständigung, Zusammenschluss und Aufnahme von Betrieben und Betriebsteilen, aber auch die Einführung neuer Arbeitsmethoden.[472]

Bringt eine derartige Änderung wesentliche Nachteile für die Arbeitnehmerschaft mit sich, können in Betrieben mit mindestens 20 Beschäftigten Maßnahmen zur Verhinderung, Beseitigung oder Milderung dieser Folgen durch Betriebsvereinbarung geregelt werden Kommt hier keine Einigung zwischen Betriebsinhaber und Betriebsrat zustande, entscheidet ggf. eine Schlichtungsstelle.[473] Durch dieses Verfahren lassen sich etwaige Entscheidungen bis zu vier Wochen hinauszögern.[474]

In noch größeren Betrieben, nämlich solchen, die dauernd mehr als 200 Arbeitnehmer beschäftigen, besteht ein gesetzliches Einspruchsrecht gegen die Wirtschaftsführung. Demnach kann der Betriebsrat gegen Betriebsänderungen und andere wirtschaftliche Maßnahmen, sofern sie wesentliche Nachteile für die Arbeitnehmer mit sich bringen, binnen drei Tagen nach Kenntniserlangung beim Betriebs-

---

zu ihrem Verhältnis zu anderen Rechtsquellen, insbes. Tarifverträgen und individuellen Arbeitsverträgen § 3 ArbVG. Zu den Betriebsvereinbarungen bei zustimmungspflichtigen Maßnahmen vgl. insbes. § 96 II ArbVG.

467 § 96 ArbVG; zur ersetzbaren Zustimmung vgl. § 96a ArbVG.

468 §§ 98, 99 ArbVG.

469 §§ 104a, 105, 106 ArbVG.

470 § 108 I ArbVG.

471 § 108 III, IV ArbVG.

472 §§ 108, 109 ArbVG.

473 § 109 III ArbVG, zur Schlichtungsstelle §§ 144 ff. ArbVG.

474 ETUI-AT-BI, S. 1.

inhaber Einspruch erheben. Die Ausübung dieses Einspruchsrechts ist jedoch für den Betriebsinhaber rechtlich folgenlos, er kann die geplante Maßnahme auch gegen den Willen der Arbeitnehmervertreter umsetzen, muss allerdings Verzögerungen bis zu vier Wochen hinnehmen.[475]

Will der Arbeitgeber Disziplinarverfahren, Kontrollsysteme oder Lohnsysteme einführen ist er grundsätzlich auf die Zustimmung des Betriebsrats angewiesen, es sei denn, es besteht ein entsprechender Manteltarifvertrag. Keinerlei Zustimmungsvorbehalt gilt bei der betrieblichen Lohnpolitik.[476]

Ausübungsbasis sind regelmäßige Besprechungen mit und Informationen durch den Arbeitgeber.

Ungeachtet dieser Kompetenzen hat der Betriebsrat aber kein Recht, strategische Entscheidungen der Geschäftsführung mitzubestimmen. Auf Verlangen des Betriebsrats greift nach der Information ein Anhörungsrecht, in dessen Folge die entsprechenden Fragen mit der Geschäftsleitung beraten werden müssen. Ein weitergehender Einfluss ist damit jedoch nicht verbunden.[477]

dd) Vergütung, Sachmittel, Kündigungsschutz

Grundsätzlich ist das Mandat des Betriebsrats ein Ehrenamt, das neben den Berufspflichten auszuüben ist,[478] jedoch ist den Betriebsratsmitgliedern die erforderliche Arbeitsbefreiung unter Entgeltfortzahlung zu gewähren, damit sie ihren Vertretungsaufgaben nachkommen können.[479]

In großen Betrieben können einzelne Betriebsratsmitglieder auf Antrag des Betriebsrats auch vollständig freigestellt werden. Dies gilt erstmals für Betriebe mit mehr als 150 Arbeitnehmern für ein einzelnes freigestelltes Betriebsratsmitglied, bei mehr als 700 Beschäftigten für zwei Betriebsratsmitglieder, bei mehr als 3.000 Arbeitnehmern dann für drei Betriebsratsmitglieder. Darüber kommt für jeweils weitere 3.000 Arbeitnehmer ein weiteres freigestelltes Betriebsratsmitglied hinzu.[480] Daneben besteht ein Anspruch auf Bildungsfreistellung.[481]

Ein Mitglied des Betriebsrates darf bei sonstiger Rechtsunwirksamkeit nur nach vorheriger Zustimmung des Gerichts gekündigt oder entlassen werden.[482] Notwendig

---

475 111 I ArbVG. *Kalss* spricht darum von einem *„zahnlosen Instrument"*; *Kalss*, Arbeitnehmermitbestimmung, S. 102, 107; vgl. auch ETUI-AT-BI, S. 2.

476 *Rebhahn*, ZAAR 2004, Rn. 95. Vgl. auch *Allinger/Adam*, (oben Fn. 398), Abschnitte *Collective Bargaining* und *Workplace representation*, dort v.a. *Main channels of employee representation*.

477 Vgl. *Preiss* in *Cerny*, ArbVR, § 110, Rn. 1.

478 § 115 I 1 ArbVG.

479 § 116 ArbVG.

480 § 117 I ArbVG; zum Konzern vgl. Abs. 5.

481 §§ 118, 119 ArbVG.

482 § 120 I 1 ArbVG; vgl. zum Kündigungs- und Entlassungsschutz §§ 120–122 ArbVG.

ist meistens eine Zustimmung des Arbeitsgerichts, die praktisch nur unter sehr beschränkten Bedingungen erteilt werden soll.[483]

Zur Kostendeckung kann von den Arbeitnehmern eine Betriebsratsumlage erhoben werden. Diese darf höchstens ein halbes Prozent des Bruttoarbeitsentgelts betragen und wird ggf. direkt vom Arbeitgeber an einen Betriebsratsfonds abgeführt.[484] Dieser Betriebsratsfonds ist mit eigener Rechtspersönlichkeit ausgestattet und wird vom Betriebsrat verwaltet. Die Mittel des Betriebsratsfonds dürfen nur zu den oben angeführten Zwecken verwendet werden.[485]

ee) Vertretung auf supranationaler Ebene

Die Mitglieder des Besonderen Verhandlungsgremiums beim EBR bzw. bei der SE werden von den Betriebsräten bestellt.

Zuständig ist grundsätzlich zunächst der Konzernbetriebsrat. Wenn ein solcher nicht besteht, der Zentralbetriebsrat, bei dessen Fehlen der Betriebsrat.

Die bestellten Personen „sollten" Mitglieder dieser Betriebsräte oder Gewerkschaftsfunktionäre sein, beim EBR können auch Vertreter der Arbeitskammern bestellt werden.

Kommt die jeweilige Auffangregelung zum Tragen gilt grundsätzlich das Gleiche, allerdings mit der Ausnahme, dass Gewerkschaftsfunktionäre nur dann als Mitglieder bestellt werden können, wenn sie bereits Mitglieder des jeweiligen österreichischen Betriebsrats sind. Praktisch soll dies nur selten geschehen. Vertreter der Arbeitskammern können ferner auch nicht Mitglieder des nach der Auffangregelung errichteten EBR sein.[486]

b) Unternehmensmitbestimmung

Maßgeblich ist hier § 110 ArbVG, der die Mitwirkung im Aufsichtsrat regelt. Die Norm erfasst zunächst die Aktiengesellschaften, ist sinngemäß aber u.a. auch auf die GmbH anzuwenden.[487]

Entscheidend ist nur das Vorhandensein eines Aufsichtsrats, unabhängig davon, auf welcher Grundlage er etabliert wurde. Wurde in einem aufsichtsratspflichtigen Unternehmen entgegen der gesetzlichen Bestimmung kein Aufsichtsrat

483 ETUI-AT-BI, S. 2.
484 § 73 ArbVG.
485 Vgl. im einzelnen § 74 ArbVG.
486 §§ 177 ff., 191 ff. (EBR) bzw. 208 ff. (SE) ArbVG; ETUI-AT-EI, S. 1.
487 § 110 I, V Nr. 1 ArbVG.

bestellt, kommt auch die Mitwirkungsregelung nicht zum Tragen.[488] Die Mitbestimmung entfällt darüber hinaus auch, wenn sich der Betriebsrat entscheiden sollte, keine Vertreter in den Aufsichtsrat zu entsenden, was ebenfalls zumindest theoretisch möglich ist.[489]

aa) Besetzung des Aufsichtsrats

(1) Regelfall

Nach dem Gesetz besteht der Aufsichtsrat in der Regel aus drei natürlichen Personen. Die Satzung kann eine höhere Zahl, in der AG jedoch höchstens 20, festsetzen.[490] Hierbei werden die Arbeitnehmervertreter nicht mitgezählt.[491]

Nach neuerer Vorgabe kann ein einzelnes Aufsichtsratsmitglied nicht mehr als acht Aufsichtsratsmandate inne haben, wobei die Tätigkeit als Vorsitzender doppelt zählt.[492]

Die Vertreter der Anteilseigner werden von der Hauptversammlung bzw. von der Generalversammlung gewählt oder entsendet.[493] Sie werden in der Regel auf vier Jahre gewählt.[494]

Für die Bestellung der Arbeitnehmervertreter gilt ein besonderes Auswahlverfahren, das in einer separaten Verordnung geregelt ist.[495]

Nach dessen Vorgaben sind die (Zentral-)Betriebsräte berechtigt, aber nicht verpflichtet, für jeweils zwei Vertreter der Anteilseignerseite einen Arbeitnehmervertreter aus ihren Reihen zu entsenden.[496] Falls die Anzahl der Vertreter der Anteilseignerseite ungerade ist, wird ein zusätzlicher Arbeitnehmervertreter entsendet.[497] Da

---

488 *Kalss*, Arbeitnehmermitbestimmung, S. 100; *Strasser/Jabornegg*, Arbeitsverfassungsrecht, § 110, Fn. 2; vgl. *Gahleitner*, MB-AT, S. 33 ff.

489 Vgl. *Rebhahn*, ZAAR 2004, Rn. 88.

490 §§ 86 östAktG, 30a östGmbHG.

491 Ihre Teilhabe folgt aus § 110 ArbVG; *Kastner/Doralt/Nowotny*, GesR, S. 242; *Kalss* in *Doralt/Nowotny/Kalss*, AktG, § 86, Rn. 5; *Gahleitner, H.*, Mitwirkung AR 2012, S. 25.

492 § 86 IV Nr. 1, VI östAktG.

493 §§ 87 I, 88 östAktG, 30b I 1, 30c I, III östGmbHG.

494 § 87 VII AktG; zum möglichen Widerruf vgl. § 87 VIII, zur gerichtlichen Abberufung § 87 X AktG.

495 Vgl. für die AG § 110 ArbVG i.V.m. §§ 1–14 Verordnung des Bundesministers für soziale Verwaltung vom 17. Juni 1974 über die Entsendung von Arbeitnehmervertretern in den Aufsichtsrat (VO), BGBl. Nr. 343/1974 zuletzt geändert durch BGBl. II Nr. 142/2012; unter http://www.ris.bka.gv.at/GeltendeFassung.wxe?Abfrage=Bundesnormen&Gesetzesnummer=10008331. Diese Vorschriften sind u.a. auf die GmbH singgemäß anzuwenden, § 15 Nr. 1 VO.

496 *Kastner/Doralt/Nowotny*, GesR, S. 247; *Kalss* in *Doralt/Nowotny/Kalss*, AktG, § 86, Rn. 27; *Greif*, MB-AT, S. 9 f.

497 *Kalss* in *Doralt/Nowotny/Kalss*, AktG, § 86, Rn. 27.

der Aufsichtsrat nach der Gesetzesvorgabe aus mindestens drei (Kapital-)Vertretern zusammengesetzt ist, werden jedenfalls zwei Arbeitnehmervertreter delegiert.[498] Im Ergebnis entsteht eine drittelparitätische Besetzung des Aufsichtsrats. Diese Drittelparität gilt dann auch für die Besetzung der Ausschüsse. Über die konkreten Bestellungs- und Abberufungsmodalitäten zu den jeweiligen Ausschüssen beschließt die Gesamtheit der Arbeitnehmervertreter im Aufsichtsrat.[499]

Zur Entsendung berufen sind der Zentralbetriebsrat, der Betriebsausschuss oder der Betriebsrat.

Der Zentralbetriebsrat ist zuständig, wenn das Unternehmen aus mindestens zwei Betrieben besteht, die eine wirtschaftliche Einheit unter der Verwaltung des Unternehmens bilden, der Betriebsausschuss hingegen, wenn das Unternehmen nur aus einem Betrieb besteht, aber für Arbeiter und Angestellte zwei separate Betriebsräte eingerichtet wurden; in jedem anderen Fall ist der Betriebsrat zuständig. Das Entsendungsverfahren gilt gleichermaßen für Betriebsräte, Zentralbetriebsräte und Betriebsausschüsse.[500]

Wählbar sind Mitglieder der Betriebsräte, die ihrerseits aktiv wahlberechtigt sind.[501] Sie müssen Arbeitnehmer der fraglichen Gesellschaft sein.[502] Externe Personen, insbesondere Funktionäre der Gewerkschaften oder der Arbeiterkammern, sind daher ausgeschlossen. Praktisch werden die Betriebsräte von den Gewerkschaften dominiert.[503]

Im Rahmen dieser „Wahl“ sind die Betriebsräte durch den Entsendungsbeschluss der einzelnen Fraktionen gebunden.[504] Diese Betriebsratsfraktionen bestehen aus allen Mitgliedern des Betriebsrats, die aufgrund desselben Wahlvorschlags gewählt wurden. Sie werden in der ersten Sitzung des neu formierten Betriebsrats festgestellt. Dort wird auch die genaue Anzahl der zu entsendenden Arbeitnehmervertreter bestimmt.[505] Entsprechend ihres jeweiligen Vertretungsverhältnisses im Betriebsrat nominiert dann jede Fraktion innerhalb von drei Monaten Repräsentanten zur Entsendung in den Aufsichtsrat.[506] Hierbei ist ein angemessenes Gleichgewicht zwischen Angestellten und Arbeitern herzustellen.[507]

---

498 *Kalss*, Arbeitnehmermitbestimmung, S. 113.

499 §§ 92 IV östAktG, 110 IV ArbVG. *Kastner, Doralt/Nowotny*, GesR, S. 254; *Kalss* in *Doralt/Nowotny/Kalss*, AktG, § 92, Rn. 120; *Preiss* in *Cerny*, ArbVR, § 110, Rn. 41.

500 § 1 I VO.; *Kalss*, Arbeitnehmermitbestimmung, Fn. 122.

501 *Kalss* in *Doralt/Nowotny/Kalss*, AktG, § 86, Rn. 26.

502 § 3 I VO; *Kalss* in *Doralt/Nowotny/Kalss*, AktG, § 86, Rn. 26; *Preiss* in *Cerny*, ArbVR, § 110, Rn. 6.

503 *Taylor*, S. 77; ETUI-AT-BI, S. 1.

504 § 2 I 2 VO; *Kalss* in *Doralt/Nowotny/Kalss*, AktG, § 86, Rn. 29; *Strasser/Jabornegg*, Arbeitsverfassungsrecht, § 110, Rn. 17.

505 § 3 VO; *Preiss* in *Cerny*, ArbVR, § 110, Rn. 11.

506 § 4 III VO.

507 *Taylor*, S. 77; zur Gruppeneinteilung vgl. § 41 ArbVG.

Nach § 4 II VO „soll“ auf eine angemessene Vertretung der Gruppen der Arbeiter und Angestellten, sowie der einzelnen Betriebe des Unternehmens, Bedacht genommen werden.

Der Betriebsratsvorsitzende teilt dem Aufsichtsratsvorsitzenden schließlich die Wahl eines Delegierten mit.[508] Diese Mitteilung bewirkt den Beginn der Mitgliedschaft des Arbeitnehmervertreters im Aufsichtsrat.[509]

Die Arbeitnehmervertreter werden grundsätzlich auf unbestimmte Zeit bestellt. Jedoch kann das jeweilige Entsendungsorgan jederzeit und ohne Angabe von Gründen sämtliche oder einzelne Arbeitnehmervertreter abberufen. Die Abberufung erfolgt durch Mehrheitsbeschluss der entsendenden Fraktion. Mit dem Abberufungsverlangen ist „tunlichst“ gleichzeitig ein neuer Nominierungsvorschlag einzureichen.[510]

Daneben endet die Entsendung eines Arbeitnehmervertreters durch dessen Ausscheiden aus dem Unternehmen, bei Beendigung der Mitgliedschaft im Betriebsrat oder durch Rücktritt. Sämtliche Arbeitnehmervertreter verlieren ihre Mitgliedschaft durch Abberufung durch das Entsendungsorgan, weil die nominierenden Fraktionen es verlangen oder aufgrund einer sog. „relevanten Veränderung“ der Zusammensetzung der Anteilseignervertreter im Aufsichtsrat, sowie durch neue Entsendung durch ein neu gewähltes Entsendungsorgan. Einzelne Arbeitnehmervertreter verlieren ihre Mitgliedschaft, wenn sie zurücktreten, wenn sie die Entsendungsvoraussetzungen nicht mehr erfüllen (z.B. wegen mangelnder Unternehmenszugehörigkeit) oder durch Abberufung durch das Entsendungsorgan, wen die nominierende Fraktion es verlangt. Werden die Arbeitnehmervertreter neu gewählt oder liegen die Entsendungsvoraussetzungen eines Vertreters nicht mehr vor, endet das Mandat automatisch, anderenfalls muss der Arbeitnehmervertreter zurücktreten.[511]

(2) Konzern

In Konzernstrukturen gilt für die Arbeitnehmervertreter ein besonderes Entsendungsverfahren. Es betrifft ein Unternehmen, das seinerseits als AG, GmbH oder Genossenschaft organisiert ist und über AGs, aufsichtsratspflichtige GmbHs, aufsichtsratspflichtige Genossenschaften, Europäische Genossenschaften (SCE) und Europäische Gesellschaften (SE) herrscht.[512]

---

508 §§ 8, 13 VO.

509 § 8a VO; *Kalss*, Arbeitnehmermitbestimmung, S. 113 f.

510 § 11 VO; vgl. *Kalss* in *Doralt/Nowotny/Kalss*, AktG, § 86, Rn. 42; *Preiss* in *Cerny*, ArbVR, § 110, Rn. 37.

511 §§ 9–12 VO; *Preiss* in *Cerny*, ArbVG, § 110, Rn. 37.

512 §§ 110 VI ArbVG, 15 I AktG, 16–31a VO; § 110 VI ArbVG gilt nicht für Banken und Versicherungsunternehmungen.

Beschäftigt das herrschende Unternehmen seinerseits höchstens halb so viele Arbeitnehmer, wie alle beherrschten Unternehmen zusammen, nehmen an dem Entsendeverfahren der Betriebsrat des herrschenden Unternehmens und die Gesamtheit der Mitglieder aller in den beherrschten Unternehmen bestellten Betriebsräte teil. Der Betriebsrat des herrschenden Unternehmens entsendet dann so viele Arbeitnehmervertreter in den Aufsichtsrat, als es dem Verhältnis der im herrschenden Unternehmen beschäftigten Arbeitnehmer zu derjenigen in den beherrschten Unternehmen entspricht, mindestens jedoch einen Arbeitnehmervertreter. Die übrigen Arbeitnehmervertreter im Aufsichtsrat des herrschenden Unternehmens werden von und aus der Gesamtheit der in den beherrschten Unternehmen bestellten Betriebsräte in geheimer Verhältniswahl gewählt.[513]

In einem operativ tätigen Konzern wird dem Betriebsrat des herrschenden Unternehmens so mindestens ein Platz im Aufsichtsrat garantiert, die Zahl der übrigen, durch die Betriebsräte der beherrschten Unternehmen zu entsendenden, Arbeitnehmervertreter verringert sich um eins.[514]

Dieses Verfahren findet auch Anwendung für herrschende Unternehmen, in denen kein Betriebsrat zu errichten ist, wenn deren Tätigkeit sich nicht nur auf die Verwaltung von Unternehmensanteilen der beherrschten Unternehmen beschränkt.[515] Das Vertretungsrecht entfällt also dort, wo ein herrschendes Unternehmen lediglich verwaltend tätig ist (arbeitnehmerlose Holding). Eine Mitbestimmung gilt jedoch auch in einer arbeitnehmerlosen Holdinggesellschaft, wenn deren Tätigkeit sich gerade nicht nur auf die reine Verwaltung von Unternehmensanteilen des beherrschten Unternehmens beschränkt.[516]

Ist in einem Konzern nach § 110 VI, VIa ArbVG eine Konzernvertretung errichtet, entsendet diese auch die Arbeitnehmervertreter in den Aufsichtsrat des herrschenden Unternehmens. Die Konzernvertretungsmitglieder, die ihrerseits aus dem Betriebsrat des herrschenden Unternehmens entsendet worden sind, haben dann jedoch ein an den Verhältnissen der Beschäftigtenzahlen gemessenes Vorschlagsrecht für mindestens einen Arbeitnehmervertreter. Die übrigen Arbeitnehmervertreter werden von einem Wahlgremium aus den Betriebsräten der beherrschten Unternehmen vorgeschlagen (sog. „Kurie").

Für die Durchführung der Entsendung, die Aufsichtsratsmitgliedschaft und die Abberufung gelten die Vorschriften über den Betriebsrat sinngemäß; die Abberu-

---

513 Vgl. §§ 20, 20a VO. Besteht in einem herrschenden Unternehmen kein Betriebsrat, obwohl ein solcher zu errichten wäre, kann die Gesamtheit der Mitglieder aller in den beherrschten Unternehmen bestellten Betriebsräte Arbeitnehmervertreter gemäß § 20 VO entsenden.

514 Vgl. § 19 II, III VO.

515 § 110 VIa 1 ArbVG.

516 §§ 110 VIa ArbVG, 31a VO; *Gahleitner, H.*, Mitwirkung AR 2012, S. 55 f.

fung erfolgt ggf. über die vorschlagsberechtigte Kurie, die ihrerseits an ein entsprechendes Verlangen der vorschlagsberechtigten Fraktion gebunden ist.[517]

Im Konzern liegt die Amtszeit ebenfalls grundsätzlich bei vier Jahren.

Auch hier ist jederzeit eine Abberufung möglich. Notwendig ist eine Mehrheit von zwei Dritteln bei gleichzeitiger Teilnahme von mindestens drei Vierteln aller stimmberechtigten Betriebsratsmitglieder.[518]

Die Tätigkeitsdauer beginnt mit der Feststellung des Wahlergebnisses durch den Vorstand oder mit Ablauf der Wahlperiode der vorherigen Arbeitnehmervertreter, die Funktion des Arbeitnehmervertreters beginnt mit der Annahme der Wahl.[519]

Sonderfall GmbH & Co. KG: Ist in einer GmbH, die ihrerseits persönlich haftende Gesellschafterin in einer KG ist, nach Gesetz oder Gesellschaftsvertrag ein Aufsichtsrat zu bestellen, werden die Arbeitnehmervertreter im Aufsichtsrat der GmbH von und aus der Gesamtheit der Mitglieder aller in den zugehörigen Unternehmen errichteten Betriebsräte in geheimer Verhältniswahl gewählt.[520]

---

bb) Wesentliche Aufgaben des Aufsichtsrats

Ebenso wie in Deutschland kommen auch dem österreichischen Aufsichtsrat strategische, beratende und kontrollierende Funktionen zu; hierzu bestehen für den Vorstand regelmäßige sowie anlassbezogene Berichts- und Informationspflichten.[521] Er hat gegenüber dem Vorstand kein Weisungs- oder Initiativrecht.[522]

Bei bestimmten Geschäften besteht eine Reihe von Zustimmungsvorbehalten.[523] Erklärtes gesetzliches Ziel ist hier, dass auch und gerade die Vertreter der Arbeitnehmerseite möglichst eng und so früh als möglich in die Entscheidungsfindungsprozesse eingebunden sind.[524]

---

517 §§ 88a, 110 VIb ArbVG, 31b VO.

518 §§ 21 I, 23 I Z 2 VO, das Abberufungsverfahren richtet sich dann nach §§ 24–31 VO.

519 §§ 21 II, 22 VO.

520 §§ 110 VII ArbVG, 32 VO; das Verfahren der §§ 20 bis 31 VO wird sinngemäß angewendet.

521 §§ 81, 95 I, II östAktG, 28a östGmbHG.

522 § 95 AktG; zur Überwachung vgl. §§ 95 II östAktG, 30j I östGmbHG; *Kastner/Doralt/Nowotny*, GesR, S. 216, 258; *Kalss*, in *Doralt/Nowotny/Kalss*, AktG, vor § 86, Rn. 21, 24, § 95, Rn. 1, 16; 27; *Gahleitner*, MB-AT, S. 15, 18 ff.; *Greif*, MB-AT, S. 7 f.; *Gahleitner, H.*, Mitwirkung AR 2012, S. 26 ff.

523 §§ 95 V 2 östAktG, 30j V östGmbHG. Nach dem Gesetzeswortlaut handelt es sich um eine Sollvorschrift. Die Aufzählung umfasst in 14 Punkten (bei der GmbH in elf Punkten) namentlich die Grundlagengeschäfte.

524 *Taylor*, S. 77; *Kalss* in *Doralt/Nowotny/Kalss*, AktG, § 95, Rn. 77 f.; vgl. *Rebhahn*, ZAAR 2004, Rn. 10.

Praktisch würden allerdings oft auch *„fertige Entscheidungspakete"* abgesegnet.[525]

Die Liste der Zustimmungsvorbehalte kann – und muss – durch die Satzung oder vom Aufsichtsrat selbst erweitert werden,[526] solange und sobald es aufgrund der geschäftlichen Entwicklung für die Wahrnehmung der Überwachungsfunktion erforderlich ist.

Um Verhandlungen und Beschlüsse vorzubereiten sowie um die Ausführung seiner Beschlüsse zu überwachen, ist der Aufsichtsrat verpflichtet, aus seiner Mitte einen oder mehrere Ausschüsse zu bestellen.[527]

Im Zuge seiner Personalkompetenz bestellt grundsätzlich der Aufsichtsrat den Vorstand und beruft diesen auch wieder ab.[528]

Bei der GmbH allerdings, selbst bei der mitbestimmten, erfolgt die Geschäftsführerbestellung durch Gesellschafterbeschluss. Daneben behalten die Gesellschafter das Recht zu Weisungen und billigen den Jahresabschluss.[529]

cc) Arbeitsweise und Beschlussfassung

Geleitet wird das Gremium vom Aufsichtsratsvorsitzenden. Dieser sowie sein Stellvertreter werden von und aus der Mitte des Aufsichtsrats gewählt.[530] Theoretisch kann der Aufsichtsratsvorsitzende daher auch ein Vertreter der Arbeitnehmer sein, was in der Praxis aber nicht vorkommt.[531] Ebenso wie in Deutschland entscheidet der Aufsichtsrat durch Beschluss bei grundsätzlich gleichem Stimmengewicht.

Bedeutendste Ausnahme vom Grundsatz zum gleichen Stimmrecht ist die sog. Aktionärsklausel. Diese verlangt für den Aufsichtsratsbeschluss über die Bestellung und Abberufung der Vorstands-

525 *Kalss* in *Doralt/Nowotny/Kalss*, AktG, § 95, Rn. 77 f.

526 § 95 V 4 östAktG. Zur Anpassung *Kastner/Doralt/Nowotny*, GesR, S. 260; *Kalss/Burger/Eckert*, Entwicklung östAktR, S. 355.

527 §§ 92 IV östAktG, 30g IV östGmbHG. Zur Mindestgröße vgl. § 92 V AktG.

528 § 75 I östAktG, üblich ist eine Bestellung für den Maximalzeitraum von fünf Jahren; *Gahleitner*, MB-AT, S. 9 f. Vgl. zur diesbezüglichen gerichtlichen Kompetenz in Ausnahmefällen § 76 östAktG, zum Widerruf bei wichtigem Grund vgl. § 75 IV östAktG.

529 § 15 I 3 östGmbHG; *Gahleitner*, MB-AT, S. 7, 10, 17; *Gahleitner, H.*, Mitwirkung AR 2012, S. 15, 17 ff., 18, 21, 29, 31.

530 § 92 I 1 östAktG; *Kastner/Doralt/Nowotny*, GesR, S. 250; *Kalss* in *Doralt/Nowotny/Kalss*, AktG, § 92, Rn. 18. Für die GmbH vgl. § 30g I 1 östGmbHG, wonach aus der Mitte des Aufsichtsrats ein Vorsitzender und mindestens ein Stellvertreter zu bestellen sind.

531 § 92 östAktG wird für die Arbeitnehmervertreter gem. § 110 III ArbVG nicht ausgeschlossen; vgl. *Kalss* in *Doralt/Nowotny/Kalss*, AktG, § 92, Rn. 17, *dies.*, Arbeitnehmermitbestimmung, S. 118.

mitglieder sowie des Aufsichtsratsvorsitzenden und seines ersten Stellvertreters eine doppelte Mehrheit, § 110 III ArbVG.
Es bedarf neben einer Mehrheit sämtlicher Aufsichtsratsmitglieder im Plenum auch der Zustimmung der Mehrheit sämtlicher Anteilseignervertreter; dabei ist unerheblich, ob diese bei der Abstimmung auch tatsächlich anwesend sind. So wird ausgeschlossen, dass eine Minderheit der Anteilseignervertreter gemeinsam mit den Arbeitnehmervertretern eine Mehrheit von Anteilseignervertretern überstimmt.
Die Aktionärsklausel kann nicht durch die Satzung auf andere Beschlüsse ausgedehnt werden, da dies der ansonsten zwingenden Gleichbehandlung von Anteilseigner- und Arbeitnehmervertretern widerspricht.[532]

Für den Fall der Stimmengleichheit kann dem Aufsichtsratsvorsitzenden das ggf. ausschlaggebende Entscheidungsrecht eingeräumt werden (*Dirimierungsrecht*),[533] darüber hinaus ist die Bewilligung eines unterschiedlichen Stimmgewichts durch die Satzung nicht möglich.

Beschlussfähigkeit besteht, wenn mindestens drei Mitglieder anwesend sind,[534] egal von welcher Seite sie bestellt wurden.[535]

Ein anderes Präsenzquorum kann durch die Satzung festgelegt werden. Da das Aktienrecht vom Grundsatz der Gleichbehandlung der Anteilseigner- und der Arbeitnehmervertreter geprägt ist, darf jedoch eine höhere Präsenzquote nicht lediglich für eine Seite festgelegt werden.[536]

dd) Personalausschuss

Eine Sonderstellung nimmt der Personalausschuss ein. Den Arbeitnehmervertretern steht in Ausschüssen, die die *„Beziehungen zwischen der Gesellschaft und Mitgliedern des Vorstands behandeln"*, kein Recht auf Sitz und Stimme zu.[537] Dies umfasst neben der Geltendmachung von Schadensersatzansprüchen der Gesellschaft gegen den Vorstand auch Abschluss, Änderung und Auflösung des Dienstvertrags eines Vorstandsmitglieds,[538] jedoch wohl nicht die (funktionale) Bestellung und Abberu-

532 Vgl. *Preiss* in *Cerny*, ArbVR, § 110, Rn. 29; *Kalss* in *Doralt/Nowotny/Kalss*, AktG, § 92, Rn. 21; *dies.*, Arbeitnehmermitbestimmung, S. 121.

533 Näher *Kalss* in *Doralt/Nowotny/Kalss*, AktG, §92, Rn.21, 65; *Gahleitner*, MB-AT, S.25; OGH vom 30.05.1996, Az. 2 Ob 556/95, abrufbar beim Rechtsinformationssystem des österreichischen Bundeskanzleramts unter http://www.ris.bka.gv.at/Dokument.wxe?Abfrage=Justiz&Dokumentnummer=JJT_19960530_OGH0002_0020OB00556_9500000_000.

534 §§ 92 V 1 östAktG, 30g V 1 östGmbHG.

535 § 92 V 2 östAktG.

536 *Preiss* in *Cerny*, ArbVR, § 110, Rn. 26.

537 § 110 IV 2 ArbVG; *Kalss* in *Doralt/Nowotny/Kalss*, AktG, § 92, Rn. 120; *Preiss* in *Cerny*, ArbVR, § 110, Rn. 41f.

538 *Kalss* in *Doralt/Nowotny/Kalss*, AktG, § 92, Rn. 120; *Preiss* in *Cerny*, ArbVR, § 110, Rn. 42.

fung des Vorstands, so dass hierfür wiederum der Aufsichtsrat insgesamt inklusive der Arbeitnehmervertreter zuständig bleibt.

Das österreichische Aktiengesetz unterscheidet zwischen der Bestellung zum Vorstand und der Anstellung zum Vorstandsmitglied. Die Bestellung betrifft die Funktionsebene, die Anstellung regelt in einem freien Dienstvertrag die schuldrechtlichen Beziehungen (Entlohnung, Urlaubsanspruch, Abfindung, Pension) zwischen dem Vorstandsmitglied und der Gesellschaft.[539]

Der gesamte Aufsichtsrat entscheidet auch über die Einräumung von Aktienoptionen.[540] Hierüber können die Arbeitnehmervertreter aber wohl nur sinnvoll entscheiden, wenn auch die sonstigen Umstände des Dienstvertrags bekannt sind, weshalb in diesem Fall von einer *„faktischen Erweiterung“* bei Teilnahme und Einsicht der Arbeitnehmervertreter ausgegangen wird.[541]

ee) Rechte und Pflichten der Aufsichtsratsmitglieder

(1) Arbeitsweise

Die Arbeitnehmervertreter sind grundsätzlich vollwertige Mitglieder des Aufsichtsrats mit den entsprechenden Funktionen.

Neben den ohnehin bestehenden regelmäßigen und anlassbezogenen Berichts- und Informationspflichten räumt das Gesetz dem Gesamtaufsichtsrat, jedem Ausschuss, dem Vorsitzenden und jedem anderen einzelnen Mitglied des Aufsichtsrats[542] das selbständige Recht ein, jederzeit vom Vorstand (bzw. von den Geschäftsführern) einen Bericht über Angelegenheiten der Gesellschaft, einschließlich ihrer Beziehung zu Konzernunternehmen und der wirtschaftlichen Ertragslage des Gesamtkonzerns, zu verlangen. Dies erstreckt sich auch auf Sitzungsprotokolle und Beschlüsse und gilt selbst für die Aufsichtsratsmitglieder, die zuvor zulässigerweise von einer Sitzung ausgeschlossen wurden. Verweigert der Vorstand die Berichterstattung, bedarf es der Unterstützung durch ein (beliebiges) zweites Aufsichtsratsmitglied, um dieses Recht durchzusetzen; lediglich der Aufsichtsratsvorsitzende bedarf keiner solchen Unterstützung und kann den Vorstand jederzeit zur Berichter-

---

539 *Kalss* in *Doralt/Nowotny/Kalss*, AktG, § 92, Rn. 121; *Preiss* in *Cerny*, ArbVR, § 110, Rn. 29, 42; *Kastner/Doralt/Nowotny*, GesR, S. 255; *Preiss/Gahleitner*, östMitwirkung, S. 9; a.A. *Strasser/Jabornegg*, Arbeitsverfassungsrecht, § 110, Rn. 56, nach denen die Bestellung und die Abberufung des Vorstands zu den Beziehungen zwischen der Gesellschaft und den Mitgliedern des Vorstands gehören, so dass der Ausschluss der Arbeitnehmervertreter hier zulässig sei, sofern die Satzung dem Personalausschuss eine entsprechende Kompetenz einräumt. In dieser Ausschlussmöglichkeit dürfte ein Verstoß gegen den Gleichbehandlungsgrundsatz zu sehen sein.

540 Vgl. § 92 IV 2 a.E. östAktG.

541 *Kalss* in *Doralt/Nowotny/Kalss*, AktG, § 92, Rn. 123.

542 § 95 II östAktG bzw. § 30j II östGmbHG; *Kalss* in *Doralt/Nowotny/Kalss*, AktG, § 95, Rn. 42.

stattung zwingen.[543] Der Bericht wird dann aber an den Aufsichtsrat insgesamt erstattet, nicht lediglich an das ihn verlangende Mitglied.[544]

Aus der unternehmerischen Praxis wird berichtet, dass sich die Aufsichtsräte namentlich im Hinblick auf etwaige negative Entwicklungen nicht hinreichend auf die frühe freiwillige Einhaltung der Berichtspflichten durch den Vorstand verlassen können, so dass sie aktiv ihre Informationsrechte einfordern müssten.[545]

Um sich selbst ein Bild von der jeweiligen wirtschaftlichen Lage verschaffen zu können, steht dem Aufsichtsrat ein Recht auf Augenschein zu, wobei er auch Sachverständige hinzuziehen darf.[546] An den Aufsichtsratssitzungen selbst dürfen externe Personen grundsätzlich nicht teilnehmen. Es können jedoch auch hier Sachverständige zur Beratung über einzelne Gegenstände zugezogen werden.[547]

Der Aufsichtsrat ist dem Wohl des gesamten Unternehmens verpflichtet und hat dieses als einheitliches Organ zu verfolgen.[548]

Als ein Teil dieser allgemeinen Treuepflicht zum Unternehmenswohl wird die Pflicht zur Verschwiegenheit gesehen.[549]

Gesetzlich nicht entschieden ist, ob die Arbeitnehmervertreter vertrauliche Informationen an ihre jeweiligen Entsendungsorgane weiterleiten dürfen, oder ob sie zur vollkommenen Verschwiegenheit verpflichtet sind. Die wohl herrschende Ansicht in der Literatur verfolgt den Ansatz, dass nur jene Informationen weitergegeben werden dürfen, die das Entsendungsorgan selbst ohnehin vom Unternehmensinhaber verlangen kann.[550]

Trotz dieser Verpflichtung auf das Unternehmenswohl insgesamt ist anerkannt, dass einzelne Aufsichtsratsmitglieder die Interessen einzelner Aktionäre und sonstiger Interessenträger (Konzern, Kreditinstitut, Gebietskörperschaft) sowie der Arbeitnehmer im Aufsichtsrat zumindest vortragen und für die entsprechenden Interessen eintreten.[551]

---

543 *Kalss* in *Doralt/Nowotny/Kalss*, AktG, § 94, Rn. 43.

544 *Kastner/Doralt/Nowotny*, GesR, S. 258; *Kalss* in *Doralt/Nowotny/Kalss*, AktG, § 95, Rn. 41, 49.

545 *Schulten/Zagelmeyer*, EIRO 1998.

546 §§ 95 III östAktG, 30j III östGmbHG.

547 § 30h I östGmbHG.

548 § 70 östAktG, der entsprechend für die GmbH angewendet wird; OGH vom 26.02.2002, Az. 1Ob 144/01k; *Taylor*, S. 77; *Kalss* in *Doralt/Nowotny/Kalss*, AktG, § 99, Rn. 19.

549 *Kalss*, Arbeitnehmermitbestimmung, S. 122.

550 Vgl. §§ 108, 109 ArbVG. *Taylor*, S. 77; *Preiss* in *Cerny*, ArbVG, § 110, Rn. 32; *Kalss* in *Doralt/Nowotny/Kalss*, AktG, § 99, Rn. 22; *Gahleitner*, MB-AT, S. 39 ff.

551 *Taylor*, S. 77; *Kalss* in *Doralt/Nowotny/Kalss*, AktG, § 95, Rn. 65; *Gahleitner*, MB-AT, S. 37 ff.; *Greif*, MB-AT, S. 12 f.

Praktisch sind auch getrennte Vorbesprechungen beider Seiten üblich. Ein Abstimmungsverhalten, das im Widerspruch zu einer so zuvor festgelegten internen Stimmbindung steht, kann die Amtsenthebung der jederzeit abrufbaren Arbeitnehmervertreter zur Folge haben.[552]

(2) Vergütung

Im Aufsichtsrat einer Aktiengesellschaft haben die Vertreter der Anteilseignerseite Anspruch auf eine angemessene Vergütung.[553] In der GmbH „kann" den Aufsichtsratsmitgliedern für ihre Tätigkeit eine mit ihren Aufgaben und mit der Lage der Gesellschaft in Einklang stehende Vergütung gewährt werden.[554]

Ein Arbeitnehmervertreter hat demgegenüber nur Anspruch auf Ersatz der angemessenen Barauslagen,[555] was z.B. Reisekosten betrifft.[556] Um ihren Pflichten im Aufsichtsrat angemessen nachkommen zu können müssen sie zwar unter Fortzahlung ihrer Bezüge von der Arbeit freigestellt werden, jedoch ist jede Form der zusätzlichen Vergütung unzulässig.[557]

Dies schließt auch, entgegen häufiger Praxis, etwaige Sitzungsgelder und Optionsberechtigungen ein. Jedoch besteht die Möglichkeit, die jeweiligen Arbeitnehmervertreter in ihrer Eigenschaft als Arbeitnehmer in einen allgemeinen Optionsplan für sämtliche oder besondere Arbeitnehmerkategorien einzubeziehen.[558]

Durch diese Vorgabe soll die weitgehende Unabhängigkeit der Arbeitnehmervertreter gesichert werden.[559]

Die fehlende (gesonderte) Bezahlung wird dabei nicht als taugliches Differenzierungskriterium für eine geminderte Verantwortlichkeit anerkannt.[560] Der Österreichische Gewerkschaftsbund (ÖGB)

---

552 Vgl. §§ 1 I 2, 9 I, 11 VO; *Kalss*, Arbeitnehmermitbestimmung, S. 120.
553 § 98 östAktG.
554 § 31 I 1 östGmbHG.
555 § 110 III 1 ArbVG. Dies dürfte auch in der GmbH gelten.
556 *Gahleitner, H.*, Mitwirkung AR 2012, S. 36, Fn. 32.
557 *Taylor*, S 77; *Preiss* in *Cerny*, ArbVR, § 110, Rn. 23.
558 *Kalss*, Arbeitnehmermitbestimmung, S. 116.
559 *Preiss* in *Cerny*, ArbVR, § 110, Rn. 23; *Kalss* in *Doralt/Nowotny/Kalss*, AktG, § 98, Rn. 5.
560 *Greif*, MB-AT, S. 11 ff.; *Kalss* in *Doralt/Nowotny/Kalss*, AktG, § 99, Rn. 3, 5. Zum Sorgfaltsmaßstab insgesamt vgl. §§ 70; 84 I, II 2; 99 AktG, 25, 27, 33 GmbHG; *Kastner/Doralt/Nowotny*, GesR, S. 262. Nach neuerer Lehre kann der Aufsichtsrat als Gesamtgremium diesen Sorgfaltsmaßstab erfüllen, *Kastner/Doralt/Nowotny*, GesR, S. 262, Fn. 127. Der OGH verlangt, dass *„alle Mitglieder des Aufsichtsrats zumindest über die Fähigkeit, die Vorgänge in eben diesem Unternehmen sachgerecht zu beurteilen, verfügen"* und stellt fest *„dass alle Mitglieder des Aufsichtsrats (auch) einer GmbH von einem erhöhten objektiven Sorgfaltsmaßstab betroffen sind"*; OGH vom 26.02.2002, Az. 1 Ob 144/01k,

hat für Arbeitnehmervertreter daher eine Gruppenhaftpflichtversicherung abgeschlossen. Die Versicherungssumme beträgt pro Schadensfall bis zu 75.000,– Euro.[561]

5. Zusammenfassung

- Österreich verfügt über ein hoch entwickeltes System der Arbeitnehmerbeteiligung. Es basiert auf Betriebsräten in allen Unternehmen mit mindestens fünf Beschäftigten. Zusätzlich besteht für bestimmte Kapitalgesellschaften eine unternehmerische Mitbestimmung, die wie das deutsche System am Aufsichtsrat ansetzt, aber in ihrer Reichweite auf eine Drittelparität begrenzt ist. Der beschäftigungsrelevante Schwellenwert für die GmbH liegt hier bei 300 Arbeitnehmern.
- Österreich vertritt ebenfalls das dualistische Organisationsmodell. Bei der AG ist der Aufsichtsrat obligatorisch, bei der GmbH ist die Bestellung grundsätzlich fakultativ. Bei gewissen weiteren Voraussetzungen muss qua Gesetzes ein Aufsichtsrat bestellt werden. Existiert ein Aufsichtsrat, ist dieser grundsätzlich stets mitbestimmt.
- Bei der GmbH ist ein Aufsichtsrat zwingend u.a. vorgeschrieben, wenn das Stammkapital 70.000 Euro und die Anzahl der Gesellschafter 50 übersteigen oder wenn die Anzahl der Arbeitnehmer im Durchschnitt 300 übersteigt. Hinzu kommen Sonderregelungen für den Konzern und die GmbH & Co. KG, die für den Fall einer Beherrschung die Mitbestimmung sichern.
- Ausgangspunkt für die Mitbestimmung auf Unternehmensebene ist zunächst die betriebliche Mitbestimmung. Diese ist rechtsformunabhängig ausgestaltet.
- Verfolgen in einem vom Gesetz erfassten Betrieb mindestens fünf dauernd Beschäftigte unter einheitlicher Betriebsorganisation fortgesetzt die Hervorbringung von Arbeitsergebnissen, haben die Arbeitnehmer dieses Betriebs das Recht und die Pflicht, entsprechende Vertretungsorgane einzurichten (Betriebsrat, Zentralbetriebsrat, Konzernvertretung). Theoretisch denkbar ist ein sanktionsloser freiwilliger Verzicht hierauf.
- Die Zahl der Betriebsratsmitglieder staffelt sich nach der Betriebsgröße und liegt zwischen eins und vier bei bis zu 100 Beschäftigten. Je weitere 100 Arbeitnehmer kommt ein Betriebsratsmitglied hinzu, in Betrieben über 1.000 Beschäftigten eines für jeweils 400 Arbeitnehmer. Die Betriebsratsmitglieder werden in geheimer Verhältniswahl aus der Belegschaft über Wählerlisten, die vom Wahlvorstand erfasst werden, gewählt.

---

unter http://www.ris.bka.gv.at/Dokument.wxe?Abfrage=Justiz&Dokumentnummer=JJT_20020226_OGH0002_0010OB00144_01K0000_000.

561 Vgl. Darstellung „Aufsichtsratsversicherung“, unter http://www.betriebsraete.at/servlet/ContentServer?pagename=ANV/Page/Index&n=ANV_10.4.

- Der Zentralbetriebsrat besteht in Unternehmen bis zu 1.000 Arbeitnehmern aus vier Mitgliedern. Die Zahl der Mitglieder erhöht sich für je weitere 500 Arbeitnehmer, in Unternehmen mit mehr als 5.000 Arbeitnehmern für je weitere 1.000 Arbeitnehmer, um jeweils ein Mitglied. Die Zentralbetriebsratsmitglieder werden von und aus der Mitte der Gesamtheit der in einem Unternehmen errichteten Betriebsräte in geheimer Verhältniswahl gewählt.
- Die Konzernvertretung wird mit Zustimmung von mindestens zwei Dritteln der Zentralbetriebsräte errichtet, die zusammen mehr als die Hälfte der im Konzern beschäftigten Arbeitnehmer repräsentieren. Sie besteht aus je zwei Delegierten jedes im Konzern errichteten Zentralbetriebsrats, sofern er nicht mehr als 500 Arbeitnehmer vertritt; je angefangene weitere 500 Arbeitnehmer kommt ein Delegierter hinzu.
- Die Betriebsräte haben hauptsächlich Informations- und Anhörungsrechte im Unternehmen, beeinflussen aber auch Fragen am jeweiligen Arbeitsplatz. Sie haben aber kein Recht, strategische Entscheidungen der Geschäftsführung mitzubestimmen. Der Betriebsrat muss lediglich über die allgemeine wirtschaftliche Lage und geplante Maßnahmen zur Wettbewerbssteigerung informiert werden. Auf besonderes Verlangen greift nach der Information ein Anhörungsrecht, in dessen Folge die entsprechenden Fragen mit der Geschäftsleitung beraten werden müssen. Ein weitergehender Einfluss ist damit jedoch nicht verbunden.
- In Betrieben mit mehr als 200 Beschäftigten kann der Betriebsrat gegen Betriebsstilllegungen oder andere wesentliche Maßnahmen ein Einspruchsrecht gegen die Wirtschaftsführung geltend machen. Hierdurch sind Verzögerungen der Maßnahmen möglich.
- Der Aufsichtsrat besteht mindestens aus drei und – satzungsabhängig – höchstens aus 20 Personen. Die Arbeitnehmervertreter werden bei dieser Vorgabe nicht mitgezählt. Für jeweils zwei Vertreter der Anteilseigner kann zusätzlich ein Arbeitnehmervertreter entsendet werden, so dass sich eine Drittelparität ergibt. Drittelparität gilt auch für die Besetzung der Ausschüsse. Sonderbestimmungen gelten für die Bestellung des Vorstandes und den Personalausschuss.
- Rechte und Pflichten des Gesamtorgans wie der einzelnen Mitglieder entsprechen weitgehend dem deutschen System. Wichtigster Unterschied ist, dass die Arbeitnehmervertreter in der mitbestimmten GmbH keinerlei Einfluss auf die Bestellung der Geschäftsleitung haben.
- Die Vertreter der Anteilseigner werden von diesen auf vier Jahre gewählt. Die Arbeitnehmervertreter werden vom Betriebsrat auf unbestimmte Zeit aus seinen Reihen ernannt, können aber jederzeit vom entsendenden Organ abberufen werden. Hierzu besteht ein im Einzelnen komplexes Auswahlverfahren. Weitere verfahrenstechnische Besonderheiten gelten bei Konzernsachverhalten. Es ist dem Betriebsrat theoretisch möglich, auf diese Entsendung und damit auf die Mitbestimmung sanktionslos gänzlich zu verzichten.

- Der Aufsichtsratsvorsitzende und sein Stellvertreter werden aus den Reihen des Aufsichtsrats von diesem gewählt. Dem Vorsitzenden kann per Satzung ein sog. Dirimierungsrecht eingeräumt werden, das bei Stimmengleichheit ausschlaggebende Entscheidungsrecht.
- Eine gesonderte Vergütung als Aufsichtsratsmitglied erhalten ggf. nur die Anteilseignervertreter. Für die Arbeitnehmervertreter handelt es sich beim Aufsichtsratsmandat um ein Ehrenamt. Sie erhalten lediglich einen Aufwandsersatz und sind im notwendigen Maße freizustellen, eine zusätzliche Vergütung ist unzulässig. Eine Haftungsprivilegierung folgt aus der fehlenden Vergütung nicht.

III. Tschechische Republik[562]

1. Übersicht

Die Tschechische Republik hat, ähnlich wie die anderen mittel- und osteuropäischen Staaten, erst in den Jahren nach 1990 gesetzliche Bestimmungen zur Unternehmensmitbestimmung verabschiedet. Sie erfassten im privaten Sektor ursprünglich ausschließlich Aktiengesellschaften mit mehr als 50 Arbeitnehmern und sahen eine Drittelbeteiligung vor. Zum Jahreswechsel 2014 wurde die gesetzliche Mitbestimmung in privaten Aktiengesellschaften abgeschafft. Möglich bleibt aber nach wie vor eine freiwillige Etablierung entsprechender Regelungen. Auf betrieblicher Ebene bestehen vor allem Gewerkschaftsausschüsse. Daneben sind Betriebsräte möglich, praktisch aber selten.

2. Hintergrund

a) *CEE*-Staaten Allgemein

Beobachtern zufolge besteht in der Tschechischen Republik – wie wohl auch allgemein in den mittel- und osteuropäischen Ländern des ehemaligen sowjetrussischen Einflussraums – (immer noch) eine allgemeine und tief sitzende Skepsis gegenüber

562 *Kluge/Stollt*, MB in den neuen EU-MS, S. 88 ff., 98 f.; *Neubauer*, ArbR, S. 6 f.; *Milutinov*, S. 109 ff., 128 ff.; *Havel*, EBOR 2005, S. 581 ff.; *Stroinski/Stanuch*, ECL 2009, S. 85 f.; *Heppnerová*, CZ-System, S. 3 ff.; *Fulton*, ETUI-CZ-Betriebliche Interessenvertretung, ETUI-CZ-Unternehmensmitbestimmung sowie ETUI-CZ-Europäische Interessenvertretung (ETUI-CZ-BI, ETUI-CZ-MB, ETUI-CZ-EI) unter http://www.worker-participation.eu/National-Industrial-Relations/Countries/Czech-Republic; sowie *Pojer, Czech Republic: Industrial relations profile* (z.T. 18.04.2013) bei Eiro online unter http://www.eurofound.europa.eu/eiro/country/czech.republic.htm (englisch).

kollektiven Interessenvertretungen. Diese Haltung wird zumindest teilweise auf die gesammelten und tendenziell eher negativen Erfahrungen in den kommunistischen Regimen zurückgeführt. Auch heute noch haben einige Gewerkschaften unter ihren alten engen Verbindungen zu den kommunistischen Machthabern zu tragen. Eine Einflussnahme durch die Arbeitnehmer wird als ein Widerspruch zu den „erst vor kurzem" eingeführten Prinzipien der Marktwirtschaft wahrgenommen.

Daneben sorgten auch hausgemachte Probleme und fehlende Vergangenheitsaufarbeitung für einen gravierenden Bedeutungsverlust. Die meisten Gewerkschaften sträubten sich, traditionelle monopolistische Denkmuster und Privilegien aufzugeben. Konkurrierende Formen der Arbeitnehmervertretung wurden mehr oder weniger offen abgelehnt und bekämpft. Infolgedessen ging der gewerkschaftliche Organisationsgrad insgesamt seit den 1990er Jahren beständig zurück. Viele Gewerkschaften haben seitdem zwischen 50 und 70 Prozent ihrer Mitglieder verloren. Namentlich in der großen Mehrheit von kleinen und mittleren privaten Unternehmen bestehen fast keine Gewerkschaften mehr. Das schlägt auch auf die Mitbestimmung durch.[563]

Der gewerkschaftliche Organisationsgrad liegt in der Tschechischen Republik derzeit bei nur noch ca. 16% und sinkt weiter, allerdings nicht so stark wie in den anderen Transformationsländern.

Wichtigster Gewerkschaftsbund ist die *ČMKOS – Českomoravská konfederace odborových svazů* (Böhmisch-Mährische Gewerkschaftskonfederation) mit 32 Einzelgewerkschaften und im Jahr 2011 ca. 407.000 Mitgliedern. Daneben besteht vor allem noch die *ASO ČR – Asociace samostatných odborů* (etwa „Vereinigung der Unabhängigen Gewerkschaften"), die im Jahr 2011 ca. 150.000 Mitglieder vertrat.

Diese beiden sind Mitglied im tripartit besetzten *Rady hospodářské a sociální dohody České republiky – RHSD* (etwa „Rat für Wirtschafts- und Sozialabkommen der Tschechischen Republik"), der im Jahr 1990 als institutionalisierte Plattform für den sozialen Dialog geschaffen wurde und als gemeinsame Initiative für Schlichtung und Initiative dient.

Auf der anderen Seite bestehen insgesamt ca. 50 verschiedene Arbeitgeberorganisationen. Deren wichtigste sind *Svaz průmyslu a dopravy ČR – SP ČR* (etwa „Tschechischer Industrieverband") und *Konfederace zaměstnavatelských a podnikatelských svazů ČR – KZPS ČR* (etwa „Vereinigung der Arbeitgeber- und Unternehmerverbände der Tschechischen Republik"), die ebenfalls im *RHSD* vertreten sind. 2011 hatte die KZPS ČR etwa 23.000 Mitgliedsunternehmen mit ca. 678.000 Beschäftigten.[564]

Ähnliches gilt auch für die anderen mittel- und osteuropäischen Beitrittsländer.[565] Die Erfahrungen sind daher insgesamt noch vergleichsweise neu, einiges ist im Fluss.[566]

563 *Radwan*, EBLR 2006, S. 1169 ff.; *Rudolf*, OBS 2006, S. 2 ff., 7 f., 17 f.

564 *Fulton*, ETUI, Landesübersicht CZ; *Milutinov*, S. 116; *Pojer* (oben Fn. 562), Abschnitt *Main actors*, Darstellung zum *RHSD* beim Arbeits- und Sozialministerium *Ministerstvo práce a sociálních věcí – MPSV* unter http://www.mpsv.cz/cs/6434 (tschechisch).

565 *Stroinski/Stanuch*, ECL 2009, S. 87.

566 *Kluge/Stollt*, MB in den neuen EU-MS, S. 90 f.; *Milutinov*, S. 115 ff.

Allgemein bedeutet das Vorhandensein von grundlegenden gesetzlichen Bestimmungen noch nicht automatisch, dass diese Gesetze auch in der gelebten Praxis umgesetzt und beachtet werden.[567]

b) Tschechische Republik

Während die Interessenvertretung auf betrieblicher Ebene in der Tschechischen Republik seit den Jahren nach 1990 einigermaßen weit geregelt ist, galt dies für die Unternehmensmitbestimmung nur beschränkt. In den Bestimmungen wurde zudem noch zwischen den privaten und den staatlichen Unternehmen differenziert.[568] Erfasst war im privaten Sektor ausschließlich die Rechtsform der Aktiengesellschaft.

Wie beschrieben ist die Bedeutung der Gewerkschaften allgemein zurückgegangen. Die Einführung des gemeinschaftlichen Acquis im Hinblick auf EBR und SE allerdings soll auch den tschechischen Gewerkschaften sowohl eine höhere Legitimation als auch eine stärkere Verhandlungsposition gebracht haben.[569]

Die maßgeblichen Bestimmungen wurden wiederholt überarbeitet und ergänzt.

3. Organisationsverfassung der Kapitalgesellschaften

a) Grundlagen

Maßgebliche Rechtsquelle war hier bis Ende 2013 das tschechische Handelsgesetzbuch *Obchodní zákoník*.[570] Es wurde mit Wirkung vom 01.01.2014 durch eine Neuregelung abgelöst (hierzu sogleich näher), die „alten“ Regelungen gelten jedoch für eine Übergangszeit weiter fort. Traditionell folgte die tschechische Gesetzgebung dem dualistischen System und orientierte sich in weiten Teilen am „deutsch-österreichischen Modell.

---

567 *Radwan*, EBLR 2006, S. 1172, spricht daher von einer breiten Lücke zwischen dem *„law on books“* und dem *„law in action“*. Hinzu käme in den meisten Ländern ein institutionelles Versagen; ebd. S. 1171.

568 Ferner bestehen Sonderregelungen für den Bankensektor. Im Folgenden sollen diese Sonderfälle unberücksichtigt bleiben.

569 *Milutinov*, S. 122.

570 *Obchodní zákoník*, im Folgenden *čHGB*. Das čHGB in der alten Fassung stammt vom 05.11.1991 (Gesetz Nr. 513/1991 Sb [= *Sbirka zákonů*, „offizielle Sammlung“], letzte Änderung 152/2010 Sb). Grundsätzlich orientierte es sich eng am deutschen und österreichischen HGB, jedoch wurde in ihm das Recht der Personen- und Handelsgesellschaften abschließend geregelt. Eine, teilweise kommentierte, englische Übersetzung (Stand 2001) findet sich unter http://adamek.in/Commercial%20Code%20English.pdf, eine tagesaktuelle konsolidierte Fassung in tschechischer Sprache unter http://portal.gov.cz, Link *„Zákony“*, dort Eingabe von Gesetzesnummer/Jahr in die Suchmaske.

Aufsichtsräte waren verbindlich für die Aktiengesellschaft vorgeschrieben (*akciová společnost*, abgekürzt *akc. spol.* oder *a.s.*).[571] Bei der GmbH (*společnost s ručením omezeným*, abgekürzt *s.r.o.*) konnten sie freiwillig auf Satzungsgrundlage eingerichtet werden.[572]

b) Aktuell

Zuletzt wurde das gesamte tschechische Zivilrecht inklusive des Handels- und Gesellschaftsrechts von Grund auf reformiert und dabei auch neu kodifiziert.[573]

In diesem Zusammenhang wurde das bisherige *Obchodní zákoník* (Gesetz Nr. 513/1991) abgelöst, einerseits durch das „Neue" tschechische BGB, Gesetz Nr. 89/2012 Sb. (*Nový občanský zákoník*, abgekürzt *NOZ*), sowie andererseits durch das Gesetz über Handelskorporationen Nr. 90/2012 Sb. (*Zákon o obchodních korporacích*, abgekürzt *ZOK*).[574]

Die Neuregelung zielt auf eine möglichst zugängliche, geschlossene Regelung. Hierzu wurden u.a. Definitionen überarbeitet, Vorschriften gekürzt sowie Anzahl und Ausmaß der Verweisungen reduziert.

Im ersten Titel des *ZOK* (*Hlava I*) finden sich nunmehr die allgemeinen Bestimmungen, die für alle Gesellschaften gleichermaßen gelten, also etwa zu den möglichen Gesellschaftsformen,[575] zur Gesellschaftsgründung[576] und Gesellschaftsauflösung,[577] zu den Einpersonengesellschaften,[578] zu Einlagen und Stammkapital[579] und

---

571 §§ 154 ff. čHGB, zum Aufsichtsrat (*dozorčí rada*, er besteht aus mindestens drei Personen, danach aus einer durch drei teilbare Zahl) §§ 197 ff. čHGB; zum Vorstand (*představenstvo*) §§ 191 ff. čHGB. Zur *a.s.* ausführlich *Havel*, EBOR 2005, S. 614 ff.

572 §§ 105 ff. čHGB, zum Aufsichtsrat in der *s.r.o.* vgl. §§ 137 ff. čHGB. Einpersonengesellschaften und Gründungen durch juristische Personen sind möglich, maximal darf eine *s.r.o.* 50 Gesellschafter haben. Ausführlich zur *s.r.o.* *Havel*, EBOR 2005, S. 611 ff.

573 Nähere Informationen unter http://obcanskyzakonik.justice.cz/(tschechisch) [„*Občanský zákoník*" ist das tschechische BGB; die betreffende Website wird vom tschechischen Justizministerium, *Ministerstvo spravedlnosti CR*, verwaltet]. Die Neufassungen finden sich dort im Abschnitt „Gesetzestexte" (*Texty zákonů*). So weit ersichtlich existiert keine frei zugängliche Übersetzung.

574 Offizieller Langtitel des *ZOK* ist *„Zákon ze dne 25. ledna 2012 o obchodních společnostech a družstvech (zákon o obchodních korporacích)"*, „Gesetz vom 25. Januar 2012 über Handelsgesellschaften und Genossenschaften (Gesetz über Handelskorporationen)"). Die „alten" Regelungen gelten für eine Übergangszeit weiter fort, vgl. hier im Einzelnen §§ 776 ff. *ZOK*. Zum *NOZ* ebd. (Fn. 573), Abschnitt „Allgemeiner Teil" (*Obecná část*) ff.

575 § 1 *ZOK*.

576 §§ 8–10 *ZOK*.

577 §§ 93, 94 *ZOK*.

578 §§ 11–14 *ZOK*.

579 §§ 15–43 *ZOK*.

zu Organen der Gesellschaften (*Orgány obchodní korporace*).[580] In den folgenden Titeln zwei bis sechs (*Hlava II–VI*) werden dann die weiteren Regelungen zu den jeweiligen Gesellschaftsformen aufgeführt.

Die Aktiengesellschaft kann nun neben dem traditionellen dualistischen Modell auch eine monistische Struktur wählen.[581] Das Mindestkapital für eine AG beträgt 2 Millionen *Kč*[582] oder 80.000,– Euro.[583]

Bedeutendste Neuerung bei der GmbH dürfte neben einigen generellen Vereinfachungen[584] die Absenkung des Mindestkapitals sein. Es beträgt nun nur noch 1 *Kč*.[585]

Daneben werden durch die Neuregelung die Vorschriften zur unternehmerischen Mitbestimmung für den privaten Sektor insgesamt aufgehoben.

Diese letzte Modifikation wird auch ausdrücklich auf der entsprechenden Website des Justizministeriums erwähnt. Hier heißt es übersetzt in etwa: „Als weitere Änderungen mit weitreichenden praktischen Folgen können die *Abschaffung der Pflicht der Wahl eines Teils des Aufsichtsrats durch die Arbeitnehmer*, die Auflockerung der Entscheidungsregeln bei Hauptversammlungen (z.B. die Möglichkeit, die Entscheidungsquote zu senken, oder die Möglichkeit der Funktionenkumulation), als auch die künftige Zulassung einer juristischen Person als Mitglied des Organs, bezeichnet werden"; (Hervorhebung durch Verf.).[586]

---

580 §§ 44–70 *ZOK*.

581 §§ 243 ff. *ZOK*. Vgl. für das dualistische Modell (*Dualistický systém*) §§ 435 ff., hier für den Aufsichtsrat (*Dozorčí rada*) §§ 446 ff., für das monistische Modell (*Monistický systém*) §§ 456 ff. *ZOK*.

582 Die Tschechische Republik ist nicht Mitglied im Wechselkursmechanismus II, der Euro soll nach Angaben des Gouverneurs der Tschechischen Nationalbank *Česká národní banka*, *Singer*, frühestens 2019 eingeführt werden, vgl. Artikel *Tschechien: Euro-Einführung nicht vor 2019* (31.05.2013) unter http://www.owc.de/2013/05/31/tschechien-euro-einfuehrung-nicht-vor-2019/. 1 *Koruna česká* ≈ 0,04 Euro/1 Euro ≈ 25,75 tschechische Kronen (nach ISO auch „CZK").

583 § 246 *ZOK*.

584 *Hlava IV*, §§ 132 ff. *ZOK*; zum Gesellschaftsvertrag §§ 146 ff., zu den Organen §§ 167 ff., zur Gesellschafterversammlung (*Valná hromada*) §§ 167–193, zur Geschäftsführung (*Jednatelé*) §§ 194–200, zum Aufsichtsrat (*Dozorčí rada*) § 201 *ZOK*. Die GmbH hat einen Aufsichtsrat, wenn die Satzung oder eine gesetzliche Vorgabe dies vorsehen, § 201 I *ZOK*.

585 § 142 I *ZOK* (Unterabschnitt „Stammkapital" (*Základní kapitál*)).

586 Ebd., (oben Fn. 573), Darstellung zu den „Handelskorporationen" (*Obchodní Korporace*), Bereich „Konkrete Veränderungen" (*Konkrétní změny*), hier Abschnitt „AG" (*Akciová společnost (a.s.)*), Unterabschnitt „Organe" (*Orgány a.s.*). Dort heißt es im Original: *„Za další změny s výrazně praktickými dopady je možné označit* zrušení povinnosti volit část členů dozorčí rady zaměstnanci, *uvolnění pravidel rozhodování na valné hromadě (např. možnost snížit kvórum usnášeníschopnosti či možnost kumulace funkcí) či připuštění, aby členem orgánu byla přímo právnická osoba"*. (Hervorhebung durch Verf.).

4. Arbeitnehmerbeteiligung

a) Betriebliche Interessenvertretung

aa) Voraussetzungen

(1) Grundlagen

Maßgebliche Rechtsquelle ist Abschnitt 12 des Arbeitsgesetzbuchs (*Zákoník práce*, in Kraft vom 01.01.2007[587]).

Nach dem Gesetz haben die tschechischen Arbeitnehmer grundsätzliche Rechte auf Unterrichtung und Anhörung. Hierzu soll das Unternehmen direkt mit seinen Mitarbeitern in Kontakt treten, solange keine kollektiven Vertretungen etabliert sind. Dies waren bis zum Jahr 2001 allein die in den Unternehmen vertretenen Gewerkschaften, konkret der lokale Gewerkschaftsausschuss, der von mindestens drei Personen eingerichtet werden kann. Danach wurde ein gemischtes System eingeführt, nach dem zusätzlich ein Betriebsrat errichtet werden konnte, wenn mindestens ein Drittel der Belegschaft hierfür votierte.

Nach der geänderten Fassung des Arbeitsgesetzbuchs von 2007 war vorgesehen, dass der Betriebsrat aufgelöst werden musste, wenn in der Folgezeit in dem Betrieb eine Gewerkschaft gegründet wurde, die ihrerseits in die Tarifvereinbarungen einbezogen war. Das tschechische Verfassungsgericht (*Ústavní soud České republiky)* hat diese Vorschriften jedoch im März 2008 für verfassungswidrig erklärt.

(2) Formen

Seit diesem Urteil ist es nunmehr zulässig, dass eine Gewerkschaftsorganisation (*odborový svaz zaměstnanců*) und ein Betriebsrat (*rada zaměstnanců*) parallel bestehen. Daneben können auch Arbeitsschutzbeauftragte bestellt werden (*zástupce pro oblast bezpečnosti a ochrany zdraví při práci*). Das Gesetz bezeichnet die Angehörigen der jeweiligen Gremien einheitlich als „Arbeitnehmervertreter" *(zástupci zaměstnanců)*.[588]

---

587 Gesetz Nr. 262/2006 Sb, zuletzt geändert durch Gesetz Nr. 435/2013 Sb, im Folgenden *čArbGB*, es löste die Vorgängerregelung von 1965 ab. Eine Reform vom November 2011 brachte einige Änderungen, die sich aber kaum auf die kollektiven Vertretungen erstrecken; vgl. *Veverková, New government wants to reform Labour Code* (31.08.2010), unter http://www.eurofound.europa.eu/eiro/2010/07/articles/cz1007019i.htm sowie *dies., Amendments to social and labour law come into force* (23.05.2011), unter http://www.eurofound.europa.eu/eiro/2011/02/articles/cz1102049i.htm und *dies., Cautious welcome for changes to Labour Code* (21.03.2012), unter http://www.eurofound.europa.eu/eiro/2012/01/articles/cz1201019i.htm (alle englisch). Eine englische Übersetzung des čArbGB, Stand Nr. 429/2011, ist abrufbar beim Ministerium für Arbeit und Soziale Angelegenheiten, *Ministerstvo práce a sociálních věcí – MPSV*, unter http://www.mpsv.cz/files/clanky/3221/Labour_Code_2012.pdf.

588 § 276 I čArbGB. Ihre Aufgaben und Befugnisse richten sich nach den §§ 276–299 čArbGB; relevant sind hier die §§ 276–280 für die Betriebsräte, §§ 281–285 für die Arbeitsschutzbeauftragten und §§ 286, 287 für die Gewerkschaftsvertretungen. Vgl. auch ETUI-CZ-BI, S. 1.

Sie müssen die Arbeitnehmer regelmäßig über ihre eigenen Aktivitäten, insbesondere über die Vereinbarungen mit dem Arbeitgeber, informieren.

Hierbei haben aber die Betriebsräte keine eigene Rechtspersönlichkeit. Sie dienen ausschließlich als Vermittler zwischen Arbeitgeber und Arbeitnehmern, um eine geordnete Unterrichtung und Anhörung zu gewährleisten (*informování* bzw. *projednání*).[589]

In einem Unternehmen mit mehreren Betrieben und Gewerkschaftsausschüssen werden in der Regel Gesamtausschüsse errichtet. Es gibt aber keine gesetzlichen Vorschriften für die Errichtung von Betriebsräten auf betriebsübergreifender Ebene.[590]

Praktisch gibt es immer noch nur sehr wenige Betriebsräte,[591] die lokale Gewerkschaftsorganisation bleibt vorherrschend. In der Mehrheit der Betriebe gibt es aber weder eine Gewerkschaft noch einen Betriebsrat.[592]

bb) Größe und Zusammensetzung

(1) Gewerkschaftsvertretung

Für die Gewerkschaftsausschüsse bestimmen die Gewerkschaften per Satzung über Wahlmodus und Amtszeit. Allerdings soll nach dem Gesetz der Arbeitgeber die Wahlen erleichtern.[593]

Nach neuerer Rechtslage gelten Gewerkschaftsvertretungen im Unternehmen nur dann als repräsentativ, wenn in ihr mindestens drei Beschäftigte dieses Unternehmens organisiert sind.[594]

(2) Betriebsrat

Ein Betriebsrat kann in einem Unternehmen gegründet werden, wenn mindestens ein Drittel der dort seit mindestens drei Monaten Beschäftigten eine entsprechende Wahl verlangt.[595]

589 *Pojer* (oben Fn. 562), Abschnitt *Workplace representation*.

590 ETUI-CZ-BI, S. 3.

591 *Kluge/Stollt*, MB in den neuen EU-MS, S. 91, führen das auf die Neufassung von 2007 zurück.

592 ETUI-CZ-BI, S. 1.

593 ETUI-CZ-BI, S. 2.

594 § 286 III čArbGB; zu den entsprechenden Informationspflichten gegenüber dem Arbeitgeber vgl. § 286 IV čArbGB.

595 § 283 I čArbGB, das Gesetz selbst erwähnt lediglich den Schwellenwert von mindestens einem Drittel („... *nejméně jednou třetinou zaměstnanců zaměstnavatele v pracovním* ...“ bzw. in der inoffiziellen englischen Fassung „... *signed by at least one-third of the employees* ...“). *Neubauer, Arbeits-*

Er besteht aus drei bis 15 Personen. Die genaue Zahl muss stets ungerade sein und wird vom Arbeitgeber nach Beratung mit denjenigen Beschäftigten, die die Einsetzung eines Betriebsrats beantragt haben, festgelegt. Die Kandidaten für die Betriebsräte werden von den Beschäftigten vorgeschlagen. Die Betriebsratsmitglieder werden dann in geheimer Abstimmung für einen Zeitraum von drei Jahren gewählt.[596]

Die Wahl selbst soll in der Arbeitszeit und grundsätzlich auf Betriebsgelände stattfinden.[597]

---

cc) Befugnisse

(1) Beteiligung

Die Rechte der Interessenvertretung unterscheiden sich je nachdem, ob es sich um eine Gewerkschaftsorganisation oder um einen Betriebsrat handelt. Grundsätzlich bestehen für beide mitunter sehr detaillierte Unterrichtungs- und Anhörungsrechte in den für die Beschäftigten relevanten Bereichen. Diese Befugnisse gelten aber oft nur für solche Betriebe mit mindestens zehn Beschäftigten.[598] Die Gewerkschaften haben weitergehende Unterrichtungs- und Anhörungsrechte im Bereich der Entlohnung und bei kollektiven Arbeitsbedingungen.

Außerdem haben die Gewerkschaftsausschüsse, nicht aber die Betriebsräte, in bestimmten Bereichen Mitbestimmungsrechte, insbesondere bei den, in der Tschechischen Republik auf Unternehmensebene stattfindenden, Tarifverhandlungen[599] und der Änderung der Arbeitsordnung. Die Arbeitsordnung wiederum legt die wechselseitigen Pflichten zwischen Arbeitgeber und Arbeitnehmer fest indem sie die Bestimmungen des Arbeitsgesetzbuchs und anderer relevanter Vorschriften entsprechend der jeweiligen Arbeitsstätte ausgestaltet. Zu einer Änderung der Arbeitsordnung ist die schriftliche Zustimmung der Gewerkschaft im Betrieb notwendig.[600]

Nach der Gesetzeslage im Jahr 2007 hatten die Gewerkschaften schließlich umfangreiche Einsichtsrechte um die Geltung der Arbeitsschutzvorschriften sicherzustellen. War dies in einem Betrieb nicht der Fall, konnten sie die entsprechenden

---

recht in den neuen EU-Ländern (September 2008), S. 7; unter http://www.wu.ac.at/executive education/other/we4u/text/AR-20.pdf, spricht hingegen von einem zusätzlichen Schwellenwert von 25 Beschäftigten, der sich so im Gesetz allerdings nicht findet.

596 § 281 čArbGB.

597 § 276 VI čArbGB.

598 §§ 278 ff. čArbGB, Aufzählung zur Information in § 279 I a)–i) čArbGB, zur Konsultation in § 280 I a)–f) čArbGB. Zum Schwellenwert von mindestens zehn Beschäftigten §§ 279 II i.V.m. I a), b), 280 II i.V.m. I a)–c) čArbGB. Für die Gewerkschaftsvertretungen vgl. § 287 čArbGB, der u.a. auf §§ 279 und 280 čArbGB verweist (Abs. 1 b) bzw. 2 h)).

599 §§ 22 ff.; 286 I čArbGB.

600 ETUI-CZ-BI, S. 1.

Verfahrensweisen verbieten. Im März 2008 hat das Verfassungsgericht entschieden, dass diese Rechte aber nicht den Gewerkschaften sondern dem Staat zustehen, und die Regelung für verfassungswidrig erklärt.[601]

(2) Ausstattung und Kündigungsschutz

Zur Erfüllung ihrer Aufgaben haben die Arbeitnehmervertreter Anspruch auf die „erforderliche" bezahlte Freistellung. Die Mitglieder der Gewerkschaftsausschüsse erhalten in der Regel eine bezahlte Arbeitsbefreiung. Daneben besteht ein Anspruch auf Freistellung für Schulungsmaßnahmen im Umfang von jährlich fünf Tagen.

Der Arbeitgeber sollte darüber hinaus die zur Aufgabenwahrnehmung erforderlichen Räumlichkeiten und die notwendige sachliche und technische Ausstattung bereitstellen.[602]

Allerdings wird der notwendige Umfang gesetzlich nicht präzisiert. Das Gesetz spricht lediglich von „Bedingungen für eine angemessene Amtsausübung" („... *podmínky pro řádný výkon jejich činnosti* ... "/„ ... *conditions for proper performance of activities* ... ").

Gewerkschafts- bzw. Betriebsratsmitglieder dürfen nicht diskriminiert werden. Ein Gewerkschaftsvertreter, der an Konsultationen mit dem Arbeitgeber beteiligt gewesen ist, darf während seiner Amtszeit und im darauf folgenden Jahr nur mit Zustimmung der Gewerkschaftsvertretung bzw. eines Gerichts entlassen werden.[603]

dd) Vertretung auf supranationaler Ebene

In einem Besonderen Verhandlungsgremium (*zvláštním vyjednávacím výborem*) für einen EBR werden die tschechischen Mitglieder grundsätzlich von den Arbeitnehmervertretungen gewählt. Gibt es keine Arbeitnehmervertretung, erfolgt die Wahl direkt von den Beschäftigten des Unternehmens. Es wird keine Aussage getroffen, ob hier auch Unternehmensexterne gewählt werden können.

Ähnliches gilt für das Besondere Verhandlungsgremium bei der SE. Hier können allerdings auch externe Gewerkschaftsvertreter entsandt werden. Die Mitglieder eines SE-Betriebsrats nach Auffangregelung werden ebenfalls auf einer gemeinsamen Versammlung der Arbeitnehmervertreter gewählt. Die tschechischen Arbeitnehmervertreter im Leitungsorgan aber werden nach demselben Verfahren wie für

---

601 ETUI-CZ-BI, S. 1f., vgl. auch *Hála/Veverková, Unions claim Court's repeal of Labour Code will diminish trade union role* (08.05.2008), unter http://www.eurofound.europa.eu/eiro/2008/04/articles/cz0804039i.htm (englisch).

602 § 277 čArbGB; ETUI-CZ-BI, S. 3.

603 § 61 II, III, IV čArbGB; ETUI-CZ-BI, S. 1 a.E.

den Aufsichtsrat tschechischer Unternehmen gewählt, also entweder direkt von der Belegschaft oder über Delegierte.[604]

Die Einführung dieser unionsrechtlichen Vorgaben soll auch den tschechischen Gewerkschaften sowohl eine höhere Legitimation als auch eine insgesamt stärkere Verhandlungsposition gebracht haben.[605]

---

b) Unternehmensmitbestimmung

Die gesetzliche Mitwirkung an unternehmerischen Entscheidungen war bis 2013 auf die Rechtsform der Aktiengesellschaft beschränkt.

Dementsprechend wenig verbreitet ist sie auch insgesamt. Nach Gewerkschaftsangaben aus dem Jahr 2004 waren ca. 14.000 Gesellschaften mitbestimmt, was 4,1% aller Unternehmen entspricht.[606]

In Aktiengesellschaften mit mindestens 50 Arbeitnehmern war eine Drittelparität vorgesehen. Wählbar waren entweder Beschäftigte oder externe Vertreter der im Unternehmen aktiven Gewerkschaften. Vorschlagsrechte lagen bei den Gewerkschaften, falls vorhanden beim Betriebsrat, bei mindestens 10% der Beschäftigten sowie beim Vorstand. Möglich waren direkte Wahlen oder diejenigen über Delegierte. Die Arbeitnehmer durften ihre Vertreter unter den gleichen Voraussetzungen auch wieder abberufen.[607] Rechte und Pflichten der Aufsichtsratsmitglieder waren gleich, unabhängig davon, von welcher Seite sie entsendet wurden. Gängige Praxis war, dass die Arbeitnehmervertreter im Aufsichtsrat gleichzeitig Gewerkschaftsfunktionäre waren.[608]

Diese Vorgabe wurde durch die Neuregelung ersatzlos gestrichen so dass die verbindliche unternehmerische Mitbestimmung entfallen ist.[609] Davon unbeschadet

---

604 ETUI-CZ-EI, S. 1. Vgl. für den EBR §§ 290 ff. čArbGB.

605 *Milutinov*, S. 122.

606 *Heppnerová*, CZ-System, S. 5.

607 § 200 I, V, VI čHGB.

608 ETUI-CZ-MB, S. 1; *Kluge/Stollt*, MB in den neuen EU-MS, S. 98 f.; *Heppnerová*, CZ-System, S. 3 f.

609 Vgl. einerseits Wortlaut § 200 I 2, 1. HS čHGB („*Dvě třetiny členů dozorčí rady volí valná hromada a jednu třetinu zaměstnanci společnosti, má-li společnost více než 50 zaměstnanců v pracovním poměru ...*“, übersetzt etwa „Zwei Drittel der Mitglieder des Aufsichtsrats werden durch die Hauptversammlung gewählt, ein Drittel durch die Arbeitnehmer der Gesellschaft, sofern die Gesellschaft mehr als 50 Arbeitnehmer beschäftigt ...“) und andererseits Wortlaut § 448 II *ZOK* („*Členy dozorčí rady volí a odvolává valná hromada*“, übersetzt etwa „Die Mitglieder des Aufsichtsrats werden von der Hauptversammlung gewählt und abberufen.“).

bleibt es allerdings möglich, in einem privaten Unternehmen eine Arbeitnehmermitbestimmung freiwillig auf Satzungsgrundlage zu etablieren.

5. Zusammenfassung

- Die Tschechische Republik folgt grundsätzlich dem dualistischen System, Aktiengesellschaften können sich seit 2014 auch monistisch organisieren. Hinsichtlich der Arbeitnehmerbeteiligung ist einiges im Fluss. Während die betriebliche Interessenvertretung vergleichsweise weit geregelt ist, fand eine Unternehmensmitbestimmung im privaten Sektor ausschließlich bei der Aktiengesellschaft mit mindestens 50 Vollzeitbeschäftigten statt. Seit 2014 ist diese Vorgabe aber weggefallen.
- Auf Betriebsebene können lokale Gewerkschaftsausschüsse und Betriebsräte parallel existieren. Die Betriebsräte haben gewisse Unterrichtungs- und Anhörungsrechte, die Gewerkschaftsausschüsse verfügen über Mitbestimmungsrechte in einigen wenigen Bereichen, insbesondere aber bei Festlegung der Arbeitsordnung für den jeweiligen Betrieb. Die nähere Ausgestaltung der Gewerkschaftsausschüsse ist Sache der Gewerkschaft. Betriebsräte bestehen auf Anfrage eines Drittels der Belegschaft und setzen sich aus drei bis 15 Mitgliedern zusammen, je nach Vereinbarung mit dem Arbeitgeber. Die Amtszeit liegt bei drei Jahren. Betriebsübergreifend arbeiten nur die Gewerkschaften. In der Mehrheit der Betriebe gibt es weder einen lokalen Gewerkschaftsausschuss noch einen Betriebsrat.

IV. Slowakische Republik[610]

1. Übersicht

In der Slowakischen Republik bestehen Beteiligungsregelungen vornehmlich auf betrieblicher Ebene, wo ein zweigliedriges System aus Gewerkschaftsvertretungen und Betriebsräten etabliert ist. Eine Unternehmensmitbestimmung ist im privaten Sektor ausschließlich bei der „größeren" Aktiengesellschaft mit u.a. mehr als

---

610 *Kluge/Stollt*, MB in den neuen EU-MS, S. 88ff., 96f.; *Neubauer*, ArbR, S. 11; *Ondruška/Krajcír*, SK-System, S. 34ff.; *Fulton*, ETUI-SK-Betriebliche Interessenvertretung, ETUI-SK-Unternehmensmitbestimmung sowie ETUI-SK-Europäische Interessenvertretung (ETUI-SK-BI, ETUI-SK-MB, ETUI-SK-EI) unter http://www.worker-participation.eu/National-Industrial-Relations/Countries/Slovak-Republic sowie *Cziria, Slovakia: Industrial relations profile* (z.T. 18.04.2013), bei Eiro online unter http://www.eurofound.europa.eu/eiro/country/slovakia.htm (englisch).

50 Vollzeitbeschäftigten gesetzlich vorgeschrieben. Ggf. können die Beschäftigten in dieser ein Drittel der Aufsichtsratsmitglieder aus ihren Reihen wählen.

2. Hintergrund

Zu den grundsätzlichen Entwicklungen kann auf die obigen Ausführungen zur Tschechischen Republik verwiesen werden. Auch hier gilt, dass die Gesetzeslage zur Arbeitnehmerbeteiligung im Fluss ist und eine gewisse Skepsis gegenüber den Gewerkschaften zu bestehen scheint.

Der gewerkschaftliche Organisationsgrad liegt in der Slowakei bei 24%, nach anderen Angaben bei 16%.
Wichtigste Dachgewerkschaft ist *Konfederácia odborových zväzov Slovenskej republiky – KOZ SR* („Gewerkschaftsbund der Slowakischen Republik") mit 28 Einzelgewerkschaften und ca. 300.000 Mitgliedern. Daneben besteht noch die *Nezávislé kresťanské odbory Slovenska – NKOS* („Unabhängige Christliche Gewerkschaften in der Slowakei") mit ca. 12.000 Mitgliedern.
Auf Arbeitgeberseite ist vor allem *Asociácia Zamestnávateľských Zväzov A Združení SR – AZZZ SR* zu nennen („Assoziation der Verbände und Vereinigungen der slowakischen Arbeitgeber"), daneben der *Republiková únia zamestnávateľov – RUZ* (etwa „Nationaler Arbeitgeberverband"), die beide Unternehmen mit insgesamt jeweils ca. 600.000 Beschäftigten repräsentieren.[611]

---

3. Organisationsverfassung der Kapitalgesellschaften

Die Slowakische Republik folgt dem dualistischen Modell. Das slowakische Handelsgesetzbuch *Obchodní zákonník* ist eng an das deutsche bzw. österreichische Modell angelehnt.[612]

Die große Kapitalgesellschaft ist die AG, (*Akciová spoločnosť*, abgekürzt *a.s.*).[613] Sie verfügt über die Hauptversammlung (*valné zhromaždenie*),[614] den Vorstand

---

611 *Fulton*, ETUI, Landesübersicht SK bzw. *Cziria* (oben Fn. 610), Abschnitt *Main Actors*.

612 Gesetz Nr. 513/1991 Zb.; abgekürzt meist *OBZ*; zuletzt geändert durch 357/2013 *z.Z* [= „verfassungsänderndes Gesetz"]. Es handelt sich beim *OBZ* seinerseits grundsätzlich um das bis 2013 gültige HGB der ehemaligen ČSFR und gilt in der Slowakischen Republik seit 1993. Es wurde 2002, 2004 und 2009 umfangreicher ergänzt. Die slowakischen Gesetze sind im Original zugänglich über das einheitliche Informationssystem „*JASPI-Web*" (*Jednotný automatizovaný systém právnych informácií*), das vom slowakischen Justizministerium betreut wird; http://www.jaspi.justice.gov.sk/ (Suchmaske anhand der Gesetzesnummer). Das Handelsgesetzbuch findet sich unter http://jaspi.justice.gov.sk/jaspiw1/index_jaspi0.asp?MOD=html&FIR=demo&JEL=n&AGE=zak&IDC=513/1991.

613 §§ 154 ff. *OBZ*, zu den Organen vgl. §§ 184 ff. *OBZ*.

614 §§ 184 ff. *OBZ*.

(*predstavenstvo*)[615] sowie den verpflichtend einzurichtenden Aufsichtsrat (*dozorná rada*),[616] der wiederum aus mindestens drei Personen bestehen muss.[617] Im privaten Sektor überwacht der Aufsichtsrat den Vorstand, prüft die Jahresbilanzen und die geplante Gewinnausschüttung und berichtet hierüber der Hauptversammlung. Hierzu verfügt er über Einsichts- und Prüfungsrechte. Alle Aufsichtsratsmitglieder haben die gleichen Rechte und Pflichten, hier allerdings anders als in Österreich auch inklusive der Vergütung.[618]

Die kleine Kapitalgesellschaft ist die *Spoločnosť s ručením obmedzeným*, abgekürzt *s.r.o.*[619] Ihre gesetzlich vorgesehenen Organe sind die Gesellschafterversammlung (ebenfalls *valné zhromaždenie*),[620] die mindestens einmal jährlich von den handlungsbefugten Vertretern einberufen werden muss, sowie die zeichnungsbefugten Vertreter *(konatelia)*,[621] die für die Gesellschaft handlungsbefugt sind. Ein Aufsichtsrat ist bei der *s.r.o.* gesetzlich nicht zwingend als Kontrollorgan vorgesehen, kann aber auf Satzungsgrundlage eingerichtet werden.[622]

Das Mindestkapital liegt für eine *a.s.* bei 25.000,– Euro,[623] für eine *s.r.o.* beträgt es 5.000,– Euro.[624]

4. Arbeitnehmerbeteiligung

a) Betriebliche Interessenvertretung

aa) Voraussetzungen

Maßgebliche Rechtsquelle ist das Arbeitsgesetzbuch *Zákonník práce*.[625]

---

615 §§ 191 ff. *OBZ*.

616 §§ 197 ff. *OBZ*.

617 § 201 I *OBZ*.

618 Vgl. im Einzelnen §§ 198–201 *OBZ*; *Kluge/Stollt*, MB in den neuen EU-MS, S. 96 f.; *Ondruška/Krajcír*, SK-System, S. 35.

619 §§ 105 ff. *OBZ*, zu den Organen vgl. §§ 125 ff. *OBZ*.

620 §§ 125 ff. *OBZ*.

621 §§ 133 ff. *OBZ*.

622 §§ 137 ff. *OBZ*, vgl. zu dessen Rechten und Pflichten §§ 128–140 *OBZ*.

623 § 162 III *OBZ*.

624 § 108 I *OBZ*.

625 Gesetz Nr. 311/2001 z.Z., zuletzt geändert durch Gesetz 361/2012 z.Z., im Folgenden *skLC*, für *Slovakian Labour Code*. Eine vom slowakischen Arbeitsministerium (*Ministerstvo práce, sociálnych vecí a rodiny Slovenskej republiky*) erstellte englische Version des Arbeitsgesetzbuchs (Stand 2012) findet sich unter http://www.employment.gov.sk/labour-code-full-wording-2012.pdf; die betriebliche Interessenvertretung ist dort in §§ 229 ff. geregelt, zu den verschiedenen Vertretungsgremien § 229 IV. Zu einer weiteren Reform, die vor allem Arbeitszeitkonten und weitere Flexibilisierungen eingeführt hat, sich allerdings vornehmlich auf das individuelle Arbeitsverhältnis auswirken dürfte, vgl. *Cziria, Government amends Labour Code* (07.11.2012), abrufbar unter http://www.eurofound.

Ebenso wie in der Tschechischen Republik oblag die Interessenvertretung am Arbeitsplatz in der Slowakei über lange Jahre ausschließlich den lokalen Gewerkschaftsorganisationen (*odborového orgánu*). Dabei blieb es zunächst auch nach der Gründung der unabhängigen Slowakischen Republik im Jahr 1993.[626] Erst im April 2002 wurde auch die Errichtung von Betriebsräten (*zamestnaneckej rady*) möglich, allerdings nur, wenn im Betrieb zeitgleich keine Gewerkschaft existierte. Ab Juli 2003 wurden parallele Vertretungen zugelassen und die Zuständigkeiten bei Unterrichtung und Anhörung von den Gewerkschaften auf die Betriebsräte verlagert. Im September 2007 wurden die Befugnisse des Betriebsrats wiederum zugunsten der Gewerkschaften gekürzt, 2011 wieder erweitert, wobei diese Erweiterungen 2013 wieder rückgängig gemacht wurden. Gibt es in einem Unternehmen sowohl eine Gewerkschaftsvertretung als auch einen Betriebsrat, werden die Befugnisse nunmehr zwischen beiden aufgeteilt, wobei aber für Tarifvereinbarungen inklusive solcher über Arbeitszeit und Arbeitsbedingungen ausschließlich die Gewerkschaften zuständig sind.[627]

Betriebsräte werden in Unternehmen mit mindestens 50 Beschäftigten eingesetzt, wenn 10% der Vollzeitbeschäftigten dies schriftlich fordern. In Unternehmen ab fünf Mitarbeitern kann eine sog. „Vertrauensperson" (*zamestnaneckého dôverníka*) gewählt werden, die dann die gleichen Rechte und Pflichten wie die Betriebsratsmitglieder hat.[628]

Betriebsübergreifend arbeiten auch hier nur die Gewerkschaften. Es gibt keine entsprechenden Strukturen für Betriebsräte.

Tatsächlich gibt es aber in der Mehrheit der kleinen und mittleren Betriebe in der Slowakei weder eine Gewerkschaftsvertretung noch einen Betriebsrat. Nach gewerkschaftlichen Beobachtern soll es teils auch zu aktiven Behinderungen durch die Arbeitgeberseite gekommen sein.[629]

---

europa.eu/eiro/2012/10/articles/sk1210019i.htm; *ders. Dispute over changes in the Labour Code* (02.03.2011), abrufbar unter http://www.eurofound.europa.eu/eiro/2011/01/articles/sk1101019i.htm (beide englisch).

626 Vgl. Art. 37 der Verfassung (*Ústava Slovenskej republiky*) von 1993; eine inoffizielle englische Übersetzung ist abrufbar unter http://www.slovak-republic.org/constitution/(Stand z.Z. 210/2006).

627 §§ 229 VI, 231 skLC.

628 § 233 I, II, III skLC; zuvor lag der Schwellenwert für einen Betriebsrat bei mehr als 20 Beschäftigten, *Neubauer*, ArbR, S. 11.

629 ETUI-SK-BI, S. 1; geschätzt sollten demnach im Jahr 2004 insgesamt 219 Unternehmen einen Betriebsrat haben. Zum Stand der Entwicklung bis 2002, *Peter Ondruška, „Social context of the new labour legislation in the Slovak Republic"*, abrufbar unter http://www.boeckler.de/pdf/South-East_Europe_Review-2002-03s-p23.pdf, zur Kritik insbes. S. 35 ff.

bb) Größe und Zusammensetzung

(1) Gewerkschaftsvertretung

Die nähere Ausgestaltung der lokalen Gewerkschaftsausschüsse obliegt den Gewerkschaften. Einzige gesetzliche Vorgabe ist eine Mindestgröße von drei Personen. Die Amtszeit liegt bei den Gewerkschaftsvertretern in der Regel zwischen zwei und fünf Jahren.

(2) Betriebsrat

Die Betriebsratsgröße ist nach der Arbeitnehmerzahl gestaffelt. Bei 50 bis 100 Beschäftigten liegt sie bei drei Mitgliedern, für 101 bis 500 Beschäftigte kommt je 100 Beschäftigte ein Mitglied hinzu, für 501 bis 1.000 Beschäftigte wiederum ein Mitglied, darüber für jeweils weitere 1.000 Beschäftigte noch ein weiteres Mitglied.

Betriebsräte und Vertrauenspersonen werden in geheimer Abstimmung von der gesamten Belegschaft für vier Jahre gewählt. Vorschläge hierfür kommen entweder von den Gewerkschaften oder von mindestens 10% der Beschäftigten.[630]

Häufigkeit und Organisation der Sitzungen sind gesetzlich nicht festgeschrieben. Sollte eine Mehrheit der Betriebsratsangehörigen dies wünschen, kann aber ein Gewerkschaftsvertreter an den Betriebsratssitzungen teilnehmen.[631]

cc) Befugnisse

(1) Beteiligung

Alle Interessenvertreter, gleich ob Betriebsräte, Gewerkschaftsvertreter oder die Vertrauensperson, haben Unterrichtungs- und Anhörungsbefugnisse, die allerdings eher allgemein gehalten sind.[632] Auf manchen, jedoch sehr wenigen, Gebieten gibt es auch Mitbestimmungsrechte, deren Ausübung jedoch den Gewerkschaftsorganisationen vorbehalten ist. Hervorzuheben ist auch hier die Befugnis zur Mitbestimmung über die Arbeitsordnung des jeweiligen Betriebs, die ohne die vorherige Zustimmung der Arbeitnehmervertreter ungültig ist, sowie die Gestaltung der Arbeitszeit. Ferner können allein die Gewerkschaften an Tarifverhandlungen teilnehmen. Die Tarifverhandlungen finden in der Slowakischen Republik auf Branchen- und Unternehmensebene statt.[633]

---

630 § 234 skLC, zur Wahl insbesondere Abs. 4–7, zur Amtszeit Abs. 8.
631 § 229 VIII skLC; ETUI-SK-BI, S. 1 f.; *Kluge/Stollt*, MB in den neuen EU-MS, S. 96.
632 §§ 229 IV, 238 (Information), 239 (Kontrolle) skLC; *Ondruška/Krajcír*, SK-System, S. 34.
633 § 229 VI, VII skLC; ETUI-SK-BI, S. 2; *Kluge/Stollt*, MB in den neuen EU-MS, S. 97.

(2) Ausstattung, Freistellung und Kündigungsschutz

Seit September 2007 haben die Arbeitnehmervertreter neue Rechte auf bezahlte Freistellung. Der jeweilige Umfang wird grundsätzlich zwischen Arbeitgeber und Arbeitnehmervertretern ausgehandelt. Minimal liegt er bei monatlich 15 Minuten je Arbeitnehmer im Betrieb. Des Weiteren sollte der Arbeitgeber den Arbeitnehmervertretern „angemessen ausgestattete Räumlichkeiten“ zur Aufgabenerfüllung zur Verfügung stellen. Einzelheiten werden im Tarifvertrag mit dem Unternehmen festgelegt.[634]

Arbeitnehmervertreter dürfen nicht aufgrund ihrer Aufgaben benachteiligt werden. Zur Kündigung ist grundsätzlich die vorherige Zustimmung des jeweiligen Gremiums notwendig.[635]

dd) Vertretung auf supranationaler Ebene

Die slowakischen Mitglieder in einem Besonderen Verhandlungsgremium bei EBR bzw. SE (*osobitný vyjednávací orgán*) werden grundsätzlich auf einer Versammlung aller Arbeitnehmervertreter, also der Gewerkschafter und der Betriebsräte, gewählt. Die Stimmenzahl richtet sich dann nach der Anzahl der vertretenen Arbeitnehmer. Gibt es keine Arbeitnehmervertreter, werden die Mitglieder direkt von der Gesamtbelegschaft gewählt. Einzig im Besonderen Verhandlungsgremium bei der SE können Unternehmensexterne vertreten sein, sonst können ausschließlich Belegschaftsangehörige bestellt werden.[636]

b) Unternehmensmitbestimmung

Eine Unternehmensmitbestimmung der Arbeitnehmer ist im privaten Sektor ausschließlich für „größere“ Aktiengesellschaften gesetzlich vorgesehen. Eine Aktiengesellschaft (*Akciová spoločnosť, a.s.*[637]) erfüllt dieses Kriterium, wenn sie über mehr als 50 Vollzeitbeschäftigte sowie über ein Kapital von mindestens 25.000,– Euro[638] verfügt. In solchen Gesellschaften haben die Arbeitnehmer das Recht, ein Drittel der Mitglieder des Aufsichtsrats zu wählen.

Auf freiwilliger Basis können die Unternehmen per Satzung aber günstigere Regeln einführen. So können sie die Mindestzahl der Beschäftigten unter 50 senken sowie den Anteil der Arbeitnehmervertreter von einem Drittel bis auf die Hälfte anheben.[639]

---

634 § 240 I–V skLC, die Pflicht zur Verschwiegenheit ist in Abs. 5 normiert; ETUI-SK-BI, S. 2 f.

635 § 240 VII–X skLC.

636 §§ 241 ff. insbesondere § 244 III UAbs. 2 skLC; ETUI-SK-EBR, S. 1.

637 §§ 154 ff. *OBZ*.

638 Ursprünglich eine Million *SKK*, die slowakische Republik hat zum 01.01.2009 den Euro eingeführt; vgl. *Ondruška/Krajcír*, SK-System, S. 34 f.

639 § 200 I 3 *OBZ*.

Vor dem Jahr 2000 war die Aufstellung der Kandidaten gesetzlich nicht geregelt. Das hat dazu geführt, dass in mehreren Fällen der Vorstand nicht nur die Wahlen organisierte, sondern auch seinerseits die Kandidaten auswählte. Inzwischen werden die Arbeitnehmervertreter von der Gewerkschaft oder von 10% der Belegschaft vorgeschlagen und von der gesamten Belegschaft gewählt. Wählbar sind allein Beschäftigte des Unternehmens.[640]

Der slowakische Corporate Governance Kodex vom Januar 2008 *(Kódex správy a riadenia spoločností na slovensku)*[641] erwähnt die Mitbestimmung im Rahmen von Anreizsystemen (Pkt. III C.). Er ist in seinen Vorgaben aber sehr vage. Demnach folgt die Mitbestimmung aus gesetzlichen Vorgaben, kann sich aber von Unternehmen zu Unternehmen unterscheiden. Die Meinungen der Arbeitnehmer, unabhängig ob im Aufsichtsrat, bei der betrieblichen Beteiligung oder auf individueller Ebene geäußert, „sollen" berücksichtigt werden.

---

5. Zusammenfassung

- Die Slowakische Republik folgt ebenfalls dem dualistischen Modell.
- Auch hier wurden die Regelungen zur Arbeitnehmerbeteiligung wiederholt geändert. Es existiert eine Arbeitnehmerbeteiligung auf betrieblicher und auf unternehmerischer Ebene. Die betriebliche Interessenvertretung obliegt den lokalen Gewerkschaftsorganisationen sowie den Betriebsräten, die in den Betrieben jeweils parallel existieren können und sich die Befugnisse grundsätzlich teilen. Die Arbeitnehmervertretungen haben gewisse Unterrichtungs- und Anhörungsrechte, inklusive (allerdings nur sehr eingeschränkter) Mitbestimmungsbefugnisse. Verhandlungen über Löhne und Arbeitsbedingungen obliegen seit 2013 wieder ausschließlich den Gewerkschaften.
- Betriebsräte werden eingerichtet, wenn 10% der Beschäftigten dies schriftlich fordern, darunter besteht die Möglichkeit der Wahl einer „Vertrauensperson". Die Betriebsratsgröße hängt von der Betriebsgröße ab und liegt mindestens bei drei Personen. Die lokalen Gewerkschaftsausschüsse bestehen ebenfalls aus mindestens drei Personen. Die nähere Ausgestaltung der Gewerkschaftsvertretungen obliegt den Gewerkschaften. Die Amtszeiten liegen zwischen zwei und fünf Jahren bei den Gewerkschaftsvertretern und bei vier Jahren für die Betriebsräte. Betriebsübergreifend arbeiten nur die Gewerkschaften. Praktisch sind in der Slowakei weder Gewerkschaftsvertretungen noch Betriebsräte weit verbreitet.

---

640 § 200 I, V, VI *OBZ*; ETUI-SK-MB, S. 1, *Kluge/Stollt*, MB in den neuen EU-MS, S. 97; *Ondruška/Krajcír*, SK-System, S. 37.

641 Text bei der *Central European Corporate Governance Association CECGA/Stredoeurópska asociácia správy a riadenia spoločností* unter http://cecga.org/tpls/file.php?id=119 (englisch).

- Die Unternehmensmitbestimmung ist beschränkt auf die Rechtsform der Aktiengesellschaft und zusätzlich an ein Größenkriterium gebunden. Beschäftigt eine Aktiengesellschaft mehr als 50 Vollzeitkräfte und verfügt sie zudem über ein gezeichnetes Kapital von mindestens 25.000,– Euro, haben die Arbeitnehmer das Recht, ein Drittel der Mitglieder des Aufsichtsrats aus ihren Reihen zu wählen. Die Kandidaten werden entweder von der im Unternehmen vorhandenen Gewerkschaft oder von 10% der Belegschaft vorgeschlagen. Auf freiwilliger Basis kann das Unternehmen die Mindestzahl unter 50 Beschäftigte senken sowie den Anteil der Arbeitnehmervertreter von einem Drittel bis auf die Hälfte erhöhen. Die Arbeitnehmervertreter haben dieselben Rechte und Pflichten wie die anderen Aufsichtsratsmitglieder, inklusive der Vergütung.

V. Slowenien[642]

1. Übersicht

Slowenien gewährt den Arbeitnehmern nominell ein ganzes Spektrum von Mitbestimmungsmöglichkeiten auf individueller und kollektiver Ebene. Darunter befinden sich Unterrichtungs- und Anhörungsrechte im Betrieb sowohl durch lokale Gewerkschaftsvertretungen als auch durch Betriebsräte. Zudem gibt es Mitbestimmungsrechte bei der Unternehmensleitung, die sich in ihrer Reichweite am deutsch-österreichischen Modell orientierten. Die Mitbestimmung ist sogar verfassungsrechtlich garantiert,[643] kommt aber inzwischen faktisch nur in größeren Aktiengesellschaften, u.a. mit mehr als 500 Beschäftigten, zum Tragen. Die Arbeitnehmervertreter besetzen dann mindestens ein Drittel bis maximal die Hälfte der Sitze im Aufsichtsrat, je nach Unternehmenssatzung. Im monistischen Modell liegt die Beteiligung maximal

642 *Kluge/Stollt*, MB in den neuen EU-MS, S. 88 ff., 97 f.; *Neubauer*, ArbR, S. 19 f.; *Bohnic/Bainbridge*, CG Slovenia, S. 1 ff.; *Milutinov*, S. 160 ff., 177 ff.; *Hojnik*, Slovenia, S. 201 ff.; *dies.*, Slovenian Law 2006, S. 1 ff.; *Končar*, Slovenian Perspective, S. 41 ff.; *Bedrac*, SI-System, S. 39 ff.; *Fulton*, ETUI-SI-Betriebliche Interessenvertretung, ETUI-SI-Unternehmensmitbestimmung sowie ETUI-SI-Europäische Interessenvertretung (ETUI-SI-BI, ETUI-SI-MB, ETUI-SI-EI) unter http://www.worker-participation.eu/National-Industrial-Relations/Countries/Slovenia sowie *Skledar, Slovenia: Industrial relations profile* (z.T. 18.04.2013) bei Eiro online unter http://www.eurofound.europa.eu/eiro/country/slovenia.htm (englisch).

643 Art. 75 Verfassung von 1991 (*Ustava Republike Slovenije*): „*Die Arbeitnehmer wirken an der Verwaltung von Wirtschaftsunternehmen und Anstalten auf die Art und unter den Bedingungen mit, die durch das Gesetz festgelegt werden.*" Der Verfassungstext ist in deutscher Übersetzung abrufbar auf den Webseiten des Verfassungsgerichts *Ustavno Sodišče Republikje Slovenije* unter http://www.us-rs.si/o-sodiscu/pravna-podlaga/ustava/?lang=2.

bei einem Drittel. In Unternehmen mit Aufsichtsrat und mehr als 500 Beschäftigten wählt der Betriebsrat einen Arbeitsdirektor in den Vorstand.

2. Hintergrund

Historisch ein ehemaliger Teil des habsburgischen Kaiserreichs ist Slowenien aktuell (wieder) stark vom „deutsch-österreichischen Modell“ beeinflusst.[644] Auf dem Papier hat es eines der am weitest reichenden Mitbestimmungssysteme überhaupt.

Maßgeblich sind insofern das Wirtschaftsgesellschaftsrecht (*Zakon o gospodarskih družbah, ZGD)* und das Gesetz über die Mitbestimmung bei der Unternehmensführung (*Zakon o sodelovanju delavcev pri upravljanju, ZSDU*). Im *ZSDU* ist neben den Betriebsräten auch ein Recht auf Mitbestimmung im Aufsichtsrat der Unternehmen normiert. Es gilt für alle Unternehmen und Gesellschaftsformen, inklusive Banken und Versicherungen, sofern nicht besondere Gesetze anderweitiges vorgeben.[645] Vorgesehen ist hier eine Beteiligung zwischen mindestens einem Drittel und maximal der Hälfte.[646]

Seit 2006 hat es allerdings einige bedeutende Änderungen der Rechtslage gegeben, durch die dieser ursprünglich recht weite Bereich der Mitbestimmung begrenzt wurde. Unter anderem wurden im Zuge der Gesetzesänderungen „kleine“ Unternehmen gänzlich von der Mitbestimmung ausgenommen. Ein Grund für diese Befreiung waren die zwischenzeitlich gesammelten Erfahrungen. Argumentiert wurde, dass sich das ursprünglich übernommene deutsch-österreichische Modell der Mitbestimmung als zu kompliziert und zu ineffizient erweise; wobei sich allerdings die slowenischen Kritiker ihrerseits zumindest zum Teil weniger auf eigene Erkenntnisse als auf die entsprechenden deutschen bzw. österreichischen Kommentierungen und Erfahrungen beriefen.[647]

In der Praxis jedenfalls soll die Umsetzung des *ZSDU* nur zögerlich von Statten gegangen sein. Ebenso wie in Österreich ist die Anwendung seiner Regelungen im Unternehmen kein Automatismus sondern nur eine Möglichkeit. Anders als in Österreich kennen die slowenischen Arbeitnehmer diese Rechte aber nur selten, was bereits beim Betriebsrat beginnt. Wenn aber kein Betriebsrat existiert, gibt es auch die Mitbestimmung auf der Leitungsebene nicht, da die Arbeitnehmervertreter vom Betriebsrat gewählt und entlassen werden. Insofern bedarf es praktisch stets eines ersten

---

644 *Bohnic/Bainbridge*, CG Slovenia, S. 1ff., 12ff.; *Hojnik*, Slovenia, S. 203; zur Entwicklung *ebd.*, S. 212ff., und *Končar*, Slovenian Perspective, S. 49; der Text des *ZGD* findet sich in slowenischer Sprache auf den Webseiten des Amtsblattes „*Uradni list*“ unter http://www.uradni-list.si/1/content?id=93580.

645 *Hojnik*, Slovenian Law 2006, S. 2; *Končar*, Slovenian Perspective, S. 49 („*Umbrella Act*“).

646 Art. 79 *ZSDU*, *Hojnik*, Slovenia, S. 213.

647 Vgl. *Bohnic/Bainbridge*, CG Slovenia, S. 23ff. insbes. S. 26.

Anstoßes von Seiten der Arbeitnehmer im Sinne eines „triggering".[648] Noch 2011 waren aber sowohl die Gewerkschaften als auch die Arbeitgeberorganisationen der Meinung, dass das Niveau des Sozialen Dialogs in Slowenien weiterhin sehr niedrig gewesen sei.[649]

3. Organisationsverfassung der Kapitalgesellschaften

Rechtsquelle ist das Wirtschaftsgesellschaftsgesetz (*Zakon o gospodarskih družbah, ZGD)* aus dem Jahr 1993.[650]

Ursprünglich folgte Slowenien im *ZGD* ausschließlich dem dualistischen Modell. Erfüllte ein Unternehmen eines von fünf Kriterien galt es als „groß" und es wurde ein Aufsichtsrat zwingend vorgeschrieben.

Unterteilt werden Micro-, kleine, mittlere und große Unternehmen. Maßstab sind die Belegschaftsgröße, Umsatz und Bilanzsumme („*value of assets*"), ermittelt über einen Zeitraum von zwei Jahren.[651]

Im April 2006 wurde im Zuge der Einführung der SE in das slowenische Recht – zunächst übergangsweise – eine Wahlmöglichkeit geschaffen.[652] Demnach konnten sich die Unternehmen zwischen der dualistischen und der monistischen Struktur entscheiden. Ein Jahr später wurde die Wahlmöglichkeit für die AG *(Delniška družba,* abgekürzt *d.d.)*[653] dauerhaft eingeführt. Die *d.d.* verfügt damit nunmehr wahl-

648 *Kluge/Stollt*, MB in den neuen EU-MS, S. 97 f.; *Hojnik*, Slovenia, S. 213; *Bedrac*, SI-System, S. 44; *Končar*, Slovenian Perspective, Fn. 22, bezeichnet diesen Umstand als „*week point of the system*".

649 *Skledar*, *Industrial relations*, (oben Fn. 642), Abschnitt *Industrial relations context*.

650 Konsolidierter Text im slowenischen Original abrufbar unter http://www.uradni-list.si/1/objava.jsp?urlid=200965&stevilka=3036. Das *ZGD* wurde über die Jahre wiederholt geändert, die Neufassungen werden durch ergänzende Zusätze kenntlich gemacht. Aktuell ist das *ZGD-1-UPB3* von 2009. Eine inoffizielle englische Fassung des *ZGD* (Stand *ZGD-1*) ist abrufbar unter http://www.investslovenia.org/fileadmin/dokumenti/is/Facts___figures/Establishing_a_company/Companies_Act_ZGD-1_ang.pdf.

651 Art. 55 f. *ZGD-1-UPB3*. Vgl. *Bedrac*, SI-System, S. 39 f.

652 *ZGD – 1*, Text in englischer Sprache abrufbar beim Wirtschaftsministerium (jetzt: Ministerium für wirtschaftliche Entwicklung und Technologie – *Ministrstvo za gospodarski razvoj in tehnologijo – MGRT*) unter http://www.mg.gov.si/fileadmin/mg.gov.si/pageuploads/predpisi/ZGD-1_prevod_AN.pdf; vgl. ETUI-SI-MB, S. 1; *Kluge/Stollt*, MB in den neuen EU-MS, S. 97; *Hojnik*, Slovenia, S. 204 ff. Das *ZGD-1* wiederum wurde im Mai 2009 durch das *ZDG-1C* geändert, eingearbeitet wurde die Gemeinschaftsrichtlinie 2007/36/EG; der Gesetzestext ist abrufbar unter http://www.mg.gov.si/fileadmin/mg.gov.si/pageuploads/DNT/Microsoft_Word_-_025_13_78-2009-1_edit_FINAL2.pdf (englisch).

653 Art. 168–429 *ZGD-1-UPB3*.

weise über einen Verwaltungsrat (*upravni odbor*) oder einen Vorstand (*uprava*) und einen Aufsichtsrat (*nadzôrni svet*).[654]

In der GmbH (*Družba z omejeno odgovornostjo*, abgekürzt *d.o.o.*)[655] kann ein Aufsichtsrat freiwillig durch den Gesellschaftsvertrag bestellt werden. Die Regeln über den Aufsichtsrat in der AG gelten dann entsprechend, solange die Satzung keine anderen Vorgaben trifft.[656] Daneben verfügt die *d.o.o.* über die Gesellschafterversammlung (*skupščina družbenikov*)[657] sowie die Geschäftsführung aus einem oder mehreren Geschäftsführern (*poslovodij (direktorjev)*, Singular *poslovodja*).[658]

Eine *d.o.o.* kann durch eine oder mehrere natürliche oder juristische Personen gegründet werden, maximal aber ohne gesonderte ministerielle Erlaubnis nur 50 Gesellschafter haben.[659]

Das Mindestkapital für die *d.d.* liegt bei 25.000,– Euro,[660] für die *d.o.o.* beträgt es 7.500,– Euro.[661]

4. Arbeitnehmerbeteiligung

a) Betriebliche Interessenvertretung

aa) Voraussetzungen

(1) Grundlagen

Auch Slowenien kennt eine parallele betriebliche Interessenvertretung durch lokale Gewerkschaftsvertreter und den Betriebsrat. Beide Gremien haben Unterrichtungs- und Anhörungsrechte. Die Rechte des Betriebsrats sind weitergehend, allerdings sind ausschließlich die Gewerkschaften für Tarifverhandlungen zuständig.

Ähnlich wie in den anderen osteuropäischen Ländern sind die Gewerkschaften auf Betriebsebene sehr fragmentiert, die nationalen Dachverbände aber gelten als fest im System der industriellen Beziehungen verankert (deren größte und bedeutendste ist die *Zveza svobodnih sindikatov Slovenije – ZSSS*, etwa „Vereinigung der Freien Gewerkschaften Slweniens"). Dementsprechend

---

654 Vgl. im Einzelnen für die *d.d.*: Art. 253 II (Wahlmöglichkeit), 253 ff. (gemeinsame Bestimmungen für Vorstand und Aufsichtsrat), 273 ff. (besondere Regelungen für den Aufsichtsrat), 281 f. (Kompetenzen), 284 (Vergütung), Art. 285 ff. (Verwaltungsrat) *ZGD-1-UPB3*.

655 Art. 471–526 *ZGD-1-UPB3*, zu den Organen Art. 504 ff. *ZGD-1-UPB3*.

656 Art. 514 *ZGD-1-UPB3*.

657 Art. 507 ff. *ZGD-1-UPB3*.

658 Art. 515 ff. *ZGD-1-UPB3*.

659 Art. 473 *ZGD-1-UPB3*.

660 Art. 171 *ZGD-1-UPB3*.

661 Art. 475 *ZGD-1-UPB3*.

relativ hoch ist der gewerkschaftliche Organisationsgrad, der noch für 2003 mit 44% angegeben wurde.
Mit der Umsetzung des Gemeinschaftsrechts wurden allerdings in Slowenien die bis dahin für die Arbeitgeberverbände bestehenden Zwangsmitgliedschaften in der Industrie- und Handelskammer (*Gospodarska zbornica Slovenije – GZS*) aufgehoben, was sich auch auf die Tarifverhandlungen ausgewirkt hat. Als weitere Folge wird eine zunehmende Schwächung der Gewerkschaften erwartet.
Für 2008 wird noch von einem gewerkschaftlichen Organisationsgrad von 26,6% berichtet, bei massiv abnehmender Tendenz.[662]

(2) Formen

α) Gewerkschaftsvertretungen

Die Gewerkschaften operieren u.a. auf Grundlage des Gesetzes über Arbeitsbeziehungen von 2002 (*Zakon o delovnih razmerjih*).[663] Ggf. können sie im Unternehmen eine lokale Gewerkschaftsvertretung etablieren (*Sindikat podjetja*, der einzelne Vertreter wird dann als *sindikalni zaupnik* bezeichnet).

Um jedoch die Arbeitnehmer in sozialen und wirtschaftlichen Fragen vertreten zu dürfen sowie um ggf. an der Unternehmensmitbestimmung teilnehmen zu können, müssen die Gewerkschaften „repräsentativ" sein. Das wiederum ist der Fall, wenn sie mindestens 15% der Arbeitnehmer im betreffenden Unternehmen organisiert.[664]

Sind in einem Unternehmen mehrere Gewerkschaften vertreten, werden die Einzelheiten in Tarifverträgen vereinbart.

β) Betriebsräte

Demgegenüber sind die Bedingungen für die Betriebsräte gesetzlich festgelegt (*Svet delavcev*, wörtlich „Arbeiterrat"). Das entsprechende Gesetz *Zakon o sodelovanju delavcev pri upravljanju* stammt aus dem Jahr 1993 und basiert auf den Modellen aus

662 *Milutinov*, S. 165 ff., 180; *Fulton*, Länderübersicht SI; *Skledar, Industrial relations*, (oben Fn. 642), Abschnitt *Main Actors*.

663 Art. 207–210 *Zakon o delovnih razmerjih*. Als *Employment Relationships Act* beim Ministerium für Arbeit, Familie und Soziale Angelegenheiten (*Ministrstvo za delo, družino in socialne zadeve – MDDSZ*) unter http://www.mddsz.gov.si/en/legislation/veljavni_predpisi/employment_relationships_act/#c16987, (Stand 2007) (englisch).

664 Maßgeblich ist das Gesetz über die Repräsentativität von Gewerkschaften (*Zakon o reprezentativnosti sindikatov (ZRSin)* von 1993). Die Entscheidung obliegt dem *MDDSZ*. Es listet aktuell 45 repräsentative Gewerkschaften auf (Stand 09.04.2013); http://www.mddsz.gov.si/en/areas_of_work/labour_relations_and_labour_rights/social_partnership/(Portal, englisch). Vgl. auch *Skledar, Industrial relations*, (oben Fn. 642), Abschnitt *Workplace representation*.

Deutschland und Österreich.[665] Allerdings sind die Kompetenzen in der slowenischen Variante nicht so weit reichend. Zudem werden slowenische Betriebsräte eher auf Unternehmensebene als auf der Ebene jedes einzelnen Betriebs eingerichtet.[666]

Ein Betriebsrat kann in allen Betrieben mit mehr als 20 Beschäftigten mit aktivem Wahlrecht errichtet werden, in kleineren Betrieben, oder wenn ein einzelner Unternehmer 50 Mitarbeiter beschäftigt,[667] kann eine einzelne Vertrauensperson bestimmt werden (*delavski zaupnik*). Die Vertrauensperson genießt dann dieselben Rechte und Pflichten, wie das Gesamtgremium Betriebsrat. Das aktive Wahlrecht besitzen alle Arbeitnehmer, die im fraglichen Unternehmen dauerhaft für mindestens sechs Monate beschäftigt sind.

Im Jahr 2007 wurde das Recht zur Bildung eines Betriebsrats durch das Gesetz über Arbeitnehmerbeteiligung auch auf Geschäftstätigkeiten, die keine Unternehmensrechtsform haben (wie z.B. Einzelunternehmen) ausgedehnt. Der Schwellenwert liegt hier bei 50 Arbeitnehmern.[668]

γ) Betriebsübergreifend

Hat ein Unternehmen mehrere Betriebe, kann ein betriebsübergreifender Betriebsrat gegründet werden (*svet delavcev kapitalsko povezanih družb*). Über Größe und Sitzverteilung in diesem Gremium entscheiden die Betriebsräte selbst.[669] Praktisch sind diese betriebsübergreifenden Gremien aber höchst selten.[670]

Nach ihrem Selbstverständnis sollen sich die Betriebsräte nicht als Konkurrenz zu etwaigen betrieblichen Gewerkschaftsorganisationen verstehen; praktisch kommt es meist zu Kooperationen. Dementsprechend besteht auch unter lokalen Beobachtern eine gewisse Uneinigkeit darüber, welches Vertretungsgremium (derzeit) die führende Rolle einnimmt.[671]

---

665 Im Folgenden geändert durch *ZSDU-A* von 2001 und *ZSDU-B* von 2007. Konsolidierter Text *ZSDU-UPB1* in slowenischer Sprache unter http://www.uradni-list.si/1/objava.jsp?urlid=200742&stevilka=2286; soweit ersichtlich existiert keine frei zugängliche Übersetzung.

666 Zum slowenischen Betriebsrat instruktiv *Skledar, Participation through employees' councils* (09.12.2003), unter http://www.eurofound.europa.eu/eiro/2003/11/feature/si0311102f.htm (englisch).

667 *Skledar, Industrial relations*, (oben Fn. 642), Abschnitt *Workplace representation*, hier *Main channels of employee representation*.

668 Art. 8, 9 *ZSDU-UPB1*; ETUI-SI-BI, S. 1; *Bedrac*, SI-System, S. 42 ff., *Skledar, Participation* (oben Fn. 666).

669 Art. 73 f. *ZSDU-UPB1*.

670 ETUI-SI-BI, S. 3.

671 Nach *Rudolf* sind Betriebsräte in Slowenien die mit Abstand wichtigste Form der Arbeitnehmervertretung; *Rudolf*, OBS 2006, S. 15; vgl. auch *Neubauer*, ArbR, S. 19. *Skledar, Industrial relations* (oben Fn. 642), Abschnitt *Workplace representation*, sieht hingegen die Gewerkschaftsvertretungen in der bedeutenderen Rolle und verweist insoweit auf die *European Company Survey (ECS) 2009* von

bb) Größe und Zusammensetzung

(1) Gewerkschaftsvertretung

Die Gewerkschaften bestimmen selbst über ihre Strukturen in den Betrieben. Das Gesetz über Arbeitsbeziehungen von 2002 regelt lediglich, dass die Gewerkschaft „zur Vertretung gegenüber dem Arbeitgeber einen Gewerkschaftsvertreter ernennt und/oder wählt".[672]

(2) Betriebsrat

Die absolute Größe des Betriebsrats staffelt sich nach der Größe des Betriebs. Sie liegt bei drei Betriebsräten für 21 bis 50 Beschäftigte und beträgt 13 Betriebsräte für 601 bis 1.000 Beschäftigte. Für jeweils weitere 1.000 Beschäftigte kommen dann zwei weitere Mitglieder hinzu.

Ihm gehören ausschließlich Arbeitnehmer des jeweiligen Betriebs an, die von diesen in geheimer Wahl gewählt werden. Kandidaten werden entweder von den im Unternehmen vertretenen Gewerkschaften oder von mehreren Arbeitnehmern vorgeschlagen. Hierfür sind zwischen drei und maximal 50 Unterstützer notwendig, je nach Anzahl der insgesamt Beschäftigten. Die Amtszeit liegt bei vier Jahren.

Zur Behandlung bestimmter Themen kann der Betriebsrat Ausschüsse einrichten. An diesen Ausschüssen können sich dann auch andere Arbeitnehmer als die gewählten Betriebsratsmitglieder beteiligen.

Eurofound, abrufbar unter http://www.eurofound.europa.eu/pubdocs/2011/43/en/1/EF1143EN.pdf (englisch), dort S. 46 f. Daten werden nicht systematisch erhoben und variieren je nach Quelle. Der *ECS 2009* nach sind bei einer eingliedrigen Vertretung die Gewerkschaften am häufigsten, 23% der Vertretungen decken 25% der Arbeitnehmer ab. Eine zweigliedrige Vertretung besteht in 15% der Unternehmen und betrifft 39% der Beschäftigten. Betriebsräte als einzige Vertretungsform sind sehr selten und kommen vor allem in kleineren Unternehmen vor; genannt werden 4% der Unternehmen und 2% der Arbeitnehmer. Nach *Hojnik* sind Betriebsräte in 85% aller Betriebe vertreten, Slovenia, S. 214. Nach einer Untersuchung durch das *Cranfield Network on International Human Ressource Management (Cranet)* waren im Jahr 2001 Betriebsräte noch in 76,7% aller untersuchten Betriebe mit mehr als 200 Beschäftigten vertreten. Der Wert sank bis 2004 auf 63,9%. Nach Schätzungen der größten slowenischen Dachgewerkschaftsorganisation *ZSSS* (*Zveza Svobodnih Sindikatov Slovenije*) sollen im März 2009 ca. 50% aller slowenischen Arbeitnehmer entweder von einer Gewerkschaft oder von einem Betriebsrat vertreten gewesen sein; *Pavlin, Slovenia: the impact of the information and consultation Directive*, (09.03.2009) unter http://www.eurofound.europa.eu/eiro/studies/tn0710029s/si0710029q.htm. Aktueller schätzt *Plachtej*, dass zwischen 50 und 75% der großen slowenischen Unternehmen Betriebsräte etabliert haben, 30% der mittleren und 20% der kleinen; in: *Slovenia: EIRO CAR on the effect of the Information and Consultation Directive on Industrial Relations in the EU Member States five years after its transposition*" (19.01.2011), unter http://www.eurofound.europa.eu/eiro/studies/tn1009029s/si1009021q.htm (englisch).

672 Art. 208 I *Employment Relationships Act*.

Üblicherweise finden Betriebsratssitzungen einmal im Monat statt. Auch Sitzungen mit dem Arbeitgeber sollen regelmäßig stattfinden.[673]

cc) Befugnisse

(1) Gewerkschaftsvertretung

Die lokalen Gewerkschaftsvertretungen haben vornehmlich die Aufgabe, die Tarifverhandlungen im jeweiligen Unternehmen zu führen. Daneben haben sie nach dem Gesetz über Arbeitsbeziehungen von 2002 das allgemeine Recht „die Rechte und Interessen der Gewerkschaftsmitglieder gegenüber dem Arbeitgeber zu vertreten und zu schützen", was insbesondere bei Disziplinarmaßnahmen bzw. Entlassungen von Gewerkschaftsmitgliedern zum Tragen kommen soll. Hier kann sich die Gewerkschaft zu den betreffenden Maßnahmen äußern und ggf. Einspruch einlegen. Im Fall einer Kündigung führt dieser Einspruch dann zu deren Aussetzung bis zur gerichtlichen Klärung. Insofern erfüllt die Gewerkschaftsvertretung eher eine „*Konfliktfunktion*".[674]

(2) Betriebsrat

Demgegenüber haben die Betriebsräte eher eine „*kooperative Funktion*". Der Betriebsrat muss zu den wichtigsten arbeitnehmerrelevanten Maßnahmen angehört werden, wie z.B. Veräußerung oder Schließung des Unternehmens oder seiner Teile, Verlagerung von Arbeitsplätzen, Mitarbeiterbedarf und Lohngruppen. Hierzu muss der Arbeitgeber den Betriebsrat mindestens 30 Tage vor Durchführung der Maßnahme informieren und mit ihm mindestens 15 Tage vorher beraten. Ziel ist es, in den fraglichen Punkten eine gemeinsame Position zu erreichen.

Ferner hat der Betriebsrat in bestimmten Fällen Zustimmungsrechte, namentlich bei der Leistungsbewertung und dem Jahresurlaub. Stimmt er nicht zu, kann die geplante Maßnahme nicht umgesetzt werden. Im Streitfall entscheidet eine separate unabhängige Schiedsstelle.[675]

(3) Ausstattung und Kündigungsschutz

Zur Erfüllung ihrer Aufgaben sind die Arbeitnehmervertreter freizustellen. Für Gewerkschaftsvertreter werden die Einzelheiten tarifvertraglich geregelt. Für Betriebs-

---

673 Vgl. Art. 10 (Größe), 12 ff. (Besetzung und Wahlverfahren), 86 (regelmäßige Sitzung mit dem Arbeitgeber) *ZSDU-UPB1*; ETUI-SI-BI, S. 2 f.; *Hojnik*, Slovenian Law 2006, S. 3.

674 ETUI-SI-BI, S. 2; *Kluge/Stollt*, MB in den neuen EU-MS, S. 97; *Bedrac*, SI-System, S. 43; *Hojnik*, Slovenian Law 2006, S. 2.

675 Art. 85 ff., insbes. 89, 90, 93, zur Schiedsstelle Art. 99–106 *ZSDU-UPB1*; ETUI-SI-BI S. 2 f.; *Kluge/Stollt*, MB in den neuen EU-MS, S. 98; *Neubauer*, ArbR, S. 19; *Skledar, Participation* (oben Fn. 666).

räte gilt auch hier eine Staffelung je nach Unternehmensgröße. Bei 50 bis 100 Beschäftigten hat ein Betriebsrat Anspruch auf bezahlte Freistellung auf Halbtagsbasis. In Unternehmen mit 101 bis 300 Mitarbeitern gilt dies bereits für zwei Betriebsräte, ab 301 Arbeitnehmern erfolgt eine Freistellung auf Vollzeitbasis, ab 601 Mitarbeitern dann zwei Freistellungen, danach jeweils eine Freistellung mehr für jeweils 600 weitere Mitarbeiter.

Daneben stellt das Unternehmen dem Betriebsrat die notwendige Ausstattung zur Verfügung. Kosten für externe Sachverständige übernimmt es nach vorheriger Vereinbarung.[676]

Die Arbeitnehmervertreter genießen daneben einen besonderen Kündigungsschutz, Sie können grundsätzlich nicht ohne Zustimmung des jeweiligen Gremiums entlassen werden. Wie viele Gewerkschaftsvertreter diesen Kündigungsschutz genießen, wird im Tarifvertrag festgelegt.[677]

dd) Vertretung auf supranationaler Ebene

Im Besonderen Verhandlungsgremium von EBR bzw. SE (*posebno pogajalsko telo*) werden die slowenischen Mitglieder auf einer Versammlung der gesamten Belegschaft in geheimer Wahl bestellt. Vorschlagsrechte liegen beim Betriebsrat, bei den im Unternehmen vertretenen Gewerkschaften oder bei mindestens 50 Arbeitnehmern. Das Gesetz regelt nicht, ob es sich hierbei ausschließlich um Unternehmensangehörige handeln muss.

Die Arbeitnehmervertreter im Leitungsorgan einer SE, die nach der Auffangregelung gebildet wurde, werden vom Betriebsrat der SE gewählt oder ernannt.[678]

b) Unternehmensmitbestimmung

Maßgeblich ist hier Kapitel V, Art. 78–84a *ZSDU*.[679] Die Mitbestimmung wird demnach grundsätzlich an das Bestehen eines Aufsichtsrats sowie an die Unternehmensgröße geknüpft. Tatsächlich sind daher ausschließlich „große“ Aktiengesellschaften betroffen.

---

676 Art. 62 ff. *ZSDU-UPB1*; ETUI-SI-BI, S. 3.

677 ETUI-SI-BI, S. 3.

678 ETUI-SI-EI, S. 1; für den EBR vgl. Art. 7 ff., insbes. Art. 9 *ZESD* (*Zakon o evropskih svetih delavcev* = Gesetz über Europäische Betriebsräte), im Internet in englischer Sprache abrufbar unter http://www.zds.si/uploads/files/Angleske_strani/work%20council%20act-slo-eng.pdf. Eine Änderung ist geplant und wird gegenwärtig unter der Abkürzung *ZESD-1* im Parlament beraten; Darstellung unter http://www.dz-rs.si/index.php?id=101&st=a&epa=1798-v&mandate=-1&unid=PZ|6417D9B5C4480600C125787A002EB702 (slowenisch).

679 Überschrieben mit *Sodelovanje delavcev v organih družbe*, übersetzt „Beteiligung der Arbeitnehmer in den Unternehmensorganen“.

aa) Dualistisches Modell

(1) Voraussetzungen

Gibt es in einem Unternehmen einen Aufsichtsrat, ist dieser auch mitbestimmt. Faktisch hängt die Ausübung dieses Rechts allerdings, wie in Österreich, am Bestehen eines Betriebsrats.

Bis 2006 waren im Wirtschaftsgesellschaftsgesetz *ZGD* fünf Kriterien vorgesehen, von denen mindestens eines erfüllt sein musste, damit ein Unternehmen auch einen Aufsichtsrat einrichten musste. Dies galt, wenn a) das gezeichnete Kapital des Unternehmens mehr als 1,7 Millionen Euro beträgt (ursprünglich mehr als 410 Millionen *SIT*), b) das Unternehmen „stufenweise" gegründet wurde, indem das nötige Kapital durch Aktienverkäufe aufgebracht wurde, c) das Unternehmen börsennotiert ist, d) das Unternehmen mehr als 100 Anteilseigner hat oder, praktisch am wesentlichsten, e) das Unternehmen mehr als 500 Arbeitnehmer beschäftigt.

Obwohl das Gesetz in dieser Hinsicht nicht eindeutig gewesen ist, soll allgemein anerkannt gewesen sein, dass nur die börsennotierten Aktiengesellschaften erfasst sein sollten.[680]

Offen bleibt, ob es eine Mitbestimmung auch geben sollte, falls eine GmbH (*d.o.o.*) auf freiwilliger Satzungsgrundlage einen Aufsichtsrat einrichtet, allerdings wäre eine generelle Befreiung nur konsequent. Gestützt wird diese Sicht durch den Wortlaut der Norm, da die darin enthaltene Aufzählung eindeutig auf die Aktiengesellschaft zugeschnitten ist und die GmbH allenfalls das letzte Kriterium erfüllen könnte.

Mittlerweile ist ein Aufsichtsrat in der dualistisch organisierten Aktiengesellschaft obligatorisch vorgeschrieben, so dass diese auch stets mitbestimmt ist.[681]

Der slowenische Corporate Governance Kodex vom Dezember 2009 *(Kodeks upravljanja javnih delniških družb)*[682] erwähnt die Mitbestimmung explizit nur einmal im Bereich der Interessenkonflikte

---

680 *Bohnic/Bainbridge*, CG Slovenia, S. 13: *„There is a general understanding that this law [= law on worker participation] refers only to publicly-held stock corporations, although the statute is not entirely clear on this point."* Das Gesetz spricht zumindest in seiner englischen Version durchgängig von *„company"*, ohne die Rechtsform zu präzisieren. *Skledar* behilft sich mit der Feststellung, dass eine Arbeitnehmerbeteiligung im Aufsichtsrat „praktisch" nur in einer begrenzten Zahl von Unternehmen möglich sei, „hauptsächlich in größeren Aktiengesellschaften" *(„mainly larger joint stock companies")* und sieht eine Diskriminierung derjenigen Arbeitnehmer in Unternehmen mit anderen Leitungsstrukturen, die nicht auf Satzungsgrundlage oder durch freiwillige Vereinbarung ihrerseits eine Mitbestimmung einführten; *Skledar, Board-level employee participation examined* (06.01.2004), unter http://www.eurofound.europa.eu/eiro/2003/12/feature/si0312101f.htm (englisch).

681 Vgl. Art. 253 II (Wahlmöglichkeit), 253 ff. (gemeinsame Bestimmungen für Vorstand und Aufsichtsrat), 273 ff. (besondere Regelungen für den Aufsichtsrat) *ZGD-1-UPB3*.

682 Text unter http://www.zdruzenje-ns.si/db/doc/upl/corporate_governance_code.pdf (englisch).

(C.3 (b)), verpflichtet die Unternehmen aber immerhin, auf die Arbeitnehmerinteressen Rücksicht zu nehmen (z.B. Pkt 3.2, wo die Arbeitnehmer in die *„stakeholder"* einbezogen werden, 22.2).

(2) Bestellung

Die konkrete Zahl der Arbeitnehmervertreter im mitbestimmten Aufsichtsrat wird durch die Unternehmenssatzung festgelegt. Sie darf aber nicht niedriger als ein Drittel und nicht höher als die Hälfte aller Mitglieder des Aufsichtsrats sein.[683]

Vor dem Jahr 2001 hatte das Gesetz für Betriebe mit mehr als 1.000 Beschäftigten eine paritätische Besetzung des Aufsichtsrats vorgesehen. Das slowenische Verfassungsgericht *Ustavno Sodišče Republikje Slovenije* hat allerdings entschieden, dass diese Regelung nicht mit dem Gleichheitsgrundsatz und der Eigentumsgarantie vereinbar war, weshalb das Gesetz geändert werden musste.[684] Tatsächlich bestand aber auch ein gravierendes Umsetzungsdefizit; nach lokalen Beobachtungen erhielten die Arbeitnehmervertreter in manchen Fällen nur zwei Fünftel der ihnen an sich zustehenden Sitze.[685]

Alle Aufsichtsratsmitglieder haben grundsätzlich die gleichen Rechte und Pflichten, wobei die Vertreter der Arbeitnehmerseite durch das Gesetz speziell auf die Interessen der Beschäftigten verpflichtet werden.[686]

Die Arbeitnehmervertreter werden vom Betriebsrat gewählt und entlassen, der auch über die entsprechenden Verfahren und Voraussetzungen bestimmt. Hier können auch externe Personen ausgewählt werden.[687] Falls aber ein Betriebsrat fehlt, kommen auch diese Verfahren nicht zum Tragen.

Der Aufsichtsratsvorsitzende ist immer ein Vertreter der Anteilseigner. In einer Patt-Situation kommt ihm die entscheidende Stimme zu.[688]

(3) Arbeitsdirektor

In Unternehmen mit mehr als 500 Beschäftigten hat der Betriebsrat zusätzlich das Recht, einen Arbeitsdirektor zu bestellen (*delavski direktor*), der dann als Vorstandsmitglied für die Personalfragen zuständig ist. Formell wird er vom Aufsichtsrat vorgeschlagen und von den Anteilseignern ernannt.[689]

683 Art. 79 I, II *ZSDU.*

684 *Ustavno Sodišče Republikje Slovenije,* Az. U-I-302/97 vom 15.06.2000. Vgl. *Kluge/Stollt*, MB in den neuen EU-MS, S. 97; *Bohnic/Bainbridge*, CG Slovenia, S. 12f.; *Bedrac*, SI-System, S. 40.

685 *Hojnik*, Slovenia, S. 213; Fn. 9.

686 Art. 80 I *ZSDU.*

687 Art. 79 V–VII *ZSDU.*

688 Art. 79 IV *ZSDU*; *Hojnik*, Slovenian Law 2006, S. 3f.

689 Art. 81ff. *ZSDU.*

In kleineren Unternehmen kann ein Arbeitsdirektor auf Grundlage einer freiwilligen Vereinbarung zwischen Arbeitgeber und Arbeitnehmern ernannt werden.

Praktisch gibt es in Slowenien weniger als 30 dieser Arbeitsdirektoren. Sie sollen seitens der Arbeitnehmer auf nur geringe Akzeptanz stoßen.[690]

---

bb) Monistisches Modell

Seit 2006 können die Aktiengesellschaften zwischen einer dualistischen und einer monistischen Struktur wählen.

Entscheidet sie sich für eine monistische Struktur, ist auch das Recht auf die Unternehmensmitbestimmung beschränkt. Der Anteil der Arbeitnehmer im Leitungsgremium liegt dann maximal bei einem Drittel,[691] fällt also auf eine Person bei drei bis fünf Mitgliedern, zwei Personen bei sechs bis acht Mitgliedern und drei Personen bei einem *Board* mit neun bis elf Mitgliedern. Dieses Besetzungsrecht gilt auch für etwaige Ausschüsse. Normiert ist auch, dass ein Arbeitnehmervertreter niemals den Vorsitz des *Boards* innehaben kann.[692]

Unverändert besteht auch in der monistischen Gesellschaft das Recht zur Ernennung eines Arbeitsdirektors.[693]

Die Besetzungsverfahren entsprechen den Vorgaben beim dualistischen Modell.

cc) Unternehmensgröße

„Kleine" Unternehmen sind von der Mitbestimmung mittlerweile völlig ausgenommen.[694]

Wann ein Unternehmen in diese Kategorie fällt, bemisst sich nach den entsprechenden Vorgaben des Wirtschaftsgesetzes.[695] Die dort vorgesehenen Werte wurden zuletzt angehoben. Gegenwärtig ist das der Fall, wenn zwei der drei folgenden Kriterien erfüllt sind: das Unternehmen beschäftigt weniger als 50 Mitarbeiter, der Umsatz liegt unter 8,8 Millionen Euro und die Bilanzsumme liegt unter 4,4 Millionen Euro.

---

690 ETUI-SI-MB, S. 1; *Kluge/Stollt*, MB in den neuen EU-MS, S. 97; *Hojnik*, Slovenia, S. 214; *dies.*, Slovenian Law 2006, S.3, 5. Nach *Bedrac*, SI-System, S. 42, waren es im Jahr 2005 exakt 27 Arbeitsdirektoren; es gibt keine offiziellen Statistiken darüber, wie weit verbreitet die Unternehmensmitbestimmung in Slowenien tatsächlich ist, *ebd. Hojnik*, Slovenian Law 2006, S. 6, zufolge betrachten die Arbeitnehmer die Arbeitsdirektoren als „*Kollaborateure*".

691 Art. 79 II *ZSDU.*

692 Art. 79 IV *ZSDU.*

693 Art. 81 II *ZSDU.*

694 Art. 84a *ZSDU.*

695 Hier Art. 55 III *ZGD-1-UPB3.*

Auch das Recht zur Wahl eines Arbeitsdirektors entfällt dann, allerdings kann in Unternehmen mit mehr als 500 Mitarbeitern ein von Arbeitnehmerseite bestelltes Mitglied des *Boards* eine geschäftsführende Funktion ausüben.[696]

5. Zusammenfassung

- Slowenien gestattet mittlerweile die Wahl zwischen der dualistischen und der monistischen Organisationsverfassung. Hinsichtlich der Arbeitnehmerbeteiligung orientierte sich Slowenien zunächst äußerst eng am deutsch-österreichischen Modell. Sie existiert auf betrieblicher und auf unternehmerischer Ebene. Letztere gilt aber mittlerweile nur noch für die größere Aktiengesellschaft.
- Die betriebliche Interessenvertretung obliegt den lokalen Gewerkschaftsorganisationen sowie den Betriebsräten, die in den Betrieben jeweils parallel existieren können und sich die Befugnisse teilen. Es bestehen Unterrichtungs-, Anhörungs- und Zustimmungsrechte in den arbeitnehmerwesentlichen Bereichen, die hauptsächlich beim Betriebsrat liegen, allerdings sind ausschließlich die Gewerkschaften für Tarifverhandlungen zuständig. Betriebsräte werden auf Verlangen der Beschäftigten eingerichtet. Der Schwellenwert liegt bei mehr als 20 Arbeitnehmern. Darunter kann eine Vertrauensperson bestellt werden. Für „Geschäftstätigkeiten ohne Rechtsform" liegt der Schwellenwert bei mehr als 50 Arbeitnehmern. Der Betriebsrat besteht aus mindestens drei Mitgliedern, die von den Arbeitnehmern in geheimer Wahl für eine Amtszeit von vier Jahren gewählt werden. Kandidaten können von den im Unternehmen vertretenen Gewerkschaften oder aus den Reihen der Arbeitnehmer nominiert werden. Die Gewerkschaften ernennen oder wählen mindestens einen Gewerkschaftsvertreter zur Vertretung gegenüber dem Arbeitgeber, regeln aber die weiteren Begebenheiten selbst. Betriebsübergreifend kann ein Konzernbetriebsrat gegründet werden. Über Größe und Sitzverteilung in diesem Gremium entscheiden die Betriebsräte. Praktisch sind in Slowenien solche Gremien außerordentlich selten. Die Angaben über die Verbreitung von betrieblichen Interessenvertretungen insgesamt schwanken zwischen 50% und 85%.
- Die Mitbestimmung hängt grundsätzlich am Bestehen eines Aufsichtsrats sowie an der Unternehmensgröße. Der Aufsichtsrat ist in der dualistisch organisierten Aktiengesellschaft obligatorisch, in der GmbH auf Satzungsgrundlage möglich. Ggf. werden die Vorschriften für die AG dann entsprechend angewendet, solange die Satzung keine anderen Vorgaben trifft.
- Besteht ein Aufsichtsrat, besetzen die Arbeitnehmervertreter mindestens ein Drittel bis maximal die Hälfte der Sitze, je nach Unternehmenssatzung. Die

696 ETUI-SI-MB, S. 3.

ursprünglich gesetzlich vorgesehene paritätische Besetzung bei mehr als 1.000 Beschäftigten wurde vom slowenischen Verfassungsgericht als nicht mit dem Gleichheitsgrundsatz vereinbar angesehen. Der Aufsichtsratsvorsitzende ist stets ein Anteilseignervertreter und gibt bei Stimmengleichheit den Ausschlag.
- In Unternehmen mit Aufsichtsrat und mehr als 500 Beschäftigten wählt der Betriebsrat einen Arbeitsdirektor in den Vorstand. Er wird formell vom Aufsichtsrat vorgeschlagen und von den Anteilseignern ernannt. In Unternehmen mit weniger als 500 Beschäftigten kann ein Arbeitsdirektor auf Basis einer freiwilligen Vereinbarung zwischen Arbeitgeber und Arbeitnehmern ernannt werden. Praktisch sind Arbeitsdirektoren in Slowenien jedoch selten.
- Bei einer monistischen Struktur liegt der Arbeitnehmeranteil im Board maximal bei einem Drittel.
- Ist ein Unternehmen „klein“ entfällt die Mitbestimmung völlig. Es entfällt auch der Arbeitsdirektor. Dies gilt, wenn zwei der drei folgenden Kriterien erfüllt sind: das Unternehmen hat weniger als 50 Beschäftigte, der Umsatz liegt unter 8,8 Millionen Euro und die Bilanzsumme liegt unter 4,4 Millionen Euro.
- Die Arbeitnehmervertreter werden bei beiden Modellen vom Betriebsrat gewählt und entlassen. Wählbar sind auch externe Personen.

VI. Ungarn[697]

1. Übersicht

In Ungarn besteht auf betrieblicher Ebene eine zweigliedrige Vertretung, die durch lokale Gewerkschaftsvertretungen und Betriebsräte wahrgenommen wird. Daneben existiert eine gesetzliche Drittelbeteiligung in den Aufsichtsräten aller Wirtschaftsgesellschaften mit im Jahresdurchschnitt mehr als 200 Vollbeschäftigten. Praktisch sind die Befugnisse der Aufsichtsräte jedoch begrenzt. Seit 2006 sind zudem privatautonom abweichende Lösungen möglich, die bis zu einem völligen Verzicht auf die Mitbestimmung reichen können.

---

697 *Kluge/Stollt*, MB in den neuen EU-MS, S. 88ff., 99f.; *Neubauer*, ArbR, S. 15f.; *Milutinov*, S. 134ff., 138ff., 141ff., 156ff.; *Stroinski/Stanuch*, ECL 2009, S. 85; *Neumann*, HU-System, S. 11ff.; *ders.*, HU-CL, S. 1ff.; *Tóth*, Background 2012; *Fulton*, ETUI-HU-Betriebliche Interessenvertretung, ETUI-HU-Unternehmensmitbestimmung sowie ETUI-HU-Europäische Interessenvertretung (ETUI-HU-BI, ETUI-HU-MB, ETUI-HU-EI) unter http://www.worker-participation.eu/National-Industrial-Relations/Countries/Hungary sowie *Krén/Rindt, Hungary: Industrial relations profile* (z.T. 18.04.2013) bei Eiro online unter http://www.eurofound.europa.eu/eiro/country/hungary.htm (englisch).

2. Hintergrund

Das moderne ungarische Unternehmensrecht nach 1989 orientierte sich ursprünglich eng am deutschen Modell. Dementsprechend sind zunächst, zumindest nominell, auch recht weit reichende Regelungen zur Arbeitnehmerbeteiligung getroffen worden, die sowohl die betriebliche als auch die unternehmerische Ebene betrafen.

Nach diesen Vorgaben bestehen auf betrieblicher Ebene, wie auch in den anderen mittel- und osteuropäischen Staaten, Gewerkschaftsvertretungen und Betriebsräte parallel. Die Regelungen zur Mitbestimmung auf Unternehmensebene knüpfen am dualistischen Modell an. Sie sehen u.a. für alle Aktiengesellschaften und Gesellschaften mit beschränkter Haftung mit mehr als 200 Mitarbeitern eine Drittelbeteiligung im Aufsichtsrat vor.

Die gelebte Praxis hinkte diesen eher weiten Beteiligungsregelungen allerdings stets hinterher. Zudem erfolgten zwischenzeitlich mehrere gesetzliche Änderungen, in denen ein deutlich liberalerer Ansatz zum Tragen kommt.

Daneben wurden die Befugnisse der Vertretungen auf betrieblicher Ebene, je nach den politischen Mehrheiten, mehrfach hin und her verschoben und teilweise gekürzt. Die bedeutendsten Änderungen in letzter Zeit erfolgten durch das neue Arbeitsgesetzbuch vom Juli 2012. Es öffnet auch auf betrieblicher Ebene vielfältige Verhandlungsräume und sieht faktisch nur noch Mindestvorgaben vor. Die Befugnisse der Gewerkschaften wurden in ihm noch weiter begrenzt.

Zudem kam es bei den Gewerkschaften auch zu einem grundsätzlichen Bedeutungsverlust: Neben allgemeinem Mitgliederschwund[698] urteilte das ungarische Verfassungsgericht (*Magyarország Alkotmánybírósága*) in einer Reihe von Entscheidungen, dass die Gewerkschaften ausschließlich die Interessen ihrer Mitglieder repräsentieren, nicht diejenigen aller Arbeitnehmer.[699] Das schmälerte ihre Signifikanz noch weiter.

Faktisch sind die Beziehungen zwischen den Arbeitnehmervertretungen immer noch eher ambivalent und von einem Wettbewerb untereinander geprägt, was sich ebenfalls auf die gelebte Beteili-

698 Insgesamt geht der gewerkschaftliche Organisationsgrad beständig zurück. Im Jahr 2011 lag er noch bei 11%; *Krén/Rindt*, (oben Fn. 697), Abschnitte *Trade Union density* und *Main Actors*. (Dort auch eine Aufzählung der jeweils wichtigsten Organisationen, allerdings ohne tiefergehende Informationen.).

699 Einige Schlüsselentscheidungen des Gerichts sind auf dessen Website in englischer Übersetzung zugänglich, http://www.mkab.hu/case-law/translations. Hervorzuheben sind hier die Entscheidungen 8/1990 (in der das automatische Vertretungsrecht der Gewerkschaften für alle Arbeitnehmer als mit deren negativer Vereinigungsfreiheit unvereinbar befunden und aufgehoben wurde) und 39/1997 (in der festgehalten wurde das Mitbestimmungsrechte der Sozialpartner einer ordentlichen Legitimation bedürfen).

gung ausgewirkt hat. Zuletzt kommt es aber vermehrt zu Kooperationen und zu einer „reibungslosen Zusammenarbeit“ in der Praxis.[700]

Auch die unternehmerische Mitbestimmung wurde für verhandelte Lösungen geöffnet. Seit 2006 können die Verfahren bezüglich Aufsichtsrat und Vorstand von den Unternehmen selbst gestaltet werden. Ebenfalls seit 2006 können sich zumindest die börsennotierten Aktiengesellschaften ein monistisches Modell geben, in dem die Mitbestimmung insgesamt frei aushandelbar ist.

Praktisch besteht auch in Ungarn eine gewisse Umsetzungslücke. Gesetzlich gilt ein Automatismus zur Einführung der Arbeitnehmervertretung im Aufsichtsrat. Tatsächlich hängt dies aber vom Vorhandensein einer betrieblichen Interessenvertretung als Kontrollinstanz ab, was wiederum an den Beschäftigten hängt. Praktisch kann weder eine Aufsichtsbehörde noch ein Gericht die gelebte unternehmerische Praxis kontrollieren.

3. Organisationsverfassung der Kapitalgesellschaften

Die ursprüngliche Grundlage des ungarischen Gesellschaftsrechts ist das Gesetz Nr. CXLIV/1997 „über die Wirtschaftsgesellschaften“ (*a gazdasági társaságokról*),[701] das sich eng am deutschen Recht orientierte. Es wurde später durch das Gesetz Nr. IV/2006 ersetzt.[702] In der Neufassung wurde die Satzungsautonomie der Gesellschaften in den Vordergrund gerückt. Parallel wurden im Handelsregistergesetz Mustersatzungen eingeführt.[703] Technisch wurden hier vor allem die „Gemeinsamen Regeln der Wirtschaftsgesellschaften“ vorangestellt und der Zugang so erleichtert.[704]

---

700 Vgl. auch *Tóth*, Background 2012, S. 7. Zur Entwicklung der ungarischen Betriebsräte vgl. *Tóth/Ghellab/Neumann, Works councils examined* (09.02.2004), abrufbar unter http://www.eurofound.europa.eu/eiro/2004/01/feature/HU0401106F.htm (englisch). Vgl. ferner *Tóth/Neumann, Major amendment of Labour Code comes into effect* (29.10.2002), abrufbar unter http://www.eurofound.europa.eu/eiro/2002/10/feature/hu0210101f.htm (englisch).

701 Die ungarischen Gesetze werden üblicherweise jeweils in der Fassung ihrer letzten Änderung angegeben und unter Angabe der Gesetzesnummer (römische Zahl) und der Jahreszahl zitiert.

702 Das ungarische Gesetz über die Wirtschaftsgesellschaften Nr. IV/2006, im Ungarischen meist kurz *Gazdasági törvény* genannt und „*Gt.*“ abgekürzt, ist in einer deutschen Übersetzung beim Regierungs-Webportal *Magyarország.hu* abrufbar unter https://hirkozpont.magyarorszag.hu/srv/letolt?id=943004&lang=hu.

703 Die Mustersatzungen finden sich im Gesetz Nr. V/2006 über die Firmenpublizität, das handelsgerichtliche Verfahren und die Liquidation (*bírósági cégeljárásrol és a végelszámolásról szóló*), hier Anlagen 4 bis 7. Eine englische Übersetzung ist abrufbar unter https://hirkozpont.magyarorszag.hu/srv/letolt?id=943203&lang=hu.

704 Vgl. im Einzelnen §§ 1–87 *Gt.*

Aktiengesellschaften (*részvénytársaság*, abgekürzt *rt.*) werden danach unterteilt, ob sie börsennotiert sind (*nyilvánosan működı részvénytársaság*, abgekürzt *nyrt.*, auch „offene Aktiengesellschaft") oder nicht (*zártkörően működı részvénytársaság*, abgekürzt *zrt.*, auch „geschlossene" Aktiengesellschaft).[705] Als Standard ist hier das dualistische Modell vorgesehen. Eine börsennotierte AG kann sich seit dem Inkrafttreten des neuen Gesellschaftsrechts auf Satzungsgrundlage aber auch monistisch organisieren.[706]

Oberstes Organ ist die Hauptversammlung (*közgyűlés*).[707] Im dualistischen Modell bestehen zudem Vorstand (*igazgatóság*)[708] und Aufsichtsrat (*felügyelőbizottság*), im monistischen Modell der einheitliche Verwaltungsrat (*egységes irányítási rendszert*).[709] Die Geschäftsführung einer dualistischen Aktiengesellschaft kann auch einem einheitlichen Generaldirektor übertragen werden (*vezérigazgató*).[710]

In einer GmbH (*korlátolt felelősségű társaság*, abgekürzt *kft.*) bestehen als Organe die Gesellschafterversammlung (*taggyűlés*) und die Geschäftsführer (Singular *ügyvezető*).[711]

Grundsätzlich galt das dualistische Modell auch für die GmbH. Nach altem Recht musste eine GmbH einen Aufsichtsrat (*felügyelőbizottság*) einrichten, wenn ihr Eigenkapital mehr als 50 Millionen *HUF* betrug (ca. 200.000,– Euro). Nach der Neuregelung ist die Bildung eines Aufsichtsrats außerhalb der AG nunmehr nur noch obligatorisch, wenn dies ein Gesetz zum Schutz des öffentlichen Eigentums oder mit Rücksicht auf die von der Gesellschaft betriebene Tätigkeit vorschreibt oder wenn es das Gesellschaftsgesetz Nr. IV/2006 zur Ausübung der den Arbeitnehmern zustehenden Kontrollrechte so verfügt.[712] Letzteres wiederum ist der Fall, wenn das Unternehmen im Jahresdurchschnitt über zweihundert Arbeitnehmer beschäftigt.[713] Ggf. besteht der Aufsichtsrat aus wenigstens drei und höchstens fünfzehn Mitgliedern. Sie werden grundsätzlich auf unbestimmte Zeit bestellt, jedoch maximal für fünf Jahre.[714]

---

705 §§ 171 ff. *Gt.*, zur Unterteilung vgl. §§ 171 III, 172 *Gt.*; zur geschlossenen Aktiengesellschaft vgl. §§ 184 ff. *Gt.*, zur offenen Aktiengesellschaft vgl. §§ 285 ff. *Gt.*, hier sind die Vorschriften für geschlossene Aktiengesellschaften anzuwenden, sofern kene Sonderregeln bestehen.

706 § 21 IV *Gt.*; *Neumann*, HU-CL, S. 1.

707 §§ 19 I, 231 ff., 302 ff. *Gt.* Zur Einpersonengesellschaft vgl. §§ 19 V, 283 f. *Gt.*

708 §§ 243 ff. *Gt.*

709 §§ 21 IV, 308 ff. *Gt.*

710 §§ 21 IV, 247 *Gt.*

711 §§ 19 I, 111 ff. *Gt.* Sie kann von einer oder mehreren natürlichen oder juristischen Personen gegründet werden, die Mindeststammeinlage pro Gesellschafter liegt bei 100.000 HUF (ca. 370 Euro); § 114 IV *Gt.*; zur Geschäftsführung in der GmbH vgl. §§ 149 f., zur Einmann-GmbH (*egyszemélyes kft.*) §§ 167 ff. *Gt.*

712 § 33 II, insbes. Buchstaben c) und d) *Gt.*; *Neumann*, HU-CL, S. 2.

713 § 38 I *Gt.*

714 §§ 34 I; 24 I, 36 I *Gt.*

Das Grundkapital einer geschlossenen Aktiengesellschaft liegt bei mindestens 5 Millionen *HUF* (ca. 16.500,– Euro),[715] das einer offenen Aktiengesellschaft bei mindestens 20 Millionen *HUF* (ca. 66.000,– Euro).[716]

In der Neufassung von 2006 wurde das Mindeststammkapital in der GmbH von zuvor drei Millionen *HUF* (ca. 10.000,– Euro) auf nur noch 500.000 *HUF* (ca. 1.650,– Euro) reduziert,[717] in der Einpersonen-*kft.* beträgt es nur noch 100.000 *HUF* (ca. 330,– Euro).[718]

Vereinfacht wurden auch die Verfahren. Die Eintragung im Handelsregister erfolgt seit Juli 2008 ausschließlich auf elektronischem Weg.

So ist beispielsweise die Beteiligung eines Notars bei der Gründung nicht mehr unbedingt vorgeschrieben, Ausnahme ist die Beglaubigung der Geschäftsführerunterschrift zur Vorlage bei Behörden und Banken.[719] Demnach kann der Gesellschaftsvertrag (bzw. Satzung oder Gründungsurkunde) auch in einer Privaturkunde abgefasst werden, die jedoch von einem Rechtsanwalt oder Rechtsbeistand des Gründers gegenzuzeichnen ist.

---

4. Arbeitnehmerbeteiligung

a) Betriebliche Interessenvertretung

aa) Voraussetzungen

In ungarischen Betrieben gilt ein zweigliedriges System der Arbeitnehmervertretung mit lokalen Gewerkschaftsvertretungen und gewählten Betriebsräten. Generell bestehen hier Unterrichtungs- und Anhörungsrechte sowie, sehr begrenzt, Mitbestimmungsrechte. Welchem Gremium diese Befugnisse konkret zukommen wurde in den letzten Jahren, je nach politischer Mehrheit, mehrfach verschoben. Maßgebliche Rechtsgrundlage ist seit Juli 2012 das Gesetz Nr. I/2012 „über das Arbeitsgesetzbuch" (- *a munka törvénykönyvéről*).[720]

---

715 § 207 I *Gt.*

716 § 288 I 2 *Gt.*

717 § 114 I 2 *Gt.* Möglich ist auch, zur Hälfte eine Sacheinlage zu erbringen (*apport*), §§ 114 II, III, 116 *Gt.* 1 Euro ≈ 300 ungarische *Forint*/100 ungarische *Forint* ≈ 0,33 Euro. Ungarn nimmt nicht am Wechselkursmechanismus II teil. Die Einführung des Euro ist nicht vor 2020 geplant, vgl. Interview mit dem damaligen ungarischen Wirtschaftsminister und jetzigem Gouverneur der Ungarischen Zentralbank, *Magyar Nemzeti Bank*, *Matolcsy* (02.03.2011) unter http://derstandard.at/1297819390029/Ungarns-Wirtschaftsminister-Euro-Beitritt-nicht-vor-2020.

718 § 167 III *Gt.*; Einpersonengesellschaften sind „*egyszemélyes társaság*".

719 Vgl. § 11 III *Gt.*

720 Im Folgenden *huArbGB*. Dort Teil III, Art. 230 ff. In Kapitel XIX sind allgemeine Vorschriften enthalten, Kapitel XX betrifft die Betriebsräte (Art. 235–269), Kapitel XXI regelt die Gewerkschaften (Art. 270–275), Kapitel XX die Tarifvereinbarungen. Die Neuregelung ist in einer inoffiziellen eng-

Praktisch soll diese Trennung zwischen den Gremien aufgrund von personellen Überschneidungen und Dopplungen in den Kompetenzen nur bedingt einen Unterschied machen.
Nach einer Umfrage aus dem Jahr 2004 unter 1.275 Unternehmen (gleichzeitig die letzte Erhebung zu dem Thema) waren Betriebsräte in 36% der mittleren und großen Unternehmen etabliert, aber nur in 18% der Unternehmen mit 14 bis 49 Beschäftigten. In 33% der Unternehmen gab es gewerkschaftliche Vertretungen. 70% der Betriebsräte bestanden personell entweder ausschließlich oder mehrheitlich aus Gewerkschaftsvertretern und nur 9% der Betriebsräte wurden in Betrieben etabliert, in denen keine Gewerkschaft vertreten war. Der ungarische Gewerkschaftsbund *Magyar Szakszervezetek Országos Szövetsége – MSZOSZ* nahm 2006 für sich in Anspruch, dass die Gewerkschaften bei Betriebsratswahlen *„weit mehr Unterstützung genießen, als ihre Mitgliederzahl vermuten lässt“*.[721]
Insgesamt sind die Vertretungsgremien also nicht so verbreitet, wie man meinen sollte. Namentlich die Arbeitnehmer sollen allgemein wenig Interesse an einer Beteiligung haben; wenn, dann aber zunehmend an der weniger auf Konflikt als auf Kooperation gerichteten Vertretung durch den Betriebsrat. Andere Beobachter weisen aber darauf hin, dass manche Unternehmen die generell ablehnende Haltung der Gewerkschaften Betriebsräten gegenüber ausgenutzt haben, um durch Gründung eines Betriebsrats zu verhindern, dass die Gewerkschaften im Unternehmen Fuß fassen. Bei einigen „schwachen“ Betriebsräten wird bildhaft vom „Feigenblatt“ einer Vertretung gesprochen (*„fig leafs“*).[722] Zu berücksichtigen ist zudem, dass die Betriebsräte in ihrer faktischen Arbeit meist auf den Abschluss einer Betriebsvereinbarung angewiesen sind (*üzemi megállapodás*).[723]

(1) Gewerkschaftsvertretung

Auch in Ungarn regeln die Gewerkschaften die jeweilige Struktur der betrieblichen Gewerkschaftsvertretungen selbst (*Szakszervezet*). Allerdings genießt nur eine gewisse Anzahl von Gewerkschaftsvertretern auch einen besonderen Kündigungsschutz, abhängig von der Belegschaftsstärke.[724] Diese Vorgabe wirkt faktisch begrenzend.

lischen Übersetzung abrufbar unter http://www.ilo.org/dyn/natlex/docs/MONOGRAPH/89886/103369/F-622727815/HUN89886.pdf. Nach Regierungsangaben soll das neue Arbeitsgesetzbuch vor allem mehr Flexibilität bringen. Gewerkschaftsbeobachter halten die Änderungen insgesamt für politisch motiviert; vgl. *Tóth*, Background 2012, S. 8 f.; *Rindt/Krén; Changes to Hungarian Labour Code in 2010* (04.10.2010), unter http://www.eurofound.europa.eu/eiro/2010/08/articles/hu1008021i.htm, *Krén/Rindt; New Labour Code takes full effect* (08.04.2013) unter http://www.eurofound.europa.eu/eiro/2012/11/articles/hu1211011i.htm (alle englisch).

721 ETUI-HU-BI, S. 1 f.; *Milutinov*, S. 141 ff.

722 *Sándor/Krén; Hungary: EIRO CAR on „The effect of the Information and Consultation Directive on Industrial Relations in the EU Member States five years after its transposition“* (19.02.2011), abrufbar unter http://www.eurofound.europa.eu/eiro/studies/tn1009029s/hu1009021q.htm (englisch).

723 Näher dazu sogleich Abschnitt 4. a. cc) (2).

724 Näher dazu sogleich Abschnitt 4. a. cc) (3).

(2) Betriebsrat

Betriebsräte (Singular *üzemi tanács*) sind verpflichtend in allen Betrieben mit mehr als 50 Beschäftigten vorgesehen. In Betrieben mit 15 bis 50 Beschäftigten muss eine Vertrauensperson gewählt werden (*üzemi megbízott*).[725]

(3) Betriebsübergreifend

Bestehen in einem Unternehmen mehrere Betriebsräte, kann am Hauptsitz des Unternehmens ein Zentralbetriebsrat eingerichtet werden (*központi tanács*). Das gilt aber nur für die Betriebsräte, die derselben eingetragenen Gesellschaft angehören.

Unternehmensgruppen oder Unternehmen, die lediglich durch faktische Eigentumsverhältnisse miteinander verbunden sind, können einen Konzernbetriebsrat einrichten (*vállalatcsoport szintû üzemi tanács*). Für diese übergeordneten Gremien werden dann die auf den Betriebsrat bezogenen Bestimmungen sinngemäß angewendet.[726]

bb) Größe und Zusammensetzung

Die absolute Größe beider Gremien richtet sich nach der Belegschaftsstärke.

(1) Gewerkschaftsvertretung

Die Gewerkschaftsvertretungen haben ein Mitglied bei bis zu 500 Arbeitnehmern und maximal fünf Mitglieder bei mehr als 4.000 Beschäftigten.[727]

(2) Betriebsrat

Ein Betriebsrat hat zwischen drei Mitglieder in Betrieben zwischen 51 und 100 Beschäftigten und maximal 13 Mitglieder bei mehr als 2.000 Beschäftigten.

Betriebsräte setzen sich ausschließlich aus Arbeitnehmern des betreffenden Betriebs zusammen, die in geheimer Abstimmung für fünf Jahre gewählt werden. Für die Wahl wird von den Beschäftigten ein Auswahlausschuss eingerichtet. Kandidatenvorschläge stammen entweder von der im Betrieb vertretenen Gewerkschaft oder von wenigstens 10% der zur Wahl berechtigten Arbeitnehmer oder mindestens 50 Arbeitnehmern.[728]

---

725 Art. 236 I huArbGB.
726 Art. 250, 251, 269 huArbGB.
727 Art. 273 II huArbGB.
728 Art. 237 f., 236 III, 243, 242 I huArbGB.

Mit dem neuen Arbeitsgesetzbuch von 2012 haben die Gewerkschaften ihr ursprünglich bestehendes Recht auf Teilnahme im Auswahlausschuss verloren.[729]

Ein Zentral- bzw. Konzernbetriebsrat hat maximal fünfzehn Mitglieder.[730]

cc) Befugnisse

(1) Gewerkschaftsvertretung

Die Gewerkschaften genießen das ausschließliche Recht zum Abschluss von Tarifvereinbarungen, wobei die Tariffähigkeit einer Gewerkschaft zumindest teilweise von ihrer Präsenz in den Betrieben abhängt. Eine Gewerkschaft gilt nach dem Gesetz als repräsentativ, wenn mindestens zehn Prozent der Belegschaft in ihr mitgliedschaftlich organisiert sind oder wenn 10% der Belegschaft durch den Tarifvertrag abgedeckt werden.[731]

Die sonstigen Rechte wurden politisch mehrfach zwischen den Gewerkschaftsvertretungen und den Betriebsräten verschoben. Vor der Neuregelung von 2012 mussten die Gewerkschaften zu den wichtigen beschäftigungsrelevanten Fragen gehört werden, z.B. bei Personalkürzungen oder organisatorischen Änderungen. Gegenwärtig können die Gewerkschaften Informationen im Hinblick auf wirtschaftliche Belange „erbitten" und ihre jeweiligen Standpunkte äußern.[732]

(2) Betriebsrat

Seit der Neuregelung genießt ausschließlich der Betriebsrat nominelle Unterrichtungs- und Anhörungsrechte in den allgemeinen arbeitnehmerrelevanten Bereichen. Der Betriebsrat hat auch die Einhaltung der arbeitsrechtlichen Bestimmungen zu überwachen.[733]

All diese Befugnisse standen zuvor den Gewerkschaftsvertretungen zu. Mit dem neuen Arbeitsgesetzbuch vom Juli 2012 haben die Gewerkschaften jedoch alle Informationsbefugnisse gegenüber dem Arbeitgeber verloren.[734]

---

729 Vgl. *Tóth*, Background 2012, S. 7; *Krén/Rindt; New Labour Code* (oben Fn. 720), Abschnitt *Regulation of industrial relations.*

730 Art. 250 II 2, 251 II 2 huArbGB.

731 Art. 276 II huArbGB.

732 Art. 272, insbes. Abs. IV *(„jogosult"*/englische Fassung *„request")*, V huArbGB. Zu den Änderungen auch *Krén/Rindt; New Labour Code* (oben Fn. 720), insbesondere Abschnitte *Regulation of industrial relations* und *The role of the works council.*

733 Art. 262 I huArbGB.

734 Vgl. *Tóth*, Background 2012, S. 7.

Grundsätzliche Informationsrechte gelten u.a. im Hinblick auf die allgemeine wirtschaftliche Lage des Unternehmens, Investitionsplanungen und Entwicklung von Löhnen und Gehältern, Liquidität des Unternehmens im Zusammenhang mit den Lohnzahlungen, Merkmale des beschäftigten Personals, Arbeitszeit, Arbeitsbedingungen sowie bzgl. der Arbeitnehmer in Tele- und Zeitarbeit; diese Unterrichtungspflicht besteht halbjährlich.[735] Die Betriebsräte können in diesen Bereichen Verhandlungen anstoßen, denen sich der Arbeitgeber nicht entziehen kann.[736]

Falls eine geplante Maßnahme einen „größeren Teil" der Beschäftigten trifft, ist der Arbeitgeber verpflichtet, den Betriebsrat im Konsultationsverfahren anzuhören. Dies gilt beispielsweise bei einer Umstrukturierung, der Weiterbildung oder einer Änderung der Arbeitsorganisation.[737]

Freilich wird nicht bestimmt, ab wann genau eine „größere Gruppe von Arbeitnehmern" vorliegen soll. Zeitlich wird in Art. 264 I nur auf „vor der Entscheidung" abgestellt (*„A munkáltató döntése előtt ..."*/englische inoffizielle Fassung *„prior to passing a decision ..."*).

Jedenfalls im Fall von Unternehmensübertragungen gilt eine konkrete Konsultationsfrist von fünfzehn Tagen.[738] Während der Anhörung darf der Arbeitgeber die fragliche Maßnahme nicht durchführen, mindestens aber für bis zu sieben Tage ab dem ersten Tag der Konsultation, es sei denn, es wurde eine längere Frist vereinbart.[739]

Sehr begrenzte Mitbestimmungsrechte bestehen zugunsten des Betriebsrats bei der Verwendung von Fonds und Ausstattungen für soziale Zwecke. Hier entscheidet er gemeinsam mit dem Arbeitgeber.[740]

Für die Ausübung der einzelnen Befugnisse und die Beziehungen mit dem Arbeitgeber „kann" eine Betriebsvereinbarung geschlossen werden (*üzemi megállapodás*).[741] Das gilt aber nur, falls im Betrieb keine Gewerkschaftsvertretungen bestehen. Verhandelbar sind grundsätzlich alle Fragen, die auch in einer Tarifvereinbarung geregelt werden können, mit Ausnahme des Tariflohns.

---

735 Art. 262 III huArbGB.

736 Art. 262 II huArbGB, hervorzuheben ist noch die Geheimhaltungspflicht in Art. 234 II, III huArbGB.

737 Art. 264 huArbGB, Abs. II listet in Buchstaben a) bis o) 15 Einzelpunkte auf.

738 Art. 265 huArbGB. Auch Art. 264 I huArbGB verwendet in seiner ungarischen Fassung die Wendung *„tizenöt nappal"*, übersetzt „fünfzehn Tage". Die englische, allerdings inoffizielle, Übersetzung lautet nur *„Employers shall consult the works council prior to passing a decision in respect of any plans for actions and adopting regulations affecting a large number of employees"*, sie verzichtet also auf eine Zeitangabe.

739 Art. 233 III huArbGB.

740 Art. 263 huArbGB.

741 Art. 267 ff. huArbGB.

Beobachter weisen darauf hin, dass ohne eine solche Vereinbarung die Betriebsräte ihrer Arbeit praktisch nahezu gar nicht nachkommen können. Der Abschluss einer Betriebsvereinbarung hängt wiederum von der entsprechenden Bereitschaft des Arbeitgebers ab und lässt sich nicht durchsetzen.[742]

Tatsächlich treten die meisten Betriebsräte nur selten zusammen. Gesetzlich geregelt ist insofern lediglich, dass der Arbeitgeber den Betriebsrat mindestens zwei Mal im Jahr über bestimmte Themen zu informieren hat. Faktisch sollen die Betriebsräte oftmals nur bei diesen „Pflichtsitzungen" unterrichtet werden, so dass sie praktisch kaum Gelegenheit haben sollen, auf etwaige Maßnahmen zu reagieren.[743]

---

(3) Ausstattung und Kündigungsschutz

Gewerkschaftsvertreter haben für jeweils zwei Gewerkschaftsmitglieder im Betrieb einen Anspruch auf monatlich eine Stunde Arbeitsbefreiung, müssen dies aber grundsätzlich im Vorfeld ankündigen.[744]

Auch hier haben die Gewerkschaften an Privilegien eingebüßt, die Freistellungen wurden durch die Neuregelung von 2012 reduziert, vorher lagen sie bei monatlich zwei Stunden für jeweils drei Gewerkschaftsmitglieder. Das ehemals bestehende Recht, für nicht genutzte Freistellungen eine monetäre Kompensation vom Arbeitgeber zu fordern, wurde gestrichen. Das bedeutet einen reduzierten Mittelzufluss für die Gewerkschaften insgesamt. Entfallen ist auch der Anspruch der Gewerkschaftsvertreter auf Freistellung für Fortbildung.[745]

Einfache Betriebsratsmitglieder werden für die Dauer von 10% ihrer monatlichen Arbeitszeit befreit. Der Betriebsratsvorsitzende erhält eine Befreiung in Höhe von 15%, in Betrieben mit mehr als 1.000 Beschäftigten in Höhe von 100%. Auf Grundlage einer gemeinsamen Vereinbarung übernimmt der Arbeitgeber die (weiteren) Kosten des Betriebsrats.[746]

---

742 *Sándor/Krén, Effects* (oben Fn. 722). Zur vergleichsweise schwachen Verhandlungsposition auch *Tóth*, Background 2012, S. 8.

743 So ETUI-HU-BI, S. 2 a.E. Nach *Sándor/Krén, Effects*, (oben Fn. 722) finden die Informationen aber praktisch zunehmend häufiger statt.

744 Art. 274 II, III huArbGB.

745 *Tóth*, Background 2012, S. 7 a.E.; *Krén/Rindt; New Labour Code* (oben Fn. 720), Abschnitt *Regulation of industrial relations*.

746 So zur alten Rechtslage ETUI-HU-BI, S.3. Der relevante Abschnitt von Art. 260 I huArbGB lautet in der englischen inoffiziellen Übersetzung lediglich *„the chairman of the works council shall be entitled to working time reduction amounting to ten per cent of his monthly working time, while members of the works council shall be entitled to ten per cent."* Insofern dürfte von einem redaktionellen Versehen auszugehen sein. Der ungarische Text unterscheidet nach wie vor *„tizenöt"* („fünfzehn") und *„tiz"* („zehn").

Gem. Art. 260 I 2 huArbGB muss die Befreiung grundsätzlich fünf Tage vorher beantragt werden.

Grundsätzlich ist zur Kündigung der Gewerkschaftsvertreter die Zustimmung des nächst höheren Gewerkschaftsgremiums notwendig. Allerdings ist die Zahl der Gewerkschaftsvertreter, die diesen Schutz genießen, begrenzt und abhängig von der Belegschaftsstärke.[747]

Die Werte liegen zwischen einem geschützten Gewerkschaftsvertreter in Betrieben mit weniger als 500 Beschäftigten und fünf geschützten Gewerkschaftsvertretern in Betrieben mit mehr als 4.000 Beschäftigten.[748] Gesondert geschützt ist außerdem eine einzelne weitere Person, die vom höhergestellten Branchengremium der Gewerkschaft bestimmt wird.[749] Durch die Neuregelung wurde der Schutz begrenzt, zuvor waren alle Vertreter geschützt.[750]

dd) Vertretung auf supranationaler Ebene

In einem Besonderen Verhandlungsgremium für EBR bzw. SE (*különleges tárgyaló testület*) werden die ungarischen Vertreter vom Betriebsrat bzw. bei dessen Bestehen vom Zentralbetriebsrat, ggf. auch von mehreren Zentralbetriebsräten gemeinsam bestellt. Fehlt ein Betriebsrat völlig, wählt die Belegschaft einen Arbeitnehmervertreter direkt. Dies gilt auch für Mitglieder des Vertretungsorgans einer SE, das nach der Auffangregelung im Anhang der Richtlinie eingesetzt wird.

Arbeitnehmervertreter im Verwaltungs- bzw. Aufsichtsorgan einer SE nach Auffangregelung werden vom Vertretungsorgan der SE bestellt. Externe Gewerkschaftsfunktionäre können nur im Besonderen Verhandlungsgremium bei der SE vertreten sein.[751]

b) Unternehmensmitbestimmung

Die relevanten Regeln für die Unternehmensmitbestimmung finden sich im Gesellschaftsgesetz Nr. IV/2006 (*a gazdasági társaságokról*).[752] Sie betreffen grundsätzlich alle Wirtschaftsgesellschaften im Sinne des ungarischen Rechts. Erfasst sind damit nicht nur Aktiengesellschaften und GmbHs, sondern auch die offene Handelsgesell-

747 Art. 273 huArbGB.
748 Art. 273 II huArbGB.
749 Art. 273 III huArbGB.
750 *Krén/Rindt; New Labour Code* (oben Fn. 720), Abschnitt *Regulation of industrial relations.*
751 ETUI-HU-EI, S. 1; zum EBR vgl. Gesetz Nr. XXI/2003, zur SE vgl. Gesetz Nr. XLV/2005.
752 Oben Fn. 702.

schaft und die Kommanditgesellschaft.[753] Sie gehen noch vom Grundsatz des dualistischen Modell aus.

Maßgebliches Kriterium ist die Belegschaftsstärke. Beschäftigt ein Unternehmen im Jahresdurchschnitt mehr als 200 Vollzeitkräfte, dürfen sich die Arbeitnehmer an der Kontrolle der Wirtschaftsgesellschaft beteiligen. Hierzu bestellen sie ein Drittel der Aufsichtsratsmitglieder. Ggf. wird die Zahl aufgerundet.[754]

Notwendige Voraussetzung ist jedoch das Bestehen eines Betriebsrats, da die jeweiligen Kandidaten faktisch durch diesen bestellt werden. Konkret werden die Arbeitnehmervertreter vom Betriebsrat oder, falls vorhanden, vom Zentralbetriebsrat des Unternehmens aus den Reihen der Belegschaft nominiert, nachdem er „die Meinung“ der im Unternehmen vertretenen Gewerkschaften angehört hat. Die Anteilseignerversammlung ist verpflichtet, die vorgeschlagenen Kandidaten zu ernennen, sofern sie die gesetzlichen Kriterien erfüllen. Sie bestimmt auch über die Amtszeit.[755] Der Betriebsrat kann die Entlassung bzw. Ersetzung des jeweiligen Arbeitnehmervertreters „vorschlagen“. Nach neuem Recht kann in der Unternehmenssatzung allerdings eine zeitliche Befristung für das Bestellungsverfahren vorgesehen werden.[756]

Nach gängiger Praxis handelt es sich bei den vorgeschlagenen Personen meistens um die lokalen Gewerkschaftsvertreter bzw. den (Zentral-)Betriebsratsvorsitzenden oder deren Vertreter. Diese personelle Überschneidung ist gewollt, da sie den Arbeitnehmervertretern im Hinblick auf etwaige Diskriminierungen oder Kündigungen eine gewisse Rechtssicherheit verschafft, die sonst vom Unternehmensrecht nicht gewährleistet sein soll.[757]

Insgesamt ist der Einfluss der Aufsichtsräte relativ gering. Bereits die gesetzliche Vorgabe ist zurückhaltend formuliert, indem sich die Arbeitnehmer über ihre Vertreter *„an der Kontrolle der Tätigkeit der Wirtschaftsgesellschaft beteiligen dürfen“*.[758] Selbst diese Überwachungsrechte sind aber vergleichsweise unscharf formuliert. Im Allgemeinen kann der Aufsichtsrat die Unternehmensleitung kontrollieren, wozu Einsichts- und Prüfungsrechte sowie Berichtspflichten bestehen. Ggf. kann er eine

---

753 § 2 II *Gt.*; OHG (*közkereseti társaság*, abgekürzt *kkt.*) und KG (*betéti társaság*, abgekürzt *bt.*) sind dabei Wirtschaftsgesellschaften ohne Rechtspersönlichkeit, GmbH und AG solche mit Rechtspersönlichkeit.

754 § 38 I *Gt.*

755 §§ 39 I, II, VI, 36, 24 *Gt.*

756 § 39 VI *Gt.*

757 ETUI-HU-MB, S. 1; *Kluge/Stollt*, MB in den neuen EU-MS, S. 99 a.E. Vgl. hierzu aber § 39 IV *Gt.*, nach dem den Arbeitnehmervertretern *„auf Grund des Arbeitsgesetzbuchs der den Mitgliedern des Betriebsrats zustehende arbeitsrechtliche Schutz“* zukommt, was wiederum auf den (v.a. Kündigungs-)Schutz nach dem huArbGB hinausläuft.

758 § 38 I 1 a.E. *Gt.* („... *jogosultak részt venni a gazdasági társaság működésének ellenőrzésében.*“)

Anteilseignerversammlung einberufen, wenn unternehmerische Maßnahmen dem Gesetz, der Unternehmenssatzung oder den Beschlüssen der Anteilseigner entgegenstehen oder ansonsten deren Interessen verletzt.[759]

Die Arbeitnehmervertreter teilen diese Befugnisse. Dabei sind die Rechte und Pflichten der einzelnen Aufsichtsratsmitglieder grundsätzlich gleich, was nominell auch die Frage der Vergütung einschließt. Hierüber entscheidet die Anteilseignerversammlung.[760] Grundsätzlich am Prinzip der Gleichheit der Mitglieder orientiert soll aber die tatsächliche Vergütungspraxis sehr unterschiedlich sein.[761]

Die Arbeitnehmervertreter verfügen daneben noch über ein besonderes Recht. Wird im Aufsichtsrat im Rahmen der Beschlussfassung kein Konsens erzielt, muss die Anteilseignerversammlung über die einhellige Minderheitenposition der Arbeitnehmervertreter informiert werden.[762] Weitere Konsequenzen sind damit allerdings nicht verbunden.

Zudem müssen die Arbeitnehmervertreter, außer im Bereich der Geschäftsgeheimnisse, die Belegschaft auch *„über den Betriebsrat über die Tätigkeit des Aufsichtsrats informieren"*.[763] Zunächst ist also dem Betriebsrat zu berichten, der die Informationen dann ggf. an die Belegschaft weiter gibt.

Tatsächlich tritt der Aufsichtsrat jedoch meist nur unregelmäßig zusammen, in der Regel zwei Mal im Jahr. Bei diesen Sitzungen werden die wichtigsten Berichte, die auf der Tagesordnung der Anteilseignerversammlung stehen, angenommen.[764] Die faktischen Einflussnahmemöglichkeiten der Arbeitnehmervertreter wirken insofern eher begrenzt.

Die neueren regulatorischen Entwicklungen gehen weg vom verbindlichen Modell und hin zu einer Flexibilisierung. In diesem Zusammenhang wurde die ohnehin nicht starke Position des Aufsichtsrats noch weiter abgeschwächt. Seit 2006 können Betriebsrat und Unternehmensleitung insbesondere die Verfahren in Bezug auf Aufsichtsrat und Vorstand, die zuvor ausführlich gesetzlich geregelt waren, bis hin zum völligen Verzicht selbst gestalten. Die gesetzlich vorgesehene Drittelbeteiligung gilt nur noch *„in Ermangelung einer mit der Geschäftsführung der Gesellschaft abgeschlossenen, abweichenden Vereinbarung des Betriebsrats"*.[765]

Dies dürfte auch im Fall der Umwandlung gelten; § 38 III *Gt.* sichert hierfür die Arbeitnehmerbeteiligung im Aufsichtsrat, verweist aber auf die Bedingungen nach Abs. 1.

---

759 § 35, insbesondere Abs. 2 und 4 *Gt.*

760 § 141 II k) (GmbH) bzw. § 231 II d) (Aktiengesellschaft) *Gt.*

761 ETUI-HU-MB, S. 1; *Kluge/Stollt*, MB in den neuen EU-MS, S. 100; *Neumann*, HU-CL, S. 1 f., 3 f.

762 § 39 III 2 *Gt.*

763 § 38 IV *Gt.*

764 Vgl. ETUI-HU-MB., S. 1; *Kluge/Stollt*, MB in den neuen EU-MS, S. 99.

765 § 38 I 1 *Gt.* („... – *az üzemi tanácsnak a társaság ügyvezetésével kötött eltérő megállapodása hiányában* – ..."). Vgl. auch ETUI-HU-MB, S. 1.

In einigen Vorentwürfen war noch vorgesehen, die Mitbestimmung im Aufsichtsrat völlig freizustellen. Das letztlich angenommene Gesetz hat darauf jedoch verzichtet. Tatsächlich dürfte es daher von der Verhandlungsposition des Betriebsrats abhängen, ob eine Mitbestimmung in irgendeiner Form wirklich zum Tragen kommt oder nicht.

Die Anteilseignerversammlung kann damit die Kompetenzen des Aufsichtsrats und die Verfahren in Bezug auf Aufsichtsrat und Vorstand eigenständig gestalten. Insbesondere können dem Aufsichtsrat auch die Befugnis zur Bestellung und Entlassung des Vorstandes bzw. der Geschäftsführer übertragen, sowie bei einzelnen entscheidenden Entschlüssen Zustimmungsvorbehalte zu seinen Gunsten vorgesehen werden (sog. Aufsichtsrat mit Entscheidungsbefugnis, *ügydöntı felügyelıbizottság*).[766]

Ebenfalls seit 2006 besteht für die Aktiengesellschaften die Option des monistischen Modells. Hier muss die Beteiligung der Arbeitnehmer in einer Vereinbarung zwischen dem Betriebsrat und dem Unternehmen niedergelegt werden, den Festlegungen in der Satzung entsprechend, wobei jedoch keine Mindestanforderungen vorgeschrieben sind.[767] Nach dem Wortlaut jedenfalls ist hier also auch ein völliger Verzicht auf die Mitbestimmung möglich.

Im Zuge der Gesetzesreform wurde auch eine Konzernregelung eingeführt. Eine Holding und die von ihr kontrollierten Töchter können mit Hilfe eines Beherrschungsvertrags eine „Anerkannte Unternehmensgruppe" schaffen und operativ als Konzern handeln (*tényleges vállalatcsoport*). Die Arbeitnehmervertretungen in den betreffenden Unternehmen müssen vorher unterrichtet und angehört werden. Das Gesetz regelt allerdings nicht, welche Arbeitnehmervertretung gemeint ist, ob die Gewerkschaften, die Betriebsräte, oder beide.[768]

5. Zusammenfassung

- Ungarn orientierte sich ursprünglich an der deutschen Gesetzgebung und folgte dem dualistischen System. Seit 2006 besteht für börsennotierte Aktiengesellschaften die Möglichkeit, sich wahlweise auch monistisch zu organisieren.

---

766 § 37 *Gt.*; *Neumann*, HU-CL, S. 4, zur (solidarischen) Haftung vgl. § 37 III *Gt.*

767 § 38 II *Gt.*, der gleichzeitig die gesamte Regelung zur Mitbestimmung in der monistischen börsennotierten AG darstellt.

768 §§ 55ff., 57 III *Gt.*; *Neumann*, HU-CL, S. 3; zur „faktischen Unternehmensgruppe" vgl. §§ 64ff. *Gt.* § 57 III spricht von den *„bei der Wirtschaftsgesellschaft tätigen Interessenvertretungsorgane der Arbeitnehmer"*; eng an diesem Wortlaut könnte man argumentieren dass, im Lichte der Rechtsprechung des ungarischen Verfassungsgerichts, nach der die Gewerkschaften nur die Interessen ihrer Mitglieder und eben nicht die der Arbeitnehmer insgesamt repräsentieren, insofern also die Gewerkschaftsvertretungen ausgeschlossen wären.

Eine Arbeitnehmerbeteiligung ist grundsätzlich sowohl auf betrieblicher als auch auf unternehmerischer Ebene vorgesehen. Letztere gilt für alle ungarischen Wirtschaftsgesellschaften mit im Jahresdurchschnitt mehr als 200 Vollbeschäftigten und wirkt als Drittelbeteiligung im Aufsichtsrat. Seit 2006 gilt diese Drittelbeteiligung aber nur noch in Ermangelung einer besonderen abweichenden Vereinbarung. Seitdem können Betriebsrat und Unternehmensleitung die Verfahren in Bezug auf Aufsichtsrat und Vorstand durch Vereinbarung bis hin zu einem völligen Verzicht selbst gestalten, so dass eine faktische Abschaffung möglich ist. In der monistischen AG muss die Beteiligung der Arbeitnehmer in einer Vereinbarung zwischen dem Betriebsrat und dem Unternehmen festgelegt werden.

- Auf betrieblicher Ebene existiert auch in Ungarn ein zweigliedriges System aus lokalen Gewerkschaftsvertretungen und gewählten Betriebsräten. Es bestehen hauptsächlich Unterrichtungs- und Anhörungsbefugnisse, Mitbestimmungsrechte gelten nur eingeschränkt. Die jeweiligen Kompetenzen wurden, je nach den politischen Mehrheiten, mehrfach verschoben. Gegenwärtig wird der Hauptteil dieser Rechte vom Betriebsrat wahrgenommen. Betriebsräte sind gesetzlich obligatorisch in allen Betrieben mit mehr als 50 Beschäftigten. In Betrieben ab 15 Beschäftigten kann eine Vertrauensperson gewählt werden. In Unternehmen mit mehreren Betrieben kann am Hauptsitz ein Zentralbetriebsrat etabliert werden. Die Größe des Betriebsrats liegt je nach Belegschaftsstärke zwischen drei und 13 Mitgliedern. Er besteht ausschließlich aus Arbeitnehmern des betreffenden Betriebs, die in geheimer Abstimmung für fünf Jahre gewählt werden. Für die Wahl wird von den Beschäftigten ein Auswahlausschuss eingerichtet. Meist stammen die Gewählten aber aus den Reihen der Gewerkschaften. Tatsächlich sind Betriebsräte vor allem in den größeren Unternehmen verbreitet und selbst dort sind Betriebsratssitzungen selten, sie erreichen oft nur das gesetzliche Minimum von zwei Treffen im Jahr. Ihr Einfluss ist daher vergleichsweise gering.
- In einem mitbestimmten Unternehmen hat der Betriebsrat das Recht, nach vorheriger Konsultation der Gewerkschaften, ein Drittel der Mitglieder des Aufsichtsrats zu benennen. Die Anteilseignerversammlung muss die vorgeschlagenen Kandidaten ernennen, sofern sie die gesetzlichen Kriterien erfüllen.
- Faktisch sind die Rechte der Aufsichtsräte vergleichsweise begrenzt. Ferner treten sie auch nur unregelmäßig zusammen. Meist sind Aufsichtsräte und Betriebsräte (und damit auch Aufsichtsräte und Gewerkschaftsvertreter) personenidentisch. Fehlt im Unternehmen aber ein Betriebsrat, kommt auch die Mitbestimmung nicht zum Tragen. Der gesetzgeberische Trend geht weiter zur Deregulierung und zur Betonung der Satzungsautonomie.

VII. Kroatien[769]

1. Übersicht

In Kroatien besteht eine zweigliedrige betriebliche Arbeitnehmerbeteiligung mit Betriebsräten und Gewerkschaftsvertretungen. Zudem gilt rechtsformunabhängig eine Unternehmensmitbestimmung in Unternehmen mit mindestens 200 Beschäftigten. Dort wird ein einzelner Arbeitnehmervertreter in das jeweilige Aufsichtsgremium entsandt.

2. Hintergrund

Das kroatische Recht wurde im Zuge der EU-Beitrittsverhandlungen ab dem Jahr 2004 schrittweise an den Acquis angeglichen. Seit dem 1. Juli 2013 ist Kroatien der 28. EU-Mitgliedstaat.

Die industriellen Beziehungen werden vornehmlich und zunehmend durch Gesetz geregelt. Trotz eines durchaus vorhandenen institutionellen Rahmens spielen Tarifvereinbarungen demgegenüber eine untergeordnete Rolle. Dies gilt ungeachtet eines relativ hohen gewerkschaftlichen Organisationsgrades[770] und wird teilweise auch auf die starke Konkurrenz unter den Gewerkschaften zurückgeführt.

---

769 *Hojnik*, Country report Croatia, S. 1ff. (zum Teil allerdings zur alten Rechtslage); *Fulton*, ETUI-HR-Betriebliche Interessenvertretung, ETUI-HR-Unternehmensmitbestimmung sowie ETUI-HR-Europäische Interessenvertretung (ETUI-HR-BI, ETUI-HR-MB, ETUI-HR-EI) unter http://www.worker-participation.eu/National-Industrial-Relations/Countries/Croatia; *Nestić, Croatia: Industrial relations profile* (z.T. 21.12.2012), bei Eiro online unter http://www.eurofound.europa.eu/eiro/country/croatia.htm (englisch). *Potočnjak/Gotovac, Capacity building for social dialogue at sectoral and company level – Croatia* (02.07.2007), bei Eurofound unter http://www.eurofound.europa.eu/pubdocs/2007/222/en/1/ef07222en.pdf (englisch). Vgl. zur Übersicht ferner die Darstellungen bei der Kroatischen Wirtschaftskammer *Hrvatska Gospodarska Komora – HGK* unter http://www2.hgk.hr/en/(z.T. deutsch/englisch), hier insbesondere „Einstieg in die Unternehmertätigkeit in der Republik Kroatien" (Stand Februar 2012) unter http://www2.hgk.hr/en/depts/information/poduz_dj_2012_DE.pdf, sowie *„Country Report für Investoren und Exporteure – Kroatien"* (Stand Mai 2012), beim österreichischen Kreditschutzverband von 1870 (KSV 1870) unter http://www.ksv.at/KSV/1870/de/pdf/932LeitfadenKroatien.pdf.

770 Gewerkschafts- und Vereinigungsfreiheit werden garantiert in der Verfassung von 1990, *Ustav Republike Hrvatske*, zuletzt geändert am 16.06.2010; hier Art. 43 und 59; offizielle englische Übersetzung abrufbar beim Parlament, dem *Sabor*, unter http://www.sabor.hr/fgs.axd?id=17074, inoffizielle deutsche Übersetzung bei der *Konrad-Adenauer*-Stiftung unter http://www.kas.de/wf/doc/kas_2764-1442-1-30.pdf?110114141431.

Für 2010 wird von einen gewerkschaftlichen Organisationsgrad von 17% im privaten und 70% im öffentlichen Sektor berichtet, der Durchschnittswert liegt bei 35%. Dabei ist der Trend insgesamt wohl leicht rückläufig.[771]
Die Gewerkschaftslandschaft ist insgesamt stark zersplittert und weist insbesondere viele kleine Betriebsgewerkschaften auf.[772] In der Konsequenz sind die Gewerkschaften in einer eher ungünstigeren Verhandlungsposition.
Übergeordnet gibt es insgesamt fünf Gewerkschaftsbünde, die ihrerseits ca. 90% der Gewerkschaftsmitglieder vereinen. Sie alle sind politisch nicht gebunden, weshalb sie untereinander stark um Mitglieder konkurrieren. Diese fünf sind: *Savez samostalnih sindikata Hrvatske, SSSH*, übersetzt etwa „Vereinigung unabhängiger Gewerkschaften Kroatiens", vertritt nach Eigenangaben 17 Einzelgewerkschaften mit insgesamt 110.000 Mitgliedern sowie 60.000 Pensionäre, vor allem aus dem privaten Sektor, *Nezavisni hrvatski sindikati, NHS*, übersetzt etwa „Unabhängige kroatische Gewerkschaften" mit 114.000 Mitgliedern; *Matica hrvatskih sindikata*, kurz meist nur *Matica*, übersetzt etwa „Vereinigung der Kroatischen Gewerkschaften", nach Eigenangaben mehr als 64.000 Mitgliedern in 10 Einzelgewerkschaften, vor allem aus dem öffentlichen Sektor, *Hrvatska udruga sindikata, HUS*, übersetzt etwa „Kroatischer Gewerkschaftsverband", ca. 42.000 Mitglieder und *Udruga radničkih sindikata Hrvatske, URSH*, übersetzt etwa „Kroatischer Arbeitergewerkschaftsverband" mit 24.000 Mitgliedern.
Den Gewerkschaften gegenüber steht der, wohl einzig bedeutende, Kroatische Arbeitgeberverband, *Hrvatska udruga poslodavaca, HUP*, der Unternehmen mit insgesamt 400.000 Arbeitnehmern vertritt.[773]

Die Sozialpartner begegnen sich dabei (noch) mit einem gewissen grundsätzlichen Misstrauen. Verschärft wird dieser Aspekt durch den Umstand, dass trotz der bislang bestehenden Regeln im Konfliktfall kaum Lösungsmöglichkeiten zur Verfügung stehen, insbesondere gibt es noch keine spezialisierten Arbeitsgerichte.[774] Allerdings werden zuletzt häufiger Tarifverhandlungen geführt. Wenn Tarifvereinbarungen geschlossen werden, geschieht dies vor allem auf unternehmerischer Ebene und betrifft die Aspekte Arbeitszeit und Entlohnung, vereinzelt auch auf Branchenebene.

Nach nationalen Beobachtern beklagen die Gewerkschaften dabei eine „mangelnde Bereitschaft der Arbeitgeber zu sektoralen Tarifvereinbarungen". Viele Arbeitgeber sähen die Gewerkschaften

771 *Nestić*, (oben Fn. 769), Abschnitt *Trade Union density*, unter Bezug auf eine Studie von *Bagić*.

772 *Nestić* zufolge sind insgesamt ca. 550 Gewerkschaften registriert, die jedoch meist nur auf Unternehmensebene aktiv sind. *Potočnjak/Gotovac*, (oben Fn. 769), S. 2ff., nennen für 2007 einen Wert von 254 Einzelgewerkschaften und 24 Gewerkschaftsverbänden, weisen aber auch auf die beträchtliche Fragmentierung hin.

773 Eigendarstellungen unter http://www.sssh.hr/en/static/uatuc/about-us-2 (englisch); http://www.matica-sindikata.hr/hr/o-nama/(kroatisch); http://www.hus.hr/?page_id=108&lang=en (englisch) bzw. http://www.hup.hr/(kroatisch);. *Nestić, ebd.*, erwartet eine weitere Dezentralisierung, wie wohl auch *Potočnjak/Gotovac*, (oben Fn. 769), S. 11.

774 *Nestić*, (oben Fn. 769), Abschnitte *Main industrial relation trends; Employee rights.*

als „unvermeidliches Übel" („*inevitable evil*"). Daneben erschwerten aber auch unklare Vertretungsverhältnisse unter miteinander konkurrierenden Gewerkschaften den Dialog.[775]

Entscheidend sind also vor allem staatliche Vorgaben. Eine praktisch bedeutsame Rolle bei deren Entwicklungen spielt der tripartit besetzte Nationale Ökonomische und Soziale Rat (*Gospodarsko-socijalno vijeće, GSV*, englisch *Economic and Social Council, ESC*).[776] Hierbei handelt es sich um ein Beratungsgremium für die Regierung. Er verfügt über fünf tripartit besetzte Expertenkommissionen, die jeweils bestimmte Bereiche analysieren[777] und auf Basis der dortigen Ergebnisse bestimmte Weiterentwicklungsvorschläge machen, die dann im *GSV*-Plenum diskutiert werden. Obwohl kaum formale Vereinbarungen geschlossen werden[778] wird sein Einfluss auf die Gesetzgebung als durchaus signifikant beschrieben.[779]

Die *GSV*-Kommissionen behandeln folgende Themengebiete: 1.) Lohnpolitik, Steuersystem und Lebensstandard, 2.) Sozialpolitik, 3.) Bildung und Arbeitsmarkt, 4.) Gesetzgebung, Tarifverhandlungen und Rechtschutz, 5.) Nachhaltigkeit, Ökonomie, Energie und Klimawandel.[780]

Gewerkschaftsverbände sind im *GSV* vertreten, wenn sie als national repräsentativ gelten. Hierfür benötigt ein Gewerkschaftsverband grundsätzlich u.a. mindestens 50.000 Mitglieder in mindestens fünf verschiedenen einzelnen Gewerkschaften.[781]

775 *Nestić*, (oben Fn. 769), Abschnitt *Main industrial relation trends. Potočnjak/Gotovac*, (oben Fn. 769), S. 9, 14.

776 *Čl.* 285 ff. des Arbeitsgesetzes, *Zakon o Radu, ZOR;* NN 149/09, zuletzt geändert durch NN 73/13. [*Članak* – „Artikel", Plural „*članci*", *stavak*, kurz *st.* = „Absatz"; NN = *Narodne Novine*, „Amtsblatt", es folgt die jeweilige Gesetzesnummer und das Jahr; anhand dieser Angaben sind die Gesetzestexte abrufbar unter http://narodne-novine.nn.hr/(kroatisch, Suchmaske).] Eine englische Übersetzung des *ZOR* findet sich bei der *International Labour Organization, ILO* unter http://www.ilo.org/dyn/natlex/natlex_browse.details?p_lang=en&p_country=HRV&p_classification=01.02&p_origin=COUNTRY&p_sortby=SORTBY_COUNTRY (Stand 2011).

777 *Čl.* 285 *st.* 6 *ZOR*.

778 *Nestić*, (oben Fn. 769), Abschnitt *Tripartite concertation*.

779 *Nestić*, (oben Fn. 769), Abschnitt *Tripartite concertation*, Abschnitt *Main industrial relation trends*, berichtet, dass aufgrund der Gegenposition der Gewerkschaften die Regierung eine geplante Änderung bei den Laufzeiten der Tarifverträge nicht weiter verfolgte.

780 Vgl. Darstellung zum *GSV/ESC* beim *SSSH* unter http://www.sssh.hr/en/static/fields-of-work/social-dialogue/economic-and-social-council-43 (englisch).

781 *Čl.* 3 des *Zakon o kriterijima za sudjelovanje u tripartitnim tijelima i reprezentativnosti za kolektivno pregovaranje*, NN 82/12; übersetzt etwa „Gesetz über die Kriterien für die Teilnahme in tripartiten Verhandlungsgremien und Repräsentativität für kollektive Vereinbarungen". Für die Arbeitgeberorganisation vgl. ebd. *čl.* 2. Zur Entscheidung berufen ist eine Kommission beim Arbeitsministerium, ebd. *čl.* 13 ff.

3. Organisationsverfassung der Kapitalgesellschaften

a) Grundlagen

Maßgebliche Rechtsquelle des Gesellschaftsrechts ist das Gesetz über die Handelsgesellschaften, *Zakon o trgovačkim društvima, ZTD.*[782] Grundsätzlich dualistisch geprägt wurden zuletzt für die AG Wahlmöglichkeiten eingeführt.

Kapitalgesellschaften[783] sind die Aktiengesellschaft (*dioničko društvo*, abgekürzt *d.d.*)[784] und die Gesellschaft mit beschränkter Haftung (*društvo s ograničenom odgovornošću* abgekürzt *d.o.o.*).[785] Beide können von einer (auch einzelnen) natürlichen oder juristischen Person gegründet werden.[786]

Bei der Aktiengesellschaft ist eine Simultan- oder eine Sukzessivgründung möglich.[787] Sie kann sich inzwischen wahlweise monistisch oder dualistisch organisieren.[788] Im monistischen Modell verfügt die Gesellschaft über einen Verwaltungsrat, (*upravni odbor*), der aus mindestens drei Mitgliedern zusammengesetzt wird (*direktori*). Ggf. werden noch geschäftsführende Direktoren unterschieden (*izvršni direktori*).[789] Eine dualistisch organisierte *d.d.* verfügt über den Vorstand (*uprava*), bestehend aus ein oder mehreren *direktori*, sowie den Aufsichtsrat (*nadzorni odbor*), in dem mindestens drei und, abhängig vom Kapital, maximal 21 Mitglieder zusammenkommen, die grundsätzlich von der Generalversammlung (*glavna skupština društva*)[790] gewählt werden. Ggf. muss hier aber aufgrund von Spezialgesetz ein Arbeitnehmervertreter berücksichtigt werden.[791]

---

782 NN 111/93, 34/99, 121/99, 52/00, 118/03, 107/07, 146/08. Stand NN 152/11, abrufbar unter http://narodne-novine.nn.hr/clanci/sluzbeni/2011_12_152_3144.html, seinerseits zuletzt geändert durch *Zakon o izmjenama i dopunama Zakona o trgovačkim društvima* („Gesetz zur Änderung des Gesetzes über die Handelsgesellschaften“), NN 111/12, abrufbar unter http://narodne-novine.nn.hr/clanci/sluzbeni/2012_10_111_2392.html und durch *Prijelazne odredbe iz Kaznenog zakona na snazi* (etwa „Übergangsbestimmungen zum Inkrafttreten des Strafgesetzbuchs“), NN 144/12, abrufbar unter http://www.zakon.hr/cms.htm?id=279 (alle kroatisch). Soweit ersichtlich existiert keine frei zugängliche Übersetzung.

783 *Čl.* 2 *st.* 2, 13 *ZTD*, möglich ist die Gründung zu jedem erlaubten Zweck, ein expliziter wirtschaftlicher Zweck ist hier hingegen nicht vorgeschrieben; zum Sitz vgl. *čl.* 37 *ZTD.*

784 *Čl.* 159–384c *ZTD.*

785 *Čl.* 385–472a *ZTD.*

786 Für die Ein-Personen-*d.d.* vgl. *čl.* 159 *st.* 2, 160 *st.* 2, für die Ein-Personen-*d.o.o.* vgl. *čl.* 385, 386 *ZTD.*

787 *Čl.* 160, 173 ff., 195 ff. *ZTD.*

788 *Čl.* 272.a *ZTD.*

789 Zum Verwaltungsrat vgl. *čl.* 272.b ff., insbes. zur Bestellung *čl.* 272.c, zu den Befugnissen *čl.* 272.h, zu den geschäftsführenden Verwaltungsratsmitgliedern *čl.* 272.l *ZTD.*

790 Zur Generalversammlung vgl. *čl.* 274–303 *ZTD.*

791 Zum Aufsichtsrat vgl. *čl.* 254 ff., insbes. zur Bestellung *čl.* 256, zum Arbeitnehmervertreter *čl.* 256 II 2, zu den Aufsichtsbefugnissen *čl.* 263, zu Beschlussfassung und Aufsichtsratstreffen *čl.* 263 f., zur Vergütung *čl.* 269 *ZTD.*

Bei einem Grundkapital von bis zu 12 Millionen *Kuna* gibt es höchstens neun Aufsichtsratsmitglieder, bei bis zu 80 Millionen *Kuna* maximal 15 Aufsichtsratsmitglieder, darüber maximal 21 Aufsichtsratsmitglieder.

Die *d.o.o.* wird durch einen Gesellschaftsvertrag errichtet, der von allen Gründern unterzeichnet und grundsätzlich in Form einer notariellen Urkunde abgeschlossen wird (*osnivači društva*). Möglich ist aber auch eine privat ausgestellte und sodann notariell beglaubigte Urkunde bzw. eine durch den Gründer vor dem Notar abgegebene Erklärung über die Gründung (*društva ugovor* als Satzung, bzw. *izjavom o osnivanju društva*).[792] Eine Sukzessivgründung ist bei der *d.o.o.* explizit verboten.[793] Die Gesellschafter sind in ein Anteilsbuch einzutragen (*knjiga poslovnih udjela*).[794] Die Organe einer *d.o.o.* sind die Gesellschafterversammlung (*sazivanje skupštine društva*)[795] und die Geschäftsführung (*uprava*), die aus einem oder mehreren Direktoren bestehen kann.[796] Die Direktoren werden grundsätzlich von den Gesellschaftern bestellt und ggf. auch abberufen.[797]

Ein kontrollierender Aufsichtsrat ist in der *d.o.o.* grundsätzlich freiwillig auf Satzungsgrundlage möglich.[798] Unter fünf bestimmten Umständen ist die Errichtung jedoch obligatorisch. Dies gilt, wenn 1) das Unternehmen im Jahresdurchschnitt mehr als 200 Arbeitnehmer beschäftigt, 2) wenn die Errichtung aufgrund der Unternehmenstätigkeit durch spezielle Gesetze vorgeschrieben ist, 3) wenn das Stammkapital der Gesellschaft 600.000,– *HRK* (ca. 84.000,– Euro)[799] übersteigt und (kumulativ) die Gesellschaft mehr als 50 Gesellschafter hat, 4) wenn die *d.o.o.* ihrerseits Aktiengesellschaften oder Gesellschaften mit beschränkter Haftung mit einem obligatorischen Aufsichtsrat von einem bestimmten Punkt führt bzw. wenn sie am Stammkapital solcher Gesellschaften mit mehr als 50 Prozent beteiligt ist und (kumulativ) die durchschnittliche Arbeitnehmerzahl in einer der Gesellschaften oder in allen Gesellschaften zusammen insgesamt 200 übersteigt, 5) wenn die *d.o.o.* Komplementärin in einer Kommanditgesellschaft ist (*Komanditno društvo*, abgekürzt *k.d.*), wobei die durchschnittliche Gesamtzahl

792 *Čl.* 33, 387 *ZTD*.
793 *Čl.* 387 *st.* 4 *ZTD*.
794 *Čl.* 410 *ZTD*.
795 *Čl.* 440–449 *ZTD*.
796 *Čl.* 422–433 *ZTD*; zu deren Vergütung vgl. *čl.* 432, 247 *ZTD*.
797 *Čl.* 423 *st.* 2, 424 *ZTD*.
798 *Čl.* 434 *st.* 1 ZTD.
799 Der Kurs des kroatischen *Kuna* wird durch die Kroatische Nationalbank *Hrvatska Narodna banka – HNB* festgelegt, ist aber stark an den Euro angelehnt. Die Schwankungsbreite zu Deutscher Mark/Euro lag nach Angaben der *HNB* zwischen 1994 und 2012 bei ± 6%. Nähere Darstellung unter http://www.hnb.hr/tecajn/etecajn.htm, Abschnitt *About the Exchange Rate* (englisch). Stand April 2013: 1 Euro ≈ 7,60 *Kuna*/1 *Kuna* = 100 *Lipa* ≈ 0,14 Euro.

der Arbeitnehmer in der *d.o.o.* und der *k.d.* zusammen 200 Beschäftigte übersteigt.[800]

Der Durchschnittswert richtet sich nach der Beschäftigtenzahl am jeweils letzten Tag des Monats im vorangegangenen Jahr.[801] Die Geschäftsführung ist verpflichtet, zum 01.01. eines jeden Jahres diesen Schwellenwert zu überprüfen und ggf. die notwendigen Schritte zu veranlassen.[802]

Auf den Aufsichtsrat in der *d.o.o.* finden grundsätzlich die Vorschriften für die *d.d.* entsprechende Anwendung.[803] Wie dort besteht er aus mindestens drei Personen, kann aber auch größer sein, wobei die Zahl aber stets ungerade sein muss.[804] Ihm obliegt auch in der *d.o.o.* die Bestellung bzw. Entlassung der Mitglieder der Geschäftsführung.[805]

Die Gesellschaft muss beim staatlichen Statistikamt (*Državni zavod za statistiku*)[806] und bei der Steuerbehörde registriert werden.[807] Konstitutiv ist die Eintragung in das Handelsregister (*Sudski registar trgovačkih društava*), das beim Handelsgericht geführt wird (*Trgovački sud*).[808]

Das Mindestkapital liegt für eine *d.d.* bei 200.000,– *HRK* (ca. 28.000,– Euro),[809] für eine *d.o.o.* bei 20.000,– *HRK* (ca. 2.800,– Euro).[810]

b) Aktuell

Seit 2008 sind an mittlerweile 61 Orten Servicestellen der Regierung unter der Bezeichnung „*Hitro*“ eingeführt worden. Sie assistieren bei der Bewältigung der notwendigen, immer noch recht umfangreichen, Formalien, wobei Versicherungen und notarielle Beurkundungen ausgenommen sind.[811]

Im Oktober 2012 wurden durch das Änderungsgesetz *NN 111/12* einige Vereinfachungen, vor allem im Hinblick auf die Verfahren eingeführt.

---

800 *Čl.* 434 *st.* 2, Unterpunkte 1–5 *ZTD.*
801 *Čl.* 434 *st.* 3 *ZTD.*
802 *Čl.* 434 *st.* 4 *ZTD.*
803 *Čl.* 439 *ZTD.*
804 *Čl.* 435 *ZTD.*
805 *Čl.* 441 *st.* 1, Nr. 3 *ZTD.*
806 *DZS*; Webauftritt unter http://www.dzs.hr.
807 *Čl.* 59 ff. *ZTD.*
808 *Čl.* 4 *ZTD.*
809 *Čl.* 162 *ZTD.*
810 *Čl.* 389 *st.* 2 *ZTD.*
811 Englischer Webauftritt unter http://www.hitro.hr/Default.aspx?sec=18, insbes. Abschnitt „*How to start a company*“.

In diesem Zusammenhang wurde auch eine vereinfachte Unterform der *d.o.o.* eingeführt, die sog. *jednostavnog društva s ograničenom odgovornošću*, abgekürzt *j.d.o.o.*,[812] übersetzt „einfache Gesellschaft mit beschränkter Haftung". Als Variante der *d.o.o.* gelten für sie einige Sondervorschriften. Demnach darf die *j.d.o.o.* maximal drei Gesellschafter und nicht mehr als einen Geschäftsführer haben.[813] Es gilt ein deutlich reduziertes Mindestkapitalerfordernis von nur noch 10,– *HRK* (ca. 1, 40 Euro), das bar erbracht werden muss.

Wie bei der deutschen UG (haftungsbeschränkt) muss auch in der *j.d.o.o.* ein Viertel des Jahresüberschusses für eine gesetzliche Rücklage verwendet werden. Sobald auf diese Weise das Mindestkapital einer *d.o.o.* erreicht wird, fallen die Beschränkungen weg.[814]

Das Gesetz hält zudem Musterprotokolle für die Gründung einer Ein-Personen-*j.d.o.o.* und einer „normalen" *j.d.o.o.* bereit.[815]

4. Arbeitnehmerbeteiligung

Eine Beteiligung der Arbeitnehmer an den Entscheidungen im Unternehmen ist bereits verfassungsrechtlich garantiert.[816] Näher ausgestaltet wird diese Vorgabe vor allem durch das Arbeitsgesetz, *Zakon o radu, ZOR.*[817] Maßgeblich ist hier vor allem das XVII. Kapitel, *Čl.* 136 ff., für die Betriebsräte (*Sudjelovanje radnika u odlučivanju*, übersetzt etwa „Mitarbeiterbeteiligung bei der Entscheidungsfindung") sowie das XVIII. Kapitel, *Čl.* 226 ff., für „Gewerkschaften und Arbeitgeberverbände" (*Sindikati i udruge poslodavaca*). Grundsätzlich besteht auf allen Ebenen Vereinigungsfreiheit.[818]

---

812 *Čl.* 1 *NN 111/12.*

813 *Čl.* 13 *NN 111/12* (Einführung eines neuen *Čl.* 390.a in das *ZTD.*).

814 *Čl.* 13 *NN 111/12* (Hier: *Čl.* 390.a, *st.* 4, 5, 7; zu den Stimmrechten pro Anteil vgl. *čl.* 22 *NN 111/12.*).

815 Anhänge *NN 111/12* („*Prilog 1. Zapisnik o osnivanju jednostavnog društva s ograničenom odgovornošću s jednim članom*" bzw. „*Prilog 2. Zapisnik o osnivanju jednostavnog društva s ograničenom odgovornošću s najviše tri člana*", übersetzt etwa „Anhang 1. Protokoll zur Gründung einer einfachen Gesellschaft mit beschränkter Haftung mit einem Mitglied" bzw. „Anhang 2. Protokoll zur Gründung einer einfachen Gesellschaft mit beschränkter Haftung mit bis zu drei Personen".).

816 Vgl. oben Fn. 770; hier *Čl.* 56 *st.* 4, in der deutschen Übersetzung: „Beschäftigte können in Einklang mit dem Gesetz bei Entscheidungen im Unternehmen mitbestimmen."

817 Vgl. oben Fn. 776. Beim Gewerkschaftsbund *NHS* findet sich eine Zusammenstellung insgesamt 50 weiterer bedeutender arbeitsrechtlicher Vorgaben unter der Rubrik *Dokumenti – Zakoni i propisi*" („Dokumente – Gesetze und Verordnungen") abrufbar unter http://www.nhs.hr/dokumenti/zakoni_propisi/(kroatisch).

818 Vgl. *čl.* 226 ff. *ZOR.* Übergeordnete Verbände werden als *udruge više razine* bezeichnet. Zur notwendigen Registrierung vgl. *čl.* 230, 235 ff. *ZOR* und die auf dieser Grundlage ergangene *Pravilnik*

Das *ZOR* wird als wesentlich beschrieben, Tarifvereinbarungen würde hingegen kaum eine praktische Bedeutung zukommen.[819]

Das Gesetz bestimmt das Günstigkeitsprinzip und hält u.a. auch eine Vielzahl von verpflichtenden arbeitnehmerschützenden Regeln vor. Zur Überwachung ist eine staatliche Aufsichtsbehörde berufen, die direkt der Regierung zugeordnet ist (*Državni inspektorat*[820]).

Trotz deren personeller und sachlicher Verstärkung ab 2006 soll die tatsächliche Umsetzung noch immer hinter den Vorgaben zurückbleiben, der tatsächliche Schutz wird als „*schwach ausgeprägt*" dargestellt. Teilweise wird das auch darauf zurückgeführt, dass es (noch) keine spezielle Arbeitsgerichtsbarkeit gibt, wobei aber entsprechende Regulierungsinitiativen bestehen.[821]

a) Betriebliche Interessenvertretung

aa) Grundlagen

In Kroatien besteht auf betrieblicher Ebene ein zweigliedriges Vertretungssystem aus Gewerkschaftsvertretungen und Betriebsräten. Nach der ursprünglichen Gesetzgebung von 1996 waren mit dem deutschen Modell die Betriebsräte präferiert, seitdem wurde der Schwerpunkt immer weiter zugunsten der Gewerkschaften verschoben.

Über die tatsächliche Verbreitung der Vertretungsgremien bestehen keine offiziellen Angaben. Betriebsräte sind aber wohl in größeren Unternehmen üblich, während sie in lediglich 20 bis 50 Prozent der kleineren Unternehmen verbreitet sind.[822] Gewerkschaftsvertretungen auf Betriebsebene sind hingegen „*häufig*". Oft konkurrieren auch in einem Unternehmen mehrere Gewerkschaften miteinander.[823] Nach Schätzungen des Arbeitgeberverbands *HUP* gab es 2007 in der Hälfte der durch ihn vertretenen Unternehmen auch (mindestens) eine Gewerkschaftsvertretung.[824]

---

o sadržaju i načinu vođenja registra udruga (etwa „Verordnung über Inhalt und Verwaltung der Verbandsregister").

819 *Nestić*, (oben Fn. 769), Abschnitte *Legal context, Workplace representation.*

820 Deren Rechtsgrundlage ist das *Zakon o državnom inspektoratu*, NN 116/08, zuletzt geändert durch NN 49/11.

821 *Hojnik*, Country report Croatia, S. 1; insbes. *Nestić*, (oben Fn. 769), Abschnitte *Legal context; Employee rights.*

822 *Nestić*, (oben Fn. 769), Abschnitt *Workplace representation*, („*quite common*"); dort auch zur prozentualen Verbreitung unter Rückgriff auf die Studie von *Potočnjak* und *Gotovac* aus dem Jahr 2007 (oben Fn. 769, S. 11), allerdings hier wie dort ohne nähere Ausführungen. ETUI-HR-BI, S: 1, verweist auf eine Studie aus dem Jahr 2010, wonach von 530 Unternehmen mit mehr als 20 Beschäftigten 45% auch einen Betriebsrat installiert hatten.

823 So *Potočnjak/Gotovac*, (oben Fn. 769), S. 10, allerdings ohne nähere Angaben.

824 *Potočnjak/Gotovac*, (oben Fn. 769), S. 11.

bb) Voraussetzungen

Nach dem *ZOR* können lokale Gewerkschaftsvertretungen bereits von zehn unternehmensangehörigen, volljährigen, geschäftsfähigen natürlichen Personen gegründet werden.[825]

Dass es sich bei einer lokalen Betriebsgewerkschaft um Angestellte des jeweiligen Unternehmens handeln muss, folgt aus *Čl.* 248 *st.* 3 *ZOR*.

Aufgrund dieses vergleichsweise niedrigen Schwellenwerts bestehen in vielen Betrieben gleichzeitig mehrere, untereinander konkurrierende Gewerkschaftsvertretungen.[826] Ein einzelner Gewerkschaftsvertreter wird als *sindikalni predstavnik* oder auch als *sindikalni povjerenik*, wörtlich übersetzt „Gewerkschaftskommissar", bezeichnet.

Der Schwellenwert zur Gründung eines Betriebsrats (*radničkog vijeća*) liegt bei mehr als 20 Beschäftigten.[827] Notwendig ist zudem ein entsprechendes Verlangen entweder einer Gewerkschaft oder von mindestens zehn Prozent aller Arbeitnehmer eines Unternehmens.[828] Letzteres soll insbesondere in größeren Unternehmen schwierig zu erreichen sein.[829] Ggf. wird das einzelne Betriebsratsmitglied als „*predstavnik*" bezeichnet, übersetzt „Vertreter", Plural „*predstavnika*".

Trotz dieser nominellen Trennung zwischen den Gremien bestehen tatsächlich vielfältige Überschneidungen. Nach dem gesetzlichen Leitbild kooperiert der Betriebsrat sowohl mit dem Arbeitgeber wie auch mit den im Unternehmen vertretenen Gewerkschaften auf vertrauensvoller Basis.[830] Hierzu gehört auch, dass die lokalen Gewerkschaftsvertreter ggf. an den Sitzungen des Betriebsrats teilnehmen können.[831] Dessen ungeachtet hat der Betriebsrat die Arbeitnehmer und die Gewerkschaftsvertretungen regelmäßig über seine Arbeit zu unterrichten und ggf. deren Vorschläge und Anregungen aufzunehmen.[832] Ein Betriebsratsmitglied kann gleichzeitig auch weiterhin für eine Gewerkschaft arbeiten.[833]

Falls kein Betriebsrat errichtet wird kann die Gewerkschaftsvertretung dessen Beteiligungsrechte auf der betrieblichen Ebene übernehmen. Ausgeschlossen ist nur die Befugnis des Betriebsrats,

---

825 *Čl.* 232 *st.* 1 *ZOR.*
826 ETUI-HR-BI., S. 1.
827 *Čl.* 136 *ZOR.*
828 *Čl.* 137 *st.* 2 *ZOR.*
829 *Nestić*, (oben Fn. 769), Abschnitt *Workplace representation.*
830 *Čl.* 155 *st.* 10, 152 *st.* 1 *ZOR.* Zur Geheimhaltungspflicht der Betriebsratsmitglieder vgl. *čl.* 158 *ZOR*, zur Rechtsfähigkeit des Betriebsrats vgl. *čl.* 154 *ZOR.*
831 *Čl.* 153 *st.* 3 *ZOR.*
832 *Čl.* 151 *ZOR.*
833 *Čl.* 152 *st.* 2 *ZOR.*

ggf. den Arbeitnehmervertreter im Aufsichtsrat zu bestellen.[834] Konkurrieren in einem Betrieb mehrere Gewerkschaftsvertretungen um dieses Recht, entscheidet die Belegschaft entsprechend dem Wahlverfahren für Betriebsräte.[835]
Praktisch soll es zunehmend üblicher sein, dass die Gewerkschaftsvertretung auch die Aufgaben des Betriebsrats übernimmt.[836]

Auf übergeordneter Ebene ist neben einer übergeordneten Gewerkschaftsvertretung ggf. auch ein Gesamtbetriebsrat möglich (*glavnog radničkog vijeća*), der sich aus Mitgliedern der jeweiligen Einzelbetriebsräte zusammensetzt. Die nähere Ausgestaltung dieses Gremiums erfolgt durch eine Vereinbarung zwischen dem Arbeitgeber und den einzelnen Betriebsräten in den jeweiligen Betrieben.[837]

Zudem ist mindestens zwei Mal im Jahr in regelmäßigen Abständen eine Betriebsversammlung durchzuführen (*skupovi radnika*). Hierdurch sollen die Arbeitnehmer über die Unternehmensentwicklungen informiert werden und diese ggf. diskutieren können.[838]

cc) Größe und Zusammensetzung

(1) Gewerkschaft

Die Gewerkschaftsvertretungen organisieren sich auf Grundlage des *ZOR* und der jeweiligen internen Gewerkschaftsregeln selbst.[839] Sie wählen ggf. einen oder mehrere Gewerkschaftsvertreter. Die Wahl von Unternehmensexternen ist nicht möglich.[840]

Dabei ist die Zahl der Gewerkschaftsvertreter grundsätzlich nicht begrenzt. Jedoch genießt nur eine bestimmte Menge einen besonderen Kündigungsschutz, wobei dieser Wert wiederum mit der Zahl der möglichen Betriebsratsmitglieder übereinstimmt.[841] Faktisch wirkt diese Vorgabe begrenzend.

(2) Betriebsrat

Die Größe des Betriebsrats staffelt sich nach der Größe des Betriebs. Bis zu 75 Beschäftigte wird ein einzelner Betriebsrat gewählt, bei 76 bis 250 Beschäftigten sind

---

834 *Čl.* 152 *st.* 3 *ZOR.*

835 *Čl.* 152 *st.* 4 *ZOR.*

836 *Nestić*, (oben Fn. 769), Abschnitt *Workplace representation*, („*quite common*"); ETUI-HR-BI, S. 1 unter Verweis auf *Ana Milićević Pezeli: Annual Review on Labour Relations and Social Dialogue in South East Europe: Croatia*, 2012.

837 *Čl.* 139 *ZOR.*

838 *Čl.* 162 *ZOR.*

839 *Čl.* 248 ff. *ZOR.* Vgl. *Potočnjak/Gotovac*, (oben Fn. 769), S. 10.

840 *Čl.* 248 *st.* 2, 3 *ZOR.*

841 *Čl.* 249 *ZOR.*

es drei Betriebsratsmitglieder. Bei 251 bis 500 Arbeitnehmern werden fünf Betriebsräte bestellt, bei 501 bis 750 Mitarbeitern sind es sieben Betriebsräte und bei 751 bis 1.000 Beschäftigten werden neun Betriebsräte gewählt. Darüber kommen für jeweils weitere 1.000 Beschäftigte jeweils zwei Betriebsräte hinzu.[842] Die Anzahl kann durch Vereinbarung zwischen dem Arbeitgeber und dem Betriebsrat noch erhöht, aber nicht verringert werden.[843]

Betriebsräte bestehen ausschließlich aus Arbeitnehmern. Die jeweiligen Vertreter werden in freier, direkter, unmittelbarer und geheimer Wahl von den Beschäftigten für eine Amtszeit von drei Jahren gewählt.[844] Das aktive und das passive Wahlrecht steht hierbei allen Beschäftigten gleichermaßen zu.[845] Die einzelnen Kandidaten werden entweder von den Gewerkschaften oder mindestens von zehn Prozent der Beschäftigten auf die verschiedenen Listen berufen.[846] Zur Organisation wird nach einem recht aufwendigen Verfahren ein Wahlausschuss bestellt (*izborni odbor*).[847] Die Wahl ist gültig, wenn mindestens ein Drittel der Arbeitnehmer ihre Stimme abgegeben haben.[848]

dd) Befugnisse

(1) Beteiligung

α) Gewerkschaft

Hauptaufgabe, und exklusives Recht, der Gewerkschaftsvertretungen ist der Abschluss von Tarifvereinbarungen (*Kolektivni Ugovori*).[849] Daneben können ausschließlich sie zu Arbeitskampfmaßnahmen aufrufen(*Štrajk i rješavanje kolektivnih radnih sporova*).[850]

Voraussetzung ist die vorherige Registrierung.[851] Vor etwaigen Streikmaßnahmen ist eine Mediation durch eine Regierungsstelle vorgeschrieben, das Büro für Soziale Partnerschaft (*Ured za socijulno partnerstvo*).[852]

---

842 *Čl.* 138 *st.* 1, 2 *ZOR.*
843 *Čl.* 160 *st.* 1, Satz 1 *ZOR.*
844 *Čl.* 137 *st.* 1, 140 *st.* 1 *ZOR.* Die Wahlen finden in der Regel im März statt. Zur diskriminierungsfreien Verteilung auf Gruppen, Alter, Geschlecht etc. vgl. *Čl.* 138 *st.* 3 *ZOR.*
845 *Čl.* 141 *ZOR.*
846 *Čl.* 142 *ZOR.*
847 *Čl.* 143 ff. *ZOR.*
848 *Čl.* 145 *st.* 3 *ZOR.*
849 *Čl.* 253 ff. *ZOR.*
850 *Čl.* 269 ff. *ZOR.*
851 Vgl. *Čl.* 230 *st.* 1 *ZOR.*
852 Näher *Nestić*, (oben Fn. 769), Abschnitt *Industrial conflict.*

Damit die Gewerkschaftsvertretung ihren Aufgaben angemessen nachkommen kann, muss der Arbeitgeber ihr die erforderlichen Informationen zur Verfügung stellen.[853]

β) Betriebsrat

Dem Betriebsrat kommen sowohl detaillierte Unterrichtungs- und Anhörungs-, als auch Mitwirkungsbefugnisse zu,[854] die, über den Gesetzeswortlaut hinaus, noch durch Betriebs- oder durch Tarifvereinbarung erweitert werden können.[855]

Nach dem Gesetz schützt und fördert der Betriebsrat die Interessen der Beschäftigten, was vor allem durch Beratungen, Teilhabe an Entscheidungen und Verhandlungen mit dem Arbeitgeber geschehen soll. Er wacht auch über die grundsätzliche Einhaltung der arbeitsgesetzlichen Vorgaben, inklusive der Pflicht zur Zahlung der Sozialversicherungsbeiträge (*temeljna ovlaštenja radničkog vijeća*, übersetzt „grundlegende Befugnisse des Betriebsrats“). Der Betriebsrat darf sich aber nicht an Arbeitskampfmaßnahmen beteiligen,[856] was sich gleichermaßen auf Vorbereitung und Teilnahme erstreckt.

Der Betriebsrat genießt vor allem ein regelmäßiges Unterrichtungsrecht im Sinne einer Regelberichterstattung. Der Arbeitgeber hat ihn alle drei Monate über die gegenwärtige und zukünftige Geschäftslage und -ergebnisse, deren Auswirkungen auf die soziale Stellung der Arbeitnehmer, die Lohnentwicklung und -veränderungen, etwaige Überstunden, die Beschäftigtenanzahl, Beschäftigungsstruktur und -entwicklung, den Arbeitsschutz sowie alle anderen Aspekte, die für die wirtschaftlichen und sozialen Belange der Arbeitnehmer von besonderer Bedeutung sein können, zu informieren (*obveza obavješćivanja*, übersetzt etwa „Verpflichtung zur Unterrichtung“).[857]

Zusätzlich sind umfangreiche Anhörungsrechte normiert, die sich sowohl auf allgemeine wie auf besondere Bereiche erstrecken (*obveza savjetovanja prije donošenja odluke*, übersetzt etwa „Verpflichtung zur Anhörung vor Entscheidungsfindung“).[858] Allgemein muss der Arbeitgeber den Betriebsrat rechtzeitig vor Erlass einer Entscheidung, die für die Position der Arbeitnehmer von Bedeutung ist, über die geplante Entscheidung anhören und ihm in diesem Zusammenhang die relevanten Informationen umfassend und zeitlich so zur Verfügung stellen, dass er noch die Gelegenheit zu einer Stellungnahme hat, die einen wesentlichen Effekt auf die po-

853 *Čl.* 248 *st.* 4, 5 *ZOR.*
854 *Čl.* 147 ff. *ZOR.*
855 *Čl.* 160 *st.* 2 *ZOR.*
856 *Čl.* 147 *ZOR.*
857 *Čl.* 148 *ZOR.*
858 *Čl.* 149 *st.* 1–12 *ZOR.*

tentielle Entscheidung haben kann.[859] Ergänzend zu dieser allgemeinen Vorgabe besteht eine ausführliche, nicht abschließende Aufzählung. Demnach fallen in den Bereich der Anhörung sämtliche Entscheidungen zur Annahme von Beschäftigungsbedingungen, inklusive Vergütung und Arbeitsorganisation, sowie entsprechende Pläne, Entwicklung der Beschäftigungspolitik, inklusive Versetzungen und Kündigungen, die erwarteten rechtlichen, wirtschaftlichen und sozialen Folgen für die Arbeitnehmer bei Betriebsübergängen, Maßnahmen im Zusammenhang mit Sicherheit und Gesundheit am Arbeitsplatz, die Einführung neuer Technologien und Änderungen bei der Arbeitsorganisation, Planungen zum Jahresurlaub, Pläne zu Arbeitszeit und Nachtarbeit, Vergütung für Arbeitnehmererfindungen, die Annahme eines Sozialplans im Fall von Entlassungen und andere Entscheidungen, die durch das Arbeitsgesetz oder Tarifvereinbarung nur nach Anhörung des Betriebsrats ergehen können.[860] Wenn nicht anders vereinbart, soll sich der Betriebsrat innerhalb von acht Tagen zu der geplanten Entscheidung äußern, im Fall von außerordentlichen Kündigungen binnen fünf Tagen. Erfolgt innerhalb dieser Frist keine Reaktion, wird das Einverständnis des Betriebsrats zu der betreffenden Maßnahme vermutet.[861] Widerspricht der Betriebsrat einer entsprechenden Entscheidung, hat er seine Haltung zu begründen.[862] Eine Entscheidung, die unter Missachtung dieser Vorgaben ergeht, ist unwirksam.[863]

In einigen, bestimmten Bereichen bestehen zudem Mitentscheidungsrechte (*suodlučivanje*). Hier ist der Arbeitgeber grundsätzlich von einer vorherigen Zustimmung des Betriebsrats abhängig.[864] Das betrifft vor allem gewisse Kündigungen und den Datenschutz. Erfasst sind konkret die Kündigung eines Betriebsratsmitglieds, eines Kandidaten für den Betriebsrat, der nicht gewählt wurde bzw eines Mitglieds des Wahlausschusses binnen drei Monaten nach Feststellung der Wahlergebnisse, einer Person mit beschränkter Erwerbsfähigkeit oder Behinderung oder dem Risiko einer Behinderung, einer Person, die älter ist als sechzig Jahre sowie schließlich des Arbeitnehmervertreters im Aufsichtsrat. Vorherige Zustimmung ist auch nötig bei der Einbeziehung von (werdenden) Müttern in einen Sozialplan bei Massenentlassungen. Im Bereich des Datenschutzes ist die Zustimmung erforderlich zu Sammlung, Verarbeitung und Nutzung von Daten über einen Arbeitnehmer

859 *Čl.* 149 *st.* 1, 4 *ZOR.*

860 Nicht abschließende Aufzählung in *Čl.* 149 *st.* 3 *ZOR*, zum Betriebsübergang vgl. die Vorgabe von Punkt 3 i.V.m. *Čl.* 133 *ZOR.*

861 *Čl.* 149 *st.* 5, 6 *ZOR*, zur außerordentlichen Kündigung vgl. daneben *st.* 9, 10 und 11. *Hojnik*, Country report Croatia, S. 9, spricht im Zusammenhang mit der Frist bei außerordentlichen Kündigungen noch von drei Tagen; die konsolidierte Fassung des *ZOR* lautet indes auf „*pet dana*“, übersetzt „fünf Tage“.

862 *Čl.* 149 *st.* 8 *ZOR.*

863 *Čl.* 149 *st.* 121 *ZOR.*

864 *Čl.* 150 *ZOR.*

und Weitergabe dieser Informationen an Dritte sowie schon zur Benennung einer Person, die über die betreffenden Daten die Kontrolle ausübt.[865] Es ist möglich, diese gesetzlich vorgesehene Liste durch Vereinbarung mit dem Betriebsrat um weitere Punkte zu erweitern.[866] Ergeht binnen acht Tagen keine Stellungnahme zu der geplanten Maßnahme, wird das Einverständnis des Betriebsrats vermutet.[867] Verweigert der Betriebsrat seine Zustimmung, kann der Arbeitgeber innerhalb von 15 Tagen nach Zugang der Verweigerungserklärung eine Ersetzung durch das Gericht beantragen. Das Gericht soll dann innerhalb von 30 Tagen nach Klageerhebung entscheiden.[868]

Daneben kann der Betriebsrat mit dem Arbeitgeber Betriebsvereinbarungen abschließen, in denen jedoch nur solche Sachverhalte geregelt werden können, die nicht durch Tarifvereinbarungen behandelt werden.[869]

Wenn es keinen Betriebsrat gibt, übernehmen die Gewerkschaftsvertretungen diese Aufgaben. Das soll relativ häufig der Fall sein.[870]

(2) Ausstattung und Kündigungsschutz

α) Gewerkschaft

Nach dem Gesetz soll der Arbeitgeber den Gewerkschaftsvertretern ermöglichen, in angemessener Weise die Interessen ihrer Mitglieder gegenüber dem Arbeitgeber schützen und ausüben zu können.[871] Besondere Freistellungsregelungen sind für sie jedoch nicht vorgesehen, es sei denn, sie nehmen auch die Aufgaben der Betriebsräte wahr.

Grundsätzlich dürfen Gewerkschaftsvertreter nur mit Zustimmung der Gewerkschaft entlassen bzw. anderweitig schlechter gestellt werden. Ggf. kann diese Zustimmung durch Gerichtsentscheidung ersetzt werden. Zeitlich gilt dieser Schutz für die Dauer der Amtszeit plus weitere sechs Monate. Die Anzahl dieser so geschützten Gewerkschaftsvertreter ist jedoch nach oben begrenzt und staffelt sich mit wachsender Belegschaftsstärke.[872]

865 *Čl.* 150 *st.* 1 *ZOR.*
866 *Čl.* 150 *st.* 6 *ZOR.*
867 *Čl.* 150 *st.* 3 *ZOR.*
868 *Čl.* 150 *st.* 4, 5 *ZOR.*
869 *Čl.* 159 *ZOR.*
870 *Nestić*, (oben Fn. 769), Abschnitt *Workplace representation*, („*quite common*"); ETUI-HR-BI, S. 1 unter Verweis auf *Ana Milićević Pezeli: Annual Review on Labour Relations and Social Dialogue in South East Europe: Croatia*, 2012.
871 *Čl.* 248 *st.* 4, 5 *ZOR.*
872 *Čl.* 249 *ZOR.*

β) Betriebsrat

Wenn der Betriebsrat aus drei oder mehr Mitgliedern besteht, d.h. ab 76 Arbeitnehmern im Betrieb, arbeitet er in Sitzungen, die während der Arbeitszeit stattfinden. Dabei hat jedes Betriebsratsmitglied einen Anspruch auf Zahlungsausfallvergütung für bis zu sechs Arbeitsstunden pro Woche. Diese Ansprüche sind unter den einzelnen Betriebsratsmitgliedern frei übertragbar.[873]

Bzgl. des Kündigungsschutzes ist normiert, dass Betriebsratsmitglieder weder bevorzugt noch benachteiligt werden dürfen.[874]

Der Arbeitgeber hat auch für die notwendige Sachausstattung zu sorgen und muss die Gelegenheit zur Fortbildung im entsprechenden Bereich gewährleisten.[875]

Die Kosten für die übliche Betriebsratsarbeit trägt der Arbeitgeber. Bei seinen Beratungen kann der Betriebsrat ggf. externe Sachverständige hinzuziehen. Auch diese Kosten trägt grundsätzlich der Arbeitgeber, sie können allerdings durch eine entsprechende Übereinkunft begrenzt werden.[876]

Betriebsratsmitglieder, bzw. Kandidaten hierfür, können nur mit Zustimmung des Betriebsrats entlassen werden.[877]

ee) Vertretung auf supranationaler Ebene

Die kroatischen Mitglieder eines Besonderen Verhandlungsgremiums bei EBR bzw. SE (*pregovarački odbor*) werden von der Belegschaft des jeweiligen Unternehmens bzw. der jeweiligen Unternehmen in freier, direkter und geheimer Abstimmung gewählt. Kandidaten hierzu können von den Gewerkschaften vorgeschlagen werden, die ihrerseits innerhalb der Belegschaft vertreten sind, oder von Arbeitnehmergruppen, die mindestens 10% der Belegschaft umfassen.[878] Der zuständige Minister soll eine entsprechende Verordnung mit detaillierten Vorschriften zum Wahlverfahren erlassen.[879]

Mit der Gesetzesänderung *NN 73/13* vom 18.06.2013 wurde klargestellt, dass die Wahl von Unternehmensexternen nicht möglich ist.[880]

Diese Vorgaben gelten auch für die kroatischen Mitglieder eines EBR bzw. eines SE-Betriebsrats, der nach der jeweiligen Auffangregelung eingesetzt wird.[881]

---

873 *Čl.* 155 *st.* 1, 2, 3, 4, vgl. auch *st.* 8 *ZOR.*
874 *Čl.* 156 *ZOR.*
875 *Čl.* 155 *st.* 5, 6 *ZOR.*
876 *Čl.* 155 *st.* 7; 153 *st.* 4, 5 *ZOR.*
877 *Čl.* 150 *ZOR;* dort auch zur Entlassung von Behinderten, älteren Mitarbeitern, dem Arbeitnehmervertreter im Aufsichtsrat sowie Mitarbeiterinnen im Mutterschutz.
878 *Čl.* 174 *ZOR* (für die SE i.V.m. *Čl.* 197 *ZOR*), zum EBR vgl. *Čl.* 164 *ZOR*, zur SE vgl. *Čl.* 191 ff. *ZOR.*
879 *Čl.* 174 *st.* 3 *ZOR.*
880 *Čl.* 183 *st.*1 (EBR) , 206 *st.* 1 (SE) *ZOR.*
881 *Čl.* 182 ff. (EBR); 208 ff. (SE) *ZOR.*

Für die kroatischen Mitglieder im Leitungsorgan einer SE, das nach der Auffangregelung etabliert wird, gilt dasselbe Verfahren wie für die Entsendung in die Leitungsorgane in die kroatischen Unternehmen. Zur Bestellung berufen ist damit zunächst der Betriebsrat. Falls ein solcher nicht besteht, werden die betreffenden Mitglieder direkt durch die Belegschaft gewählt (näher dazu sogleich).[882]

b) Unternehmensmitbestimmung

Einzige maßgebliche Norm ist *Čl.* 163 des *ZOR* (überschrieben mit *„Predstavnik radnika u organu poslodavca"*, übersetzt etwa „Arbeitnehmervertreter in den Unternehmensorganen").[883]

Nach dessen Vorgabe muss in einem Unternehmen oder in einer Genossenschaft, wo aufgrund von Spezialgesetz ein Gremium zur Aufsicht über die Geschäftsführung bestellt wurde, sowie in einer öffentlichen Einrichtung, (genau) ein Mitglied dieses Organs oder des Aufsichtsgremiums ein Vertreter der Arbeitnehmer sein.[884]

Aufgezählt werden in diesem Zusammenhang ausdrücklich „Aufsichtsrat, Verwaltungsrat oder ein anderes entsprechendes Organ".[885] Die Regelung erfasst nach ihrem Wortlaut einheitlich das „Unternehmen" bzw. die „Gesellschaft".[886]

Es kommt also nicht darauf an, ob die betroffene Gesellschaft monistisch oder dualistisch organisiert ist. Auch die gewählte Rechtsform ist unerheblich.

Stets erfasst ist daher die Aktiengesellschaft (*dioničko društvo, d.d.*), denn diese hat verpflichtend ein entsprechendes Aufsichtsorgan, so dass sie von sich aus auch automatisch mitbestimmt ist.[887] Auf einen Schwellenwert kommt es insofern nicht an.

Demgegenüber ist eine GmbH (*društvo s ograničenom odgovornošću, d.o.o.*) nur mitbestimmt, wenn entsprechende Spezialgesetze bestehen (*„posebnom propisu"*). Das gilt namentlich für die „große" bzw. die „konzernleitende" GmbH mit mehr als 200 Arbeitnehmern, da in diesen aufgrund gesellschaftsrechtlicher Vorgaben zwangsweise ein Aufsichtsrat bestellt werden muss.[888]

---

882 *Čl.* 213 i.V.m *Čl.* 163 *ZOR*.
883 Näher, allerdings z.T. veraltet, *Hojnik*, Country report Croatia, S. 11.
884 *Čl.* 163 *st.* 1 *ZOR*, zu den erfassten Rechtsformen vgl. die Aufzählung in *čl.* 2 *st.* 2, 3 *ZTD*.
885 *„nadzorni odbor, upravni odbor, odnosno drugo odgovarajuće tijelo"*.
886 *„trgovačkom društvu"*, Nominativ Singular *„trgovačko društvo"*.
887 Vgl. für die dualistische *d.d. čl.* 254 *ZTD*, für die monistische *d.d. čl.* 272.b, *st.* 2 *ZTD*.
888 Vgl. *čl.* 434 *ZTD*. Näher auch oben, Abschnitt 3a.

Der jeweilige Arbeitnehmervertreter wird vom Betriebsrat bestellt und abberufen.[889] In einem Unternehmen ohne Betriebsrat wird der Arbeitnehmervertreter direkt durch die Belegschaft gewählt. Angewendet wird dann dasselbe Verfahren wie zur Wahl eines Betriebsrats mit nur einem Mitglied.[890] Die Wahl von Unternehmensexternen ist nicht möglich.[891]

Ein solcher Arbeitnehmervertreter hat nach dem Gesetz dieselben Rechte und Pflichten, wie die übrigen Mitglieder des betreffenden Gremiums.[892]

Über die tatsächliche Verbreitung derartiger Arbeitnehmervertreter gibt es keine offiziellen Daten. Vereinzelt wird namentlich für die Unternehmensmitbestimmung von eine „*mangelnde Sachkunde*" der Arbeitnehmervertreter berichtet. Dieser Mangel hindere die Möglichkeiten der Arbeitnehmer, ihre Befugnisse voll auszuschöpfen.[893] Vorstellbar ist zudem, dass interne Streitigkeiten im Berufungsorgan Betriebsrat die Einigung auf einen bestimmten Kandidaten erschweren können.

---

5. Zusammenfassung

- Das kroatische Wirtschaftsrecht ist am deutsch-österreichischen Modell orientiert und folgt bei der Organisationsverfassung der Kapitalgesellschaften grundsätzlich dem dualistischen Modell. Für die AG besteht auch die Option für eine monistische Organisation. Eine Arbeitnehmerbeteiligung ist sowohl auf betrieblicher als auch auf unternehmerischer Ebene vorgesehen.
- Auf betrieblicher Ebene existiert ein grundsätzlich zweigliedriges Vertretungssystem aus lokalen Gewerkschaftsvertretungen und Betriebsräten. Sofern jedoch kein Betriebsrat besteht, kann die Gewerkschaftsvertretung dessen Aufgaben grundsätzlich übernehmen, Ausnahme ist ggf. die Bestellung des Arbeitnehmervertreters im Aufsichtsorgan. Gewerkschaften können bereits von zehn Arbeitnehmern gegründet werden, weshalb es in einem Betrieb z.T. gleichzeitig mehrere Gewerkschaftsvertretungen gibt. Betriebsräte werden in Betrieben mit mehr als 20 Beschäftigten gewählt, sofern es entweder eine Gewerkschaft oder mindestens zehn Prozent aller Arbeitnehmer eines Unternehmens verlangen. Die Größe des Betriebsrats staffelt sich nach der Belegschaftsstärke und liegt

---

889 *Čl.* 163 *st.* 2 *ZOR.* Die Gewerkschaftsvertretung kann dieses Recht nicht ausüben, *Čl.* 152 *st.* 3 *ZOR.*

890 *Čl.* 163 *st.* 3 *ZOR.*

891 Vgl. *Čl.* 2 *ZOR.*

892 *Čl.* 163 *st.* 4 *ZOR.*

893 *Nestić,* (oben Fn. 769), Abschnitt *Workplace representation* („*Lack of competence of the works council, the trade union representatives and especially the workers' representative on the supervisory board ...*"). Von dieser Beobachtung abgesehen wird die Unternehmensmitbestimmung dort jedoch nicht einmal erwähnt.

grundsätzlich zwischen ein und neun Personen, die von den Beschäftigten für eine Amtszeit von drei Jahren über Listen gewählt werden. Für die Wahl muss ein Wahlausschuss eingerichtet werden. Zugunsten des Betriebsrats bestehen Unterrichtungs-, Anhörungs- und Mitbestimmungsrechte, die im Detail durchaus weitreichend sein können und bei denen der Betriebsrat ggf. eine gewisse Verzögerung bei der Entscheidungsumsetzung erreichen kann. Besetzung und Befugnisse können durch Tarif- oder Betriebsvereinbarung erweitert, aber nicht beschnitten werden. Auf übergeordneter Ebene ist ggf. ein Gesamtbetriebsrat möglich. Die nähere Ausgestaltung dieses Gremiums erfolgt durch eine Vereinbarung zwischen dem Arbeitgeber und den einzelnen Betriebsräten in den jeweiligen Betrieben. Zwei Mal im Jahr ist zudem eine Betriebsversammlung abzuhalten. Praktisch sind vor allem die Gewerkschaftsvertretungen verbreitet während Betriebsräte eher in größeren Betrieben vorkommen.

– Die Unternehmensmitbestimmung knüpft an das Bestehen eines Aufsichtsorgans an. Aktiengesellschaften sind daher stets mitbestimmt. Eine GmbH jedoch nur dann, wenn sie bestimmte zusätzliche Voraussetzungen erfüllt; deren wichtigste ist, dass sie mehr als 200 Arbeitnehmer beschäftigt. Entsandt wird genau ein einzelner Arbeitnehmervertreter in das jeweilige Gremium. Er hat dort dann dieselben Rechte und Pflichten wie die übrigen Gremiumsmitglieder. Der Arbeitnehmervertreter wird vom Betriebsrat bestellt und entlassen, falls ein solcher fehlt wird er direkt von der Belegschaft gewählt.

VIII. Polen[894]

1. Übersicht

Polen kennt eine Arbeitnehmerbeteiligung im privaten Sektor nur auf betrieblicher Ebene. Sie obliegt parallel den lokalen Gewerkschaftsvertretungen und/oder dem Betriebsrat. Faktisch sind beide selten etabliert; wenn, spielen aber die Gewerkschaften die Hauptrolle, deren Vertretungsauftrag umfassend ist. Eine Unterneh-

894 *Kluge/Stollt*, MB in den neuen EU-MS, S. 88 ff., 95 f.; *Neubauer*, ArbR, S. 23 f.; *Milutinov*, S. 82 ff.; *Stelina*, PL-System, S. 26 ff ; *Stroinski/Stanuch*, ECL 2009, S. 82 ff.; *Fulton*, ETUI-PL-Betriebliche Interessenvertretung, ETUI-PL-Unternehmensmitbestimmung sowie ETUI-PL-Europäische Interessenvertretung (ETUI-PL-BI, ETUI-PL-MB, ETUI-PL-EI) unter http://www.worker-participation.eu/National-Industrial-Relations/Countries/Poland sowie *Czarzasty/Mrozowicki, Poland: Industrial relations profile* (z.T. 18.04.2013) bei Eiro online unter http://www.eurofound.europa.eu/eiro/country/poland.htm (englisch). Zur Entwicklung insgesamt *Seweryński*; PL Employee Involvement. Gesetzestexte und allgemeine Informationen in englischer Sprache bei der *Polska Agencja Informacji i Inwestycji Zagranicznych/Polish Information and Foreign Investment Agency* unter http://www.paiz.gov.pl/polish_law/labour_regulations#.

mensmitbestimmung besteht nur in den Aufsichtsräten staatlicher und teilweise privatisierter Unternehmen.

2. Hintergrund

Traditionell existierte auch in Polen eine gewisse Arbeitnehmerbeteiligung. Das erste umfassende Arbeitsgesetzbuch aus dem Jahr 1974 (*Kodeks pracy*[895]) sah insbesondere die Möglichkeit für Kollektivvereinbarungen vor. Es brachte aber praktisch kaum Vorteile und stieß bei den Beteiligten auf beträchtliche Widerstände. Nach andauernden Streikwellen und zwischenzeitlichem Kriegszustand wurde 1981 das Gesetz über die Arbeiterselbstverwaltung verabschiedet. Es ist heute immer noch in Kraft, sein Anwendungsbereich ist mittlerweile aber auf staatliche Betriebe beschränkt.

Bei diesen Entwicklungen spielten die Gewerkschaften, namentlich die *Solidarność* eine gravierende Rolle. Dies galt auch noch in den Zeiten nach der politischen und ökonomischen Wende. Ende der 1990er Jahre wurde verschiedentlich bereits von einer *„Gewerkschaftsherrschaft"* gesprochen.[896]

Mit der Umgestaltung des politischen Systems und den Privatisierungen der staatlichen Unternehmen sind auch die Regelungen im Bereich der Arbeitnehmerbeteiligung wiederholt geändert worden. Dies gilt vornehmlich für den Bereich der betrieblichen Interessenvertretung und geschah zuletzt im Juli 2009.

Die entscheidende Rolle liegt hier – immer noch – bei den Gewerkschaften, obwohl der gewerkschaftliche Organisationsgrad mit aktuell ca. 12% bei rückläufiger Tendenz bemerkenswert gering ist. Viele KMU, die in Polen inzwischen die industriellen Beziehungen dominieren, sind vollständig gewerkschaftsfrei.

KMU bilden mit 95% den Großteil der Unternehmen und beschäftigen 50% aller Arbeitnehmer; Gewerkschaften finden sich aber nur in 2% der Betriebe mit bis zu 19 Beschäftigten, in 7% bei 20 bis 49 Beschäftigten und in 22% der Betriebe mit bis zu 250 Beschäftigten.[897]

---

895 Auszugsweise in englischer Sprache unter http://www.paiz.gov.pl/files/?id_plik=7317 (Stand 2005). Die Kollektivvereinbarungen sind dort in Art. 238–241[30] geregelt.

896 *Milutinov*, S. 103 ff., 106.

897 *Milutinov*, S. 92, 108; vgl. auch *Czarzasty/Mrozowicki*, (oben Fn. 894), Abschnitt *Trade unions.* Dort wird für das Jahr 2012 ein Wert von 12% angegeben, verglichen mit 15% im Jahr 2010, jedoch seien Messschwankungen von ±3% bei derlei Erhebungen üblich, so dass man nicht zwangsläufig von einem Rückgang in diesem Zeitabschnitt ausgehen könne.

Betriebsräte wurden erstmals 2006 und nur zur Umsetzung der Gemeinschaftsrichtlinie zur Festlegung eines allgemeinen Rahmens für die Unterrichtung und Anhörung der Arbeitnehmer (2002/14/EG) eingeführt. Die Umsetzung erfolgte indes nur zögerlich und stieß bei allen Beteiligten auf wenig Gegenliebe.[898] Insbesondere die Gewerkschaften haben sich gegen die Einführung von Betriebsräten gestellt.[899] Der Trend geht hier mittlerweile weiter zur Flexibilisierung und Regelung auf Unternehmensebene.

Während sich das polnische Gesellschaftsrecht eng am deutschen Modell orientiert wurden die Vorgaben zur Mitbestimmung nur eingeschränkt übernommen. Praktisch angewendet werden jedoch selbst diese begrenzten Regelungen kaum. In der tatsächlichen Wahrnehmung wird die Mitbestimmung insgesamt sogar als „Risikofaktor" bewertet.[900]

Ob ein Unternehmen der Mitbestimmung unterliegt, entscheidet sich anhand der Eigentumssituation. Zwingend vorgeschrieben ist sie nur in staatlichen Unternehmen. Wird ein solches privatisiert, wird auch die Mitbestimmung sukzessive zurückgefahren. Je weiter die Privatisierung voranschreitet, desto weniger mitbestimmt muss ein Unternehmen sein (sog. Prozess der Kommerzialisierung). Seit 1989 sind die meisten staatlichen Unternehmen privatisiert worden,[901] so dass die Mitbestimmung auf Unternehmensebene insgesamt ein zunehmend selteneres Phänomen darstellt.

3. Organisationsverfassung der Kapitalgesellschaften

Polen folgt dem dualistischen Modell. Maßgebliche Rechtsquelle ist das polnische Gesetzbuch über Handelsgesellschaften aus dem Jahr 2000 (*Kodeks spółek handlowych – KSH*).[902]

Geregelt sind darin u.a. die Aktiengesellschaft (*Spółka Akcyjna*, abgekürzt *S.A.*)[903] und die GmbH (*Spółka z ograniczoną odpowiedzialnością*, abgekürzt *Sp. z o.o.*).[904]

---

898 *Towalski; Poland: The impact of the information and consultation Directive* (09.03.2009), unter http://www.eurofound.europa.eu/eiro/studies/tn0710029s/pl0710029q.htm (englisch).

899 *Stelina*, PL-System, S. 30.

900 *Stroinski/Stanuch*, ECL 2009, Fn. 20.

901 Nach Angaben des polnischen Finanzministeriums gab es Ende Dezember 2012 insgesamt 5.995 Unternehmen, deren Privatisierung eingeleitet oder abgeschlossen war. Daten zit. nach ETUI-PL-MB, S. 1; vgl. *Kluge/Stollt*, MB in den neuen EU-MS, S. 95; ETUI-PL-BI, S. 1.

902 Dz. U. [*Dziennik Ustaw* = Gesetzblatt] 2000 Nr. 94 poz.1037 in der Fassung Dz. U. z 2013 r. poz. 433 in polnischer Sprache abrufbar auf den Websiten des Parlaments, dem *Sejm*, unter http://isap.sejm.gov.pl/DetailsServlet?id=WDU20000941037. So weit ersichtlich existiert keine frei zugängliche übersetzte Fassung.

903 Art. 301–490 *KSH*.

904 Art. 151–300 *KSH*.

Die Aktiengesellschaft verfügt über die Hauptversammlung (*walne zgromadzenie*)[905] und den Vorstand (*Zarząd*).[906] Ferner ist hier stets ein Aufsichtsrat zu bestellen (*rada nadzorcza*).[907]

In einer GmbH obliegt die Geschäftsführung ebenfalls dem Vorstand.[908] Vorstandsmitglieder können die Gesellschafter und Außenstehende sein. Sie werden durch Beschluss von der Gesellschafterversammlung (*zgromadzenie wspólników*)[909] ernannt, ihre Hauptaufgabe ist die Umsetzung der Gesellschafterbeschlüsse.[910] Ein Aufsichtsrat ist grundsätzlich freiwillig auf Satzungsgrundlage möglich, muss jedoch dann eingerichtet werden, wenn das Stammkapital mehr als 500.000,– *PLN* beträgt (etwa 125.000,– Euro) und es mehr als 25 Gesellschafter gibt. Die Gesellschafterversammlung muss dann mindestens drei Personen in den Aufsichtsrat wählen.[911]

Der Aufsichtsrat kontrolliert ständig die gesamten unternehmerischen Aktivitäten und ist berechtigt, einige oder alle Mitglieder des Vorstands zu suspendieren. Hierzu bestehen Prüfungs- und Einsichtsrechte. Alle Aufsichtsratsmitglieder haben die gleichen Rechte und Pflichten, inklusive der Vergütung.[912]

Zusätzlich ist eine Revisionskommission möglich (*komisja rewizyjna*). Sie ist ein weiteres Kontrollorgan, das neben dem Aufsichtsrat oder selbständig durch Gesellschaftsvertrag bestellt werden kann, kommt aber nur in wenigen besonderen Fällen zum Einsatz. Sie ist damit nicht dauerhaft und praktisch selten.[913]

Das polnische Wirtschaftsrecht, voran das *KSH*, wurde in den letzten Jahren wiederholt geändert. In diesem Zusammenhang wurde das Mindestkapital für GmbH und AG zum Januar 2009 signifikant gesenkt, bei der GmbH von bisher 50.000,– *PLN* auf nunmehr 5.000,– *PLN* (ca. 1.250,– Euro) bzw. bei der AG von bisher 500.000,– *PLN* auf 100.000,– *PLN* (ca. 25.000,– Euro).[914]

---

905 Art. 393–429 *KSH*.

906 Art. 368–380 *KSH*.

907 Art. 301 ff *KSH*, zum Aufsichtsrat vgl. Art. 381–389 *KSH*.

908 Art. 207 *KSH*.

909 Art. 227–254 *KSH*.

910 Art. 201–211, hier 201 §§ 3, 4 *KSH*.

911 Art. 151 ff., 213, 215 § 1 *KSH*.

912 Art. 219 *KSH*.

913 Art. 213 § 1 *KSH*. Zur Mitgliedschaft und Inkompatibilitäten vgl. Art. 18 § 1–4, Art. 215 ff., zur Amtszeit Art. 218 §§ 2 f., zu den Prüfungs- und Einsichtsrechten Art. 219, zur Suspendierung Art. 220, zur Beschlussfassung Art. 222 *KSH*.

914 Art. 154, § 1; 308 § 1 *KSH*. Polen nimmt nicht am Europäischen Wechselkursmechanismus II teil. Nach Aussagen von Ministerpräsident *Tusk* ist mit der Einführung des Euro erst in den 2020er Jahren zu rechnen; vgl. *Die Welt*, 7. Juli 2013, *In Polen hat der Euro vorerst keine Chance* unter http://www.welt.de/wirtschaft/article117800545/In-Polen-hat-der-Euro-vorerst-keine-Chance.html. Stand April 2014: 1 Euro ≈ 4,15 *Złotychzy*/1 *Złoty* = 100 *Gros* ≈ 0,25 Euro.

Beliebteste Rechtsform ist die GmbH. Nach Zahlen aus dem Jahr 2003 waren von insgesamt ca. 186.000 registrierten Unternehmen 177.500 als GmbH und 8.500 als AG organisiert.[915]

4. Arbeitnehmerbeteiligung

a) Betriebliche Interessenvertretung

aa) Voraussetzungen

(1) Grundlagen

In Polen können ebenfalls mehrere Vertretungsgremien parallel zueinander bestehen.

(2) Formen

Die betriebliche Interessenvertretung erfolgt maßgeblich durch die – sich selbst organisierenden – lokalen Gewerkschaftsvertretungen (*związek zawodowy*). Ihr Auftrag ist aber umfassend. Nach dem Gewerkschaftsgesetz von 1991 vertreten Gewerkschaften die Rechte und kollektiven Interessen aller Arbeitnehmer, unabhängig von einer tatsächlichen Gewerkschaftszugehörigkeit.[916] Eine Gewerkschaft kann bereits von zehn Einzelpersonen gegründet werden, so dass sich oft die Arbeitnehmer eines einzelnen Unternehmens zu einer Betriebsgewerkschaft zusammenfinden. Da ihre Gründung vergleichsweise einfach ist, konkurrieren in vielen Betrieben gleich mehrere Betriebsgewerkschaften miteinander.[917]

Nach lokalen Beobachtungen besteht ein Gewerkschaftspluralismus auf Unternehmensebene, der seinerseits durch eine „starke Fragmentierung“ gekennzeichnet ist. Bisweilen gäbe es in einem einzigen Unternehmen eine Vielzahl von Gewerkschaftsvertretungen, im Einzelfall der Post sogar mehr als 35. Aktuell soll es insgesamt rund 24.000 lokale Gewerkschaftsorganisationen geben.[918]
2008 sollten daher die Bestimmungen zur Repräsentativität präzisiert werden. Die Arbeitgeber forderten einen Schwellenwert von 33%, die Gewerkschaften wollten die bestehenden Werte ledig-

915 *Stelina*, PL-System, S. 26.

916 Art. 7 § 1 Dz. U. 1991 Nr. 55, poz. 234 *Ustawa z dnia 23 maja 1991 r. o związkach zawodowych (UZZ)*, Gesetz über Gewerkschaften vom 23.05.1991; englische Version (Stand 2003) unter http://www.paiz.gov.pl/files/?id_plik=243. Die Verfassung schützt die Koalitionsfreiheit der Gewerkschaften, Art. 59 § 1 der polnischen Verfassung von 1997, *Konstytucja Rzeczypospolitej Polskiej*, in englischer Sprache unter http://www.sejm.gov.pl/prawo/konst/angielski/kon1.htm.

917 Vgl. Art. 2 (Berechtigung), 12 § 1, 13 ff. (Gründung), 19 ff. (Befugnisse), 26 ff. (Betriebsgewerkschaften) *UZZ*.

918 So die Website „*Dialog Społeczny*“ (Sozialer Dialog) des polnischen Ministeriums für Arbeit und Sozialpolitik, *Ministerstwo Pracy i Polityki Społecznej*, abrufbar unter http://www.dialog.gov.pl/partnerzy/zwiazki (ohne Datum) (polnisch). Dort heißt es am Ende „... *oraz lokalne organizacje związkowe (ok. 24 tys.)*“, übersetzt etwa „... und lokale Gewerkschaften (ca. 24.tsd.)“.

lich verdoppeln. Eine Einigung konnte damals jedoch nicht erzielt werden.[919] Die Verhandlungen wurden im Juli 2012 wieder aufgenommen und mit allgemeinen Flexibilisierungen u.a. bei der Arbeitszeit verbunden. Auch hier konnte eine Einigung nicht erreicht werden, folgende Regierungsvorschläge scheiterten.[920]

Betriebsräte (Singular *rada pracowników*) hingegen existieren in Polen erst seit dem März 2006. In Umsetzung der Unterrichtungs- und Anhörungsrichtlinie (2002/14/EG) wurden gesetzliche Bestimmungen eingeführt, nach denen in Unternehmen und anderen eine Wirtschaftstätigkeit ausübenden Organisationen mit zunächst mehr als 100 Beschäftigten zusätzlich zur Gewerkschaftsvertretung ein Betriebsrat einzusetzen ist.[921] Ab März 2008 lag der Schwellenwert hierfür bei mindestens 50 Beschäftigten.[922] Jedoch muss kein separater Betriebsrat eingerichtet werden, wenn bereits eine Vereinbarung über ein vergleichbares Verfahren zur Unterrichtung und Anhörung besteht.

Bis März 2007 kam es in 4.400 Fällen zu derartigen Vereinbarungen.[923]

Zudem gibt es noch in einigen staatlichen Betrieben die „Arbeiterräte" nach dem Arbeiterselbstverwaltungsgesetz von 1981 (*samorząd załogi przedsiębiorstwa państwowego*). Diese genießen sehr umfassende Rechte, u.a. können sie die Geschäftsleitung wählen, gegen unternehmerische Maßnahmen Einwände erheben und bestimmte Fragen durch die Belegschaftsversammlung billigen lassen. Mit zunehmender Privatisierung werden die Arbeiterräte allerdings immer seltener. Die verbliebenen sind in ihren Handlungsfreiheiten durch die wirtschaftlichen Begebenheiten eingeschränkt. Gibt es einen Arbeiterrat, kann kein Betriebsrat eingerichtet werden.

Es gibt keine Betriebsratsstruktur auf betriebsübergreifender Ebene. Allerdings kann eine Gewerkschaftsorganisation für mehrere Betriebe eingerichtet werden.

---

919 *Towalski, Employers and government favour stricter criteria for union representativeness* (29.09.2008), unter http://www.eurofound.europa.eu/eiro/2008/06/articles/PL0806019I.htm (englisch).

920 *Gardawsky, Crisis of social dialogue* (15.02.2013), unter http://www.eurofound.europa.eu/eiro/2012/02/articles/pl1202029i.htm (englisch).

921 Dz. U. z 2006 r. Nr. 79, poz. 550 *Ustawa z dnia 7 kwietnia 2006 r. o informowaniu pracowników i przeprowadzaniu z nimi konsultacji (UIK)*, Gesetz über Unterrichtung und Anhörung von Arbeitnehmern vom 07.04.2006, unter http://isap.sejm.gov.pl/DetailsServlet?id=WDU20060790550 (polnisch).

922 Art. 1 § 2 *UIK*.

923 *Czarzasty/Mrozowicki*, (oben Fn. 894), Abschnitt *Workplace representation*.

bb) Größe und Zusammensetzung

(1) Gewerkschaftsvertretung

Die Repräsentation der Beschäftigten gegenüber dem Arbeitgeber erfolgt durch die Leitung der Betriebsgewerkschaft, der „Betriebskommission“ (*komisji zakładowej*). Die Mitglieder der Betriebskommission werden von den Gewerkschaftsmitgliedern für vier Jahre gewählt.

Eine Gewerkschaftsorganisation gilt als „repräsentativ“, wenn ihre Mitglieder insgesamt 10% der Belegschaft ausmachen oder mindestens 7%, wenn die Gewerkschaft einem der drei auf nationaler Ebene repräsentativen Gewerkschaftsbünde angehört.[924]

Die national repräsentativen Gewerkschaftsbünde sind *NZZ Solidarność* (*Niezalezny Samorzadny Zwiazek Zawodowy Solidarność*, „Unabhängige Selbstverwaltete Gewerkschaft ‚Solidarität‘“), *OPZZ* (*Ogólnopolskie Porozumienie Związków Zawodowych*, „Gesamtpolnischer Gewerkschaftsverband“, ursprünglich eine kommunistische Regimegewerkschaft finden sich in ihr aktuell vor allem die Energie- und Bergbauindustrie, die verarbeitende Industrie und der Bereich Bildung, Wissenschaft und Kultur) und *FZZ* (*Forum Związków Zawodowych*, „Forum Gewerkschaftsbund“, vornehmlich für öffentliche Dienste und Kommunalverwaltungen).[925]

---

(2) Betriebsrat

Ein Betriebsrat hat nach dem Gesetz entweder drei, fünf oder sieben Mitglieder (jeweils für 50 bis 250, 251 bis 500 oder mehr als 500 Beschäftigte).[926] Theoretisch kann diese Zahl aber höher liegen, da jede „repräsentative Gewerkschaftsorganisation“ im Betrieb das Recht auf einen Sitz im Betriebsrat hat.

Betriebsräte setzen sich ausschließlich aus Arbeitnehmern zusammen. Ursprünglich wurden die Betriebsratsmitglieder von den repräsentativen Gewerkschaften ernannt. Nur wenn es im Betrieb keine Gewerkschaften gab, oder diese sich nicht einigen konnten, wurde eine Wahl abgehalten. Im Juli 2008 aber entschied Polens Oberstes Gericht, *Sąd Najwyższy*, dass diese Vorgabe gegen den Gleichbehandlungsgrundsatz und die negative Koalitionsfreiheit verstößt. Nach der Neuregelung vom 22. Mai 2009 wird der Betriebsrat nunmehr von der gesamten Belegschaft geheim gewählt.

Betriebsratswahlen müssen abgehalten werden, wenn mindestens 10% der Belegschaft dies beantragen. Kandidaten werden aus ihren Reihen vorgeschlagen. In

924 Art. 3 §§ 2–4 *UIK*.

925 Zu ihren jeweiligen Entwicklungen vgl. *Milutinov*, S. 84 ff., speziell zu derjenigen der *Solidarność* vgl. *Krzywdzinski*, „Organisatorischer Wandel von Gewerkschaften in postkommunistischen Ländern. Der Fall der Solidarność“, in: Industrielle Beziehungen, Jahrgang 16, Heft 1, 2009, S. 25 ff., unter http://www.wzb.eu/gwd/wpa/pdf/IndBez_1_09_Krzywdzinski.pdf.

926 Art. 3 § 1 und ff. Art. *UIK*.

Betrieben mit bis zu 100 Beschäftigten benötigt ein Kandidat mindestens zehn Unterstützer, in größeren Betrieben mindestens 20.[927]

Betriebsräte können auf Antrag von mindestens 50% der Beschäftigten des Unternehmens nach einer Frist von sechs Monaten aus dem Amt entlassen werden. Ihre gewöhnliche Amtszeit liegt bei vier Jahren.[928]

Nach dem Gesetz soll der Betriebsrat spätestens 30 Tage nach seiner Wahl zum ersten Mal zusammentreten. Es enthält keine weiteren Hinweise zur Häufigkeit der Betriebsratssitzungen.[929]

Praktisch begegnet die Institution Betriebsrat beträchtlichen Widerständen durch die Arbeitgeber. Ende Mai 2009, also vor Inkrafttreten des neuen Gesetzes, gab es laut Arbeitsministerium in Polen insgesamt 2.915 Betriebsräte. 72% von diesen waren in Betrieben eingesetzt worden, in denen es bereits repräsentative Gewerkschaften gab. Zwei Drittel aller Betriebsräte bestanden in Unternehmen bzw. Organisationen mit 50 bis 250 Beschäftigten, nur 15% in Betrieben mit mehr als 500 Arbeitnehmern. Potentiell erfasst wären ca. 17.000 Unternehmen. Im Dezember 2011 war die Zahl auf lediglich 3.268 Betriebsräte angewachsen, was 9% der an sich durch die Gesetze erfassten Unternehmen betrifft. Ende August 2012 lag der Wert bei insgesamt 3.354 Betriebsräten. Weit über die Hälfte aller Unternehmen hat keinerlei Vertretung.[930]

---

cc) Befugnisse

(1) Gewerkschaftsvertretung

Die Befugnisse der gewerkschaftlichen „Betriebskommissionen" sind sehr unterschiedlich. Sie sind abhängig vom gewerkschaftlichen Organisationsgrad im Betrieb, der Betriebsgröße, seiner Rechtsform und von der Herkunft des investierten Kapitals (in-/ausländisch). Grundsätzlich haben sie Unterrichtungs- und Anhörungsrechte sowohl bei individuellen Angelegenheiten der Arbeitnehmer als auch im Hinblick auf ihre kollektiven Rechte und Interessen. Sie müssen regelmäßig über alle Maßnahmen informiert werden, die sich auf die Beschäftigungsbedingungen auswirken könnten. Bei Massenentlassungen müssen sie gehört werden. Schließlich genießen sie das Alleinrecht zu Tarifverhandlungen.

---

927 Art. 4 § 4 *UIK*.

928 Art. 12 § 1, 11 § 1 *UIK*.

929 Art. 11 § 2 *UIK*; ETUI-PL-BI, S. 1, 3.

930 ETUI-PL-BI, S. 1, *Kluge/Stollt*, MB in den neuen EU-MS, S. 96, *Czarzasty/Mrozowicki*, (oben Fn. 894), Abschnitt *Workplace representation*; zu den Entwicklungen seit 2006 vgl. *Sroka/Sula*, *Industrial relations developments 2006 – Poland* (13.06.2007), unter http://www.eurofound.europa.eu/eiro/studies/tn0703019s/pl0703019q.htm sowie *Sroka*, *Act establishing works councils to be enacted* (21.04.2006), unter http://www.eurofound.europa.eu/eiro/2006/03/articles/pl0603029i.htm (beide englisch).

Tarifverhandlungen finden in Polen regelmäßig auf Unternehmensebene statt.[931]

(2) Betriebsrat

Die Betriebsräte verfügen jedenfalls über nur begrenzte Befugnisse. Sie beschränken sich, streng nach der Vorgabe aus der Richtlinie 2002/14/EG, auf ein Informationsrecht zu wirtschaftlichen Angelegenheiten und ein Anhörungsrecht bei beschäftigungsrelevanten Fragen der Arbeitsorganisation.[932]

Der Arbeitgeber ist aber nicht verpflichtet, sich mit Gewerkschaft bzw. Betriebsrat zu einigen. Es wird lediglich von ihm verlangt „soweit möglich" die entsprechenden Vorschläge zu berücksichtigen.[933]

In der Praxis sollen viele dieser Rechte, vor allem in kleineren Unternehmen, von den Arbeitgebern schlicht ignoriert werden.[934]

(3) Ausstattung und Kündigungsschutz

Um ihre gewerkschaftlichen Aufgaben zu erfüllen haben alle Arbeitnehmer das Recht auf Arbeitsbefreiung. Allerdings werden die Bezüge nur dann weiter gezahlt, wenn es sich um eine zeitlich befristete Tätigkeit handelt, die nicht außerhalb der Arbeitszeit ausgeführt werden kann.

Die Vorstandsmitglieder einer lokalen Gewerkschaftsvertretung haben, gestaffelt nach ihrer Mitgliederzahl, in gewissem Umfang Anspruch auf Freistellung während ihrer Arbeitszeit, grundsätzlich monatlich eine Stunde je Mitglied. Hierbei darf die Zahl der freigestellten Personen aber die Zahl der Mitglieder der Geschäftsleitung nicht übersteigen. Die Gewerkschaft kann beantragen, dass während dieser Zeit die Bezüge fortgezahlt werden.

Schließlich hat der Arbeitgeber den Gewerkschaften die erforderliche Ausstattung zur Verfügung zu stellen, allerdings kann er sie auffordern, für die Kosten aufzukommen.

Betriebsräte haben ein Recht auf bezahlte Freistellung hinsichtlich der Aufgaben, die nicht außerhalb der Arbeitszeit wahrgenommen werden können. Zu ihren

---

931 *Kluge/Stollt*, MB in den neuen EU-MS, S. 96; ETUI-PL-BI, S. 1; *Stelina*, PL-System, S. 29 f.; *Neubauer*, ArbR, S. 23 f.; *Milutinov*, S. 84 f., 108.

932 Art. 13, 14 *UIK*. Sie können dabei auch auf externe Experten zurückgreifen, Art. 15 *UIK*. Zu den Geheimhaltungspflichten vgl. Art. 16 *UIK*, insbesondere Art. 16 § 2 *UIK*, nach dem der Arbeitgeber die Informationen auch verweigern kann, sollte eine Geschäftsschädigung zu befürchten sein; zum Rechtsweg hiergegen Art. 16 §§ 3–5 *UIK*.

933 Art. 14 § 2 *UIK*.

934 ETUI-PL-BI, S. 2; *Krzywdzinski*, (oben Fn. 925), S. 42 f.

Sitzungen können sie Sachverständige einladen, jedoch trifft das Gesetz keine Aussage darüber, wer die diesbezüglichen Kosten übernehmen muss.[935]

Je nach Anzahl der Gewerkschaftsmitglieder genießen einige Vorstandsmitglieder der Betriebsgewerkschaften einen besonderen Kündigungsschutz. Demnach dürfen diese während ihrer Amtszeit und bis zu ein Jahr danach nicht entlassen werden. Zudem können ihre Arbeitsbedingungen inklusive der Entlohnung nicht einseitig verändert werden. Ein solcher Anspruch besteht nur bei mindestens zehn Gewerkschaftsmitgliedern im Betrieb und setzt voraus, dass die Gewerkschaft im Betrieb repräsentativ ist. Erfasst sind bei weniger als 21 Mitgliedern zwei Gewerkschaftsvertreter, darüber kommen, je nach Gesamtgröße, weitere geschützte Mitglieder hinzu, bei insgesamt mehr als 500 Mitgliedern z.B. sind es 2 plus 1 je weitere 50 Mitglieder. Jedoch darf die Anzahl der geschützten Gewerkschaftsmitglieder insgesamt die Anzahl der Mitglieder der Geschäftsleitung nicht überschreiten.

Ein besonderer Schutz gilt auch bei Gewerkschaftsneugründungen im Betrieb. Hier kann der Gründungsausschuss bis zu drei Mitglieder benennen. Diese dürfen in den ersten sechs Monaten nach Einrichtung des Gründungsausschusses nicht entlassen werden.

Zur Entlassung von Betriebsratsmitgliedern bzw. einer einseitigen Herabsetzung ihre Arbeitsbedingungen inklusive der Entlohnung ist die vorherige Zustimmung des Betriebsrats notwendig.[936]

dd) Vertretung auf supranationaler Ebene

In einem EBR werden die polnischen Mitglieder des Besonderen Verhandlungsgremiums (*specjalny zespół negocjacyjny*) von der repräsentativen Gewerkschaft bestellt. Ist eine solche nicht vorhanden oder können sie sich nicht einigen, werden die Mitglieder in geheimer Abstimmung von der Belegschaft gewählt. Die Kandidaten werden von den Gewerkschaften vorgeschlagen. In den Gesetzen findet sich kein Hinweis darauf, dass auch Personen gewählt werden können, die nicht dem Unternehmen angehören.

Bei der SE gilt für die Bestellung des Besonderen Verhandlungsgremiums dasselbe Verfahren. Hier wird allerdings gesetzlich geregelt, dass auch Personen gewählt werden können, die nicht dem Unternehmen angehören, solange die Mehrheit der Mitglieder des Besonderen Verhandlungsgremiums aus dem Unternehmen stammt.[937]

---

935 ETUI-PL-BI, S. 5.

936 ETUI-PL-BI, S. 5.

937 ETUI-PL-EI, S. 1. Zum EBR vgl. Art. 6ff., insbesondere Art. 8 *Ustawa z dnia 5 kwietnia 2002 r. o europejskich radach zakładowych*, Gesetz vom 05.04.2002 über die Europäischen Betriebsräte, unter http://isap.sejm.gov.pl/Download?id=WDU20020620556&type=1. Zur SE vgl. Art. 58ff., insbesonde-

b) Unternehmensmitbestimmung

Nach polnischer Gesetzgebung besteht eine Unternehmensmitbestimmung nur in den Aufsichtsräten staatlicher und teilweise privatisierter Unternehmen. Private Unternehmen hingegen sind vollkommen mitbestimmungsfrei.

Entscheidend ist insoweit der sog. Prozess der Kommerzialisierung, d.h., wie weit die Privatisierung vorangeschritten ist.

Solange noch kein Privatisierungsverfahren eingeleitet ist gilt für das Unternehmen noch das Arbeiterselbstverwaltungsgesetz von 1981, nach dem es einen gewählten „Arbeiterrat" mit weiten Befugnissen gibt.

Wurde die Privatisierung eingeleitet, ist der Staat aber immer noch Mehrheitsgesellschafter, haben die Arbeitnehmer das Recht, zwei Fünftel der Aufsichtsratsmitglieder zu benennen, sowie in Betrieben mit mehr als 500 Beschäftigten außerdem ein Vorstandsmitglied. Die Kandidaten werden in geheimer Abstimmung von der gesamten Arbeitnehmerschaft gewählt.

Ist der Staat im Unternehmen nicht mehr Mehrheitsgesellschafter, können die Beschäftigten noch ca. ein Drittel der Aufsichtsratsmitglieder benennen (zwei bei einem Aufsichtsrat mit sechs Mitgliedern, drei bei einem Aufsichtsrat mit sieben bis zehn Mitgliedern und vier bei einem Aufsichtsrat mit mehr als zehn Mitgliedern). Auch hier besteht noch das Recht, ein Mitglied des Vorstands zu wählen.

Wenn das Unternehmen vollständig privatisiert ist, haben die Beschäftigten keinerlei gesetzliche Mitbestimmungsrechte auf der Ebene der Unternehmensleitung mehr.

In vielen Unternehmen wurde die bestehende Unternehmensmitbestimmung mit dem Vollzug der Privatisierung abgeschafft, nur in Einzelfällen wurden auf Gewerkschaftsinitiative sog. „Wohlfartspakte" unterzeichnet, die u.a. das Recht umfassten, Vertreter in den Aufsichtsrat zu entsenden.[938]

5. Zusammenfassung

- Polen folgt dem dualistischen Modell. Ein Aufsichtsrat ist für Aktiengesellschaften stets obligatorisch, für GmbHs, wenn ihr Stammkapital 500.000,– *PLN* (ca. 120.000,– Euro) übersteigt und es mehr als 25 Gesellschafter gibt. Eine Arbeitnehmerbeteiligung ist nur auf der betrieblichen Ebene vorgesehen. Eine Unternehmensmitbestimmung ist nur im staatlichen Bereich zwingend, im privaten

---

re Art. 64 f. *Ustawa z dnia marca 2005 r. o europejskim zgrupowaniu interesów gospodarczych i spółce europejskiej*, Gesetz vom März 2005 über die Europäische Wirtschaftliche Interessenvereinigung und die Europäische Aktiengesellschaft, unter http://isap.sejm.gov.pl/Download;jsessionid=27FE397E23ADFC49D2EA6A605E93FDF5?id=WDU20050620551&type=1 (beide polnisch).

938 ETUI-PL-MB, S. 1; *Kluge/Stollt*, MB in den neuen EU-MS, S. 96.

Sektor aber nahezu unbekannt. Sie besteht dann allenfalls auf freiwilliger Basis. Wird ein Unternehmen privatisiert (sog. Prozess der Kommerzialisierung), nimmt die gesetzliche Mitbestimmung je nach Beteiligungsverhältnis des Staates graduell ab. Sie fällt von einem Arbeiterrat, über das Recht zwei Fünftel des Aufsichtsrats und ein Vorstandsmitglied zu bestellen, zu einer ca.-Drittelbeteiligung und dem Recht, ein Vorstandsmitglied zu bestellen, bis hin zu einer vollständigen Mitbestimmungsfreiheit.

- Auf betrieblicher Ebene existieren Unterrichtungs- und Anhörungsrechte. Diese konnten bis 2006 ausschließlich von den lokalen Gewerkschaften wahrgenommen werden. Da eine Gewerkschaft bereits von zehn Einzelpersonen gegründet werden kann, sind Betriebsgewerkschaften vergleichsweise häufig. Insgesamt sind betriebliche Interessenvertretungen in Polen aber immer noch selten. Betriebsräte wurden erst in Umsetzung der Unterrichtungs- und Anhörungsrichtlinie 2006 geschaffen. Ihre Rechte sind auf diejenigen aus der Richtlinie beschränkt, der Hauptteil der Befugnisse liegt weiter bei den Gewerkschaften. Es besteht insofern ein lediglich nomineller Vertretungsdualismus. Betriebsräte können in allen wirtschaftlichen Organisationseinheiten mit mehr als 50 Beschäftigten eingerichtet werden. Sie haben drei bis maximal sieben Mitglieder, wobei die „großen" Gewerkschaften aber zusätzliche Entsenderechte haben. Die Betriebsratsmitglieder werden mittlerweile von der Belegschaft aus ihren Reihen gewählt. Auf Antrag von mindestens 50% der Belegschaft kann ein Betriebsrat mit einer Frist von sechs Monaten entlassen werden. Betriebsübergreifend gibt es vereinzelt Gewerkschaftsvertretungen. Der Arbeitgeber ist nicht verpflichtet, sich mit Gewerkschaft bzw. Betriebsrat zu einigen. Es wird lediglich von ihm verlangt „soweit möglich" die entsprechenden Vorschläge zu berücksichtigen. In der Praxis sollen viele dieser Rechte, vor allem in kleineren Unternehmen, von den Arbeitgebern schlicht ignoriert werden.

IX. Rumänien[939]

1. Übersicht

In Rumänien liegt die entscheidende Rolle in der Arbeitnehmerbeteiligung noch immer eindeutig bei den Gewerkschaftsvertretungen auf der betrieblichen Ebene.

939 *Stroinski/Stanuch*, ECL 2009, S. 86f.; *Fulton*, ETUI-RO-Betriebliche Interessenvertretung, ETUI-RO-Unternehmensmitbestimmung sowie ETUI-RO-Europäische Interessenvertretung (ETUI-RO-BI, ETUI-RO-MB, ETUI-RO-EI) unter http://www.worker-participation.eu/National-Industrial-Relations/Countries/Romania; *Chivu, Romania: Industrial relations profile* (z.T. 18.04.2013), bei Eiro online unter http://www.eurofound.europa.eu/eiro/country/romania.htm (englisch).

Falls eine solche fehlt, ist in Betrieben mit mindestens 20 Beschäftigten gesetzlich die Wahl von Arbeitnehmervertretern vorgesehen, was in der Praxis aber eher selten vorkommt.

Im Mai 2011 hat die Regierung ein Gesetz zum Sozialen Dialog erlassen, mit dem neben allgemeinen Flexibilisierungen des Arbeitsmarkts u.a. auch die Bestimmungen zu den nationalen Tarifvereinbarungen sowie die Anforderungen an die allgemeine Repräsentativität der Sozialpartner geändert wurden (*Legea nr. 62/2011 – Legea dialogului social*[940]). Insgesamt wurde hierdurch die Position der Gewerkschaften signifikant geschwächt. Unter anderem wurden durch das Gesetz bei den Tarifverträgen die nationale und die Branchenebene gestrichen.[941]

Es gibt keine Regeln über die Unternehmensmitbestimmung.

2. Organisationsverfassung der Kapitalgesellschaften

Rechtsquelle ist das Gesetz über Handelsgesellschaften (*Legea nr. 31 din 16 noiembrie 1990 privind societăţile comerciale*).[942]

Es kennt fünf Rechtsformen, darunter die Aktiengesellschaft (*Societatea pe acțiuni*, abgekürzt *S.A.)* und die Gesellschaft mit beschränkter Haftung (*Societate cu răspundere limitată*, abgekürzt *SRL* oder *S.r.l.*). Grundsätzlich gilt das monistische System der Leitungsorgane mit Anteilseignerversammlung (*adunările generale*) und Verwaltungsrat (*consiliu de administraţia*). Die *S.A.* kann sich seit 2007 wahlweise auch dualistisch organisieren und verfügt dann über Vorstand (*directorat*) und Aufsichtsrat (*consiliu de supraveghere*). Der Geschäftsführer einer GmbH wird als *administrator* bezeichnet.[943] Eine *SRL* kann maximal 50 Gesellschafter haben, eine Ein-

---

940 Text unter http://www.paginasindicatelor.ro/images/stories//Legea-62-2011.pdf (rumänisch)

941 Vgl. Darstellung *Law on Social Dialogue No. 62/2011 removed the national and branch level of collective negotiation* (07.02.2012; ohne Autorenangabe) unter http://www.labourlawnetwork.eu/national_labour_law/legislative_developments/prm/109/v__detail/id__1820/category__29/size__1/index.html; ferner *Ciutacu, National unique collective agreement ended by law* (24.08.2011), unter http://www.eurofound.europa.eu/eiro/2011/07/articles/RO1107029I.htm; zu den vorherigen Entwürfen *ders., Government issues draft Social Dialogue Code* (02.03.2011), unter http://www.eurofound.europa.eu/eiro/2010/12/articles/ro1012019i.htm; zu den Vorschlägen im Individualarbeitsrecht vgl. *Chivu, New legislative initiative to amend Labour Code* (08.03.2011), unter http://www.eurofound.europa.eu/eiro/2010/12/articles/ro1012039i.htm (alle englisch).

942 *M. Of. [= Monitorul Oficial*, das rumänische Amtsblatt*] Nr. 33* vom 29.01.1998, zuletzt geändert durch Gesetz Nr. 255/2013 vom 19.07.2013), im Folgenden *ruHGG*. Der Text ist abrufbar bei der Registerbehörde unter http://www.onrc.ro/documente/legislatie/LEGE_Nr_31.pdf (rumänisch), eine englische Übersetzung (Stand 1997) findet sich unter http://www.cdep.ro/legislatie/eng/vol32eng.pdf.

943 Vgl. Im einzelnen Art. 2 (Rechtsformen), 75 ff., 137 ff. (*S.A.; Sistemul unitar*) 153 ff. (*S.A.; Sistemul dualist*), 191 ff. (*SRL*), hier zur Gesellschafterversammlung Art. 191 ff., zu den Geschäftsführern Art. 197 ff. ruHGG.

personen-*SRL* ist möglich, sofern der Alleingesellschafter nicht ebenfalls eine Einpersonen-*SRL* ist.[944]

Wenn der Gesellschafter die Haftungsbeschränkung der Gesellschaft rechtsmissbräuchlich zum Nachteil der Gläubiger ausnutzt, haftet er nach der Neuregelung auch persönlich.

Das Mindeststammkapital für eine *S.A.* liegt bei 90.000,– *RON* (ca. 22.500,– Euro), das für eine *SRL* bei 200,– *RON* (ca. 50,– Euro).[945]

Konstitutiv ist die Eintragung ins Handelsregister (*Registrul Comertului*). Dieses wird vom *Oficiul Naţional al Registrului Comerţului – ONRC* geführt, einer Abteilung des Justizministeriums.

Bis zum Dezember 2010 wurden dort insgesamt 1.464.384 Unternehmen registriert, davon 1.396.084 als *SRL* und 33.994 als *S.A.*[946]

---

3. Arbeitnehmerbeteiligung

a) Betriebliche Interessenvertretung

aa) Voraussetzungen

Maßgebliche Rechtsquellen sind das rumänische Arbeitsgesetzbuch, *Legea nr.53 din 24 ianuarie 2003 Codul muncii*[947] bzw. das Gewerkschaftsgesetz, *Legea nr. 54 din 24 ianuarie 2003 sindicatelor.*[948]

U.a. letzteres wurde geändert durch das *Legea dialogului social – legea nr. 62 din 10 mai 2011.* Es modifizierte neben grundsätzlichen Fragen der Tarifvereinbarungen auch die Anforderungen an die Repräsentativität der Sozialpartner, sprich die Voraussetzungen, die diese erfüllen müssen, um überhaupt Tarifvereinbarungen

---

944 Vgl. zur Einpersonen-*SRL* Art. 196^1 ruHGG.

945 Vgl. Art. 10, 11 ruHGG. Rumänien nimmt nicht am Europäischen Wechselkursmechanismus II teil. Nach Aussagen von Ministerpräsident *Ponta* ist die Regierung mittlerweile vom Ziel einer Euro-Einführung im Jahr 2015 abgerückt; vgl. *Handelsblatt*, 05.11.2012, *Rumänien rückt von Eurobeitrittszielen ab* unter http://www.handelsblatt.com/politik/international/gemeinschaftswaehrung-rumaenien-rueckt-von-eurobeitritts-zielen-ab/7346714.html. Stand April 2014: 1 Euro ≈ 4,46 *Lei*/1 *Leu* = 100 *Bani* ≈ 0,22 Euro.

946 Statistik unter http://www.onrc.ro/statistici/sr_2010_12_eng.pdf (englisch).

947 *M.Of. Nr. 72* vom 05.02.2003, im Folgenden *ruArbGB*; Text in englischer Sprache bei der rumänischen Abgeordnetenkammer, *Camera Deputaţilor*, unter http://www.cdep.ro/legislatie/eng/vol58 eng.pdf.

948 *M.Of. Nr. 73* vom 05.02.2003; Text in englischer Sprache unter http://www.usig.org/country info/laws/Romania/Romania%20Law%20No%2054-2003%20on%20the%20trade%20unions.pdf, die gewerkschaftlichen Befugnisse finden sich dort in Art. 27 ff.

schließen zu können.[949] Die im Reformgesetz gegebenen Vorgaben stehen jedoch sowohl formell als auch materiell in der Kritik. Formell sei der Erlass unter Umgehung des nationalen Ökonomischen und Sozialen Rats, in dem u.a. die Gewerkschaften vertreten sind, nicht statthaft gewesen, materiell verstießen die Regelungen u.a. gegen wesentliche Konventionen der *International Labour Organization – ILO*, die seinerzeit auch von Rumänien unterzeichnet worden waren. Die *ILO* hat Rumänien daher Anfang 2013 zu entsprechenden Änderungen seiner Gesetzgebung aufgerufen.[950] Eine weitere Änderung der Rechtslage erscheint daher als nicht unwahrscheinlich.

Überwacht wird die Einhaltung der Gesetze durch eine besondere Regierungsbehörde, die beim Arbeitsministerium angesiedelt ist, die „Arbeitsinspektion" (*Inspecţia Muncii, IM*). Ihre Hauptaufgabe ist es, darüber zu wachen, dass der Arbeitgeber seine Verpflichtungen im Hinblick auf die Arbeitsbeziehungen, die Arbeitsbedingungen und die Sicherheits- und Hygienevorschriften einhält.[951]

bb) Formen

(1) Gewerkschaftsvertretung

Die Arbeitnehmervertretung auf betrieblicher Ebene obliegt den lokalen Gewerkschaftsvertretungen, die auch ihre Struktur selbst regeln (*Sindicat*).[952]

Um eine Gewerkschaft zu gründen müssen nach der Neuregelung mindestens 15 Arbeitnehmer eines Unternehmens zusammenkommen.[953] Zuvor waren mindestens 15 Personen des gleichen Berufs, die in derselben Branche beschäftigt sind, nötig.[954]

Da 90% aller rumänischen Unternehmen maximal neun Mitarbeiter beschäftigen, bedeutet schon diese neue Vorgabe eine beträchtliche Schwächung der Gewerkschaften.[955]

---

949 Vgl. Art. 1 t) Leg. Nr. 62/2011.

950 *Ciutacu; Government and trade unions clash on new Labour Code* (29.04.2011), abrufbar unter http://www.eurofound.europa.eu/eiro/2011/02/articles/RO1102049I.htm; *ders. Impact of legislative reforms on industrial actions* (10.05.2013), abrufbar unter http://www.eurofound.europa.eu/eiro/2013/02/articles/ro1302029i.htm (beide englisch); *ders. National unique collective agreement ended by law* (oben Fn. 941).

951 *Legea nr. 108 din 16 iunie 1999 pentru înfiinţarea şi organizarea Inspecţiei Muncii, M.Of. Nr. 740* vom 10.10.2002, zuletzt geändert durch *Ordonanta de urgenta a Guvernului nr. 68/2010, M.Of-Nr. 446* vom 01.07.2010. Soweit ersichtlich existiert keine frei zugängliche Übersetzung.

952 Art. 217 II ruArbG.

953 Art. 2 II Leg. Nr. 62/2011 („*Pentru constituirea unui sindicat este necesar un număr de cel puţin 15 angajaţi din aceeaşi unitate.*").

954 *Chivu*, (oben Fn. 939), Abschnitte *Workplace representation* bzw. *Trade unions*.

955 *Ciutacu, National unique collective agreement ended by law* (oben Fn. 941).

Will eine Gewerkschaftsvertretung als im Unternehmen repräsentativ gelten, um somit Tarifvereinbarungen aushandeln zu können, muss sie auf sich mindestens die Hälfte der Gesamtbelegschaft des Unternehmens plus einen weiteren Mitarbeiter vereinen.[956]

Das bedeutet gleichzeitig, dass es in einem Unternehmen immer nur eine repräsentative Gewerkschaft geben kann,[957] was ebenfalls die Position der Gewerkschaften beeinflusst.

---

(2) Betriebsrat

Gesetzlich ist vorgesehen, dass in Betrieben ohne Gewerkschaft und mit mindestens 20 Beschäftigten die Wahl von Arbeitnehmervertretern möglich ist (bezeichnet als *Reprezentanţii aleşi ai salariaţilor*).

Tatsächlich soll dies aber nur selten vorkommen, da dieser Schwellenwert kaum jemals erreicht wird. 2012 hatten 94% aller aktiven rumänischen Unternehmen maximal 20 Beschäftigte, die meisten deutlich weniger.[958]

In diesem Fall bestimmen die Arbeitnehmer die Anzahl ihrer Vertreter im Einvernehmen mit dem Arbeitgeber und im Verhältnis zur Gesamtzahl der Beschäftigten selbst.[959] Diese Arbeitnehmervertreter werden durch die Betriebsversammlung gewählt, wobei sich mindestens die Hälfte der Belegschaft an der Wahl beteiligen muss. Besondere Wahl- und Ernennungsverfahren sind gesetzlich nicht geregelt. Die Amtszeit liegt bei zwei Jahren.[960]

Eine Form der Arbeitnehmervertretung auf einer höheren als der betrieblichen Ebene ist gesetzlich nicht normiert.[961]

cc) Befugnisse

(1) Gewerkschaftsvertretung

Die Befugnisse sind grundsätzlich auf die betrieblichen Gewerkschaftsvertretungen ausgerichtet. Sie verhandeln über Tarifvereinbarungen, die in Rumänien mittlerwei-

---

956 Art. 51 I C. c) Leg. Nr. 62/2011 („... *numărul de membri ai sindicatului reprezintă cel puţin jumătate plus unu din numărul angajaţilor unităţii.*“).

957 *Chivu*, (oben Fn. 939), Abschnitte *Workplace representation; Ciutacu, National unique collective agreement ended by law* (oben Fn. 941).

958 *Ciutacu, Impact of legislative reforms on industrial relations* (oben Fn. 950).

959 Art. 224, 225 II ruArbG.

960 Art. 224 ff. ruArbG: Art. 224 II (Wahl), 225 II (Anzahl), 226 (Befugnisse), 228 (Freistellung); ETUI-RO-BI, S. 2.

961 ETUI-RO-BI, S. 1 f.

le auf sektoraler sowie auf Unternehmensebene geschlossen werden.[962] Nach der Neuregelung müssen die Gewerkschaften dazu aber mehr als die Hälfte der Belegschaft vertreten.[963]

Das rumänische Umsetzungsgesetz zur Gemeinschaftsrichtlinie 2002/14/EG, es ist seit dem 1. Januar 2007 in Kraft, hat die Unterrichtungs- und Anhörungsrechte bezüglich der wirtschaftlichen Entwicklung etc. ebenfalls den Gewerkschaften zugewiesen. Daneben sind die Arbeitgeber nach dem Gesetz bereits allgemein verpflichtet, die Gewerkschaften zu Fragen anzuhören „die ihre Rechte und Interessen grundlegend berühren könnten". Weiterhin bestehen spezielle Anhörungspflichten in zahlreichen beschäftigungsrelevanten Bereichen, wie Verlagerung von Geschäftstätigkeiten, Urlaub, Arbeitsschutz, Fortbildungen und unternehmensinternen Regeln, sowie bei geplanten Entlassungen. Die Gewerkschaft hat dann das Recht, Vorschläge zur Vermeidung vorzulegen, auf die der Arbeitgeber reagieren muss. U.a. muss er Entlassungen innerhalb von zehn Tagen begründen und die Gewerkschaft ggf. zu einem Sozialplan zur Folgenminderung anhören.

Bei bestimmten Bereichen ist schließlich die Zustimmung der Gewerkschaft notwendig. Dies gilt bei u.a. der Festlegung der Arbeitsbelastung und der Einführung eines Prämienlohns.[964]

(2) Betriebsrat

Demgegenüber sind die Aufgaben der Arbeitnehmervertreter, die nur in größeren Betrieben gewählt werden können, in denen es zudem keine Gewerkschaft gibt, nur allgemein umrissen. Sie haben die Arbeitnehmerinteressen zu vertreten, die Einhaltung der Arbeitnehmerrechte zu gewährleisten und sich an der Aufstellung der Betriebsregeln zu beteiligen. Hierzu nehmen sie die, sonst den Gewerkschaften zustehenden, Konsultationsrechte wahr. Ihnen stehen dann auch die Rechte aus der Unterrichtungs- und Anhörungsrichtlinie zu.[965]

(3) Ausstattung und Kündigungsschutz

Gewählte Gewerkschaftsvertreter haben einen Anspruch auf Freistellung von fünf Tagen im Monat. Der Gewerkschaft muss durch den Arbeitgeber ein Raum zur Verfügung gestellt und „Zugang zu Büroeinrichtungen" gewährt werden.

---

962 Vgl. *Ciutacu, Impact of legislative reforms on industrial relations* (oben Fn. 950).

963 ETUI-RO-BI, S. 1.

964 ETUI-RO-BI, S. 1.

965 ETUI-RO-BI, S. 1.

Betriebsräte haben einen Freistellungsanspruch in Höhe von insgesamt 20 Stunden.[966]

Gewerkschaftsvertreter dürfen während ihrer Amtszeit nicht wegen ihrer Gewerkschaftstätigkeit entlassen werden. Eine Entlassung aus anderen Gründen bleibt aber möglich.[967]

dd) Vertretung auf supranationaler Ebene

Die Gewerkschaftsvertreter wählen auch die rumänischen Mitglieder eines Besonderen Verhandlungsgremiums beim EBR bzw. in der SE (*organism special de negociere*). Nur wenn es keine Gewerkschaften gibt, obliegt dies den Arbeitnehmervertretern. Fehlen beide, wählen die Beschäftigten ihre Vertreter direkt. Die rumänischen Regelungen enthalten keine Vorgaben darüber, wie die rumänischen Arbeitnehmervertreter im Leitungsorgan einer SE zu wählen sind.[968]

b) Unternehmensmitbestimmung

Die Arbeitnehmer haben kein Recht auf Mitgliedschaft in den Leitungsgremien der Kapitalgesellschaften.

Nach dem Gewerkschaftsgesetz sollen bestimmte gewählte Vertreter der repräsentativen Gewerkschaften zu den Sitzungen des Leitungsorgans eingeladen werden, um über „Fragen von beruflichem, wirtschaftlichem, sozialem, kulturellem und sportlichem Interesse" zu diskutieren. Diesen Vertretern sollen Tagesordnung und Diskussionsunterlagen zur Verfügung gestellt werden, sie haben aber keinerlei Stimmrechte. Die Entscheidungen des *Boards* müssen ihnen binnen 48 Stunden mitgeteilt werden.[969]

Darüber hinaus wird die Mitbestimmung nicht einmal bei den Gewerkschaften diskutiert.[970]

4. Zusammenfassung

- Rumänien folgt dem monistischen System. Es gibt keine gesetzliche Form der Arbeitnehmervertretung auf einer höheren Ebene als der des Betriebs. Die entscheidende Rolle spielen hier die lokalen Gewerkschaftsvertretungen, die

---

966 ETUI-RO-BI, S. 2.
967 ETUI-RO-BI, S: 2.
968 ETUI-RO-EI, S. 1. Zur SE vgl. *Titlul* VII^{1}; Art. 270^{2} a-e) ruHGG.
969 ETUI-RO-MB, S. 1.
970 *Stroinski/Stanuch*, ECL 2009, S. 87.

in beschäftigungsrelevanten Bereichen über Unterrichtungs- und Anhörungsrechte verfügen, sehr eingeschränkt existieren auch Zustimmungsrechte. Ausschließlich zuständig sind sie für Tarifvereinbarungen. Fehlen Gewerkschaftsvertretungen, können in Betrieben mit mindestens 20 Beschäftigten durch Betriebsversammlungen Arbeitnehmervertreter für eine Amtszeit von zwei Jahren gewählt werden, die dann auch die gewerkschaftlichen Unterrichtungs- und Anhörungsbefugnisse wahrnehmen. Ihre Zahl ist im Einvernehmen mit dem Arbeitgeber im Verhältnis zur Gesamtzahl der Belegschaft festzulegen. Mindestens die Hälfte der Belegschaft muss sich an der Wahl beteiligen.

X. Bulgarien[971]

1. Übersicht

Bulgarien kennt ebenfalls nur eine Vertretung auf betrieblicher Ebene. Die Hauptrolle spielen die Gewerkschaftsvertretungen. Eine Beteiligung in den Leitungsgremien ist nicht vorgesehen. Unter bestimmten Umständen haben gewählte Arbeitnehmervertreter ein (praktisch sehr begrenztes) Anhörungsrecht in den Anteilseignerversammlungen.

2. Hintergrund

Ähnlich wie die anderen Transformationsländer machte auch Bulgarien einen beträchtlichen Wandlungsprozess durch, der sich auch massiv auf die wirtschaftlichen und sozialen Gegebenheiten auswirkte. Es gibt immer noch keine allgemein gültige Struktur für die Arbeitnehmerbeteiligung auf betrieblicher Ebene. Entscheidend sind hier nach wie vor die lokalen Gewerkschaftsvertretungen. Betriebsräte im eigentlichen Sinne existieren nicht, allerdings können neben den Gewerkschaften im Zuge von Betriebsversammlungen bestimmte Vertreter zur Wahrnehmung sozialer und wirtschaftlicher Interessen sowie nach der RL 2002/14/EG weitere Vertreter für Unterrichtung und Anhörung gewählt werden. Theoretisch denkbar ist so eine

---

971 *Skarby*, Social Dialogue Bulgaria, S. 1 ff.; *Fulton*, ETUI-BG-Betriebliche Interessenvertretung, ETUI-BG-Unternehmensmitbestimmung sowie ETUI-BG-Europäische Interessenvertretung (ETUI-BG-BI, ETUI-BG-MB, ETUI-BG-EI) unter http://www.worker-participation.eu/National-Industrial-Relations/Countries/Bulgaria; *Tomev/Daskalova/Mihaylova, Bulgaria: Industrial relations profile* (z.T. 18.04.2013) bei Eiro online unter http://www.eurofound.europa.eu/eiro/country/bulgaria.htm (englisch).

Verdreifachung der Vertretungen auf betrieblicher Ebene, möglich ist aber auch die Übertragung dieser Befugnisse auf die Gewerkschaftsvertretungen.

Insgesamt sind die gesetzlichen Regelungen eher rudimentär und wenig präzise. Die nähere Ausgestaltung der industriellen Beziehungen erfolgt auf nationaler Ebene durch tripartite Verhandlungen zwischen den repräsentativen Organisationen der Arbeitnehmer und Arbeitgeber sowie der Regierung in einem „Nationalen Rat für tripartite Zusammenarbeit" (*Национален съвет за тристранно сътрудничество/Natsionalen sŭvet za tristranno sŭtrudnichestvo* – englisch meist als *NCTC* abgekürzt[972]).

3. Organisationsverfassung der Kapitalgesellschaften

Rechtsquelle ist das bulgarische Handelsgesetzbuch (*Търговски закон* bzw. *Tŭrgovski zakon).*[973]

Hier werden in Art. 64 I die möglichen Handelsgesellschaften abschließend aufgezählt, unter anderem die Aktiengesellschaft (*акционерното дружество/aktionerno družestvo,* abgekürzt *АД/AD*) und die GmbH (*дружеството с ограничена отговорност/družestvo s ograničena otgovornost,* abgekürzt *ООД/OOD*). Auch Einpersonen-*OOD* sind möglich, sie werden dann als *еднолично ООД/ednolično OOD* bezeichnet.[974]

Die *AD* kann zwischen dem monistischen und dem dualistischen Modell wählen. Im ersteren Fall verfügt sie neben der Hauptversammlung der Aktionäre (*общо събрание/obscho sabranie*) über ein Direktorium (*съвет на директорите/sŭvet na direktorite*). Bei einer dualistischen Leitungsstruktur bestehen neben der Hauptversammlung ein Vorstand (*управителен съвет/upravitelen sŭvet*) und ein Aufsichtsrat (*надзорен съвет/nadzoren sŭvet*). Die Befugnisse von letzterem sind aber recht begrenzt und nur allgemein umschrieben: Demnach kann der Aufsichtsrat die Hauptversammlung einberufen und in geschäftswesentlichen Bereichen Zustimmungsvorbehalte geltend machen, ferner bestellt und kontrolliert er den Vor-

972 Vgl. dazu *Tomev, Renewed role for National Council for Tripartite Cooperation* (25.09.2009), abrufbar unter http://www.eurofound.europa.eu/eiro/2009/07/articles/bg0907039i.htm (englisch).

973 Gesetz vom 16.05.1991, veröffentlicht im Staatsanzeiger *Държавен вестник, ДВ/Državen Vestnik, DV* Nr. 48/1991, letzte Änderung: *DV* Nr. 15/2013 vom 15.02.2013, konsolidierte Fassung unter http://lex.bg/laws/ldoc/-14917630 (bulgarisch). Eine englische Übersetzung, Stand Dezember 2007, findet sich beim bulgarischen Handelsregister unter http://www.brra.bg/CielaDocuments.ra, dort Seite 4 unter der Überschrift „*Нормативна уредба*" (= *Normativna uredba*, „Gesetzgebung"); im Folgenden *bgHGB*.

974 Vgl. Art. 113 ff. (*OOD*), 116 II (Einpersonen-*OOD*), 135 I (Geschäftsführer), 158 ff. (*AD*), 219 (Wahlmöglichkeit), 233 I, III (Amtszeit) bgHGB.

stand.[975] Er setzt sich aus drei bis maximal sieben Mitgliedern zusammen.[976] Die Amtszeit von Vorstand und Aufsichtsrat beträgt maximal fünf Jahre, wobei für die Direktoren Wiederwahl möglich ist.

Die Organe einer *OOD* sind die Gesellschafterversammlung (*общо събрание/obscho sabranie*) und ein oder mehrere Geschäftsführer (*управител/upravitel*). Ein Aufsichtsrat ist gesetzlich nicht vorgesehen, aber fakultativ auf Satzungsgrundlage möglich.

Das Mindeststammkapital betrug bei der *OOD* ursprünglich 5.000,– *BGN* (ca. 2.500,– Euro), wurde aber zuletzt im Zuge der allgemeinen Wirtschaftskrise auf nur noch 2,– *BGN* (ca. 1,– Euro) gesenkt. Bei der *AD* liegt das Mindestkapital unverändert bei 50.000,– *BGN* (ca. 25.000,– Euro).[977]

Die Eintragung ist konstitutiv[978] und erfolgt bei der Registerbehörde *Агенция по вписванията/Agentsiya po vpisvaniyata*, die dem Justizministerium angegliedert ist.[979]

Mehr als drei Viertel aller bulgarischen Handelsgesellschaften sind in der Rechtsform der *OOD* organisiert.

---

4. Arbeitnehmerbeteiligung

a) Betriebliche Interessenvertretung

aa) Voraussetzungen

(1) Grundlagen

Maßgebliche Rechtsquelle ist hier das bulgarische Arbeitsgesetzbuch (*Кодекс на труда/Kodeks na truda*).[980] Es legt einen Schwerpunkt auf Kooperation und Kon-

---

975 Art. 223 I, 236, 241 bgHGB.

976 Art. 117, 242 II S. 2 bgHGB.

977 1 Bulgarischer *Lew* = 100 *Stotinki* = 0,51129 Euro/1 Euro = 1,95583 *Lewa*. Der *Lew* wurde 1999 an die Deutsche Mark gebunden, was mit der Einführung des Euro im Bereich der EWWU beibehalten wurde (sog. *Currency Board*). Die ursprünglichen Pläne zur Euroeinführung für 2009 wurden mehrfach verschoben, zuletzt wurde ein Beitritt offiziell für 2013 angepeilt, jedoch erklärte die Regierung, dass zur Zeit die Beitrittsbedingungen nicht erfüllt seien. Näher *„Bulgarien verzichtet auf schnellen Beitritt zur Eurozone“* (12.04.2010), unter http://www.euractiv.com/de/euro/bulgarien-verzichtet-auf-schnellen-beitritt-zu-eurozone-news-438556 (Text englisch, deutsche Zusammenfassung).

978 Art. 67 bgHGB.

979 Englische Fassung des Registergesetzes *DV* Nr.34/2006 vom 25.04.2006 (Stand *DV* Nr. 104/2007 vom 11.12.2007) beim bulgarischen Handelsregister unter http://www.brra.bg/CielaDocuments.ra, dort Seite 4.

980 Veröffentlicht im *DV* Nr. 26/1986 vom 1.4.1986, letzte Änderung *DV* Nr. 1/2014 vom 03.01.2014, konsolidierte Fassung unter http://lex.bg/laws/ldoc/1594373121 (bulgarisch); im Folgenden *bgArbGB*; eine englische Übersetzung (Stand August 2004) findet sich beim Bulgarischen Ministeri-

sultation und weist die entscheidende Rolle hierbei den Gewerkschaften zu (*синдикални организации/sindikalni organizatsii*).[981] Insgesamt enthält er jedoch nur vergleichsweise wenige Vorgaben zur Arbeitnehmervertretung.

(2) Formen

α) Gewerkschaftsvertretung

Den Regelungen des Arbeitsgesetzbuchs entsprechend spielen die Gewerkschaften auch bei der Interessenvertretung die maßgebliche Rolle. Die Verfassung garantiert u.a. deren Vereinigungsfreiheit unter der Prämisse, dass sie sich nicht politisch betätigen.[982]

β) Betriebsversammlung

Daneben haben die Arbeitnehmer seit 2001 das Recht, ggf. in einer Betriebsversammlung zusammenzutreten (*Общо събрание на работниците и служителите/Obshto sŭbranie na rabotnitsite i sluzhitelite*, kurz meist nur *Obshto sabranie – OS*) bzw. Delegierte zu wählen, die dann die Rechte der Betriebsversammlung wahrnehmen und gegenüber Arbeitgeber und Regierung die sozialen und wirtschaftlichen Interessen der Unternehmensbelegschaft vertreten. Die jeweiligen Personen werden dann als *Представители на работниците и служителите за защита на техните икономически и социални интереси/Predstaviteli na rabotnitsite i sluzhitelite za zashtita na tekhnite ikonomicheski i sotsialni interesi* bezeichnet. Sie werden auf den Betriebsversammlungen mit einer Mehrheit von mehr als zwei Dritteln gewählt.[983]

Die Betriebsversammlung tritt auf Initiative des Arbeitgebers, der Gewerkschaftsleitung oder eines Zehntels der Belegschaft zusammen und muss von min-

um für Arbeit und Sozialpolitik, *Министерство на труда и социалната политика/Ministerstvo na truda i sotsialnata politika* unter http://www.mlsp.government.bg/en/docs/labour/Labour%20code%20consolidated%20en.pdf.

981 *Skarby*, Social Dialogue Bulgaria, S. 4, vgl. Art. 4, 33, 37, 42, 46, 51a ff. (Tarifverträge) bgArbGB.

982 Art. 12, 44, 49 der bulgarischen Verfassung (*Конституция на Република България/Konstitutsiya na Republika Bŭlgariya)*, in englischer Übersetzung bei der Nationalversammlung unter http://www.parliament.bg/?page=const&lng=en. Zu den näheren Voraussetzungen gewerkschaftlicher Organisationen vgl. *Skarby*, Social Dialogue Bulgaria, S. 2 ff.

983 Art. 6 ff. bgArbGB, zur notwendigen Mehrheit Art. 7 II bgArbGB. Dort heißt es „*Представителите се избират с мнозинство повече от две трети от членовете на общото събрание/Predstavitelite se izbirat s mnozinstvo poveche ot dve treti ot chlenovete na obshtoto sŭbranie*,“ übersetzt etwa „Die Delegierten werden mit einer Mehrheit von zwei Dritteln der Betriebsversammlung gewählt.“ (*две трети/dve treti* = „zwei Drittel“). *Tomev/Daskalova/Mihaylova*, (oben Fn. 971), Abschnitt *Workplace Representation*, sprechen allerdings von einer notwendigen Dreiviertel-Mehrheit. („*Employee representatives for the protection of employees' economic and social interests. These representatives are elected by a General assembly through a qualified majority vote of 3/4.*“).

destens der Hälfte der Unternehmensangehörigen besucht werden. Praktisch sollen die Gewerkschaften hierbei eine starke Rolle spielen.

γ) Besondere Arbeitnehmervertreter

Zur Umsetzung der Unterrichtungs- und Anhörungsrichtlinie (2002/14/EG) wurden im Juli 2006 zusätzliche Regelungen zur Wahl von Arbeitnehmervertretern speziell zum Bereich der Unterrichtung und Anhörung getroffen. Die Bezeichnung der einzelnen Vertreter lautet offiziell *Представители на работниците и служителите по инфор миране и консултиране/Predstaviteli na rabotnitsite i sluzhitelite po infor mirane i konsultirane.*[984] Die Betriebsversammlung bzw. die Versammlung der extra zu diesem Zweck gewählten Arbeitnehmer kann jedoch beschließen, diese Unterrichtungs- und Anhörungsrechte auf die bestehenden Gewerkschaftsorganisationen oder auf die zur Wahrnehmung der sozialen und wirtschaftlichen Interessen gewählten Vertreter zu übertragen.

Insgesamt sind somit auf betrieblicher Ebene drei separate Vertretungsstrukturen denkbar.

Auf betriebsübergreifender Ebene hingegen sieht das Gesetz keine Vertretung vor, allerdings ist eine solche auch nicht ausdrücklich verboten.

In manchen Unternehmensgruppen, vor allem multinationalen, soll es gewählte Arbeitnehmervertretungen für Unterrichtungs- und Anhörungszwecke geben, daneben auch betriebsübergreifende Gewerkschaftsstrukturen.[985]

Einhergehend mit den Kompetenzzuweisungen handelt es sich, wenn in einem bulgarischen Unternehmen überhaupt eine Arbeitnehmervertretung existiert, meist ausschließlich um die lokale Gewerkschaftsvertretung. Praktisch sind sie allerdings eher selten.
Es gibt zwei national repräsentative[986] Gewerkschaftsbünde. Bedeutendster ist die *KNSB (Конфедерация на независимите синдикати в България (КНСБ)/Konfederatsiya na nezavisimite sindi-*

---

984 Zur Gesetzgebung vgl. *Hristov, Bulgarian labour law amended* (01.09.2006), unter http://www.eurofound.europa.eu/eiro/2006/04/articles/bg0604039i.htm, zur Umsetzung vgl. *Mihaylova, Information and consultation process slow to develop* (08.05.2008), unter http://www.eurofound.europa.eu/eiro/2008/04/articles/bg0804019i.htm (beide englisch).

985 ETUI-BG-BI, S. 1, 3f.

986 Zu den wiederholt verschärften Voraussetzungen der Repräsentativität vgl. Art. 34 (*Представителни организации на работниците и служителите/Predstavitelni organizatsii na rabotnitsite i sluzhitelite*/Repräsentative Organisationen der Arbeitnehmer) und Art. 35 (*Представителни организации на работодателите/Predstavitelni organizatsii na rabotodatelite*/Repräsentative Organisationen der Arbeitgeber) bgArbGB. Art. 34 schreibt im Einzelnen vor: 1.) mindestens 75.000 Mitglieder, 2.) die Dachorganisation muss Vertretungen in mehr als einem Viertel der jeweiligen Branchenunternehmen nach entsprechender nationaler Branchenklassifikation haben,

kati v Bŭlgariya (KNSB), „Konföderation der Unabhängigen Gewerkschaften in Bulgarien“, sie tritt auch unter der englischen Bezeichnung *„CITUB“ (Confederation of Independent Trade Unions of Bulgaria)* auf, angeschlossen sind 34 einzelne Gewerkschaftsorganisationen mit im Jahr 2012 insgesamt 275.762 Mitgliedern. Sie hatte auf Unternehmensebene insgesamt 6.381 Gewerkschaftsvertretungen etabliert. Als zweiter national repräsentativer Gewerkschaftsbund besteht die *KT Подкрепа/Podkrepa CL* mit 27 einzelnen Gewerkschaftsorganisationen und 2.268 Gewerkschaftsvertretungen auf Unternehmensebene. Sie hatte 2012 insgesamt 88.329 Mitglieder. [„Podkrepa“ bedeutet übersetzt „Unterstützung“]. Der gewerkschaftliche Organisationsgrad (bezogen allerdings ausschließlich auf die repräsentativen Gewerkschaften) wird für 2007 mit 17,5% angegeben und stieg bis 2011 auf ca. 21%, was aber auf Änderungen bei den Beschäftigungsbedingungen zurückgeführt wird. Allgemein gelte dass je höher das Beschäftigungsniveau ausfalle, der gewerkschaftliche Organisationsgrad umso niedriger sei.

Demgegenüber stehen derzeit vier national repräsentative Arbeitgeberorganisationen. Hier vor allem die *Българска стопанска камара/Bŭlgarska stopanska kamara*, englisch meist *Bulgarian Industrial Association* und als *BIA* abgekürzt, mit nach Eigenangaben mehr als 40.000 Mitgliedern, darunter u.a. 117 Arbeitgeberverbänden, und die Bulgarische Industrie- und Handelskammer, *Българската търговско-промишлена палата/Bŭlgarskata tŭrgovsko-promishlena palata*, abgekürzt meist *БТПП* oder englisch *BCCI*, mit 53.000 Mitgliedern, darunter ca. 22.000 Unternehmen mit insgesamt ca. 665.000 Beschäftigten. Insbesondere für die Interessenvertretung von Investment- und Holdinggesellschaften besteht die *Асоциация на индустриалния капитал в България, АИКБ/Asotsiatsiya na industrialniya kapital v Bŭlgariya, AIKB*, englisch meist *Bulgarian Industrial Capital Association, BICA*, deren Mitglieder ca. 335.000 Arbeitnehmer beschäftigen. Seit 2006 schließlich noch *die Конфедерация на работодателите и индустриалците в България, КРИБ/Konfederatsiya na rabotodatelite i industrialtsite v Bŭlgariya, KRIB/Confederation of Employers and Industrialists in Bulgaria, CEIBG* mit nach Eigenangaben mehr als 10.500 Mitgliedsunternehmen mit mehr als 700.000 Beschäftigten.[987]

Generell sind aber auch in Bulgarien Arbeitnehmervertretungen umso seltener, je kleiner das Unternehmen ist. Insbesondere die Regelung zur Wahl von Arbeitnehmervertretern zur Unterrichtung und Anhörung soll praktisch bislang nur geringe Relevanz haben. Offizielle Statistiken zu diesem Thema werden nicht erhoben. Nach Daten des *KNSB*[988] aber haben bis Mitte 2010 überhaupt nur

---

dabei nicht weniger als 5% der Beschäftigten im jeweiligen Unternehmen vertreten, oder mindestens 50 Vertretungen mit nicht weniger als fünf Mitgliedern im jeweiligen Unternehmen, 3.) die Dachorganisation muss in einem Viertel der Kommunen sowie auf nationaler Ebene vertreten sein, 4.) sie muss ihre Rechtsfähigkeit i.S.v. Art. 49 I mindestens drei Jahre vor Benatragung der Anerkennung der Repräsentativität erlangt haben. Art. 35 I macht grundsätzlich ähnliche Vorgaben, sah aber zunächst noch andere Größenkriterien vor. Hier war vorgeschrieben, dass die vertretenen Mitglieder insgesamt mindestens 100.000 Arbeitnehmer beschäftigen müssten (Art. 35 I Nr. 1). Insbesondere dieses Kriterium wurde jedoch für verfassungswidrig erklärt. Ebenso eine Beschränkung der Tätigkeiten auf ausschließlich solche, die ihnen durch Gesetz oder Verordnung zugewiesen wurden (Art. 35 I Nr. 5); *РКС № 7 от 2012 г. – ДВ, бр. 49* von 2012.

987 *Tomev/Daskalova/Mihaylova*, (oben Fn. 971), Abschnitte *Facts and figures; Main Actors;* Auflistung der Mitgliedsgewerkschaften der *KNSB* unter http://www.knsb-bg.org/index.php?option=com_content&view=article&id=1159&Itemid=202 (bulgarisch); Eigendarstellung der *BIA* unter http://www.bia-bg.com/aboutBsk/10, der *BCCI* unter http://www.bcci.bg/about-bcci-en.html, der *CEIBG* unter http://ceibg.bg/?lang=en (jeweils englisch).

988 *Tomev/Daskalova/Mihaylova*, (oben Fn. 971), Abschnitt *Trade Unions*.

137 Unternehmen dieses Verfahren angewandt, bei immerhin 2.400 Unternehmen, die von den gesetzlichen Regelungen erfasst wären. Selbst in den größeren Betrieben mit mehr als 50 Beschäftigten und Gewerkschaftsvertretungen wurden entsprechende spezielle Arbeitnehmervertreter nur in 5,7% aller Unternehmen bestellt. Bei diesen Datenerhebungen wurden allerdings auch nur solche Unternehmen berücksichtigt, die gleichzeitig auch über Gewerkschaftsvertretungen verfügen, die dem *KNSB* angeschlossen sind. Der tatsächliche Anteil könnte also höher liegen, was jedoch insgesamt wenig wahrscheinlich erscheint.
Gründe für diese eher ernüchternde Bilanz sollen in einer allgemeinen Passivität der Gewerkschaften liegen, die sich von solchen zusätzlichen Systemen keine weiteren Vorteile versprächen. Daneben sollen den meisten bulgarischen Arbeitnehmern diese Möglichkeiten aufgrund fehlender Informationen über die Vertretungsstrukturen und deren Wirkweise schlicht unbekannt sein. Schließlich sollen auch Arbeitgeber und Staat der Implementierung dieser Regelungen eher *„gleichgültig“* gegenüber stehen.[989]

bb) Größe und Zusammensetzung

(1) Gewerkschaftsvertretung

Die lokalen Gewerkschaften organisieren sich auf Satzungsgrundlage selbst.[990] Die Amtszeit von gewählten Gewerkschaftsvertretern liegt zwischen zwei und fünf Jahren.

(2) Betriebsversammlung

Auch die Betriebsversammlungen obliegen grundsätzlich der Eigenorganisation. Delegierte sollen die Arbeit der Betriebsversammlung übernehmen, wenn diese „nicht funktionieren“ würde. Insbesondere ist nicht gesetzlich geregelt, wie viele Arbeitnehmervertreter für die Wahrnehmung der sozialen und wirtschaftlichen Interessen im Zuge der Betriebsversammlung zu wählen sind. Falls dies aber geschehen soll, bedarf es hierzu einer Zweidrittelmehrheit in der Betriebs-/Delegiertenversammlung.[991]

---

989 ETUI-BG-BI, S. 1. Der fragliche Artikel *„Problems of Implementation of Domestic Legislation on informing and consulting employees“* findet sich unter http://www.knsb-bg.org/index.php?option=com_content&view=article&id=1213:2010-07-12-09-00-25&catid=78:2010-07-14-11-40-42&Itemid=136 (bulgarisch). Dort heißt es im Abschnitt über die Umsetzungsprobleme unter anderem *„дистанциране и незаинтересованост от страна на държавата и работодателите от прилежението на закона за информиране и консултиране на работниците и служителите“/ „distantsirane i nezainteresovanost ot strana na dŭrzhavata i rabotodatelite ot prilozhenieto na zakona za informirane i konsultirane na rabotnitsite i sluzhitelite“* übersetzt etwa „Distanziertheit und Gleichgültigkeit von Staat und Arbeitgebern bei der Umsetzung des Gesetzes für die Unterrichtung und Anhörung der Arbeitnehmer.“ Vgl. auch *Ribarova, Impact of consultation and information process* (16.05.2013), Text unter http://www.eurofound.europa.eu/eiro/2013/02/articles/bg1302021i.htm (englisch).

990 Vgl. Art. 33 bgArbGB.

991 Art. 6 II, 6a II, III, 7 II bgArbGB.

(3) Besondere Arbeitnehmervertreter

Die Arbeitnehmervertreter für die Zwecke der Unterrichtung und Anhörung müssen in Unternehmen mit mindestens 50 bzw. in selbständigen Betrieben mit mindestens 20 Beschäftigten gewählt werden. Ihre Anzahl ist gestaffelt. Sie liegt zwischen eins und drei bei 20 bis 50 Beschäftigten, zwischen drei und fünf bei 51 bis 250 Beschäftigten und zwischen fünf und neun bei über 250 Beschäftigten. Die genaue Zahl wird zuvor von der Betriebs-/Delegiertenversammlung festgelegt, wenn sie sich nicht dafür entscheidet, diese Rechte direkt auf die bestehende Gewerkschaftsvertretung oder die bereits gewählten Arbeitnehmervertreter für wirtschaftliche und soziale Zwecke zu übertragen.[992]

Diese Übertragung soll in *„einigen"* Unternehmen erfolgt sein, in denen die Gewerkschaften eine besonders starke Position innerhaben.[993] Faktisch dürfte bereits die Einberufung einer Betriebsversammlung von einer entsprechenden Initiative der lokalen Gewerkschaft abhängen. Nach lokalen Beobachtern sollen die Gewerkschaften in diesem Bereich allgemein aber eher passiv sein, da sie um ihren Status als einzigen repräsentativen Beteiligungskanal fürchten. Die Arbeitnehmer seien nicht informiert, die Arbeitgeber hätten kein Interesse an einer Einführung (weiterer) Gremien zur Unterrichtung und Anhörung. Insbesondere in den KMU sei praktisch keinerlei Arbeitnehmerbeteiligung etabliert.[994]

Die speziellen Arbeitnehmervertreter für Unterrichtung und Anhörung werden mit einfacher Mehrheit der Betriebs-/Delegiertenversammlung gewählt. Ihre Amtszeit beträgt zwischen einem und drei Jahren. Sie können bei Pflichtverletzungen ihres Amtes enthoben werden.[995]

cc) Befugnisse

(1) Beteiligung

Jede dieser betrieblichen Interessenvertretungen hat nach dem Gesetz unterschiedliche Kompetenzen, praktisch laufen sie aber auf eine Bevorzugung der Gewerk-

992 Art. 7a, 130c und 130d ("*чл. 130в и 130г*") bgArbGB. Abgestellt wird auf *„както и в организационно и икономически обособени поделения на предприятия с 20 и повече работници и служители"/„kakto i v organizatsionno i ikonomicheski obosobeni podeleniya na predpriyatiya s 20 i poveche rabotnitsi i sluzhiteli"*. In der englischen Übersetzung *„organisationally and economically differentiated establishments with 20 and more employees"*.

993 ETUI-BG-BI, S. 2.

994 *Mihaylova, Final Questionaire for EIRO CAR on „The effect of the Information and Consultation Directive on Industrial Relations in the EU Member States five years after its transposition"* (19.01.2011), unter http://www.eurofound.europa.eu/eiro/studies/tn1009029s/bg1009021q.htm (englisch).

995 ETUI-BG-BI, S. 3.

schaften hinaus, denen die Rechte der anderen Gremien übertragen werden können, was praktisch der Regelfall sein soll.

Teilweise bestehen bereits ausschließliche Befugnisse zugunsten der Gewerkschaften. Dies gilt zunächst für alle Tarifvereinbarungen, die in Bulgarien stets auf Unternehmensebene getroffen werden.

Die Tarifvereinbarungen werden als *Колективен трудов договор/Kolektiven trudov dogovor* bezeichnet.[996]

Daneben gilt dies aber auch für die Aufstellung von Arbeitsordnungen, für die Anzeige von Verletzungen des Arbeitsrechts bei den zuständigen Behörden und für die Vertretung von Arbeitnehmern im Rechtsstreit mit dem Unternehmen.[997]

Teilweise ist die Betriebsversammlung bzw. deren Delegierte zuständig, teilweise die jeweils gewählten Vertreter für Sonderzwecke. Für letztere bestehen Unterrichtungs- und Anhörungsrechte bei geplanten beschäftigungsrelevanten Maßnahmen, insbesondere bei Massenentlassungen[998] und Unternehmensverlagerungen[999] sowie Änderungen der Arbeitszeiten. In Übereinstimmung mit der Richtlinie 2002/14/EG haben sie Einsichts- und Informationsrechte[1000] und müssen die übrigen Arbeitnehmer über die so gewonnen Erkenntnisse unterrichten.[1001] Im Arbeitsgesetz ist für die Weitergabe eine Frist von einem Monat vor Eingreifen der geplanten Maßnahme vorgesehen, Anhörungen müssen zwei Wochen zuvor erfolgen. Dies sind Mindestfristen. Bei Entlassungen sind längere Fristen vorgesehen.[1002] Leitlinie für die Ausübung der Beteiligungsrechte sind Treu und Glauben.[1003]

Die aufgezählten Befugnisse stehen nach dem Gesetzeswortlaut „dem individuellen Arbeitnehmer, der Arbeitnehmergruppe und ihren Organisationen“ zu[1004] („*Отделният работодател, групата работодатели и техните организации*“/„*Otdelniyat rabotodatel, grupata rabotodateli i tekhnite organizatsii*“). Die Informationen müssen „den Arbeitnehmervertretern“ zugänglich gemacht werden.[1005]

---

996 Näher dazu Art. 51a ff. bgArbGB.
997 Art. 51ff., 37, 45 bgArbGB.
998 Art. 130a bgArbGB.
999 Art. 123, 130b bgArbGB.
1000 Art. 7c bgArbGB („*Чл. 7в.*“).
1001 Art. 7c II bgArbGB; zur Vertraulichkeit und ggf. bestehenden Haftung vgl. Art. 7d („*Чл. 7г.*“) bgArbGB.
1002 ETUI-BG-BI, S. 2f.
1003 Art. 8 bgArbGB.
1004 Art. 52 bgArbGB.
1005 Art. 52 I, insbesondere Nr. 2 b), III bgArbGB.

Die Betriebs-/Delegiertenversammlung entscheidet ferner, wenn sich bei mehreren Gewerkschaftsvertretungen keine Einigung erzielen lässt und über die Verwendung von betrieblichen Fonds für soziale und kulturelle Aktivitäten.[1006] Feste Sitzungstermine sind nicht vorgegeben, insbesondere auch nicht für Treffen mit der Unternehmensleitung. Üblich sind Treffen parallel zu den Berichtsterminen, damit entweder einmal alle drei oder alle sechs Monate. Externe Berater können hier nicht hinzugezogen werden.

Insgesamt gibt es keinen Bereich, in dem der Arbeitgeber auf die Zustimmung der Arbeitnehmervertreter angewiesen ist. Er muss sie nur anhören.[1007]

(2) Ausstattung und Kündigungsschutz

Das Gesetz enthält keine Vorgaben zur Sachausstattung der gewählten Arbeitnehmervertreter.

Der Vorsitzende der betrieblichen Gewerkschaftsorganisation hat einen Anspruch auf Freistellung, je nach Tarifvereinbarung, mindestens aber 25 Stunden im Jahr. Die Gewerkschaft darf die zur Wahrnehmung ihrer Aufgaben erforderlichen Einrichtungen nutzen. Die leitenden Gewerkschaftsvertreter, ebenso wie diejenigen auf lokaler Ebene, auf Branchenebene oder nationaler Ebene, können während ihrer Amtszeit nur mit Zustimmung der zentralen Gewerkschaftsleitung oder eines durch sie genehmigten Organs entlassen werden. Dieser Schutz besteht nach Ende der Amtszeit für weitere sechs Monate fort.

Für die gewählten speziellen Arbeitnehmervertreter können durch Tarifvertrag oder durch gesonderte Vereinbarung reduzierte Arbeitszeiten, zusätzliche Urlaubstage oder sonstige Arrangements vereinbart werden, „soweit das zur ordnungsgemäßen Pflichterfüllung notwendig ist" („*... когато това е необходимо с оглед задълженията им, ...*"/„*... kogato tova e neobkhodimo s ogled zadŭlzheniyata im, ...*").[1008]

Sie können nur mit Zustimmung der Gewerbeaufsichtsbehörde entlassen werden.[1009]

dd) Vertretung auf supranationaler Ebene

Die bulgarischen Vertreter in einem Besonderen Verhandlungsgremium (*специална група за преговори*/*spetsialna grupa za pregovori*), sowohl beim EBR als auch bei der SE, werden auf einer Betriebs-/Delegiertenversammlung gewählt, sofern in die-

1006 Art. 293, 299, 300 bgArbGB.

1007 ETUI-BG-BI, S. 2.

1008 Art. 7c IV bgArbGB. Zu Weiterbildungsmaßnahmen vgl. Art. 7c I Nr. 6 bgArbGB.

1009 Art. 159, 161 bgArbGB; ETUI-BG-BI, S. 3.

ser Versammlung nicht beschlossen wird, das Wahlrecht an die Gewerkschaften oder an die besonderen Vertreter zur Wahrnehmung der sozialen und wirtschaftlichen Arbeitnehmerinteressen zu übertragen. Gesetzlich nicht geregelt ist, ob die gewählten Vertreter Mitarbeiter des Unternehmens sein müssen.[1010]

Praktisch gibt es nach Angaben des *KNSB* in Bulgarien insgesamt 135 multinationale Unternehmen, einen EBR gibt es jedoch nur in 26 von diesen, von denen wiederum 14 auch bulgarische Mitglieder haben.[1011]

---

b) Unternehmensmitbestimmung

In bulgarischen Unternehmen haben die Arbeitnehmer kein Recht auf Vertretung auf der Leitungsebene. Der bulgarische Corporate Governance Codex verlangt aber immerhin, allerdings unverbindlich, dass zwischen den verschiedenen Beteiligten eine *„effektive Interaktion"* stattfindet. Hierbei sind die Arbeitnehmer ausdrücklich einbezogen.[1012]

In Aktiengesellschaften mit mindestens 50 Beschäftigten können extra zu diesem Zweck durch die Betriebs-/Delegiertenversammlung gewählte Arbeitnehmervertreter an den Anteilseignerversammlungen teilnehmen und angehört werden. Dieses Recht gilt auch für die GmbH. Hier gibt es keinen Schwellenwert, allerdings dürfen sich die Arbeitnehmervertreter dort auch nur zu sozialen Fragen äußern.[1013]

5. Zusammenfassung

– Bulgarien orientiert sich grundsätzlich am monistischen Modell, Aktiengesellschaften können sich wahlweise auch dualistisch organisieren. Eine Arbeitnehmervertretung ist nur auf betrieblicher Ebene vorgesehen, eine Beteiligung auf Leitungsebene der Kapitalgesellschaften existiert nicht. Extra gewählte Arbeitnehmervertreter können aber an den Anteilseignerversammlungen teilnehmen und müssen, sehr eingeschränkt, angehört werden.

1010 ETUI-BG-EI, S. 1. Vorschriften auf nationaler Ebene zu SE (*Evropejsko družestvo*) und EWIV (*Evropejsko obedinenie po ikonomičeski interesi*) finden sich in den Art. 281–283 bgHGB bzw. Art. 280a, 280b bgHGB.

1011 Artikel *„Dialogue – Above and below – now it has, then it will"* (Stand Oktober 2010), abrufbar unter http://www.knsb-bg.org/index.php?option=com_content&view=article&id=1345:2010-10-25-11-55-37&catid=69&Itemid=116 (bulgarisch).

1012 *Bulgarian National Code for Corporate Governance* (Stand Oktober 2007), S. 19; Text abrufbar unter http://download.bse-sofia.bg/pdf/CodeksEN.pdf (englisch).

1013 Art. 136 III (*„consultative capacity"*), 137 V bgHGB. Vgl. auch Art. 7 bgArbGB, ETUI-BG-MB, S. 1.

- Auf betrieblicher Ebene ist eine Arbeitnehmervertretung durch theoretisch drei voneinander unabhängige gewählte Gremien möglich: die lokalen Gewerkschaftsvertretungen, spezielle Arbeitnehmervertreter für soziale und wirtschaftliche Interessenvertretung (seit 2001) und spezielle Vertreter zum Zweck der Unterrichtung und Anhörung (seit 2006 in Umsetzung der Unterrichtungs- und Anhörungsrichtlinie). Die speziellen Vertreter werden in einer Betriebsversammlung oder, falls diese nicht möglich ist, in einer Versammlung der von den Beschäftigten gewählten Delegierten, mit Zweidrittelmehrheit bzw. mit einfacher Mehrheit für eine Amtszeit zwischen ein und drei Jahren gewählt. Die Befugnisse der speziellen Vertreter für Unterrichtung und Anhörung können durch Beschluss der Betriebs-/Delegiertenversammlung auf die Gewerkschaften oder die Vertreter zur Wahrnehmung der sozialen und wirtschaftlichen Interessen übertragen werden. Die Gewerkschaften haben ausschließliche Rechte bei den Tarifverhandlungen, die stets auf Unternehmensebene stattfinden, sowie bei der Aufstellung der Arbeitsordnung. Die Vertreter zur Wahrnehmung der sozialen und wirtschaftlichen Interessen haben Unterrichtungs- und Anhörungsrechte bei beschäftigungsrelevanten Fragen. Die Vertreter zur Unterrichtung und Anhörung müssen, wie in der Richtlinie vorgesehen, über die Geschäftsaussichten unterrichtet und zu Beschäftigungsfragen angehört werden. Betriebsübergreifende Vertretungen sind gesetzlich nicht vorgesehen, kommen jedoch vereinzelt, namentlich in multinationalen Unternehmen, vor. Der Arbeitgeber ist in keinen Bereich auf die Zustimmung der Arbeitnehmervertreter angewiesen. Praktisch sind Arbeitnehmervertretungen gleich welcher Form selten.

XI. Estland[1014]

1. Übersicht

Estland kennt ebenfalls lediglich eine Arbeitnehmerbeteiligung auf betrieblicher Ebene. Sie obliegt den lokalen Gewerkschaften oder besonderen gewählten Arbeitnehmervertretern. Die Vertretungsgremien können parallel bestehen. Regelungen zur Unternehmensmitbestimmung existieren nicht und sind auch nicht geplant.

1014 *Kluge/Stollt*, MB in den neuen EU-MS, S. 88 ff., 93; *Muda*, EST-System, S. 53 ff.; *Fulton*, ETUI-EST-Betriebliche Interessenvertretung, ETUI-EST-Unternehmensmitbestimmung sowie ETUI-EST-Europäische Interessenvertretung (ETUI-EST-BI, ETUI-EST-MB, ETUI-EST-EI) unter http://www.worker-participation.eu/National-Industrial-Relations/Countries/Estonia; *Osila/Nurmela, Estonia: Industrial relations profile* (z.T. 18.04.2013) bei Eiro online unter http://www.eurofound.europa.eu/eiro/country/estonia.htm (englisch).

2. Hintergrund

Nachdem Estland im August 1991 seine Unabhängigkeit wiedererlangt hatte, wurde auch das Gemeinwesen vollkommen umorganisiert. Grundsätzliches Vorbild waren dabei die skandinavischen Staaten. Aufgrund seiner hier erzielten Erfolge gilt Estland – zusammen mit Slowenien – gemeinhin als „Musterschüler" unter den Beitrittsländern des Jahres 2004. Allerdings trägt das estnische Modell weniger sozialmarktwirtschaftliche als eher liberale Züge. Entsprechend ist auch das estnische System der Arbeitnehmerbeteiligung im Vergleich sowohl in Umfang als auch in Reichweite wenig weitgehend reguliert.

Bis vor kurzem waren auf betrieblicher Ebene nahezu ausschließlich Gewerkschaftsvertretungen etabliert. Jedoch sehen sich die Gewerkschaften auch in Estland mit einem belasteten Erbe aus Sowjetzeiten sowie einem rapiden Mitgliederschwund konfrontiert, so dass sie immer spärlicher vertreten sind.

Insgesamt ist der allgemeine Organisationsgrad sowohl der Arbeitgeber als auch der Arbeitnehmer bemerkenswert gering. Aktuell liegt der gewerkschaftliche Organisationsgrad bei weniger als 8%. Sogar ihre eigenen Mitglieder bewerten die Gewerkschaften als „nützlich aber schwach".[1015] Für die Arbeitegberseite werden keine offiziellen Daten erhoben, die Zahlen werden aber als „offenkundig niedrig" beschrieben.[1016]

Erst seit 2007 können in Folge der Umsetzung der Gemeinschaftsrichtlinie zur Unterrichtung und Anhörung auch nicht-gewerkschaftliche Arbeitnehmervertreter gewählt werden. Praktisch sind jedoch auch diese Vertretungen selten.

Wo sie existieren, genießen die Arbeitnehmervertretungen begrenzte Informations- und Konsultationsrechte, die in der gelebten Praxis jedoch nur selten wahrgenommen werden sollen. Begründet wird dies auch mit dem allgemein *„fehlenden Know-how"* auf Seiten der Arbeitnehmer.[1017]

Eine Unternehmensmitbestimmung war nie und ist auch derzeit nicht vorgesehen, weder auf gesetzlicher, noch auf tarifvertraglicher Grundlage. Obwohl letzteres theoretisch möglich wäre, waren bislang weder die Gewerkschaften noch die Arbeitgeber bereit, entsprechende Verhandlungen zu führen. Auch eine Debatte

---

1015 *Osila/Nurmela, Study shows mixed reaction to trade unions* (23.06.2010), unter http://www.eurofound.europa.eu/eiro/2010/05/articles/ee1005029i.htm (englisch).

1016 *Ahlberg/Braun, The future of extension of collective agreements in Estonia* (15.01.2009), im Internet abrufbar auf den Seiten des estnischen *Sotsiaal Ministeerium* unter http://www.sm.ee/fileadmin/meedia/Dokumendid/Toovaldkond/Extension_of_collective_agreements.Bruun_Ahlberg_2009.pdf (englisch).

1017 *Muda*, EST-System, S. 56; zum Transformationsprozess in Estland vgl. das Ländergutachten bei der *Bertelsmann*-Stiftung unter http://bti2003.bertelsmann-transformation-index.de/176.0.html.

dazu soll nicht wirklich stattfinden. Die vereinzelt geäußerten Standpunkte der Sozialpartner bewegen sich im tradierten Bereich. Während die estnische Arbeitgeberorganisation *ETTK*[1018] befürchtet, dass die Anwesenheit von Arbeitnehmern in den Aufsichtsräten für deren Funktion hinderlich wäre, argumentiert der Gewerkschaftsbund *EAKL*,[1019] dass die bestehenden gesetzlichen Unterrichtungs- und Anhörungsrechte aus dem Gewerkschaftsgesetz in der Praxis nicht wirklich funktionieren würden, weshalb eine Arbeitnehmervertretung im Aufsichtsrat wünschenswert sei.[1020]

Je nach angestrebtem Schwellenwert wären aber vermutlich nicht all zu viele Unternehmen von einer Mitbestimmung betroffen; nach Daten aus dem Jahr 2010 haben 98% der estnischen Unternehmen weniger als 50 Beschäftigte.[1021]

---

3. Organisationsverfassung der Kapitalgesellschaften

Das estnische Gesellschaftsrecht ist im Handelsgesetzbuch von 1995 geregelt (*Äriseadustik*).[1022] Es lehnt sich in weiten Teilen an die deutschen Normen an und folgt dementsprechend dem dualistischen Modell.

Organe einer AG (*aktsiaselts*, abgekürzt *AS*) sind die Hauptversammlung der Aktionäre (*üldkoosolek*), der aus einer oder mehreren Personen zusammengesetzte Vorstand (*juhatus*) und der Aufsichtsrat (*nõukogu*).[1023] Letzterer besteht aus drei Personen und wird von der Hauptversammlung auf fünf Jahre ernannt.[1024] Die Satzung kann vorsehen, dass bis zur Hälfte der Mitglieder auch auf andere Weise bestellt werden.[1025] Der

---

1018 *Eesti Tööandjate Keskliit/Estonian Employers' Confederation;* Eigendarstellung unter http://ettk.tooandjad.ee/en/; nach *Osila/Nurmela*, (oben Fn. 1014), Abschnitt *Main actors*, mit im Jahr 2012 noch 99 Mitgliedern, davon 25 Branchenorganisationen und 74 Einzelunternehmen.

1019 *Eesti Ametiühingute Keskliit/Estonain Trade Union Confederation*, Eigendarstellung unter http://www.eakl.ee/?lang=7; nach *Osila/Nurmela*, (oben Fn. 1014), Abschnitt *Main actors*, mit im Jahr 2011 noch 19 Einzelgewerkschaften und insgesamt 30.646 Mitgliedern.

1020 *Kluge/Stollt*, MB in den neuen EU-MS, S. 93; *Fulton*, Landesübersicht EST. Nach *Muda* soll es allerdings Reformpläne beim estnischen Sozialministerium geben, so dass das Thema wieder auf die Agenda geraten könnte, *Muda*, EST-System, S. 54 a.E., 56.

1021 *Osila/Nurmela*, (oben Fn. 1014), Abschnitt *Economic context*, ihrerseits zurückgreifend auf Datenmaterial des estnischen *Statistikaamet*.

1022 RT [= *Riigi Teataja;* „Staatsanzeiger"] I 1995, 26, 355 zuletzt geändert am 12.10. durch RT I, 02.11.2011, 1; im Folgenden *estHGB*. Eine englische Übersetzung der estnischen Gesetzestexte findet sich unter http://www.legaltext.ee/indexen.htm, die des estHGB (Stand 01.01.2014) ist abrufbar unter http://www.legaltext.ee/en/andmebaas/ava.asp?m=022.

1023 Vgl. §§ 221 ff. (*AS*), 290 ff. (Hauptversammlung), 306 ff. (Vorstand), 316 ff. (Aufsichtsrat) estHGB.

1024 §§ 318 I 1, 319 estHGB.

1025 § 319 II estHGB.

Aufsichtsrat besitzt umfangreiche Befugnisse. Generell plant und überwacht er die unternehmerischen Aktivitäten und bestellt den Vorstand, demgegenüber er auch Weisungsrechte hat.[1026] Ferner verfügt er über Zustimmungsvorbehalte für nahezu alle unternehmerischen Maßnahmen, die über das Tagesgeschäft hinausgehen, allerdings kann hiervon durch Satzung abgewichen werden.[1027] Zudem bestehen ausgedehnte Einsichtsnahme- und Informationsrechte und die Möglichkeit, ggf. eine Hauptversammlung einzuberufen.[1028] Er trifft sich für gewöhnlich mindestens einmal alle drei Monate.[1029] Die Vergütung liegt in den Händen der Anteilseigner, soll sich aber ggf. an den Pflichten des Aufsichtsrats und der finanziellen Situation des Unternehmens orientieren.[1030]

Die GmbH (*osaühing*, abgekürzt *OÜ*) verfügt über die Gesellschafterversammlung (*osanike koosolek*), den aus einem oder mehreren Personen bestehenden Vorstand und den Aufsichtsrat.[1031] Letzterer ist obligatorisch, wenn das Stammkapital der *OÜ* mehr als 25.000,– Euro beträgt (seit Juli 2010, davor 400.000,– *EEK* ≈ 25.565,– Euro[1032]) und der Vorstand aus weniger als drei Mitgliedern besteht, ansonsten freiwillig auf Satzungsgrundlage möglich. Die Bestimmungen über den Aufsichtsrat in der *AS* gelten dann entsprechend.[1033]

Wenn ein Aufsichtsrat besteht, bestellt ausnahmslos er die Unternehmensleitung, auch in der GmbH.[1034]

Im Zuge von Wirtschaftskrise und Euro-Einführung wurde das Mindestkapital geringfügig gesenkt. Seit Juli 2010 liegt es in der *AS* bei 25.000,– Euro,[1035] in der *OÜ* bei 2.500,– Euro (davor 40.000 *EEK* ≈ 2.556, 50 Euro).[1036]

Die Gesellschaften werden im *Registriosakond* eingetragen, das bei den jeweiligen Registerabteilungen der Kreisgerichte geführt wird.[1037] Die Eintragung ist konstitutiv.[1038]

1026 §§ 316 S. 1, 317 I S. 1 estHGB.

1027 § 317 I S. 2 – II, III, VIII estHGB.

1028 § 317 VI, VII, X estHGB.

1029 § 321 I 1 estHGB.

1030 § 326 (insbes. II) estHGB.

1031 Vgl. §§ 135 ff. (*OÜ*), 168 ff. (Gesellschafterversammlung), 181 ff. (Vorstand), 189 (Aufsichtsrat) estHGB. Ausdrücklich sind auch Einpersonen-*OÜ* möglich, § 138 V estHGB.

1032 Estland trat 2004 dem Wechselkursmechanismus II im EWS II bei. Die Einführung des Euro, zuletzt mehrfach verschoben, erfolgte am 01.01.2011. Der offizielle Wechselkurs liegt bei 15,6466 estnischen Kronen für 1 Euro.

1033 § 189 I, II estHGB.

1034 § 168 I Nr. 4 estHGB, er bestimmt dann auch über die Vergütung, § 180^1 I bzw. § 314 I estHGB.

1035 § 222 estHGB.

1036 § 136 estHGB.

1037 §§ 22 ff. estHGB, für die *OÜ* vgl. insbesondere § 144 (einzureichende Unterlagen) und § 147 (Haftung vor Eintragung) estHGB.

1038 § 2 III, II estHGB.

4. Arbeitnehmerbeteiligung

a) Betriebliche Interessenvertretung

aa) Voraussetzungen

(1) Gewerkschaftsvertretung

Die Hauptrolle bei der Arbeitnehmerbeteiligung liegt in Estland wohl immer noch eindeutig bei den lokalen Gewerkschaftsvertretungen (*ametiühingu valitud esindajaid,*). Sie operieren auf Grundlage des *Ametiühingute seadus* (englische Bezeichnung *Trade Unions Act).*[1039] Ihre Gründung ist ab fünf Personen möglich.[1040]

(2) „Treuhänder"

Bis zur Umsetzung der Unterrichtungs- und Anhörungsrichtlinie gab es als einzige Alternative einen so genannten „zugelassenen Vertreter". Aber auch dessen Bestellung war nur möglich, wenn in einem Betrieb keine Gewerkschaften vorhanden waren und wurde praktisch wenig genutzt.

Zum Februar 2007 trat zur Umsetzung der Richtlinie ein neues Gesetz in Kraft, das *Töötajate usaldusisiku seadus* (englische Bezeichnung *Employee Trustee Act*).[1041] Nach diesem ist auch die Wahl von „sonstigen" Arbeitnehmervertretern möglich, wenn entweder die lokale Gewerkschaftsvertretung, die Mehrheit von unternehmensangehörigen Gewerkschaftsmitgliedern einer im Unternehmen nicht aktiven Gewerkschaft, oder 10% der Belegschaft dies wünschen.[1042]

Ursprünglich war geplant, die Gewerkschaften komplett aus dem Bereich der Information und Konsultation herauszunehmen und ihre Tätigkeit auf die Tarifverhandlungen zu beschränken. Ferner sollte ihnen keine Freistellung mehr gewährt werden. Der Gewerkschaftsbund *EAKL* wandte sich gegen diese Gesetzesvorschläge und konnte letztlich seine Vorstellungen durchsetzen.[1043]

1039 Vom 14.06.2000, RT I 2000, 57, 372, in Kraft getreten am 23.07.2000; abgekürzt *AÜS*, zuletzt geändert durch RT I 2009, 54, 363; konsolidierte englische Übersetzung unter der Originalbezeichnung bei http://www.legaltext.ee.

1040 § 7 I *AÜS*, zu den Kompetenzen und Befugnissen vgl. §§ 17, 18 *AÜS*.

1041 Vom 13.12.2006, RT I 2007, 2, 6, in Kraft getreten am 01.02.2007; zuletzt geändert durch RT I, 06.07.2012; abgekürzt *TUIS*, konsolidierte englische Übersetzung unter der Originalbezeichnung bei http://www.legaltext.ee.

1042 § 5 *TUIS*.

1043 *Kallaste, New law sets out conditions for employee information and consultation* (19.09.2007), unter http://www.eurofound.europa.eu/eiro/2007/01/articles/EE0701039I.htm (englisch).

Die Gewerkschaftsgruppen können auch betriebsübergreifend arbeiten, gesetzlich vorgesehen ist eine Vertretung auf höherer Ebene aber nicht.

Insgesamt sind Arbeitnehmervertretungen in estnischen Betrieben selten, die entsprechenden Vorgaben werden oft schlicht ignoriert. Um dies aufzufangen wurden zuletzt einige Regelungen zur Aufsicht durch ein staatliches Arbeitsinspektorat (*Tööinspektsioon*) sowie zur Haftung normiert.[1044]

---

bb) Größe und Zusammensetzung

(1) Gewerkschaftsvertretung

Auch in Estland organisieren sich die Gewerkschaften hinsichtlich ihrer Struktur auf Satzungsgrundlage selbst.[1045] Sie kann zur Repräsentation gegenüber dem Arbeitgeber eigene Vertreter wählen. Meist ist dies dann eine einzelne Person, die als *ametiühingu usaldusisik* bezeichnet wird.[1046]

Es besteht keine ausdrückliche Begrenzung dahingehend, wie viele Gewerkschaftsvertreter gewählt werden, jedoch wird stets nur ein einzelner Vertreter freigestellt, § 21^1 *AÜS*, was faktisch begrenzend wirkt.

---

(2) „Treuhänder"

Die nicht-gewerkschaftlichen Arbeitnehmervertreter können in einer allgemeinen Versammlung der gesamten Belegschaft gewählt werden. Diese Versammlung wird, einigermaßen frappant, nach dem Gesetz zunächst von den im Unternehmen vertretenen Gewerkschaften einberufen. Erst bei ihrem Fehlen sind die alternativen Szenarien möglich. Die Versammlung ist beschlussfähig, wenn mindestens die Hälfte der Gesamtbelegschaft an ihr teilnimmt.[1047]

Die nicht-gewerkschaftlichen Arbeitnehmervertreter werden als *usaldusisiku* bezeichnet, Singular *usaldusisik*, was gemeinhin mit „Treuhänder" übersetzt wird. Der Ausdruck *töönõukogu*, „Betriebsrat", wird im Gesetz hingegen konsequent vermieden. Auch in seiner englischen Fassung gebraucht es durchgängig den Begriff *„trustee"*, was sich ferner mit „Beauftragter" oder „Sachwalter" übersetzen lässt, und verzichtet auf das sonst üblichere *„works council"*. Schon im Gesetz kommt somit eine gewisse Distanz zum Ausdruck.

1044 Kapitel 5^1 (§§ 24^1 f.) und Kapitel 6^1 (§§ 26^1 ff.) *AÜS*, §§ 22ff. *TUIS*.

1045 §§ 6ff. *AÜS*.

1046 § 16, insbes. IV *AÜS*; zu seinen Pflichten § 21 *AÜS*; hervorzuheben ist hier die Pflicht zur Kooperation mit den anderen Arbeitnehmervertretern; § 21 I Nr. 7.

1047 §§ 5f. *TUIS*.

Gesetzlich festgelegt ist lediglich, dass die Kandidaten, für die alle Arbeitnehmer und die Gewerkschaften ein Vorschlagsrecht haben, in geheimer Abstimmung zu wählen sind. Nicht bestimmt ist, wie viele Arbeitnehmervertreter gewählt werden, nur, dass die diesbezügliche Zahl „im Einvernehmen mit dem Arbeitgeber" zu regeln sei. Wenn mehrere Arbeitnehmervertreter gewählt werden können sie beschließen, aus ihrer Mitte einen „Haupttreuhänder" (*peausaldusisiku*) zu wählen. Die allgemeine Versammlung bestimmt auch über die Voraussetzungen zu einer etwaigen Abberufung. Sofern nichts anderes bestimmt wird beträgt die Amtszeit der gewählten Vertreter drei Jahre.[1048]

cc) Befugnisse

(1) Beteiligung

Vornehmste Aufgabe der Gewerkschaftsvertretungen ist die Verhandlung von Tarifverträgen.[1049] Gibt es keine Gewerkschaftsvertretung, können die nichtgewerkschaftlichen Arbeitnehmervertreter an den Tarifverhandlungen teilnehmen.[1050]

Hauptebene für die Tarifvereinbarungen ist das Unternehmen; die Gewerkschaften verhandeln direkt mit dem jeweiligen Arbeitgeber. Die Anzahl der Tarifabschlüsse auf übergeordneter Ebene soll unbedeutend sein.[1051]

Durch das Umsetzungsgesetz zur Gemeinschaftsrichtlinie wurden den Gewerkschaften und den Arbeitnehmervertretern im Bereich von Information und Konsultation die jeweils gleichen Rechte zugewiesen. In ihrer Reichweite beschränken sie sich auf die Vorgaben der Richtlinie.[1052]

In privaten Unternehmen mit mindestens 30 Beschäftigten[1053] muss der Arbeitgeber die Arbeitnehmervertreter mindestens hinsichtlich der unternehmerischen Maßnahmen unterrichten und anhören, die wesentliche Änderungen bei der Unternehmensstruktur, der Beschäftigtenzahl inklusive der Zeitarbeiter, der Arbeitsorganisation oder der Arbeitsverträge nach sich ziehen können. Ferner müssen

1048 Vgl. zur Wahl § 7 (insbes. III, IV, V [„*peausaldusisiku*"/„*Chief Trustee*"]), zur Amtszeit § 8 *TUIS*.

1049 § 17 I *AÜS*, vgl. hierzu im Einzelnen die Vorgaben des *Kollektiivlepingu seadus*/*Collective Agreements Act* von 1993. Zu Arbeitskonflikten vgl. das *Kollektiivse töötüli lahendamise seadus*/*Collective Labour Dispute Resolution Act* von 1999; beide unter http://www.legaltext.ee.

1050 § 9 *TUIS*.

1051 *Muda*, EST-System, S. 55; *Ahlberg*/*Braun* (oben Fn. 1016), S. 26.

1052 §§ 17–21 *TUIS* (Information und Konsultation). Vgl. auch § 9 (Rechte) § 10 (Pflichten) § 11 (Geheimhaltung) *TUIS*.

1053 Zur Berechnung vgl. § 18 *TUIS*.

den Arbeitnehmervertretern die Jahresberichte vorgelegt werden.[1054] Der Arbeitgeber ist hierbei verpflichtet, die entsprechenden Informationen in der Regel schriftlich und derart vorzulegen, dass deren umfassende Untersuchung durch die Arbeitnehmervertreter möglich ist. Die Arbeitnehmervertreter haben binnen 15 Tagen nach Erhalt der Informationen das Recht zur schriftlichen Stellungnahme und zu Gegenvorschlägen, bzw. das Recht, auf Basis der zur Verfügung gestellten Informationen eine Anhörung zu verlangen. Diese Anhörung wiederum soll ggf. innerhalb von sieben Arbeitstagen nach Erhalt der entsprechenden Aufforderung durchgeführt werden. Hierin sollen Arbeitgeber und Arbeitnehmer möglichst ein Einvernehmen zu der geplanten Maßnahme erzielen. Will der Arbeitgeber aber von den Vorschlägen der Arbeitnehmer abweichen, soll er seine Ablehnung schriftlich begründen.[1055] Zudem kann der Arbeitgeber in bestimmten Fällen die Information verweigern.[1056]

Zunächst waren hier zugunsten der Gewerkschaft noch weitere Rechte vorgesehen. Demnach musste der Arbeitgeber die Gewerkschaftsvertreter vor bestimmten Entscheidungen konsultieren. Dies betraf Entlassungen, Änderungen der Arbeitsorganisation und/oder der Weiterbildung sowie weitere, durch Tarifvereinbarung vorgesehene, Fälle. Die Gewerkschaftsvertreter konnten hier binnen zehn Tagen eine eigene Stellungnahme abgeben. In dieser Zeit durfte die angestrebte unternehmerische Maßnahme nicht umgesetzt werden.[1057] Mittlerweile ist nur noch normiert, dass sich die Beteiligung des Gewerkschaftsvertreters nach den entsprechenden Vorgaben des *Töötajate usaldusisiku seadus/Employees' Trustee Act* richtet.[1058]

Wie verfahren wird, wenn in einem Unternehmen parallel Gewerkschaftsvertretungen und besondere Arbeitnehmervertreter bestehen, ist nicht geregelt. Sind weder Gewerkschaftsvertretungen noch besondere Arbeitnehmervertreter vorhanden, müssen die Beschäftigten grundsätzlich direkt informiert werden.[1059]

(2) Ausstattung und Kündigungsschutz

Um ihren Aufgaben nachkommen zu können, haben sowohl die Gewerkschaftsvertreter als auch die nicht-gewerkschaftlichen Arbeitnehmervertreter einen Anspruch auf Freistellung unter Fortzahlung der Bezüge. Für die Gewerkschaftsvertreter richtet sich der Umfang nach der Anzahl der Gewerkschaftsmitglieder im Betrieb, für die

1054 § 20 *TUIS*.
1055 § 21 *TUIS*.
1056 § 16 *TUIS*.
1057 § 22 *AÜS*, insbes. Abs. II, 2, IV, i.d.F. RT I 2002, 63, 387.
1058 § 22 I *AÜS* i.V.m. §§ 17–21 *TUIS*.
1059 Vgl. §§ 19, 21 V *TUIS*.

nicht gewerkschaftlichen Arbeitnehmervertreter nach der Größe der Gesamtbelegschaft. Sie liegt für fünf bis 100 Vertretene bei vier Stunden pro Woche und steigt in drei Schritten auf bis zu vierzig Wochenstunden in Betrieben mit mehr als 500 vertretenen Beschäftigten.

Alle Arbeitnehmervertreter, unabhängig vom jeweiligen Gremium, genießen während ihrer Amtszeit und im darauf folgenden Jahr einen eingeschränkten Kündigungsschutz. Vor ihrer Entlassung muss der Arbeitgeber eine Stellungnahme des jeweils entsendenden Organs, also der Belegschaft bzw. der Gewerkschaft, einholen. Diese Stellungnahme soll innerhalb von zehn Arbeitstagen eingehen und muss grundsätzlich vom Arbeitgeber berücksichtigt werden.

Sofern möglich muss der Arbeitgeber der Gewerkschaft ein Büro zur Verfügung stellen und zudem die Räumlichkeiten, um einmal pro Monat eine gewerkschaftliche Veranstaltung abzuhalten.

Die gewählten Arbeitnehmervertreter haben zudem das Recht, während einer Anhörung externe Sachverständige hinzuzuziehen. Allerdings regelt das Gesetz nicht, ob der Arbeitgeber insofern zur Kostenübernahme verpflichtet ist.[1060]

dd) Vertretung auf supranationaler Ebene

Die estnischen Vertreter in einem Besonderen Verhandlungsgremium bei EBR und SE (*läbirääkimiste erikomisjon*) werden in der Regel durch die allgemeine Betriebsversammlung gewählt. Die Versammlung regelt die näheren Modalitäten selbst. Gesetzlich nicht geregelt ist, ob die Mitglieder des Besonderen Verhandlungsgremiums Beschäftigte des betroffenen Unternehmens sein müssen.

Sind mehrere estnische Unternehmen betroffen, weichen die Regelungen leicht von diesem Grundsatz ab: Bei einem EBR treten drei gewählte Vertreter aus jedem Unternehmen zusammen und wählen ihrerseits die Mitglieder des Besonderen Verhandlungsgremiums. Hierbei werden die Stimmen der Vertreter im Verhältnis zur jeweiligen Belegschaftsstärke gewichtet.

Bei einer SE „sollten" nur nach Möglichkeit alle betroffenen Unternehmen vertreten sein. Falls dies nicht der Fall ist, wird das Unternehmen mit der größten Beschäftigtenzahl zuerst berücksichtigt. Gleiches gilt auch für die estnischen Vertreter im Board bzw. Aufsichtsrat einer SE, wenn sie nach der Auffangregelung gewählt werden.[1061]

1060 §§ 9 IX, 21 V (Sachverständige), 9 X (Sachmittel), 13 (Freistellung), 14 (Fortbildung), 15 (Geheimhaltung) *TUIS*, 19 (Arbeitnehmerrechte), 20 (Sachmittel), 21^1, 21^2 (bezahlte Freistellung) *AÜS*.

1061 ETUI-EST-EI, S. 1.

b) Unternehmensmitbestimmung

Es gibt in Estland keine gesetzlichen Bestimmungen über die Unternehmensmitbestimmung von Arbeitnehmern; sie haben keinerlei Recht auf Vertretung auf der Leitungsebene.

Theoretisch kann eine Unternehmensmitbestimmung auf (tarif-)vertraglicher Grundlage vereinbart werden. In der Praxis kommt das jedoch nicht vor. Gelegentlich sollen Gewerkschaftsvertreter an den Sitzungen des Leitungsorgans teilnehmen, wenn es um „besondere Anliegen" der Arbeitnehmer geht. Dies hängt aber von der Zustimmung der Geschäftsleitung ab.[1062]

5. Zusammenfassung

- Estland folgt dem dualistischen System. Aufsichtsräte in Kapitalgesellschaften sind verbindlich, wenn das Stammkapital 25.000 Euro übersteigt und das Leitungsorgan weniger als drei Mitglieder hat. Eine – sehr begrenzte – Arbeitnehmerbeteiligung ist gesetzlich ausschließlich auf betrieblicher Ebene vorgesehen. Ein Recht auf Unternehmensmitbestimmung kennt das estnische Gesetz nicht.
- Die betriebliche Interessenvertretung obliegt faktisch namentlich den lokalen Gewerkschaftsvertretungen. Alternativ war bei deren Fehlen nur die Wahl eines „zugelassenen Vertreters" vorgesehen. Erst seit 2007 ist auch die Wahl von „nicht-gewerkschaftlichen Arbeitnehmervertretern" durch eine Belegschaftsversammlung möglich (das Gesetz vermeidet bewusst den Begriff „Betriebsrat"). Diese Versammlung kann von den lokalen Gewerkschaftsvertretungen einberufen werden, bei deren Fehlen durch die Mehrheit von unternehmensangehörigen Gewerkschaftsmitgliedern einer im Unternehmen nicht aktiven Gewerkschaft oder von mindestens 10% der Beschäftigten. Sie ist nur beschlussfähig, wenn mindestens die Hälfte der Gesamtbelegschaft an der Versammlung teilnimmt. Kandidaten können von den Gewerkschaften oder den Arbeitnehmern vorgeschlagen werden, die reguläre Amtszeit der Vertreter liegt bei drei Jahren. Ihre Gesamtzahl wird im Einvernehmen mit dem Arbeitgeber festgelegt. Für die Arbeitnehmervertretungen bestehen im Wesentlichen nur die aus der Gemeinschaftsrichtlinie zur Unterrichtung und Anhörung bekannten Informations- und Konsultationsrechte, die in Unternehmen mit mindestens 30 Beschäftigten zum Tragen kommen. Nur die Gewerkschaften können betriebsübergreifend arbeiten. Praktisch sind betriebliche Interessenvertretungen selten.

1062 ETUI-EST-MB, S. 1; *Muda*, EST-System, S. 54.

XII. Lettland[1063]

1. Übersicht

In Lettland ist lediglich eine Arbeitnehmerbeteiligung auf betrieblicher Ebene vorgesehen. Sie obliegt grundsätzlich den Gewerkschaftsvertretungen, alternativ ist die Bestellung besonderer Vertreter möglich. Eine Mitwirkung auf Unternehmensebene wird, soweit ersichtlich, nicht einmal diskutiert.

2. Hintergrund

Ähnlich wie in Estland gilt auch in Lettland aktuell nur ein begrenztes System der Arbeitnehmerbeteiligung, obwohl eine mehr als hundert Jahre alte Tradition besteht. Der Grundansatz ist auch hier voluntaristisch. Es greift ausschließlich auf betrieblicher Ebene und obliegt entweder den lokalen Gewerkschaften oder besonderen gewählten Vertretern. Eine Arbeitnehmerbeteiligung in den Leitungsorganen der Unternehmen ist in Lettland unbekannt.[1064]

Faktisch spielen auf betrieblicher Ebene lediglich die Gewerkschaftsvertretungen eine gewisse Rolle.

Der gewerkschaftliche Organisationsgrad ist allerdings mit derzeit ca. 12% und weiter rückläufiger Tendenz insgesamt sehr niedrig und liegt zudem im öffentlichen Sektor signifikant höher als im privaten Bereich (38% zu 8%). Die Gewerkschaftslandschaft ist stark zersplittert. Wo Gewerkschaften bestehen, sind sie klein: 75% von ihnen haben weniger als 50 Mitglieder und nur 9% haben mehr als 100 Mitglieder.[1065]

Einziger Gewerkschaftsdachverband auf nationaler Ebene ist *Latvijas Brīvo Arodbiedrību savienība – LBAS* (etwa „Freier Gewerschaftsverband Lettlands"), der im Jahr 2011 in 20 Unterverbänden ca. 2.266 Einzelgewerkschaften mit insgesamt 99.000 Mitgliedern vertrat.[1066] Ihm gegenüber steht *Latvijas Darba Devēju konfederācija – LDDK* (etwa „Arbeitgeberverband Lettlands") mit ca. 58 Einzelorganisation sowie Unternehmen mit mehr als 50 Beschäftigten.[1067]

1063 *Kluge/Stollt*, MB in den neuen EU-MS, S. 88ff., 93f.; *Puntuža*, LV-System, S. 60ff.; *Fulton*, ETUI-LV-Betriebliche Interessenvertretung, ETUI-LV-Unternehmensmitbestimmung sowie ETUI-LV-Europäische Interessenvertretung (ETUI-LV-BI, ETUI-LV-MB, ETUI-LV-EI) unter http://www.worker-participation.eu/National-Industrial-Relations/Countries/Latvia; *Karnite, Latvia: Industrial relations profile* (z.T. 18.04.2013) bei Eiro online unter http://www.eurofound.europa.eu/eiro/country/latvia.htm (englisch).

1064 ETUI-LV-BI, S. 1; *Kluge/Stollt*, MB in den neuen EU-MS, S. 94; *Karnite*, (oben Fn. 1063), Abschnitt *Legal context*.

1065 *Puntuža*, LV-System, S. 60f.

1066 Englische Eigendarstellung unter http://www.lbas.lv/?locale=en.

1067 Englische Eigendarstellung unter http://www.lddk.lv/index.php?lang=2.

Nach Eigenangaben beschäftigen *LDDK*-Mitgliedsunternehmen 33% der lettischen Erwerbspersonen.[1068]

Alternativ zu den Gewerkschaftsvertretungen ist die Wahl so genannter „autorisierter betrieblicher Arbeitnehmervertreter“ möglich. Beide Formen gelten aber einheitlich als „Arbeitnehmervertreter“, beide verfügen über die gleichen, im tatsächlichen Umfang aber ebenfalls begrenzten, Rechte.

In der Praxis gibt es aber für den größten Teil der lettischen Arbeitnehmer überhaupt keine Interessenvertretung. Konstatiert wird allgemein ein *„lack of information, interest and experience in employee representation“*.[1069] Ähnlich gering ist die Anzahl der Tarifverträge: sie werden praktisch ausschließlich auf Unternehmensebene geschlossen und decken maximal ein Fünftel der Arbeitnehmer ab.[1070]

3. Organisationsverfassung der Kapitalgesellschaften

Das Gesellschaftsrecht ist im lettischen Handelsgesetzbuch geregelt, das sich ebenfalls eng am deutschen HGB orientiert (*Komerclikums*, abgekürzt *KL*).[1071] Lettland folgt dem dualistischen System.

Aktiengesellschaften (Singular *Akciju sabiedrība*, abgekürzt *AS*) verfügen über die Hauptversammlung der Aktionäre (*akcionāru sapulce*), den Vorstand (*valde*) und den Aufsichtsrat (*padome*).

Organe der GmbH (*Sabiedrība ar ierobežotu atbildību*, abgekürzt *SIA*) sind die Gesellschafterversammlung (*dalībnieku sapulce*) und der Vorstand. Ein Aufsichtsrat ist hier fakultativ auf Satzungsgrundlage möglich. Auf ihn finden dann grundsätzlich die Vorschriften über den Aufsichtsrat in der *AS* entsprechende Anwendung,[1072] allerdings ist die Amtszeit im Aufsichtsrat der *SIA* grundsätzlich unbegrenzt.[1073]

1068 Näher dazu *Karnite*, (oben Fn. 1063), Abschnitte *Industrial relations context* und *Main actors*.

1069 *Puntuža*, LV-System, S. 64.

1070 *Puntuža*, LV-System, S. 61.

1071 LV [= *Latvijas Vēstnesis*; „lettisches Amtsblatt“], 158/160 (2069/2071), 04.05.2000, in Kraft seit 01.01.2002, zuletzt geändert durch LV, 25 (5084), in Kraft seit 17.02.2014; konsolidierte Fassung unter http://likumi.lv/doc.php?id=5490 (lettisch), englische Fassung beim lettischen Sprachenzentrum *Valsts valodas centrs (VVC)* unter http://www.vvc.gov.lv/export/sites/default/docs/LRTA/Likumi/The_Commercial_Law.doc (Stand 06.06.2013).

1072 Vgl. für die *AS* Art. 225 ff., hier 267 ff. (Hauptversammlung), 291 ff. (Aufsichtsrat), 301 ff. (Vorstand), für die *SIA* . Art. 185 ff., hier 210 ff. (Gesellschafterversammlung), 220 (Aufsichtsrat), 221 ff. (Vorstand) *KL*.

1073 Art. 220 Abs. 2^1 *KL*.

Einpersonen-Gesellschaften sind möglich.

AS benötigen ein Mindestkapital von 35.000,– Euro, für die *SIA* liegt es bei 2.800,– Euro.[1074]

Konstitutiv ist die Eintragung, das Register wird beim *komercreģistra iestāde* geführt.[1075]

4. Arbeitnehmerbeteiligung

a) Betriebliche Interessenvertretung

aa) Voraussetzungen

(1) Grundlage

Maßgebliche Rechtsquelle ist das Arbeitsgesetzbuch (*Darba likums*, abgekürzt *DL*).[1076]

(2) Formen

Grundsätzlich sollen die individuellen Arbeitnehmer die Verteidigung ihrer sozialen, wirtschaftlichen und beschäftigungsrelevanten Interessen direkt übernehmen, indirekt kann dies aber auch durch die „Vermittlung" der betrieblichen Interessenvertretungen geschehen. Diese betrieblichen Interessenvertretungen sind in Lettland aber bereits generell sehr selten. Ggf. existieren lokale Gewerkschaftsvertretungen (*arodbiedrības institūcija*, die einzelnen Vertreter werden als *amatpersona* bezeichnet).

Die gewerkschaftliche Vereinigungsfreiheit wird in Art. 8 *DL* einfachgesetzlich garantiert, Art. 10 I *DL* spricht von der direkten Interessenwahrnehmung durch die individuellen Arbeitnehmer, Art. 10 III und IV *DL* gibt allgemeine Vorgaben für den Fall, dass in einem Unternehmen „mehrere" Gewerkschaften bestehen, was ggf. auch für die betriebsübergreifende Dimension relevant sein dürfte. Zur Organisation der Gewerkschaften vgl. Art. 10 I Nr. 1 *DL* a.E.

Seit Juni 2002 können auch „autorisierte betriebliche Arbeitnehmervertreter" gewählt werden; *autorizēts darbinieku pārstāvis*. Die diesbezüglichen Regelungen

---

1074 Vgl. für die *AS* Art. 225 I, für die *SIA* Art. 185 *KL*. Die Euroeinführung und die entsprechenden Umstellungen erfolgten zum 01.01.2014.

1075 Vgl. Art. 6–17 *KL*.

1076 LV, 105 (2492), 06.07.2001, zuletzt geändert durch LV, 108 (4711), 11.07.2012; englische Fassung (Stand Juli 2011) abrufbar beim *VVC*, Rubrik *Tulkojumi* („Übersetzungen"), unter http://www.vvc.gov.lv/advantagecms/LV/tulkojumi/index.html, Unterrubrik *Tulkojumi katalogs*, dort S. 5.

wurden im November 2005 zur Umsetzung der Gemeinschaftsrichtlinie zur Unterrichtung und Anhörung überarbeitet, ohne dass sich aber hierdurch etwas an der Struktur der betrieblichen Interessenvertretung geändert hätte.

Ebenso wie in Estland vermeidet das Gesetz auch hier den Begriff „Betriebsrat" und verwendet in seiner englischen Fassung durchgängig den Begriff *„authorised employee representatives"*. Die lettische Entsprechung zum deutschen „Betriebsrat" bzw. *„works council"* dürfte *„uzņēmuma padome"* sein. Jedenfalls dieser Begriff findet sich in der lettischen Fassung des *DL* nicht.[1077]

Übergeordnete Gremien kommen quasi nicht vor. Ggf. können die Gewerkschaftsgruppen betriebsübergreifend arbeiten, detaillierte gesetzliche Vorgaben hierzu bestehen aber nicht.

bb) Größe und Zusammensetzung

(1) Gewerkschaftsvertretung

Auch in Lettland organisieren sich die Gewerkschaftsvertretungen selbst auf Satzungsgrundlage. Betriebsgewerkschaften können sich ab vier Personen gründen.[1078] Eine Gewerkschaft kann registriert werden, wenn sie entweder wenigstens 50 Mitglieder hat oder wenn ihre Mitglieder mindestens ein Viertel der Arbeitnehmer eines bestimmten Unternehmens, Institution, Organisation, Berufsgruppe oder Branche repräsentieren.[1079]

(2) „Autorisierte betriebliche Arbeitnehmervertreter"

Zur Wahl der „autorisierten betrieblichen Arbeitnehmervertreter" gibt das Gesetz lediglich vor, dass sie in allen Unternehmen und Organisationen mit mindestens fünf Beschäftigten direkt von der Mehrheit der Arbeitnehmer „für einen bestimmten Zeitraum" gewählt werden dürfen. Außerdem muss mindestens die Hälfte der Belegschaft an der Wahl teilnehmen.[1080]

1077 Auch *Karnite,* (oben Fn. 1063), Abschnitt *Workplace representation*, reiht die *„authorised employee representatives"* nicht etwa beim *„works council"* ein, sondern unter *„other body"*.

1078 *Puntuža*, LV-System, S. 62.

1079 Art. 3 II Gewerkschaftsgesetz *Likums Par arodbiedrībām*, englische Fassung (Stand 09.06.2005) unter http://www.vvc.gov.lv/export/sites/default/docs/LRTA/Likumi/On_Trade_Unions_doc.

1080 Art. 10 II *DL*.

cc) Befugnisse

(1) Beteiligung

Die Aufgaben und Rechte stehen abstrakt „den Arbeitnehmervertretern" zu. Ausnahme ist wiederum das Recht zu Tarifvereinbarungen, das generell ausschließlich bei den Gewerkschaften liegt und eine Teilnahme der sonstigen gewählten Vertreter nur erlaubt, wenn keine Gewerkschaften vertreten sind.[1081] Beide Gremien werden in die Unterrichtung und Anhörung einbezogen, beide müssen vom Arbeitgeber konsultiert werden, wenn sich unternehmerische Maßnahmen beschäftigungsrelevant auswirken können. Beide „sollten" eingebunden werden, sofern es um die Gestaltung der Arbeitszeit sowie um Sicherheit und Gesundheitsschutz am Arbeitsplatz geht. Schließlich muss der Arbeitgeber auf Anfrage Informationen über die wirtschaftliche Lage bereitstellen. Zudem haben die Arbeitnehmervertreter das Recht, Sitzungen einzuberufen und die Verpflichtungen des Arbeitgebers zu überwachen, aber nur, wenn hierbei Arbeitsabläufe nicht gestört werden.[1082]

(2) Ausstattung und Kündigungsschutz

Etwaige Freistellungen und Ausstattungen erfolgen ausschließlich auf der Grundlage von tarifvertraglichen Vereinbarungen.[1083]

Gewerkschaftsmitglieder insgesamt, nicht nur die gewerkschaftlichen Arbeitnehmervertreter, können außerhalb der Probezeit grundsätzlich nur mit Zustimmung der Gewerkschaft entlassen werden. Falls diese die Zustimmung verweigert kann der Arbeitgeber vor Gericht gehen.[1084]

Alle Arbeitnehmervertreter dürfen nicht wegen ihrer Aufgaben entlassen oder anderweitig benachteiligt werden.[1085]

dd) Vertretung auf supranationaler Ebene

Die lettischen Vertreter eines Besonderen Verhandlungsgremiums beim EBR (*Īpaša pārrunu grupa*) müssen Beschäftigte des jeweiligen Unternehmens sein. Sie werden gemeinsam von den existierenden Arbeitnehmervertretern gewählt. Entscheidend ist das Verhältnis zur Anzahl der Beschäftigten.

Bei der SE können die betroffenen Arbeitnehmer entscheiden, dass ihre Interessen von den bestehenden Arbeitnehmervertretern wahrgenommen werden sollen.

1081 Art. 18 I *DL*.

1082 Art. 11 *DL*, insbesondere Abs. I und IV, zur Vertraulichkeit Abs. V; ETUI-LV-BI, S. 1; zum Vorgehen bei Massenentlassungen vgl. Art. 104 ff., zum Unternehmensverkauf vgl. Art. 120 f. *DL*.

1083 ETUI-LV-BI, S. 2.

1084 ETUI-LV-BI, S. 2.

1085 Vgl. Art. 11, insbesondere Abs. VI, allgemein zu Kündigungen Art. 101 *DL*.

Falls es solche nicht gibt, wählt die Belegschaft die Vertreter im Besonderen Verhandlungsgremium direkt.[1086]

b) Unternehmensmitbestimmung

Lettland kennt keinerlei gesetzliche Regelungen zur Unternehmensmitbestimmung für die nationalen Gesellschaften. Auch auf tarifvertraglicher bzw. freiwilliger Basis findet sie nicht statt.[1087]

5. Zusammenfassung

- Lettland folgt dem dualistischen Modell. Aufsichtsräte sind für Aktiengesellschaften verbindlich. Eine Arbeitnehmerbeteiligung ist gesetzlich ausschließlich auf betrieblicher Ebene vorgesehen, eine Unternehmensmitbestimmung ist unbekannt.
- Die faktische Hauptrolle bei der betrieblichen Interessenvertretung liegt bei den, sich selbst organisierenden, lokalen Gewerkschaftsvertretungen. Seit 2002 ist zudem die Wahl von so genannten „autorisierten Arbeitnehmervertretern" möglich. Die diesbezügliche gesetzliche Regelung ist außerordentlich rudimentär. „Autorisierte Arbeitnehmervertreter" können in allen Unternehmen und Organisationen mit mindestens fünf Beschäftigten direkt von der Mehrheit der Arbeitnehmer „für einen bestimmten Zeitraum" gewählt werden, sofern mindestens die Hälfte der Belegschaft an der Wahl teilnimmt. Sowohl diese, als auch die lokalen Gewerkschaften gelten aber einheitlich als „Arbeitnehmervertreter", sie haben darum grundsätzlich die gleichen (begrenzten) Befugnisse im Bereich von Unterrichtung und Anhörung. Betriebsübergreifend arbeiten ausschließlich die Gewerkschaften. Praktisch sind Arbeitnehmervertretungen in Lettland sehr selten.

1086 ETUI-LV-EI, S. 1. Vgl. zur SE Art. 7, 21 ff. *Likums Par darbinieku iesaistīšanu lēmumu pieņemšanā Eiropas komercsabiedrībā, Eiropas kooperatīvajā sabiedrībā un kapitālsabiedrību pārrobežu apvienošanas gadījumā* (Law On the Involvement of Employees in Decision Taking in a European Commercial Company, a European Cooperative Society and in the Case of Cross-Border Merger of Limited Liability Companies, unter http://www.vvc.gov.lv/export/sites/default/docs/LRTA/Likumi/On_the_Involvement_of_Employees_in_Decision_Taking_in_a_European_Commercial_Company... doc (Stand 2011).

1087 ETUI-LV-MB, S. 1; *Kluge/Stollt*, MB in den neuen EU-MS, S. 93.

XIII. Litauen[1088]

1. Übersicht

In Litauen ist ebenfalls nur eine betriebliche Arbeitnehmerbeteiligung vorgesehen. Sie wird praktisch vor allem von den lokalen Gewerkschaften wahrgenommen, obwohl mittlerweile alternativ auch Betriebsräte möglich sind. Erfahrungen mit der Mitbestimmung auf Leitungsebene, noch begrenzt auf staatliche Unternehmen, waren negativ. Diese Vorgaben wurden darum wieder abgeschafft.

2. Hintergrund

Litauen hatte nach seiner Unabhängigkeit zunächst eine gewisse Form der Mitbestimmung etabliert. In den Jahren von 1990 bis 1994 war vorgesehen, dass die Beschäftigten in staatlichen Unternehmen bis zu zwei Drittel der Mitglieder im Aufsichtsrat wählen durften. Die Erfahrungen hierzu waren jedoch nachteilig; Machtmissbrauch, Korruption und Manipulation konnten nicht verhindert werden, das Gesetz wurde daher wieder aufgehoben. Seitdem soll auch keine grundlegende Debatte über die (Wieder-)Einführung stattgefunden haben. Im Gegenteil soll die Mitbestimmung von der Mehrheit der Bevölkerung als „*Fremdkörper*“ empfunden werden, der die unternehmerische Initiative bremse und „*sich als Hindernis in einer marktorientierten Wirtschaft erweisen könnte*“.[1089]

Dementsprechend findet die einzige derzeit noch vorgesehene Form der Arbeitnehmerbeteiligung auf der betrieblichen Ebene statt. Die Hauptrolle spielen auch hier die Gewerkschaften. Betriebsräte sind erst seit Oktober 2004 in Betrieben mit mehr als 20 Beschäftigten möglich, sofern nicht gleichzeitig eine gewerkschaftliche Vertretung existiert.

1088 *Kluge/Stollt*, MB in den neuen EU-MS, S. 88 ff., 94; *Davulis*, LT-System, S. 67 ff.; *Fulton*, ETUI-LT-Betriebliche Interessenvertretung, ETUI-LT-Unternehmensmitbestimmung sowie ETUI-LT-Europäische Interessenvertretung (ETUI-LT-BI, ETUI-LT-MB, ETUI-LT-EI) unter http://www.worker-participation.eu/National-Industrial-Relations/Countries/Lithuania; *Blažiene, Lithuania: Industrial relations profile* (z.T. 18.04.2013) bei Eiro online unter http://www.eurofound.europa.eu/eiro/country/lithuania.htm (englisch).

1089 *Kluge/Stollt*, MB in den neuen EU-MS, S. 94; *Davulis*, LT-System, S. 68 unten, 71 f.

3. Organisationsverfassung der Kapitalgesellschaften

Das litauische Gesellschaftsrecht ist hauptsächlich im Zivilgesetzbuch (*Civilinis Kodeksas)*[1090] und im Handelsgesellschaftsgesetz *(Akcinių bendrovių istatymas)*[1091] geregelt.

Maßgebliche Gesellschaftsformen sind die Aktiengesellschaft (*Akcinė bendrovė*, abgekürzt *AB*) und die Geschlossene Aktiengesellschaft (*Ǔzdaroji akcinė bendrovė*, abgekürzt *UAB*). Letztere darf maximal 250 Anteilseigner haben, ihre Anteile sind nicht frei handelbar. Beide können von einer oder mehreren natürlichen oder juristischen Person gegründet werden.

Hinsichtlich der organschaftlichen Struktur für *AB* und *UAB* sieht das Gesetz mehrere Wahlmöglichkeiten vor, unterscheidet dabei aber nicht nach der Rechtsform.[1092]

Grundsätzlich verfügt ein Unternehmen über die Anteilseignerversammlung (*Visuotinis akcininink̨ų susirinkimas)* und ein „Ein-Personen-Management-Organ" (*bendrovės vadovąs*).

Auf jeweils freiwilliger Basis können zudem ein Aufsichtsrat (*Stebėtojų taryba)* eingerichtet und die Geschäftsführung auf mehrere Personen ausgedehnt werden, die dann ein *Board* nach monistischem Vorbild formen (*Valdyba).* Besteht kein Aufsichtsrat dürfen die ihm zustehenden Befugnisse allerdings auch nicht auf die Geschäftsleitung übertragen werden.[1093] Eine Vergütung ist nicht vorgesehen, allerdings sind Boni möglich.[1094] Die näheren Entscheidungen obliegen der Anteilseignerversammlung.[1095]

Erzielt das Unternehmen einen operativen Verlust muss der Aufsichtsrat qua Gesetzes über die Eignung der Geschäftsleitung für ihre Aufgaben befinden.[1096]

1090 Nr. VIII-1864 vom 18.07.2000, zuletzt geändert durch Nr. XI-1484 vom 21.06.2011, im Folgenden *litZGB*. Die konsolidierten litauischen Gesetzestexte sind anhand der Gesetzesnummer, auch in englischer Sprache, abrufbar beim Parlament, dem *Seimas*, unter http://www3.lrs.lt. Im Teil II des litZGB finden sich die Regelungen über die juristischen Personen. Hinzuweisen ist hier auf Art. 2.33 ff. bzgl. der allgemeinen Bestimmungen und auf Art. 2.81 ff. hinsichtlich der Organe einer juristischen Person.

1091 Nr. VIII-1835 vom 13.07.2000, zuletzt geändert durch Nr. XI-1489 vom 21.06.2011, im Folgenden *litHGG*; englische Fassung Stand 17.07.2009.

1092 Vgl. Art. 1 I 2 litHGG: „*When the provisions of this Law apply both to a public and a private limited liability company, the term "company" shall be used.*"

1093 Art. 19 II, III litHGG. Vgl. insbes. Art. 23 I (Einberufung der Hauptversammlung), 31 (Zusammensetzung), 32 I–IV (Befugnisse) und V–X (Arbeitsweise) litHGG; vgl. ETUI-LT-MB, S. 1; *Kluge/Stollt*, MB in den neuen EU-MS, S. 94; *Davulis*, LT-System, S. 67.

1094 Vgl. Art. 59 II Nr. 11, 1. HS litHGG.

1095 Vgl. Art. 20 I Nr. 1–20 litHGG; ETUI-LT-MB, S. 1.

1096 Art. 32 I Nr. 1, S. 2 litHGG.

Das Mindeststammkapital für die *AB* liegt bei 150.000,– *LTL* (ca. 43.450,– Euro), das für die *UAB* bei 10.000,– *LTL* (ca. 2.900,– Euro).[1097]

4. Arbeitnehmerbeteiligung

a) Betriebliche Interessenvertretung

aa) Voraussetzungen

(1) Grundlagen

Maßgebliche Rechtsquellen sind hier das litauische Arbeitsgesetzbuch (*Darbo Kodeksas*[1098]), das Gewerkschaftsgesetz (*Profesinių sąjungų įstatymas*)[1099] sowie das Betriebsrätegesetz (*Darbo tarybų įstatymas*).[1100]

(2) Formen

Die Arbeitnehmervertretung auf betrieblicher Ebene erfolgt in Litauen entweder durch die lokale Gewerkschaftsvertretung (*Profesinė sąjunga*) oder (seit Oktober 2004) durch einen Betriebsrat (*Darbų tarybos*). Letzterer kann aber nur bestellt werden, wenn es im Unternehmen keinerlei Gewerkschaft gibt, d.h. weder auf betrieblicher Ebene, noch eine Branchengewerkschaft, der die Vertretungsrechte übertragen wurden.[1101] Zuordnungsebene ist hier also gerade nicht nur der Betrieb, sondern das gesamte Unternehmen. Die Vertretungsstruktur ist also in jedem Fall eingliedrig, nur das Vertretungsorgan kann ausgewählt werden.

Betriebsübergreifend können Gewerkschaftsvertretungen existieren. Für Betriebsräte hingegen gibt es keine speziellen gesetzlichen Regelungen. Da aber ein

---

1097 Art. 2 III, IV, V litHGG. 1 Euro ≈ 3,45 *Litai*/1 *Litas* ≈ 0,29 Euro. [Nom. Singular ist 1 *Litas*/*Centas*, Nom. Plural für 2–9 ist *Litai*/*Centai*, ab 10 Einheiten wird Gen. Plural verwendet, er lautet *Litų*/*Centų*.] Litauen trat dem Wechselkursmechanismus II im EWS II im Jahr 2004 bei, konnte jedoch aufgrund zu hoher Inflation die Konvergenzkriterien bislang nicht einhalten. Die Einführung des Euro war zwischenzeitlich für 2012 geplant, mittlerweile gibt die litauische Nationalbank kein genaues Datum mehr vor, vgl. Darstellung *Preparation for the euro adaption* bei der *Lietuvos Bankas* unter http://www.lb.lt/preparation (englisch, ohne Datum).

1098 Nr. IX-926 vom 04.06.2002, zuletzt geändert durch Nr. XI-1219 vom 09.12.2010, im Folgenden *litArbGB*, englische Fassung unter http://www3.lrs.lt/pls/inter3/dokpaieska.showdoc_e?p_id=391385. Dort sind in Art. 19 ff. die Arbeitnehmervertretungen allgemein geregelt.

1099 Nr. I-2018 vom 21.11.1991, zuletzt geändert durch Nr. XI-882 vom 04.06.2010, im Folgenden *litGewerkG* englische Fassung unter http://www3.lrs.lt/pls/inter3/dokpaieska.showdoc_e?p_id=381415&p_query=&p_tr2=.

1100 Nr. IX-2500 vom 26.10.2004, zuletzt geändert durch Nr. X-1536 vom 13.05.2008, im Folgenden *litBetrRG*, englische Fassung unter http://www3.lrs.lt/pls/inter3/dokpaieska.showdoc_e?p_id=321614&p_query=&p_tr2=.

1101 Art. 19 I litArbGB, Art. 3 I litBetrRG.

Betriebsrat nur auf Unternehmensebene eingerichtet werden kann ist es möglich, dass in ihm Arbeitnehmervertreter aus verschiedenen Betrieben vertreten sind.[1102]

Wie für die baltischen Nachbarn gilt auch in Litauen, dass negative Erfahrungen aus der Vergangenheit bei den Betroffenen für ein eher begrenztes Interesse an einer kollektiven Interessenvertretung sorgen.
Die drei nationalen litauischen Gewerkschaftsorganisationen *LPSK, LDF* und *LPS Solidarumas* hatten im Jahr 2011 insgesamt ca. 115.000 Mitglieder. Der gewerkschaftliche Organisationsgrad liegt demnach bei ca. 10%.[1103]
Betriebsräte bestehen in ca. 4% aller Unternehmen.[1104]
Nach Daten des litauischen Gewerbeaufsichtsamts aus dem Jahr 2007 verfügten von insgesamt 12.331 Unternehmen und Organisationen nur 1.207 über eine gewerkschaftliche Interessenvertretung, weitere 67 hatten diese Rechte an eine Branchengewerkschaft übertragen und lediglich 349 Unternehmen hatten einen Betriebsrat eingesetzt. Schließlich gab es noch 2.978 Betriebe und Organisationen, in denen ein einzelner Arbeitnehmer als Vertrauensperson eingesetzt war. 2008 hatten von 15.859 Unternehmen 1.187 eine gewerkschaftliche Interessenvertretung, 337 hatten diese Rechte übertragen und 589 hatten Betriebsräte bzw. eine einzelne Vertrauensperson.
Insgesamt gilt aber auch hier, dass Beteiligungsgremien insbesondere in den größeren Unternehmen mit mehr als 250 Beschäftigten bestehen und tendenziell eher im öffentlichen als im privaten Sektor vertreten sind.
In knapp 90% aller litauischen Betriebe existiert also keinerlei Struktur der Arbeitnehmervertretung. Dort wo sie besteht sollen die Befugnisse aber durch die Arbeitgeber praktisch häufig missachtet werden.[1105]

---

bb) Größe und Zusammensetzung

(1) Gewerkschaftsvertretung

Auch in Litauen organisieren sich die Gewerkschaftsvertretungen auf Satzungsgrundlage selbst. Der notwendige Schwellenwert für die Gründung einer Gewerk-

---

1102 Art. 19 I a.E. litArbGB; ETUI-LT-BI, S. 1, 3.

1103 *Blažiene,* (oben Fn. 1088), Abschnitt *Trade Unions,* spricht bezogen auf diese drei von einem Organisationsgrad von 8%. Da aber nicht alle Gewerkschaften auch den Dachgewerkschaftsorganisationen angeschlossen sind, wird ein Organisationsgrad von 10% für realistisch erachtet. Eigendarstellungen der Gewerkschaftsbünde unter http://www.lpsk.lt/en/, http://www.ldf.lt/en (beide englisch) und http://www.lps.lt/(litauisch).

1104 Zu den Betriebsräte *Blažiene,* (oben Fn. 1088), Abschnitt *Workplace representation.*

1105 ETUI-LT-BI, S.1; Zahlen des litauischen Ministeriums für soziale Sicherheit und Arbeit, abrufbar unter http://www.socmin.lt/index.php?1290552955 (englisch). Vgl. aber *Blažiene, The effect of the Information and Consultation Directive on Industrial Relations in Lithuania five years after its transposition* (19.01.2011), unter http://www.eurofound.europa.eu/eiro/studies/tn1009029s/lt1009029q.htm (englisch). Demnach verfügen mittlerweile „nur noch“ ca. 70% der litauischen Unternehmen über keinerlei Vertretungsform mehr (vgl. ebd., Einleitung, allerdings ohne Darlegung von Datenmaterial).

schaft liegt bei nicht weniger als 20 Personen bzw. mindestens einem Zehntel aller Beschäftigten eines Unternehmens, einer Institution oder einer Organisation, solange dieses Zehntel aller Beschäftigten nicht weniger als drei Arbeitnehmer umfasst.[1106] Er ist damit vergleichsweise niedrig.

(2) Betriebsrat

Betriebsräte können in Unternehmen mit mindestens 20 Beschäftigten bestellt werden. Liegt die Zahl darunter, wird ein (einzelner) Arbeitnehmervertreter gewählt. Dies geschieht durch geheime Wahl im Rahmen einer Betriebsversammlung. Mindestens die Hälfte der Belegschaft muss an der Wahl teilnehmen. Um das Verfahren einzuleiten bedarf es eines Antrags von 10% der Belegschaft (seit 2008, zuvor lag dieser Anteil bei 20%).[1107] Die Amtszeit liegt bei drei Jahren.

In jedem Unternehmen darf aber nur ein einziger Betriebsrat eingesetzt werden, egal, wie viele Niederlassungen das Unternehmen besitzt.[1108] Wenn sich nach der Betriebsratswahl im Unternehmen eine Gewerkschaft etabliert, läuft das Mandat zunächst für die volle Zeit weiter. Betriebsrat und Gewerkschaft müssen sich zu einem gemeinsamen Gremium zusammenfinden, das dann die Beschäftigten in allen Angelegenheiten gemeinsam vertritt. Falls dies nicht gelingen sollte, müssen die Arbeitnehmer entscheiden, welches Gremium ihre Interessen wahrnehmen soll. Mit Ablauf der Amtszeit muss sich der Betriebsrat auflösen, die Vertretung erfolgt dann ausschließlich durch die Gewerkschaft.[1109]

Die Größe des Betriebsrats richtet sich abgestuft nach der Belegschaftsstärke. Sie liegt bei mindestens drei und maximal 15 Mitgliedern (jeweils repräsentativ für 20 bis 50 bzw. dann mehr als 701 Beschäftigte mit Zwischenstufen zunächst bei 100, dann in Hunderterschritten ab 200 Beschäftigten).[1110]

cc) Befugnisse

(1) Beteiligung

Die Befugnisse sind identisch und theoretisch recht weit reichend, namentlich im Bereich der Unterrichtung und Anhörung. Sie umfassen sämtliche Aktivitäten des

---

1106 Art. 2.38 II litZGB, 6 I litGewerkG (*“no less than 20 founders, or the founders in the enterprise, establishment or organisation would comprise not less than one-tenth of all the employees (and one-tenth of all the employees would account for not less than three employees)“*).

1107 Art. 3 IV, 6 ff. litBetrRG.

1108 Art. 3 II litBetrRG.

1109 Art. 27 litBetrRG; ETUI-LT-BI, S. 2.

1110 Art. 4 litBetrRG.

Unternehmens, den gegenwärtigen und geplanten Stand der Arbeitsbeziehungen, Entlassungen aus wirtschaftlichen und technologischen Gründen, die Unterbreitung von Vorschlägen an Arbeitgeber und Staat und die Kontrolle der Einhaltung des Arbeitsrechts inklusive der Befugnis zur gerichtlichen Klärung.[1111] Abweichende Arrangements sind allerdings möglich, die gesetzliche Aufzählung ist nicht abschließend.

Erwähnenswert ist neben dem Abschluss von Tarifverträgen, – was in Litauen nahezu ausschließlich auf Unternehmensebene geschieht, obwohl das Gesetz Verhandlungen auch auf regionaler, sektoraler oder nationaler Ebene zulässt –, zudem die Befugnis zur Organisation von Streikmaßnahmen, die seit 2005 auch beim Betriebsrat liegen kann.[1112] Die Betriebsräte können auch die Tarifvereinbarungen verhandeln, was aber wenig überrascht wenn man sich vergegenwärtigt, dass Betriebsräte eben nur dort existieren, wo Gewerkschaften nicht vertreten sind.[1113]

Wenn keine Arbeitnehmervertretung besteht, muss der Arbeitgeber die Belegschaft direkt informieren, dies allerdings nur im Fall von Massenentlassungen, Restrukturierungen und anderen Maßnahmen, die sich ähnlich fundamental auf die Beschäftigungslage auswirken. Mehr als eine bloße Information ist aber gesetzlich nicht vorgesehen, insbesondere müssen die Arbeitnehmer nicht angehört werden.

Tatsächlich sollen diese Befugnisse *„häufig missachtet“* werden.[1114]

---

(2) Ausstattung und Kündigungsschutz

Damit die gewerkschaftlichen Arbeitnehmervertreter ihren Aufgaben nachkommen können, ist der Arbeitgeber verpflichtet, die angemessenen Bedingungen zu schaffen. Die Details richten sich nach der tarifvertraglichen Grundlage.[1115]

Für Betriebsräte ist zusätzlich geregelt, dass sie einen Anspruch auf Freistellung unter Fortzahlung ihrer Bezüge während 60 Arbeitsstunden pro Jahr haben, um an Betriebsratssitzungen teilzunehmen und ihre (anderen) Aufgaben wahrzunehmen. Ferner muss dem Betriebsrat ein Raum zur Verfügung gestellt werden.[1116]

1111 Art. 22, 47 (Rechte auf Information und Konsultation), 33 (Kontrolle, Einhaltung der Arbeitsgesetze) litArbGB.

1112 Art. 60 (Tarifvereinbarungen; in Abs. IV wird diese Befugnis den Betriebsräten zugebilligt, sofern es keine Gewerkschaftsvertretungen gibt), 77 (Streikmaßnahmen; in Abs. I 2 werden die Betriebsräte für ggf. zuständig erklärt) litArbGB; Art. 19 ff. litBetrRG.

1113 Art. 21 litArbGB.

1114 ETUI-LT-BI, S. 2; *Kluge/Stollt*, MB in den neuen EU-MS, S. 94.

1115 Art. 13 II litGewerkG.

1116 Art. 18 litBetrRG; ETUI-LT-BI, S. 3.

Das Gesetz sieht abstrakt vor, dass der Arbeitgeber die Bedingungen gewährleisten muss, damit die Arbeitnehmevertreter ihre Aufgaben erfüllen können.[1117]

Die Mitgliedschaft in einer Gewerkschaft oder die Tätigkeit als Arbeitnehmervertreter an sich sind keine Kündigungsgründe.[1118] Arbeitnehmervertreter dürfen nicht ohne vorherige Zustimmung des jeweils entsendenden Gremiums entlassen werden. Das betreffende Gremium muss seine Entscheidung binnen 14 Tagen fällen, Schweigen gilt als Zustimmung. Wird die Zustimmung verweigert, kann der Arbeitgeber die Gerichte anrufen.[1119]

dd) Vertretung auf supranationaler Ebene

In einem Besonderen Verhandlungsgremium für EBR bzw. SE (*specialus derybų organas*) werden die litauischen Mitglieder durch die Arbeitnehmervertreter gewählt, also entweder durch die Gewerkschaftsmitglieder oder, bei deren Fehlen, durch die Betriebsräte. Können sich diese nicht einigen oder existiert keine Arbeitnehmervertretung, werden die Mitglieder von der Gesamtbelegschaft gewählt. Sind mehrere Unternehmen betroffen, werden Arbeitnehmervertreter delegiert. Gesetzlich nicht festgelegt ist, ob nur Unternehmensangehörige gewählt werden können.

Das Gleiche gilt für die litauischen Mitglieder eines entsprechenden Gremiums, das nach der Auffangregelung im Anhang der jeweiligen Richtlinie eingesetzt wird sowie für die litauischen Arbeitnehmervertreter im Verwaltungs- bzw. Aufsichtsorgan einer SE; das nach der Auffangregelung errichtet wird.[1120]

b) Unternehmensmitbestimmung

Es gibt in Litauen keine Arbeitnehmermitbestimmung auf Leitungsebene, weder auf gesetzlicher noch auf tarifvertraglicher Basis. Theoretisch besteht allerdings die Möglichkeit, eine solche Vertretung auf Satzungsgrundlage zuzulassen. Dies wird jedoch als allgemein wenig akzeptabel erachtet.[1121]

Weiterhin können die Anteilseigner natürlich auch Arbeitnehmervertreter in den Aufsichtsrat wählen, sofern sie das wünschen. Dies soll in der Vergangenheit vereinzelt vorgekommen sein, namentlich bei ehemals staatlichen Betrieben in denen die Arbeitnehmer im Zuge der Privatisierung einen beträchtlichen Aktienanteil

1117 Art. 23 I Nr. 6 litArbGB.

1118 Art. 129 III Nr. 1, 2 litArbGB.

1119 Art. 134 litArbGB.

1120 ETUI-LT-EI, S. 1. Zur Beteiligung der Arbeitnehmer vgl. das entsprechende Gesetz Nr. X-200 vom 12.05.2005, hier Art. 11, 21, 31 IV.

1121 ETUI-LT-MB, S. 1; *Kluge/Stollt*, MB in den neuen EU-MS, S. 94.

hielten und insofern als Anteilseigner ihren Einfluss geltend machen konnten. Die so Gewählten sollen sich allerdings nicht als spezifische Repräsentanten der Arbeitnehmer gesehen, sondern sich ausschließlich dem Unternehmensinteresse verpflichtet gefühlt haben.[1122]

Entsprechende Regelungen sind nicht geplant und wären politisch auch nicht durchsetzbar. Nicht einmal die Gewerkschaften verlangen ernsthaft ihre Einführung. Wo sich Äußerungen der Arbeitgeberseite finden lassen ist ebenfalls ein deutlicher Argwohn spürbar. Insbesondere wird befürchtet, dass vertrauliche Unternehmensinformationen in die falschen Hände geraten würden. Die Regierung sieht eine Gefahr für das investorenfreundliche Wirtschaftsklima.[1123]

Schließlich steht auch die weit überwiegende Mehrheit der Bevölkerung dem Instrument der Mitbestimmung aufgrund der negativen Erfahrungen aus der Sowjetzeit skeptisch gegenüber und sieht es *„als Hindernis in einer marktorientierten Wirtschaft"* (*Davulis*).[1124]

5. Zusammenfassung

- Litauen erlaubt die Wahl zwischen dem monistischen und dem dualistischen Modell. Eine Arbeitnehmerbeteiligung findet ausschließlich auf der betrieblichen Ebene statt. Die Unternehmensmitbestimmung war für staatliche Unternehmen zwischenzeitlich eingeführt, 1994 aber wieder abgeschafft worden.
- Die betriebliche Interessenvertretung erfolgt eingliedrig und liegt hauptsächlich bei den sich selbst organisierenden Gewerkschaften. Erst, wenn es in einem Unternehmen keine Gewerkschaften gibt und die entsprechenden Vertretungsrechte auch nicht an eine (übergeordnete) Branchengewerkschaft abgetreten sind, kann (seit Oktober 2004) ein Betriebsrat gegründet werden. Hierzu müssen in einem Unternehmen mindestens 20 Arbeitnehmer beschäftigt sein und ein Zehntel der Belegschaft muss die Einsetzung eines Betriebsrats beantragen. Betriebsräte werden in geheimer Abstimmung von der Gesamtbelegschaft für eine Amtszeit von drei Jahren gewählt, wenn mindestens die Hälfte der Belegschaft an der Wahl teilnimmt. Ihre Zahl liegt zwischen drei und 15, je nach Belegschaftsstärke. Gründet sich nach der Betriebsratswahl im Unternehmen eine Gewerkschaft, müssen sich die Gremien zusammenschließen und die Arbeitnehmer gemeinsam vertreten. Nach Ablauf seiner Amtszeit muss sich der Betriebsrat dann auflösen. In kleineren

1122 *Davulis*, LT-System, S. 68 f.

1123 *Davulis*, LT-System, S. 72; vgl. auch Darstellung *„Labour relations – Social partnership"* beim litauischen Ministerium für soziale Sicherheit und Arbeit *(Socialinės Apsaugos ir Darbo Ministerija)*, abrufbar unter http://www.socmin.lt/index.php?1290552955 (englisch, ohne Datum).

1124 *Davulis*, LT-System, S. 72.

Betrieben kann ein einzelner Arbeitnehmervertreter bestellt werden. In jedem Unternehmen darf nur ein einziger Betriebsrat eingesetzt werden. Betriebsübergreifend können daher die Gewerkschaften arbeiten, oder es kommt zu einem Betriebsrat, der mit Arbeitnehmervertretern aus mehreren Betrieben besetzt wird. Die Befugnisse liegen bei „der Arbeitnehmervertretung“, auch ein Betriebsrat kann daher z.B. Tarifverhandlungen führen. Ferner existieren nominell weite Unterrichtungs- und Anhörungsrechte. Faktisch sollen diese aber häufig missachtet werden. Praktisch sind Arbeitnehmervertretungen auch in Litauen sehr selten.

XIV. Niederlande[1125]

1. Übersicht

Grundlage für die Arbeitnehmerbeteiligung in den Niederlanden sind Betriebsräte in allen Unternehmen ab 50 Beschäftigten. Diese verfügen über weit reichende Informations-, Anhörungs- und Mitwirkungsrechte auf betrieblicher Ebene. Zudem haben sie das grundsätzliche Recht, in bestimmten „großen“ Unternehmen bis zu einem Drittel der Aufsichtsratsmitglieder/nicht-geschäftsführenden Verwaltungsratsmitglieder vorzuschlagen. Vorgesehen sind hier jedoch vielfältige Ausnahmen und Befreiungen. Insbesondere bezieht sich die Mitbestimmung ausschließlich auf solche Unternehmen, die die Mehrheit ihrer Mitarbeiter in den Niederlanden beschäftigen, während internationale Unternehmen und Holding-Konzerne grundsätzlich ausgenommen werden. Ausdrücklich normiert ist zudem, dass die einzelnen Aufsichtsratsmitglieder nicht die spezifischen Belange einer bestimmten Interessengruppe vertreten dürfen.

2. Hintergrund

Betriebsräte wurden gesetzlich erstmals 1950 etabliert. Ihre gegenwärtige Form beruht im Wesentlichen auf einem Gesetz von 1979, das 1998 und 2004 überarbeitet

1125 *Taylor*, Überblick, S. 76; *Timmermann/Spanjaard*, Arbeitnehmermitbestimmung, S. 75 ff., *Schilfgaarde/Winter*, BV/NV, S. 209 ff., 235 ff., 254 ff.; 414 ff.; *Fulton*, ETUI-NL-Betriebliche Interessenvertretung, ETUI-NL-Unternehmensmitbestimmung sowie ETUI-NL-Europäische Interessenvertretung (ETUI-NL-BI, ETUI-NL-MB, ETUI-NL-EI) unter http://www.worker-participation.eu/National-Industrial-Relations/Countries/Netherlands; *Van het Kaar*, ECL 2009, S. 56 f.; *ders.*, *The Netherlands: Industrial relations profile* (z.T. 18.04.2013) bei Eiro online unter http://www.eurofound.europa.eu/eiro/country/netherlands.htm (englisch). Ein Überblick in niederländischer Sprache findet sich ferner bei der Gewerkschaft *CNV* (*Christelijk Nationaal Vakverbond)*, abrufbar unter http://www.cnv.nl/cao-en-werk/medezeggenschap/.

wurde. Seit 1979 sind zudem besondere Regelungen zur Mitbestimmung hinzugekommen; sog. Strukturregelung (näher dazu sogleich).

Dabei ist das niederländische Arbeits- und Sozialsystem insgesamt deutlich vom gemeinsamen Streben nach Konsens geprägt. Schlagwortartig wird vom „Polder-Modell" gesprochen.

Eigentlich beschreibt das „Polder-Modell" die Landgewinnung durch gemeinsame Anstrengung und geht bis ins Mittelalter zurück. Zur Übertragung des Terminus auf die Politik kam es erst in Folge des *Wassenaar*-Abkommens vom 24.11.1982 (*Akkoord van Wassenaar*, nach dem gleichnamigen Vorort von Den Haag, offiziell eigentlich *„Centrale aanbevelingen inzake aspecten van een werkgelegenheidsbeleid"*, übersetzt etwa „Zentrale Empfehlungen zu Aspekten der Beschäftigung"). Darin einigten sich Gewerkschaften, Arbeitgeber und Regierung auf Lohnkürzungen im Austausch für kürzere Arbeitszeiten, die Regierung versprach, nicht mehr in Lohnverhandlungen einzugreifen. Diese Lohnzurückhaltung hatte positive Auswirkungen auf die niederländische Wirtschaft, insbesondere in den 1980er und 1990er Jahren. Das Polder-Modell wird darum als „Ende der Polarisierung" gesehen. Seit der Jahrtausendwende regt sich allerdings Kritik im Hinblick auf tatsächliche Wirkungen, faktische Schwerfälligkeit, demokratische Legitimation und dem möglichen Vorschub für Kartellbildung (*„Nederland kartelparadijs"*).[1126]

---

3. Organisationsverfassung der Kapitalgesellschaften

Maßgebliche Rechtsquelle ist das Bürgerliche Gesetzbuch (*Burgerlijk Wetboek*, abgekürzt *BW*), hier das 2. Buch (*Boek 2 Rechtspersonen*).[1127]

(1) Grundlagen

Die wichtigsten Gesellschaftsrechtsformen sind die Aktiengesellschaft (*Naamloze vennootschap*, abgekürzt *NV*)[1128] und die GmbH (*Besloten vennootschap met beperkte aansprakelijkheid*, abgekürzt *BV*).[1129] Letztere war ursprünglich weitestenteils der

---

1126 Zu den aktuellen Entwicklungen *Van het Kaar, Social partners debate collective agreement system* (06.12.2013) unter http://www.eurofound.europa.eu/eiro/2013/10/articles/nl1310029i.htm (englisch).

1127 Das *BW* besteht seit 01.01.2014 aus insgesamt zehn Büchern, in denen jeweils nach einem ersten allgemeinen Teil (*algemene bepalingen*) die besonderen Regeln folgen; konsolidierter Text abrufbar auf der Regierungs-Website http://wetten.overheid.nl, Rubrik *Wet- en regelgiving*. Die Artikel des *BW* werden durch die Buchnummer, gefolgt von einem Doppelpunkt, der Artikelnummer und den Nummern eventueller Artikelabsätze (*lid*, Plural *leden*) angegeben. Soweit ersichtlich existiert kein allgemein freier Zugang zu den niederländischen Gesetzen in englischer Sprache.

1128 Art. 2:64 ff. *BW*.

1129 Art. 2:175 ff. *BW*.

Aktiengesellschaft entsprechend ausgestaltet, mittlerweile ist es zu vielfältigen Änderungen und Anpassungen gekommen.

Für ihre Organisation kennt das niederländische Gesetz seit 1971 zwei Modelle. Welches davon zum Zuge kommt hängt grundsätzlich von der Unternehmensgröße ab. Zum einen gibt es das „normale" Modell, nach dem sich die Unternehmen inzwischen wahlweise monistisch oder dualistisch organisieren können. Zum anderen gibt es, für bestimmte große Unternehmen, unabhängig von der gewählten Organisationsform, das sog. „Strukturmodell".

Bei beiden Modellen sind Vorstand *(raad van bestuur*; „bestuur" meint „Unternehmensführung"; alternativ auch *directie*)[1130] und Anteilseignerversammlung (*algemene vergadering*)[1131] verpflichtend. Ein Aufsichtsrat (*raad van commissarissen)* kann hier grundsätzlich auf freiwilliger Basis per Satzung eingerichtet werden.[1132] Im monistischen System werden dann geschäftsführende und nicht-geschäftsführende Mitglieder unterschieden (*uitvoerende bestuurders* bzw. *niet-uitvoerende bestuurders*).[1133]

Wird auf das Unternehmen die sog. Strukturregelung angewendet, wird die Beteiligung der Arbeitnehmer an den Leitungsentscheidungen obligatorisch. Dies geschieht dann durch die verpflichtende Einrichtung eines Aufsichtsrats[1134] bzw. eine anderweitige indirekte Beteiligungsart im monistischen Modell. Die Vorgaben über den Aufsichtsrat werden dann auf die nicht-geschäftsführenden Mitglieder entsprechend angewendet.[1135]

(2) Aktuell

Der niederländische Gesetzgeber hat zuletzt einige praxisrelevante Veränderungen im Recht der *BV* vorgenommen.

Zunächst wurde bereits ab Juli 2011 auf die, zuvor obligate, Unbedenklichkeitsbescheinigung durch das niederländische Justizministerium bei einer Unternehmensgründung verzichtet (sog. *verklaring van geen bezwaar*). An ihre Stelle trat eine laufende Kontrolle.[1136]

1130 Art. 2:129 ff. *(NV)* bzw. 2:239 ff. *(BV) BW*.

1131 Art. 2:107 ff. *(NV)* bzw. 2:217 ff. *(BV) BW*. Ihr stehen alle Rechte zu, die nicht einem anderen Organ zugewiesen sind, begrenzt nur durch Gesetz und Satzung; ebd., *lid* 1.

1132 Art. 2:140 (*NV*) bzw. 2:250 (*BV*) *BW*.

1133 Art. 2:164a (*NV*) bzw. 2:274a (*BV*) *BW*.

1134 Art. 2:154 und 158 (*NV*) bzw. 2:264 und 268 (*BV*) *BW*; *Schilfgaarde/Winter*, BV/NV, S. 235 ff., 254 ff., 276 f.; *Timmermann/Spanjaard*, Arbeitnehmermitbestimmung, S. 75, 77, 83 f.

1135 Art. 2:164a, *lid* 1 (*NV*) bzw. 274a, *lid* 1 (*BV*) *BW*.

1136 Näher Darstellung des Ministeriums für Sicherheit und Justiz, *Ministerie van Veiligheid en Justitie, „De Wet controle op rechtspersonen"*, unter http://www.rijksoverheid.nl/bestanden/documenten-en-publicaties/brochures/2011/07/14/factsheet-wet-controle-op-rechtspersonen/factsheet-wet-controle-op-rechtspersonen.pdf (14.07.2011) (niederländisch).

Zum 1. Oktober 2012 trat zudem das Gesetz zur Flexibilisierung und Vereinfachung der *BV* in Kraft.[1137] Damit wird die „traditionelle" *BV* durch eine einfachere Rechtsform „abgelöst", zur Abgrenzung meist als „*Flex-BV*" bezeichnet.

Bei der „*Flex-BV*" handelt es sich aber nicht um eine neue, ergänzende Rechtsform, sondern nur um einen „Umbau" an der bereits bestehenden *BV*.

In der *Flex-BV* ist das zuvor notwendige Mindestkapital von 18.000,– Euro entfallen.[1138] Stattdessen können die Unternehmensgründer nun selbst entscheiden, welchen Betrag sie wie einbringen wollen. Ausreichend ist grundsätzlich auch 1 Cent. Die Gesellschaft darf allerdings keine Gewinne ausschütten, wenn absehbar ist, dass die Gesellschaft danach ihre Schulden nicht mehr bedienen kann. Ggf. haften die Direktoren und die Anteilseigner.[1139]

Aufgrund des Wegfalls des Stammkapitalerfordernisses sind hier auch die zuvor notwendigen Vorlagen einer Bankbescheinigung über das eingezahlte Stammkapital (*bankverklaring*) bzw. der Erklärung eines Wirtschaftsprüfers zum Wert des als Sacheinlagen eingebrachten Stammkapitals (*accountantsverklaring*) fortgefallen. Falls Sachwerte eingebracht werden, müssen diese aber beschrieben werden.[1140]

Überarbeitet wurden auch die Satzungserfordernisse. Der Minimalinhalt der Unternehmenssatzung wurde drastisch gekürzt. Zudem wurden mehrere Gestaltungsoptionen aufgenommen, die es den Unternehmensgründern ermöglichen sollen, die Rechtsform weitgehend nach ihren individuellen Bedürfnissen zuzuschneiden. Möglich ist mittlerweile auch die Ausgabe von Anteilen ohne Stimmrecht bzw. ohne Recht auf Gewinnausschüttung.[1141] Zur Beschleunigung von Entscheidungen können Gesellschafterbeschlüsse auch außerhalb der Hauptversammlungen ergehen.

Notwendig ist allerdings, dass alle stimmberechtigten Mitglieder diesem Verfahren zugestimmt haben.[1142] Explizit möglich ist die Verwendung der *Flex-BV* im Ausland, da sich die Anteilseigner auch außerhalb der Niederlande versammeln können.

1137 *Wet van 18 juni 2012 tot wijziging van Boek 2 van het Burgerlijk Wetboek in verband met de aanpassing van de regeling voor besloten vennootschappen met beperkte aansprakelijkheid (Wet vereenvoudiging en flexibilisering bv-recht).*

1138 Bei der *NV* beträgt es nach wie vor 45.000,– Euro; Art. 2:67 *lid* 2, S. 2 *BW*.

1139 Vgl. Art. 2:178 *lid* 2 S.1 *BW* a.F. und Art. 2:178 ff. *BW* n.F.

1140 Art. 2:204a bzw. 204b *BW*.

1141 Art. 2:228 *lid* 5; 2:216 *lid* 7 *BW*.

1142 Art. 2:238, hier insbes. *lid* 1 *BW*.

Die Entwicklungen sind noch nicht abgeschlossen. Demnächst soll auch die notarielle Beurkundung wegfallen. Künftige Satzungsänderungen sollen so noch einfacher und schneller wirksam werden. In diesem Zusammenhang wird hier ein Einsparpotential von bis zu 90% an laufenden Kosten gesehen.[1143]

Die aktuellsten Änderungen betreffen die Organisationsform. Seit Januar 2013 können sich sowohl die *NV* als auch die *BV* wahlweise dualistisch oder monistisch organisieren.[1144]
Diese Gesetzesänderung brachte daneben neue Regelungen zur Begrenzung der Anzahl von Vorstands-/Aufsichtsratsposten[1145] und zur Inkompatibilität bei unmittelbaren oder mittelbaren Interessenkonflikten (*direct of indirect persoonlijk belang*).[1146]

---

4. Arbeitnehmerbeteiligung

a) Betriebliche Interessenvertretung

aa) Voraussetzungen

(1) Grundlagen

Die Arbeitnehmerbeteiligung auf betrieblicher Ebene ist eingliedrig ausgestaltet. Vorgesehen sind Betriebsräte, die allerdings personell vor allem gewerkschaftlich geprägt sind. Ihr rechtlicher Rahmen beruht größtenteils auf dem Betriebsrätegesetz (*Wet op de Ondernemingsraden*, abgekürzt *WOR*). Hierbei gilt nach niederländischem Recht jede unabhängige Betriebsstätte als „Unternehmen".[1147]

1143 Zu den Entwicklungen vgl. Darstellung *„Flex-bv"* bei der niederländischen Regierung *Rijksoverheid*, Abschnitt *Overzicht* unter http://www.rijksoverheid.nl/onderwerpen/flexibele-bv (niederländisch, ohne Datum). Zu den geplanten Änderungen im Hinblick auf die notariellen Beurkundungen vgl. ebd. Abschnitt *Voorstel vervallen notariële akte.*

1144 *Wet van 6 juni 2011 tot wijziging van boek 2 van het Burgerlijk Wetboek in verband met de aanpassing van regels over bestuur en toezicht in naamloze en besloten vennootschappen* (etwa „Gesetz vom 6. Juni 2011 zur Änderung des Zweiten Buchs des Bürgerlichen Gesetzbuchs in Verbindung mit der Anpassung der Regelungen zur Leitung und Aufsicht bei der AG und der GmbH"), Text unter https://zoek.officielebekendmakingen.nl/stb-2011-275.html, in Kraft ab 01.01.2013 aufgrund Beschlusses vom 04.10.2010, *Besluit tot vaststelling van het tijdstip van inwerkingtreding van de wet van 6 juni 2011*, Text unter https://zoek.officielebekendmakingen.nl/stb-2012-455.html (beide niederländisch); vgl. Art. 2:129a i.V.m. 164a (*NV*) sowie Art. 2:239a i.V.m. 274a (*BV*) *BW*, zur Haftung der Direktoren vgl. Art. 2:9 *BW*.

1145 Art. 2:132a und 142a (*NV*) bzw. Art. 2:242a und 252a (*BV*) *BW*.

1146 Art. 2:129, *lid* 6 und 140, *lid* 5 (*NV*) bzw. Art. 2:239, *lid* 6 und 250, *lid* 5 (*BV*) *BW*. Näher zu den Gesetzesänderungen *Den Boogert et al.*, Bestuur en Toezicht 2013, S. 1 ff., Zusammenfassung auf S. 11 f.

1147 *Wet van 28 januari 1971, houdende nieuwe regelen omtrent de medezeggenschap van de werknemers in de onderneming door middel van ondernemingsraden – WOR*; zuletzt geändert durch Gesetz vom 07.08.2013; der niederländische Text des *WOR* ist im Internet tagesaktuell abrufbar unter http://wetten.overheid.nl, Rubrik *Wet- en regelgiving*. Vgl. *Taylor*, Überblick, S. 76; ETUI-NL-BI, S. 1.

(2) Formen

Unternehmen mit mindestens 50 vollzeitbeschäftigten Mitarbeitern sind verpflichtet, einen Betriebsrat zu errichten (*Ondernemingsraad, OR*).[1148] Hat ein Unternehmen zwischen 10 und 49 Beschäftigte, kann auf Antrag einer Mehrheit der Arbeitnehmer eine Personalvertretung eingerichtet werden (*Personeelsvertegenwoordiging, PVT*). Diese genießt abgeschwächte Befugnisse des Betriebsrats. Betriebsräte können daneben auch freiwillig bzw. aufgrund tarifvertraglicher Vorgaben etabliert werden.[1149]

Bisweilen wurden durch Tarifvertrag die Schwellenwerte zur erstmaligen Etablierung eines vollwertigen Betriebsrats verschiedentlich auf 35 oder sogar auf 25 Beschäftigte abgesenkt.[1150]

Falls es für die Unterrichtung und Anhörung der Arbeitnehmer vorteilhaft ist, wird in Konzernen mit mehreren Unternehmen ein Zentralbetriebsrat eingerichtet (*Centrale Ondernemingsraad, COR*). In Unternehmen mit mehreren Gesellschaften kann ein Gruppenbetriebsrat (*Groepsondernemingsraad, GOR*) eingesetzt werden.[1151]

Nach dem Gesetz dient der Betriebsrat nicht nur der reinen Interessenvertretung. Viel mehr werden regelmäßige Sitzungen zwischen Arbeitgeber und Arbeitnehmern als *„im Interesse des guten Funktionierens des Unternehmens mit all seinen Zielsetzungen“* erachtet.[1152]

Praktisch sind die Betriebsräte recht weit verbreitet. Nach einer Studie verfügten im Jahr 2005 immerhin 78% der insgesamt 12.900 Betriebe mit mehr als 50 Beschäftigten auch über einen Betriebsrat, 2008 lag der Wert immer noch bei 70%.
Auch in den Niederlanden sind Betriebsräte eher in größeren Unternehmen etabliert, als in kleineren. Während fast alle (96%) Unternehmen mit mehr als 200 Beschäftigten auch über einen Betriebsrat verfügten lag dieser Anteil in Unternehmen mit 50 bis 74 Arbeitnehmern nur bei 60%, bei 75 bis 99 Arbeitnehmern dann bei 78% und bei 100 bis 199 Arbeitnehmern bei 84%. In den Betrieben mit weniger als 50 Beschäftigten hatten im Jahr 2005 18% einen Betriebsrat und 15% eine *PVT*, drei Jahre später lagen die Werte bei 15% und 14%.[1153]
Nach lokalen Beobachtungen ist der Wert um ca. 70% typisch, das Absinken im Durchschnittswert wird auf vermehrte Gründungen von KMU zurückgeführt, die ihrerseits allgemein den entsprechenden Regeln nicht strikt folgen würden.

1148 Art. 2 *lid* 1 *WOR*.

1149 Art. 35b ff. *WOR*.

1150 ETUI-NL-BI, S. 2, 5; *Van het Kaar, Netherlands: EIRO CAR on „The effect of the Information and Consultation Directive on Industrial Relations in the EU Member States five years after its transposition“* (19.02.2011), unter http://www.eurofound.europa.eu/eiro/studies/tn1009029s/nl1009029q.htm (englisch).

1151 Art. 33–35 *WOR*.

1152 Art. 2 *lid* 1 *WOR*: *„in het belang van het goed functioneren van die onderneming in al haar doelstellingen“*.

1153 ETUI-NL-BI, S. 1; *Van het Kaar, Effect* (oben Fn. 1150).

bb) Größe und Zusammensetzung

Die Betriebsratsgröße richtet sich nach der Belegschaftsstärke und ist nach oben gedeckelt. In einem Unternehmen mit mindestens 50 Beschäftigten hat der Betriebsrat fünf Mitglieder, bei bis zu 2.000 Beschäftigten deren 15. Je 1.000 weitere Beschäftigte kommen jeweils zwei weitere Mitglieder hinzu, das Maximum liegt bei von 25 Betriebsratsmitgliedern. Eine *PVT* muss aus mindestens drei Mitgliedern bestehen.[1154]

Die Amtszeit liegt üblicherweise bei drei Jahren. Durch Geschäftsordnung kann sie auch zwei oder vier Jahre betragen.

Der Betriebsrat besteht ausschließlich aus Arbeitnehmern. Die jeweiligen Personen werden von der gesamten Belegschaft nach Kandidatenlisten gewählt. Derartige Listen können grundsätzlich von den Gewerkschaften aufgestellt werden, wobei gewisse Mindestanforderungen gelten. Daneben konnte auch mindestens ein Drittel der nicht gewerkschaftlich organisierten Beschäftigten im Betrieb eine Kandidatenliste aufstellen. Durch eine Gesetzesänderung im Juli 2013 ist dieser Schwellenwert aber weggefallen, so dass mittlerweile jeder betriebsangehörige Arbeitnehmer auch als Kandidat für die Betriebsratswahlen antreten darf, solange er mindestens ein Jahr dort beschäftigt war. Einer bestimmten Anzahl an Unterstützern bedarf es hingegen nicht mehr.[1155]

Praktisch sind die Betriebsräte, zumindest derzeit noch, meist mit Gewerkschaftsmitgliedern besetzt.[1156] Die jeweiligen Personen sind nicht etwa unabhängig. Viel mehr arbeitet die jeweilige Gewerkschaftsgruppe eng mit „ihren" Betriebsratsmitgliedern zusammen, so dass deren Anliegen in die Betriebsratsarbeit eingebracht werden können.

Ursprünglich hatte der Arbeitgeber den Vorsitz im Betriebsrat inne. Inzwischen wählt der Betriebsrat den Vorsitzenden und dessen Stellvertreter selbst.[1157]

Nach der gesetzlichen Vorgabe muss der Betriebsrat mindestens zwei Mal jährlich mit dem Arbeitgeber zusammentreten, um die allgemeine Lage des Unternehmens zu erörtern. In diesen Sitzungen muss, sofern ein Aufsichtsrat etabliert ist, mindestens ein Aufsichtsratsmitglied anwesend sein.[1158] Gängige Praxis sind monatliche Sitzungen des Betriebsrats sowie zusätzlich eine gemeinsame Sitzung mit dem Arbeitgeber. Bei diesen gemeinsamen Sitzungen wird der Vorsitz abwechselnd von der Unternehmensleitung und vom Betriebsratsvorsitzenden geführt. Weit verbrei-

---

1154 Art. 6 *lid* 1 *WOR*.

1155 Vgl. Art. 9 *lid* 2 b) n.F. *WOR*.

1156 *Van het Kaar, Industrial Relations Profile* (oben Fn. 1125), Abschnitt *Workplace representation*, nennt einen Wert von 65%.

1157 Art. 6 ff. *WOR*; ETUI-NL-BI, S. 2, 4.

1158 Art. 23 ff., insbesondere Art. 24 *leden* 1, 2 *WOR*.

tet ist auch die Einsetzung von ständigen Betriebsrats-Ausschüssen, die sich dann mit bestimmten Fragen und/oder Unternehmensteilen befassen.[1159]

cc) Befugnisse

(1) Beteiligung

Der Betriebsrat verfügt über weit reichende Informations-, Anhörungs- und Zustimmungsrechte. Zudem gibt es ein Initiativrecht, nach dem er dem Arbeitgeber Vorschläge unterbreiten kann, auf die dieser dann reagieren muss, was praktisch aber nur selten geschehen soll.

Im Rahmen der Informationsrechte muss die Unternehmensleitung dem Betriebsrat Informationen über bestimmte wirtschaftliche bzw. finanzielle Angelegenheiten vorlegen. Das betrifft insbesondere Struktur und Organisation des Unternehmens, seine Beziehungen zu anderen Unternehmen, Entwicklungen im Personalbereich und in der Sozialpolitik sowie Jahresbericht/-abschluss, geplante Investitionen und langfristige strategische Pläne. Zudem hat er Anspruch auf alle Informationen, die zur Erfüllung seiner Aufgaben notwendig sind.[1160]

Durch die Gesetzesänderung vom Juli 2013 ist ein expliziter Informationsanspruch im Hinblick auf die internationale Unternehmensstruktur hinzugekommen, Art. 31, neuer *lid* 3 *WOR* („*ondernemer die deel uitmaakt van een internationale groep van ondernemingen*“, etwa „Unternehmer, der Teil einer internationalen Gruppe von Unternehmen ist“).

Insbesondere bestehen Anhörungsrechte in wirtschaftlichen Angelegenheiten. Wirken sich die unternehmerischen Tätigkeiten direkt auf die Beschäftigten aus, muss die Geschäftsleitung den Betriebsrat anhören (was insbesondere alle wesentlichen strategischen unternehmerischen Maßnahmen erfasst). Stimmt dieser den Plänen nicht zu, muss der Arbeitgeber die jeweilige Maßnahme um mindestens einen Monat aufschieben. In dieser Zeit kann der Betriebsrat gegen die Maßnahme Berufung bei der Unternehmenskammer des Gerichtshofs Amsterdam einlegen. Eine Anhörung ist auch bei der Ernennung eines Geschäftsführers durchzuführen. Hier kann der Betriebsrat aber die Ernennung nicht aufschieben.[1161]

Die Zustimmungsrechte beziehen sich auf die unternehmenseigenen Regelungen in verschiedenen Bereichen, wie u.a. Rentenversicherung, Gehalts- und Lohnstufen, Arbeitszeitgestaltung, Einstellungen, Entlassungen und Beförderungen.[1162]

1159 ETUI-NL-BI, S. 2.
1160 Vgl. Aufzählung in Art. 25 ff. *WOR*, hier v.a. die fünfzehn Unterpunkte in Art. 25 *lid* 1 *WOR*.
1161 Art. 26 *WOR*.
1162 Vgl. die Aufzählung in Art. 27 *leden* 1, 7 *WOR*.

Eine Maßnahme, die ohne die entsprechende Zustimmung durchgeführt wird, ist grundsätzlich nichtig, sofern sich der Betriebsrat darauf beruft; ggf. ist das Gericht anzurufen.[1163]

Sofern keine Verfahrensfehler vorliegen und die Arbeitnehmerinteressen hinreichend berücksichtigt werden soll der Gerichtshof im Regelfall den Plänen des Unternehmens zustimmen. Die wirkliche Bedeutung dieser Anhörungsrechte wird darum vornehmlich in der Bereitstellung des Verfahrens selbst gesehen, so dass die Möglichkeit der außergerichtlichen Einigung besteht.[1164]

(2) Ausstattung und Kündigungsschutz

Der Arbeitgeber muss dem Betriebsrat die Mittel und Einrichtungen zur Verfügung stellen, die er für die Wahrnehmung seiner Aufgaben benötigt. Daneben sind die Betriebsratsmitglieder in gewissem Umfang unter Fortzahlung ihrer Bezüge freizustellen. Der genaue Umfang wird zwischen dem Betriebsrat und dem Arbeitgeber vereinbart.

In Unternehmen mit mehr als 100 Beschäftigten haben die Betriebsratsmitglieder Anspruch auf jährlich mindestens 60 Stunden Freistellung. Betriebsratsmitglieder haben zudem einen Anspruch auf mindestens fünf Tage bezahlter Fortbildung, wobei diese nach der letzten Gesetzesänderung vom Juli 2013 „von hinreichender Qualität" sein muss, Art. 18, hier *lid* 2 *WOR* („*van voldoende kwaliteit*").

Sofern der Arbeitgeber vorab darüber informiert wurde kann der Betriebsrat auch externe Sachverständige zu seinen Sitzungen einladen. Diese Experten werden dann ebenfalls vom Arbeitgeber bezahlt. Des Weiteren kann der Betriebsrat den Rat der Gewerkschaften einholen und sie zu den Sitzungen einladen.[1165] Die Gewerkschaften selbst haben jedoch keinen gesetzlichen Anspruch auf bestimmte Mittel oder Einrichtungen, allerdings sehen die Tarifverträge bisweilen derartige Arrangements vor.[1166]

Ein Betriebsratsmitglied kann nur nach schriftlicher Einwilligung der betroffenen Person oder aufgrund einer gerichtlichen Genehmigung gekündigt werden. Gewerkschaftsmitglieder genießen demgegenüber keinen besonderen gesetzlichen Kündigungsschutz, dürfen aber nicht wegen ihrer gewerkschaftlichen Tätigkeiten benachteiligt werden.[1167]

1163 Art. 27 *leden* 4, 5 *WOR*.

1164 ETUI-NL-BI, S. 2 ff.; *Schilfgaarde/Winter*, BV/NV, S. 254 ff.; 261 ff.

1165 Art. 15 ff. *WOR*; ETUI-NL-BI, S. 4 f.; zu den Geheimhaltungspflichten vgl. Art. 20 *WOR*., zu den Kosten vgl. Art. 22 *WOR*.

1166 ETUI-NL-BI, S. 1, 4 f.

1167 ETUI-NL-BI, S. 4 f.

dd) Vertretung auf supranationaler Ebene

Die niederländischen Mitglieder eines Besonderen Verhandlungsgremiums bei EBR bzw. SE (*bijzondere onderhandelingsgroep*) werden in streng hierarchischer Reihenfolge von den Zentral-, dann von den Gruppen- und zuletzt von den „normalen" einzelnen Betriebsräten gewählt. Falls die übergeordneten Gremien aber nicht alle Betriebsräte erfassen, sollen diese ebenfalls beteiligt werden. Ist keines dieser Gremien vorhanden erfolgt die Wahl direkt durch die Belegschaft nach Vorschlag der Gewerkschaften. Gesetzlich nicht geregelt ist, ob hier auch Unternehmensexterne benannt werden können.

Kommt die Auffangregelung zum Tragen können nur Beschäftigte des jeweiligen Unternehmens als Mitglieder bestimmt werden. Für das Leitungsorgan einer SE hingegen wird nicht präzisiert, dass es sich um Beschäftigte des Unternehmens handeln muss.[1168]

b) Unternehmensmitbestimmung

aa) Grundlagen

(1) Grundsatz

Die Grundlage der Unternehmensmitbestimmung findet sich im Buch 2 des *Burgerlijk Wetboek*. Demnach haben die Betriebsräte das Recht, in bestimmten „großen" Unternehmen bis zu einem Drittel der Aufsichtsratsmitglieder, bzw. im monistischen Modell bis zu einem Drittel der nicht-geschäftsführenden Mitglieder im Verwaltungsrat, vorzuschlagen. Diese Vorgabe wird als „Strukturregelung" bezeichnet (*structuurregeling*).[1169]

Die Strukturregelung erfasst „große" Aktiengesellschaften und Gesellschaften mit beschränkter Haftung, zudem Genossenschaften und Versicherungsvereine auf Gegenseitigkeit.[1170]

1168 Zum EBR vgl. Art. 10 *leden* 3, 4, 5 *Wet van 23 januari 1997 tot uitvoering van richtlijn nr. 94/45/EG van de Raad van de Europese Unie van 22 september 1994 inzake de instelling van een Europese ondernemingsraad of van een procedure in ondernemingen of concerns met een communautaire dimensie ter informatie en raadpleging van de werknemers (Wet op de Europese ondernemingsraden).* Zur SE vgl. Art. 1:10 *leden* 5, 6, 7; 1:20 f. 1:31 ff. *Wet van 17 maart 2005 tot uitvoering van richtlijn nr. 2001/86/EG van de Raad van de Europese Unie van 8 oktober 2001 tot aanvulling van het statuut van de Europese vennootschap met betrekking tot de rol van de werknemers (Wet rol werknemers bij de Europese vennootschap)*; ETUI-NL-EI, S. 1.

1169 *Timmermann/Spanjaard*, Arbeitnehmermitbestimmung, S. 75; zur Geschichte der Strukturregelung vgl. *Moerland*, *„Het SER-advies inzake structuurregeling"* (2001), S. 292 f., unter http://www.mab-online.nl/pdf/90/MAB7_8-Jul_Aug_75_Moerland.PDF (niederländisch).

1170 *Coöperatie* bzw. *onderlinge waarborgmaatschappij, OWM*, Art. 2:52 bzw. 63b ff. BW. Sie bleiben im weiteren Verlauf unberücksichtigt.

Diese Gesellschaften gelten als „groß", wenn sie (kumulativ) drei gesetzlich vorgegebene Kriterien erfüllen. Demnach muss sich das Eigenkapital der Gesellschaft zusammen mit den Reserven auf aktuell mindestens 16 Millionen Euro belaufen, die AG oder die GmbH oder eine abhängige Gesellschaft muss kraft gesetzlicher Verpflichtung einen Betriebsrat gegründet haben und zudem müssen bei der Gesellschaft und ihren abhängigen Gesellschaften zusammen in der Regel mindestens 100 Arbeitnehmer in den Niederlanden tätig sein.[1171]

Der Gesetzeswortlaut ist *„geplaatste kapitaal de vennootschap te zamen met des reserves volgens de balans met toelichting ten minste een bij koninklijk besluit vastgesteld grensbedrag beloopt"*.

Dieser Grenzbetrag wird durch sog. *Koninklijke Besluiten* festgesetzt (abgekürzt *KB*, Königliche Beschlüsse nach Art. 47, 89 *lid* 3 niederländisches Grundgesetz/*Grondwet vor het Koninkrijk der Nederlanden* = Allgemeinverfügungen). Er wird höchstens einmal in zwei Jahren geändert, proportional zu der Entwicklung eines durch Allgemeinverfügung zu bezeichnenden Preisindex seit einem durch diese Allgemeinverfügung zu bestimmenden Datum, gerundet auf das nächste Vielfache von einer Million Euro. Der Betrag wird solange nicht erneut festgesetzt, bis der nicht gerundete Betrag weniger als eine Million Euro von dem zuletzt festgesetzten Betrag abweicht; Art. 2:63b *lid* 3, 153 bzw. 263 *lid* 4 *BW*.

Die Höhe des aktuellen Grenzbetrags folgt aus Art. III *Wijzigingswet Burgerlijk Wetboek Boek 2, enz.* vom 9. Juli 2004.

Eine „abhängige Gesellschaft" (*„afhankelijke maatschappij"*) in diesem Sinn ist

(a) eine juristische Person, an der die juristische Person oder eine oder mehrere abhängige Gesellschaften allein oder zusammen für eigene Rechnung mindestens die Hälfte des gezeichneten Kapitals halten,

(b) eine Gesellschaft, deren Unternehmen im Handelsregister eingetragen ist und wofür die AG oder die GmbH oder eine abhängige Gesellschaft als Gesellschafter Dritten gegenüber unbeschränkt für alle Verbindlichkeiten haftet.[1172]

Eine Tochtergesellschaft ist eine juristische Person in der die juristische Person oder eine oder mehrere ihrer Tochtergesellschaften aufgrund Vertrages mit anderen Stimmberechtigten oder faktisch, allein oder zusammen mehr als die Hälfte der Stimmrechte in der Hauptversammlung ausüben können.[1173]

Wenn eine AG oder eine GmbH diese Voraussetzungen erfüllt, muss sie dies innerhalb von zwei Monaten nach der Feststellung oder Genehmigung ihres Jahresabschlusses durch die Anteilseignerversammlung dem Handelsregister anzeigen.[1174]

1171 Art. 2:153 bzw. 263 *lid* 2 *BW*.
1172 Art. 2:63a, 2:152 bzw. 263 *BW*.
1173 Art. 2:24a *lid* 1 *BW*.
1174 Art. 2:153 bzw. 263 *lid* 1 *BW*.

Bestand diese Eintragung drei Jahre lang ununterbrochen,[1175] werden auf die juristische Person die besonderen Gesetzesbestimmungen der Strukturregelung angewendet. Die „große“ AG bzw. GmbH wird dann als „Strukturgesellschaft“ bezeichnet (*structuurvennottschap*)[1176] und es muss ein Aufsichtsrat, bzw. eine indirekte Vertretungsform der Arbeitnehmer durch nicht-geschäftsführende Direktoren im Verwaltungsrat, etabliert werden.

Sofern die Gesellschaft die genannten Kriterien nicht mehr erfüllt, wird die entsprechende Anzeige gelöscht.[1177] Auf diese Löschung muss im ersten Lagebericht nach der Löschung hingewiesen werden.[1178] Sollte die Gesellschaft nicht zu einer erneuten Anzeige verpflichtet sein, wird die Strukturregelung dann noch weitere drei Jahre angewendet.[1179]

(2) Ausnahmen

Von diesem Grundsatz der verpflichtenden Strukturregelung gibt es jedoch eine Reihe bedeutender Ausnahmen. Dies betrifft insbesondere internationale Konzerne, die vom Strukturregime (weitgehend) befreit werden.

Erklärtes Ziel dieser Befreiung ist es, die Einheit des Konzerns und die ausländischen Arbeitnehmer vor einem übermäßigen Einfluss niederländischer Arbeitnehmer zu schützen. Nach dem niederländischen Gesetzgeber sind die heimischen Arbeitnehmer nicht dazu legitimiert, Mitbestimmungsrechte auf der Ebene der Muttergesellschaft mit Arbeitnehmern auszuüben, die mehrheitlich im Ausland beschäftigt sind.[1180] Hintergrund hierfür ist die Befürchtung, dass bei einer entsprechenden Ausdehnung ausländische Investitionen in den Niederlanden unterbleiben würden.

Nach dem Gesetz gilt daher die Verpflichtung zur Anzeige im Handelsregister (und damit auch die Anwendung des Strukturregimes) nicht für Tochtergesellschaften von Strukturgesellschaften,[1181] Holdinggesellschaften internationaler Konzer-

---

1175 Vgl. Art. 2:154 bzw. 264 *lid* 1 BW; die Frist dient dem Ausgleich etwaiger wirtschaftlicher Schwankungen.

1176 *Timmermann/Spanjaard*, Arbeitnehmermitbestimmung, S. 77 f.

1177 *Timmermann/Spanjaard*, Arbeitnehmermitbestimmung, S. 75, Fn. 16.

1178 Art. 2:153 bzw. 263 *lid* 1 *BW*.

1179 Art. 2:154 bzw. 264 *lid* 2 *BW*.

1180 *Timmermann/Spanjaard*, Arbeitnehmermitbestimmung, S. 80 ff.; ETUI-NL-MB, S. 1; *Schilfgaarde/Winter*, BV/NV, S. 414 ff.; 434.

1181 Art. 2:153 bzw. 263 *lid* 3 Buchstabe a) *BW*: eine AG oder GmbH, die abhängige Gesellschaft einer AG, einer GmbH, einer SE oder einer SCE ist, auf die das Strukturregime vollständig oder in abgeschwächter Form Anwendung findet. Begründet wird das damit, dass sich die Mitbestimmung der Muttergesellschaft in der Tochtergesellschaft fortsetzt, eine weitere Ebene also nicht notwendig sein soll.

ne,[1182] Finanzierungs- und Servicegesellschaften[1183] sowie joint ventures von Strukturgesellschaften.[1184]

Daneben ist für internationale Konzerne auch eine teilweise Befreiung von der Strukturregelung möglich, sog. „abgemildertes" Strukturregime (die Gesellschaft selbst wird dann als *gemitigeerde structuurvennootschap* bezeichnet).[1185] Dies gilt, wenn mindestens die Hälfte des gezeichneten Kapitals der Struktur-AG bzw. der Struktur-GmbH gehalten wird durch eine niederländische oder ausländische juristische Person, deren Arbeitnehmer und deren Konzerngesellschaften mehrheitlich außerhalb der Niederlande tätig sind, bzw. durch abhängige Gesellschaften einer solchen juristischen Person. Ferner bei einem niederländischen joint venture zweier ausländischer Mütter und schließlich dem niederländischen joint venture einer ausländischen und einer niederländischen Mutter. Daneben gilt dies bei der Beteiligung natürlicher Personen. Wenn sich die Umstände dahingehend ändern, dass eine Mehrheit der Arbeitnehmer in den genannten Gesellschaften inklusive der Konzerngesellschaften innerhalb der Niederlande beschäftigt wird, gilt das gemilderte Strukturregime nicht mehr.[1186]

(3) Befreiungen

Neben diesen Ausnahmen sind zudem individuelle Befreiungen möglich. Der Justizminister kann nach Anhörung des Sozial-Ökonomischen Rats (*Sociaal-Economische Raad, SER)* die Gesellschaft auf deren Antrag von einer oder mehreren Bestimmungen der Strukturregelung befreien. Ggf. können solche Befreiungen mit Auflagen und Beschränkungen verbunden werden.[1187]

1182 Art. 2:153 bzw. 263 *lid* 3 Buchstabe b) *BW*: eine AG oder GmbH, deren Tätigkeit sich ausschließlich oder nahezu ausschließlich auf die Verwaltung und die Finanzierung von Konzerngesellschaften und auf deren Beteiligungen an anderen juristischen Personen beschränkt, solange die Arbeitnehmer im Dienst des Gesellschaft und ihrer Konzerngesellschaften mehrheitlich außerhalb der Niederlande beschäftigt sind. Das Bestehen einer Beteiligung wird vermutet, wenn 20% oder mehr des gezeichneten Kapitals gehalten werden; Art. 2:24c *lid* 1 S. 2 *BW*.

1183 Art. 2:153 bzw. 263 *lid* 3 Buchstabe c) *BW*: eine AG oder GmbH, die ausschließlich oder nahezu ausschließlich einer AG oder GmbH wie in Art. 2:153 bzw. 263 *lid* 3 Buchstabe b) *BW* Dienste zugunsten der Verwaltung und Finanzierung leistet.

1184 Art. 2:153 bzw. 263 *lid* 3 Buchstabe d) *BW*: eine AG oder GmbH, an der mindestens die Hälfte des gezeichneten Kapitals gemäß einer gegenseitigen Vereinbarung zur Zusammenarbeit von zwei oder mehreren Strukturgesellschaften oder durch zwei oder mehrere abhängige Gesellschaften von Strukturgesellschaften gehalten wird.

1185 Art. 2:155, 155a bzw. 265 *BW*.

1186 Art. 2:155, 155a bzw. 265 *leden* 2, 3, 265a *BW*.

1187 Art. 2:156 bzw. 266 *BW*.

Der *SER* ist der Kernbestandteil des sog. „Polder-Modells" und Hauptplattform des organisierten Sozialen Dialogs. Er berät die niederländische Regierung und das Parlament u.a. hinsichtlich der sozial-ökonomischen Politik. Der Rat hat 33 Mitglieder und vereint gleichberechtigt Arbeitnehmer und Arbeitgeber über ihre jeweiligen zentralen Organisationen sowie zudem von der Regierung ernannte unabhängige Sachverständige (*tripartiete samenstelling*).[1188]

Praktisch kommen derartige Befreiungen aber nur sehr selten vor.

Nach Auskunft der zuständigen *Directie Sociale Zaken* beim *SER* vom Oktober 2010 hat es bis dahin insgesamt lediglich vier derartige Fälle gegeben.

(4) Freiwilligkeit

Eine Gesellschaft kann sich per Satzung den (vollständigen) Wirkungen des Strukturregimes unterwerfen, indem sie entsprechend freiwillig einen Aufsichtsrat einrichtet. Voraussetzung hierfür ist lediglich, dass in der betreffenden Gesellschaft oder einer ihrer Tochtergesellschaften ein Betriebsrat besteht, auf den seinerseits das Betriebsrätegesetz *WOR* angewendet wird.

Auch hier sind aber Einschränkungen möglich. Beispielsweise kann in der Satzung bestimmt werden, dass die entsprechenden Vorschriften über Bestellung und Entlassung des Vorstands sowie über die Feststellung des Jahresabschlusses nicht angewendet werden sollen.[1189]

bb) Wirkungen

(1) Befugnisse

Strukturgesellschaften haben verpflichtend immer einen Aufsichtsrat[1190] bzw. müssen im monistischen Modell verpflichtend nicht-geschäftsführende Direktoren in den Verwaltungsrat berufen. Auf diese nicht-geschäftsführenden Direktoren werden dann die Regelungen über den Aufsichtsrat grundsätzlich entsprechend angewendet.[1191]

1188 Eigendarstellung unter http://www.ser.nl.

1189 Art. 2:157 bzw. 267 *BW*.

1190 Art. 2:158 bzw. 268 *lid* 1 *BW*.

1191 Art. 2:164a bzw. 274a, *lid* 1 *BW*. *Den Boogert et al.*, Bestuur en Toezicht 2013, S. 7: „*Wanneer een structuurvennootschap kiest voor een monistisch bestuursmodel, geldt als hoofdregel dat de bepalingen in de structuurregeling die betrekking hebben op de RvC, moeten worden toegepast op de niet uitvoerende bestuurders*", übersetzt etwa „Wenn eine Strukturgesellschaft sich für das monistische Modell entscheidet, gilt als Grundregel, dass die Vorgaben der Strukturregelung für den Aufsichtsrat auf die nicht-geschäftsführenden Direktoren entsprechend angewendet werden."

Entsprechend anwendbar sind gem. Art. 2:164a *lid* 1 bzw. 274a *lid* 1 *BW* insbes. Art. 158/268, *leden* 2–12 und Art. 159/269 über die Zusammensetzung und die Bestellung, Art. 160/270 über die Inkompatibilitäten, Art. 161/271 über Amtszeit, Abberufung und Suspendierung und Art. 161a/271a über Entzug des Vertrauens durch die Anteilseigner (näher dazu sogleich). Im Ergebnis werden dann die geschäftsführenden Direktoren von den nicht-geschäftsführenden Direktoren und die nicht-geschäftsführenden Direktoren von der Anteilseignerversammlung bestellt. Der Betriebsrat hat das Recht, ein Drittel der nicht-geschäftsführenden Direktoren zu benennen.

Zur besseren Lesbarkeit werden die nicht-geschäftsführenden Direktoren im Verwaltungsrat im Folgenden daher nicht mehr gesondert aufgeführt.

Grundsätzlich verfügt der Aufsichtsrat über weit reichende Befugnisse. U.a. bestellt und entlässt er den Vorstand, genießt bestimmte Zustimmungsvorbehalte bei Grundlagengeschäften und ist zudem an der Erstellung der Jahresabschlüsse beteiligt.[1192]

Anders aber beim „gemilderten Strukturregime". Hier hat der Aufsichtsrat weder das Recht zur Bestellung und Abberufung der Vorstandsmitglieder, noch zur Feststellung des Jahresabschlusses. Dies dient der einheitlichen Unternehmensführung von grenzüberschreitend aufgestellten Gesellschaften.

(2) Arbeitsweise

Da die niederländischen Aufsichtsräte homogen operierende Organe innerhalb der Gesellschaft sind, wird hier nicht mit einem Vorversammlungssystem gearbeitet.

Gesetzlich vorgesehen ist, dass sich die Aufsichtsratsmitglieder zweimal jährlich mit dem Betriebsrat beratschlagen. Praktisch sollen diese Treffen meist nur zwischen dem Aufsichtsratsvorsitzenden und dem Betriebsrat stattfinden, wobei in der Regel auch ein Mitglied des Vorstands anwesend ist.[1193]

Hierbei sind sie dem Unternehmensinteresse insgesamt verpflichtet; dies insbesondere in Abgrenzung zu etwaigen Teilinteressen wie denen der Arbeitnehmer oder der Banken.[1194]

1192 Art. 2:162ff. bzw. 272ff. *BW*; zu den einzelnen Zustimmungsvorbehalten vgl. Art. 2:164 bzw. 274 *lid* 1 Buchstaben a) bis l) *BW*. Gem. jeweiligem *lid* 2 wirken die Zustimmungsvorbehalte freilich nur im Innenverhältnis. *Timmermann/Spanjaard*, Arbeitnehmermitbestimmung, S. 84f.; *Taylor*, Überblick, S. 76.

1193 *Timmermann/Spanjaard*, Arbeitnehmermitbestimmung, S. 90; *Schilfgaarde/Winter*, BV/NV, S. 235ff., 246f., 252, 414ff.

1194 Vgl. Art. 2:140 bzw. 250, jeweils *lid* 2 S. 2 *BW* bzw. Präambel, Pkt 10 Niederländischer Corporate Governance Kodex von 2009, unter http://www.commissiecorporategovernance.nl/download/?id=606&download=1&download=1 (englisch).

(3) Zusammensetzung

Der Aufsichtsrat besteht aus mindestens drei Mitgliedern.[1195] Aufsichtsratsmitglied einer Strukturgesellschaft kann nicht sein, wer im Dienst der Gesellschaft oder einer abhängigen Gesellschaft steht, wer Vorstandsmitglied ist oder wer im Dienst eines Arbeitnehmerverbands steht, der gewöhnlich bei der Festlegung der Arbeitsbedingungen in der Gesellschaft beteiligt ist.[1196] Ausgeschlossen sind damit Beschäftigte des jeweiligen Unternehmens, so dass Betriebsratsmitglieder nicht in den Aufsichtsrat entsandt werden können. Ausgeschlossen sind daneben auch die Vertreter von solchen Gewerkschaften, mit denen das Unternehmen in Tarifverhandlungen steht.[1197]

Die Aufsichtsratsmitglieder haben eine Geheimhaltungspflicht. Da das Organ insgesamt aber außerordentlich homogen ist, soll hiergegen tatsächlich selten oder niemals verstoßen werden.[1198]

Das Bestellungsverfahren ist recht komplex. Ursprünglich wurden die Aufsichtsratsmitglieder durch den Aufsichtsrat selbst bestellt, sog. Kooptation (*coöptatie*, von lat. *cooptatio*, „Zuwahl"), was aber sowohl von Arbeitgeber- als auch von Arbeitnehmerseite kritisiert wurde. Darum wurden die Regelungen mit Wirkung vom Oktober 2004 überarbeitet.[1199] Seitdem werden die Aufsichtsratsmitglieder vom Aufsichtsrat vorgeschlagen und von der Anteilseignerversammlung ernannt.

In seinen Vorschlägen ist der Aufsichtsrat grundsätzlich vergleichsweise frei. Er orientiert sich an gewissen Leitlinien, die er sich selbst gibt, aber mit dem Betriebsrat und den Anteilseignern erörtern muss. Die Anteilseignerversammlung kann die vorgeschlagenen Kandidaten ablehnen, sie hat aber keine Möglichkeit, selbst eigene Kandidaten gegen den Willen des Aufsichtsrats durchzusetzen. Bei Ablehnung muss der Aufsichtsrat einen neuen Kandidaten vorschlagen.[1200]

Der Betriebsrat hat ein Vorschlagsrecht für ein Drittel der Sitze im Aufsichtsrat. Dieser muss die Nominierungen des Betriebsrats grundsätzlich genehmigen. Ablehnen kann er nur, wenn die vorgeschlagene Person *„zur Aufgabenerfüllung nicht geeignet"* sein sollte[1201] oder sich eine unausgewogene Verteilung im Gremium ergeben

---

1195 Art. 2:158 bzw. 268 *lid* 2 *BW*.

1196 Art. 2:160 bzw. 270 BW; *Timmermann/Spanjaard*, Arbeitnehmermitbestimmung, S. 86; *Taylor*, Überblick, S. 76.

1197 Zur Unabhängigkeit der Aufsichtsratsmitglieder vgl. auch Pkt. III 2.2. des Niederländischen Corporate Governace Kodex von 2009 (oben Fn. 1194).

1198 *Timmermann/Spanjaard*, Arbeitnehmermitbestimmung, S. 91.

1199 Vgl. *Wet Wijziging Structuurregeling – Wet van 9 juli 2004 tot wijziging van boek 2 van het Burgerlijk Wetboek in verband met aanpassing van de structuurregeling*, unter http://www.overheid.nl, Rubrik „Wet- en Regelgeving".

1200 Art. 2:158 bzw. 268 *leden* 3–12, 161a, bzw. 271a *BW*.

1201 Art. 2:158 bzw. 268 *lid* 6 Satz 1 *BW*: *„ongeschikt zal sijn voor de vervulling van de taak"*. Ggf. ist die Unternehmenskammer des Gerichtshofs in Amsterdam anzurufen.

würde. Stets liegt die endgültige Entscheidung auch über die vom Betriebsrat nominierten Kandidaten bei der Anteilseignerversammlung. Lehnt sie einen vom Betriebsrat vorgeschlagenen Kandidaten ab, muss das Verfahren insgesamt wiederholt werden.[1202]

Praktisch sollen vor allem Politiker oder Personen des akademischen Lebens nominiert werden, die das Vertrauen der Arbeitnehmerseite genießen, im Aufsichtsrat aber dennoch nicht als Arbeitnehmervertreter betrachtet werden. Aufgrund dessen wird die Unternehmensmitbestimmung in den Strukturgesellschaften insgesamt aber als wenig weitreichend gesehen. Die tatsächlich relevante Beteiligung fände auf der betrieblichen Ebene statt.[1203]

Von diesen Vorgaben kann durch einvernehmliche Vereinbarung zwischen Anteilseignerversammlung, Betriebsrat und Aufsichtsrat abgewichen werden. Allerdings ist in jedem Fall den Anteilseignern das Recht zu belassen, eine Nominierung ablehnen zu können.[1204]

Daneben kann die Anteilseignerversammlung mit einer qualifizierten Mehrheit den Aufsichtsrat insgesamt entlassen. Notwendig ist eine Stimmenmehrheit, die gleichzeitig mindestens einem Drittel des ausgegebenen Kapitals entsprechen muss. Vor dieser Entscheidung ist eine Stellungnahme des Betriebsrats einzuholen, der aber selbst keine Möglichkeit hat, seinerseits von sich aus eine Entlassung durchzusetzen.[1205]

Zudem hat die Anteilseignerversammlung weitergehende Möglichkeiten, die Vergütung des Vorstandes und der Aufsichtsratsmitglieder zu beeinflussen.[1206]

5. Zusammenfassung

- Die Niederlande folgten grundsätzlich dem dualistischen System, seit 2013 bestehen auch Wahlmöglichkeiten zum monistischen Modell. Die Arbeitnehmerbeteiligung basiert auf Betriebsräten in allen Unternehmen ab 50 Beschäftigten.

1202 ETUI-NL-MB, S. 1; vgl. *Timmermann/Spanjaard*, Arbeitnehmermitbestimmung, S. 90, 93. Nach *Van het Kaar, Industrial Relations* (oben Fn. 1125), Abschnitt *Employee board-level representation*, sind die Betriebsräte in diesem Bereich in der Praxis „nicht besonders aktiv", weshalb die tatsächliche Bedeutung der Nominierungsmöglichkeit begrenzt sei.

1203 ETUI-NL-MB, S. 2; *Taylor*, Überblick, S. 76. Kritisch *Timmermann/Spanjaard*, Arbeitnehmermitbestimmung, S. 90 f., die insbesondere dieses Vorschlagsrecht als zu stark gefiltert und zu indirekt ansehen. Ähnlich auch *Van het Kaar*, ECL 2009, S. 56; *ders.*, *Effect*, (oben Fn. 1150), wonach die beträchtlichen Rechte auf betrieblicher Ebene die schwächere Mitbestimmung kompensierten.

1204 Art. 2.158 bzw. 268 *lid* 12 *BW*.

1205 Art. 2:158 bzw. 268 *lid* 9, 161a bzw. 271a *lid* 2 *BW*.

1206 Art. 2:135 und 145 bzw. 245 und 255 *BW*

Die Betriebsräte haben das Recht, in bestimmten „großen" Unternehmen bis zu einem Drittel der Aufsichtsratsmitglieder bzw. der nicht-geschäftsführenden Direktoren im Verwaltungsrat vorzuschlagen. Hierzu muss das Unternehmen neben einem bestimmten Kapital zusätzlich einen Betriebsrat haben und mindestens 100 Arbeitnehmer in den Niederlanden beschäftigen. Aufsichtsratsmitglieder können aber nur solche Personen sein, die nicht im fraglichen Unternehmen oder einer Tochtergesellschaft beschäftigt sind, oder mit diesem in gewerkschaftlichen Tarifverhandlungen stehen. Daraus resultiert eine beträchtliche Unabhängigkeit des Aufsichtsrats wie auch ein vergleichsweise geringer Einfluss der Arbeitnehmerseite. Alle Aufsichtsratsmitglieder sind ausschließlich dem Unternehmensinteresse verpflichtet. Internationale Konzerne sind von den niederländischen Mitbestimmungsregelungen befreit.

- Die Arbeitnehmerbeteiligung basiert auf den Betriebsräten im Unternehmen.
- Betriebsräte sind obligatorisch in allen Unternehmen mit mehr als 50 Beschäftigten. Unterhalb dieser Schwelle ist ab zehn Beschäftigten auf Mehrheitsantrag eine Personalvertretung möglich, die über abgeschwächte Rechte des Betriebsrats verfügt. In Konzernen mit mehreren Unternehmen wird ein Zentralbetriebsrat eingerichtet, sofern das für die Unterrichtung und Anhörung der Arbeitnehmer vorteilhaft ist. Für Unternehmen mit mehreren Gesellschaften kann ein Gruppenbetriebsrat geschaffen werden.
- Die Mindestgröße des Betriebsrats liegt bei fünf Mitgliedern, staffelt sich nach der Unternehmensgröße und ist auf ein Maximum von 25 Personen begrenzt. Eine Personalvertretung muss aus mindestens drei Mitgliedern bestehen. Die Betriebsräte werden aus Kandidatenlisten von den Beschäftigten gewählt und sind ausschließlich Arbeitnehmer des betreffenden Unternehmens.
- Die Betriebsräte verfügen über Anhörungs-, Informations-, und Zustimmungsrechte. Zudem besteht ein Initiativrecht. Unter gewissen Umständen kann der Betriebsrat unternehmerische Maßnahmen verzögern, wenn sie sich direkt auf die Beschäftigten auswirken.
- Praktisch besteht auch hier eine gewisse Beteiligungslücke. Je größer das Unternehmen jedoch ist, desto eher hat es auch einen Betriebsrat.
- Die Mitbestimmung findet ihren Niederschlag in der sog. Strukturregelung (*Structuurregeling*). Diese betrifft „große" Kapitalgesellschaften. Eine Kapitalgesellschaft gilt in diesem Sinn als „groß", wenn sie drei Jahre nacheinander drei gesetzlich festgelegte Kriterien erfüllt. Demnach muss sie über ein gewisses Eigenkapital verfügen (derzeit 16 Millionen Euro), sie muss einen Betriebsrat eingerichtet haben und sie muss mindestens 100 Arbeitnehmer in den Niederlanden beschäftigen. Unterfällt ein Unternehmen der Strukturregelung, wird die Beteiligung der Arbeitnehmer an den Leitungsentscheidungen obligatorisch. Dies geschieht dann durch die verpflichtende Einrichtung eines Aufsichtsrats bzw. eine anderweitige indirekte Beteiligungsart im monistischen Modell, faktisch durch die Ernennung nicht-geschäftsführender Verwaltungsratsmitglie-

der, auf die dann die betreffenden Bestimmungen über den Aufsichtsrat entsprechend angewendet werden.

- Es besteht eine Reihe von Ausnahmen, Minderungen und Befreiungsmöglichkeiten von der Strukturregelung. Dies gilt namentlich für internationale Konzerne und sofern eine Mehrheit der Arbeitnehmer außerhalb der Niederlande beschäftigt wird. Die niederländischen Arbeitnehmer sind gesetzlich nicht legitimiert, Mitbestimmungsrechte auf der Ebene der Muttergesellschaft mit Arbeitnehmern auszuüben, die mehrheitlich im Ausland beschäftigt sind.
- Der Aufsichtsrat setzt sich aus mindestens drei Aufsichtsratsmitgliedern zusammen. Aufsichtsratsmitglied einer Strukturgesellschaft kann nicht sein, wer im Dienst der Gesellschaft oder einer abhängigen Gesellschaft steht, wer Vorstandsmitglied ist oder wer im Dienst eines Arbeitnehmerverbands steht, der gewöhnlich bei der Festlegung der Arbeitsbedingungen in der Gesellschaft beteiligt ist.
- Seit 2004 werden die Aufsichtsratsmitglieder nicht mehr direkt vom Aufsichtsrat selbst kooptiert, sondern von der Hauptversammlung auf Vorschlag des Aufsichtsrats ernannt. Die Hauptversammlung kann die vorgeschlagenen Kandidaten ablehnen, hat aber keine Möglichkeit, eigene Kandidaten gegen den Willen des Aufsichtsrats durchzusetzen. Lehnen die Anteilseigner den Kandidaten ab, muss der Aufsichtsrat einen neuen Kandidaten vorschlagen.
- Praktisch wird der Arbeitnehmereinfluss auf den Aufsichtsrat als wenig weit reichend bewertet. Begründet wird dies namentlich mit den nur indirekten Vorschlagsrechten der Arbeitnehmerseite und der ausdrücklichen Verpflichtung auf das Unternehmensinteresse in Abgrenzung zu irgendwelchen Teilinteressen.

XV. Tabelle 1 – Betriebliche Interessenvertretung im zentral- und osteuropäischen Rechtskreis

Mitgliedstaat	Gremium	Schwellenwert	Vertreterzahl	Bestellung	Befugnisse	Anmerkungen
DE	BR	Betrieb mind. 5 AN	nach Betriebsgröße gestaffelt, nach oben nicht begrenzt; 5 AN: 1 ANV	2 Wahlverfahren, je nach Betriebsgröße; grds. Verhältniswahl nach Vorschlagslisten aus Belegschaft. Vorschlagsberechtigt AN und im Betrieb vertretene GW; Wahlvorstand; keine externen GWmitglieder wählbar	sehr weit reichende Rechte auf I/K/M; oft gewisser faktischer Einigungszwang, z.T. erhebliche Verzögerungen mgl. Bei U ≥ 100 AN: zusätzlich Wirtschaftsausschuss mit 3–7 Mitgliedern, (davon mind. 1 BRmitglied), der über gesonderte I/K-rechte verfügt.	BR auf Verlangen von mind. 3 AN erzwingbar. Sondergremium für Leitende Angestellte. übergeordnete Ebene: GesamtBR/ KonzernBR. Praxis: zunehmend individuelle Anpassung durch Betriebsvereinbarungen.
AT	BR	Betrieb mind. 5 AN	gestaffelt, nach oben nicht begrenzt; 5 AN : 1 ANV	Listenwahl durch AN; grds. nur aus Belegschaft; bei > 50 AN : 1 externes GWmitglied mgl.	I/K/M; bei > 200 AN Einspruchsrecht bei wirtschaftlichen Veränderungen; Verzögerungen mgl.	BR ist grds. obligatorisch, Verzicht durch AN ist aber nicht sanktioniert. Separate BR für Arbeiter und Angestellte mgl. übergeordnete Ebene: ZenralBR (U mit mehreren BR) und Kon-

Mitgliedstaat	Gremium	Schwellenwert	Vertreterzahl	Bestellung	Befugnisse	Anmerkungen
						zernvertretung (BR in mehr als einem KonzernU) mgl. Betriebsvereinbarungen, insbes. für Mitwirkung in soz. Angelegenheiten.
CZ	a) BR b) GW c) ArbSchb	a) Verlangen von mind. $^1/_3$ der AN b) mind. 3 AN c) wie a)	a) 3–15 ANV, immer ungerade b) nach GW c) 1 ANV pro 10 AN, je nach U und Risiko	a) Listenwahl durch AN aus Belegschaft b) nach GW c) wie a)	a) I/K; entscheidet weder bei Auflösung von Arbeitsverhältnissen noch bei Tarifverhandlungen; K nur bei Massenentlassungen und Betriebsübergang b) I/K/M; insbes. bei Arbeitsordnung (M v.a. bei Kurz-/Zeitarbeit)	BR nach Antrag von mind. $^1/_3$ der AN, an der Wahl muss mind. $^1/_2$ der Belegschaft teilnehmen. GW weitergehende Rechte, insbesondere zu I und K in wirtschaftlich relevanten Fragen
SK	a) BR b) GW c) Vertrauensperson	a) mind. 50 AN, wenn Forderung von 10% der Belegschaft b) mind. 3 GWmitglieder	a) 50–100 AN: 3 ANV; darüber gestaffelt, nach oben nicht begrenzt b) nach GW	a) Listenwahl durch AN aus Belegschaft b) nach GW c) geheime Direktwahl mit	a) I/K b) I/K/M, vor allem bei Arbeitsordnung c) wie a)	Befugnisse sind nur allgemein gehalten. Bestehen BR und GW parallel, werden die Befugnisse zw. ihnen aufgeteilt.

Mitgliedstaat	Gremium	Schwellenwert	Vertreterzahl	Bestellung	Befugnisse	Anmerkungen
		c) in U>5 und <50 AN	c) 1 ANV	absoluter Mehrheit		Tarifverhandlungen/Überwachung der Tarifverträge nur GW.
SI	a) BR b) GW	a) mind. 21 AN; bei < 21 AN: einzelne Vertrauensperson b) GW muss repräsentativ sein → mind. 15% der Ubelegschaft organisieren	a) 21–50 AN: 3 ANV; darüber gestaffelt, nach oben nicht begrenzt b) nach GW	a) geheime Direktwahl durch AN aus Belegschaft nach Vorschlag durch GW oder durch unterstützende AN b) nach GW	beide: I/K; für BR sehr eingeschränkte Anhörungsrechte bei den wichtigsten ANrelevanten Maßnahmen, aber keine Verzögerung mgl.; Vertrauensperson hat ggf. dieselben Rechte wie BR	BR idR auf Uebene, nicht auf Betriebsebene; GW vertreten nominell ausschließlich GWmitglieder; Tarifverhandlungen nur durch GW; BR eher „kooperative Funktion“, GW eher „Konfliktfunktion“
HU	a) GW b) BR	a) mind. 51 AN, bei 15–50 AN einzelne Vertrauensperson mgl. b) um tariffähig zu sein muss GW repräsentativ sein → mind. 10% der Stimmen bei BRwahl oder	a) 51–100 AN: 3 ANV; darüber gestaffelt; maximal 13 bei > 2.000 AN b) nach GW	a) geheime Direktwahl durch AN aus Belegschaft, Vorschläge aus GW oder Belegschaft (10% der wahlberechtigten AN oder mind. 50 AN), faktisch vor allem GWmitglieder b) nach GW	a) I über wesentlichste wirtschaftliche Fragen alle 6 Monate; begrenzte K, vor allem bei Arbeitsordnung und ANrelevanten Bereichen, Recht zur Stellungnahme, diese für U aber nicht verpflichtend, nur Verzögerungen mgl.; sehr begrenzte M bei	BR grundsätzlich gesetzlich verpflichtend. übergeordnet bei mehreren BR ggf. ZentralBR (aber nicht im Konzern); Tarifverhandlungen nur durch repräsentative GW

Mitgliedstaat	Gremium	Schwellenwert	Vertreterzahl	Bestellung	Befugnisse	Anmerkungen
		GW vertritt $^2/_3$ der zur gleichen Berufsgruppe gehörenden AN			Verwendung von Soziamitteln, wenn zuvor im Tarifvertrag vereinbart b) Interventionsrecht bei befürchtetem Verstoß gegen bestimmte Arbeitsrechte, Schlichtungsverfahren ggf. gerichtliche Entscheidung	Befugnisse zwischen BR und GW politisch oftmals verschoben, daher faktische Abgrenzungsschwierigkeiten. Praxis bleibt hinter den gesetzlichen Vorgaben zurück; Information faktisch lediglich bei den halbjährlichen Pflichtsitzungen.
HR	a) GW b) BR	a) mind. 10 AN b) mind. 20 AN	a) nach GW b) ≤ 75 AN: 1 ANV, darüber gestaffelt, nach oben nicht begrenzt	a) nach GW, keine Uexternen wählbar b) geheime direkte Listenwahl durch Belegschaft nach Vorschlag durch GW oder durch 10% der Belegschaft; Wahlausschuss	a) v.a. Tarifvereinbarungen, dazu I b) I/K/M; Regelberichterstattung; bei K ggf. Verzögerungen mgl.; M bei bestimmten Kündigungen u. bei Datenschutz, Verzögerungen mgl.	oft mehrere GW in 1 Betrieb BR auf Verlangen von GW od. von 10% der Belegschaft enge Verflechtungen zw. BR und GW; wenn kein BR, kann GW dessen Beteiligungsrechte übernehmen, (Ausnahme: Bestellung des

Mitgliedstaat	Gremium	Schwellenwert	Vertreterzahl	Bestellung	Befugnisse	Anmerkungen
						ANV im Aufsichtsrat); konkurrieren mehrere GW, entscheidet Belegschaft, welche GW die BR-Rechte wahrnehmen darf übergeordnete Ebene: GesamtBR erweiternde Betriebsvereinbarungen mgl., soweit keine entspr. Tarifvereinbarung besteht
PL	a) BR b) GW	a) mind. 50 AN b) mind. 10 „Gründungsberechtigte“ (v.a. AN, aber auch Rentner etc.)	a) 50–250 AN: 3 ANV, 251–500 AN: 5 ANV, > 500 AN: 7 ANV; theoretisch mehr, da jede repräsentative GW das Recht auf einen Sitz im BR hat („repräsentativ“, wenn mind. 10% der Belegschaft in betreffender GW,	a) geheime Direktwahl durch AN aus Belegschaft, Vorschläge aus ihren Reihen, Wahl nach Antrag von mind. 10% der Belegschaft b) nach GW; Mitglieder der Betriebskommission	a) I zu wirtschaftlichen Angelegenheiten, K bei beschäftigungsrelevanten Fragen der Arbeitsorganisation b) abhängig vom gewerkschaftlichen Organisationsgrad im Betrieb, Betriebsgröße,	Nach dem GWgesetz vertreten die lokalen GW die Interessen aller AN, ungeachtet ihrer GWzugehörigkeit. Tarifverhandlungen nur durch GW. BR erst auf Grundlage der RL 2002/14/

Mitgliedstaat	Gremium	Schwellenwert	Vertreterzahl	Bestellung	Befugnisse	Anmerkungen
			bzw. mind. 7%, wenn GW einem national repräsentativen GWbund angehört) b) nach GW	werden von den GWmitgliedern gewählt	Rechtsform, Kapitalherkunft (Inland/Ausland); regelmäßige I über Beschäftigungsbedingungen, K individuell und kollektiv U hat keine Einigungspflicht, muss Vorschläge nur „soweit möglich" berücksichtigen	EG eingeführt, BR-Befugnisse entsprechen deren Mindestvorgaben.
RO	a) BR b) GW	a) mind. 20 AN und keine GW b) mind. 15 Personen im gleichen U; GW im U repräsentativ, wenn sie auf sich 50% der Belegschaft + 1 AN vereint.	a) AN bestimmen Anzahl der ANV im Einvernehmen mit U und abhängig von Belegschaftsgröße b) nach GW	a) Wahl durch Betriebsversammlung; mind. 50% der AN müssen sich beteiligen b) nach GW	a) Rechte der GW aus der RL 2002/14/EG b) I/K; M nur bei Festlegung der Arbeitsbelastung und Einführung eines Prämienlohns; bei Entlassungen Vorschlagsrecht zu Alternativlösungen, auf die U reagieren muss	BR praktisch außerordentlich selten. Tarifverhandlungen nur durch GW; GW auch I/K-Rechte nach der RL 2002/14/EG. in Betrieben > 50 AN zusätzlich ArbSchb. Mgl.

Mitgliedstaat	Gremium	Schwellenwert	Vertreterzahl	Bestellung	Befugnisse	Anmerkungen
BG	a) GW b) Betriebsversammlung wählt u.U. eigene Vertreter c) gewählte ANV für I/K	a) nach GW b) Gesamtbelegschaft c) U mind. 50 AN, selbständige Niederlassungen und Betriebe mind. 20 AN	a) nach GW b) Eigenorganisation, ggf. Übertragung auf Delegierte mgl. c) 20–50 AN: 1–3 ANV, 51–250 AN: 3–5 ANV, > 250 AN: 5–9 ANV, genaue Zahl von Betriebsversammlung festgelegt	a) nach GW b) Wahl durch Belegschaft mit > $^2/_3$, wenn gleichzeitig mind. $^1/_2$ an Versammlung teilnimmt. c) Wahl mit einfacher Mehrheit durch Betriebsversammlung	a) Teilnahme an allen Entwürfen zur Arbeitsordnung b)–c) I/K, praktisch minimal, keine Mitbestimmungsmöglichkeiten oder Vetorechte	Übertragung der Befugnisse von c) auf a) oder b) mgl. und praktisch üblich; Befugnisse für b) und c) beschränken sich auf I/K- Rechte nach der RL 2002/14/EG. Praxis: entweder GW oder gar keine Vertretungsform im U
EE	a) GW b) „besondere ANV“ (der Begriff „Betriebsrat“ wird im Gesetz konsequent vermieden)	a) nach GW, Gründung ab mind. 5 Personen mgl. b) auf Wunsch von GW oder einer Mehrheit von GWangehörigen einer im Unternehmen nicht aktiven GW oder mind. 10% der Belegschaft	a) nach GW b) wird im Einvernehmen mit U geregelt; bei mehreren ANV wird aus deren Mitte ein „Hauptvertreter“ gewählt	a) nach GW b) geheime Wahl auf Betriebsversammlung, an der mind. $^1/_2$ der Belegschaft teilnimmt; Vorschläge aus Belegschaft oder von GW	a) vor allem Tarifverhandlungen; I/K nach RL 2002/14/EG in U mit mind. 30 AN. b) Tarifverhandlungen, wenn keine GW, Einsichtsrechte, insbes. bzgl. Arbeitsbedingungen; I/K nach RL 2002/14/EG.	Regelungen zu I/K im Gesetz sehr offen gehalten und faktisch leicht zu umgehen. Grundsätzlich vorgegeben in allen U mit mind. 30 AN. Wenn keine AN-Vertretungsform besteht: Belegschaft direkt

Mitgliedstaat	Gremium	Schwellenwert	Vertreterzahl	Bestellung	Befugnisse	Anmerkungen
LV	a) GW b) „autorisierte betriebliche ANV“ (der Begriff „Betriebsrat“ wird im Gesetz konsequent vermieden)	a) nach GW; BetriebsGW ab 4 Personen mgl. Registrierung auf nationaler Ebene mgl., wenn sie ≥ 50 Mitglieder oder 1/4 der Beschäftigten eines U, Institution, Organisation, Berufs oder Branche organisiert. b) mind. 5 AN	a) nach GW; bei mehreren GW für Verhandlungen mit U ggf. ein ANV pro GW. b) keine gesetzliche Vorgabe	a) nach GW b) Wahl durch Mehrheit der AN im Rahmen einer Versammlung, an der mind. 1/2 der Beschäftigten teilnehmen	nur a): Tarifverhandlungen; falls keine GW besteht, ausnahmsweise auch „autorisierte betriebliche ANV“ berufen a) und b): I/K. K aber begrenzt auf beschäftigungsrelevante Bereiche (konkret: Entlohnung, Arbeitsbedingungen und Beschäftigung)	Gesetz weist die Befugnisse grds. einheitlich „den Arbeitnehmervertretern“ zu, Ausnahme Tarifvereinbarungen, diese nur GW
LT	a) GW oder b) BR	a) mind. 20 Personen bzw. „mindestens 1/10 aller Beschäftigten eines U, einer Institution od. einer Organisation, solange dieses Zehntel aller Beschäftigten nicht weniger als drei AN umfasst“	a) nach GW b) 21–50 AN: 3, maximal 15 für > 700 AN	a) nach GW b) geheime Wahl durch Mehrheit der AN im Rahmen einer Betriebsversammlung, an der mind. 1/2 der Beschäftigten teilnehmen	beide: I/K; insbesondere kann auch BR Tarifvereinbarungen treffen	Zuordnungsebene ist das gesamte U; Vertretung eingliedrig, nur Vertretungsorgan kann gewählt werden. Praxis: nur wenige Vertretungen etabliert, Befugnisse

Mitgliedstaat	Gremium	Schwellenwert	Vertreterzahl	Bestellung	Befugnisse	Anmerkungen
		b) U > 20 AN und gleichzeitig keine GW in Betrieb oder Übertragung der Rechte auf BranchenGW In U ≤ 20 AN: ein einzelner ANV.				werden häufig missachtet.
NL	BR	mind. 50 AN; bei 10–49 AN auf Mehrheitswunsch Personalvertretung mgl.	50 AN: 5 ANV, bis 2.000 AN: 15 ANV, darüber je weitere 1.000 AN: + 2 ANV; maximal 25 ANV. Personalvertretung: mind. 3 ANV	Listenwahl durch die Belegschaft, keine Externe; Vorschlagsberechtigt sind GW oder Belegschaft	sehr weit reichende Rechte auf I/K/M. M vor allem bei Rentenversicherung, Gehaltsstufen, Einstellungen/Entlassungen. Besonderes Anhörungsrecht in wirtschaftlichen Angelegenheiten, das ggf. Verzögerung bis 1 Monat bewirken kann. Personalvertretung genießt ggf. abgeschwächte Befugnisse.	Jede unabhängige Betriebsstätte gilt als U. übergeordnete Ebene: Zentral- oder GruppenBR mgl. BR ist theoretisch gerichtlich erzwingbar, was aber praktisch selten vorkommt. In U < 50 AN und ohne Personalvertretung muss 2x/Jahr eine Betriebsversammlung abgehalten werden

Die faktisch jeweils verbreitetste Vertretungsform ist in der Darstellung vorangestellt.

Legende

AN: Arbeitnehmer
ANV: Arbeitnehmervertreter
ArbSchb: Arbeitsschutzbeauftragte
BR: Betriebsrat

GW: Gewerkschaft
I: Information
IuK: Information und Konsultation
K: Konsultation

M: Mitwirkung
U: Unternehmen
Vss: Voraussetzungen

XVI. Tabelle 2 – Unternehmensmitbestimmung im zentral- und osteuropäischen Rechtskreis

MS	Kapitalgesellschaft	Abkg.	Org.	Vss.	Anzahl ANV	Bestellung	Anmerkungen
DE	*Aktiengesellschaft*	*AG*	D	a) DrittelbG > 500 AN	a) $^1/_3$ des AR	a) Mehrheitswahl durch Belegschaft; Vorschläge von BR, AN (10%) oder 100 AN; bei mehr als 2 ANV im AR Wahl von Externen mgl. b) Direktwahl; bei > 8.000 AN Delegiertenwahl Vorschläge je nach Kategorie AN (20%), GW, Ltd. Angestellte	MB grds. rechtsformbezogen; Sonderregeln für die Montanindustrie (hier nicht aufgeführt); Sonderregeln zur Konzernmitbestimmung (u.U. Zurechnung der AN, nicht aber beim faktischen GmbH-Konzern nach DrittelbG); ergänzend je nach Rechtsgrundlage eigene Wahlordnungen;
	Gesellschaft mit beschränkter Haftung	*GmbH*	D	b) MitbestG > 2.000 AN	b) $^1/_2$ des AR, ARvorsitzender durch Anteilseigner bestellt, er hat ggf. Doppelstimmrecht; AN-Bank: faktisches Entsenderecht der GW für 2–3 Sitze, 1 Sitz reserviert für Leitende Angestellte		

MS	Kapitalgesellschaft	Abkg.	Org.	Vss.	Anzahl ANV	Bestellung	Anmerkungen
							ggf. Arbeitsdirektor; bei durch DGB-Gewerkschaften bestimmten ANV: faktischer Abführungszwang für Großteil der ARVergütung; Praxis: Drittelbeteiligungslücke
AT	*Aktiengesellschaft* *Gesellschaft mit beschränkter Haftung*	*AG* *GmbH* oder *GesmbH*	D D	AG stets, GmbH v.a. bei > 300 AN (als Tochter einer Mutter mit MB: > 500 AN)	$^1/_3$ des AR	Wahl durch BR aus dessen Reihen, keine Externe	MB knüpft an Existenz eines AR an; GmbH wird in Sonderfällen ARpflichtig. komplizierte Auswahlverfahren, insbes. im Konzern; keine MB in herrschendem U, das seine Tätigkeit auf Verwaltung von Anteilen der beherrschten U beschränkt; keine Vergütung für ANV
CZ	*Akciová společnost* *Společnost s ručením omezeným*	*a.s.* *s.r.o.* oder *spol. s.r.o.*	D/M D				Bis Ende 2013: MB nur in *a.s.* mit mind. 50 AN; dort $^1/_3$ des AR; Vorschläge von BR, GW, AN (10%), Vorstand;

MS	Kapitalgesellschaft	Abkg.	Org.	Vss.	Anzahl ANV	Bestellung	Anmerkungen
							Direkt-od. Delegiertenwahl, Externe mgl. Mit Neukodifizierung zum 01.01.2014 MB im privaten Sektor insgesamt abgeschafft.
SK	*Akciová spoločnosť*	*a.s.*	D				MB nur in „großer" *a.s.*, d.h. wenn > 50 AN und Kapital > 25.000 Euro; dort $^1/_3$ des AR. Vorschläge von GW oder AN (10%), Externe nicht wählbar.
	Spoločnosť s ručením obmedzeným	*s.r.o.*	D				
SI	*Delniška družba*	*d.d.*	D/M				MB mittlerweile nur noch in „großer" *d.d.*: dualistisches U, dann $^1/_3$ bis $^1/_2$ des AR, AR-vorsitzender ist immer Vertreter der Anteilseigner u. hat ggf. entscheidende Stimme. Monistisches U nur mitbestimmt, wenn es „groß" ist → kumulativ zwei von drei Kriterien: a) U > 50 AN,
	Družba z omejeno odgovornostjo	*d.o.o.*	D				

MS	Kapitalgesellschaft	Abkg.	Org.	Vss.	Anzahl ANV	Bestellung	Anmerkungen
							b) Umsatz > 8,8 Mio. €, c) Inventar > 4,4 Mio. €, dort je nach Größe des Verwaltungsrats 1–3 ANV; maximal $^1/_3$, *Board*-Vorsitzender niemals ein ANV; Wahl durch BR, Externe mgl.; in U > 500 AN: zusätzlich Arbeitsdirektor
HU	*részvénytársaság,* unterschieden in: *börsennotierte AG: nyilvánosan működı részvénytársaság,* *nicht börsennotierte/geschlossene AG: zártkörően működı részvénytársaság* *korlátolt felelősségű társaság*	*rt.* *börsennotierte AG: nyrt.* *nicht börsennotierte/geschlossene AG: zrt.* *kft.*	D D/M D D	> 200 AN	$^1/_3$ des AR	Benennung durch BR nach vorheriger Konsultation der GW; Anteilseignerversammlung zur Ernennung verpflichtet	Gesetzl. MB erfasst alle ungarischen Wirtschaftsgesellschaften. Seit 2006 gilt gesetzl. MB nur noch, falls BR und Uleitung nichts Abweichendes vereinbaren; vollkommener Verzicht mgl. *Nyrt.* kann sich seit 2006 monistisch organisieren; ANBeteiligung wird hier in einer Vereinbarung zwischen BR und U

MS	Kapitalgesellschaft	Abkg.	Org.	Vss.	Anzahl ANV	Bestellung	Anmerkungen
							festgelegt, wobei jedoch keine Mindestanforderungen vorgeschrieben sind.
HR	*dioničko društvo*	*d.d.*	D/M	AG stets	1 ANV	Benennung und Abberufung durch BR; falls BR fehlt: Direktwahl durch Belegschaft, keine Externe	MB knüpft an Vorhandensein eines Aufsichtsorgans an. *d.o.o.* wenn: 1) U > 200 AN; 2) Spezialgesetz; 3) Stammkapital > 600.000,– HRK (ca. 84.000,– Euro) und (kumulativ) > 50 Gesellschafter; 4) konzernleitende *d.o.o.* (= *d.o.o.* führt Aktiengesellschaften oder Gesellschaften mit beschränkter Haftung mit einem obligatorischen Aufsichtsrat von einem bestimmten Punkt
	društvo s ograničenom odgovornošću	*d.o.o.*	D	GmbH wenn Spezialgesetz			

MS	Kapitalgesellschaft	Abkg.	Org.	Vss.	Anzahl ANV	Bestellung	Anmerkungen
							bzw. ist am Stammkapital solcher Gesellschaften mit > 50% beteiligt und (kumulativ) die ø-ANzahl in einer der Gesellschaften oder in allen Gesellschaften zusammen ist insgesamt > 200) ; 5) *d.o.o.* ist Komplementärin in einer Kommanditgesellschaft (*Komanditno društvo*, abgekürzt *k.d.*), wobei die ø-ANzahl in *d.o.o.* und *k.d.* zusammen > 200 AN. ANV hat gleiche Rechte und Pflichten wie sonstige Gremiumsmitglieder.
PL	*Spółka Akcyjna* *Spółka z ograniczoną odpowiedzialnością*	*S.A.* *Sp. z o.o.*	D D				MB nur in staatlichen und teilweise privatisierten U; je nach Grad der Kommerzialisierung

MS	Kapitalgesellschaft	Abkg.	Org.	Vss.	Anzahl ANV	Bestellung	Anmerkungen
RO	*Societatea pe acțiuni* *Societate cu răspundere limitată*	*S.A.* *SRL* oder *S.r.l.*	M/D D				Keine MB; ggf. Teilnahmerecht für bestimmte gewählte Vertreter der repräsentativen GW an den Sitzungen des Leitungsorgans, um über „Fragen von beruflichem, wirtschaftlichem, sozialem, kulturellem und sportlichem Interesse“ zu diskutieren; kein Stimmrecht.
BG	*акционерно družestvo/aktionerno družestvo* *družestvo с ograničena отговорност/družestvo s ograničena otgovornost*	*AD* *OOD*	M/D M/D				Keine MB, aber in *AD* ≥ 50 AN Teilnahme- und Rederecht bei den Anteilseigner versammlungen für gewählte ANV. In *OOD* kein Schwellenwert, dort nur Rederecht bei sozialen Fragen.
EE	*Aktsiaselts* *Osaühing*	*AS* *OÜ*	D D				MB theoretisch auf tarifvertraglicher Grundlage mgl., praktisch aber nicht etabliert. Nach Zustimmung der Uleitung Teilnahme

MS	Kapitalgesellschaft	Abkg.	Org.	Vss.	Anzahl ANV	Bestellung	Anmerkungen
							recht für GWvertreter an Sitzungen des Leitungsorgans bei besonderen AN-anliegen.
LV	*Akciju sabiedrība*	*AS*	D				Keine MB.
	Sabiedrība ar ierobežotu atbildību	*SIA*	D				
LT	*Akcinė bendrovė*	*AB*	M/D				Keine MB; theoretisch auf Satzungsgrundlage mgl.
	Ŭzdaroji akcinė bendrovė	*UAB*	M/D				
NL	*Naamloze vennootschap*	*NV*	M/D	Gesellschaft gilt 3 Jahre nacheinander als „groß" → kumulativ 3 Vss: a) EK > 16 Mio. €, b) BR verpflichtend, c) Gesellschaft plus Töchter hat in den NL mind. 100 AN → *„Strukturgesellschaft"*	bis zu $^1/_3$ der nicht-geschäftsführenden Direktoren im Verwaltungsrat/des AR	Vorschlagsrecht BR, das faktisch wie Entsenderecht wirkt	Seit 2013 optional auch monistisches Modell mgl. MB-System, sog. *„Strukturregelung"* grds. einheitl. für alle *„Strukturgesellschaften"*, Vorschriften für AR grds. entspr. auch für nicht-geschäftsführende Direktoren im VerwR. Einsetzung BR ist für alle Betriebe mit mind. 50 AN Pflicht. Bei MB viele Ausnahmen und Sonderrege-
	Besloten vennootschap met beperkte aansprakelijkheid	*BV*	M/D				

MS	Kapitalgesellschaft	Abkg.	Org.	Vss.	Anzahl ANV	Bestellung	Anmerkungen
							lungen, insbes. für intern. Konzerne. ARmitglieder wurden bis Ende 2004 kooptiert, seitdem nach Vorschlag des AR durch Anteilseignerversammlung ernannt. ARmitglieder dürfen weder Beschäftigte des jeweiligen U noch Vertreter von solchen GW sein, die an Tarifverhandlungen mit dem U beteiligt sind.

Vorangestellt ist jeweils die nationale Aktiengesellschaft.

Legende:

Abkg.: Abkürzung	D: Dualistisch	Mgl: möglich
AN: Arbeitnehmer	EK: Eigenkapital	MS: Mitgliedstaat
ANV: Arbeitnehmervertreter	GW: Gewerkschaft	Org: Organisationsstruktur
AG: Aktiengesellschaft	idR: in der Regel	U: Unternehmen
AR: Aufsichtsrat	M: Monistisch	VerwR: Verwaltungsrat
BR: Betriebsrat	MB: Mitbestimmung	Vss: Voraussetzungen

B. Romanischer Rechtskreis

I. Frankreich[1207]

1. Übersicht

Die französischen Arbeitnehmerbeteiligungsstrukturen sind auf betrieblicher Ebene weit ausgebaut. Sie beinhalten sowohl gewerkschaftliche als auch von der Belegschaft gewählte Gremien und finden teilweise unter direkter Einbeziehung des Arbeitgebers statt. Auf Leitungsebene hingegen waren und sind sie außerordentlich selten. Im privaten Sektor existierten sie ausschließlich bei der Aktiengesellschaft, wo sie grundsätzlich auf freiwilliger Basis etabliert, aber auch wieder abgeschafft werden können. Maximal möglich ist hier eine Drittelbeteiligung. Seit 2013 ist daneben eine verbindliche Mitbestimmung eingeführt worden. Sie betrifft Großunternehmen, die als Aktiengesellschaften oder als Kommanditgesellschaften auf Aktien organisiert sind, und die mindestens weltweit 10.000 Mitarbeiter oder mindestens 5.000 Mitarbeiter in Frankreich beschäftigen. Diese Unternehmen müssen, je nach Größe des betroffenen Organs, den Arbeitnehmervertretern ein bzw. zwei Sitze im die Unternehmensstrategie bestimmenden Gremium einrichten.

2. Hintergrund

a) Grundlagen

Traditionell sind die französischen Arbeitsbeziehungen weniger konsensorientiert als eher konfliktgeprägt. Hintergrund ist eine über lange Zeiträume gewachsene Gegensätzlichkeit zwischen den Beteiligten. Unter den Gründen hierfür ist insbesondere die in allen wirtschaftlichen Beziehungen und Regulierungen dominierende Rolle des Staates hervorzuheben, dem sich „die arbeitende Bevölkerung" gegenübergestellt sieht.

Hintergrund: Diese grundsätzliche Divergenz ist historisch angelegt und lässt sich bis zum Merkantilismus unter *Colbert* zurückverfolgen. Sie wirkt im Kern noch heute weiter, über die Verstaatli-

---

1207 *Taylor*, Überblick, S. 71 f.; *Roturier*, Country Report France, S. 33 ff.; *Fulton*, ETUI-FR-Betriebliche Interessenvertretung, ETUI-FR-Unternehmensmitbestimmung sowie ETUI-FR-Europäische Interessenvertretung (ETUI-FR-BI, ETUI-FR-MB, ETUI-FR-EI) unter http://www.worker-participation.eu/National-Industrial-Relations/Countries/France; *Tissandier FRANCE Industrial relations profile* (17.05.2013), bei Eiro online unter http://www.eurofound.europa.eu/eiro/country/france.htm (englisch).

chungswellen nach dem Zweiten Weltkrieg bzw. nach 1982 und der beginnenden „Reprivatisierung" 1986, 1993 und 1997. Sie hat daneben aber auch mit dem französischen Bildungssystem und den (eingeschränkten bis fehlenden) Durchlässigkeiten in den Hierarchien zu tun. Die Entscheidungsträger in Staat und Wirtschaft wurden oft an einigen wenigen *Grandes Ecoles* ausgebildet, so dass sich „Eliten" und Netzwerke gebildet haben. Daneben spielt auch die besondere Kapitalstruktur französischer Unternehmen eine Rolle, da in Frankreich die Unternehmen bis in die Mitte der 1980er Jahre durch die institutionellen Investoren dominiert wurden. Die Banken ihrerseits waren zum einen fest an den Staat gebunden und unterhielten zum anderen bereits traditionell enge und stabile Beziehungen zur Unternehmensleitung. Die Unternehmensleitung wiederum sah sich nahezu ausschließlich den Anteilseignern verpflichtet. Entstanden waren so „stabile Aktionärskerne". Sie reagierten tendenziell paternalistisch bis reaktionär. Die Arbeitnehmer hingegen standen oft unter dem Einfluss sozialistisch revolutionärer bis anarchistischer Kräfte. Sie gingen daher im Konfliktfall auf Konfrontationskurs. Da es so schon an der wechselseitigen Anerkennung fehlt, kamen auch Verhandlungen kaum vor.

Diese gewachsene Polarisierung entspricht wohl immer noch dem Selbstverständnis der Sozialpartner und der starken gewerkschaftlichen Tradition des Landes. Dabei ist der gewerkschaftliche Organisationsgrad in Frankreich aber bemerkenswert gering. Er wird aktuell mit zwischen fünf und acht Prozent angegeben.[1208] Zudem ist die Gewerkschaftslandschaft durch eine gewisse Dynamik und einen hohen Grad an Zersplitterung gekennzeichnet. So gibt es derzeit bereits auf nationaler Ebene mehr als fünf verschiedene, untereinander stark rivalisierende Gewerkschaftsbünde.

Dies sind im Einzelnen 1.) *CGT* (*Confédération générale du travail,* Allgemeiner Gewerkschaftsbund, traditionell der Kommunistischen Partei nahe stehend, nach Eigenangaben 711.000 Mitglieder), 2.) *FO* (ursprünglich *Confédération générale du travail – Force ouvrière (CGT-FO)*, heute in aller Regel *Force ouvrière*, sinngemäße Übersetzung „Arbeitermacht", traditionell gemäßigt links, zur Mitgliederzahl liegen keine verlässlichen Angaben vor, das *CIA World Factbook* geht von 300.000 Mitgliedern aus,[1209]), 3.) *CFDT* (*Confédération française démocratique du travail,* Französischer Demokratischer Gewerkschaftsbund, ursprünglich dem linken Spektrum zuzuordnen, jetzt politisch weitgehend ungebunden, nach Eigenangaben 833.000 Mitglieder), 4.) *CFTC* (*Confédération française des travailleurs chrétiens,* Französischer Bund christlicher Arbeiter, politisch weit rechts orientiert, nach Eigenangaben 132.000 Mitglieder) und 5.) *CFE-CGC* (*Confédération française de l'encadrement – Confédération générale des cadres,* Französischer Bund der Leitenden Angestellten, nach Eigenauskunft unpolitisch, 177.000 Mitglieder).
Diese Fünf sind auf nationaler Ebene als „repräsentativ" anerkannt.[1210]

1208 *Fulton*, ETUI-FR-Landesübersicht und *Tissandier,* (oben Fn. 1207), geben „rund acht Prozent" an, fünf Prozent im Privatsektor.

1209 Englische Darstellung unter https://www.cia.gov/library/publications/the-world-factbook/geos/fr.html.

1210 Vgl. zu den diesbezüglichen Voraussetzungen seit 2008 Art. L. 2121-1ff. *Code du Travail* (u.a. verschob sich ein maßgeblicher Beurteilungsfaktor vom gewerkschaftlichen Organisationsgrad hin zu den tatsächlichen Wahlergebnissen). Allgemein zu den jüngsten Entwicklungen *Turlan, Unions jostle for position in representativeness race* (24.05.2013) unter http://www.eurofound.europa.eu/eiro/

Es gibt daneben drei weitere bedeutende Gewerkschaftsbünde, die beträchtlichen Einfluss haben, allerdings nicht auf nationaler Ebene repräsentativ sind (*UNSA*, *SUD* und *FSU*).

Der reine Organisationsgrad spiegelt die tatsächliche Bedeutung nur eingeschränkt wider, denn es gelingt den Gewerkschaften stets, auch Nichtmitglieder zu Arbeitskampfmaßnahmen zu mobilisieren. Tarifverträge werden aber nahezu ausschließlich auf Unternehmensebene geschlossen. Wegen des niedrigen Organisationsgrads obliegt dies oft den Minderheitsgewerkschaften. Konflikte hingegen führen oft zu Streiks und anderen konfrontativen Maßnahmen, wie dem zuletzt schlagzeilenträchtigen *„Boss-Napping"*, bei dem Führungskräfte des Unternehmens als Geiseln genommen werden, um etwa gegen Arbeitsplatzabbau zu demonstrieren.

Nicht zuletzt aufgrund externer Faktoren wie der zunehmenden Globalisierung begannen die Verhältnisse sich aber ab dem Jahr 2000 zu wandeln (*„financiarisation"*). Im Zuge der damit einhergehenden Deregulierung und Liberalisierung scheinen auch lang festgelegte Fronten zu bröckeln.[1211] Die generell gesunkene Streikbereitschaft unter den Franzosen sowie politische Maßnahmen der Regierung *Sarkozy*, durch die Streiks zu einer vergleichsweise „stumpfen Waffe" wurden, sollen dazu geführt haben, dass Frankreichs Gewerkschaften zunehmend auf Verhandlungen setzen würden. Auch allgemein soll unter den Verbänden allmählich ein Umdenken einsetzen. Ungeachtet gewisser Unsicherheiten über die zukünftige Ausrichtung kommt es daher, wenn auch noch auf vergleichsweise niedrigem Niveau, zunehmend zu Tarifvereinbarungen, während die Streikmaßnahmen zurückgehen. Zuletzt setzen sich immer mehr dezentrale Verhandlungen durch, in denen auch die Unternehmen zunehmend autonomer von der arbeitsrechtlichen Gesetzgebung und den Tarifvereinbarungen agieren können.[1212]

Die Arbeitnehmerbeteiligung würde so *„weniger zu einem Tabuthema, selbst bei den Gewerkschaften"*.[1213] In Zahlen fassen lässt sich diese Entwicklung – zumindest bislang – aber nicht. Ausgeprägtes Interesse an einer umfassenden Erweiterung der Mitbestimmung auf Unternehmensebene bestand aber wohl weder auf Arbeitgeber- noch auf Arbeitnehmerseite. Entsprechende Forderungen wurden (soweit ersichtlich) nur vereinzelt und wenig konkret erhoben. Eine Reform der Arbeitneh-

2013/04/articles/fr1304011i.htm, für die Arbeitgeberseite *Tissandier*, *‚Step forward' for employers on representativeness* (28.08.2013) unter http://www.eurofound.europa.eu/eiro/2013/07/articles/fr1307031i.htm (beide englisch).

1211 Zur Entwicklung vgl. die Berichte von 1995 und 1999 durch *The Board of Directors of Listed Companies in France* und *Recommendation of the Committee on corporate governance chaired by Mr. Marc Viénot* (gemeinhin nach dem Vorsitzenden abgekürzt als *„Vienot I"* und *„Vienot II"*); abrufbar unter http://www.ecgi.org/codes/documents/vienot1_en.pdf bzw. http://www.ecgi.org/codes/documents/vienot2_en.pdf (englisch)]; vgl. hier *Vienot* I, S. 7.

1212 *Turlan, More collective agreements and less conflict in 2012* (17.12.2013) unter http://www.eurofound.europa.eu/eiro/2013/08/articles/fr1308011i.htm (englisch).

1213 *Roturier*, Country Report France, S. 36, 38 (*"less of a taboo-subject, even in trade unions"*)

merbeteiligung auf betrieblicher Ebene und allgemeine Modernisierung des Sozialen Dialogs wurde zwar 2009 auf die Agenda gesetzt, diese Einigungsversuche scheiterten seinerzeit jedoch an den immer noch sehr konträren Positionen. Insbesondere wandten sich die Arbeitgeberverbände gegen Verhandlungen über die Repräsentativität der Gewerkschaften in KMU.[1214]

b) Aktuell

Neuen Schwung bekamen die Entwicklungen ab dem Sommer 2012. Angesichts der sich stetig verschlechternden Wirtschaftslage stieß die Regierung Verhandlungen auf nationaler Ebene zu einer umfassenden Arbeitsmarktreform an.

Konkret gab die Regierung nach einer Reihe von mehreren tripartiten Konferenzen im Sommer 2012 (gelegentlich als *„la Grande conférence sociale de juillet 2012“* bezeichnet) in einem anleitenden Dokument vier Felder vor, über die die national repräsentativen Gewerkschaften und die Arbeitgeberverbände verhandeln sollten. Hierzu gehörte auch die Diskussion über einen verbesserten Austausch strategischer Informationen, wodurch zukünftig „unerwartete“ Unternehmensinsolvenzen verhindert werden sollten.

Zudem sollte das Informationsverfahren allgemein erörtert werden. Gegenwärtig sei es für die Arbeitnehmerseite zu einfach, mit dem Argument, nicht hinreichend informiert oder angehört worden zu sein, vor Gericht zu ziehen. Beleuchtet werden sollten auch der Zeitpunkt einer Informationserteilung und die Vertraulichkeit.[1215]

Zwischenzeitlich hat nach diesem Muster eine weitere tripartite Konferenzreihe stattgefunden (20./21.06.2013), bei der u.a. zukünftige Änderungen im Rahmen des Sozialen Dialogs angegangen wurden. Hierbei soll die Arbeitnehmerbeteiligung weiter ausgebaut werden, ein entsprechender Gesetzvorschlag soll in der ersten Jahreshälfte 2014 vorgelegt werden.[1216]

Im Januar 2013 erzielten die Sozialpartner eine entsprechende Einigung.[1217] Drei Arbeitgeber- und drei Gewerkschaftsverbände unterzeichneten ein nationales Über-

---

1214 Vgl. *Rehfeldt, France: EIRO Annual Review 2009* (11.01.2011), Abschnitt *Collective bargaining developments*, unter http://www.eurofound.europa.eu/eiro/studies/tn1004019s/fr1004019q.htm; *Jean, New law on unions for workers in micro companies* (11.02.2011), unter http://www.eurofound.europa.eu/eiro/2010/10/articles/fr1010011i.htm (beide englisch).

1215 Vgl. dazu *Turlan, Government includes social partners in labour market reform talks* (26.11.2012), unter http://www.eurofound.europa.eu/eiro/2012/09/articles/fr1209051i.htm (englisch).

1216 Strategiepapier *„Feuille de Route Social“* unter http://travail-emploi.gouv.fr/IMG/pdf/Feuille_de_route_sociale_2013_VF.pdf (französisch), zusammenfassend *Turlan, Government presents employment policy for next 12 months* (28.08.2013) unter http://www.eurofound.europa.eu/eiro/2013/07/articles/fr1307021i.htm (englisch).

1217 Hierzu zusammenfassend *Cette/Turlan, Landmark agreement paves the way for labour market reform* (03.04.2013), unter http://www.eurofound.europa.eu/eiro/2013/02/articles/fr1302011i.htm (englisch).

einkommen für ein „neues Wirtschafts- und Sozialmodell im Dienst der Wettbewerbsfähigkeit der Unternehmen, der Arbeitsplatzsicherheit und der Karrieremöglichkeiten für die Beschäftigten" (*Accord National Interprofessionnel du 11 Janvier 2013 pour un nouveau modèle économique et social au service de la compétitivité des entreprises et de la sécurisation de l'emploi et des parcours professionnels des salariés).*[1218]

Ein *Accord National Interprofessionel*, allgemein kurz *ANI*, ist ein auf nationaler Ebene geschlossener, umfassender Tarifvertrag, der im Gegensatz zu Regional- oder Branchentarifverträgen eine bestimmte Kohärenz garantieren soll.[1219]

Unterzeichner waren hier auf der einen Seite neben dem national bedeutendsten Arbeitgeberverband *Mouvement des entreprises de France – MEDEF* auch *CGPME – Confédération Générale des Petites et Moyennes Entreprises* (Allgemeiner Verband der Kleinen und Mittleren Unternehmen) und *UPA – Union professionnelle artisanale* (etwa *„Handwerksverband"*), auf der anderen Seite *CFDT*, *CFTC* und *CFE-CGC*. Demgegenüber weigerten sich *CGT* und *FO*, das Dokument ebenfalls zu unterzeichnen, da es *„zu viel Flexibilität für die Arbeitgeber"* bedeute, bei *„weniger Rechten für die Arbeitnehmer"*.[1220]

Die im *ANI* durch die Sozialpartner ausgehandelten Positionen, sollten sodann quasi unverändert in Gesetzesform gegossen werden.[1221] Obwohl dieses Verfahren grundsätzlich schon seit Januar 2008 im Arbeitsgesetzbuch verankert war, ist allein schon diese Vorgehensweise für die französische Politik bemerkenswert und blieb kontrovers diskutiert.[1222] Dessen ungeachtet soll eben dieses Verfahren vorheriger Verhandlungen unter den Sozialpartnern zukünftig in die Verfassung aufgenommen werden.[1223] Es steht daher zu erwarten, dass derartigen Verhandlungen zukünftig eine bedeutendere Rolle zukommen wird. Würden sie auch in der Praxis allseitig angenommen, käme dies einem Wendepunkt in den französischen Sozialbeziehungen gleich.

1218 Text unter http://direccte.gouv.fr/IMG/pdf/ANI_securisation_de_l_emploi-2.pdf (französisch).

1219 Zu den *Accords interprofessionels* vgl. Art. L2232-1ff. des französischen *Code du travail*.

1220 Vgl. *Cette/Turlan*, (oben Fn. 1217), ebd.

1221 Vgl. Bericht des Rechtsausschusses an die Nationalversammlung; *Avis N° 839 Assemblée nationale* (26.03.2013), unter http://www.assemblee-nationale.fr/14/rapports/r0839.asp#P125_11568 (französisch).

1222 Art. L. 1 *Code du travail*. Zur Diskussion vgl. z.B. die Stellungnahmen von *Favier* bzw. *Leconte* im *Sénat*, Darstellung *Projet de loi relatif à la sécurisation de l'emploi* – Mitteilung des Rechtsausschusses, hier Abschnitt *Examen en commission*, abrufbar unter http://www.senat.fr/rap/a12-494/a12-4943.html (französisch).

1223 Zukünftiger Art. 51-3 im Titel V („Die Beziehungen zwischen Parlament und Regierung") der Verfassung von 1958; *Projet de Loi constitutionnelle N° 813* (14.03.2013); vgl. dazu http://www.assemblee-nationale.fr/14/projets/pl0813.asp (französisch).

Materiell sieht das Abkommen vom Januar 2013 einschneidende Veränderungen u.a. bei der Krankenversicherung vor, daneben die Einführung von Kurzarbeit sowie allgemeine Flexibilisierungen und Verhandlungsoptionen, namentlich bei Unternehmen in wirtschaftlichen Schwierigkeiten.

Auch die Arbeitnehmerbeteiligung wird, allerdings eher behutsam, weiterentwickelt. Insbesondere sollen die Arbeitnehmer vertiefte Einblicke in die unternehmerischen Strategien bekommen.[1224] In diesem Zusammenhang sollen künftig grundsätzlich alle Unternehmen verpflichtet werden, eine zentrale Datenbank für bestimmte soziale und wirtschaftliche Informationen einzurichten.

Betroffen sind zunächst alle Unternehmen mit mindestens 300 Beschäftigten, später auch die kleineren. Das *ANI* sieht grundsätzlich eine einheitliche Umsetzungsfrist von einem Jahr vor, jedoch bestehen „Anpassungsmöglichkeiten" für die kleineren Unternehmen mit weniger als 300 Beschäftigten.[1225]

In dieser Datenbank werden die relevanten Informationen zusammengeführt und beständig aktualisiert, so dass sowohl Arbeitgeber- als auch Arbeitnehmervertreter auf sie zugreifen können. Mittelfristig soll hierdurch die regelmäßige Berichterstattung an die Arbeitnehmergremien abgelöst werden, wobei aber die Informationspflichten über besondere Ereignisse unberührt bleiben. Auf diese Weise sollen die bereits bestehenden zukunftsgerichteten Bestimmungen im Bereich der strategischen Personalplanung (*Gestion Prévisionnelle des Emploi et des Compétences – GPEC*) verstärkt werden. Vor allem sollen die dortigen Daten aber als Basis für eingehende Konsultationen über verschiedene strategische Optionen und ihre Auswirkungen auf die unternehmerischen Aktivitäten und die Beschäftigten dienen. Nach der entsprechenden Diskussion sollen die Arbeitnehmervertreter mögliche Alternativvorschläge unterbreiten können, auf die der Arbeitgeber schriftlich reagieren muss.

Daneben wird durch das Abkommen auch eine verbindliche unternehmerische Mitbestimmung in Großunternehmen eingeführt, *„um die Einbeziehung der Arbeitnehmersicht auf die Unternehmensstrategie zu fördern"*.[1226] Betroffen sind Unternehmen mit mindestens 10.000 Beschäftigten weltweit oder mindestens 5.000 Beschäftigten in Frankreich, die als Aktiengesellschaft bzw. als Kommanditgesellschaft auf Aktien organisiert sind und die noch keine Unternehmensmitbestimmung auf freiwilliger Basis etabliert haben.

1224 Titel II des *ANI* vom 11.01.2013 (oben Fn. 1218).

1225 Vgl. Art. 12 I, UAbs. 6 des *ANI* vom 11.01.2013 (oben Fn. 1218).

1226 Art. 13 *ANI* vom 11.01.2013 (oben Fn. 1218) (*Représentation des salariés dans l'organe de gouvernance de tête qui définit la stratégie de l'entreprise (conseil d'administration ou conseil de surveillance)*), dort Abs. 1, 1. HS.

Der Schwellenwert von 5.000 Beschäftigten entspricht dabei nahezu demjenigen des *Décret n° 2008–1354 du 18 décembre 2008 relatif aux critères permettant de déterminer la catégorie d'appartenance d'une entreprise pour les besoins de l'analyse statistique et économique* zur Festlegung von „Großunternehmen"/„*Grandes Entreprises (GE)*", ist aber nicht vollständig deckungsgleich. Denn anders als in diesem *Décret* wird hier auf zusätzliche Kriterien wie Umsatz oder Bilanzsumme verzichtet, so dass es ausschließlich auf die Mitarbeiteranzahl ankommt.

Nach Angaben des französischen *Sénat* gab es im Jahr 2011 ca. 200 Unternehmen mit mehr als 5.000 Arbeitnehmern in Frankreich und ca. 20 Unternehmen mit weniger als 5.000 französischen, aber weltweit mehr als 10.000 Beschäftigten, meist als Holding.[1227]

Ansatzpunkt für die Mitbestimmung ist jeweils das Gremium, in dem die relevanten Strategieentscheidungen getroffen werden,[1228] bei Unternehmensgruppen also nur die jeweils leitende Einheit. Die erfassten Unternehmen müssen binnen 26 Monaten[1229] den Arbeitnehmervertretern eine bestimmte Sitzzahl im Gremium garantieren, abhängig von der Größe des Restgremiums. Konkret sind dies zwei Sitze wenn das Gremium insgesamt mehr als 12 Sitze hat, sonst ein einzelner Sitz.[1230]

Die Frist beginnt mit dem Zeitpunkt der Veröffentlichung der jeweiligen Gesetze. Der vergleichsweise lange Zeitraum erklärt sich dadurch, dass zunächst die entsprechenden Modalitäten durch die betroffenen Generalversammlungen genehmigt werden müssten. Zudem sollen etwaige laufende Amtszeiten berücksichtigt werden.

Die strategische Einbindung der Arbeitnehmer könne, so die grundsätzliche Konzeption, auch zur Verbreitung und Entwicklung einer Kultur des Kompromisses und des Dialogs in den Arbeitsbeziehungen der Unternehmen beitragen. Angeführt wird in diesem Zusammenhang ausdrücklich das deutsche Modell als Beispiel für grundsätzlich weniger konfliktreiche und konstruktive Beziehungen.[1231]

1227 Vgl. hierzu und zur Umsetzung des *ANI* insgesamt die Darstellungen *Avis N° 839 [...] relatif à la sécurisation de l'emploi (N° 774)*, (26.03.2013) Mitteilung des Rechtsausschusses der *Assemblée nationale*, unter http://www.assemblee-nationale.fr/14/rapports/r0839.asp#P125_11568, hier Abschnitt *Examen de l'Article, Section 2* sowie *Projet de loi relatif à la sécurisation de l'emploi* – Mitteilung des Rechtsausschusses des *Sénats, Avis n° 494* (2012–2013) vom 10.04.2013, beim *Sénat* abrufbar unter http://www.senat.fr/rap/a12-494/a12-4942.html#fnref5 (französisch).

1228 Art. 13 I *ANI* vom 11.01.2013 (oben Fn. 1218) („... *à l'organe de l'entreprise qui définit cette stratégie* ...").

1229 Vgl. Art. 13 II *ANI* vom 11.01.2013 (oben Fn. 1218), *Assemblée nationale*, Mitteilung des Rechtsausschusses (oben Fn. 1227), hier Abschnitt *Examen de l'Article, Section* 2.

1230 Art. 13 III *ANI* vom 11.01.2013 (oben Fn. 1218) („*Le nombre de représentants des salariés sera égal à deux dans les entreprises dont le nombre d'administrateurs est supérieur à douze et à un dans les autres cas.*").

1231 *Sénat*, Mitteilung des Rechtsausschusses (oben Fn. 1227).

Die Regierung muss dem Parlament bis zum 30.06.2015 einen Bericht über die Auswirkungen dieser Maßnahmen sowie etwaige Vorschläge zur Ausweitung vorlegen.[1232]

3. Organisationsverfassung der Kapitalgesellschaften

Maßgebliche Rechtsquelle ist das Handelsgesetzbuch, *Noveau Code de Commerce*. Es unterteilt sich seinerseits in Gesetzbuch (*Partie législative*) und Durchführungsbestimmungen (*Partie règelementaire*).[1233]

Geregelt wird unter anderem die Aktiengesellschaft (*Société Anonyme*, abgekürzt *S.A.*).[1234] Sie muss durch mindestens sieben Personen gegründet werden[1235] und kann sich wahlweise[1236] monistisch mit einem Verwaltungsrat (*Conseil d'administration*)[1237] oder dualistisch mit Vorstand (*Directoire*)[1238] und Aufsichtsrat (*Conseil de surveillance*)[1239] organisieren, was z.T. auch als *type français* bzw. *type allemand* bezeichnet wird. Ferner muss mindestens ein Rechnungsprüfer bestimmt sein (*Commissaire aux comptes*).[1240]

Der Verwaltungsrat im *type français* hat mindestens drei, höchstens 18 Mitglieder, wobei etwaige Arbeitnehmervertreter nicht mitgezählt werden.[1241] Er kann per Satzung für das Tagesgeschäft auch einen *Directeur général* einsetzen, so dass die Rollen flexibel getrennt oder kombiniert werden können. Dem *Directeur général* wiederum können bis zu fünf Stellvertreter beigeordnet werden (Singular *Directeur général délégué*). Effektiv besteht so die Wahl zwischen drei Organisationsmo-

1232 *Sénat*, Mitteilung des Rechtsausschusses (oben Fn. 1227).

1233 Die französischen Gesetze werden im *Journal officiel de la République française* (*JORF* oder *JO*) publiziert und treten grundsätzlich einen Tag nach Veröffentlichung in Kraft. Sie sind im Internet abrufbar bei *Légifrance*, der offiziellen Website der französischen Regierung zur Veröffentlichung von Gesetzen und Rechtstexten; http://www.legifrance.gouv.fr/, dort unter *Lois et règlements, Les codes en vigueur, Nom du Code* (Suchmaske). Neben konsolidierten Texten in französischer Sprache finden sich u.a. auch einige englische Übersetzungen. Der *Code de Commerce* (im Folgenden *frCCom*) wurde in den Jahren nach 2000 einer Überarbeitung unterzogen, eine englische Übersetzung (Stand 20.03.2006) findet sich unter http://www.legifrance.gouv.fr/Traductions/en-English/Legifrance-translations.

1234 Art. L. 225-1 ff. frCCom; zu den Durchführungsbestimmungen vgl. Art. R. 225-1 ff. frCCom.

1235 Art. L. 225-1 frCCom.

1236 Art. L. 225-57 frCCom.

1237 Art. L. 225-17 ff. frCCom.

1238 Art. L. 225-58 ff. frCCom.

1239 Art. L. 225-68 ff. frCCom.

1240 Art. L. 225-218 ff. frCCom.

1241 Art. L-225-27 Abs. 2 frCCom. Vgl. ferner Art. L. 225-35 ff. (Aufgaben und Befugnisse), L. 225-44 ff. (Vergütung) frCCom.

dellen. Praktisch ist es weit verbreitet, den Vorsitzenden des Verwaltungsrats gleichzeitig mit dem operativen Geschäft zu betrauen, sog. *Président-Directeur général.*[1242]
Der Vorstand im *type allemand* besteht aus maximal fünf Personen, bei börsennotierten Gesellschaften auf Satzungsgrundlage aus maximal sieben Personen, in Gesellschaften mit einem Kapital unter 150.000 Euro auch aus nur einer Person.[1243] Der Aufsichtsrat hat Aufsichts-, Einsichtnahme- und Zustimmungsbefugnisse. Letztere können durch Satzung erweitert werden. Einmal pro Quartal erhält er einen Bericht durch den Vorstand, daneben am Abschluss des Wirtschaftsjahrs. Er besteht aus mindestens drei und höchstens 18 Mitgliedern, wobei etwaige Arbeitnehmervertreter nicht mitgezählt werden.[1244] Juristische Personen können Aufsichtsrat werden, müssen dann aber eine natürliche Person als (haftenden) Vertreter benennen und können weder Vorsitzender noch Stellvertreter sein.[1245] Der Aufsichtsratsvorsitzende hat bei Stimmengleichheit die entscheidende Stimme.[1246] Die Organisationsform muss auf Geschäftsbriefen angegeben werden als *„société anonyme à directoire et conseil de surveillance“.*[1247]
Praktisch ist die weit überwiegende Mehrheit der französischen Kapitalgesellschaften monistisch organisiert. Der GmbH steht die betreffende Option ohnehin nicht offen. Aber auch bei den Aktiengesellschaften hat sich das dualistische Modell nicht durchgesetzt. Im Gegenteil soll in mehreren Fällen die Entscheidung für das dualistische Modell sogar wieder rückgängig gemacht worden sein.[1248]

Die jeweiligen Organe werden von der Hauptversammlung ernannt (*Assemblée générale*).[1249] Jedes Organmitglied muss eine bestimmte – in der Satzung festgelegte – Mindestanzahl von Aktien des Unternehmens besitzen. Sobald sein Aktienanteil unter diese festgelegte Grenze fällt, scheidet es automatisch aus dem Gremien aus.[1250]

Als weiterer eigenständiger Typ kann eine „vereinfachte Aktiengesellschaft“ gegründet werden (*Société par Actions Simplifiée*, abgekürzt *S.A.S.*).[1251] Auf sie finden die Vorschriften über die *S.A.* grundsätzlich entsprechende Anwendung. Allerdings kann sie auch von bereits einer einzigen juristischen oder natürlichen Person ge-

---

1242 Art. L. 225-51-1, 225-53 ff. frCCom; *Loi No. 2001-420 du 15 mai 2001 relative aux nouvelles régulations économiques*, abrufbar unter http://www.legifrance.gouv.fr/affichTexte.do?cidTexte=JORFTEXT000000223114; *Roturier*, Country Report France, S. 33; vgl. auch *Vienot* I (oben Fn. 1211), S. 7 f.

1243 Art. L. 225-59 frCCom. Vgl. ferner Art. L. 225-60 (Altersgrenze), L. 225-63 (Vergütung), L. 225-64 (Befugnisse), L. 225-67 (maximale Mandatszahl) frCCom.

1244 Art. L. 225-69, 225-79 Abs. 3 frCCom.

1245 Art. L. 225-76, L. 225-81 S. 3 frCCom.

1246 Art. L. 225-82 Abs. 3 frCCom. Vgl. auch Art. L. 225-81 f. (Vorsitzender), L. 225-85 (Vergütung) frCCom.

1247 Art. R. 123-238, Abs. 4 a) frCCom.

1248 *Roturier*, Country Report France, S. 33; freilich ohne nähere Angaben.

1249 Art. L. 225-96 ff. frCCom.

1250 Art. L. 225-25 (Verwaltungsräte); L. 225-72 frCCom (Aufsichtsräte).

1251 Art. L. 227-1 ff. frCCom; zur Haftung vgl. Art. 244-1 ff. frCCom.

gründet werden. Da sie nicht den strikten und umfangreichen Transparenzpflichten der *S.A.* unterliegt und auch hinsichtlich der Satzung nur wenige Voraussetzungen verlangt werden, ist sie flexibler als die *S.A.* Sie kann jedoch nicht an der Börse notiert werden.[1252] Ihr einziges zwingend vorgeschriebenes Leitungsorgan ist der *Président*. Dieser, juristische oder natürliche Person, muss nicht Gesellschafter der *S.A.S.* sein und vertritt die Gesellschaft nach außen.[1253]

Gesellschafter einer GmbH (*Société à Responsabilité Limitée*, abgekürzt *S.A.R.L.*)[1254] können natürliche und juristische Personen sein, ihre Anzahl ist auf maximal 100 begrenzt. Möglich ist aber auch eine Einpersonen-*S.A.R.L* (die dann als *Entreprise Unipersonnelle à Responsabilité Limitée* bezeichnet wird, abgekürzt *E.U.R.L*). Organe sind ein oder mehrere Geschäftsführer (*Gérant*)[1255] und die Gesellschafterversammlung (*Assemblée des associés*),[1256] ab einer bestimmten Größe auch der Rechnungsprüfer.[1257]

Sämtliche Rechtsformen sind auf eine Dauer von 99 Jahren beschränkt.[1258]

Das Mindestkapital bei der *S.A.* liegt bei 37.000,– Euro.[1259] Für die *S.A.S.* bestand ursprünglich ein Mindestkapitalerfordernis von ebenfalls 37.000,– Euro. Durch ein Gesetz aus dem Jahr 2008 ist dieses Erfordernis mittlerweile entfallen.[1260] Das Stammkapital einer *S.A.R.L.* kann in der Satzung frei festgelegt werden, so dass mittlerweile auch 1-Euro-Gesellschften möglich sind.[1261]

Die Höhe des Stammkapitals muss jeweils auf den Geschäftsbriefen angegeben werden.[1262]

Kaufleute und gewerbliche Gesellschaften werden grundsätzlich im *Registre du commerce et des sociétés – RCS* eingetragen, das grundsätzlich beim Rechtspfleger (*greffe*) eines besonderen Handelsgerichts geführt wird (*tribunal de commerce*). Die verschiedenen Handelsregister wiederum werden beim *Registre National du Com-*

1252 Art. L. 227-2 frCCom.
1253 Art. L. 227-6 frCCom.
1254 Art. L. 223-2 ff. frCCom; zu den Durchführungsbestimmungen vgl. Art. R. 223-1 ff. frCCom.
1255 Art. L. 223-18 frCCom.
1256 Art. L. 223-27 ff. frCCom.
1257 Art. L. 223-29, 223-35, 223-38 frCCom.
1258 Art. L. 210-2 frCCom.
1259 Art. L. 224-2 Abs. 1 frCCom.
1260 *Loi de la modernisation de l'économie No. 2008-776 du 4 août 2008.*
1261 Art. L. 223-2 frCCom. Es lag ursprünglich bei mindestens 20.000,– Francs (1967), dann bei 50.000,– Francs (1984) und dann bei 7.500,– Euro (2003). Zur aktuellen Rechtslage *Loi No. 2003-721 du 1 août 2003 pour l'initiative économique*, unter http://www.legifrance.gouv.fr/affichTexte.do?cidTexte=LEGITEXT000005634924. Zu den Einlagen vgl. Art. L. 223-7 frCCom.
1262 Art. R. 123-238, Abs. 4 b) frCCom.

merce et des Sociétés zusammengeführt; Eintragungen erfolgen im *JO/JORF*. Daneben müssen sich die Unternehmen auch im Unternehmensverzeichnis *Systéme Informatique pour le Répertoire des Entreprises et des Etablissements – SIRENE* beim nationalen Institut für Statistik und Wirtschaftsstudien (*Institut national de la statistique et des études économique – INSEE*) eintragen lassen.[1263]

4. Arbeitnehmerbeteiligung

a) Betriebliche Interessenvertretung

aa) Voraussetzungen

(1) Grundlagen

Die Arbeitnehmerbeteiligung hat in Frankreich Verfassungsrang. In Abs. 8 der Präambel der Verfassung vom 27.10.1946 heißt es: *„Jeder Arbeiter nimmt durch die Vermittlung seiner Vertreter an der gemeinschaftlichen Festsetzung der Arbeitsbedingungen sowie an der Verwaltung der Unternehmen teil“*.[1264]

Ausgestaltet wird diese Vorgabe vor allem im Arbeitsgesetzbuch, *Code du Travail*.[1265] Es ist in Teile, Bücher, Titel und Kapitel aufgegliedert. Die Personalrepräsentanzen sind in der *Partie législative* geregelt. Die Bestimmungen über die Gewerkschaftsrepräsentanzen finden sich in Titel Zwei des ersten Buchs des Zweiten Teils (*Les Relations Collectives de Travail – Représentativité syndicale*),[1266] die sonstigen Vertretungen im dritten Buch (*Les Institutions représentatives du personnel*).[1267]

Tendenziell wird darin sehr genau bestimmt „wer“ in den jeweiligen Interessenvertretungen beteiligt wird, das „wie“ hingegen ist allgemeiner umrissen. Die

---

1263 Art. L. 123-1-1, R. 123-1 ff., 123-31 ff., insbes. 123-32-1, 123-220 frCCom; zu den *tribunaux de commerce* vgl. Art. L. 721-1 ff. frCCom.

1264 *„Tout travailleur participe, par l'intermédiaire de ses délégués, à la détermination collective des conditions de travail ainsi qu'à la gestion des entreprises“*, offizielle deutsche Übersetzung beim Verfassungsrat/*Conseil Constitutionnel* unter http://www.conseil-constitutionnel.fr/conseil-constitutionnel/deutsch/verfassung/praambel-von-1946.25774.html. Die Präambel der gegenwärtig aktuellen Verfassung der V. Republik vom 04.10.1958 bezieht sich ihrerseits u.a. auf die Präambel der Verfassung von 1946 sowie auf die Erklärung der Menschen- und Bürgerrechte von 1789. Zusammen bilden sie den sog. *„Bloc de constitutionnalité“*; Deutsche Übersetzung der Verfassung von 1958 abrufbar unter http://www.conseil-constitutionnel.fr/conseil-constitutionnel/root/bank_mm/allemand/constitution_allemand.pdf.

1265 Im Folgenden *frCT*. Das Gesetz stammt ursprünglich aus dem Jahr 1973 und wurde 2007/2008 mit dem Ziel der Vereinfachung grundlegend überarbeitet. Die Änderungen betreffen nicht den Inhalt, sondern die Systematik. Die Neufassung ist zum 1. Mai 2008 in Kraft getreten (*Loi No. 2008-67 du 21 janvier 2008 ratifiant l'ordonnance No. 2007-329 du 12 mars 2007 relative au code du travail (partie législative)*). Soweit ersichtlich existiert keine frei zugängliche englische Version des Textes.

1266 Art. L. 2121-1 ff. frCT.

1267 Art. L. 2311-1 ff. frCT.

jeweiligen Verfahren laufen in ihrer Wirkung im Wesentlichen auf eine geordnete Informationserteilung hinaus, die einen „garantierten Dialog“ ermöglichen soll.

Die tatsächliche Interessenwahrnehmung obliegt hierbei mehreren parallelen Strukturen, zusammengefasst spricht man auch von den *Instances représentatives du personnel*, kurz *IRP*. Neben der individuellen Sphäre sind dies auf kollektiver Ebene zum einen gewerkschaftliche, zum anderen von der gesamten Belegschaft gewählte Interessenvertretungen. Letztere sind zum Teil auch mit Arbeitgebervertretern besetzt. Der niedrigste Schwellenwert für derartige kollektive Beteiligungssysteme liegt bei elf Beschäftigten, darunter besteht keine Pflicht zur Arbeitnehmerbeteiligung. All diese Interessenvertretungen verfügen hauptsächlich über Informations- und Konsultationsrechte. Mitbestimmungsrechte im Sinne von echten Verhandlungsmöglichkeiten liegen nahezu ausschließlich bei den Gewerkschaften. Auch dies entspricht den Traditionen, da sich die Interessenvertretungen lange ausschließlich auf die sozialen Komponenten konzentrierten.

(2) Formen

α) Individuell

Bereits individuell haben alle Arbeitnehmer ein „*Droit d'expression directe*“, das Recht, ihre Meinung zu den Arbeitsbedingungen zu äußern. Wie dieses Recht im Einzelfall genutzt werden kann ist mit den Gewerkschaften auf betrieblicher Ebene auszuhandeln. Die Mitarbeiter behalten dieses Recht, selbst wenn andere Repräsentanzen bestehen.[1268]

Das *Droit d'expression* hängt faktisch also an den Gewerkschaften, deren Ausgestaltung wiederum von den entsprechenden Ergebnissen bei den Betriebsratswahlen abhängt, die ihrerseits aber verpflichtend nur in Unternehmen mit mindestens elf Beschäftigten durchgeführt werden müssen (näher dazu sogleich).

β) Gewerkschaftsvertretung

Ist in einem Betrieb eine Gewerkschaft vertreten, kann sie dort eine eigene Gewerkschaftssektion einrichten. Diese besteht ausschließlich aus den dortigen Gewerkschaftsmitgliedern und verfügt über bestimmte gesetzliche Rechte.

Bei insgesamt mehr als 50 Beschäftigten haben bestimmte repräsentative Gewerkschaften das Recht, Gewerkschaftsdelegierte zu ernennen (*Délégues syndicaux*, *DS*), die sowohl die Interessen der Gewerkschaftsmitglieder als auch diejenigen der gesamten Belegschaft wahrnehmen sollen.[1269]

1268 Art. L. 2281-1 ff.; L. 2313-10 frCT.
1269 Art. L. 2143-1 ff. frCT.

γ) Nicht-gewerkschaftliche Vertretungen

Für die nicht gewerkschaftlich organisierten Mitarbeiter können zwei separate Gremien mit jeweils eigenen Rechten und Pflichten gewählt werden. Dies sind zum einen die Belegschaftsvertreter (*Délégues du Personnel, DP*),[1270] zum anderen der Betriebsrat (*Comité d'Entreprise, CE*).[1271] Normalerweise sind diese Gremien personal klar getrennt, es gibt aber auch Überschneidungen. Hat ein Unternehmen weniger als 200 Beschäftigte, kann der Arbeitgeber entscheiden eine gemeinsame Vertretung einzurichten, die die beiden anderen Gremien vereint (*Délégation Unique du Personnel, DUP*).[1272]

Zur Vollständigkeit erwähnt sei noch der Ausschuss für Gesundheitsschutz und Sicherheit am Arbeitsplatz (*Comité d'Hygiène, de Sécurité et de Conditions de Travail, CHSCT*).[1273]

δ) Betriebsübergreifend

Verfügt ein Unternehmen über mehrere Betriebe mit Betriebsräten, ist ein Zentralbetriebsrat einzurichten (*Comité Central d'Entreprise, CCE*).[1274] Dieser setzt sich dann aus Mitgliedern der Einzelbetriebsräte zusammen. In Konzernen ist der Konzernbetriebsrat vorgesehen (*Comité de Groupe*).[1275] Seine Mitglieder werden von den Gewerkschaften aus den Betriebsratsmitgliedern ausgewählt, basierend auf ihrem jeweiligen Stimmenanteil bei der letzten Betriebsratswahl. Der Konzernbetriebsrat muss mindestens einmal im Jahr zusammentreten. Er nimmt hauptsächlich Informationsrechte wahr.

Schließlich können die repräsentativen Gewerkschaften in Unternehmen mit mindestens 500 Mitarbeitern einen zentralen Gewerkschaftsdelegierten bestellen. In Unternehmen mit mindestens zwei Betrieben mit jeweils mehr als 50 Beschäftigten und insgesamt mehr als 2.000 Beschäftigten dürfen sie auch einen zentralen Gewerkschaftsdelegierten ernennen (*Délégué syndical/Délégué syndical central d'entreprise*).[1276]

Derartige Interessenvertretungen sind in französischen Betrieben weit verbreitet. Nach Zahlen der *Direction de l'animation de la recherche, des études et des statistiques (DARES)*, einer Abteilung des Arbeitsministeriums, hatten im Jahr 2004 63% der Unternehmen mit mehr als 50 Beschäftigten mindestens einen Gewerkschaftsdelegierten (70% der Unternehmen mit mehr als 200 Beschäftig-

---

1270 Art. L. 2311-1 ff. frCT.
1271 Art. L. 2321-1 ff. frCT.
1272 Art. L. 2326-1 ff. frCT.
1273 Art. L. 2381-1 f. frCT; zu seinen Aufgaben vgl. Art. L. 4611-1 ff. frCT.
1274 Art. L. 2327-2 ff. frCT.
1275 Art. L. 2331-1 ff. frCT.
1276 Art. L. 2143-4, 2143-5 frCT; ETUI-FR-BI, S. 1, 6.

ten hatten dabei zwei oder mehr Gewerkschaftsdelegierte unterschiedlicher Gewerkschaften), 81% hatten einen Betriebsrat bzw. eine *DUP*, 72% verfügten über einen *CHSCT*. In Unternehmen mit mehr als 500 Beschäftigten lagen diese Werte jeweils über 95%.[1277]

bb) Größe und Zusammensetzung

(1) Gewerkschaftsvertretung

Bis 2008 konnten sich die lokalen Gewerkschaften unabhängig von ihrer Mitgliederzahl mehr oder weniger frei organisieren. Dies führte dazu, dass häufig mehrere konkurrierende Gewerkschaften in einem Betrieb vorhanden waren. Deren Wettbewerb untereinander erschwerte die Verständigung. Neuerdings ist darum vorgeschrieben, dass es sich um „repräsentative" Gewerkschaften handeln muss, was wiederum an verschiedene Voraussetzungen geknüpft wird. Deren wichtigste ist, dass die Gewerkschaft in den Betriebsratswahlen von mindestens 10% der Belegschaft unterstützt werden muss.[1278]

Dies ist vor allem für KMU relevant, da Betriebsratswahlen nur in Betrieben mit mehr als 11 Beschäftigten stattfinden, somit die kleineren Unternehmen vollkommen herausfallen. Gegen die Einführung dieser prozentualen Hürde regte sich unter den Gewerkschaften daher beträchtlicher Widerstand. Sie rügten einen Verstoß gegen Art. 11 EMRK. Ihre Klage wurde vom *Cour de Cassation* jedoch abschlägig beschieden; der Staat behalte das Recht, die Vereinigungsfreiheit insoweit zu beschränken.[1279]

Eine lokale Gewerkschaftsorganisation, die ihrerseits einem der fünf auf nationaler Ebene repräsentativen Gewerkschaftsbünde angehört,[1280] gilt automatisch auch auf betrieblicher Ebene als repräsentativ.

1277 Die Daten finden sich auf den Webseiten des Arbeitsministeriums unter http://www.travail solidarite.gouv.fr/, dort *Etudes, Recherche, Statistiques de la Dares* und *Relations professionelles*, unter http://www.travail-solidarite.gouv.fr/etudes-recherche-statistiques-de,76/statistiques,78/relations-professionnelles,85/(französisch). Sie werden alle sechs Jahre erhoben.

1278 Art. L. 2143-3 frCT.

1279 Entscheidung vom 14.04.2010, Az. 09-60426 09-60429; im französischen Volltext abrufbar unter http://www.legifrance.gouv.fr/affichJuriJudi.do?oldAction=rechJuriJudi&idTexte=JURITEXT000022109470&fastReqId=107448049&fastPos=1. Vgl. auch die Entscheidung vom *Cour de Cassation* vom 18.06.2010, nach der das Erfordernis eines vernünftigen Verfahrens zur Bestimmung der Repräsentativität die Vereinigungsfreiheit nicht einschränkt; Az. 10-4005, abrufbar unter http://www.legifrance.gouv.fr/affichJuriJudi.do?oldAction=rechJuriJudi&idTexte=JURITEXT000022395538&fastReqId=1129377398&fastPos=1. Vgl auch *Jean* (oben Fn. 1214) sowie *Tissandier, Reform of representativeness and social dialogue* (10.08.2010) unter http://www.eurofound.europa.eu/eiro/2010/07/articles/fr1007031i.htm (englisch).

1280 *CGT, FO, CFDT, CFTC* und *CFE-CGC*.

Können die repräsentativen Gewerkschaften in Betrieben mit mehr als 50 Beschäftigten einen eigenen Delegierten bestellen (*Délégué syndical, DS*), der entsprechende Rechte wahrnehmen kann, so haben die nicht-repräsentativen Gewerkschaften nur die Möglichkeit, einen eigenen Vertreter der Gewerkschaftssektion zu ernennen, der aber nicht über Betriebsvereinbarungen verhandeln kann und daher über weniger Befugnisse verfügt (*Représentant de la Section Syndicale, RSS*).[1281]

(2) Nicht-gewerkschaftliche Vertretungen

α) Belegschaftsvertreter

Personaldelegierte (*DP*) können in allen Betrieben mit mindestens elf Beschäftigten gewählt werden.[1282] Bei weniger als elf Beschäftigten können Personaldelegierte aufgrund von Vereinbarung oder Tarifvertrag bestellt werden.[1283]

Die absolute Größe des Gremiums und die jeweiligen Schritte werden festgelegt durch Dekret des *Conseil d'Ètat* („Staatsrat"; er vereint die Funktionen eines obersten Verwaltungsgerichts und eines obersten Beratungsgremiums der Regierung für Rechtsfragen).

Aktuell ist vorgesehen, dass sich die Zahlen nach der Gesamtmitarbeiterzahl staffeln, allerdings nicht linear. Bei elf bis 25 Beschäftigten wird ein Personaldelegierter gewählt, bei 26 bis 74 zwei, bei 75 bis 99 drei, bei 100 bis 124 vier, bis 174 fünf, bis 249 sechs, bis 499 sieben, bis 749 acht und bis 1.000 Beschäftigte neun Personaldelegierte. Darüber kommt für jeweils 250 weitere Beschäftigte ein Personaldelegierter hinzu.[1284]

β) Betriebsräte

Betriebsräte (*CE*) sind in allen Unternehmen mit mindestens 50 Beschäftigten einzurichten.[1285] Bei weniger als 50 Beschäftigten können Betriebsräte aufgrund von Vereinbarung oder Tarifvertrag bestellt werden.[1286]

Bei bis zu 74 Beschäftigten werden drei Betriebsratsmitglieder gewählt. Bei bis 99 dann vier, bis 399 fünf, bis 749 sechs und bis 999 sieben. In einem Unternehmen mit 1.000 bis 5.000 Beschäftigten kommt für jeweils 1.000 Mitarbeiter ein Betriebs-

---

1281 Vgl. Art. L. 2142-1-1 ff. frCT und die Änderungen durch *Loi No. 2008-789 du 20 août 2008 portant rénovation de la démocratie sociale et réforme du temps de travail*, abrufbar unter http://www.legifrance.gouv.fr/affichTexte.do?cidTexte=JORFTEXT000019347122&fastPos=2&fastReqId=1277578207&categorieLien=id&oldAction=rechTexte.

1282 Art. L. 2312-1 ff. frCT.

1283 Art. L. 2312-4 frCT.

1284 Art. L. 2314-1, R. 2314-1 *(Créé par Décret No. 2008-244 du 7 mars 2008 – art. (V))* frCT.

1285 Art. L. 2322-1frCT.

1286 Art. L. 2322-3 frCT.

ratsmitglied hinzu, darüber eines je weitere 2.500 Beschäftigte. Hat ein Unternehmen 10.000 oder mehr Arbeitnehmer werden maximal 15 Betriebsratsmitglieder gewählt. Zu den jeweils gewählten Vertretern kommt die gleiche Menge an Stellvertretern hinzu, die an den Sitzungen des *CE* teilnehmen, dort aber nur beratende Stimme haben.[1287]

Entscheidet sich der Arbeitgeber, Personaldelegation und Betriebsrat in einem gemeinsamen Gremium zusammenzulegen, wird die Zahl der gewählten Vertreter leicht erhöht.[1288]

Während die Personaldelegationen ausschließlich aus Arbeitnehmern bestehen, sind die Betriebsräte gemeinsame Gremien, in denen der Arbeitgeber bzw. ein von ihm ernannter Vertreter den Vorsitz führt und der Sekretär von den Arbeitnehmern gestellt wird.[1289]

Der Arbeitgeber wird hier ggf. von bis zu zwei Mitarbeitern mit beratender Stimme unterstützt.[1290]

Auch personelle Überschneidungen sind nicht selten. In Betrieben mit mehr als 300 Arbeitnehmern ist der Gewerkschaftsdelegierte (*DS*) per Gesetz zugleich Mitglied des Betriebsrats.[1291]

Beide Gremien treten mindestens einmal monatlich zusammen.[1292] In größeren Betrieben richtet der Betriebsrat verschiedene Unterausschüsse für bestimmte Sachfragen ein.

cc) Wahl

Die jeweiligen Arbeitnehmervertreter werden von der Belegschaft für in der Regel vier Jahre gewählt.

Tarifvereinbarungen können eine kürzere Amtszeit festlegen, jedoch nicht weniger als zwei Jahre.

Je nach Betriebsgröße wird hierzu ein Wahlkollegium für die Gesamtbelegschaft oder mehrere Wahlkollegien je nach Arbeitnehmerkategorie errichtet.

Der zukünftige Gewerkschaftsdelegierte (*DS*) wird von der jeweiligen Gewerkschaft vorgeschlagen und muss bei den Betriebsratswahlen mindestens 10% der Stimmen auf sich vereinen, um das Kriterium der Repräsentativität zu erfüllen.

1287 Vgl. Art. L. 2324-1 Abs. 2; zur Wahl vgl. Art. L. 2324-3 ff. frCT.

1288 Art. L. 2326-2 frCT, nach Dekret des *Conseil d'Ètat*.

1289 Art. L. 2325-1 frCT.

1290 Art. L. 2325-1 Abs. 2 frCT.

1291 Art. L. 2143-22 frCT.

1292 Vgl. Art. L. 2315-8 Abs. 1 (*DP*) L. 2325-14 (*CE*) frCT; ETUI-FR-BI, S. 2 f.

Bei Personaldelegation und Betriebsrat erfolgt die Wahl in maximal zwei Wahlgängen.

Im ersten Wahlgang können ausschließlich bestimmte Gewerkschaften Kandidatenlisten vorschlagen (diese Gewerkschaften müssen u.a. seit mindestens zwei Jahren bestehen und unabhängig sein). Wenn die Kandidaten zusammen mindestens die Hälfte der Stimmen der Wahlberechtigten erhalten, ist die Wahl gültig. Die Sitze werden dann je nach den Wahlergebnissen verteilt. Anderenfalls findet innerhalb von 15 Tagen ein zweiter Wahlgang statt. In diesem können auch gewerkschaftsexterne Kandidaten vorgeschlagen werden.[1293]

In der Praxis sollen zwischen 20 und 25 Prozent der Stimmen auf derartige Gewerkschaftsexterne entfallen.[1294]

---

dd) Befugnisse

(1) Beteiligung

Auch Aufgaben und Befugnisse sind unter den jeweiligen Vertretungen klar aufgeteilt.

α) Gewerkschaftsvertretung

Ein Gewerkschaftsdelegierter (*DS*) hat vorrangig seine Gewerkschaft gegenüber dem Arbeitgeber aber auch gegenüber den Arbeitnehmern zu vertreten. Er hat sich daneben aber auch für die Verbesserung der im Betrieb geltenden Vorschriften und Vereinbarungen zugunsten der gesamten Belegschaft einzusetzen. Hierzu kann er mit dem Arbeitgeber einmal jährlich über bestimmte Themen, einschließlich der Entlohnung, verhandeln. In Unternehmen mit mehr als 300 Beschäftigten kann der *DS* darüber hinaus alle drei Jahre über die langfristige Personalplanung verhandeln, was vor allem bei geplanten Umstrukturierungen relevant wird. Zu diesen Verhandlungen müssen den Gewerkschaftsdelegierten vom Arbeitgeber detaillierte Informationen vorgelegt werden.

Der *RSS*, ein Vertreter der nicht-repräsentativen Gewerkschaften, kann derartige Verhandlungen grundsätzlich nicht führen, so dass er auf die reine gewerkschaftliche Interessenvertretung beschränkt ist.[1295]

1293 Vgl. zur Amtszeit Art. L. 2314-26 Abs. 1 (*DP*) bzw. 2324-24 Abs. 1 (*CE*); zum Wahlverfahren Art. L. 2314-2 bis 2314-25 (*DP*) bzw. 2324-3 bis 2324-23 (*CE*); zur Abberufung Art. L. 2314-29 (*DP*) bzw. 2324-27 (*CE*) frCT.

1294 ETUI-FR-BI, S. 5.

1295 Vgl. zum *DS* Art. L. 2143-9 ff., L. 2143-22; zum *RSS* Art. L. 2142-1-1 ff. frCT; ETUI-FR-BI, S. 3 f.

β) Nicht-gewerkschaftliche Vertretungen

Die Aufgaben der Personaldelegierten (*DP*) sind im Gesetz nur recht allgemein umschrieben. In erster Linie haben sie die Interessen der Arbeitnehmer im Betrieb zu vertreten. Ferner verhandeln sie mit dem Arbeitgeber über individuelle und kollektive Anliegen der Beschäftigten. Dies umfasst die Entlohnung sowie allgemein die Einhaltung der Arbeitsgesetze und Tarifvereinbarungen. In solchen Betrieben, in denen kein Gewerkschaftsvertreter vorhanden ist, kann die Personaldelegation die entsprechenden Verhandlungen führen.[1296]

Dagegen sind die Aufgabengebiete des Betriebsrats (*CE*) recht umfassend aufgelistet. Er verfügt über eine Reihe von Anhörungs- und Informationsrechten im sozialen und wirtschaftlichen Bereich, ferner verwaltet er die sozialen Einrichtungen des Betriebs.

Informationsrechte bestehen hinsichtlich der „allgemeinen Marschrichtung" des Unternehmens („*marche générale*"). Dies erfasst namentlich u.a. Zahl und Art der Beschäftigten, Gründe für die Einstellung von Zeit- und Leiharbeitern und Personalprognosen, Änderungen der Tarifvereinbarungen und die Berufsbildung. Im wirtschaftlichen Bereich muss der Arbeitgeber detailliert über Kapitalsituation, Umsatz und Gewinn des Unternehmens, Produktivität, Investitionen und staatliche Subventionen, Aufgliederung der Lohnkosten und geplante Änderungen der Produktionsabläufe informieren. Daneben ist ein Überblick zu den künftigen Aussichten zu geben. Hierzu sind dem Betriebsrat neben dem Bericht des Rechnungsprüfers auch die Dokumente zu übermitteln, die auch den Anteilseignern zur Verfügung gestellt werden.

Im Vergleich hierzu sind die Anhörungsrechte nur allgemein umrissen. So hat der Arbeitgeber den Betriebsrat anzuhören, wenn unternehmerische Maßnahmen eine bedeutende Auswirkung auf die Größe und Struktur der Belegschaft haben. Ferner gilt dies bei Vorhaben zum Personalabbau und Massenentlassungen, wesentlichen strukturellen Änderungen wie Fusionen und Übernahmen, Forschungs- und Entwicklungsstrategien und Einführung neuer Technologien, Arbeitsbedingungen und Arbeitszeit, Berufsbildung, Gesundheitsschutz und Sicherheit.[1297]

Aktuell: Durch das nationale Übereinkommen vom Frühjahr 2013 bzw. das entsprechende Durchführungsgesetz[1298] sind zwei weitere Komplexe zur verbindlichen jährlichen Anhörung hinzugekommen.

1296 Art. L. 2313-1 ff. frCT.

1297 Art. L. 2323-1 ff. frCT; der Abschnitt umfasst insgesamt 87 Einzelnormen und legt u.a. bestimmte Fristen fest, in denen die jeweiligen Informationen zu erteilen sind.

1298 *LOI n° 2013-504 du 14 juin 2013 relative à la sécurisation de l'emploi*, konsolidierte Fassung vom 17.06.2013 unter http://www.legifrance.gouv.fr/affichTexte.do?cidTexte=JORFTEXT000027546648#LEGISCTA000027548682.

Einer richtet sich auf die strategische Ausrichtung des Unternehmens,[1299] der andere betrifft die Verwendung bestimmter Subventionen (*crédit d'impôt pour la compétitivité et l'emploi, CICE*[1300]).
Begleitet wird das durch die Schaffung einer zentralen Unternehmensdatenbank mit allen wirtschaftlichen und sozialen Daten, die der Betriebsrat zur ordnungsgemäßen Erfüllung seiner Aufgaben benötigt und auf die er jederzeit zugreifen kann. Zeitlich umfasst sie Informationen der drei zurückliegenden Jahre, des laufenden Jahres und die Aussichten auf die nächsten drei Jahre. Thematisch bezieht sie sich auf 1.) die sozialen, materiellen und immateriellen Investitionen, 2.) Eigenkapital und Verschuldung, 3.) Vergütung von Mitarbeitern und Führungskräften, 4.) soziale und kulturelle Aktivitäten, 5.) Fremdkapitaldienst, 6.) Zahlungsflüsse, einschließlich öffentlicher Subventionen und Steuern, 7.) Auftragsvergabe an Subunternehmer, 8.) Handels- und Finanztransfers zwischen einzelnen Unternehmensgruppenbestandteilen.[1301] Der Mindestumfang der jeweiligen Informationen soll durch ein Dekret des *Conseil d'Etat* festgelegt werden. Die Datenbank soll zukünftig auch der Regelberichterstattung und der Vorbereitung der Anhörung dienen.[1302]
Die Verpflichtung zur Erstellung einer solchen Datenbank galt zunächst für alle Unternehmen, die mindestens 300 Arbeitnehmer beschäftigen. Diese haben zur Umsetzung ein Jahr ab Bekanntmachung des Gesetzes. Kleinere Unternehmen haben ein weiteres Jahr. Spätestens zum 31.12.2016 soll die regelmäßige Informationserteilung ausschließlich über die Datenbank erfolgen.[1303]

In all diesen Bereichen ist der Arbeitgeber aber nicht auf die tatsächliche Zustimmung des Betriebsrats angewiesen. Dieser muss lediglich eine entsprechende Stellungnahme abgeben und alternative Vorschläge äußern können. Das Konsultationsverfahren läuft darum im Wesentlichen auf eine geordnete Informationserteilung hinaus. In seinen Entscheidungen bleibt der Arbeitgeber aber grundsätzlich vollkommen frei.[1304]

Auch durch die Neuregelungen soll keine Mitbestimmung geschaffen werden. So heißt es in dem betreffenden Bericht des *Sénats* ausdrücklich, dass die Etablierung eines Dialogs zwischen Betriebsrat und Unternehmensleitung es ermöglichen

---

1299 Neuer Art. L. 2323-7-1 frCT („*La consultation du comité d'entreprise sur les orientations stratégiques de l'entreprise*").

1300 Vgl. dazu Darstellung *Projet de loi relatif à la sécurisation de l'emploi* – Bericht des Sozialausschusses des *Sénats, Rapport n° 501 (2012-2013)* vom 11.04.2013, hier *4. L'amélioration de l'information et des procédures de consultation des institutions représentatives du personnel* beim *Sénat* unter http://www.senat.fr/rap/l12-501/l12-5019.html (französisch). Zum *CICE* vgl. Darstellung beim Wirtschafts- und Finanzministerium unter http://www.economie.gouv.fr/ma-competitivite/quest-que-credit-dimpot-pour-competitivite-et-lemploi (ohne Datum) (französisch).

1301 Art. L. 2323-7-2 frCT/Art. 12 *ANI* vom 11.01.2013 (oben Fn. 1218).

1302 Art. L. 2323-7-1, Abs. 3 frCT. Zur Vertraulichkeit der Informationen vgl. Art. L. 2323-7-2, Abs. 6 frCT.

1303 Vgl. dazu Art. 8 IV des Durchführungsgesetzes *LOI n° 2013-504 du 14 juin 2013 relative à la sécurisation de l'emploi/NOTA* bei Art. L. 2323-7-2 frCT, sowie zur Entstehung die Darstellung *Projet de loi relatif à la sécurisation de l'emploi* – Bericht des Sozialausschusses des *Sénats, Rapport n° 501 (2012-2013)* vom 11.04.2013, hier *Section 2 De nouveaux droits collectifs en faveur de la participation des salariés,* beim *Sénat* abrufbar unter http://www.senat.fr/rap/l12-501/l12-50121.html#toc243 (französisch).

1304 Vgl. Art. L. 2323-3 frCT; ETUI-FR-BI, S. 4 f.

soll, die Interessen und die Sichtweisen der Arbeitnehmer besser zu berücksichtigen, ohne jedoch die Befugnisse der Unternehmensorgane zu beschränken.[1305]

(2) Ausstattung und Kündigungsschutz

Der Arbeitgeber muss dem Betriebsrat ein eigenes Budget gewähren, das 0,2% der gesamten jährlichen Lohnkosten umfasst.[1306]

Welche einzelnen Lohnbestandteile hier genau einberechnet werden wurde erstmals geregelt durch *circulaire ministérielle n°1/87 du 16 février 1987* und sodann durch die Gerichte weiter präzisiert. Demzufolge sind insbesondere die Entlohnungen für Zeitarbeitskräfte nicht einzubeziehen.[1307]

Wenn der Betriebsrat es wünscht, und er über die entsprechenden Mittel verfügt, kann er auch eigenes Personal einstellen.

Zudem haben die jeweiligen Arbeitnehmervertreter einen Anspruch auf Freistellung in einem bestimmten Umfang.

Gewerkschaftsdelegierte (*DS*) haben in Betrieben mit 50 bis 150 Beschäftigten einen Anspruch auf 10 Stunden/Monat Arbeitsbefreiung, bei bis zu 499 Beschäftigten dann 15 Stunden und bei 500 oder mehr Beschäftigten 20 Stunden im Monat. Vertreter der nicht-repräsentativen Gewerkschaften (*RSS*) haben in Betrieben mit mehr als 50 Arbeitnehmern einen Anspruch auf monatlich vier Stunden Freistellung.

Personaldelegierte sind monatlich 15 Stunden freizustellen. Für Betriebsratsmitglieder liegt der Wert bei monatlich 20 Stunden.

Diese Freistellungsansprüche sind kumulierbar. Ein Arbeitnehmervertreter in einem größeren Unternehmen, der zeitgleich Gewerkschaftsdelegierter, Personaldelegierter und Betriebsrat ist, kommt somit auf 55 Stunden Freistellung pro Monat.

Zusätzlich hat der Arbeitgeber Räumlichkeiten und Ausstattung zur Verfügung zu stellen.

Ggf. können auch externe Berater herangezogen werden,[1308] was insbesondere bei den Betriebsräten in größeren Unternehmen übliche Praxis sein soll.

1305 *„L'engagement d'un dialogue sur ces orientations avec le conseil d'administration ou de surveillance, qui est destinataire de l'avis du CE et des éventuelles orientations alternatives qui l'accompagnent, doit permettre de mieux prendre en compte le point de vue et l'intérêt des salariés, sans bien sûr restreindre les prérogatives de ces organes de direction de l'entreprise"*, *Sénat*, Bericht Sozialausschuss (oben Fn. 1303), ebd.

1306 Art. L. 2325-43 Abs. 1 frCT.

1307 Vgl. als Überblick die Darstellung *Quelle masse salariale prendre en compte dans le calcul des budgets du CE ?* (April 2012), abrufbar bei der Wirtschaftsprüferkammer *Ordre des Experts-Comptables – OEC* unter http://www.oec-paris.fr/doc/2935 (französisch).

1308 Vgl. Art. L. 2315-1 ff. (*DP*), L.2325-6 ff., L. 2325-35 ff. (*CE*) frCT; ETUI-FR-BI, S. 6.

Gewerkschaftsdelegierte sowie sonstige Beschäftigte, die diese Funktion in den letzten zwölf Monaten wahrgenommen haben, können nur nach einem persönlichen Gespräch mit dem Arbeitgeber sowie zusätzlich einer Anhörung des Betriebsrats und mit Genehmigung der zuständigen Gewerbeaufsichtsbehörde (*inspecteur du travail*) entlassen werden. Für die sonstigen Arbeitnehmervertreter gilt grundsätzlich der gleiche Schutz, beschränkt sich aber auf einen Zeitraum von sechs Monate nach Ablauf der Amtszeit. Praktisch sollen solche Entlassungen vergleichsweise oft vorkommen.[1309]

ee) Vertretung auf supranationaler Ebene

Die französischen Mitglieder in einem Besonderen Verhandlungsgremium beim EBR bzw. in der SE (*groupe spécial de négociation*) werden von den Gewerkschaften auf der Grundlage ihres Stimmenanteils bei den Betriebsratswahlen bestellt. Die jeweiligen Personen werden unter den Betriebsratsmitgliedern oder den Gewerkschaftsdelegierten im Unternehmen ausgewählt. Falls keine Gewerkschaft besteht, erfolgt die Wahl direkt durch die Belegschaft.

Die Mitglieder im *Board* bzw. Aufsichtsrat einer SE werden in einem von diesem zu bestimmenden Verfahren benannt.

Falls hierzu Wahlen abgehalten werden sollen, richten sich diese nach dem Verfahren bei der Unternehmensmitbestimmung in französischen Unternehmen.

Die entsprechenden Vertreter werden demnach von der gesamten Belegschaft gewählt. Kandidatenvorschläge stammen von den repräsentativen Gewerkschaften oder von mindestens 5% der Belegschaft (bzw. von mindestens 100 Beschäftigten in Unternehmen mit 2.000 oder mehr Arbeitnehmern).[1310]

b) Unternehmensmitbestimmung

aa) Grundlagen

Ausgangspunkt für die Mitbestimmung im privaten Bereich ist die Entwicklung im öffentlichen Sektor. Arbeitnehmer in Leitungsgremien gibt es in Frankreich normalerweise nur in staatlichen bzw. vor kurzem privatisierten Unternehmen. In privaten Aktiengesellschaften kann grundsätzlich die Anteilseignerversammlung darüber entscheiden, ob sie Arbeitnehmervertreter zulassen möchte oder nicht. Neuerdings sind auch private Großunternehmen dazu verpflichtet, eine Mitbestimmung einzuführen. Ggf. liegt das mögliche Maximum bei einer Drittelbeteiligung.

1309 Art. L. 2411-1 bis 2411-22 frCT, im Einzelnen Art. L. 2411-3 f. für den *DS*, Art. L. 2411-5 ff. für den *DP*, Art. L. 2411-8 ff. für den *CE*; ETUI-FR-BI, S. 6.

1310 Vgl. Art. L. 2341-1 ff. (EBR), L. 2351-1 ff. (SE) frCT ; ETUI-FR-EI, S. 1.

bb) Staatliche und neu privatisierte Unternehmen

In staatlichen Unternehmen mit 200 bis 1.000 Beschäftigten entsenden die Arbeitnehmer drei Vertreter in das Leitungsgremium. In größeren staatlichen Unternehmen haben sie das Recht, ein Drittel der Mitglieder zu bestellen. In beiden Fällen werden die jeweiligen Kandidaten von den repräsentativen Gewerkschaften oder von mindestens 5% der Belegschaft (bzw. von mindestens 100 Beschäftigten in Unternehmen mit 2.000 oder mehr Arbeitnehmern) vorgeschlagen und von der gesamten Belegschaft gewählt. Eingeführt wurde diese Regelung erst 1983, damit vergleichsweise spät.[1311]

Die gewählten Vertreter erhalten keine gesonderte Vergütung, unterliegen aber auch nur (und insofern anders als in privaten Unternehmen) einer eingeschränkten Haftung.

In vor kurzem privatisierten Unternehmen, deren Leitungsorgan aus weniger als 15 Personen zusammengesetzt ist, stehen den Arbeitnehmern insgesamt drei Sitze zu. Von diesen werden zwei von Belegschaftsvertretern und einer von einem Arbeitnehmeraktionärsvertreter besetzt. Bei mehr als 15 Personen im Leitungsorgan besetzen die Arbeitnehmer insgesamt vier Sitze, von denen dann drei mit Belegschaftsvertretern besetzt werden. Die Anteilseignerversammlung kann allerdings auch beschließen, die Unternehmensmitbestimmung gänzlich abzuschaffen.[1312]

cc) Private Unternehmen

(1) Voraussetzungen

Seit 1986 können auch private Aktiengesellschaften freiwillig auf Satzungsgrundlage Arbeitnehmervertreter in ihren Leitungsorganen zulassen. Hier ist die Zahl der Arbeitnehmervertreter auf vier (in börsennotierten Unternehmen auf fünf) begrenzt.[1313] Sie darf höchstens ein Drittel der Gesamtzahl der Mitglieder des Leitungsorgans betragen;[1314] bei mindestens zwei Arbeitnehmervertretern ist ein Sitz für die leitenden Angestellten („... *les ingénieurs, cadres et assimilés...*“) reserviert. Auch hier können die Anteilseigner im Rahmen einer außerordentlichen Hauptversammlung jederzeit beschließen, die Mitbestimmung wieder abzuschaffen. Praktisch kommt diese Variante der freiwilligen Mitbestimmung aber ohnehin nur sehr selten vor.

1311 *Loi n° 83-675 du 26 juillet 1983 relative à la démocratisation du secteur public.*

1312 *Loi n° 86-912 du 6 août 1986 relative aux modalités des privatisations; Loi n° 93-923 du 19 juillet 1993 de privatisation*; vgl. dazu auch *Roturier*, Country Report France, S. 35; ETUI-FR-MB, S. 1.

1313 *Ordonnance No. 86-1135 du 21 octobre 1986*; Art. L. 225-27 (Verwaltungsrat) bzw. L. 225-79 (Aufsichtsrat) frCCom.

1314 Art. L. 225-22 Abs. 2, L. 225-79 Abs. 2 frCCom.

Besitzen die Arbeitnehmer mindestens 3% der Aktien eines Unternehmens besteht die Möglichkeit, einen Vertreter als Arbeitnehmeraktionär in das Leitungsorgan des Unternehmens zu entsenden. Auch hier haben aber die Anteilseigner die Möglichkeit, eine solche Entsendung und damit die Mitbestimmung insgesamt im Rahmen einer Hauptversammlung abzulehnen. Sollte dies der Fall sein, kann ein erneuter Vorschlag zu ihrer Einführung erst nach einer Frist von drei Jahren eingebracht werden.[1315] Eingeführt wurde diese Regelung 1994, damals noch mit einem Anteilswert von 5%, seit 2001 liegt der Wert bei 3%.

Die Entsendemöglichkeit besteht allerdings nicht, wenn im fraglichen Gremium bereits ein Arbeitnehmervertreter sitzen sollte.[1316]

Tatsächlich sind solche Vertreter der Arbeitnehmeraktionäre sehr selten. Die überwiegende Mehrheit der Unternehmen, die im Leitindex *CAC 40* gelistet sind, hat gar keinen derartigen Vertreter, obwohl die Arbeitnehmer dort über einen „*signifikanten Anteil*“ am Aktienkapital verfügen. Dort, wo es sie gibt, gelten sie keinesfalls als Vertreter der Gesamtbelegschaft sondern ausschließlich als Interessenwahrer der Arbeitnehmeraktionäre.[1317]

Durch das branchenübergreifende nationale Übereinkommen für ein neues Wirtschafts- und Sozialmodell vom Januar 2013 (*ANI*)[1318] ist zudem eine verbindliche Mitbestimmung in französischen Großunternehmen eingeführt worden.[1319] Betroffen davon sind Unternehmen, die 1.) als Aktiengesellschaft bzw. als Kommanditgesellschaft auf Aktien organisiert sind und die 2.) inklusive ihrer Tochtergesellschaften („*filiales, directes et indirectes*“[1320]) in zwei aufeinanderfolgenden Jahren mindestens 5.000 Arbeitnehmer in Frankreich oder mindestens 10.000 Arbeitnehmer weltweit beschäftigen,[1321] und die 3.) noch nicht nach den anderen Regeln mitbestimmt sind.[1322] Das betroffene Unternehmen muss zudem einen Betriebsrat *(CE)* eingerichtet haben.[1323]

Aus der strengen Rechtsformbezogenheit auf *S.A.* und *S.C.A.* folgt, dass ggf. eine für eine Holding denkbare Umgehungsmöglichkeit besteht, indem sie sich z.B. als *S.A.R.L.* oder *S.A.S.* organisiert.

1315 Art. L. 225-23 frCCom.

1316 Art. L. 225-23, Abs. 7 frCCom.

1317 *Roturier*, Country Report France, S. 34.

1318 *ANI* vom 11.01.2013 (oben Fn. 1218).

1319 Neue Art. L. 225-27-1, L. 225-79-2 frCCom. Vgl. dazu Art. 9 V des Durchführungsgesetzes *LOI n° 2013-504 du 14 juin 2013 relative à la sécurisation de l'emploi.*

1320 Vgl. insoweit Art. L. 223-1 bis 233-5-1 frCCom; *Assemblée nationale*, Mitteilung des Rechtsausschusses (oben Fn. 1227), hier Abschnitt *Examen de l'Article, Section* 2.

1321 Art. L. 225-27-1, Abs. 1 frCCom.

1322 Art. L. 225-27-1, Abs. 6 frCCom.

1323 Art. L. 225-27-1, Abs. 1 frCCom.

Dass die *S.A.S.* wiederum nicht erfasst ist folgt schon daraus, dass in dieser Rechtsform die Einrichtung von Verwaltungsrat bzw. Aufsichtsrat nicht zwangsläufig vorgesehen sind.
Daneben bietet auch die Beschäftigtenzahl einen in dieser Hinsicht relevanten Ansatzpunkt. Denn die zusätzliche gesetzliche Voraussetzung eines Betriebsrats (*CE*), der seinerseits in Unternehmen mit 50 Beschäftigten einzurichten ist (Art. L. 2322-1 frCT), wurde noch vom *Sénat* abgelehnt, u.a. weil es eine Umgehungsmöglichkeit für solche Holdings schaffe, die selbst weniger als 50 Mitarbeiter beschäftigen, ihrerseits aber ein entsprechendes Großunternehmen kontrollieren.[1324]

Ggf. ist die tatsächliche Umsetzung der Vorgaben durch die Arbeitnehmerseite gerichtlich durchsetzbar.[1325]

Angesiedelt ist diese Mitbestimmung ausschließlich bei dem Gremium, in dem die relevanten strategischen Entscheidungen getroffen werden, d.h. ggf. alleine in einer Elterngesellschaft und nicht auch bei den jeweiligen Töchtern. Je nach Organisation ist das der Verwaltungsrat oder der Aufsichtsrat. Im betreffenden Gremium sind je nach dessen Größe ein bzw. zwei Arbeitnehmervertreter aufzunehmen.[1326] Bei bis zu 12 sonstigen Mitgliedern wird ein Arbeitnehmervertreter aufgenommen, bei mehr als 12 sonstigen Mitgliedern sind es zwei Arbeitnehmervertreter („*un dans les organes comptant au plus douze membres, deux au-delà*“).

Diese Werte sind, anders als zwischenzeitlich vom Parlament angeregt, keine Mindestwerte, sondern gelten absolut. Unberührt bleibt die Möglichkeit, auf freiwilliger Satzungsgrundlage weitere Arbeitnehmervertreter zu bestellen.[1327] Die Arbeitnehmervertreter zählen bei der Bestimmung der Minimal- bzw. Maximalwerte i.S.v. Art. 225–17 frCCom nicht mit.[1328]

Vorgesehen sind grundsätzlich vier verschiedene Möglichkeiten, um die konkreten Personen zu bestimmen. Dies sind im Einzelnen 1.) Direktwahl durch die Angestellten, 2.) Bestellung durch die übergeordneten Vertretungsgremien (*comité de groupe, comité central d'entreprise* oder *comité d'entreprise de la société-mère*), 3.) Bestellung durch die nach den Wahlen jeweils stärkste Gewerkschaftsorganisation, bei zwei Arbeitnehmervertretern jeweils einmal durch die stärkste und die zweitstärkste Gewerkschaftsorganisation, 4.) bei zwei zu bestellenden Arbeitnehmervertretern: einer nach den obigen Optionen, der andere wird durch den Europäischen Betriebsrat oder ein anderes europäisches Vertretungsgremium bezeichnet. Welche Methode zur Anwendung kommt entscheidet das jeweilige Un-

1324 Vgl. Art. L. 227-1 bis L. 227-3 sowie L. 227-8 frCCom; so auch *Assemblée nationale*, Mitteilung des Rechtsausschusses (oben Fn. 1227), hier Abschnitt *Examen de l'Article, Section* 2 („*logiquement*“). Zur Entwiclung im *Sénat*, Mitteilung des Rechtsausschusses (oben Fn. 1227).

1325 Art. L. 225-27-1, L. 225-79-2, jeweils Abs. IV, frCCom.

1326 Art. L. 225-27-1, Abs. 2 frCCom.

1327 Art. 225-27 frCCom.

1328 Vgl. auch *Sénat*, Mitteilung des Rechtsausschusses (oben Fn. 1227).

ternehmen nach vorheriger Anhörung des *comité d'entreprise* oder des *comité de groupe.*[1329]

Die letztlich benannten Vertreter haben diverse Ansprüche auf Freistellung und Weiterbildung und genießen einen besonderen Kündigungsschutz.[1330] Zur etwaigen Ablösung sollen dieselben Regeln wie für die sonstigen Arbeitnehmervertreter gelten.[1331]

(2) Anforderungen

Mitbestimmung und sonstige Personalvertretung begründen eine gegenseitige Inkompatibilität. In keinem der genannten Fälle darf ein Arbeitnehmervertreter im Verwaltungs- bzw. Aufsichtsrat eines Unternehmens daher gleichzeitig ein anderes Wahlamt bekleiden.[1332] Er darf also nicht im *CHSCT* vertreten, kein Gewerkschaftsvertreter, kein Personaldelegierter und kein (Europäischer) Betriebsrat sein.

Wählbar sind nur Beschäftigte des Unternehmens selbst oder eines Tochterunternehmens und nur diejenigen, die in Frankreich selbst arbeiten.[1333] Unterschieden wird hierbei noch zwischen den Leitenden Angestellten und den sonstigen Arbeitnehmern.[1334]

Ab 01.01.2017 muss unter den Arbeitnehmervertretern ggf. ein ausgewogenes Verhältnis zwischen den Geschlechtern herrschen.[1335]

---

(3) Befugnisse

Ggf. besitzen die Arbeitnehmervertreter dieselben Rechte und Pflichten wie die Vertreter der Anteilseigner,[1336] was sich u.a. auf das Stimmrecht (*voix délibérative*) eben-

---

1329 Art. L. 225-27-1, L. 225-79-2, jeweils Abs. 3 frCCom.

1330 Art. L. 225-30-1, L. 225-30-2, L. 225-33 i.V.m. Art. L. 2411-1 frCT. Vgl. auch *Sénat,* Mitteilung des Rechtsausschusses (oben Fn. 1227), Abschnitt *Droits des représentants des salariés.*

1331 Vgl. Art. L. 225-34 frCCom; *Sénat,* Mitteilung des Rechtsausschusses (oben Fn. 1227), Abschnitt *Règles de remplacement des représentants des salariés.*

1332 Art. L. 225-30 frCCom.

1333 Dies gilt auch für die Neuregelungen von 2013; vgl. neuer Art. L. 225-28-1 frCCom. Vgl. auch *Sénat,* Mitteilung des Rechtsausschusses (oben Fn. 1227), Abschnitt *Règles d'élection des représentants des salariés.*

1334 Art. L. 225-28 frCCom; *Roturier,* Country Report France, S. 34 f.

1335 *Loi n° 2011-103 du 27 janvier 2011 relative à la représentation équilibrée des femmes et des hommes au sein des conseils d'administration et de surveillance et à l'égalité professionnelle* (nach den Initiatoren auch *„Loi Copé-Zimmermann"*).

1336 Vgl. Art. L. 2323-62 ff. frCT; *Roturier,* Country Report France, S. 34.

so wie auf die Amtszeit,[1337] die Vertraulichkeit[1338] und auf die (gesamtschuldnerische) Haftung erstreckt.[1339]

Hinsichtlich der Vergütung gilt die sog. „allgemeine Regel“. Nach dieser wird die Gesamtvergütung für den Verwaltungsrat bzw. Aufsichtsrat von der Hauptversammlung beschlossen. Die so festgelegte Summe wird dann nach Beschluss des Gremiums unter seinen Mitgliedern aufgeteilt.[1340]

dd) Sonderteilnahmerecht der Betriebsräte

Ungeachtet dieser Vorgaben haben die Betriebsräte seit 1982 ein Teilnahmerecht an den Sitzungen des Verwaltungs- bzw. Aufsichtsrats. Je nach Anzahl der Führungskräfte entsendet er zwei oder vier Vertreter. Falls im entsprechenden Gremium bereits Arbeitnehmervertreter vorhanden sind, kann nur ein Betriebsratsmitglied an den Sitzungen teilnehmen. Die Betriebsräte haben hier jedoch nur ein Frage- und kein Stimmrecht. Sie wirken daher allenfalls beratend mit (*voix consultative*). Ggf. kann aber eine Anteilseignerversammlung durchgesetzt werden bzw. das Setzen verschiedener Punkte auf die Tagesordnung.[1341]

Dass dieses Teilnahmerecht der Betriebsräte selbst dann noch besteht, wenn schon eine Mitbestimmung auf Leitungsebene etabliert wurde, wird zum Teil kritisch betrachtet.[1342]

Insgesamt gesehen ist die Arbeitnehmermitbestimmung auf Leitungsebene in Frankreich bislang ein sehr seltenes, ja marginales Phänomen. Das hängt schon damit zusammen, dass sie nach den bisherigen Vorgaben lediglich eine Option war, die ohnehin nur selten gezogen wurde.
Nach einer Studie aus dem Jahr 2008 waren lediglich 160 französische Unternehmen nach diesen Vorgaben mitbestimmt, 39% davon im privaten Sektor, von denen jedoch ihrerseits 87% zuvor privatisiert wurden. Nach Untersuchungen von *Ernst & Young* vom Oktober 2012 bzgl. der börsenno-

---

1337 Art. L. 225-29 frCCom.

1338 Vgl. für die *S.A.* Art. L. 225-37, Abs. 5 frCCom. Besonders hervorgehoben für die geplante Neuregelung vom Sommer 2013 bei *Assemblée nationale*, Mitteilung des Rechtsausschusses (oben Fn. 1227), hier Abschnitt *Examen de l'Article, Section* 2.

1339 Art. L. 225-249 ff. frCCom.

1340 Vgl. Art. L. 225-31 frCCom, nach dem die Arbeitnehmervertreter ihre Ansprüche aus dem Arbeitsvertrag behalten, und Art. L. 225-81 ff. frCCom, nach dem der Aufsichtsrat über die Vergütung für den Aufsichtsratsvorsitzenden und seinen Stellvertreter entscheidet; *Roturier*, Country Report France, S. 34.

1341 Vgl. Art. L. 2323-62, L. 2323-65, L. 2323-8, R. 2323-26 frCT; *Roturier*, Country Report France, S. 35 f.; ETUI-FR-MB, S. 1.

1342 So z.B. *Vienot* I, (oben Fn. 1211), S. 14; vgl. auch den französischen Corporate Governance Kodex für die börsennotierten Gesellschaften, *Code de Gouvernment d'entreprise des Sociétés Cotées*, vom April 2010, Pkt. 7; Text unter http://www.medef.com/fileadmin/www.medef.fr/documents/AFEP-MEDEF/Guide_AFEP-MEDEF_Fr__18-11.pdf (französisch).

tierten Unternehmen waren dort durchschnittlich nur 0,4% der Gremiumsmitglieder solche der Arbeitnehmerseite. Auch hier besteht eine Größenabhängigkeit: liegt der Wert bei den Unternehmen im Börsenindex *CAC 40* noch bei 0,9% (in absoluten Zahlen: 24 Arbeitnehmervertreter und 17 Arbeitnehmeraktionärsvertreter, insgesamt also nur 41 Personen) sind es bei denen des kleineren Börsenindex *SBF 120* nur noch 0,4%.[1343]

Ein Grund dafür soll die undifferenziert strenge Haftung auch der Arbeitnehmervertreter sein. Diese soll abschreckend wirken, so dass bei den Arbeitnehmern ein generell eher mäßiges Interesse an der Mitbestimmung besteht. Ggf. wäre wohl eine faktische Umorganisation nach dem dualistischen Modell nötig, was aber ebenfalls auf praktische Vorbehalte stößt. Eine Rolle könnten auch die vergleichsweise rudimentären normativen Regelungen spielen, die insbesondere auf Vorgaben zu Unternehmensgruppen zu verzichten scheinen. Dort, wo es eine Mitbestimmung gibt, ist der tatsächliche Einfluss der Arbeitnehmervertreter sowohl rechtlich wie auch faktisch begrenzt.[1344]

Dieser Befund dürfte sich durch die Neuregelungen von 2013 auch nicht gravierend ändern. Von den Vorgaben sind zwar ca. 200 Unternehmen mit insgesamt 4 Millionen Beschäftigten betroffen, was wiederum einem Viertel der Arbeitnehmer im gesamten Privatsektor entspricht.[1345]

Da aber nur ein, bzw. maximal zwei Arbeitnehmervertreter in die Gremien berufen werden, und sich insbesondere der Vorschlag für mindestens vier Vertreter, bei maximal einer Drittelbeteiligung, wie ihn noch *Gallois* in seinem Report vom November 2012 formuliert hatte,[1346] nicht durchsetzen konnte, laufen die Regelungen im Ergebnis einmal mehr auf eine gesicherte gegenseitige Informationserteilung zwischen Arbeitgeber und Arbeitnehmern hinaus.

Eine strategiebeeinflussende Mitwirkung, namentlich im Sinne einer Veto-Option, ist durch die bestehenden Mehrheitsverhältnisse aber ausgeschlossen. Das dürfte umso mehr gelten, wenn bei zwei Arbeitnehmervertretern jeweils untereinander zerstrittene Gewerkschaftslager zur Bestellung berufen sein sollten.

Die konkreten Auswirkungen auf die französischen industriellen Beziehungen bleiben daher abzuwarten.

5. Zusammenfassung

- Frankreich folgt grundsätzlich dem monistischen System. Aktiengesellschaften können sich wahlweise auch dualistisch organisieren, wobei weitere Wahlmöglichkeiten zur Organisationsverfassung bestehen. Sämtliche Gesellschaftsrechtsformen sind in ihrer Dauer auf 99 Jahre beschränkt. Eine Arbeitnehmerbeteiligung findet namentlich auf betrieblicher Ebene statt, wo umfangreiche Regelungen existieren. Die Vertretung erfolgt in Betrieben mit mehr als elf Be-

---

1343 *Ernst & Young, Panorama des pratiques de gouvernance des sociétés cotées françaises, édition 2012*, S. 12, zit. nach *Assemblée nationale*, Mitteilung des Rechtsausschusses (oben Fn. 1227), hier Abschnitt *Examen de l'Article, Section* 2.

1344 Vgl. *Roturier*, Country Report France, S. 36.

1345 *Sénat*, Mitteilung des Rechtsaussschusses (oben Fn. 1227), Abschnitt *Examen en commission*.

1346 *Gallois, Pacte pour la compétitivité de l'industrie française, Rapport au Premier ministre, 5 novembre 2012*, hier S. 21. Text unter http://www.gouvernement.fr/sites/default/files/fichiers_joints/rapport_de_louis_gallois_sur_la_competitivite_0.pdf (französisch).

schäftigten durch Personaldelegationen, in Betrieben mit mehr als 50 Beschäftigten zusätzlich durch Betriebsräte. Erstere setzen sich ausschließlich aus Arbeitnehmern zusammen, in letzteren führt der Arbeitgeber den Vorsitz. Beide Gremien verfügen über Informations- und Konsultationsrechte, die beim Betriebsrat umfangreicher ausfallen und detailliert geregelt sind. Mitbestimmungsrechte sind hingegen nicht vorgesehen. Der Betriebsrat hat auch ein bestimmtes Teilnahmerecht an den Sitzungen des Leitungsorgans. Zusätzlich existieren gewerkschaftliche Vertretungsformen und ein Ausschuss für Gesundheitsschutz und Sicherheit am Arbeitsplatz. Eine Mitbestimmung auf Leitungsebene ist in privaten Unternehmen auf die Rechtsform der Aktiengesellschaft beschränkt. Hier kann sie grundsätzlich freiwillig eingerichtet (und wieder abgeschafft) werden. Maximal möglich ist eine Drittelbeteiligung. Großunternehmen, die als Aktiengesellschaft oder als Kommanditgesellschaft auf Aktien organisiert sind, und die in Frankreich mindestens 5.000 Mitarbeiter oder weltweit mindestens 10.000 Mitarbeiter beschäftigen, müssen inzwischen verbindlich eine Mitbestimmung einführen. Demnach müssen, je nach Größe des betreffenden Gremiums, ein oder zwei Arbeitnehmervertreter aufgenommen werden. Diese haben dann dieselben Rechte wie die sonstigen Mitglieder des Gremiums.

- Die betriebliche Interessenvertretung erfolgt durch gewerkschaftliche Vertretungen, durch Personaldelegationen (ab elf Beschäftigten) und durch Betriebsräte (ab 50 Beschäftigten). Die jeweiligen Mitglieder werden von den Belegschaften in geheimen Wahlen nach Kandidatenlisten für grundsätzlich vier Jahre gewählt. Die Wahl ist erfolgreich, wenn auf die vorgeschlagene Liste mindestens die Hälfte der Stimmen entfällt, sonst kommt es zu einem zweiten Wahlgang. Vorschlagsberechtigt sind im ersten Wahlgang die repräsentativen Gewerkschaften, im zweiten Wahlgang können auch gewerkschaftsexterne Kandidaten aufgestellt werden.
- Vereinigt eine Gewerkschaft 10% der Stimmen auf ihren Kandidaten, kann sie in Betrieben mit mehr als 50 Beschäftigten einen eigenen Gewerkschaftsdelegierten mit bestimmten Rechten bestellen. Unterhalb dieser Schwelle spricht man von einem Gewerkschaftsrepräsentanten, der über weniger weit reichende Rechte verfügt.
- In allen Unternehmen ab elf Mitarbeitern wird eine Personaldelegation eingerichtet. Ihre Größe richtet sich nach der Belegschaftsstärke und ist nicht begrenzt. Sie besteht ausschließlich aus Arbeitnehmern.
- In Unternehmen mit mehr als 50 Mitarbeitern wird zusätzlich ein Betriebsrat eingerichtet. Hier führt der Arbeitgeber den Vorsitz, ggf. wird er von maximal zwei Mitarbeitern mit beratender Stimme unterstützt. Maximal werden 15 Arbeitnehmervertreter gewählt, hinzu kommt noch einmal die gleiche Anzahl Stellvertreter, die an den Sitzungen teilnehmen, aber kein Stimmrecht haben.

- In Unternehmen mit weniger als 200 Beschäftigten können Personaldelegation und Betriebsrat durch den Arbeitgeber zu einem einheitlichen Gremium zusammengelegt werden.
- Die jeweiligen Arbeitnehmervertreter werden von der Belegschaft für in der Regel vier Jahre gewählt. Je nach Betriebsgröße wird hierzu ein Wahlkollegium für die Gesamtbelegschaft oder mehrere Wahlkollegien je nach Arbeitnehmerkategorie errichtet. Bei Personaldelegation und Betriebsrat erfolgt die Wahl in maximal zwei Wahlgängen.
- Ein Gewerkschaftsdelegierter vertritt vorrangig seine Gewerkschaft gegenüber dem Arbeitgeber, aber auch gegenüber den Arbeitnehmern. Daneben setzt er sich für die Verbesserung der im Betrieb geltenden Vorschriften und Vereinbarungen zugunsten der gesamten Belegschaft ein. Hierzu kann er mit dem Arbeitgeber einmal jährlich über bestimmte Themen, einschließlich der Entlohnung, verhandeln. In Unternehmen mit mehr als 300 Beschäftigten kann er darüber hinaus alle drei Jahre über die langfristige Personalplanung verhandeln, was vor allem bei geplanten Umstrukturierungen relevant wird. Zu diesen Verhandlungen müssen den Gewerkschaftsdelegierten vom Arbeitgeber detaillierte Informationen vorgelegt werden.
- Die Aufgaben der Personaldelegation sind allgemein auf die Interessenvertretung der Arbeitnehmer im Betrieb gerichtet. Dies umfasst vor allem die Entlohnung sowie allgemein die Einhaltung der Arbeitsgesetze und Tarifvereinbarungen. In solchen Betrieben, in denen kein Gewerkschaftsvertreter vorhanden ist, kann die Personaldelegation die entsprechenden Verhandlungen führen.
- Der Betriebsrat verfügt über eine Reihe von Anhörungs- und Informationsrechten im sozialen und wirtschaftlichen Bereich, ferner verwaltet er die sozialen Einrichtungen des Betriebs. Während die Anhörungsrechte allgemeiner gefasst sind, werden die Informationsrechte nebst entsprechenden Arbeitgeberpflichten detailliert normiert. In all diesen Bereichen ist der Arbeitgeber aber nicht auf die tatsächliche Zustimmung des Betriebsrats angewiesen, er muss lediglich eine entsprechende Stellungnahme abgeben können. Daneben haben die Betriebsräte ein Teilnahmerecht an den Sitzungen des Verwaltungs- bzw. Aufsichtsrats. Je nach Anzahl der Führungskräfte entsendet er zwei oder vier Vertreter. Falls im entsprechenden Gremium bereits Arbeitnehmervertreter vorhanden sind, kann nur ein Betriebsratsmitglied an den Sitzungen teilnehmen. Die Betriebsräte haben hier jedoch kein Stimmrecht.
- Die jeweiligen Arbeitnehmervertreter sind in gewissem Umfang freizustellen. Daneben hat der Arbeitgeber für die notwendigen Sachmittel zu sorgen. Hierzu zählen auch externe Berater, die die Gremien ggf. hinzuziehen können. Der Betriebsrat verfügt ferner über ein eigenes Budget in Höhe von 0,2% der Summe der gesamten jährlichen Lohnkosten.
- Eine Unternehmensmitbestimmung auf Leitungsebene existiert in staatlichen Unternehmen ab 200 Beschäftigten. In privatisierten Unternehmen kann sie

freiwillig beibehalten werden. Im privaten Sektor kann sie auf Satzungsgrundlage ausschließlich bei der Aktiengesellschaft grundsätzlich freiwillig eingeführt werden. Ggf. ist die Zahl der Arbeitnehmervertreter auf Leitungsebene auf vier (in börsennotierten Unternehmen auf fünf) begrenzt, darf aber höchstens ein Drittel der Gesamtsitze des jeweiligen Gremiums umfassen. In Großunternehmen mit entweder mindestens 5.000 Beschäftigten in Frankreich oder mindestens 10.000 Beschäftigten weltweit, die ihrerseits als Aktiengesellschaft oder als Kommanditgesellschaft auf Aktien organisiert sind, können die Arbeitnehmer neuerdings ebenfalls Vertreter in das jeweilige Gremium entsenden, in dem die Unternehmensstrategie bestimmt wird. Je nach dessen Größe werden ein Arbeitnehmervertreter (bei bis zu 12 sonstigen Mitgliedern) oder zwei Arbeitnehmervertreter (bei mehr als 12 sonstigen Mitgliedern) bestellt. Wählbar sind stets nur Beschäftigte des Unternehmens selbst oder eines Tochterunternehmens und nur diejenigen, die in Frankreich selbst arbeiten. Unterschieden wird hierbei noch zwischen den Leitenden Angestellten und den sonstigen Arbeitnehmern. Die jeweiligen Kandidaten dürfen im Unternehmen kein weiteres Wahlamt bekleiden. Wenn Arbeitnehmervertreter entsandt werden, haben sie die gleichen Rechte und Pflichten wie die übrigen Mitglieder.

– Ein Sonderfall sind die Arbeitnehmeraktionärsvertreter. Besitzen die Arbeitnehmer mindestens 3% der Aktien eines Unternehmens, besteht die Möglichkeit, einen einzelnen Vertreter als Arbeitnehmeraktionär in das Leitungsorgan des Unternehmens zu entsenden. Auch hier können aber die Anteilseigner die Entsendung im Rahmen einer Hauptversammlung ablehnen.

II. Belgien[1347]

1. Übersicht

Belgien kennt im privaten Sektor lediglich eine Arbeitnehmerbeteiligung auf betrieblicher Ebene, wo sie entweder von den lokalen Gewerkschaften oder von be-

1347 *Taylor*, Überblick, S. 68; *Triangle*, Country Report Belgium, S. 14 ff.; *Fulton*, ETUI-BE-Betriebliche Interessenvertretung, ETUI-BE-Unternehmensmitbestimmung sowie ETUI-BE-Europäische Interessenvertretung (ETUI-BE-BI, ETUI-BE-MB, ETUI-BE-EI) unter http://www.worker-participation.eu/National-Industrial-Relations/Countries/Belgium; *Michel, Belgium: Industrial relations profile* (z.T. 18.04.2013) bei Eiro online unter http://www.eurofound.europa.eu/eiro/country/belgium.htm (englisch). Eine Übersicht zum Betriebsrat findet sich ferner beim *Föderalen Öffentlichen Dienst Beschäftigung, Arbeit und Soziale Konzertierung (FOD WASO/SPF ETCS)* unter http://www.werk.belgie.be/defaultTab.aspx?id=525 (niederländisch/französisch). [*FÖD (Federale Overheidsdienst/Service public fédéral)* ist seit 2002 die Bezeichnung der föderalen belgischen Ministerien, Anm. d. Verf.].

sonderen Gremien ausgeübt wird, die sowohl mit Arbeitnehmer- als auch mit Arbeitgebervertretern besetzt sind. Eine Unternehmensmitbestimmung hingegen ist nicht vorgesehen und wird von den Sozialpartnern auch nicht gewünscht.

2. Hintergrund

Die Arbeitnehmerbeteiligung findet in Belgien ausschließlich auf der betrieblichen Ebene statt. Eine regelmäßige Information und Konsultation wird durch die Betriebsräte gewährleistet, die in Betrieben mit mehr als 100 Arbeitnehmern bestehen. Das erste Gesetz hierzu stammt aus dem Jahr 1948. In kleineren Unternehmen mit 50 bis 100 Beschäftigten bestehen bestimmte Gefahrenverhütungsausschüsse, die seit 2008 auch die Rechte aus der Unterrichtungs- und Anhörungsrichtlinie wahrnehmen. Daneben existieren lokale Gewerkschaftsvertretungen, die untereinander in starkem Wettbewerb stehen.

Der gewerkschaftliche Organisationsgrad liegt bei beachtlichen 54%,[1348] lässt sich aber zumindest partiell darauf zurückführen, dass in Belgien das Arbeitslosengeld teilweise von den Gewerkschaften ausgezahlt wird, so dass viele Arbeitslose gewerkschaftlich organisiert sind; nach der flämischen Stadt wird dieses Modell auch als „*Gent*-System" bezeichnet. Das *Gent*-System hatte sich zwischenzeitlich zum „Exportschlager" entwickelt. In seiner Reinform ist es mittlerweile vor allen Dingen in den nordischen Staaten etabliert, Belgien selbst verfügt mittlerweile über ein „Quasi-*Gent*-System", in dem der Regierung eine gewisse Rolle bei der Mittelverteilung zukommt.
Auf nationaler Ebene gibt es drei konkurrierende Gewerkschaftsbünde mit insgesamt ca. 3,26 Millionen Mitgliedern. Der größte belgische Gewerkschaftsbund ist der *CSC/ACV – Confédération des Syndicats Chrétiens/Algemeen Christelijk Vakverbond* mit ca. 1,6 Mio. Mitgliedern, gefolgt von *FGTB/ABVV – Fédération Générale du Travail de Belgique/Algemeen Belgisch Vakverbond* mit 1,4 Mio. Mitgliedern, und schließlich von *CGSLB/ACLVB – Centrale Générale des Syndicats Libéraux de Belgique/Algemene Centrale der Liberale Vakbonden van België* mit 265.000 Mitgliedern.[1349] Aufgrund der beschriebenen Wirkungen des *Gent*-Systems gelten diese Zahlen aber nur cum grano salis. Nach Angaben von *CSC/ACV* z.B. waren im Jahr 2006 von insgesamt 1.616.100 Mitgliedern 34% nicht erwerbstätig.

Regelungen zur Mitwirkung auf Unternehmensebene hingegen sind nicht etabliert. Die letzten Initiativen zu ihrer Einführung in belgischen Privatunternehmen stammen aus den 1970er Jahren. Seinerzeit war u.a. eine Beteiligung im Aufsichtsrat der Aktiengesellschaft nach deutschem Vorbild – und damit die Etablierung des dualistischen Modells der Kapitalgesellschaften – vorgeschlagen worden. Hierbei sollten auch gewerkschaftsexterne Arbeitnehmer entsandt werden können. In ihrer Reich-

---

1348 So *Fulton*, ETUI-Landesübersicht Belgien; bei *Michel* (oben Fn. 1347) findet sich als Wertangabe für das Jahr 2009 ein Wert von 52% (Abschnitt *Facts and Figures*).
1349 Daten zitiert nach *Fulton*, http://www.worker-participation.eu/National-Industrial-Relations/Countries/Belgium/Trade-Union.

weite blieben selbst diese Vorschläge jedoch noch hinter dem deutschen Modell zurück. So ging es allenfalls um eine Aufsicht, nicht um eine Mitbestimmung im Sinne eines „Co-Managements“. Die Gewerkschaften fürchteten jedoch um ihre betrieblichen Entsendeprivilegien und sprachen sich daher insgesamt gegen die entsprechenden Pläne aus. Zudem gab es Sorgen, dass sich hierdurch *„ungesunde“* Interessenkonflikte ergeben könnten, wodurch es den Arbeitnehmern wie den Gewerkschaften unmöglich würde, ihre jeweiligen Pflichten zu erfüllen. Diese Befürchtungen sollen auch aktuell immer noch bestehen, weshalb das Thema nicht auf der Agenda steht.[1350]

3. Organisationsverfassung der Kapitalgesellschaften

a) Grundlagen

Das belgische Recht wird von französischen Einflüssen dominiert. Bei der Organisation der Kapitalgesellschaften folgt es dem monistischen Modell. Rechtsgrundlage ist das belgische Gesellschaftsgesetzbuch (*Code des societés (C.Soc)/Wetboek van vennootschappen (W. Venn.)*).[1351]

Geregelt sind hier sind u.a. die AG (*Société Anonyme*, abgekürzt *S.A./naamloze vennootschap*, abgekürzt *NV*)[1352] und die GmbH (*Société privée à responsabilité limitée*, abgekürzt *S.p.r.l./besloten vennootschap met beperkte aansprakelijkheid*, abgekürzt *bvba*).[1353]

Die Aktiengesellschaft verfügt über einen Verwaltungsrat (*Conseil d'administration/Raad van bestuur*)[1354] und die Hauptversammlung (*Assemblée générale des actionnaires/Algemene Vergadering van Aandeelhouders*).[1355]

1350 *Triangle*, Country Report Belgium, S. 15 ff.

1351 Gesetz vom 07.05.1999, zuletzt geändert am 22.11.2013, im Folgenden *beGGB*. Die belgischen Gesetzestexte sind in französischer und niederländischer Sprache abrufbar auf der Website des Verkündungsorgans belgischer Gesetze *Moniteur Belge/Belgisch Staatsblad* unter http://www.ejustice.just.fgov.be/cgi/welcome.pl. Vom beGGB existiert auch eine offizielle deutsche Version aufgrund Königlichen Beschlusses; *Koninklijk besluit tot vaststelling van de officiële Duitse vertaling van de wet van 7 mei 1999 houdende het Wetboek van vennootschappen*, (vom 08.10.2002). Ferner können einige inoffizielle deutsche Versionen beim Föderalen Übersetzungsdienst *ZDDÜ (Zentrale Dienststelle für Deutsche Übersetzungen)/SCTA (Service central de traduction allemande)* abgerufen werden unter http://www.scta.be/Ubersetzungen.aspx (Suchmaske). Das beGGB (Stand 04.09.2013) findet sich unter http://www.scta.be/MalmedyUebersetzungen/downloads/19990507_CodeSoci%C3%A9t%C3%A9s.doc.

1352 Art. 2 § 2, fünfter Spiegelstrich, Art. 437 ff. (Buch VIII) beGGB.

1353 Art. 2 § 2, dritter Spiegelstrich, Art. 210 ff. (Buch VI) beGGB.

1354 Art. 517 ff. beGGB; insbes. Art. 518 ff. (Zusammensetzung), 521 ff. (Befugnisse und Arbeitsweise), 525 (tägliche Geschäftsführung), 527 ff. (Haftung) beGGB.

1355 Art. 531 ff. beGGB.

Auch juristische Personen können Organ sein, müssen aber einen ständigen Vertreter bestellen, der für die juristische Person handelt.[1356] Der Verwaltungsrat kann einen Direktionsausschuss einrichten und dessen Mitglieder zur Vertretung der AG im Außenverhältnis bevollmächtigen (*Comité de direction/Directiecomité*).[1357] Ansonsten leitet der Verwaltungsrat die AG und vertritt sie vor Gericht.[1358]

Ggf. ist im Verwaltungsrat ein sog. Auditausschuss einzurichten (*Comité d'audit/Auditcomité*).[1359] Ausgenommen sind Gesellschaften, die mindestens zwei der drei folgenden Kriterien erfüllen: die Beschäftigtenanzahl im Jahresdurchschnitt beträgt weniger als 250, die Bilanzsumme liegt bei höchstens 43 Mio. Euro, der jährliche Nettoumsatz liegt bei höchstens 50 Mio. Euro.

Die GmbH wird von einem oder mehreren (entlohnten oder nicht entlohnten) Geschäftsführern geleitet (*Gérant/Zaakvoerder*)[1360] und verfügt daneben über eine Generalversammlung der Gesellschafter (*Assemblée générale des associés/Algemene Vergadering van Vennoten*).[1361] Möglich ist auch eine Einpersonen-GmbH (*Société privée à responsabilité limitée unipersonnelle – SPRLU/Éénpersoons besloten vennootschap met beperkte aansprakelijkheid – EBVBA*).[1362]

Das Mindestkapital liegt in der AG bei 61.500,– Euro.[1363] In der GmbH beträgt es mindestens 18.550,– Euro, wovon grundsätzlich mindestens 6.200,– Euro eingezahlt sein müssen.[1364] In der Einpersonen-GmbH sind 12.400,– Euro einzuzahlen.[1365]

b) Aktuell

Seit Juni 2010 ist es auch möglich, eine so genannte „*Starter-bvba*", abgekürzt *SPRL-S/S-bvba*, zu gründen, in der das Mindestkapital lediglich 1,– Euro beträgt.[1366] Das Angebot richtet sich insbesondere an Unternehmensgründer, die eine Gesellschaft im Bereich der KMU gründen wollen.

1356 Art. 61 § 2 Abs. 1 beGGB.

1357 Art. 524*bis* und Art. 524*ter* beGGB.

1358 Art. 522 §§ 1, 2 beGGB (Ausschüsse: Art. 522 § 1 Abs. 3 beGGB).

1359 Art. 526*bis* ff. beGGB.

1360 Art. 255 ff. beGGB.

1361 Art. 266 ff. beGGB.

1362 Art. 211 beGGB.

1363 Art. 439 beGGB.

1364 Art. 214 beGGB; zur Einzahlung vgl. Art. 223 ff., zu Sacheinlagen und Quasieinlagen vgl. Art. 218 f., 220 ff. beGGB.

1365 Art. 223 Abs. 3, 211, 213 beGGB.

1366 Art. 211bis ff. beGGB. Vgl. *Koninklijk besluit tot vaststelling van de essentiële criteria van het financiële plan van de besloten vennootschap met beperkte aansprakelijkheid „Starter"*, vom 31.05.2010, abrufbar unter http://www.kiesq.be/uitvoeringsbesluitstartersbvba.pdf (niederländisch).

Die *S-bvba* hält neben dem reduzierten Mindestkapital bestimmte Vereinfachungen bereit, hauptsächlich bei der Registrierung.

Die *S-bvba* unterliegt allerdings auch einigen Beschränkungen. So kann sie beispielsweise nur durch natürliche Personen gegründet werden, darf nicht über Anteile an einer anderen GmbH verfügen, die 5% überschreiten, ist nach fünf Jahren in eine „normale" *bvba* umzuformen und darf lediglich fünf vollzeitbeschäftigte Arbeitnehmer anstellen.[1367]

---

4. Arbeitnehmerbeteiligung

a) Betriebliche Interessenvertretung

aa) Voraussetzungen

(1) Grundlagen

Maßgebliche Rechtsquelle ist das Gesetz über die Organisation der Wirtschaft (*Loi portant organisation de l'économie/Wet van 20 september 1948 houdende organisatie van het bedrijfsleven*).[1368]

(2) Formen

Die Vertretung auf betrieblicher Ebene in Belgien läuft über zwei separate Kanäle, zum einen über die lokalen Gewerkschaftsvertretungen (*Délégation syndicale/ Vakbondsafvaardiging*), zum anderen über den Betriebsrat (*Conseil d'Entreprise, CE/ Ondernemingsraad, OR*).[1369] Während die Gewerkschaften allein die Interessen der Gewerkschaftsmitglieder vertreten, berücksichtigt der Betriebsrat offiziell die gesamte Belegschaft. Er wird allerdings nur in Betrieben ab 100 Beschäftigten gewählt.

Art. 14 § 1 des Gesetzes regelt zunächst, dass Betriebsräte in allen Unternehmen (= die technische Betriebseinheit, definiert aufgrund wirtschaftlicher und sozialer Kriterien, Art. 14 § 1 Nr. 1) eingesetzt werden, in denen im Durchschnitt gewöhnlich mindestens fünfzig Arbeitnehmer beschäftigt

---

1367 Art. 211*bis*, 214 § 2 beGGB. Gesetz vom 12.01.2010: *Wet tot wijziging van het Wetboek van vennootschappen en tot vaststelling van de modaliteiten van de besloten vennootschap met beperkte aansprakelijkheid „Starter"*; *M.B.* Nr. 2010009047, S. 3158. Vgl. auch die Darstellung *BVBA Starter/S-BVBA/een overzicht*, abrufbar unter http://www.bvbastarter.be/site/bvba-starter.html (niederländisch), wo allerdings von maximal vier Arbeitnehmern gesprochen wird. Art. 211*bis*, § 1 a.E. stellt aber auf das „Äquivalent von fünf Vollzeitarbeitnehmern" ab (*„vijf voltijdse werknemers"/„cinq travailleurs"*).

1368 Zuletzt geändert durch Gesetz vom 26.07.2013, im Folgenden *beGOW*; inoffizielle Übersetzung (Stand 20.11.2012) unter http://www.scta.be/MalmedyUebersetzungen/downloads/19480920.eco.doc.

1369 Art. 14 ff. beGOW.

werden. Nach Art. 18 wird deren Mandat aber in Unternehmen, die weniger als hundert Arbeitnehmer beschäftigen, von den Arbeitnehmervertretern ausgeübt, die in den Ausschuss für Gefahrenverhütung und Schutz am Arbeitsplatz gewählt worden sind.[1370]

In Unternehmen mit mindestens 50 Beschäftigten existieren getrennte Ausschüsse für Gefahrenverhütung und Schutz am Arbeitsplatz (*Comité Prévention et Protection au Travail, CPPT/Comités voor Preventie en Bescherming op het Werk, CPBW*), die von der gesamten Belegschaft gewählt werden. In Unternehmen mit 50 bis 100 Beschäftigten haben diese Ausschüsse auch das Recht auf Unterrichtung und Anhörung zu wirtschaftlichen und sozialen Fragen. Diese Rechte wurden 2008 im Rahmen der Umsetzung der Unterrichtungs- und Anhörungsrichtlinie 2002/14/EG eingeführt.[1371] Grundsätzlich operieren diese Ausschüsse auf Grundlage des *Loi du 4 août 1996 relative au bien-être des travailleurs lors de l'exécution de leur travail/Wet van 4 augustus 1996 betreffende het welzijn van de werknemers bij de uitvoering van hun werk.*[1372]

In Unternehmen mit bis zu 50 Beschäftigten werden die Aufgaben dieser Ausschüsse und die des Betriebsrats von den lokalen Gewerkschaftsvertretungen übernommen.[1373]
Unberücksichtigt bleibt allerdings, was in Unternehmen mit 20 bis 50 Beschäftigten geschehen soll, in denen keine Gewerkschaftsvertretungen bestehen (vgl. Art. 3 I b) RL 2002/14/EG).[1374]

Spezielle Regelungen für Vertretungen auf betriebsübergreifender Ebene existieren nicht. Falls ein Unternehmen über mehrere Betriebe mit eigenen Betriebsräten ver-

1370 Vgl. Art. 18 beGOW.

1371 Gesetz vom 23.04.2008 zur Ergänzung der Umsetzung der Richtlinie 2002/14/EG des Europäischen Parlaments und des Rates vom 11. März 2002 zur Festlegung eines allgemeinen Rahmens für die Unterrichtung und Anhörung der Arbeitnehmer in der Europäischen Gemeinschaft. Es ergänzt Kapitel VIII, Abschnitt 4 des Gesetzes vom 4. August 1996 über das Wohlbefinden der Arbeitnehmer bei der Ausführung ihrer Arbeit; eine deutsche Übersetzung (Stand 30.01.2009) ist abrufbar unter http://www.scta.be/MalmedyUebersetzungen/downloads/20080423-1.arb.doc. Vgl. auch *Perin*, Belgium: Eiro annual review 2008 (19.02.2010), Abschnitt *Legislative developments*, unter http://www.eurofound.europa.eu/eiro/studies/tn0903029s/be0903029q.htm sowie zur Entwicklung *van Gyes, Social partners agree on information and consultation rights in SMEs* (14.04.2008), unter http://www.eurofound.europa.eu/eiro/2008/02/articles/be0802039i.htm (beide englisch). Nach *van Gyes* konnten die diesbezüglichen Einigungen zwischen den Sozialpartnern nur zögerlich und nach einem vorherigen Urteil durch den EuGH (Rs. C-320/06) ergehen.

1372 Zuletzt geändert durch Gesetz vom 06.06.2010, im Folgenden *beGWA*; inoffizielle Übersetzung unter http://www.scta.be/MalmedyUebersetzungen/downloads/19960804.arb.doc. Vgl. zur Arbeitsweise zudem *Koninklijk besluit van 3 mei 1999 betreffende de opdrachten en de werking van de Comités voor preventie en bescherming op het werk/Arrêté royal du 3 mai 1999 relatif aux missions et au fonctionnement des comités pour la prévention et la protection au travail, M.B. 10.7.1999.*

1373 Art. 52 beGWA; ETUI-BE-BI, S. 3; *Michel*, (oben Fn. 1347), Abschnitt *Workplace representation.*

1374 *Van Gyes, Social partners* (oben Fn. 1371).

fügt, können diese aber gemeinsame Sitzungen abhalten. Der Vorsitz liegt dann bei der Unternehmensleitung.[1375]

Nominell werden Betriebsräte auf Initiative des Arbeitgebers eingesetzt.[1376] Praktisch können die Arbeitgeber die Einführung auch aussetzen, falls sich keine Bewerber finden.[1377]
Tatsächlich werden die jeweiligen Kandidaten aber von den repräsentativen Gewerkschaften ernannt, weshalb sämtliche Betriebsräte der Arbeitnehmerseite faktisch stets auch Gewerkschaftsmitglieder sind.[1378] Daher sehen sich die Betriebsräte auch allgemein als sich gegenseitig ergänzenden *„Teil des einheitlichen Instrumentariums der Gewerkschaftsbewegung"*.[1379]
Als „repräsentativ" in diesem Sinne gelten *CSC/ACV, FGTB/ABVV* und *CGSLB/ACLVB* da sie national organisiert sind und über mehr als 50.000 Mitglieder verfügen.[1380] Neben diesen drei können auch bestimmte privilegierte Gewerkschaften der Leitenden Angestellten Kandidaten entsenden (*„cadres"*).
Eine spezielle Behörde (*Cellule organisations professionnelles/Cel bedrijfsorganisatie*)[1381] prüft in regelmäßigen Kontrollen, ob das Gesetz über die Betriebsräte auch tatsächlich eingehalten wird. Es existieren umfangreiche Vorschriften, die ggf. Geld- und Freiheitsstrafen vorsehen.[1382]
Aufgrund des Schwellenwerts von mehr als 100 Beschäftigten sind insgesamt jedoch nur ca. ein Drittel aller Arbeitnehmer durch Betriebsräte vertreten.[1383] Insgesamt gibt es nach Daten, die aufgrund der letzten Sozialwahl im Jahr 2008 erhoben worden sind, derzeit 3.407 Betriebsräte und 5.510 *CPPT/CPBW*- Ausschüsse. Sie repräsentieren 1.208.537 (Betriebsräte; 43% Abdeckung) bzw. 1.366.568 (*CPPT/CPBW*; 47% Abdeckung) Arbeitnehmer.[1384]

---

bb) Größe und Zusammensetzung

(1) Gewerkschaftsvertretung

Die nähere Ausgestaltung der lokalen Gewerkschaftsvertretungen schwankt je nach Branche und hängt von den jeweiligen tarifvertraglichen Vereinbarungen ab.

1375 ETUI-BE-BI, S. 3 a.E.
1376 Art. 16 Satz 1 beGOW.
1377 *Hall/Purcell*, EIRO I&C 2011, S. 2f.
1378 Art. 20*ter* Abs. 1 Satz 1; ETUI-BE-BI, S. 3.
1379 *Triangle*, Country Report Belgium, S. 15.
1380 Vgl. Art. 14 § 1 Nr. 4 a) beGOW.
1381 Sie ist Teilbehörde des *FOD WASO*. Vgl. entsprechende Darstellung beim *FOD WASO DiOVA/DiRACT* http://www.werk.belgie.be/defaultTab.aspx?id=331 (niederländisch).
1382 Art. 25, 29 ff. beGOW.
1383 ETUI-BE-BI, S. 1.
1384 *Triangle*, Country Report Belgium, S. 14; *Van Gyes, Belgium: The effect of the Information and Consultation Directive on Industrial Relations in the EU Member States five years after its transposition* (19.02.2011), unter http://www.eurofound.europa.eu/eiro/studies/tn1009029s/be1009021q.htm. Zum – recht detaillierten – Prozedere der Sozialwahl *ders., Results of 2008 social elections in private sector* (04.09.2009), unter http://www.eurofound.europa.eu/eiro/2008/09/articles/be0809029i.htm (beide englisch).

Praktisch gibt es dabei gravierende Unterschiede. Z.B. werden mitunter beträchtliche Schwellenwerte festgelegt. Auch die Stärke des Gremiums variiert. Üblich sind je nach Betriebsgröße zwischen zwei und acht Mitglieder pro Gewerkschaftsvertretung.[1385]

(2) Betriebsrat

Betriebsräte werden in allen Unternehmen und Betrieben mit mehr als 100 Beschäftigten eingerichtet. Ihm gehören Vertreter sowohl von der Arbeitnehmer- als auch von der Arbeitgeberseite an, wobei die Anzahl der Arbeitgebervertreter aber immer geringer sein muss.[1386] Die Anzahl der Arbeitnehmervertreter richtet sich nach der Größe des Unternehmens und liegt zwischen sechs und maximal 25.[1387]

Die Bestimmung der Anzahl Vertreter und die Vertretung der verschiedenen Personalkategorien werden durch Königlichen Erlass entweder für alle Unternehmen oder für einige Industriezweige festgelegt;. Gegenwärtig gilt für die Arbeitnehmerseite: Sechs Vertreter bei 101 bis 500 Beschäftigten, acht bei bis zu 1.000, zehn bei bis zu 2.000, darüber bei bis zu 6.000 Beschäftigten jeweils zwei weitere Vertreter für jeweils 1.000 Beschäftigte, danach noch jeweils ein Vertreter für jeweils 1.000 Beschäftigte.[1388]

Differenziert wird weiterhin nach Arbeitern und Angestellten sowie nach jungen Arbeitnehmern bis zu 25 Jahren und Führungskräften.[1389] Sie müssen je nach ihrem betrieblichen Anteil auch im Betriebsrat vertreten sein.

Die Arbeitnehmervertreter werden alle vier Jahre in geheimer Abstimmung über Kandidatenlisten von der gesamten Belegschaft gewählt.[1390] Vorschlagsberechtigt sind die repräsentativen Gewerkschaften.[1391]

Geleitet wird der Betriebsrat vom ranghöchsten Arbeitgebervertreter. Der Sekretär wird von der Arbeitnehmerseite gestellt. Der Betriebsrat muss mindestens einmal im Monat zusammenkommen.[1392] Die näheren Modalitäten für die Arbeitsweise der Betriebsräte werden durch Königlichen Erlass festgelegt.[1393] Die Arbeitnehmervertreter haben das Recht, sich vor dieser Sitzung zu treffen.[1394]

1385 ETUI-BI-BE, S. 2. Zu den Voraussetzungen der Repräsentativität für die Arbeitnehmerorganisationen vgl. Art. 14 § 1 Abs. 4 beGOW.

1386 Art. 16 a) UAbs. 2 beGOW.

1387 Art. 16 b) UAbs. 1 beGOW.

1388 Art. 16 b) UAbs. 5 beGOW; ETUI-BE-BI, S. 2.

1389 Vgl. Art. 14 § 1 UAbs. 2, 3 beGOW.

1390 Vgl. zu den Wahlen und Kategorisierungen Art. 18 ff. beGOW, zur Amtszeit Art. 16 a) UAbs. 3; 21 beGOW.

1391 ETUI-BE-BI, S. 2; zur Repräsentativität Art. 14 § 1 Nr. 4 a) beGOW.

1392 Art. 22 § 1 UAbs. 1–3 beGOW.

1393 Art. 22 § 1 UAbs. 4 beGOW.

1394 ETUI-BE-BI, S. 2.

(3) *CPPT/CPBW*-Ausschüsse

Ein *CPPT/CPBW* muss in jedem Betrieb mit mehr als 50 Beschäftigten eingerichtet werden.

Er besteht einerseits aus Arbeitnehmervertretern, die bei den Sozialwahlen alle vier Jahre von der Belegschaft gewählt werden (sog. „*Gefahrenverhütungsberater*") und andererseits aus denjenigen Arbeitgebervertretern, die im Unternehmen für die Einhaltung von Gesundheits- und Sicherheitsstandards zuständig sind. Die Mandate der Arbeitgebervertreter dürfen nicht zahlreicher sein als diejenigen der Arbeitnehmervertreter. Es gibt zwischen zwei und maximal fünfundzwanzig Arbeitnehmervertreter, dabei ebenso viele Ersatzvertreter wie ordentliche Vertreter. Der Vorsitz liegt bei der Unternehmensleitung.

Durch die Umsetzung der Unterrichtungs- und Anhörungsrichtlinie haben diese Ausschüsse dieselben Informationsrechte zugewiesen bekommen wie der Betriebsrat.[1395]

cc) Befugnisse

(1) Gewerkschaftsvertretung

Die Gewerkschaften handeln die jeweiligen tariflichen Vereinbarungen aus und überwachen deren Einhaltung. Daneben sind sie mit den Arbeitskonflikten betraut.

(2) Betriebsrat bzw. *CPPT/CPBW*-Ausschuss

Zugunsten des Betriebsrats bzw. des *CPPT/CPBW*-Ausschusses bestehen zeitlich genau geregelte Informationspflichten.[1396] Zu den Wahlen müssen die grundlegenden Informationen über die wirtschaftliche und finanzielle Situation des Unternehmens offen gelegt werden. Dies betrifft nach dem Gesetz die Satzung des Unternehmens, die Wettbewerbsstellung des Unternehmens am Markt, Produktion und Produktivität, sowie Programm und allgemeine Zukunftsperspektiven. Was im Einzelnen darunter zu verstehen ist wird in vier Normen detailliert aufgeschlüsselt.[1397]

Diese Informationen werden jährlich aktualisiert. Alle drei Monate muss die Unternehmensleitung die aktuelle Situation und etwaige Abweichungen von den Pla-

1395 Art. 48 ff. beGWA, zur Zusammensetzung der Ausschüsse ebd. Art. 56, zur Wahl Art. 58 ff.; Art. 65*decies* des Umsetzungsgesetzes vom 23.04.2008, (oben Fn. 1371). Vgl. *Michel*, (oben Fn. 1347), Abschnitt *Workplace representation*.

1396 Vgl. Art. 15 beGOW. Die Vorschrift besteht aus einem einzigen Absatz und listet dreizehn, teilweise weiter untergliederte, Punkte auf. Demnach muss z.B. mindestens einmal pro Quartal eine Auskunft über die Produktivität und die Unternehemnstätigkeit erteilt werden.

1397 Vgl. Art. 65*bis*–65*sexies* des Umsetzungsgesetzes vom 23.04.2008 (oben Fn. 1371).

nungen darlegen. Bei Entwicklungen mit etwaigen erheblichen Auswirkungen auf das Unternehmen ist der Betriebsrat unverzüglich zu informieren. Zu Erläuterungen kann er auf den Rechnungsprüfer zurückgreifen, der ggf. zertifiziert, dass die bereit gestellten Informationen vollständig und korrekt sind und die darin enthaltenen Daten analysiert und erklärt. Sonstige Informationen werden im Zuge der allmonatlich verbindlichen Treffen erteilt.[1398]

Zudem muss das Unternehmen alljährlich eine so genannte Sozialbilanz vorlegen. Hierin werden die personellen Veränderungen sowie Einzelheiten über Arbeitsbeschaffungs- und Schulungsmaßnahmen aufgelistet.[1399]

Wenn durch Offenlegung der Information dem Unternehmen ein Nachteil drohen würde kann der Unternehmensleiter von der Informationspflicht befreit werden. Hierzu ist ein komplexes Verfahren vorgesehen.[1400]

Bei gravierenden Ereignissen, die sich auf die Beschäftigungssituation auswirken können, wie z.B. Verschmelzungen und Übernahmen oder Massenentlassungen, muss der Betriebsrat konsultiert werden.

Seine Entscheidungsbefugnisse hingegen sind vergleichsweise gering. Sie beschränken sich auf die nähere Gestaltung der Arbeitsvorschriften, allgemeine Kriterien für Einstellungen und Entlassungen, Urlaubs- und Fortbildungsplanungen und die Verwaltung von Sozialleistungen, zu denen – finanziell bedeutsam – auch Pensionsfonds gehören. Zudem wählt der Betriebsrat den Rechnungsprüfer.[1401]

Mitentscheidungsbefugnisse in dem Sinn, dass die Arbeitnehmervertretung vor einer unternehmerischen Maßnahme einzubinden ist, sind aber nicht vorgesehen. Auf etwaige Vorschläge muss der Arbeitgeber nicht reagieren, ein Einfluss auf strategische Entscheidungen besteht nicht.[1402]

(3) Ausstattung und Kündigungsschutz

Um ihren Aufgaben angemessen nachkommen zu können haben die Betriebsräte einen Anspruch auf Freistellung und Ausstattung mit den notwendigen Sachmitteln. Ferner können Sachverständige zur Erläuterung herangezogen werden. Die Kosten hierfür trägt das Unternehmen.[1403]

Personalvertreter und Kandidaten für das Amt als Personalvertreter können nur aus einem vorab vom Arbeitsgericht angenommenen schwerwiegenden Grund oder

---

1398 *Michel*, (oben Fn. 1347), Abschnitt *Workplace representation.*

1399 ETUI-BE-BI, S. 2.

1400 Vgl. Art. 65*octies* und 65*novies* des Umsetzungsgesetzes vom 23.04.2008 (oben Fn. 1371).

1401 Vgl. Art. 15 d), e), f), g), h) beGOW; ETUI-BE-BI, S. 2 a.E.

1402 *Triangle*, Country Report Belgium, S. 15; *Van Gyes, Effect* (oben Fn. 1384).

1403 Art. 23 beGOW; ETUI-BE-BI, S. 3 a.E.

aus vorab vom zuständigen paritätischen Organ anerkannten wirtschaftlichen oder technischen Gründen entlassen werden.[1404] Die Kündigung von Gewerkschaftsvertretern wird in den jeweiligen Tarifvereinbarungen näher geregelt.

dd) Vertretung auf supranationaler Ebene

Die belgischen Mitglieder im Besonderen Verhandlungsgremium bei EBR bzw. SE (*groupe spécial de négociation/bijzondere onderhandelingsgroep*) werden von und aus den Reihen der Arbeitnehmervertretung gewählt. Berufen ist hierzu zunächst der Betriebsrat. Falls ein solcher nicht existiert, ist der Ausschuss für Gefahrenverhütung und Schutz am Arbeitsplatz zuständig. Wenn auch dieser fehlt, und wenn eine entsprechende tarifvertragliche Vereinbarung auf Branchenebene getroffen wurde, entscheiden die lokalen Gewerkschaftsvertretungen. Zuletzt können die Beschäftigten selbst ihre Vertreter wählen.

Bei der SE können auch Unternehmensexterne entsandt werden, und zwar sowohl in den SE-Betriebsrat nach Auffangregelung, als auch in das Leitungsgremium.[1405]

b) Unternehmensmitbestimmung

Eine Unternehmensmitbestimmung ist im privaten Sektor nicht vorgesehen. Lediglich in einigen staatlichen Unternehmen gibt es auch Arbeitnehmervertreter im Leitungsgremium, insgesamt darf man wohl von Exoten sprechen.[1406]

Auch eine Einführung entsprechender Regelungen ist nicht geplant. Tatsächlich werden die Positionen von Arbeitgebern und Arbeitnehmern in den industriellen Beziehungen wohl immer noch als grundsätzlich gegensätzlich angesehen; *„jeder Teil spielt seine jeweilige Rolle“*.[1407] Diese Haltung macht das Thema Mitbestimmung bei den Gewerkschaften immer noch zum *„Tabu“*.[1408]

1404 Art. 2 § 1 des Gesetzes vom 19. März 1991 zur Einführung einer besonderen Kündigungsregelung für die Vertreter des Personals in den Betriebsräten und Ausschüssen für Arbeitssicherheit, Betriebshygiene und Verschönerung der Arbeitsplätze und für die Kandidaten für diese Ämter, inoffizielle deutsche Übersetzung (Stand 22.12.2009) unter http://www.scta.be/Malmedy Uebersetzungen/downloads/19910319.arb.doc.

1405 ETUI-BE-EI, S. 1; vgl. auch die Darstellung beim *FOD WASO*, abrufbar unter http://www.werk.belgie.be/defaultTab.aspx?id=528 (niederländisch).

1406 Vgl. ETUI-BE-MB, S. 1; als Beispiele angeführt sind dort der flämische Bus-Liniendienst *„De Lijn“* sowie die belgische Staatsbahn *„Nationale Spoorwegen“*. Bei letzterer wurden im Jahr 2004 von insgesamt 23 Mitgliedern des Verwaltungsrats drei von den Arbeitnehmern entsandt.

1407 *Triangle*, Country Report Belgium, S. 17.

1408 *Triangle*, Country Report Belgium, S. 17.

Hierdurch soll es aber auch unmöglich sein, gemeinsam mit Anteilseignern und Unternehmensleitung über beschäftigungserhebliche Maßnahmen zu entscheiden – und hierfür ggf. verantwortlich gemacht zu werden. Die, europäisch verpflichtende, Einführung von Mitbestimmungsregelungen durch die SE wurde darum in Belgien mit einer grundsätzlichen Skepsis gesehen. Die Einführung einer Unternehmensmitbestimmung außerhalb der SE wird daher soweit ersichtlich nicht einmal ernsthaft diskutiert. Gewünscht wird lediglich ein Mehr an Information und Überwachung, das aber (quasi ausschließlich) auf der betrieblichen Ebene.[1409]

5. Zusammenfassung

- Belgien folgt hinsichtlich der Organisationsverfassung der Kapitalgesellschaften dem monistischen Modell.
- Die betriebliche Interessenvertretung erfolgt durch lokale Gewerkschaftsorganisationen sowie zusätzlich in größeren Betrieben mit mehr als 50 Beschäftigten über bestimmte Ausschüsse und in Betrieben mit mehr als 100 Arbeitnehmern auch über Betriebsräte. Diese Gremien setzen sich aus Arbeitgeber- und Arbeitnehmervertretern zusammen. Ihre absolute Größe staffelt sich nach der Mitarbeiterzahl, wobei aber gewährleistet ist, dass der Anteil der Arbeitnehmer stets höher ist als derjenige der Arbeitgeber. Die Arbeitnehmervertreter werden alle vier Jahre von der Belegschaft gewählt. Kandidaten werden ausschließlich von den jeweils „repräsentativen" Gewerkschaften im Betrieb ernannt. Der Betriebsrat wird vom ranghöchsten Unternehmensvertreter geleitet, der Sekretär hingegen ist ein Arbeitnehmervertreter. Die Gewerkschaftsvertretungen verhandeln die Tarifverträge und überwachen ihre Einhaltung. Ausschüsse wie Betriebsräte genießen zeitlich festgelegte Informationsrechte, daneben sind sie bei gravierenden beschäftigungserheblichen Maßnahmen zu konsultieren. Die Entscheidungsbefugnisse sind gering und beschränken sich hauptsächlich auf die allgemeine Gestaltung der Arbeitsvorschriften. Eine Unternehmensmitbestimmung findet nicht statt und wird nicht gewünscht.

1409 *Triangle*, Country Report Belgium, S. 18. Allerdings bemerkt *Van Gyes, Effect* (oben Fn. 1384), mit Blick auf die aktuelle Situation: „... *[S]ince the crisis of 2008-2009, arguments are made to investigate again the issue of corporate governance, as the way how banks and big companies have been run, is seen as a factor that contributed to the severance of the crisis (for the workers).*"

III. Luxemburg[1410]

1. Übersicht

Luxemburg kennt eine Arbeitnehmerbeteiligung sowohl auf betrieblicher Ebene als auch bei der Unternehmensleitung. Auf betrieblicher Ebene bestehen derzeit noch größenabhängig ggf. parallel zwei unabhängige nicht-gewerkschaftliche Vertretungssysteme, die vornehmlich Informations- und Konsultationsrechte genießen und partiell unter Einbeziehung des Arbeitgebers stattfinden. Seit Frühjahr 2013 sind Änderungen geplant, durch die beide Systeme auf ein einziges nicht-gewerkschaftliches betriebsratsähnliches Gremium überführt werden. Auch eine Einigungsstelle nach deutschem Vorbild soll geschaffen werden. Die Unternehmensmitbestimmung wurde erst 1974 eingeführt. Sie beschränkt sich im privaten Bereich ausschließlich auf Aktiengesellschaften mit mehr als 1.000 Beschäftigten und sieht dort ggf. eine Drittelbeteiligung vor.

2. Hintergrund

Anders als in Frankreich sind Arbeitsmarkt und Politik in Luxemburg traditionell sehr konsensorientiert. Tragendes gesellschaftspolitisches Konzept ist das sog. „Luxemburger Modell“, das auf einem institutionalisierten und kontinuierlichen tripartiten Dialog zwischen Regierung, Arbeitgebern und Gewerkschaften über wichtige wirtschaftliche und soziale Fragen beruht. Einigungen zwischen den Sozialpartnern werden im Allgemeinen ohne größere Reibungen erzielt.

Jüngst gerät das tripartite Modell allerdings unter Druck. Die turnusmäßigen Verhandlungen im Frühjahr 2010 scheiterten. Hauptstreitpunkt war dort die automatische Lohnindexierung, zu der keine Einigung erzielt werden konnte. Die Lösung erfolgt erst durch zwei bipartite Vereinbarungen zwischen Regierung und Gewerkschaften bzw. Regierung und Arbeitgebern. Hierin wird ein *„Zeichen für einen tiefer gehenden Wandel im Luxemburgischen Sozialen Dialog“* gesehen.[1411]

1410 *Taylor*, Überblick, S. 75; *Raynaud*, Co-Determination Lux., S. 63 ff.; *Feyereisen*, Country Report Lux., S. 76 ff.; *Fulton*, ETUI-LUX-Betriebliche Interessenvertretung, ETUI-LUX-Unternehmensmitbestimmung sowie ETUI-LUX-Europäische Interessenvertretung (ETUI-LUX-BI, ETUI-LUX-MB, ETUI-LUX-EI) unter http://www.worker-participation.eu/National-Industrial-Relations/Countries/Luxembourg; *Kirov/Turlan, Luxembourg: Industrial relations profile* (z.T. 18.04.2013), bei Eiro online unter http://www.eurofound.europa.eu/eiro/country/luxembourg.htm (englisch).

1411 Vgl. *Castegnaro/Claverie, Social dialogue under pressure* (19.04.2011), unter http://www.eurofound.europa.eu/eiro/2011/02/articles/lu1102011i.htm (englisch) sowie *Kirov/Turlan*, (oben Fn. 1410), Abschnitt *Industrial relations context*.

Konsequent zu dieser Tradition des Konsenses sind gefächerte, zum Teil paritätische, Arbeitnehmerbeteiligungssysteme sowohl auf betrieblicher Ebene als auch auf Unternehmensebene vorgesehen.

Erwähnenswert ist hier auch die besondere Rolle der Grenzgänger (*non résidants* oder *frontaliers*). So wohnten im Jahr 2012 von insgesamt ca. 358.800 Beschäftigten nur 201.200 in Luxemburg,[1412] 44% der Arbeitnehmer sind also Grenzgänger. Sie stammen vor allem aus Belgien, Frankreich und Deutschland. Besitzen die *non résidants* die Staatsangehörigkeit eines EU-Mitgliedstaats, sind sie auch für die Personalvertretungen wählbar.

Seit Sommer 2013 sind bei der betrieblichen Beteiligung einschneidende Reformen geplant.[1413] Sie zielen auf die Anpassung der Gegebenheiten an die veränderten ökonomischen Rahmenbedingungen und orientieren sich ausdrücklich am deutschen Modell. Erklärte Absicht ist die Vereinfachung der Verfahren.

In diesem Zusammenhang werden v.a. die bestehenden betrieblichen Vertretungsgremien zu einer einzigen Vertretung zusammengelegt.[1414] Übernommen wird auch der deutsche Mechanismus der Einigungsstelle, um in diesem Zusammenhang mögliche Konflikte zu lösen (*Commission de médiation*)[1415] (näher dazu sogleich).

Von einer Änderung der Vorschriften zur unternehmerischen Mitbestimmung wurde aber, trotz entsprechender gewerkschaftlicher Forderungen, Abstand genommen.[1416] In diesem Bereich ist, nach Auskunft der luxemburgischen Regierung, eine Neuregelung *„aktuell und auf absehbare Zeit nicht geplant"*.[1417]

1412 Daten des *Portail des Statistiques du Grand-Duché de Luxembourg*, abrufbar unter http://www.statistiques.public.lu/stat/ReportFolders/ReportFolder.aspx?IF_Language=fra&MainTheme=2&FldrName=3&RFPath=92, dort *Marché du Travail*, Unterordner *Emploi*, Excel-Tabelle *Emploi salarié intérieur par lieu de résidence et nationalité.*

1413 *Projet de loi portant réforme du dialogue social à l'interieur des entreprises* (12.03.2013), anhand der Dossier-No. 6545 abrufbar bei der luxemburgischen Abgeordnetenkammer, *Chambre des Députés*, unter http://www.chd.lu, Rubrik *Travail à la Chambre*, Unterrubrik *Recherche – Rôle des affaires.*

1414 Dossier No. 6545 (oben Fn. 1413), Art. L. 414-9.

1415 Dossier-No. 6545 (oben Fn. 1413), Art. L. 417-3.

1416 *Projet de loi portant réforme du dialogue social à l'interieur des entreprises* (12.03.2013), Dossier-No. 6545 (oben Fn. 1413), Abschnitt *Exposé de Motifs*, S. 2. Zur Forderung der Gewerkschaften vgl. *Avis I/11/2013* (08.03.2013) der Arbeitnehmerkammer, *Chambre des salariés – CSL*, unter http://www.csl.lu/component/rubberdoc/doc/1714/raw, dort. S. 31, § 132. Knappe Darstellung zur *CSL* beim Gewerkschaftsbund *OGB-L* unter http://www.ogbl.lu/de/ce-quil-faut-savoir/chambre-des-salaries/(alle französisch).

1417 *Nadine Welter, Conseiller de Gouvernement 1ère Classe* beim *Ministère du Travail et de l'Emploi* auf entsprechende Anfrage d. Verf. im Mai 2013.

3. Organisationsverfassung der Kapitalgesellschaften

Das luxemburgische Gesellschaftsrecht wurzelt im französischen *Code de Commerce* von 1807. Aktuell maßgeblich ist der einheitliche Gesellschaftsrechtskodex, das Gesetz über die Handelsgesellschaften vom 10.08.1915 (*Loi du 10 août 1915 concernant les sociétés commerciales*).[1418] Als es verabschiedet wurde lehnte es sich an das belgische Gesellschaftsrechtsgesetz von 1913 an. Die belgische Dogmatik und Rechtsprechung wird darum z.T. auch heute noch zur Interpretation herangezogen. Übernommen wurde auch das monistische System. Im Jahr 2006 wurde die SE ins luxemburgische Recht eingeführt. Seitdem ist auch für die luxemburgische Aktiengesellschaft optional das dualistische Modell möglich.[1419]

Ist die Aktiengesellschaft (*Société Anonyme*, abgekürzt *S.A.*)[1420] monistisch organisiert verfügt sie über einen Verwaltungsrat *(conseil d'administration)*,[1421] die Hauptversammlung *(assemblée générale)*[1422] und den Abschlusskommissar (*commissaire aux comptes*).[1423] Ab einer bestimmten Größenklasse des Unternehmens muss der Kommissar durch einen Abschlussprüfer ersetzt werden, der als Wirtschaftsprüfer zugelassen ist. Der Verwaltungsrat, der aus mindestens drei Personen bestehen muss, leitet die *S.A.* operativ und vertritt sie. Die Vertretungsbefugnis kann einem oder mehreren Verwaltern in Allein- oder Gesamtvertretung übertragen werden (*administrateur-délégué*).

Organsiert sie sich nach dem dualistischen Modell wird die Gesellschaft vom Verwaltungsrat/Vorstand *(directoire)* geleitet, wobei die tägliche Geschäftsführung bzw. die Vertretung übertragen werden kann.[1424] Der Aufsichtsrat (*conseil de surveil-*

1418 Zuletzt geändert durch *L. du 30 juillet 2013, Mémorial A No. 177 (02.10.2013)*, im Folgenden *luxHGB*. Mit voran gesetztem „L." werden Gesetze bezeichnet (L = *Loi*). Es folgt das Datum der Verabschiedung im Parlament sowie eine kurze Inhaltsbeschreibung. Großherzogliche Verordnungen sind durch ein vorangestelltes „Règl.gd." gekennzeichnet (*Règlement grand-ducal*), Erlasse durch ein vorangestelltes „Arr. gd." (*arrêté grand-ducal*). Die Veröffentlichung erfolgt im luxemburgischen Amtsblatt, dem *Memorial*, das sich wiederum in die Abteilungen *A, B, C* und *PL* untergliedert. Die luxemburgischen Gesetze sind in französischer Sprache abrufbar unter http://www.legilux.lu, eine Zusammenstellung *„Sociétés et Associations"* findest sich unter http://www.legilux.public.lu/entr/index.php (französisch), eine ausführliche Darstellung (Stand 02.10.2013) unter http://www.legilux.public.lu/leg/textescoordonnes/recueils/recueil_societes/SOC_ASSOC.pdf (französisch).

1419 *L. du 25 août 2006 1. concernant la société européenne (SE), la société anonyme à directoire et conseil de surveillance et la société anonyme unipersonnelle [etc.], (Mémorial A No. 152 du 31 août 2006)*, abrufbar unter http://www.legilux.public.lu/leg/a/archives/2006/0152/a152.pdf#page=2; zur Wahlmöglichkeit vgl. Art. 60*bis*-1 luxHGB.

1420 Art. 23 ff. luxHGB.

1421 Art. 50 ff. luxHGB.

1422 Art. 67 ff luxHGB.

1423 Vgl. Art. 61 f. luxHGB.

1424 Art. 60*bis*-2, Abs. 1, S. 1, Art. 60*bis*-8 luxHGB; zur Haftung vgl. Art. 60*bis*-10 luxHGB.

lance) wird mit Ausnahme der Arbeitnehmervertreter von der Hauptversammlung ernannt.[1425] Er übt die Kontrolle aus[1426] und bestellt bzw. entlässt die Vorstandsmitglieder.[1427] Die Amtszeit beträgt maximal sechs Jahre.[1428]

Die jeweiligen Organe wählen aus ihrer Mitte einen Vorsitzenden. Falls bis zur Hälfte der jeweiligen Mitglieder von den Arbeitnehmern bestimmt werden, wird der Vorsitzende von der Hauptversammlung bestimmt.[1429]

In der GmbH (*Société à responsabilité limitée*, abgekürzt *S.a.r.l.*)[1430] darf die Anzahl der Gesellschafter maximal 40 betragen.[1431] Liegt sie bei mehr als 25 muss die Aufsicht obligatorisch einem oder mehreren Kommissaren übertragen werden; dieser kann auch Nichtgesellschafter sein.[1432] Die Entscheidungen der Gesellschafter fallen in der Gesellschafterversammlung (*assemblée* générale oder assemblée *des associés*).[1433] Verwaltet wird die GmbH von mindestens einem Geschäftsführer (*gerant*), der ebenfalls ein Nichtgesellschafter sein kann.[1434]

Möglich sind auch Einmann-Gesellschaften (im Fall der GmbH als *Société à responsabilité limitée unipersonnelle,* abgekürzt *S.a.r.l.u*).[1435]

Das Mindestkapital einer *S.A.* liegt bei 30.968,69 Euro.[1436] Das Mindestkapital einer *S.a.r.l.* beträgt 12.394,68 Euro.[1437]

4. Arbeitnehmerbeteiligung

a) Betriebliche Interessenvertretung

Auf betrieblicher Ebene ist derzeit noch ein zweigliedriges Vertretungssystem vorgesehen. Seit Sommer 2013 bestehen Reformbestrebungen, in deren Rahmen die

1425 Art.60*bis*-14, 51 III luxHGB.

1426 Zu den Kontrollrechten vgl. Art. 60*bis*-12 und Art. 60*bis*-13 luxHGB; zur Haftung der Aufsichtsräte vgl. Art. 60*bis*-16 luxHGB, zu ihrer (nach Satzung möglichen) Vergütung vgl. Art. 60*bis*-19, S. 3 luxHGB.

1427 Art. 60*bis*-2, Abs. 3, 60*bis*-3, Art. 60*bis*-5 luxHGB; das Recht zu Bestellung und Entlassung des Vorstands kann per Satzung der Hauptversammlung übertragen werden. Zur Vergütung des Vorstands vgl. Art. 60*bis*-19, S. 2 luxHGB.

1428 Art. 60*bis*-14, 51IV luxHGB. Zur Beschlussfassung in den Organen vgl. Art. 64*bis*, zur Geheimhaltung vgl. Art. 66 luxHGB.

1429 Vgl. Art 64 II luxHGB.

1430 Art. 179 ff. luxHGB.

1431 Art. 181 I luxHGB.

1432 Art. 200 luxHGB.

1433 Art. 193 ff. luxHGB.

1434 Art. 191 luxHGB, zu den Befugnissen vgl. Art. 191*bis*, zur Haftung Art. 192, 59 luxHGB.

1435 Art. 179 II luxHGB; zur S.A. vgl. Art. 26 I Nr. 1 luxHGB.

1436 Art. 26 II S. 1 luxHGB; der Betrag kann durch *Règl. gd* erhöht werden.

1437 Art. 182 luxHGB.

Systeme aufeinander verschmolzen werden sollen, die entsprechende Gesetzgebung stockt allerdings seit dem Oktober.

aa) Voraussetzungen

(1) Grundlagen

Maßgebliche Rechtsquelle ist das vierte Buch des neuen *Code du Travail* aus dem Jahr 2006.[1438]

(2) Formen

α) Personaldelegation

Auf betrieblicher Ebene existiert zunächst die Personaldelegation *(délégation du personnel)*. Ihr obliegt das Tagesgeschäft der Interessenwahrnehmung. Der Schwellenwert zu ihrer Etablierung liegt bei mindestens 15 Arbeitnehmern. Erfasst sind alle Unternehmen, unabhängig von ihrer Rechtsform oder Branche.[1439] Ihre Mitglieder (*délégues*) werden von der Gesamtbelegschaft des Betriebs direkt aus ihrer Mitte gewählt.[1440]

In Unternehmen mit mindestens 150 Beschäftigten ist zusätzlich der Unternehmensausschuss vorgeschrieben (*comité mixte d'enterprise*).[1441] Dieser widmet sich generell der Verbesserung der Arbeitsbeziehungen. Er setzt sich paritätisch aus Arbeitnehmer- und Arbeitgebervertretern zusammen.[1442] Die Arbeitnehmervertreter im Unternehmensausschuss werden von den Mitgliedern der Personaldelegation gewählt, so dass untereinander gewisse Verflechtungen bestehen.

Betriebsübergreifend kann in Unternehmen mit mindestens drei Betrieben und insgesamt mindestens hundert Beschäftigten eine zentrale Personaldelegation eingerichtet werden (*délégation divisonnaire*). Die Definition der *division* erfolgt gemeinsam durch Arbeitgeber und Arbeitnehmervertreter.[1443] Daneben ist auch eine Personaldelegation für das Gesamtunternehmen möglich (*délégation centrale*).[1444]

1438 *Loi du 31 juillet 2006 portant introduction d'un Code du Travail (Mémorial A No. 149 du 29 août 2006)*, zuletzt geändert durch *L. du 23 décembre 2013 (Mémorial A No. 227 du 27 décembre 2013*, S. 4241*)*; im Folgenden *luxArbGB*, unter http://www.legilux.public.lu/leg/textescoordonnes/codes/code_travail/Code_du_Travail.pdf. (französisch).

1439 Art. L. 411-1 Abs. 1 luxArbGB. In Betrieben mit mindestens fünf Beschäftigten unter 21 Jahren wird außerdem eine Jugendvertretung eingerichtet, Art. L. 411-5 luxArbGB (*Délégués des jeunes salariés*).

1440 Art. L. 411-1 Abs. 2 luxArbGB; vgl. *Raynaud*, Co-Determination Lux., S. 63 f.

1441 Art. L. 421-1 Abs. 1 luxArbGB; vgl. *Raynaud*, Co-Determination Lux., S. 64 f.

1442 Art. L. 422-1 Abs. 1 luxArbGB.

1443 Art. L. 411-3 luxArbGB.

1444 Art. L. 411-4 luxarbGB; ETUI-LUX-BI, S. 4; vgl. zur Mandatsausübung Art. L. 415-7 luxArbGB.

β) Gewerkschaftsvertretung

Die Gewerkschaften hingegen haben kein eigenes gesetzliches Recht auf Repräsentation. Faktisch ist ihr Einfluss gleichwohl beträchtlich. Neben dem Primat der Tarifverhandlungen,[1445] verfügen sie über Vorschlagsrechte bei der Wahl zur Personaldelegation sowie bestimmte kommunikative Rechte.[1446]

Es obliegt den Arbeitgebern, die entsprechenden Gremien bei Überschreiten der Schwellenwerte zu etablieren. Einschränkungen oder Behinderungen der Arbeitnehmervertretungen sind mit Geld- und Freiheitsstrafen bedroht.

Aufsichtsführende Behörde ist die *Inspection du travail et des mines (ITM)*, die dem Arbeitsministerium untergeordnet ist.[1447]

Die Einhaltung der Gesetze wird streng überwacht, so dass die rechtlichen Anforderungen und die gelebte Praxis grundsätzlich im Einklang stehen. Die Regelungen gelten auch unter Arbeitgebern als weithin akzeptiert.[1448] Tatsächlich sollen im Jahr 2008 insgesamt „lediglich" 50 Unternehmen trotz entsprechender Verpflichtung keine Vertretungsgremien errichtet haben. Auch wenn die genauen Gründe hierfür einzelfallspezifisch sein mögen, so lässt sich doch als gemeinsames Merkmal feststellen, dass in den entsprechenden Unternehmen keine Gewerkschaften vertreten waren.[1449]

Praktisch soll (zumindest) die große Mehrheit der Mitglieder der Personaldelegationen auch einer Gewerkschaft angehören.

Der gewerkschaftliche Organisationsgrad insgesamt liegt bei 46%.[1450] Nach Eigenangaben der Gewerkschaften gibt es in Luxemburg ca. 150.000 Gewerkschaftsmitglieder. Die größten Gewerkschaftsbünde im Privatsektor sind der *OGB-L* (*Onofhängege Gewerkschaftsbond Lëtzebuerg*) mit ca. 58.000 Mitgliedern[1451] und der *LCGB* (*Lëtzebuerger Chrëschtleche Gewerkschafts-Bond*) mit 40.000 Mitgliedern.[1452] Diese erfüllen die Voraussetzungen nach dem *Loi du 30 juin concernant les conventions collectives de travail* und gelten als „national repräsentativ".[1453]

---

bb) Größe und Zusammensetzung

Die absolute Größe der jeweiligen Vertretungsorgane staffelt sich nach der Belegschaftsstärke, allerdings nicht linear.

1445 Art. L. 161-2 luxArbGB.

1446 Vgl. Art. L. 414-6 luxArbGB.

1447 Vgl. Art. L. 417-2 ff., 427-1 ff. luxArbGB.

1448 *Feyereisen*, Country Report Lux., S. 78.

1449 *Castegnaro/Claverie, Luxembourg: EIRO CAR on „The effect of the Information and Consultation Directive on Industrial Relations in the EU Member States five years after its transposition"* (19.02.2011), unter http://www.eurofound.europa.eu/eiro/studies/tn1009029s/lu1009021q.htm (englisch).

1450 Daten nach *Fulton*, ETUI-LUX, Landesübersicht.

1451 Eigendarstellung *OGB-L* unter http://www.ogbl.lu/html_de/qui_sommes_nous/presentation.html.

1452 Eigendarstellung *LCGB* unter http://lcgb.lu/uploads/wysiwyg/Luxus%20oder%20Notwendigkeit.pdf; hier S. 3 f.

1453 Vgl. dazu mittlerweile Art. L. 161-4 ff. luxArbGB.

(1) Personaldelegation

Ein einzelner Personaldelegierter wird in Betrieben mit mindestens 15 bis 25 Beschäftigten bestellt, danach kommt bis zu 100 Arbeitnehmern pro 25 Beschäftigte jeweils ein Delegierter hinzu. Weiter wird bis insgesamt 1.100 Mitarbeiter für jeweils 100 Beschäftigte ein zusätzliches Mitglied gewählt. Ab dieser Grenze bis zu 5.500 Beschäftigten kommt für jeweils 400 weitere Arbeitnehmer ein Delegierter hinzu, darüber einer für jeweils 500 Beschäftigte. Hierbei besteht kein Höchstgrenze.[1454]

In der Personaldelegation werden der Vorsitzende, der Stellvertreter und der Sekretär unter den Mitgliedern gewählt. In größeren Unternehmen besteht ein Sekretariat mit mehreren Delegierten.[1455] Kandidaten für die Personaldelegation können entweder von den Gewerkschaften oder von mindestens 5% der Belegschaft vorgeschlagen werden (wenn die Gesamtbelegschaft mindestens 100 Beschäftigte umfasst, in kleineren Betrieben reichen fünf Unterstützer).[1456]

Bemerkenswert ist der ausdrückliche Ausschluss von Verwandten der Unternehmensleitung bis zum 4. Grad.[1457] Die Einzelheiten des Wahlverfahrens werden durch ein *Règl. gd.* bestimmt, derzeit durch das *Règlement grand-ducal du 21 septembre 1979 concernant les opérations électorales pour la désignation des délégués du personnel.* Es umfasst 45 Normen.[1458]

Die Personaldelegation tritt mindestens sechs Mal im Jahr zusammen, dreimal davon zwingend zusammen mit dem Arbeitgeber. Zudem kann sie einmal im Monat während der Arbeitszeit tagen.

(2) Unternehmensausschuss

Der Unternehmensausschuss *comité mixte* wird paritätisch aus Arbeitgeber- und Arbeitnehmervertretern gebildet. In Betrieben zwischen 150 und 499 Beschäftigten sind in dem Gremium drei Vertreter der Arbeitnehmer, bei 500 bis 1.000 Beschäftigen dann vier, bei 1.001 bis 1.500 sechs, bei 1.501 bis 5.000 sieben und bei über 5.000 Beschäftigten insgesamt acht Mitarbeiter vertreten. In den Wahlen werden jeweils die Vertreter und ihre Stellvertreter benannt.[1459]

1454 Art. L. 412-1 luxArbGB.

1455 Art. L. 416-1 ff. luxArbGB.

1456 Art. L. 413-1 Abs. 1 luxArbGB; zu den Wählbarkeitsvoraussetzungen vgl. Art. L. 413-4 ff. luxArbGB.

1457 Vgl. Art. L. 413-4 Abs. 2 luxArbGB.

1458 Der Text ist abrufbar unter http://www.legilux.public.lu/leg/a/archives/1979/0075/a075.pdf. Die Aufsichtsbehörde *ITM* bietet auf ihren Webseiten zusammen mit weiteren wahlrelevanten Dokumenten eine deutsche Übersetzung an, abrufbar unter https://guichet.itm.lu/elections/documentation-formulaires (Liste).

1459 Art. L. 422-1 Abs. 2 luxArbGB *(membres titulaires, membres suppléants).*

Die Arbeitnehmervertreter im *comité mixte* werden von den Mitgliedern der Personaldelegation in geheimer Listenwahl gewählt. Die Arbeitgebervertreter werden von der Unternehmensleitung bestimmt.[1460]

Einschlägig ist hier das *Règlement grand-ducal du 24 septembre 1974 concernant les opérations électorales pour la désignation des représentants du personnel dans les comités mixtes d'entreprise et les conseils d'administration*, zuletzt geändert durch *Règl. gd.* vom 17.07.2008; es umfasst 41 Normen.

Die Unternehmensleitung hat dort auch den Vorsitz, kann ihn aber delegieren. Der Sekretär stammt aus den Reihen der Arbeitnehmer, wird aber seinerseits durch einen *secrétaire administratif* unterstützt, der wiederum vom Arbeitgeber benannt wird.[1461] Der Ausschuss tritt mindestens einmal alle drei Monate zusammen, ansonsten auf schriftlichen Antrag eines Viertels der Mitglieder.[1462]

Die Amtszeit beträgt in beiden Gremien fünf Jahre.[1463]

(3) Betriebsübergreifend

In der *délégation divisonnaire* werden die Mitglieder ebenfalls gewählt, allerdings ist ihre Zahl auf maximal fünf begrenzt.[1464] Die *délégation centrale* besteht aus jeweils drei Delegierten und drei Stellvertretern für jede einzelne Einheit. Seine Mitglieder werden von allen Mitgliedern der Personaldelegationen in den verschiedenen Betrieben in geheimer Wahl gewählt.[1465]

cc) Befugnisse

Auch die Aufgaben und Rechte sind zwischen den Vertretungsorganen klar aufgeteilt, allerdings gesetzlich nicht durchgängig präzise gefasst.

(1) Personaldelegation

Die Personaldelegation hat die allgemein umschriebene Aufgabe, die Interessen der Arbeitnehmer hinsichtlich der Arbeitsbedingungen, der Arbeitsplatzsicherheit und des sozialen Status' zu wahren und zu verteidigen.[1466]

1460 Art. L. 422-3 luxArbGB, zu den Wählbarkeitsvoraussetzungen vgl. Art. L. 422-4.
1461 Art. L. 424-1 luxArbGB.
1462 Art. L. 424-2 luxArbGB.
1463 Art. L. 413-2 Abs. 1, 425-1 Abs. 1 luxArbGB.
1464 Art. L. 411-3 Abs. 4 luxArbGB.
1465 Art. L. 411-4 Abs. 3 luxArbGB.
1466 Art. L. 414-1 Abs. 1 luxArbGB.

Ihre Rechte erstrecken sich vornehmlich auf Unterrichtung und Anhörung. Der Arbeitgeber muss sie dreimal im Jahr über die wirtschaftliche Entwicklung des Unternehmens unterrichten. Wenn ein paritätischer Unternehmensausschuss besteht, muss dies einmal im Monat geschehen. In Aktiengesellschaften muss zusätzlich ein jährlicher Bericht über die Unternehmenslage erstattet werden. Des Weiteren erhält die Personaldelegation die Belegschaftsstatistiken. Bei allen Fragen der Arbeitsbedingungen und der Arbeitsordnung bestehen Anhörungsrechte. U.a. muss sie auch die Beschwerden der einzelnen Arbeitnehmer an den Arbeitgeber weiterleiten. Schließlich ist sie auch an der Verwaltung der betrieblichen sozialen Einrichtungen und in Betrieben mit mehr als 150 Beschäftigten an der Ausbildung der Lehrlinge beteiligt.[1467]

Ein bestimmtes Mitglied der Personaldelegation ist ausschließlich für den Gesundheitsschutz und Sicherheitsfragen zuständig (*délégué(e) à la sécurité*),[1468] ein weiteres für Gleichberechtigung (*délégué(e) à l'égalité*).[1469]

Die Sozialpartner können jederzeit frei über die entsprechenden Vorkehrungen zur Unterrichtung und Anhörung verhandeln und flexible Verfahren festlegen, solange die Mitwirkung generell nicht eingeschränkt wird. Dies gilt auch für die Unternehmensebene.[1470] Leitlinie ist der „Geist der Zusammenarbeit" unter Achtung der wechselseitigen Rechte, Pflichten und Interessen, inklusive des Unternehmensinteresses.[1471]

(2) Unternehmensausschuss

Der paritätische Unternehmensausschuss *comité mixte* hingegen dient der Zusammenarbeit beider Seiten, um die Arbeitsbeziehungen im Betrieb insgesamt zu verbessern.[1472]

1467 Vgl. zu den Aufgaben die Aufzählung in Art. L. 414-1, Abs. 2 Nr. 1–12 luxArbGB. Zur Geheimhaltungspflicht vgl. Art. L 415-2 luxArbGB; ggf. kann der Arbeitgeber Informationen verweigern, wenn die Offenlegung einen gravierenden Nachteil für das Unternehmen bedeuten würde, ggf. steht der Rechtsweg offen, Art. L. 415-2, Abs. 2, 3 luxArbGB.

1468 Es verfügt vor allem über bestimmte weitere Auskunftsrechte, vgl. Art. L.414-2, insbes. Abs. 6 luxArbGB.

1469 Art. L. 414-3 ff. luxArbGB, zu den detaillierten Auskunftspflichten vgl. die Aufzählung in Art. L. 414-4, *Information et consultation sur la vie de l'entreprise.*

1470 Art. L. 414-5 Abs. 2 luxArbGB. Soweit ersichtlich bestehen allerdings keine offiziellen Statistiken dahingehend, inwiefern derartige Verfahren praktisch gebräuchlich sind.

1471 Art. L. 414-5 Abs. 3 luxArbGB: „*[...] l'employeur et les représentants des salariés travaillent dans un esprit de coopération et de respect de leurs droits et obligations réciproques, en tenant compte à la fois des intérêts de l'entreprise ou de l'établissement et de ceux des salariés*".

1472 ETUI-LUX-BI, S. 2.

Mindestens einmal im Jahr ist er über den gegenwärtigen und geplanten Arbeitskräftebedarf zu unterrichten. Zwei Mal im Jahr ist ein detaillierter Bericht über die wirtschaftliche und finanzielle Entwicklung des Unternehmens vorzulegen. In einer Aktiengesellschaft ist zudem die Jahresbilanz vorzuweisen, was zeitlich vor der Weitergabe an die Hauptversammlung geschehen muss.[1473]

Bei allen unternehmerischen Maßnahmen, die Auswirkungen auf die Unternehmensstruktur oder die Beschäftigungslage haben könnten, ist der paritätische Unternehmensausschuss anzuhören.[1474]

Zudem hat er in einigen genau umschriebenen Belangen Mitbestimmungsrechte. Dies umfasst: die Einführung technischer Einrichtungen, die dazu bestimmt sind, das Verhalten und die Leistung des Arbeitnehmers an seinem Arbeitsplatz zu überwachen, die Einführung von Maßnahmen, die die Gesundheit und Sicherheit der Arbeitnehmer betreffen, die Aufstellung allgemeiner Kriterien für die Personalauswahl bei Einstellung, Beförderung oder Entlassung von Arbeitnehmern, die Aufstellung der allgemeinen Beurteilungsrichtlinien für die Arbeitnehmer, allgemein Fragen der Arbeitsordnung und letztlich hinsichtlich der Zahlung von Belohnungen an Arbeitnehmer, die dem Unternehmen durch ihre Initiative oder technische Verbesserungsvorschläge besonders wertvolle Dienste erwiesen haben. Schließlich überwacht er auch die Verwaltung der betrieblichen sozialen Einrichtungen.[1475]

Die Entscheidungen des paritätischen Unternehmensausschusses bedürfen der Mehrheit der Stimmen sowohl der Arbeitgeber- als auch der Arbeitnehmervertreter. Können sich die beiden Gruppen nicht einigen, ist das nationale Schieds- oder Schlichtungsverfahren anzuwenden.[1476] Die Personaldelegationen bzw. die besonderen Delegierten müssen regelmäßig von den Arbeitnehmervertretern im *comité mixte* über dessen Beratungen und Beschlüsse informiert werden.[1477]

Für Fragen der Arbeitsbeziehung und Arbeitsordnung sind also ggf. beide Gremien parallel zuständig. Der Informationsprozess muss daher unter Umständen doppelt durchgeführt werden.

---

(3) Ausstattung und Kündigungsschutz

Die Mitglieder der Personaldelegationen sind zur Ausübung ihres Amtes freizustellen. Der jeweilige Umfang berechnet sich nach der Belegschaftsstärke. In Unternehmen bis zu 500 Beschäftigten wird diese Zeit auf einer Grundlage von 40 Arbeitsstunden/

1473 Art. L. 423-4 Abs. 2 luxArbGB.

1474 Art. L. 423-2 luxArbGB.

1475 Art. L. 423-1 (Mitbestimmung), 423-3f. (Informationsumfang), 423-5 (Soziales), L. 261-1 (personenbezogene Daten), L. 134-1 (Verwendung von Leiharbeitern) luxArbGB.

1476 Art. L. 424-5 luxArbGB; vgl. ETUI-LUX-BI, S. 3.

1477 Art. L. 424-6 Abs. 2, vgl. aber zur Geheimhaltung Art. L. 425-2 luxArbGB.

Woche für 500 vertretene Mitarbeiter berechnet, in größeren Unternehmen wird einer bestimmten Delegiertenanzahl eine vollständige Arbeitsbefreiung gewährt. Daneben besteht ein Anspruch auf Teilnahme an Fortbildungsmaßnahmen.

Sachlich hat der Arbeitgeber den Vertretungen die Räumlichkeiten für die Sitzungen bereit zu stellen. In größeren Betrieben muss den vollzeitbefreiten Personaldelegierten zudem ein mit Sachmitteln ausgestattetes Büro zur Verfügung gestellt werden.[1478]

In Betrieben mit mindestens 150 Arbeitnehmern haben sowohl die Personaldelegation als auch der paritätische Unternehmensausschuss das Recht, für die Prüfung bestimmter Fragen Berater von der Gewerkschaft hinzuzuziehen.[1479] Diese haben ein Teilnahme-, aber kein Stimmrecht und können unter den Mitarbeitern des Unternehmens oder von außerhalb ausgewählt werden. In kleineren Betrieben mit weniger als 150 Mitarbeitern können die Ausschussmitglieder entscheiden, bestimmte Fragen einer Prüfung durch die Gewerkschaft zu unterziehen. Die Arbeitgebervertreter in paritätischen Unternehmensausschüssen können sich an die Arbeitgeberverbände wenden.[1480]

Die Mitglieder aller Personalvertretungen dürfen grundsätzlich nur mit Zustimmung des Arbeitsgerichts entlassen werden. Ausnahme sind „schwerwiegende Pflichtverstöße" (*cas de faute grave*), wo eine nachträgliche Überprüfung durch das Arbeitsgericht stattfindet.[1481]

dd) Aktuell

Seit dem Frühjahr 2013 sind bei der betrieblichen Beteiligung einschneidende Reformen geplant.[1482] Sie zielen auf die Anpassung der Gegebenheiten an die veränderten ökonomischen Rahmenbedingungen und orientieren sich ausdrücklich am deutschen Modell.[1483]

Erklärte Absicht ist die Vereinfachung der Verfahren. In diesem Zusammenhang ist insbesondere vorgesehen, den Unternehmensausschuss *comité mixte* abzuschaffen und seine Aufgaben in das, dann einzige, Vertretungsgremium *délégation du personnel* zu überführen, das so auch ausdrücklich dem deutschen Betriebsrat an-

1478 Art. L. 415-5 ff., 416-7, 424-4 Abs. 2 luxArbGB.

1479 Vgl. Art. L. 422-3 Abs. 3, 4 luxArbGB.

1480 Art. L. 412-1, Abs. 2, 3 luxArbGB; ETUI-LUX-BI, S. 4.

1481 Art. L. 415-11 f. luxArbGB.

1482 *Projet de loi portant réforme du dialogue social à l'interieur des entreprises* (12.03.2013), anhand der Dossier-No. 6545 abrufbar bei der luxemburgischen Abgeordnetenkammer, der *Chambre des Députés*, unter http://www.chd.lu, Rubrik *Travail à la Chambre*, Unterrubrik *Recherche – Rôle des affaires*.

1483 Dossier No. 6545 (oben Fn. 1482), Abschnitt *Exposé de Motifs*". Ausdrücklich erwähnt werden der deutsche „*Betriebsrat*" und die „*Einigungsstelle*", ebd., S. 4.

geglichen wird. Überführt werden auch die Mitbestimmungsrechte des *comité mixte* (*participation à certaines décisions de l'entreprise*), die aber weiterhin an ein Minimum von 150 Beschäftigten geknüpft bleiben werden.[1484]

Zur Erfüllung ihrer, leicht ausgeweiteten und präzisierten, Aufgaben kann eine *délégation du personnel* zukünftig leichter auf externen Expertenrat zurückgreifen, zudem werden weitere Weiterbildungsmöglichkeiten etabliert und zukünftig ein hauptamtlicher Betriebsrat bereits ab 250 Beschäftigten statt wie bisher ab 500 Personen freigestellt.[1485]

Übernommen wird auch der deutsche Mechanismus der Einigungsstelle, um in diesem Zusammenhang mögliche Konflikte zu lösen (*Commission de médiation*).[1486]

Abgeschafft werden auch die *délégations divisionnaires.*

Das Gesetzgebungsverfahren ist bislang noch nicht abgeschlossen. Seit Juli 2013 liegt eine Stellungnahme des (konsultativen) *Conseil d'Etat/Staatsrot* vor, seit Oktober 2013 zudem eine solche des *Comité du Travail Féminin.* Am 12.12.2013 wurde der Entwurf an die *Commission du Travail, de l'Emploi et de la Sécurité sociale* verwiesen.[1487]

ee) Vertretung auf supranationaler Ebene

Die luxemburgischen Mitglieder eines Besonderen Verhandlungsgremiums bei EBR bzw. SE werden von den zentralen Personaldelegationen gewählt. Falls eine solche fehlt, von der jeweils wichtigsten Personaldelegation, d.h. derjenigen, die die größere Anzahl der Arbeitnehmer vertritt. Ursprünglich wurde hier auch noch nach den Delegationen von Angestellten und Arbeitern unterschieden, seit dem 1. Januar 2009 gilt jedoch auch in Luxemburg das Einheitsstatut, so dass diese Unterscheidung hinfällig ist.[1488]

Beim EBR müssen die Mitglieder des Besonderen Verhandlungsgremiums wie auch des EBR kraft Gesetzes Beschäftigte des jeweils betroffenen Unternehmens und Mitglieder der Personaldelegation sein. Bei der SE können auch hauptamtliche Funktionäre der repräsentativen Gewerkschaften in das Besondere Verhandlungsgremium bestellt werden. Die Arbeitnehmervertreter im Verwaltungs- bzw. Aufsichtsorgan kraft Auffangregelung müssen jedoch auf jeden Fall im betroffenen Unternehmen beschäftigt sein.[1489]

1484 Vgl. Entwurf (oben Fn. 1482), zukünftiger Art. L. 414-9.

1485 Vgl. Entwurf (oben Fn. 1482), zukünftige Art. L.412-2, L. 414-5, Abs. 3.

1486 Entwurf (oben Fn. 1482), zukünftiger Art. L. 417-3.

1487 Ebd. (Fn. 1482).

1488 *L. du 13 mai 2008 portant introduction d'un statut unique [etc.] (Mémorial A, No. 60 du 15 mai 2008).*

1489 Vgl. für den EBR Art. L. 431-1 ff., zur SE Art. L. 441-1 ff. luxArbGB; ETUI-LUX-EI, S. 1.

b) Unternehmensmitbestimmung

aa) Voraussetzungen

Die relevanten Vorschriften finden sich in Kapitel VI von Titel 2 des 4. Buchs des luxemburgischen *Code du Travail* (*Représentation des salariés dans les Sociétés Anonymes*).[1490]

Demnach können die Arbeitnehmer in Aktiengesellschaften, die auf dem Gebiet des Großherzogtums gegründet wurden und dort in drei aufeinander folgenden Jahren mindestens 1.000 Arbeitnehmer beschäftigt haben, eigene Vertreter in den Verwaltungsrat bzw. in den Aufsichtsrat entsenden.

Unabhängig von der Mitarbeiterzahl gilt dies auch für Unternehmen, bei denen der Staat zu mindestens einem Viertel beteiligt ist, oder die in ihrer Hauptaktivität einer staatlichen Konzession bedürfen.[1491]

Derzeit gibt es in Luxemburg vier Unternehmen, die unter diese Definition der staatlichen Beteiligung bzw. Konzession fallen, daneben gibt es ca. zehn Aktiengesellschaften mit Arbeitnehmerbeteiligung aufgrund Mitarbeiterzahl.[1492]

Darüber hinaus soll es in Einzelfällen auch auf freiwilliger Basis eine Unternehmensmitbestimmung auf Satzungsgrundlage geben. Hintergrund hierfür sollen ein entsprechendes „Gentlemen's Agreement" bzw. lokale Traditionen sein. Die Anteilseignerversammlung ernennt in diesen Fällen zwischen einem und drei Arbeitnehmer zu gleichberechtigten Mitgliedern des Leitungsorgans. Diese Art der Unternehmensmitbestimmung ist gesetzlich zwar nicht vorgesehen, jedoch auch nicht explizit verboten.[1493] Nach dem Luxemburgischen Corporate Governance Kodex vom Oktober 2009 *(Les dix Principes de gouvernance d'entreprise de la Bourse de Luxembourg/The Ten Principles of Corporate Governance of the Luxembourg Stock Exchange)* soll das *conseil d'administration* entsprechende Kriterien und Verfahren festlegen.[1494]

1490 Art. L. 426-1 ff. luxArbGB.

1491 Art. L. 426-1 luxArbGB.

1492 ETUI-LUX-MB, S. 1; vgl. auch die entsprechenden Daten beim *Portail des Statistiques*, unter http://www.statistiques.public.lu/stat/ReportFolders/ReportFolder.aspx?IF_Language=fra&MainTheme=4&FldrName=1&RFPath=43, dort *Données générales*, Unterordner *Démographie des entreprises*, Excel-Tabelle *Liste des principaux employeurs privés et publics 2003-2010*. Die vier genannten Unternehmen sind nach *Arr. gd.* vom 11.08.1974, ergänzt durch *Arr. gd.* vom 08.04.1989, *Compagnie Grand-Ducale de l'Electricité du Luxembourg (CEGEDEL), S.A., S.A. Luxembourgeoise de Navigation Aérienne, LUXAIR, Compagnie Luxembourgeoise de Télédiffusion (CLT)* und *Société Européenne des Satellites (SES), S.A.*

1493 So *Raynaud*, Co-Determination Lux., S. 73, allerdings ohne weitere Belege.

1494 Hier: Empfehlung 4.1; Text (französisch/englisch) abrufbar bei der Börse Luxemburg unter www.bourse.lu, dort „*Services*", Unterrubrik „*Corporate Governance*".

bb) Größe und Besetzung

In den gesetzlich erfassten Aktiengesellschaften muss der Verwaltungsrat bzw. der Aufsichtsrat aus mindestens neun Mitgliedern bestehen.[1495] Die Arbeitnehmervertreter stellen hiervon dann ein Drittel.[1496]

Bei den Unternehmen mit staatlichem Einfluss wird für jeweils 100 Arbeitnehmer ein Vertreter in den Verwaltungsrat bzw. Aufsichtsrat gewählt, mindestens jedoch drei und nicht mehr als insgesamt ein Drittel.[1497]

Die jeweiligen Arbeitnehmervertreter werden direkt von den Mitgliedern der Personaldelegation aus den im Unternehmen seit mindestens zwei Jahren beschäftigten Arbeitnehmern in geheimer Listenwahl gewählt, einer Bestätigung durch die Hauptversammlung bedarf es hier also nicht.[1498]

Bzgl. des Wahlverfahrens gilt im Einzelnen dasselbe *Règl. gd.* wie bei den Wahlen zum *comité mixte*.[1499]

Das Gesetz verlangt auch nicht, dass es sich bei den Vertretern im Leitungs- bzw. Aufsichtsgremium um solche handelt, die gleichzeitig Mitglied in den betrieblichen Arbeitnehmervertretungen sind,[1500] praktisch werden aber wohl ausschließlich solche Kandidaten gewählt.

Für die Eisen- und Stahlindustrie gelten Sonderregelungen, nach denen drei der Arbeitnehmervertreter direkt von den national repräsentativen Gewerkschaften bestellt werden können. Diese Vertreter müssen nicht zwingend im Unternehmen beschäftigt sein.[1501]

cc) Befugnisse

Die Befugnisse der Arbeitnehmervertreter sind nicht speziell geregelt. Sie haben die gleichen Rechte und Pflichten wie die anderen Mitglieder des Verwaltungs- bzw. Aufsichtsrats, unterliegen dem gleichen Haftungsregime und werden für eine gleich lange Amtszeit gewählt. Allerdings können sie von den jeweils Entsendenden auch wieder abberufen werden. Sie dürfen nicht mehr als einem Verwaltungsrat angehören.[1502]

1495 Art. L. 426-2 luxArbGB.
1496 Art. L. 426-3 Abs. 1 luxArbGB.
1497 Art. L. 426-3 Abs. 2 luxArbGB.
1498 Art. L. 426-4 Abs.1 luxArbGB, zur Wählbarkeit vgl. Art. L. 426-6.
1499 Vgl. *Feyereisen*, Country Report Lux., S. 77.
1500 *Raynaud*, Co-Determination Lux., S. 67 ff.
1501 Art. L.426-5 Abs. 1 luxArbGB.
1502 Art. L.426-8 ff. luxArbGB; zum Mandatsende vgl. Art. L. 426-7 (Abberufung durch die Entsendenden: Abs. 2); für den Fall der Mitbestimmung der Arbeitnehmer bei grenzüberschreitenden Verschmelzungen vgl. Art. L. 426-13 ff.; vgl. ferner ETUI-LUX-MB, S. 1; *Raynaud*, Co-Determination Lux., S. 69 ff.

5. Zusammenfassung

- Luxemburg folgt bei der Organisationsverfassung der Kapitalgesellschaften traditionell dem monistischen Modell. Seit 2006 können sich Aktiengesellschaften optional auch dualistisch organisieren.
- Eine Arbeitnehmerbeteiligung findet vor allem auf betrieblicher Ebene statt. In allen Unternehmen mit mehr als 15 Beschäftigten wird die sog. Personaldelegation eingerichtet. Sie besteht ausschließlich aus Arbeitnehmern und wird von der Belegschaft in geheimen Wahlen gewählt. Ihre Mitgliederzahl ist nicht begrenzt und richtet sich nach der Belegschaftsstärke. Kandidaten können von 5% der Belegschaft oder von den Gewerkschaften vorgeschlagen werden. Die Personaldelegationen treten mindestens alle zwei Monate zusammen und verfügen über Informations- und Anhörungsrechte. Auf übergeordneter Ebene können Personaldelegationen für die Abteilung bzw. für das Unternehmen eingerichtet werden.
- In Unternehmen mit mehr als 150 Beschäftigten wird zusätzlich zur Personaldelegation ein paritätisch aus Vertretern des Arbeitgebers und der Arbeitnehmer gebildeter Unternehmensausschuss eingesetzt. Er besteht maximal aus insgesamt sechzehn Mitgliedern. Sein Vorsitz liegt beim Arbeitgeber, die Stellung des Sekretärs bei den Arbeitnehmern. Die Arbeitnehmervertreter werden von den Mitgliedern der Personaldelegation in geheimer Listenwahl gewählt. Die Arbeitgebervertreter werden von der Unternehmensleitung bestimmt. Er tritt mindestens einmal alle drei Monate zusammen, ansonsten auf Antrag eines Viertels seiner Mitglieder. Neben Informations- und Anhörungsrechten verfügt er auch über gesetzlich klar abgegrenzte Mitbestimmungsrechte. Die Entscheidungen des paritätischen Ausschusses müssen mit der Mehrheit der Stimmen sowohl der Gruppe der Vertreter des Arbeitgebers als auch der Gruppe der Arbeitnehmervertreter verabschiedet werden. Können sich die beiden Gruppen nicht einigen, wird die fragliche Angelegenheit im Rahmen des nationalen Schlichtungs- oder Schiedsverfahrens behandelt. Seit Frühjahr 2013 ist eine durchgreifende Gesetzänderung geplant, nach der zukünftig die Aufgaben des Unternehmensausschusses auf die Personaldelegationen überführt werden sollen. Diese sollen dann einziges Vertretungsgremium auf betrieblicher Ebene sein.
- In Aktiengesellschaften, die auf dem Gebiet des Großherzogtums gegründet wurden und dort in drei aufeinander folgenden Jahren mindestens 1.000 Arbeitnehmer beschäftigt haben, können die Arbeitnehmer eigene Vertreter in den Verwaltungsrat bzw. in den Aufsichtsrat entsenden. Unabhängig von der Mitarbeiterzahl gilt dies auch für Unternehmen, bei denen der Staat zu mindestens einem Viertel beteiligt ist, oder die in ihrer Hauptaktivität einer staatlichen Konzession bedürfen. In den erfassten Gesellschaften muss der Verwaltungsrat bzw. der Aufsichtsrat aus mindestens neun Mitgliedern bestehen, die Arbeitnehmervertreter besetzen in dem Gremium ein Drittel der Sitze. Bei den Unter-

nehmen mit staatlichem Einfluss wird für jeweils 100 Arbeitnehmer ein Vertreter in den Verwaltungsrat bzw. Aufsichtsrat gewählt, mindestens jedoch drei und nicht mehr als insgesamt ein Drittel. Die jeweiligen Arbeitnehmervertreter werden direkt von den Mitgliedern der Personaldelegation aus den im Unternehmen seit mindestens zwei Jahren beschäftigten Arbeitnehmern in geheimer Listenwahl gewählt, einer Bestätigung durch die Hauptversammlung bedarf es nicht. Praktisch werden ausschließlich Mitglieder der Personaldelegation gewählt, gesetzlich vorgeschrieben ist dies aber nicht. Die Arbeitnehmervertreter haben die gleichen Rechte und Pflichten wie die anderen Mitglieder des Verwaltungsrats, unterliegen dem gleichen Haftungsregime und werden für eine gleich lange Amtszeit gewählt. Allerdings können sie von den jeweils Entsendenden auch wieder abberufen werden. Sie dürfen nicht mehr als einem Verwaltungsrat angehören.

IV. Spanien[1503]

1. Übersicht

Spanien kennt im privaten Sektor lediglich eine Arbeitnehmerbeteiligung auf betrieblicher Ebene. Sie wird durch gewählte Personaldelegationen und lokale Gewerkschaftsvertretungen ausgeübt. Eine Unternehmensmitbestimmung hingegen ist unbekannt.

2. Hintergrund

Bis 1976 war das spanische Wirtschaftssystem stark von der diktatorischen Regierung unter General *Franco* geprägt. Etwaige Beteiligungsrechte blieben im Ergebnis Lippenbekenntnisse. So sahen die Arbeitnehmerbeteiligungsgesetze von 1962 zwar eine Minderheitsbeteiligung der Arbeitnehmer in den Verwaltungsräten von Unternehmen mit mehr als 500 Beschäftigten vor. Faktisch hatten sie jedoch keine Wirkung und wurden daher als *„reine Propaganda“*[1504] kritisiert.

1503 *Taylor,* Überblick, S. 79 f.; *Steinko,* Country Report Spain, S. 102 ff.; *Fulton,* ETUI-ES-Betriebliche Interessenvertretung, ETUI-ES-Unternehmensmitbestimmung sowie ETUI-ES-Europäische Interessenvertretung (ETUI-ES-BI, ETUI-ES-MB, ETUI-ES-EI) unter http://www.worker-participation.eu/National-Industrial-Relations/Countries/Spain; *Sanz de Miguel, Spain: Industrial relations profile* (z.T. 18.04.2013), bei Eiro online unter http://www.eurofound.europa.eu/eiro/country/spain.htm (englisch).

1504 *Steinko,* Country Report Spain, S. 106.

Die Demokratisierung (*Transiciòn*) brachte auch hier einige Veränderungen. So sieht die demokratische Verfassung vom 29.12.1978 ausdrücklich die Beteiligung der Bürger am wirtschaftlichen Leben und auch in den Unternehmen vor. Allerdings steht namentlich diese letzte Vorgabe außerhalb der Grundrechte und ist zudem vage und unpräzise formuliert.[1505]

1980 wurden den Arbeitnehmern erstmals Unterrichtungs- und Anhörungsrechte und eine Beteiligung an der Verwaltung der sozialen Einrichtungen gewährt, jedoch waren keinerlei Mitbestimmungsbefugnisse vorgesehen. Diesbezügliche Diskussionen zu Beginn der 1980er Jahre verliefen letztlich im Sande und schliefen in den 1990er Jahren ganz ein.

Sonderfälle bilden staatliche Unternehmen mit mehr als 1.000 Mitarbeitern, öffentliche Unternehmen der Metallindustrie mit mehr als 500 Beschäftigten, der staatliche Rundfunk und die lokalen Sparkassen. In diesen ist aufgrund verschiedener nationaler Vereinbarungen eine Beteiligung der Arbeitnehmer vorgesehen, die in ihrer Reichweite jedoch sehr beschränkt ist. Zunächst erhoffte man sich von diesen Vereinbarungen eine gewisse Ausstrahlungswirkung auf den privaten Sektor. Praktisch führten und führen sie aber lediglich ein Nischen-Dasein.

Allgemein hat sich die politische „Demokratisierung“ nicht im wirtschaftlichen Bereich fortsetzen können.[1506] Tatsächlich sollen bereits die Anhörungsrechte von den Unternehmen häufig ignoriert werden. Nach Angaben aus dem Jahr 1999 wurden betriebliche Probleme in 88% der Unternehmen nicht erörtert, in 72% der Unternehmen wurde die Arbeitsorganisation nicht thematisiert. Begründet wird dies mit den Nachwirkungen der autoritären Praktiken unter dem *Franco*-Regime[1507] und den immer noch starken Positionen der Inhaberfamilien einerseits und der finanzierenden Banken andererseits. Angemahnt werden fehlende Transparenzen und *„mangelndes ethisches Handeln“*, die bestehenden Regelungen zur Corporate Governance seien „lückenhaft“.[1508]

Eine Mitbestimmung auf Unternehmensebene könnte außerhalb der staatlichen Sphäre allenfalls auf tarifvertraglicher Grundlage eingeführt werden. Tarifverträge werden in Spanien auf nationaler, regionaler und unterregionaler Ebene geschlossen, so dass sich hier verschiedene Ansatzmöglichkeiten ergeben würden. Die Gewerkschaften waren jedoch nie in der Position, eine allgemein verbindliche Mitbestimmung durchzusetzen.

1505 Art. 9 Abs. 2 bzw. 129 Abs. 2 der Verfassung (*Constitución Española de 1978*). Eine spanisch-deutsche Fassung der Verfassung ist abrufbar unter http://www.fundacionlengua.com/extra/descargas/des_39/CONSTITUCION-ESPANOLA/Constitucion-Espanola-en-aleman.pdf (2003).

1506 *Steinko*, Country Report Spain, S. 104 f.

1507 *Taylor*, Überblick, S. 80, seinerseits vermutlich zurückgreifend auf *Steinko*, Country Report Spain, S. 104 a.E.

1508 *Steinko*, Country Report Spain, S. 107.

Der gewerkschaftliche Organisationsgrad insgesamt steht in enger Relation zur Beschäftigungssituation. Er pendelt seit den 1990er Jahren um ca. 17% und liegt aktuell bei ca. 20%.
Es gibt in Spanien zwei auf nationaler Ebene repräsentative Gewerkschaftsbünde. Dies sind die *CCOO – Confederación Sindical de Comisiones Obreras* (etwa „Arbeitergewerkschaftsbund", zurückgehend auf die kommunistische Partei Spaniens und römisch-katholischen Arbeitervereinigungen) und die *UGT – Unión General de Trabajadores* („Allgemeine Arbeitergewerkschaft", ursprünglich marxistisch orientiert). Nach Eigenangaben haben beide jeweils ca. 1,2 Mio. Mitglieder und repräsentieren damit insgesamt 70% aller spanischen Gewerkschaftsmitglieder.
Ihnen gegenüber stehen die ebenfalls national repräsentativen *CECO – Confederación Española de Organizaciones Empresariales* (etwa „Vereinigung der spanischen Arbeitgeberverbände") und die *CEPYME – Confederación Española de la Pequeña y Mediana Empresa* (etwa „Spanischer Verband für kleine und mittlere Unternehmen").[1509]

Soweit ersichtlich existieren auch derzeit keine Planungen zur Schaffung einer verbindlichen Mitbestimmung. Stattdessen liegt das Augenmerk auf einer Ausweitung der Tarifverhandlungen.[1510]

Angesichts der Auswirkungen der Wirtschafts- und Finanzkrise ab 2007, von denen auch Spanien schwer getroffen wurde, wurde für die Unternehmen eine erhöhte Flexibilisierung gefordert. In wirtschaftlich schwierigen Zeiten sollen die Unternehmen sich leichter von den Tarifverträgen lösen können. Daneben sollen sie die Arbeitszeit und auch die Entlohnung modifizieren dürfen.

Die spanische Regierung hat daher zuletzt im Februar 2012 ein Gesetz verabschiedet, in dem diesbezüglich flexiblere Lösungen auf Unternehmensebene möglich werden sollten.[1511] Als Gedankenmodell diente hier auch das deutsche System der Kurzarbeit. Ob diese gesetzgeberische Maßnahme angesichts der allgemeinen Umstände und der immer noch bestehenden Kluft zwischen den Sozialpartnern den gewünschten Effekt haben wird, bleibt allerdings offen.

3. Organisationsverfassung der Kapitalgesellschaften

Spanien orientiert sich grundsätzlich am französischen System und vertritt das monistische Modell. Die Kapitalgesellschaften waren ursprünglich in jeweils eigenen Gesetzen normiert. Zum 1. September 2010 trat jedoch ein neues, einheitliches Re-

---

1509 *Sanz de Miguel,* (oben Fn. 1503), Abschnitt *Main actors; Fulton,* ETUI-ES-Landesübersicht.

1510 Vgl. den *„CCOO Plan of Action"* vom Dezember 2008, unter http://www.ccoo.es/comunes/temp/recursos/1/156552.pdf (englisch).

1511 Vgl. *Sanz de Miguel,* (oben Fn. 1503), Abschnitt *Legal context; ders., Unions oppose new law sanctioning greater flexibility,* 05.03.2012, unter http://www.eurofound.europa.eu/eiro/2012/02/articles/es1202021i.htm (englisch).

gelwerk in Kraft, das *Ley de Sociedades de Capital.*[1512] Die Neuregelung schafft die bis dahin geltende Gesetzespluralität ab und enthält zudem umfangreiche Deregulierungen und Vereinfachungen. Insbesondere die umfangreichen Protokollierungsvorschriften wurden aufgehoben. Dieses Gesetz gilt jedoch ausdrücklich nur als Provisorium und soll erklärtermaßen kurzfristig ersetzt werden U.a. sollen detaillierte Regelungen für börsennotierte Gesellschaften sowie ein einheitliches und umfassendes Konzernrecht geschaffen werden.[1513]

Als nationale Rechtsformen sind nun noch die Aktiengesellschaft (*Sociedad Anónima*, abgekürzt *S.A.*), die GmbH (*Sociedad de Responsabilidad Limitada*, abgekürzt *S.L.* oder *S.R.L.*) und die KGaA (*Sociedad Comanditaria por Acciones*) vorgesehen.[1514] Auch Einpersonengesellschaften sind möglich (*Sociedad unipersonal*).[1515] Als Sonderform der *S.R.L.* besteht die sogenannte „Blitz-GmbH“, *Sociedad Nueva Empresa – SLNE*, die bestimmten Einschränkungen unterliegt.[1516]

Das Willensbildungsorgan ist die Hauptversammlung (*Junta general*).[1517] Die Vertretung kann einer oder mehreren Personen obliegen (*Administrador único* bzw. mehrere *Administradores*) oder einem Verwaltungsrat mit mindestens drei Personen übertragen werden (*Consejo de Administración*).[1518] Die Einzelheiten obliegen der Satzung (*Estatutos sociales*).[1519]

In einer *S.R.L.* kann ein Verwaltungsrat aus maximal zwölf Personen bestehen.[1520] Anders als im deutschen Recht können in Spanien auch juristische Personen dem Vertretungsorgan einer Kapital-

---

1512 *Real Decreto Legislativo 1/2010, de 2 de julio, por el que se aprueba el texto refundido de la Ley de Sociedades de Capital*, beim spanischen Amtsblatt, dem *Boletín Oficial del Estado (BOE)*, Nr. 161 vom 03.07.2010, S. 58472, zuletzt geändert in *BOE* Nr. 150 vom 23.06.2012, im Folgenden *esLSC*. Die offiziellen Versionen der spanischen Gesetzestexte sind abrufbar auf den *BOE*-Webseiten unter http://www.boe.es (spanisch). Einige inoffizielle englische Übersetzungen finden sich beim Justizministerium, *Ministerio de Justicia*, unter http://www.mjusticia.gob.es, Rubrik *Servicios al Ciudadano*, Unterrubrik *Documentación y Publicaciones*, dort bei *Traducciones del Derecho español*, hier konkret Titel *Corporate Enterprises Act* (Stand 2013).

1513 Präambel, Abs. V, S. 1 esLSC.

1514 Art. 1 I esLSC. Europäische Gesellschaften sind unter Titel XIII, Art. 455 ff. normiert. Geregelt wird dort derzeit allerdings nur die SE.

1515 Art. 12 ff., 15 ff. esLSC.

1516 Art. 434 ff. esLSC. U.a. können nur natürliche Personen Gesellschafter sein, bei der Gründung nicht mehr als fünf; Art. 437 esLSC; zu den erlaubten Unternehmenszwecken vgl. Art. 436 esLSC.

1517 Art. 159 ff. esLSC.

1518 Art. 209 ff. esLSC. Ein *Administrador* muss nicht gleichzeitig Anteilseigner sein, Art. 212 II esLSC. Vgl. Art. 221 (Amtszeit), 233 ff. (Vertretungsmacht), 217 (grundsätzlich keine gesonderte Vergütung, es sei denn die Satzung schreibt eine solche vor), 236 ff. (Haftung) esLSC. Zum *Consejo de Administración* vgl. Art. 242 ff. esLSC.

1519 Art. 23 ff. esLSC.

1520 Art. 242 II esLSC.

gesellschaft angehören. Diese benennt dann eine natürliche Person, die sie im Verwaltungsorgan vertritt.[1521]

Das Mindestkapital beträgt in der *S.A.* 60.000,– Euro, bei einer *S.R.L.* liegt es bei 3.000,– Euro.[1522]

S.A. und *S.R.L.* müssen sich im Handelsregister eintragen lassen (*Registro Mercantil*), die Eintragung ist konstitutiv.[1523]

4. Arbeitnehmerbeteiligung

a) Betriebliche Interessenvertretung

aa) Voraussetzungen

(1) Grundlagen

Maßgebliche Rechtsquelle ist das Arbeitnehmerstatut, das *Estatuto de los Trabajadores, ET*,[1524] wo auch ein Anspruch auf Beteiligung als „grundsätzliches Recht" festgelegt ist. Die näheren Bestimmungen finden sich in Art. 61ff., *Título II – De los derechos de representación colectiva y de reunión de los trabajadores en la empresa.*

(2) Formen

Die Arbeitnehmervertretung auf betrieblicher Ebene wird hauptsächlich von gewählten Betriebsräten wahrgenommen. Das Gesetz unterscheidet begrifflich zwischen Personaldelegationen und Betriebsräten, je nach Betriebsgröße (*Delegados de personal* bzw. *Comités de empresa*).[1525] Mit dieser Differenzierung sind aber keine unterschiedlichen Befugnisse verbunden. Beim Zuordnungsobjekt unterscheidet das Gesetz allerdings nicht zwischen dem Unternehmen (*empresa*) und dem Betrieb (*centro de trabajo*), sondern verwendet die Bezeichnungen alternativ.[1526]

1521 Art. 212 I esLSC.

1522 Art. 4 esLSC. Diese Anforderungen wurden quasi nicht verändert.

1523 Vgl. Art. 31ff. esLSC; zur konstitutiven Wirkung vgl. Art. 33 esLSC. Das Zentrale Handelsregister liegt beim *Registro Mercantil Central*, Webauftritt unter http://www.rmc.es/Home.aspx?lang=en (englisch).

1524 *Real decreto legislativo 1/1995, de 24 de marzo, por el que se aprueba el texto refundido de la Ley del Estatuto de los Trabajadores, BOE Nr. 75* vom 29.03.1995, S. 9654, im Folgenden *esET*, konsolidierte Fassung abrufbar unter http://www.boe.es/buscar/act.php?id=BOE-A-1995-7730 (spanisch). Das grundsätzliche Recht auf Beteiligung ist dort normiert in Art. 4 Abs. 1 g); vgl. auch Art. 35 Abs. 2 der spanischen Verfassung von 1978.

1525 Art. 62, 63 esET.

1526 Art. 62 Abs. 1 UAbs. 1 esET: „... *en la empresa o centro de trabajo ...*"

Zusätzlich bestehen Gewerkschaftsvertretungen (*secciones sindicales*), insbesondere in größeren Betrieben. Sie operieren auf Grundlage des Gesetzes über die Gewerkschaftsfreiheiten von 1985.[1527]

Betriebsübergreifend kann auf tarifvertraglicher Grundlage ein Konzernbetriebsrat gegründet werden. Seine Befugnisse müssen ebenfalls im Tarifvertrag festgeschrieben werden. Er hat maximal 13 Mitglieder.[1528]

Seit 1995 schließlich sind in Unternehmen mit mindestens 100 Beschäftigten Arbeitsschutzausschüsse etabliert, die paritätisch mit Arbeitnehmern und Arbeitgebern besetzt sind. Dies gilt auch für kleinere Unternehmen, die in bestimmten gefahrenintensiven Bereichen arbeiten. Hintergrund ist die in Spanien seinerzeit dominierende Rolle der Baubranche.[1529]

Praktisch sind derartige Interessenvertretungen nicht so weit verbreitet, wie man zunächst meinen könnte. Nach Zahlen des spanischen Ministeriums für Arbeit und Immigration (*MTES*) im Jahr 2008 hatten 57,5% aller Unternehmen betriebliche Interessenvertretungen, wie in den anderen Staaten auch hier hauptsächlich in den größeren Einheiten.

Waren sie in Unternehmen mit unter elf Mitarbeitern nur in 16% der Fälle eingerichtet worden galt dies in Unternehmen zwischen elf und 50 Arbeitnehmern bereits in 48,5%; diese beiden Kategorien beschäftigen 70% der spanischen Arbeitnehmer.

In den noch größeren Betrieben bis 250 Beschäftigten lag der Wert bei 70,2% und in den Großbetrieben darüber bei 83%. Bemerkenswert ist insbesondere dieser letzte Wert, der selbst bei den Großbetrieben immer noch 17% aller Unternehmen gänzlich unvertreten erscheinen lässt.[1530]

---

bb) Größe und Zusammensetzung

(1) Gewerkschaftsvertretung

Die im Betrieb vertretenen Gewerkschaftssektionen organisieren sich nach ihren jeweiligen Regeln selbst.

1527 *Ley Orgánica 11/1985, de 2 de agosto, de Libertad Sindical, BOE Nr. 189* vom 08.08.1985, S. 25119, abgekürzt *(es)LOLS*; konsolidierte Fassung abrufbar unter http://www.boe.es/diario_boe/txt.php?id=BOE-A-1985-16660 (spanisch). Zur Repräsentativität dort Art. 6f.

1528 ETUI-ES-BI, S. 1, 4.

1529 *Steinko*, Country Report Spain, S. 102;. Zu Einzelheiten vgl. Art. 33 ff. Arbeitsschutzgesetz, *Ley 31/1995, de 8 de noviembre, de Prevención de Riesgos Laborales*, veröffentlicht im *BOE* Nr. 269 vom 10.11.1995, S. 32590.

1530 *Sanz De Miguel, Final Questionnaire for EIRO CAR on „The effect of the Information and Consultation Directive on Industrial Relations in the EU Member States five years after its transposition"* (19.01.2011), abrufbar unter http://www.eurofound.europa.eu/eiro/studies/tn1009029s/es1009021q.htm (englisch).

(2) Personaldelegierter/Personaldelegation/Betriebsrat

In Betrieben ab sechs Mitarbeitern kann auf Wunsch ein einzelner Personaldelegierter bestellt werden. Personaldelegationen können grundsätzlich in allen Unternehmen mit mehr als zehn und weniger als fünfzig Beschäftigten gewählt werden. In Betrieben ab fünfzig Arbeitnehmern werden Betriebsräte gewählt.[1531]

Die absolute Größe des Gremiums richtet sich nach der Mitarbeiterzahl. Bei bis einschließlich 30 Mitarbeitern ist lediglich ein Personaldelegierter vorgesehen, bis 49 sind es drei. Bei 50 bis 100 Beschäftigten hat das dann als Betriebsrat bezeichnete Gremium fünf Mitglieder, bei 101 bis 250 sind es neun, bis 500 Beschäftigte 13, bis 750 dann 17 und bei bis einschließlich 1.000 Arbeitnehmern werden 21 Betriebsräte gewählt. Darüber steigt deren Anzahl um jeweils zwei für je 1.000 zusätzliche Beschäftigte. Die maximale Besetzung liegt bei 75 Betriebsräten.[1532]

Die Arbeitnehmervertretungen setzen sich ausschließlich aus Arbeitnehmern zusammen. Sie werden von der Belegschaft in persönlicher, geheimer und direkter Wahl für eine Amtszeit von vier Jahren über Kandidatenlisten bestimmt. Unterschieden wird noch zwischen Arbeitern und Angestellten. Gesetzlich möglich ist es, eine dritte, nicht weiter bestimmte, Gruppe für getrennte Wahlen zu bilden, sofern dies im Tarifvertrag vereinbart wurde.

Vorschlagsberechtigt sind zum einen die Gewerkschaften, zum anderen Gruppen von Arbeitnehmern. Die Kandidaten benötigen dann die Unterstützung von dreimal mehr Beschäftigten, als Mandate zu vergeben sind. Der Betriebsrat wird nach dem proportionalen Stimmenanteil der einzelnen Listen gebildet. Unberücksichtigt bleiben diejenigen mit einem Stimmenanteil von unter 5%.[1533]

Der Betriebsrat tagt gewöhnlich alle zwei Monate. Er gibt sich eine eigene Geschäftsordnung und wählt aus seinen Mitgliedern einen Vorsitzenden und einen Stellvertreter.[1534]

Faktisch werden die Betriebsräte in personeller Hinsicht durch die Gewerkschaften dominiert. Nach lokalen Beobachtungen sind 90% der gewählten Kandidaten auch Gewerkschaftsmitglieder. *CCOO* und *UGT* zusammen stellen ca. 76% aller Betriebsratsmitglieder.[1535] In der Regel gehört der Be-

---

1531 Art. 62 Abs. 1, 63 Abs. 1 esET.

1532 Art. 62 Abs. 1 UAbs. 2, 66 Abs.1 esET. *Sanz de Miguel, Industrial relations profile* (oben Fn. 1503), Abschnitt *Workplace representation*, spricht von einem Maximum von 65 Betriebsräten. Der Gesetzestext von Art. 66 Abs. 1 f) esET lautet indes *„De mil en adelante, dos por cada mil o fracción, con el máximo de setenta y cinco“*, übersetzt etwa „Eintausend und mehr, zwei pro angebrochene Tausend, mit einem Maximum von Fünfundsiebzig.“ Die Entsprechung zu „65“ wäre *„sesenta y cinco“*.

1533 Art. 67 (Amtszeit: Abs. 3, UAbs. 1), 69 ff. esET (70: Personaldelegation, 71: Betriebsrat, 73: Wahlvorstand, 75 f.: Wahlverfahren).

1534 Art. 66 Abs. 2 UAbs. 1, 2 esET.

1535 *Steinko*, Country Report Spain, S. 103.

triebsratsvorsitzende der jeweils am stärksten im Betriebsrat vertretenen Gewerkschaft an, der Stellvertreter ist Mitglied der zweitgrößten Gewerkschaft.[1536]

Zusätzlich zum Betriebsrat kann in Betrieben mit mehr als 250 Beschäftigten jede Gewerkschaft, die Mitglieder im Betriebsrat stellt, jeweils einen Gewerkschaftsdelegierten (*Delegados sindicales*) wählen. Bei entsprechender Betriebsgröße und mehreren dort vertretenen Gewerkschaften sind auch mehrere Gewerkschaftsdelegierte möglich. Der Gewerkschaftsdelegierte hat bei den Betriebsratssitzungen ein Teilnahme- und Rederecht.[1537]

cc) Befugnisse

(1) Beteiligung

Allgemeine gesetzliche Aufgabe der Personaldelegationen/Betriebsräte ist die Interessenvertretung der Arbeitnehmer.[1538] Hierzu sind sie verpflichtet, die Einhaltung der gesetzlichen Bestimmungen zu Beschäftigung, Sozialversicherung und Arbeits- und Gesundheitsschutz zu überwachen. Auf tarifvertraglicher Grundlage können sie auch in die Verwaltung der sozialen Einrichtungen des Betriebs eingebunden werden. Ein Betriebsratsmitglied muss zum Sicherheitsbeauftragten ernannt werden.

Zur Erfüllung dieser Aufgaben verfügt das Gremium über bestimmte zeitliche sowie anlassbezogene Informations- und Anhörungsrechte.[1539]

Informationsrechte bestehen v.a. im Hinblick auf die allgemeine Wirtschafts- und Finanzlage, namentlich für die Entwicklung von Umsatz und Gewinn, sowie für Art und Anzahl neuer Beschäftigungsverhältnisse, was v.a. die Zeitarbeit betrifft. Hier müssen dem Betriebsrat Kopien aller Verträge vorgelegt und künftige Prognosen mitgeteilt werden.[1540]

Aufgrund der großen Anzahl von zeitlich befristeten Arbeitsverhältnissen in Spanien hat dieser letzte Punkt praktisch eine hervorgehobene Bedeutung. Allerdings strebt die spanische Regierung

1536 ETUI-ES-BI, S. 2.

1537 Art. 10 Abs. 1 esLOLS; *Steinko*, Country Report Spain, S. 103.

1538 Art. 63 Abs. 1 esET: „... *para la defensa de sus intereses* ...".

1539 Art. 64 esET; Abs. 1 enthält die Grundlagen, Abs. 2. die vierteljährlichen Informationsrechte, Abs. 3 die jährlichen Informationsrechte, Abs. 4 die anlassbezogenen Informationsrechte, Abs. 5 die Anhörungsrechte (vgl. hier v.a. die Aufzählung in Buchstaben a) bis f)), Abs. 6 regelt die Art und Weise der Informationserteilung und die Fristen, Abs. 7 enthält einige Zusatzkompetenzen (z.B. Überwachung der Arbeits- und Gesundheitsstandards), insbesondere, sofern ein entsprechender Tarifvertrag dies vorsieht; Abs. 8 enthät eine gesetzliche Öffnungsklausel, Abs. 9 eine tarifvertragliche Öffnungsklausel. Zur Geheimhaltungspflicht vgl. Art. 65 Abs. 2 esET. Für die Gewerkschaften vgl. Art. 10 Abs. 3 esLOLS.

1540 Art. 64 Abs. 2 c), Abs. 4, UAbs. 2 esET; vgl. *Sanz de Miguel*, (oben Fn. 1503), ebd.

danach, den Umfang der Zeitarbeit zu reduzieren, was unter anderem durch Begrenzungen der möglichen Gesamtdauer und geänderte Kündigungsrechte geschehen soll.

Ferner müssen dem Gremium Statistiken über Fehlzeiten, Arbeitsunfälle und Berufskrankheiten vorgelegt werden. Bei „schwerwiegenden Pflichtverstößen" der Arbeitnehmer ist er über die getroffenen Sanktionen zu informieren.

Anhörungsrechte bestehen v.a. bei einer bevorstehenden Umstrukturierung, einer Produktionsverlagerung, geplanten Massenentlassungen, Änderungen der Arbeitszeiten und Lohnsysteme sowie bei Bildungsmaßnahmen. Diese wurden durch das Umsetzungsgesetz zur Richtlinie 2002/14/EG etwas präziser gefasst. Ggf. kann der Betriebsrat in die Kontrolle der sozialen Einrichtungen eingebunden werden.

Als spanische Besonderheit sind die Betriebsräte auch an den Tarifverhandlungen beteiligt, sofern die Gewerkschaftsmitglieder in ihm eine Mehrheit haben.[1541]

Mitbestimmungsrechte, insbesondere im Sinne einer Veto-Option, bestehen jedoch nicht; der Arbeitgeber bleibt in all seinen Entscheidungen frei.

Die Gewerkschaftsdelegierten (*Delegados sindicales*) haben das Recht, bereits vor einer geplanten unternehmerischen Maßnahme (insbesondere bei Entlassungen) gegen die Arbeitnehmer im Allgemeinen und ihre eigenen Mitglieder im Besonderen angehört zu werden. Hier liegt ein bedeutender Unterschied zum Betriebsrat, der diesbezüglich nur nachträglich vom Arbeitgeber zu unterrichten ist.[1542]

(2) Ausstattung und Kündigungsschutz

Die Arbeitnehmervertreter haben einen gesetzlichen Anspruch auf Freistellung, der sich ebenfalls nach der Stärke der Gesamtbelegschaft staffelt. Er liegt zwischen 15 Stunden im Monat bei bis zu 100 Beschäftigten und 40 Stunden im Monat bei über 750 Arbeitnehmern. Durch Tarifvertrag können weitergehende Freistellungen vereinbart oder die Aufteilung zwischen den einzelnen Betriebsräten geändert werden. Praktisch sollen diese Freistellungen in großen Betrieben so verteilt werden, dass einzelne Betriebsräte völlig freigestellt sind.

Daneben hat der Arbeitgeber dem Betriebsrat (und in Betrieben mit mehr als 250 Beschäftigten auch der lokalen Gewerkschaft[1543]) die notwendigen Sachmittel zur Verfügung zu stellen.

Die Arbeitnehmervertreter genießen einen besonderen Kündigungsschutz. Bei Entlassungen aus technischen oder wirtschaftlichen Gründen müssen sie priorisiert

---

1541 ETUI-ES-BI, S. 2f.

1542 Art. 10 Abs. 3 Nr. 3 esLOLS; ETUI-ES-BI, S. 3.

1543 Art. 8 c) esLOLS.

weiterbeschäftigt werden. Sie dürfen während ihrer Amtszeit und ein Jahr darauf nicht wegen der Ausübung ihrer Rechte gekündigt werden und können bei schwerwiegendem Fehlverhalten nur zur Rechenschaft gezogen werden, wenn der Betriebsrat zuvor Gelegenheit zur Stellungnahme bekommen hat.[1544]

dd) Vertretung auf supranationaler Ebene

Die spanischen Mitglieder eines Besonderen Verhandlungsgremiums bei EBR bzw. SE (*comisión negociadora*) werden von denjenigen Gewerkschaften bestimmt, die im Betriebsrat des jeweiligen Unternehmens die Mehrheit der Mitglieder stellen. Ggf. werden sie von den Betriebsräten oder den Personaldelegierten gewählt oder mit Zustimmung dieser Gremien ernannt.

Bei der SE erfolgt die Ernennung jeweils nach dem proportionalen Stimmenanteil, den die Gewerkschaften bei den letzten Betriebsratswahlen erzielt haben. Die ernannten Personen können hier auch externe Gewerkschaftsvertreter sein.

Finden die jeweiligen Auffangregelungen Anwendung, müssen die jeweils ernannten Personen Beschäftigte des Unternehmens sein. Dies gilt auch für die etwaigen Arbeitnehmervertreter auf Leitungsebene nach Auffangregelung.[1545]

b) Unternehmensmitbestimmung

Eine Mitbestimmung auf Unternehmensebene ist in Spanien im privaten Sektor grundsätzlich unbekannt. Sie wird traditionell sogar als *„außerhalb der üblichen Kultur in den Arbeitsbeziehungen stehend"* erachtet.[1546]

Selbst auf staatlicher Ebene ist der Gedanke der Mitbestimmung aber alles andere als etabliert. Es bestehen lediglich einige einzelne spezielle nationale Vereinbarungen, nach denen die Arbeitnehmer einige Vertreter auf Leitungsebene entsenden können.

Dies gilt seit 1986 für öffentliche Unternehmen mit über 1.000 Beschäftigten. Hier können die beiden repräsentativsten Gewerkschaften jeweils einen Vertreter im Leitungsgremium stellen. Alternativ können auch Kontroll- und Informationsausschüsse eingerichtet werden, die dann paritätisch mit Gewerkschafts- und Arbeitge-

---

1544 Art. 68, zum Kündigungsschutz Buchstaben a) bis d), zu den Freistellungen Buchstabe e) esET; für Gewerkschaftsvertreter vgl. auch Art. 9, 12 esLOLS; ETUI-ES-BI, S. 3 a.E.

1545 Für den EBR vgl. Art. 9, 17, 26 *Ley 10/1997, de 24 de abril, sobre derechos de información y consulta de los trabajadores en las empresas y grupos de empresas de dimensión comunitaria, BOE* vom 25.04.1997, zuletzt geändert durch *BOE* vom 21.05.2011 [EBR = *comité de Empresa europeo*]; für die SE vgl. Art. 6, 7, 16, 29, 30 *Ley 31/2006, de 18 de octubre, sobre implicación de los trabajadores en las sociedades anónimas y cooperativas europeas, BOE Nr.* 250 vom 19.10.2006, ETUI-ES-EI, S. 1.

1546 *Schulten/Zagelmeyer*, EIRO 1998, S. 15.

bervertretern besetzt sind (*comisión de información y seguimiento*). Eine ähnliche Vereinbarung gilt seit 1993 für öffentliche Unternehmen der Metallindustrie mit mehr als 500 Arbeitnehmern. Seit 2006 ist außerdem vorgesehen, dass die beiden national repräsentativen Gewerkschaften jeweils einen Vertreter in den Vorstand der nationalen Fernseh- und Rundfunkanstalt entsenden. Schließlich sind bereits seit 1985 bei den lokalen Sparkassen (*Cajas de Ahorros*) auch Arbeitnehmervertreter im Vorstand vorgesehen. Sie werden dann durch die jeweils bestehenden Arbeitnehmervertretungen gewählt und haben zwischen 5% und 15% der Sitze des Gesamtgremiums inne. Bereits quantitativ bleiben die Wirkungen also hinter den Modellen anderer Staaten zurück.

Wurde ein Unternehmen privatisiert, kann diese Regelung wohl beibehalten werden. Praktisch soll es aber nur in sehr wenigen öffentlichen bzw. privatisierten Unternehmen derartige Gewerkschaftsvertreter geben.[1547] Man wird insofern also kaum von einer Ausstrahlungswirkung sprechen können.

5. Zusammenfassung

- Spanien folgt dem monistischen Modell. Eine Arbeitnehmervertretung erfolgt im privaten Sektor ausschließlich auf betrieblicher Ebene. Dies geschieht durch gewählte Arbeitnehmervertretungen in allen Unternehmen mit grundsätzlich mehr als zehn Beschäftigten sowie ggf. in Betrieben mit mehr als 250 Beschäftigten zusätzlich durch Gewerkschaftsdelegierte. Es bestehen ausschließlich Informations- und Anhörungsrechte, die zum Teil auch nur nachträglich greifen, jedoch keinerlei Mitentscheidungsbefugnisse. Eine Unternehmensmitbestimmung ist ausschließlich aufgrund bestimmter nationaler Vereinbarung in einigen wenigen staatlichen Unternehmen und den lokalen Sparkassen etabliert, darüber hinausgehend aber unbekannt.
- Die betriebliche Interessenvertretung erfolgt durch gewählte Arbeitnehmervertretungen. Diese werden in Unternehmen mit bis zu 49 Beschäftigten als Personaldelegationen, in größeren Unternehmen als Betriebsräte bezeichnet. Die Befugnisse sind aber bei beiden gleich. Als Zuordnungsobjekt unterscheidet das Gesetz nicht zwischen Unternehmen und Betrieb. Betriebsübergreifend kann auf tarifvertraglicher Grundlage ein Konzernbetriebsrat mit maximal 13 Mitgliedern eingerichtet werden.
- Personaldelegationen werden grundsätzlich in Betrieben mit mehr als zehn Beschäftigten gewählt, ggf. auf Mehrheitswunsch auch in Betrieben ab sechs Mit-

1547 ETUI-ES-MB, S. 1; *Steinko*, Country Report Spain, S. 102f. Betroffen waren hiervon in 46 Sparkassen insgesamt 110.248 Arbeitnehmer und in dann noch 26 staatlichen Unternehmen 21.575 Beschäftigte (Daten von 2002/2003); *Steinko*, ebd.

arbeitern. Betriebsräte sind ab 50 Arbeitnehmern vorgesehen. In Betrieben mit mehr als 250 Beschäftigten können zudem die im Betriebsrat vertretenen Gewerkschaften jeweils einen Gewerkschaftsdelegierten bestellen.

- Die absolute Größe des Gremiums staffelt sich nach der Gesamtbelegschaftsstärke. Sie liegt zwischen einem Delegierten bei bis einschließlich 30 Beschäftigten und maximal 75 Betriebsräten. Die jeweiligen Mitglieder werden von der Belegschaft aus ihren Reihen in persönlicher, geheimer und direkter Wahl nach Kandidatenlisten bestellt. Vorschlagsberechtigt sind die im Betrieb vertretenen Gewerkschaften oder eine bestimmte Anzahl von Mitarbeitern, die dreimal höher liegen muss, als Mandate zu vergeben sind.
- Der Betriebsrat verfügt über Informations- und Anhörungsrechte in den allgemeinen wirtschaftlichen und beschäftigungsrelevanten Fragen. In seinen Entscheidungen bleibt der Arbeitgeber aber stets frei. Wenn der Betriebsrat in der Mehrheit aus Gewerkschaftsvertretern zusammengesetzt ist, kann er auch die Tarifverhandlungen führen.

V. Portugal[1548]

1. Übersicht

Portugal kennt im privaten Sektor eine Arbeitnehmerbeteiligung ausschließlich auf betrieblicher Ebene. Hier existieren gewerkschaftliche Vertretungen und gewählte Betriebsräte. Beide verfügen jedoch nur über Unterrichtungs- und Anhörungsrechte und nicht über Entscheidungsbefugnisse. Eine Mitbestimmung war kurzzeitig in staatlichen Betrieben gesetzlich vorgesehen, wurde aber faktisch nie umgesetzt und ist mittlerweile wieder abgeschafft worden.

2. Hintergrund

In der Entwicklung der portugiesischen industriellen Beziehungen spiegeln sich die instabilen politischen Systeme und Mehrheiten wider. Nach der Monarchie und rasch wechselnden Regierungen Anfang des 20. Jahrhunderts kam es ab 1933

1548 *Taylor*, Überblick, S. 77 f.; *Naumann*, Country Report Portugal, S. 88 ff.; *Fulton*, ETUI-PO-Betriebliche Interessenvertretung, ETUI-PO-Unternehmensmitbestimmung sowie ETUI-PO-Europäische Interessenvertretung (ETUI-PO-BI, ETUI-PO-MB, ETUI-PO-EI) unter http://www.worker-participation.eu/National-Industrial-Relations/Countries/Portugal; *Naumann, Portugal: Industrial relations profile* (z.T. 18.04.2013), bei Eiro online unter http://www.eurofound.europa.eu/eiro/country/portugal.htm (englisch).

unter *António de Oliveira Salazar* zur Diktatur des *Estado Novo;* ein ständestaatliches Modell mit faschistischen Tendenzen. Dieses wurde erst durch die *Nelkenrevolution* im Jahr 1974 beendet. In deren Folge kam es 1976 zu einer Verfassungsänderung. Hier wurde unter anderem als Staatsziel der Übergang zum Sozialismus vorgesehen.

Konsequent kam es zu einer Welle von Verstaatlichungen, die bedeutendsten Unternehmen wurden in *Empresa Pública (E.P.)* umgewandelt. Auch ein Recht der Arbeitnehmer, Vertreter in die Leitungsorgane staatlicher Unternehmen und anderer öffentlicher Einrichtungen zu wählen, wurde in die Verfassung aufgenommen und in zwei Gesetzen von 1979 und 1984 normiert. Es wurden auch tatsächlich Arbeitnehmervertreter gewählt, jedoch konnten sie aus politischen Gründen ihre jeweiligen Ämter nie ausüben.[1549] 1982 folgte eine weitere Verfassungsänderung, in deren Zuge auch die sozialistischen Zielsetzungen aufgegeben wurden. Zwischen 1989 und 1995 verfolgte Portugal eine deutlich liberalere Wirtschaftspolitik und nahm die Verstaatlichungen wieder weitestgehend zurück.

Aktuell garantiert die portugiesische Verfassung den Arbeitnehmern das Recht auf Betriebsräte und Gewerkschaften, um ihre Interessen zu vertreten und auf demokratische Weise in die Geschicke des Unternehmens einzugreifen. Ihre jeweilige Rechte sind hier enumerativ aufgezählt und in der Reichweite sehr begrenzt.[1550] Die Mitbestimmung auf Unternehmensebene wird lediglich einmal erwähnt, nämlich im Zweiten Teil der Wirtschaftsverfassung. Sie beschränkt sich auf die Arbeitnehmer in den staatlichen Betrieben.[1551]

Faktisch wurden die nie umgesetzten Beteiligungsgesetze für staatliche Unternehmen und öffentliche Einrichtungen – übrigens unter einer sozialistischen Regierung – im Jahr 1999 wieder abgeschafft. Eine (Wieder-)Einführung ist aktuell nicht geplant und wurde auch im Rahmen der letzten Überarbeitung der Arbeitsgesetze im Jahr 2009 nicht einmal diskutiert. Aber auch auf betrieblicher Ebene sollen zwischen gesetzlich normierter und tatsächlich gelebter Situation beträchtliche Umsetzungslücken klaffen. Portugal wird schon daher insgesamt als einer derjenigen westeuropäischen Staaten mit der geringsten Ausprägung an faktischer Arbeitnehmermitbestimmung bezeichnet.[1552]

1549 *Naumann*, Country Report Portugal, S. 96, 99 f.

1550 Vgl. Art. 54 Abs. 5 Buchstaben a) bis f) bzw. Art. 56 Abs. 2 Buchstaben a) bis e), Abs. 3 *Constituição da República Portuguesa (CRP)*; inoffizielle deutsche Übersetzung unter http://www.verfassungen.eu/p/(Stand 2001), die aktuelle siebte Fassung (Stand 2005) findet sich in englischer Übersetzung auf den Webseiten des Parlaments, der *Assembleia da República*, unter http://www.parlamento.pt/Legislacao/Documents/Constitution7thRev2010EN.pdf.

1551 Art. 89 *CRP*.

1552 *Naumann*, Country Report Portugal, S. 99.

Infolge der Wirtschafts- und Finanzkrise von 2008 wurden auch in Portugal verschiedene Gesetze geändert, was vor allem den Arbeitgebern zugute gekommen sein soll.[1553] Weitere Flexibilisierungen und Liberalisierungen des Arbeitsmarkts sind geplant.[1554]

3. Organisationsverfassung der Kapitalgesellschaften

Rechtsgrundlage des portugiesischen Gesellschaftsrechts ist der *Código das Sociedades Comerciais*, abgekürzt *CSC*.[1555] Portugal orientiert sich darin am französischen Recht. Daher folgt es grundsätzlich dem monistischen Modell; die Aktiengesellschaft kann sich wahlweise auch dualistisch organisieren und verfügt über weitere Gestaltungsmöglichkeiten.

Zur Gründung einer Aktiengesellschaft (*Sociedade Anonima*, abgekürzt *S.A.*)[1556] sind mindestens fünf Gesellschaftern nötig.[1557]

Wenn sie sich monistisch organisiert verfügt sie über die Hauptversammlung (*Assembleia Geral*), den Verwaltungsrat (*Conselho de Administração, CdA*) und einen Rat von Rechnungsprüfern (*Conselho Fiscal, CF*). Der *CdA* führt die Geschäfte und wird von der Hauptversammlung bestellt. In der Regel sind seine Mitglieder in eine ausführende und eine nicht-ausführende Gruppe unterteilt. Ggf. kann für die ausführenden Mitglieder ein weiteres eigenes Organ geschaffen werden, dem dann das operative Geschäft obliegt (*Conselho de Administração Executivo, CdAE*). Der *CF*, ebenfalls von der Hauptversammlung bestellt, kontrolliert die Bücher und (allgemein) die Einhaltung der Gesetze durch den *CdA*.

1553 *Naumann* (oben Fn. 1548), Abschnitt *Industrial relations context*.

1554 Vgl. *Economist* vom 03.03.2012, „*Portugal and the Euro – The uncertainty society*", unter http://www.economist.com/node/21548977 (englisch).

1555 Neu bekanntgemacht durch Einzelgesetz Nr. 76-A/2006 (*Decreto-Lei No. 76-A/2006 de 29 de Março*), zuletzt geändert durch *Lei n.º 66-B/2012, de 31/12*, im Folgenden *poCSC*. In Portugal existiert eine Vielzahl von Einzelgesetzen, die nicht in die „großen" Gesetzesbücher integriert werden. Das genannte *Decreto-Lei („DL")* ist abrufbar beim portugiesischen Amtsblatt *Diário da República* unter http://dre.pt/pdf1sdip/2006/03/063A01/00020190.pdf (portugiesisch). Auf den Webseiten der zuständigen Abteilung des Justizministeriums (*Direcção-Geral da Politica de Justiça*) findet sich eine Übersicht der seitdem durchgeführten Änderungen, abrufbar unter http://www.dgpj.mj.pt/sections/leis-da-justica/livro-viii-leis/leis-societarias/codigo-das-sociedades (portugiesisch). Eine inoffizielle englische Übersetzung des poCSC (Stand Nr. 357-A/2007 vom 31.10.2007) ist abrufbar bei der Finanzaufsichtsbehörde *Comissão do Mercado de Valores Mobiliários – CMVM* unter http://www.cmvm.pt/EN/Legislacao_Regulamentos/Legislacao%20Complementar/Emitentes/Documents/Final2009.Commercial%20Company%20Act.consol8.2007andDL357A.2007.pdf.

1556 Art. 271 ff. poCSC.

1557 Art. 273 Abs. 1 poCSC.

Ist die AG dualistisch organisiert verfügt sie über die Hauptversammlung, einen Aufsichtsrat (*Conselho Geral e de Supervisão, CGS*) und eine Geschäftsführung (*Direcção*), die vom *CGS* bestellt und überwacht wird. Die Kontrolle der Bücher obliegt einem Rechnungsprüfer, dem *Revisor Oficial de Contas.*[1558] Die *S.A.* kann auf Wunsch an der Börse gelistet werden.

Die weit überwiegende Mehrheit der portugiesischen Aktiengesellschaften soll für das monistische Modell optiert haben.[1559]

Die GmbH (*Sociedade por Quotas*, kurz *„Limitada“*, abgekürzt *L.da*)[1560] verfügt über die Gesellschafterversammlung, einen oder mehrere Geschäftsführer (*Gerentes*), und auf Satzungsgrundlage über ein *Conselho Fiscal* oder ab einer bestimmten Größe verpflichtend über einen *Revisor Oficial de Contas.* Grundsätzlich sind zur Gründung zwei Gesellschafter nötig, als Einmanngesellschaft ist die *Sociedades Unipessoais por Quotas* möglich.[1561]

Ein Revisor ist nach den derzeitigen Voraussetzungen zu bestellen, wenn in zwei aufeinander folgenden Jahren zwei von drei Kriterien erfüllt sind: a) Bilanzsumme 1,5 Mio. Euro, b) Nettoumsatz 3,0 Mio. Euro, c) 50 Arbeitnehmer im Jahresdurchschnitt.[1562]

Das Mindestkapital einer *S.A.* liegt bei 50.000,– Euro.[1563] In der *L.da* betrug das Mindestkapital bis 2011 noch 5.000,– Euro, kann jedoch seitdem in der Satzung frei festgelegt werden.[1564]

1558 Art. 278 poCSC; *Naumann*, Country Report Portugal, S. 88 ff. Zu den Informationsrechten der Hauptversammlung vgl. Art. 290 ff., zum *CdA* vgl. Art. 390 ff., zur Überwachung vgl. Art. 413 ff., zum *CdAE* vgl. Art. 424 ff., zum *CGS* vgl. Art. 434 ff. (zu dessen Befugnissen insbesondere Art. 441), zum *Revisor Oficial de Contas* vgl. Art. 446 ff. poCSC.

1559 *Naumann*, Country Report Portugal, S. 90.

1560 Art. 197 ff. poCSC. Zur Bezeichnung vgl. Art. 200, zu den Informationsrechten der Gesellschafter vgl. Art. 214 ff.; zu deren Beschlüssen vgl. Art. 246 ff. (zur Ernennung von Geschäftsführern und Mitgliedern der Aufsichtsorgane vgl. Art. 246 Abs. 1 d)); zur Gesellschafterversammlung vgl. Art. 248 f.; zu den *Gerentes* vgl. Art. 252 ff. (zu den Befugnissen insbesondere Art. 259), zum *Conselho Fiscal* vgl. Art. 262.

1561 Art. 7 Abs. 2, 270-A ff. poCSC.

1562 Art. 262 Abs. Abs. 2 poCSC.

1563 Art. 276 Abs. 3 poCSC.

1564 Art. 201 poCSC i.d.F. *DL n.º 33/2011, de 07 de Março.*

4. Arbeitnehmerbeteiligung

a) Betriebliche Interessenvertretung

aa) Voraussetzungen

(1) Grundlagen

Maßgebliche Rechtsquelle ist das portugiesische Arbeitsgesetzbuch, der *Código do Trabalho*, abgekürzt *CT*.[1565] Die kollektiven Vertretungen sind dort in Titel drei geregelt (*Direito colectivo*).

Das Gesetzbuch wurde zuletzt 2009 umfangreich überarbeitet und neu verkündet; Ziele waren unter anderem eine erhöhte Flexibilisierung für die Unternehmen durch Ausweitung der Tarifverhandlungen sowie eine Stärkung der Wirksamkeit des Arbeitsrechts.[1566] Die Revision beruhte auf den Vorschlägen eines „Weißbuchs zu den Arbeitsbeziehungen" (*Livro Branco para as Relações Laborais, LBRL*), das seinerseits „*weder das Einverständnis der Gewerkschaftsverbände noch der Arbeitgeberverbände gefunden hat*".[1567]

---

(2) Formen

Gesetzlich vorgesehen ist eine Vertretung durch lokale Gewerkschaftsorganisationen (*Associações sindicais* oder *Delegados sindicais*)[1568] und durch Betriebsräte (Singular *Comissão de Trabalhadores, CT*).[1569] Erstere vertreten ausschließlich die Interessen ihrer Mitglieder, die Betriebsräte nehmen die Interessen der gesamten Belegschaft wahr.

Existieren in einem Unternehmen mehrere Gewerkschaftsvertretungen, können diese einen gemeinsamen Ausschuss bilden (*Comissão Sindical/Intersindical, CS/CIS*).

Betriebsräte können nach dem Gesetz in allen Betrieben eingerichtet werden, sofern die Belegschaft dies wünscht. Allerdings ist in jedem Unternehmen nur ein einziger Betriebsrat möglich. Auf betrieblicher Ebene werden darum Unterbetriebs-

---

1565 *Lei Nr. 7/2009 de 12 de Fevereiro*, im Folgenden *poCT*;. Text unter http://dre.pt/pdf1sdip/2009/02/03000/0092601029.pdf (portugiesisch). Die letzte Änderung erfolgte durch *Lei n.º 69/2013 de 30 de agosto Quinta alteração ao Código do Trabalho, aprovado pela Lei n.º 7/2009, de 12 de fevereiro, ajustando o valor da compensação devida pela cessação do contrato de trabalho*.

1566 Die Änderungen traten zum 17.02.2009 in Kraft. Vgl. *Campos Lima, New Labour Code comes into force in wake of controversy*, (14.04.2009), unter http://www.eurofound.europa.eu/eiro/2008/11/articles/pt0811019i.htm (englisch).

1567 Meldung der Deutsch-Portugiesischen Industrie- und Handelskammer vom 10.03.2008, unter http://www.ccila-portugal.com/single-view/artikel/revision-des-arbeitsgesetzbuchs-codigo-de-trabalho/?cHash=bb140c6437d71374ffece9affc7345fc. Das *LBRL* ist eine Diagnose des portugiesischen Arbeitsmarkts und beruht auf den einjährigen Arbeiten einer Kommission.

1568 Art. 440 ff. poCT.

1569 Art. 415 ff. poCT.

räte gebildet (*Subcomissões de Trabalhadores*), deren Rechte und Pflichten weitgehend denen des Betriebsrats entsprechen.[1570] Tarifverhandlungen sind grundsätzlich das Privileg der Gewerkschaften.[1571]

Zudem gibt es noch besondere Beauftragte für den Arbeitsschutz (*Representantes dos Trabalhadores para a Segurança e Saúde no Trabalho*).[1572]

Auf betriebsübergreifender Ebene sieht das Gesetz im eigentlichen Sinn keine eigenen Gremien vor. Besteht ein Unternehmen aus mehreren Betrieben, werden Unterbetriebsräte gebildet. Diese wiederum entsenden dann Vertreter in den (einzigen) Betriebsrat des Unternehmens.

Für Betriebsräte unterschiedlicher Unternehmen können Koordinierungsausschüsse eingerichtet werden (*Comissões Coordenadoras*). Ihre Aufgabe liegt, etwas vage, darin, Verbindungen zwischen den Betriebsräten zu schaffen und insgesamt einen positiven Beitrag zur wirtschaftlichen Umstrukturierung zu leisten. Er besteht aus so vielen Mitgliedern, wie die Betriebsräte, die von ihm koordiniert werden, maximal jedoch nicht mehr als elf.[1573]

Konstitutiv ist die Registrierung beim Arbeitsministerium (seit Juli 2013 „*Ministério da Solidariedade, da Segurança Social e Emprego*“, wörtlich „Ministerium für Solidarität, soziale Sicherheit und Beschäftigung“). Nach dem Gesetz werden u.a. die Geschäftsordnung und die Namen der jeweiligen Mitglieder veröffentlicht, erst danach kann das Gremium seine Arbeit aufnehmen.[1574]

Die theoretische Unterteilung in mehrere Einzelgremien soll mit der gelebten Situation allerdings nicht konform gehen. Praktisch sollen Betriebsräte ausschließlich in größeren Unternehmen mit mehr als 100 Beschäftigten und stärkerer gewerkschaftlicher Präsenz zu finden sein. Dort würden die Betriebsratsaufgaben dann allerdings faktisch auch von den Gewerkschaften übernommen.

Es gibt in Portugal zwei dominierende Gewerkschaftsbünde. Zum einen den etwas größeren *CGTP-IN* (*Confederação Geral dos Trabalhadores Portugueses – Intersindical Nacional,* etwa „Allgemeiner Verband der portugiesischen Arbeitnehmer“, traditionell kommunistisch geprägt sind in ihm ca. 140 Gewerkschaften verbunden), zum anderen *UGT* (*União Geral de Trabalhadores*, etwa „Allgemeine Arbeitnehmervereinigung“, traditionell sozialdemokratisch bis liberal vereint sie derzeit 59 Einzelgewerkschaften). Nach Eigenangaben haben sie insgesamt 1,4 Millionen Mitglieder. Der gewerkschaftliche Organisationsgrad wird von der Regierung im Weißbuch über Arbeitsbeziehungen *LBRL*

1570 Art. 415 ff., 423 Abs. 2 poCT.

1571 Art. 415 Abs. 2; 443 Abs. 1 a) poCT; ETUI-PO-BI, S. 1.

1572 Art. 404 poCT. Zu letzteren vgl. *Decreto-Lei No. 441/91 de 14 de Novembro*, unter http://www.dgert.mtss.gov.pt/Arquivo/seguranca/doc_seguranca/dec_lei_441_1991_14_11.pdf (portugiesisch). Das Gesetz sieht bestimmte Informationsbefugnisse in diesem Bereich vor (Art. 8 f.) und regelt das Wahlverfahren für die Repräsentanten (Art. 10 f.). Vgl. weiter *Naumann*, Country Report Portugal, S. 93.

1573 Art. 415 Abs. 4, 417 Abs. 4, zur Satzung vgl. Art. 435, zur Zusammensetzung vgl. Art. 436 f. poCT.

1574 Vgl. für die Betriebsräte Art. 416 Abs. 1, 438 Abs. 6, 7 poCT. Für die Gewerkschaften vgl. die entsprechenden Regelungen in Art. 447 ff. poCT.

aus dem Jahr 2007 allerdings mit lediglich 15–18% angegeben, was bedeuten würde dass lediglich 550.000 Arbeitnehmer auch einer Gewerkschaft angehören. Nach lokalen Beobachtungen wird die Gesamtzahl der Mitglieder von *CGTP-IN* und *UGT* auf 700–800.000 und die Quote auf „unter 20%" geschätzt, wobei vor allem der öffentliche Dienst und große Unternehmen gewerkschaftlich organisiert seien.[1575] Insgesamt und insbesondere unterhalb der nationalen Ebene gilt das Gewerkschaftswesen als äußerst zersplittert, beim Arbeitsministerium waren im September 2009 alleine 425 Gewerkschaftsorganisationen erfasst.[1576]

Nach Angaben des portugiesischen Arbeitsministeriums waren im Oktober 2007 insgesamt nur 196 Betriebe mit Betriebsräten und 148 Betriebe mit Arbeitsschutzbeauftragten registriert. Von den portugiesischen Arbeitnehmern waren 26% in Betrieben mit Gewerkschaftsvertretung, 26,1% in solchen mit Arbeitsschutzbeauftragten und 18,5% in Betrieben mit Betriebsräten beschäftigt. Dem Gewerkschaftsbund *CGTP-IN* zufolge gab es jedoch Anfang 2008 insgesamt 1.383 Betriebsräte. Diese Diskrepanz wird damit erklärt, dass die bestehenden Arbeitnehmervertretungen es versäumen würden, ihre jeweilige (gesetzlich vorgeschriebene) Registrierung beim Arbeitsministerium zu erneuern. Dies begegnet einer gewissen Skepsis da zumindest nach dem Gesetzeswortlaut die Registrierung konstitutiv ist.

Wenig verbreitet sind auch die Koordinierungsausschüsse. Ende 2005 gab es in Portugal lediglich sechs Stück.[1577]

Selbst dort, wo Arbeitnehmervertretungen existieren, sollen sie kaum in Verhandlungen eingebunden werden. Dies soll allerdings auch auf entsprechenden Präferenzen sowohl der Arbeitgeber als auch der Arbeitnehmer beruhen. Neben nur gering ausgebauten industriellen Beziehungen wird dies mit „insgesamt fehlendem Bewusstsein" für die Vorteile derartiger Verhandlungen begründet.[1578]

bb) Größe und Zusammensetzung

(1) Gewerkschaftsvertretung

Die lokalen Gewerkschaftsvertretungen können selbst darüber entscheiden, wie viele Gewerkschaftsvertreter sie wählen. Das Gesetz bestimmt jedoch Höchstwerte dahingehend, wie viele der gewählten Vertreter auch bestimmte Befugnisse und Schutzrechte genießen. Dieser Wert wiederum richtet sich nach der Mitgliederzahl im Betrieb. Bei weniger als 50 Gewerkschaftsmitgliedern ist ein Vertreter gesetzlich geschützt, bis zu 99 Mitgliedern sind es zwei, bis zu 199 dann drei und bis zu 499 Gewerkschaftsmitgliedern sind sechs Vertreter geschützt. Darüber kommt für jeweils weitere 200 Gewerkschaftsmitglieder ein weiterer Vertreter hinzu. Die Amtszeit liegt bei maximal vier Jahren.[1579]

1575 *Naumann, Industrial relations profile* (oben Fn. 1548), Abschnitt *Trade unions.*

1576 Vgl. *Fulton*, ETUI, Abschnitt *Trade Unions*, unter http://www.worker-participation.eu/National-Industrial-Relations/Countries/Portugal/Trade-Union (englisch).

1577 ETUI-PO-BI, S. 5.

1578 *Kovácz, A participação no contexto de competitividades*, in: *Organizações e Trabalho*, Nr. 12, S. 11 ff., Lissabon Oktober 1994, zit. nach *Naumann*, Country Report Portugal, S. 97 f.; vgl. auch *Hall/Purcell*, EIRO I&C 2011, S. 16.

1579 Art. 462 Abs. 2, 463 poCT; ETUI-PO-BI, S. 1 f.

Wenn im Betrieb eine „ausreichende" Zahl von Gewerkschaftsvertretern besteht, wobei dieses Erfordernis nicht näher bestimmt wird, können sie einen Ausschuss einrichten und sich eine eigene Geschäftsordnung geben.

(2) Betriebsrat

Betriebsräte bestehen ausschließlich aus Arbeitnehmervertretern, die von der Belegschaft aus ihren Reihen in geheimer Abstimmung über Kandidatenlisten gewählt werden. Kandidaten müssen von mindestens 100 Beschäftigten oder 20% der Belegschaft vorgeschlagen werden, praktisch soll dies meist von den Gewerkschaften erledigt werden.[1580] Die genaue Amtszeit wird in der Geschäftsordnung des Betriebsrats festgelegt, die wiederum per Abstimmung von der Belegschaft gebilligt werden „*sollte*".[1581] Da Betriebsratswahlen jedoch mindestens alle vier Jahre abgehalten werden müssen, ergibt sich auf diesem Weg eine rechnerische Höchstamtsdauer.

Die absolute Größe des Betriebsrats richtet sich nach der Belegschaftsstärke und liegt zwischen zwei in Betrieben mit weniger als 50 Beschäftigten und maximal elf in Betrieben mit mehr als 1.000 Arbeitnehmern. Unterbetriebsräte haben ein einzelnes Mitglied in Kleinbetrieben und höchstens fünf Mitglieder in Betrieben mit mehr als 201 Beschäftigten.[1582]

cc) Befugnisse

(1) Beteiligung

Die Rechte der Arbeitnehmervertretungen sind vergleichsweise begrenzt. Insbesondere sind keinerlei Entscheidungsbefugnisse oder Vetorechte vorgesehen. Üben sie ihre Rechte aber missbräuchlich aus, sind disziplinarische, zivilrechtliche und strafrechtliche Sanktionen möglich.[1583]

α) Gewerkschaftsvertretung

Grundsätzliches Privileg der Gewerkschaftsvertretungen sind die Tarifverhandlungen, in Betrieben mit mehr als 500 Beschäftigten kann die Gewerkschaft diese Befugnis aber auf den Betriebsrat übertragen. Wo kein Betriebsrat besteht, sind sie auch über die arbeitnehmerrelevanten Fragen zur Arbeitszeit, Berufsbildung und (zeitweisen) Stilllegung zu informieren und zu konsultieren.[1584] Zudem können sie

---

1580 Art. 430, zum Wahlverfahren vgl. Art. 431 ff. poCT.
1581 Art. 418, 434 poCT; ETUI-PO-BI, S. 3.
1582 Art. 417 poCT.
1583 Art. 414 Abs. 2 poCT.
1584 Art. 466, 427 poCT.

nach vorheriger Ankündigung Betriebsversammlungen während der Arbeitszeit einberufen. Diese dürfen die wesentlichen Arbeitsabläufe nicht beeinträchtigen und in ihrem jährlichen Gesamtumfang nicht mehr als 15 Arbeitsstunden umfassen.[1585]

Den Gewerkschaftsvertretungen wurden im portugiesischen Umsetzungsgesetz zur Richtlinie 2002/14/EG auch die dortigen Unterrichtungs- und Anhörungsrechte zugewiesen. Sie gehen in ihrer Reichweite aber nicht über den Wortlaut der Richtlinie hinaus.

Da auch hier die Etablierung der entsprechenden Prozeduren und die Schaffung der Gremien in ihrer Wirksamkeit von einer entsprechenden Initiative der Arbeitnehmer abhängen sind sie praktisch außerordentlich selten und wenn überhaupt nur in größeren Unternehmen zu finden. Die Abdeckung im Verhältnis zur absoluten Zahl von Unternehmen liegt insgesamt unter 0,11%, für Unternehmen mit weniger als 50 Beschäftigten bei unter 0,113%. Für Unternehmen mit 50 bis 249 Arbeitnehmern steigt der Wert auf unter 6% und für Großunternehmen mit mehr als 250 Mitarbeitern (von denen es in ganz Portugal im Jahr 2008 aber nur 969 gab) auf immerhin „unter 40%" (zum Vergleich: im Durchschnitt beschäftigt ein portugiesisches Unternehmen 8 Arbeitnehmer). Die Effekte der Richtlinie liefen im Wesentlichen auf Formalien hinaus, die lediglich das gesetzliche Minimum abdeckten. Tatsächliche Teilhabe der Arbeitnehmer an den Entscheidungsprozessen fände nur in wenigen Fällen statt.[1586]

Faktisch sollen die Unternehmen den Informationspflichten aber nur zögerlich und unvollständig nachkommen.[1587]

β) Betriebsrat

Der Betriebsrat bzw. Unterbetriebsrat verfügt über bestimmte Informations- und Konsultationsrechte, darf jedoch nicht (mit-)entscheiden. Einzige Ausnahme ist eine Beteiligung an der Verwaltung der sozialen betrieblichen Einrichtungen wie Kantinen.[1588]

Nach dem Gesetz sind ihm verschiedene wirtschaftliche, finanzielle und beschäftigungsrelevante Informationen zu übermitteln. Erfasst sind hiervon die Fi-

---

1585 Art. 461 poCT.

1586 Vgl. *Rego/Naumann, Portugal: The Impact of the Information and Consultation Directive* (09.03.2009), unter http://www.eurofound.europa.eu/eiro/studies/tn0710029s/pt0710029q.htm; *Naumann, Portugal: EIRO CAR on „The effect of the Information and Consultation Directive on Industrial Relations in the EU Member States five years after its transposition"* (19.01.2011), unter http://www.eurofound.europa.eu/eiro/studies/tn1009029s/pt1009029q.htm (beide englisch).

1587 ETUI-PO-BI, S. 3. Vgl. auch Art. 412 Abs. 3 poCT, nach dem der Arbeitgeber nicht verpflichtet ist, solche Informationen zu erteilen, die ihrer Natur nach geeignet sein können, den Betrieb oder das Unternehmen zu schädigen oder ernsthaft zu beeinträchtigen. Dies muss ggf. schriftlich begründet werden. Zur Geheimhaltungspflicht vgl. Art. 412 poCT, zur ggf. gerichtlichen Kontrolle vgl. Art. 413 poCT.

1588 Art. 423, 424 (Aufzählung) poCT.

nanzpläne, Jahres- und Quartalsabschlüsse, der gezahlte Steuerbetrag, Absatz, Personalpolitik und Betriebsordnung sowie geplante Änderungen bei Kapital und Produktionsniveau und deren erwartete Auswirkungen auf die Belegschaft. In diesen Bereichen steht ihm auch eine gewisse „Kontrolle der Unternehmensleitung" zu (*controlo da gestão da empresa*), die sich aber in ihrer Wirkung auf Information, Stellungnahmen und Gegenvorschläge beschränkt.[1589]

Bei geplanten unternehmerischen Maßnahmen, die zu einer wesentlichen Verringerung der Belegschaftsstärke oder zu einer deutlichen Verschlechterung der Arbeitsbedingungen führen könnten, ist der Betriebsrat zu konsultieren und hat das Recht, – meist binnen zehn Tagen – eine Stellungnahme abzugeben. Des Weiteren ist er bei Entlassungen zu hören und kann Stellungnahmen zu den Finanzplänen sowie zur beruflichen Bildung abgeben.[1590]

Einmal im Monat soll er mit der Geschäftsleitung zusammentreffen.[1591]

Ähnlich wie die Gewerkschaftsvertretungen kann auch der Betriebsrat Betriebsversammlungen einberufen.[1592]

In Betrieben mit mehr als 100 Beschäftigten ist der Gewerkschaftsvertretung und dem Betriebsrat eine ausführliche Personalbilanz zu übermitteln.

(2) Ausstattung und Kündigungsschutz

Die Arbeitnehmervertreter haben unterschiedliche Ansprüche auf Freistellung. Alle müssen dem Arbeitgeber jedoch mindestens zwei Tage im Voraus mitteilen, wenn sie von diesem Recht Gebrauch machen wollen.[1593]

Die einfachen Gewerkschaftsvertreter werden monatlich für fünf Stunden freigestellt, für acht Stunden, wenn sie Mitglied im gemeinsamen Ausschuss mehrerer Gewerkschaften sind. Mitglieder der Gewerkschaftsleitung sind für vier Tage im Monat freizustellen. Für wie viele Personen das im Einzelfall gilt, richtet sich nach der Anzahl der Gewerkschaftsmitglieder im Betrieb. Der Wert liegt zwischen eins bei weniger als 50 Gewerkschaftsmitgliedern und zwölf bei mehr als 10.000 Mitgliedern.

Betriebsratsmitglieder haben grundsätzlich Anspruch auf monatlich 25 Stunden Freistellung, in Kleinbetrieben aber nur die Hälfte davon. Bei mehr als 1.000 Arbeitnehmern können die Betriebsratsmitglieder vereinbaren, die Summe aller Freistellungsansprüche nach eigenem Ermessen zu verteilen, maximal aber auf 40 Stunden im Monat für ein einzelnes Mitglied.

1589 Art. 423 Abs. 1 b), 426 (insbesondere Abs. 2 d)) poCT.

1590 Art. 427 (insbesondere Abs. 4), 425 poCT.

1591 Art. 423 Abs. 1 g), Abs. 2 d) poCT.

1592 Art. 419 f. poCT; die Verweigerung einer Betriebsversammlung durch den Arbeitgeber gilt als „schwerer Verstoß", Art. 419 Abs. 2; *Naumann*, Country Report Portugal, S. 92 f.

1593 Art. 408 Abs. 3 poCT.

Die Freistellungsansprüche aus den verschiedenen Vertretungen können nicht kumuliert werden.[1594]

In Betrieben mit mehr als 150 Arbeitnehmern muss den Gewerkschaftsvertretern ein eigenes „angemessenes“ Büro zur Verfügung gestellt werden. Der Betriebsrat hat Anspruch auf die Nutzung „angemessener“ Räumlichkeiten und die technischen Mittel, um seinen Aufgaben nachkommen zu können.[1595]

Die jeweilige Arbeitnehmervertretung muss vor der geplanten Kündigung eines Mitglieds in Kenntnis gesetzt werden. Bis eine gerichtliche Entscheidung vorliegt wird eine vorläufige finanzielle Unterstützung gezahlt. Ist die Kündigung ungerechtfertigt, muss eine Entschädigung geleistet werden.[1596]

dd) Vertretung auf supranationaler Ebene

Die portugiesischen Mitglieder eines Besonderen Verhandlungsgremiums bei EBR bzw. SE (*grupo especial de negociação*) werden im Einvernehmen zwischen dem Betriebsrat und denjenigen Gewerkschaften, die mindestens 5% der Belegschaft vertreten, bestellt. Falls keine Gewerkschaftsvertretungen bestehen, wählt der Betriebsrat die Mitglieder alleine aus. Vertreten die Gewerkschaften insgesamt mindestens zwei Drittel oder jeweils für sich mindestens 5% der Belegschaft, wählen sie die Mitglieder aus. Kleinere Gewerkschaften können zusammen eine Person aus ihren Reihen benennen. Falls keine Einigung erzielt werden kann oder falls die Gewerkschaften weniger als 5% der Belegschaft vertreten oder falls ein Drittel der Belegschaft dies wünscht, werden die jeweiligen Mitglieder direkt von der Gesamtbelegschaft gewählt. Kandidaten hierfür müssen von mindestens 100 Arbeitnehmern oder von mindestens 10% der Belegschaft vorgeschlagen werden.

Für die Europäischen Betriebsräte wird nicht bestimmt, ob es sich bei den gewählten Mitgliedern ausschließlich um Unternehmensangehörige handeln muss, bei der SE ist die Bestellung von externen Vertretern ausdrücklich möglich.

Kommen bei der SE die Auffangregelungen zum Tragen, wird nicht ausdrücklich erwähnt, dass auch Unternehmensexterne als Vertreter in Frage kommen sollen. Dies gilt auch für die Arbeitnehmervertreter im Aufsichts- bzw. Leitungsorgan.[1597]

Theoretisch ist es also möglich, dass ein externer Gewerkschaftsvertreter auf die Mitbestimmungsebene einer SE mit portugiesischer Beteiligung gelangt.

1594 Art. 422, 467 f.; 408 Abs. 4 poCT.

1595 Art. 421, 464 poCT; ETUI-PO-BI, S. 4 f.

1596 ETUI-PO-BI, S. 4 f.

1597 Zum EBR vgl. Art. 6 Abs. 4, 26 *Lei Nr. 96/2009 de 3 de Setembro Conselhos de empresa europeus*, abrufbar unter http://dre.pt/pdf1sdip/2009/09/17100/0586105867.pdf, zur SE vgl. Art. 39, 40 *Decreto-Lei nº 215/2005 de 13 de Dezembro de 2005 (DR 237 – Série I)* unter http://www.iapmei.pt/iapmei-leg-03.php?lei=3949 (beide portugiesisch); ETUI-PO-EI, S. 1.

b) Unternehmensmitbestimmung

Die portugiesische Verfassung erwähnt die Unternehmensmitbestimmung in ihrem Art. 89. Demnach ist in den Produktionseinheiten des öffentlichen Bereichs eine effektive Beteiligung der Arbeiter an der entsprechenden Geschäftsführung sicherzustellen. Dies verweist auf staatliche Betriebe und andere öffentliche Einrichtungen. Darüber hinaus gibt es jedoch keine Mitbestimmung, insbesondere nicht im privaten Sektor.

Auch das Mitbestimmungsrecht im öffentlichen Sektor wurde aber niemals tatsächlich umgesetzt. Für die staatseigenen Betriebe sah die Verfassung nach 1976 noch ein Recht der Betriebsräte vor, die Wahl von Arbeitnehmervertretern in die Leitungsgremien „zu fördern". 1979 und 1984 war gesetzlich geregelt, dass die Arbeitnehmer hier ein einzelnes Mitglied wählen durften. Zwar wurden die Wahlen hierzu noch durchgeführt, zur Umsetzung der Ergebnisse und zum Einzug der Gewählten in die Gremien kam es aber aufgrund der politischen Umstände nicht.[1598] Hintergrund hierfür war die besondere historische Konstellation. Der dominierende Gewerkschaftsbund *CGTP-IN* verfolgte weiterhin sozialistische Ziele. Die (faktisch gewerkschaftlichen) Arbeitnehmervertreter in den Leitungsgremien der, damals noch zahlreichen, Staatsbetriebe sollten ein strategischer Machtfaktor werden. Diese Haltung der Gewerkschaft stand jedoch im Gegensatz zu den zwischenzeitlich geänderten politischen Mehrheiten und den damit geänderten Einflüssen in den Staatsbetrieben. Die Bestrebungen gingen zwischenzeitlich hin zu einer liberaleren Ökonomie, die Berufung der Gewählten in die Gremien fand daher nicht mehr statt. Diesbezüglich wurden zwischen den Beteiligten allerdings durchaus heftige Auseinandersetzungen geführt.

Im Jahr 1999 wurden selbst diese begrenzten Rechte wieder abgeschafft.[1599] Geblieben ist eine vergleichsweise grundsätzliche Skepsis hinsichtlich einer Arbeitnehmerbeteiligung auf Leitungsebene, die auch heute noch fortwirkt. Auch im Zuge der Überarbeitung der Arbeitsgesetze seit 2002 wurde eine entsprechende (Wieder-) Einführung nicht einmal diskutiert.[1600]

Theoretisch wäre es möglich, auf tarifvertraglicher Grundlage eine Mitbestimmung auf Unternehmensebene zu etablieren. Praktisch kommt auch dies aber nicht vor.[1601]

1598 Vgl. *Naumann*, Country Report Portugal, S. 96. Demnach mussten die gewählten Vertreter durch das für die jeweilige Branche zuständige Ministerium ins Amt gesetzt werden, was aber mit Ausnahme eines einzigen Falls (nämlich bei der Fluglinie *SATA*) unterblieb.

1599 Zum bis dahin gültigen Verfahren vgl. *Naumann*, Country Report Portugal, S. 90 f. Das Gesetz selbst (*Decreto Lei No. 558/99 de 17 de Dezembro*) ist abrufbar unter http://www.dre.pt/pdf1sdip/1999/12/292A00/90129019.PDF (portugiesisch).

1600 Vgl. auch *Schulten/Zagelmeyer*, EIRO 1998, S. 16.

1601 ETUI-PO-MB, S. 1.

5. Zusammenfassung

- Portugal folgt dem monistischen Modell, die Aktiengesellschaft kann sich wahlweise auch dualistisch organisieren und verfügt über weitere Gestaltungsmöglichkeiten. Eine Arbeitnehmerbeteiligung ist ausschließlich auf betrieblicher Ebene vorgesehen, eine Mitbestimmung hingegen ist unbekannt, selbst bei staatlichen Betrieben. Auf betrieblicher Ebene existieren Betriebsräte, lokale Gewerkschaftsvertretungen und Arbeitsschutzbeauftragte. Nominell ist dieses Recht für jeden Betrieb vorgesehen, faktisch aber nur in Betrieben mit mehr als 100 Arbeitnehmern etabliert. Da in jedem Unternehmen nur ein Betriebsrat möglich ist, werden auf betrieblicher Ebene Unterbetriebsräte eingerichtet. Betriebsübergreifend gibt es für die Betriebsräte Koordinierungsausschüsse. Die Arbeitnehmervertretungen verfügen ausschließlich über Informations- und Konsultationsrechte, Mitentscheidungsbefugnisse bestehen nicht.
- Gewerkschaftsvertretungen und Betriebsräte sind grundsätzlich in jedem Betrieb möglich. Die Gewerkschaften sind in ihrer Organisation grundsätzlich frei, das Gesetz bestimmt aber Höchstwerte dahingehend, wie viele der gewählten Vertreter auch bestimmte Befugnisse und Schutzrechte genießen. Dieser Wert wiederum richtet sich nach der Mitgliederzahl im Betrieb.
- Betriebsräte werden auf Wunsch der Belegschaft grundsätzlich in jedem Betrieb eingerichtet, allerdings in jedem Unternehmen maximal nur einer. Ggf. werden auf betrieblicher Ebene Unterbetriebsräte gebildet, deren Rechte und Pflichten weitgehend denen des Betriebsrats entsprechen. In ihm sind ausschließlich von der Gesamtbelegschaft über Kandidatenlisten gewählte Arbeitnehmer vertreten. Vorschlagsberechtigt sind entweder 100 Beschäftigte oder 20% der Belegschaft. Die absolute Größe des Betriebsrats liegt zwischen zwei und elf Mitgliedern. Unterbetriebsräte haben ein Mitglied in Kleinbetrieben und höchstens fünf Mitglieder in Betrieben mit mehr als 201 Beschäftigten.
- Betriebsräte verfügen über begrenzte Informations- und Konsultationsrechte in verschiedenen wirtschaftlichen, finanziellen und beschäftigungsrelevanten Bereichen. Hier steht ihnen auch eine gewisse „Kontrolle der Unternehmensleitung" zu, die sich aber in ihrer Wirkung auf Stellungnahmen und Gegenvorschläge beschränkt. Bei geplanten unternehmerischen Maßnahmen, die zu einer wesentlichen Verringerung der Belegschaftsstärke oder zu einer deutlichen Verschlechterung der Arbeitsbedingungen führen könnten, ist der Betriebsrat zu konsultieren und hat das Recht, – meist binnen zehn Tagen – eine Stellungnahme abzugeben.
- Im portugiesischen Umsetzungsgesetz zur Richtlinie 2002/14/EG wurden die Unterrichtungs- und Anhörungsrechte den Gewerkschaftsvertretungen zugewiesen. Sie gehen in ihrer Reichweite aber nicht über den Wortlaut der Richtlinie hinaus. Wenn kein Betriebsrat besteht, sind die Gewerkschaften zu den ar-

beitnehmerrelevanten Fragen zur Arbeitszeit, Berufsbildung und (zeitweisen) Stilllegung zu informieren und zu konsultieren.

- Beide Arbeitnehmervertretungen können nach vorheriger Ankündigung Betriebsversammlungen während der Arbeitszeit einberufen. Diese dürfen die wesentlichen Arbeitsabläufe nicht beeinträchtigen und in ihrem jährlichen Gesamtumfang nicht mehr als 15 Arbeitsstunden umfassen.
- Eine Unternehmensmitbestimmung ist in der Verfassung (lediglich) für den öffentlichen Sektor vorgesehen, tatsächlich aber nicht einmal dort implementiert.

VI. Italien[1602]

1. Übersicht

Italien verfügt weder über eine betriebliche Arbeitnehmerbeteiligung im engen Sinn, noch über eine Unternehmensmitbestimmung. Die Interessen der Belegschaften werden ausschließlich durch Gewerkschaftsrepräsentanzen auf betrieblicher Ebene vertreten. Deren Vertretungsanspruch ist allerdings universell und unabhängig von der Mitgliedschaft in einer Gewerkschaft.

2. Hintergrund

Bereits der Gedanke der Arbeitnehmerbeteiligung konnte in Italien nie wirklich Fuß fassen. Zurückzuführen ist dies auf einen traditionell auf Konflikt, Konfrontation und gegenseitiges Misstrauen angelegten Umgang unter den Sozialpartnern[1603] sowie einer generell skeptischen Haltung gegenüber gesetzlichen Regelungen im Bereich der Arbeitnehmerbeteiligung. Das Augenmerk lag statt dessen stets auf Tarifverhandlungen. Auch heutzutage spielen gesetzliche Regelungen im Bereich der Arbeitnehmerbeteiligung immer noch eine weit untergeordnete Rolle. Konstatiert

---

1602 *Taylor*, Überblick, S. 75; *Ilossi*, Country Report Italy, S. 61ff.; *Fulton*, ETUI-IT-Betriebliche Interessenvertretung, ETUI-IT-Unternehmensmitbestimmung sowie ETUI-IT-Europäische Interessenvertretung (ETUI-IT-BI, ETUI-IT-MB, ETUI-IT-EI) unter http://www.worker-participation.eu/National-Industrial-Relations/Countries/Italy; *Pedersini, ITALY Industrial relations profile* (z.T. 18.04.2013), bei Eiro online unter http://www.eurofound.europa.eu/eiro/country/italy.htm (englisch).

1603 Vgl. *Pallini, Italy: EIRO CAR on „The effect of the Information and Consultation Directive on Industrial Relations in the EU Member States five years after its transposition“* (19.01.2011), unter http://www.eurofound.europa.eu/eiro/studies/tn1009029s/it1009029q.htm (englisch); *Van het Kaar*, ECL 2009, S. 58.

wird ein *„voluntaristischer Ansatz“*.[1604] Dementsprechend gibt es nur wenige allgemeine Vorgaben.

Schon die betrieblichen Beteiligungsstrukturen wurden vergleichsweise spät etabliert und sind auch dann nur minimal ausgestaltet worden. Das Arbeitnehmerstatut, das eine gewerkschaftliche Vertretung in Betrieben mit mehr als 15 Beschäftigten vorsieht, wurde erst im Jahr 1970 eingeführt. Die Gewerkschaften erhielten hierdurch zwar bestimmte Rechte zur Unterrichtung und Anhörung, das Gesetz sieht aber kein bestimmtes Modell wie etwa den deutschen Betriebsrat vor und enthielt zudem keine Regeln darüber, wie die entsprechenden Vertreter ausgewählt werden sollten.

Dieses Problem verschärft sich angesichts der Umstände. Tatsächlich besteht eine Vielzahl unterschiedlicher, teils kleinster Gewerkschaften, die untereinander in einem starken Wettbewerb standen (und stehen). Auch innerhalb der Organisationen existieren stark gegensätzliche Positionen. Insgesamt erweist sich die Gewerkschaftslandschaft in Italien als zunehmend zersplittert. Die faktische Umsetzung des Arbeitnehmerstatuts blieb so hinter den Erwartungen zurück.

Schon die Verfassung garantiert die allgemeine Gewerkschaftsfreiheit (*Libertà sindacale)*.[1605] In der Regel existieren darum in einem einzelnen Unternehmen auch gleich mehrere Gewerkschaften.

Es gibt drei große italienische Gewerkschaftsbünde. *CGIL – Confederazione Generale Italiana del Lavoro* (Allgemeiner italienischer Gewerkschaftsbund, ursprünglich kommunistisch), *CISL – Confederazione Italiana Sindacati Lavoratori* (Allgemeiner italienischer Arbeitergewerkschaftsbund, ursprünglich christdemokratisch) und *UIL – Unione del Lavoro* (Arbeitsunion, ursprünglich sozialistisch; die politischen Zuordnungen gelten heute nur noch eingeschränkt). Nach Eigenangaben hat die *CGIL* 5,7 Mio. Mitglieder, die *CISL* 4,3 Mio. und die *UIL* 2,1 Mio. Berücksichtigt man jedoch ausschließlich die aktuell Erwerbstätigen liegen die jeweiligen Werte ca. bei 2,7 Mio., 2,3 Mio. und 1,8 Mio. Mitgliedern. Bemerkenswert sind die jeweiligen Verteilungen. Nach Daten der staatlichen Agentur *ARAN* von 2008 lag der Organisationsgrad im öffentlichen Sektor bei 50%. Hiervon waren 80% bei den drei „großen“ Gewerkschaftsbünden, die übrigen 20% in mehr als 700 einzelnen Gewerkschaften organisiert. 11,5% hiervon hatten nur ein einziges Mitglied. 2010 lag der Netto-Organisationsgrad ohne Rentner bei 36,5%.

Den Gewerkschaften gegenüber stehen vor allem *Confederazione Generale dell'Industria Italiana – Confindustria*, nach Eigenangaben im Jahr 2012 mit ca. 150.000 Mitgliedsunternehmen, die insgesamt ca. 5,5 Mio. Arbeitnehmer beschäftigten, und der Verband der Kleinen und Mittleren Unternehmen *Confederazione Italiana della Piccola e Media Industria Privata – Confapi*, mit nach Eigenangaben ca. 120.000 vertretenen Unternehmen, die 2012 ca. 2,3 Mio. Arbeitnehmer beschäftigten. Daneben bestehen je nach Sektor und Unternehmensgröße diverse andere Verbände. Auch hier gilt, dass die jeweiligen Vereinigungen traditionell auch verschiedenen politischen Spektren zugeordnet

---

1604 *Pedersini*, (oben Fn. 1602), Abschnitt *Legal context*.

1605 Art. 39 *Costituzione della Repubblica italiana*; in einer offiziellen deutschen Übersetzung abrufbar auf den Webseiten der *Regione Autonoma Trentino-Alto Aldige*/Südtirol unter http://www.regione.taa.it/normativa/costituzione.pdf (Stand 2002).

werden können. In den letzten Jahren haben sich diese Verbindungen jedoch zunehmend gelöst. Insgesamt sind 58% der italienischen Arbeitgeber in Verbänden organisiert.[1606]

Angesichts dieser eher unbefriedigenden Situation einigten sich *CGIL, CISL* und *UIL* darum Anfang der 1990er Jahre auf die Einrichtung eines neuen einheitlichen Vertretungsgremiums, das jeweils alle im Betrieb vertretenen Gewerkschaften repräsentiert, die *Rappresentanza Sindacale Unitaria, R.S.U.*, übersetzt meist „Einheitliche Gewerkschaftsvertretung“. Die Mitglieder dieses Gremiums werden teils von den Belegschaften und teils von den Gewerkschaften bestellt. Diese Grundstruktur wurde im Juli 1993 allseits akzeptiert und noch im selben Jahr im Wege einer Gewerkschaftsvereinbarung für den Privatsektor festgelegt.[1607]

Das Abkommen soll grundsätzlich reformiert werden, der diesbezügliche Vorschlag vom Juli 2009 wurde jedoch von der *CGIL* abgelehnt.[1608]

Dessen ungeachtet sind aber selbst die *R.S.U.* weder allgemein akzeptiert noch in allen Betrieben vorhanden; in bestimmten Branchen wie Banken und Versicherungen sind sie sogar außerordentlich selten.

Auch die Unternehmensmitbestimmung stieß und stößt auf Vorbehalte. Verschiedene Versuche der italienischen Regierung, das Interesse an einem Mitbestimmungsmodell nach deutschem Vorbild zu fördern, haben keine nennenswerten Fortschritte erzielt.

Erst in jüngster Zeit sollen die Gewerkschaften einen offeneren und pragmatischeren Ansatz verfolgen, angeregt durch die Etablierung der SE im nationalen Recht.[1609]

Zuletzt hatte die Regierung *Monti* im Juni 2012 ein Gesetz erlassen, nach dem es für dualistisch organisierte Aktiengesellschaften mit mehr als 300 Beschäftigten auf freiwilliger Basis möglich sein sollte, eine Mitbestimmung im Aufsichtsrat zu etablieren. Die Durchführung dieser Maßnahme hing jedoch von der Verabschiedung eines weiteren Gesetzes ab.[1610] Soweit ersichtlich ist es hierzu nicht gekommen.

1606 Vgl. Darstellungen bei *Fulton*, Abschnitt *Trade Union* und *Perdersini*, Abschnitt *Main Actors* (beide oben Fn. 1602).

1607 *Accordo Interconfederale per la costituzione delle rappresentanze unitarie*/Spitzenabkommen der Kollektivvertragsparteien vom 01.12.1993. Eine Vereinbarung für den öffentlichen Sektor folgte 1994, hier kam es 1997 auch zu einer gesetzlichen Regelung.

1608 Vgl. *Perdersini/Coletto, Path to reform of 1993 collective bargaining agreement* (21.07.2009), unter http://www.eurofound.europa.eu/eiro/2009/04/articles/it0904029i.htm (englisch).

1609 *Taylor*, Überblick, S. 75.

1610 *Legge 28 giugno 2012, n. 92, Disposizioni in materia di riforma del mercato del lavoro in una prospettiva di crescita. (12G0115)*, nach dem Initiator auch *Legge Fornero* genannt, hier Nr. 62, insbes. Buchstabe f); ETUI-IT-MB, S. 1.

Der mittlerweile amtierende Ministerpräsident *Renzi* hat sich zumindest vor seinem Amtsantritt als Regierungschef u.a. für die Einführung einer Mitbestimmung in großen Unternehmen nach deutschem Vorbild ausgesprochen.[1611] Ob und inwiefern sich diese Pläne im Zuge der angekündigten Arbeitsmarktreformen tatsächlich umsetzen lassen werden, muss indes abgewartet werden.

3. Organisationsverfassung der Kapitalgesellschaften

Maßgebliche Rechtsquelle ist das italienische Zivilgesetzbuch, der *Codice Civile.* Hier sind im 5. Buch über das Arbeitsrecht im 5. Titel auch die Gesellschaften geregelt (*Libro quinto – Del lavoro – Titolo V – Delle società*).[1612]

Das Gesetz orientierte sich ursprünglich eng am französischen *Code Civil* und folgte daher dem monistischen System. Seit einer grundlegenden Reform im Jahr 2004 sind u.a. umfangreiche Wahlmöglichkeiten vorgesehen.

Die Aktiengesellschaft (*Società per azioni,* abgekürzt *S.p.a.*)[1613] verfügt traditionell über die Gesellschafterversammlung (*Assemblea*)[1614] und die geschäftsführenden Verwalter (*Amministratori*).[1615] Mehrere Personen bilden den Verwaltungsrat (*Consiglio di amministrazione*), ggf. kann ein „Vollzugsausschuss" (*Comitato esecutivo*) eingerichtet werden.[1616] Daneben verfügt sie auch über ein Kontrollorgan (*Collegio Sindiacale*).[1617] Dieses System ist auch heute noch möglich. Seit 2004 kann aber auf Satzungsgrundlage auch eine „moderne" dualistische oder eine monistische Organisationsform gewählt werden.[1618]

Im monistischen System sind Organe die Gesellschafterversammlung und der Verwaltungsrat, dem die Geschäftsführung obliegt (*Consiglio di amministra-*

1611 Vgl. z.B. *Renzi, Jobs Act,* bei der *Partito Democratico* unter http://www.partitodemocratico.it/doc/263807/jobs-act.htm (italienisch), allerdings sehr vage, die Mitbestimmung wird dort nur unter *Parte C,* Punkt 6 mit einem einzigen Satz erwähnt; dazu auch *NZZ, Problematische Arbeitsmarktreform von Matteo Renzi* (17.01.2014), unter http://www.nzz.ch/wirtschaft/wirtschafts-und-finanzportal/problematische-arbeitsmarktreform-von-matteo-renzi-1.18223063.

1612 Art. 2247 ff. itCC; *Regio Decreto 16 marzo 1942, n. 262 – Approvazione del testo del Codice civile – pubblicato nella edizione straordinaria della Gazzetta Ufficiale n. 79 del 4 aprile 1942. Testo coordinato ed aggiornato con le successive modifiche ed integrazioni,* im Folgenden *itCC.* Eine deutsche Übersetzung ist abrufbar bei der Autonomen Provinz Bozen unter http://www.provinz.bz.it/anwaltschaft/download/ProvBZ_ZGB_Fassung_Stand_24_11_2010_de.pdf.

1613 Art. 2325 ff. itCC.

1614 Art. 2363 ff. itCC.

1615 Art. 2380*bis* ff. itCC.

1616 Art. 2381 Abs. 2 itCC.

1617 Art. 2397 ff. itCC. Zu seinen Aufgaben vgl. Art. 2403 itCC, zu seinen Befugnissen vgl. Art. 2403*bis*, zur Haftung vgl. Art. 2407 itCC.

1618 6*bis*. Teil, Art. 2380 ff., hier Art. 2380 Abs. 2, §§ 5, 6 itCC.

zione).[1619] Daneben gibt es einen Ausschuss für die Kontrolle der Geschäftsführung, der u.a. die Angemessenheit der organisatorischen Struktur der Gesellschaft, das System der internen Kontrolle und das System der Verwaltung und Rechnungsprüfung überwacht (*Comitato per il controllo sulla gestione*).[1620]

Im dualistischen System[1621] bestehen die Gesellschafterversammlung, der Vorstand (*Consiglio di gestione*)[1622] und der Aufsichtsrat (*Consiglio di sorveglianza*). Letzterer setzt sich aus mindestens drei Mitgliedern zusammen, die auch Nichtgesellschafter sein können, und die von der Gesellschafterversammlung für drei Jahre bestimmt werden.[1623] Zu seinen Aufgaben gehören neben der Bestellung und Abberufung der Vorstandsmitglieder die Überwachung der Rechtmäßigkeit und die der Effizienz des Unternehmens.[1624]

Mindestens „ein wirkliches Mitglied" („*un componente effettivo*") des Aufsichtsrats muss registrierter Rechnungsprüfer sein.[1625]

Auf die GmbH (*Società a responsabilità limitata*, abgekürzt *S.r.l.*)[1626] werden die Vorschriften über die AG grundsätzlich entsprechend angewendet, sofern nicht besondere Regeln bestehen. Die Geschäftsführung wird grundsätzlich durch einen oder mehrere Gesellschafter (*Soci*) wahrgenommen, wobei die näheren Bestimmungen der Satzung obliegen.[1627] Falls diese sich ausschweigt, gilt eine Gesamtgeschäftsführung. Mehrere Geschäftsführer zusammen bilden einen Verwaltungsrat.[1628] Sie werden von der Gesellschafterversammlung bestellt.[1629] Ein Aufsichtsrat ist nicht vorgesehen. Auch eine Einpersonen-*S.r.l.* ist möglich (*S.r.l. unipersonale*).[1630]

Das Mindestkapital für eine *S.p.a.* beträgt 120.000,– Euro, dasjenige für eine *S.r.l.* liegt bei 10.000 Euro,–. Bei beiden müssen bei Unterfertigung des Gründungsakts mindestens 25% bar eingebracht worden sein.[1631]

1619 Art. 2409*sexiesdecies* f. itCC; zu den anzuwendenden Vorschriften vgl. Art.2409*noviesdecies* itCC.

1620 Art. 2409*octiesdecies* Abs. 5 b) itCC; zu den anzuwendenden Vorschriften vgl. Abs. 6.

1621 Art. 2409*octies* ff. itCC.

1622 Art. 2409*novies* ff. itCC. Er besteht aus mindestens zwei Personen, die nicht Gesellschafter sein müssen. Auf den Vorstand finden grundsätzlich die Vorschriften über den Verwaltungsrat entsprechende Anwendung, Art. 2409*undecies* itCC.

1623 Art. 2364*bis*, 2409*duodecies* itCC.

1624 Vgl. Art. 2409*terdecies* f. itCC.

1625 Art. 2409*duodecies*, Abs. 4 itCC.

1626 Art. 2462ff. itCC.

1627 Art. 2475ff. itCC. Zur Haftung und Kontrolle durch die Gesellschafter vgl. Art. 2476 itCC.

1628 Art. 2475 Abs. 3 S. 1 itCC. Zur Vertretung vgl. Art. 2475*bis* itCC.

1629 Art. 2479ff., hier Art. 2479 Abs. 2 Nr. 2) itCC.

1630 Art. 2470 Abs. 4 itCC.

1631 Art. 2327, 2342 Abs. 2; 2463 Abs. 2 Nr. 4, 2464 Abs. 3 itCC.

Beide müssen sich im Handelsregister (*registro delle imprese*) eintragen lassen, um ihre Rechtsfähigkeit zu erlangen.[1632]

4. Arbeitnehmerbeteiligung

a) Betriebliche Interessenvertretung

aa) Voraussetzungen

Die Arbeitnehmerbeteiligung beruht auf dem so genannten Arbeitnehmerstatut, *Statuto dei Lavoratori*,[1633] in dem gewählte gewerkschaftliche Vertretungen auf betrieblicher Ebene vorgesehen sind. Flankiert wird es von insgesamt vier Vereinbarungen der drei größten italienischen Gewerkschaftsbünde aus den 1990er Jahren, in denen die jeweiligen Verfahren geregelt werden. Für den öffentlichen Sektor existieren seit 1997 auch gesetzliche Regelungen. Darüber hinausgehende ausformulierte Betriebsverfassungs- oder Arbeitsverfassungsgesetze bestehen nicht.

Nach dem Arbeitnehmerstatut kann auf Initiative der Arbeitnehmer in jedem Betrieb mit mehr als 15 Beschäftigten eine betriebliche Gewerkschaftsvertretung eingesetzt werden (*Rappresentanza Sindacale Aziendale, R.S.A.*). Unabhängig von diesem Schwellenwert besteht aber das generelle Recht, sich gewerkschaftlich zu betätigen und zusammenzuschließen,[1634] so dass in einem Unternehmen mitunter viele Mini-Gewerkschaften parallel etabliert werden, bisweilen auch als Einpersonen-Gewerkschaften.

Besteht in einem Betrieb mehr als eine Gewerkschaft, was faktisch der Regelfall ist, gibt es eine einheitliche Gewerkschaftsvertretung, die alle im Betrieb vertretenen Gewerkschaften repräsentiert (*Rappresentanza Sindacale Unitaria, R.S.U.*). Obwohl ihr Vertretungsanspruch universell ist, sind sie ihrem Selbstverständnis nach vor allen Dingen Gewerkschaftsausschüsse.

1632 Art. 2331, 2463 itCC.

1633 Offiziell *Legge 20 maggio 1970, n. 300, Norme sulla tutela della libertà e dignità dei lavoratori, della libertà sindacale e dell'attività sindacale nei luoghi di lavoro e norme sul collocamento/Gesetz vom 20.05.1970, Nr. 300; Bestimmungen zum Schutz der Freiheit und Würde der Arbeitnehmer, der Gewerkschaftsfreiheit und der gewerkschaftlichen Betätigung an den Arbeitsplätzen sowie Bestimmungen zur Arbeitsvermittlung*, im Folgenden *itSL*. Eine teilweise kommentierte deutsch-italienische Fassung ist abrufbar beim *Arbeitsförderungsinstitut – Istituto per la promozione dei lavoratori der Autonomen Provinz Bozen, AFI-IPL*, unter http://www.afi-ipl.org/files/de/handbuecher/arbeitnehmerstatut_2012.pdf. Die letzte maßgebliche Änderung erfolgte durch *Legge 28 giugno 2012, n. 92 – Disposizioni in materia di riforma del mercato del lavoro in una prospettiva di crescita* (12G0115) (etwa „Gesetz vom 28.062012 – Bestimmungen über die Reform des Arbeitsmarkts in einer Wachstumsperspektive"); die Änderungen betrafen hier v.a. die Flexibilisierung des Kündigungsrechts; vgl. Art. 28 itSL.

1634 Vgl. Art. 39 der Verfassung, Art 14 itSL.

Je nach Tarifvertrag finden mit ihnen auch Konsultationen statt. In der Regel erfolgen diese im Rahmen gemeinsamer paritätischer Ausschüsse von Arbeitgebern und Gewerkschaften. Diese Ausschüsse können auch auf sektoraler und nationaler Ebene bzw. in wechselnden Besetzungen eingerichtet werden. Sie beruhen aber nicht auf gesetzlichen Regelungen sondern auf einzelnen Vereinbarungen.[1635]

Formelle Aufgabe dieser Ausschüsse ist es, die Tarifverhandlungen fachlich zu unterstützen und den *„nicht konfrontativen Austausch zwischen beiden Seiten zu fördern"*, praktisch sollen sie sich aber hauptsächlich der Lösung spezifischer betrieblicher Probleme widmen.[1636]

Betriebsübergreifend können auf tarifvertraglicher Grundlage ggf. Koordinierungsgremien eingerichtet werden (*Organi di Coordinamento*).

Die Mitglieder eines solchen Gremiums werden dann von den *R.S.U.* entsandt, an den Sitzungen nehmen aber auch hauptamtliche Gewerkschaftsfunktionäre teil.[1637]

Zudem haben die Arbeitnehmer das Recht, sich während der Arbeitszeit bis zu zehn Stunden im Jahr sowie zudem außerhalb der Arbeitszeit zu versammeln *(Assemblea)*. Die Versammlungen werden ggf. durch die *R.S.U.* einberufen.[1638] Hier können die Beschäftigten ggf. unabhängig von einer Gewerkschaftszugehörigkeit an Entscheidungen über gewerkschaftliche oder tarifvertragliche Themen mitwirken. Der Arbeitgeber darf an diesen Versammlungen nicht teilnehmen.[1639]

Offizielle Statistiken zur Verbreitung werden nicht erhoben. Nach lokalen Beobachtungen wird geschätzt dass *„ca. 40% der Unternehmen"* über eine Gewerkschaftsvertretung verfügen, wobei vornehmlich Großunternehmen mit mehr als 100 Beschäftigten betroffen sein sollen.[1640]

bb) Größe und Zusammensetzung

Die jeweiligen Schwellenwerte wurden in den nationalen Vereinbarungen für den privaten und für den öffentlichen Sektor festgelegt, allerdings können auf Bran-

1635 Vgl. *Ilossi*, Country Report Italy, S. 63 f., 71 f.
1636 ETUI-IT-BI, S. 1 a.E.
1637 ETUI-IT-BI, S. 2; Art. 19 Abs. 2 itSL.
1638 Art. 20 itSL.
1639 Art. 28 itSL.
1640 ETUI-IT-BI, S. 1; *Pallini*, (oben Fn. 1603), ohne dies allerdings näher zu belegen.

chen- oder Betriebsebene andere Zahlen gelten. Grundsätzlich kann eine *R.S.U.* in allen Betrieben mit mehr als 15 Beschäftigten eingerichtet werden.[1641]

Sie besteht in Betrieben mit bis zu 200 Beschäftigten aus insgesamt drei Vertretern. In Betrieben von 200 bis 3.000 Beschäftigten sind es drei Vertreter für jeweils 300 Arbeitnehmer, in Betrieben über 3.000 Beschäftigte dann drei Vertreter für jeweils 500 Mitarbeiter.

Das Gremium setzt sich ausschließlich aus Arbeitnehmern zusammen. Von diesen werden zwei Drittel in geheimer Wahl über Listen von der Gesamtbelegschaft gewählt, wobei noch zwischen Arbeitern (*operai*) und Angestellten (*impiegati*) unterschieden wird.

Kandidaten können allerdings nur von den „befugten" Gewerkschaften vorgeschlagen werden. Das wiederum ist der Fall, wenn die betreffende Gewerkschaft das Abkommen zwischen den drei großen Gewerkschaftsbünden vom Juli 1993 unterzeichnet hat, oder wenn eine entsprechende Vereinbarung auf Branchenebene für das fragliche Unternehmen besteht, oder wenn sie eine formelle Satzung hat und von mindestens 5% der Belegschaft unterstützt wird.[1642] Das letzte Drittel der Gremiumsmitglieder wird von den drei großen Gewerkschaftsbünden und den anderen Gewerkschaften, die auf nationaler Ebene ein entsprechendes Branchenabkommen unterzeichnet haben, bestimmt. An der Wahl müssen mindestens 50% der Stimmberechtigten teilnehmen. Die Amtszeit beträgt drei Jahre.

Ungeachtet dieser Vorgaben soll es mittlerweile üblich sein, die gesamte *R.S.U.* zu wählen.[1643]

Die innere Organisation und Geschäftsordnung obliegt den Gewerkschaften, das Arbeitnehmerstatut schreibt kein bestimmtes Modell, etwa nach dem deutschen Betriebsrat, vor.

Ggf. werden in der Praxis für die Behandlung bestimmter Themen Unterausschüsse eingesetzt, in größeren Betrieben ist es üblich, einen Exekutivausschuss zu bilden, der die wichtigsten Entscheidungen trifft und anschließend die gesamte *R.S.U.* hierüber informiert.[1644]

1641 Vgl. Art. 19, 35 itSL, in landwirtschaftlichen Unternehmen liegt der Schwellenwert bei fünf Beschäftigten.

1642 ETUI-IT-BI, S. 1f., vgl. auch die entsprechende Übersicht beim Gewerkschaftsbund *UIL* unter http://www.uil.it/organizzazione/rsu3.htm (italienisch).

1643 *Andreaus/Tratter/Wörndle; Die Rechte der ArbeitnehmerInnen*, (Stand 01.12.2005), S. 105, unter http://www.afi-ipl.org/download/AFI-IPL_2006_Rechte_der_ArbeitnehmerInnen.pdf.

1644 ETUI-IT-BI, S. 1.

cc) Befugnisse

(1) Beteiligung

Hauptaufgabe des Gremiums *R.S.U.* ist es, mit dem Arbeitgeber auf betrieblicher Ebene zu verhandeln. Als Gewerkschaftsvertretung schließt das die Befugnis zu Tarifvereinbarungen ein. Ferner bestehen gesetzliche Unterrichtungs- und Anhörungsrechte bei Gesundheitsschutz und Sicherheit am Arbeitsplatz,[1645] Verwendung öffentlicher Mittel für Umstrukturierungen, Massenentlassungen und Unternehmensübertragungen. Weitere Anhörungs- und Konsultationsrechte, beispielsweise im Hinblick auf die Wirtschaftslage des Unternehmens, Investitionen, Änderung der Arbeitsmethoden oder die Personalplanung, können durch Tarifvertrag oder durch Betriebsvereinbarung vereinbart werden. Die entsprechenden Konsultationen finden dann oft in paritätisch besetzten Gremien statt.

Auch die Wahrnehmung der Rechte aus der Richtlinie 2002/14/EG über Unterrichtung und Anhörung obliegt den *R.S.U.* Inhaltlich geht das entsprechende Umsetzungsgesetz nicht über den Wortlaut der Richtlinie heraus und ermöglicht ein Verfahren der Information und Konsultation in allen italienischen Betrieben mit mindestens 50 Arbeitnehmern Das Umsetzungsgesetz übernimmt quasi direkt den Wortlaut der Richtlinie, ohne seinerseits Verfahren und Befugnisse näher zu definieren oder ihre Anwendung zu präzisieren.[1646]

Aufgrund der Anknüpfung an die *R.S.U.* können die Befugnisse aus der Richtlinie praktisch nur dort zum Tragen kommen, wo überhaupt eine gewerkschaftliche Vertretungsform existiert, was längst nicht in allen Betrieben oberhalb des Schwellenwerts der Fall ist. Selbst dort sollen durch die Umsetzung nur außerordentlich selten substantielle Rechte zu denjenigen hinzugekommen sein, die die Gewerkschaftsvertretungen ohnehin schon ausübten. Der Gesamteffekt der Richtlinie wird daher aufgrund der dargestellten Unzulänglichkeiten als *„dürftig und enttäuschend“* bewertet.[1647]

---

(2) Ausstattung und Kündigungsschutz

Es besteht ein gesetzlicher Anspruch auf Freistellung. Dieser liegt in Betrieben mit weniger als 200 Beschäftigten für das Gesamtgremium bei einer Stunde je Arbeit-

---

1645 Vgl. Art. 9 itSL i.V.m. dem Gesetzesvertretenden Dekret Nr. 626 aus dem Jahr 1994 für die gewerkschaftliche Tätigkeit im Betrieb.

1646 Vgl. Art. 1 Abs. 2; 2 Abs. 1 d); 3 Abs.1; 4 Abs. 5 b) *Decreto Legislativo Attuazione della direttiva 2002/14/CE che istituisce un quadro generale relativo all'informazione e alla consultazione dei lavoratori* vom 19.01.2007, unter http://www.governo.it/Governo/Provvedimenti/testo_int.asp?d=30517 (italienisch). Bis März 2008 waren nur Unternehmen mit mehr als 100 Beschäftigten erfasst, mittlerweile liegt der Schwellenwert bei mindestens 50 Arbeitnehmern.

1647 *Pallini,* (oben Fn. 1603).

nehmer und Jahr, in Unternehmen mit weniger als 3.000 Arbeitnehmern bei acht Stunden pro Monat je 300 Arbeitnehmer, darüber bei acht Stunden für jeweils 500 Arbeitnehmer. Zudem haben die Arbeitnehmervertreter ein Recht auf jährlich acht Tage unbezahlte Freistellung, um an Gewerkschaftsaktivitäten teilzunehmen. Praktisch werden die Freistellungen unter den Gremiumsmitgliedern so verteilt, dass die führenden Mitglieder in größerem Umfang von der üblichen Arbeit befreit sind, als die anderen.[1648]

In Betrieben mit mehr als 200 Beschäftigten muss der *R.S.U.* vom Arbeitgeber ein Büro zur Verfügung gestellt werden. Externe Sachverständige können vom Gremium nur herangezogen werden, wenn dies im Branchentarifvertrag vereinbart wurde.[1649]

Nach dem Arbeitnehmerstatut dürfen die Gewerkschaftsvertreter nicht diskriminiert werden.[1650]

dd) Vertretung auf supranationaler Ebene

Die italienischen Mitglieder eines Besonderen Verhandlungsgremiums für den EBR bzw. die SE (*delegazione speciale di negoziazione*) werden von den Gewerkschaften bestellt bzw. bestellt oder gewählt, die für das fragliche Unternehmen eine Branchenvereinbarung getroffen haben, bei Bestehen auch von der *R.S.U.*

Fehlt eine solche, vereinbaren die Gewerkschaften und die Unternehmensleitung ein besonderes Verfahren für die Auswahl der jeweiligen Personen. Bei der SE können auch unternehmensexterne Gewerkschaftsvertreter in das Besondere Verhandlungsgremium entsendet werden. Die italienischen Mitglieder eines SE-Betriebsrats nach der Auffangregelung werden nach dem selben Verfahren gewählt wie die Mitglieder der *R.S.U.* Für etwaige Arbeitnehmervertreter im Leitungsgremium nach Auffangregelung entscheidet das Vertretungsorgan der SE selbst über das Auswahlverfahren.[1651]

1648 Art. 23 f. itSL.

1649 Art. 27 itSL; ETUI-IT-BI, S. 2.

1650 Art. 15, insbes. Buchstabe b), 28 itSL. Zur Kündigung vgl. grundsätzlich Art. 18 itSL.

1651 ETUI-IT-EI, S. 1; zum EBR vgl. Art. 5 ff. *Decreto Legislativo 2 aprile 2002, n. 74*/Gesetzesvertretendes Dekret Nr. 74 vom 2. April 2002, (*Attuazione della direttiva del Consiglio del 22 settembre 1994, 94/45/CE, relativa all'istituzione di un comitato aziendale europeo o di una procedura per l'informazione e la consultazione dei lavoratori nelle imprese e nei gruppi di imprese di dimensioni comunitarie*). Zur SE vgl. Art. 3; *Allegato I Decreto Legislativo 19 agosto 2005, n. 188*/Gesetzesvertretendes Dekret Nr. 188 vom 19. August 2005 (*Attuazione della direttiva 2001/86/CE che completa lo statuto della società europea per quanto riguarda il coinvolgimento dei lavoratori).*

b) Unternehmensmitbestimmung

aa) Grundlagen

Eine Unternehmensmitbestimmung ist in Italien grundsätzlich bislang nicht vorgesehen. Sie kann derzeit allenfalls auf tarifvertraglicher Grundlage eingeführt werden, was bislang tatsächlich nur in Einzelfällen vorgekommen sein soll.[1652]

Die erwähnenswerte Ausnahme bilden einige ehemalige Staatsunternehmen, die im Laufe ihres jeweiligen Privatisierungsprozesses teilweise arbeitnehmermitbestimmt waren. Beispielsweise saßen zwischenzeitlich jeweils ein Vertreter der Angestellten und einer der Arbeiter im Verwaltungsrat des Erdöl- und Energiekonzerns *ENI S.p.a.;* bei der italienischen Post wurden von insgesamt 15 Verwaltungsratsmitgliedern vier von den Arbeitnehmern gestellt.

Insgesamt kann man also wohl schon von Exoten sprechen. Dessen ungeachtet begegneten die Gewerkschaften selbst diesen Minderheitsrepräsentanzen im Hinblick auf Wirksamkeit und Opportunität mit einer generellen Skepsis. Die Rolle der Arbeitnehmervertreter erschien weder als hinreichend klar abgegrenzt noch als besonders effektiv. Daher verließen in mehreren Fällen die Arbeitnehmervertreter die Leitungsgremien wieder, nachdem entsprechende Gewerkschaftsbeschlüsse gefasst worden waren.[1653]

bb) Aktuell

Zuletzt hatte die Regierung *Monti* im Juni 2012 ein Gesetz erlassen, nach dem es ggf. auf verschiedenen Ebenen zu einer Ausweitung der Arbeitnehmerbeteiligung hätte kommen können. Unter anderem sollte es für dualistisch organisierte Aktiengesellschaften und SE mit jeweils mehr als 300 Beschäftigten auf freiwilliger Basis möglich werden, eine Mitbestimmung im Aufsichtsrat zu etablieren. Die Arbeitnehmervertreter hätten über die gleichen Rechte und Pflichten wie die übrigen Mitglieder des Gremiums verfügen sollen, inklusive des Stimmrechts.[1654]

1652 ETUI-IT-MB, S. 1, freilich ohne nähere Angaben; *Ilossi*, Country Report Italy, S. 67 f., nennt als Belege *Electrolux-Zanussi* und *ENI*, führt aber als Ergebnis dieser Vereinbarungen lediglich paritätische Kommissionen auf betrieblicher und überbetrieblicher Ebene an, deren Aufgaben in den Bereichen Sicherheit und Umwelt, Produktionsorganisation, Weiterbildung, Konfliktlösung und Gleichberechtigung bzw. allgemeiner „vorheriger Information, Anhörung und Erprobung neuer Modelle der Arbeitnehmerbeteiligung" liegen. Eine Mitbestimmung auf Leitungsebene im eigentlichen Sinn wird dort hingegen gerade nicht erwähnt.

1653 *Ilossi*, Country Report Italy, S. 65 f.

1654 *Legge 28 giugno 2012, n. 92, Disposizioni in materia di riforma del mercato del lavoro in una prospettiva di crescita. (12G0115) (GU n.153 del 3-7-2012 – Suppl. Ordinario n. 136)* [*GU = Gazzetta Ufficiale (della Repubblica Italiana)*, das italienische Amtsblatt], nach dem Initiator auch *Legge Fornero* genannt, hier Nr. 62, insbes. Buchstabe f). Erwähnt werden dort die *società per azioni* und die

Die Durchführung dieser Maßnahme hing jedoch von der Verabschiedung eines weiteren Gesetzes ab.[1655] Soweit ersichtlich ist es dazu bislang nicht gekommen.

5. Zusammenfassung

- Italien vertritt das monistische Modell, die Aktiengesellschaft kann sich wahlweise auch dualistisch organisieren und verfügt über weitere Gestaltungsmöglichkeiten. Eine Arbeitnehmerbeteiligung im engeren Sinne ist auf beiden Ebenen unbekannt, selbst bei staatlichen Unternehmen. Auf betrieblicher Ebene sind allerdings gewerkschaftliche Vertretungen möglich, deren Anspruch die Interessenwahrnehmung der Gesamtbelegschaft ist. Sind in einem Betrieb mit mehr als 15 Beschäftigten mehrere Gewerkschaften vertreten, wird eine einheitliche Gewerkschaftsvertretung gebildet, sog. *Rappresentanza Sindacale Unitaria, R.S.U.* Diese organisiert sich weitgehend selbst. Sie verfügt über einige begrenzte Informations- und Konsultationsrechte, nicht aber über Mitbestimmungsbefugnisse.
- In Italien besteht Gewerkschaftsfreiheit, Einpersonen-Gewerkschaften sind weit verbreitet. In jedem Betrieb mit mehr als 15 Beschäftigten kann eine betriebliche Gewerkschaftsvertretung eingesetzt werden. Falls in einem Betrieb mehr als eine Gewerkschaft existiert, was faktisch der Regelfall ist, kommt es zur Bildung einer *R.S.U.* Betriebsübergreifend sind auf tarifvertraglicher Grundlage Koordinierungsgremien möglich.
- Die *R.S.U.* besteht in Betrieben mit bis zu 200 Beschäftigten aus insgesamt drei Vertretern. In Betrieben von 200 bis 3.000 Beschäftigten sind es drei Vertreter für jeweils 300 Arbeitnehmer, in Betrieben über 3.000 Beschäftigte dann drei Vertreter für jeweils 500 Mitarbeiter. Sie setzt sich ausschließlich aus Arbeitnehmern zusammen. Zwei Drittel ihrer Mitglieder werden von der Gesamtbelegschaft in geheimer Wahl über Kandidatenlisten für drei Jahre gewählt, das letzte Drittel von den Gewerkschaften bestellt. Vorschlagsberechtigt sind die Gewerkschaften, wobei bestimmte Einzelanforderungen bestehen.
- Die *R.S.U.* verhandelt mit dem Arbeitgeber auf betrieblicher Ebene und hat die Befugnis zu Tarifvereinbarungen. Daneben bestehen gesetzliche Unterrichtungs-

società europea, die in Übereinstimmung mit Art. 2409*octies* bis 2409*quaterdecies* itCC über einen Vorstand und einen Aufsichtsrat verfügen.

1655 *Legge 28 giugno 2012, n. 92*, Nr. 62, Einleitung. Demnach wäre die Regierung binnen neun Monaten nach Inkrafttreten dieses Gesetzes berechtigt gewesen, auf Vorschlag des Ministers für Arbeit und Sozialpolitik ein oder mehrere Gesetzesersetzende Dekrete (*decreti legislativi*) zur Förderung verschiedener Formen der Arbeitnehmerbeteiligung zu erlassen, die letztlich durch Tarifvertrag in den Unternehmen umgesetzt worden wäre.

und Anhörungsrechte bei Gesundheitsschutz und Sicherheit am Arbeitsplatz, Verwendung öffentlicher Mittel für Umstrukturierungen, Massenentlassungen und Unternehmensübertragungen. Weitere Anhörungsrechte, beispielsweise zur Wirtschaftslage des Unternehmens und der Personalplanung, können durch Tarifvertrag vereinbart werden. Die *R.S.U.* nehmen auch die Rechte aus der Unterrichtungs- und Anhörungsrichtlinie wahr. Möglich sind zudem Betriebsversammlungen, die während der Arbeitszeit bis zu zehn Stunden im Jahr betragen können.

- Eine Unternehmensmitbestimmung ist in Italien unbekannt. Sie kann allenfalls auf tarifvertraglicher Grundlage eingeführt werden und kommt praktisch nicht vor. Bestrebungen zu ihrer Einführung vom Juni 2012 verliefen letztlich im Sand.

VII. Griechenland[1656]

1. Übersicht

Griechenland kennt im privaten Sektor keinerlei Unternehmensmitbestimmung. Auch betriebliche Vertretungen sind nur in beschränktem Maße vorhanden. Die (außerordentlich begrenzten) Rechte auf Unterrichtung und Anhörung werden ggf. namentlich von den Gewerkschaften auf Betriebsebene wahrgenommen. Betriebsräte sind gesetzlich zwar möglich, praktisch aber überaus selten.

2. Hintergrund

Die griechische Wirtschaft ist traditionell – insbesondere im industriellen Bereich – von KMU und einer großen Zahl von Selbständigen geprägt. Bereits deshalb erweist sich der „Nährboden" für kollektive Vertretungen der Arbeitnehmer als deutlich reduzierter als in anderen Staaten. Schon allgemein bestand in den griechischen Unternehmen *„keinerlei Interesse an der Einrichtung von Formen der Corporate Governance, die ihrer Ansicht nach für ihre Geschäftstätigkeit ohnehin irrelevant waren"*.[1657]

1656 *Taylor,* Überblick, S.73; *Ioannou,* Country Report Greece, S. 49 ff.; *Fulton,* ETUI-GR-Betriebliche Interessenvertretung, ETUI-GR-Unternehmensmitbestimmung sowie ETUI-GR-Europäische Interessenvertretung (ETUI-GR-BI, ETUI-GR-MB, ETUI-GR-EI) unter http://www.worker-participation.eu/National-Industrial-Relations/Countries/Greece; *Stamati, Greece: Industrial relations profile* (z.T. 18.04.2013), bei Eiro online unter http://www.eurofound.europa.eu/eiro/country/greece.htm (englisch).

1657 *Taylor,* (oben Fn. 1656), ebd.

Hinzu kommt, dass auch in Griechenland die Beziehungen zwischen den Sozialpartnern traditionell eher von Konfrontationen als vom Konsens bestimmt sind. Auch das politische Klima, geprägt von Instabilitäten und drei Diktaturen alleine im 20. Jahrhundert, war nicht geeignet, ausgefeilte Formen des sozialen mitbestimmten Dialogs zu entwickeln.

Erst seit 1982 verfügen die Gewerkschaften über gesetzliche Informations- und Konsultationsrechte. Verhandlungsbefugnisse kamen aber erst 1990 hinzu, obwohl sie bereits in der griechischen Verfassung von 1975 erwähnt werden. Betriebsräte wurden erstmals durch ein Gesetz von 1988 ermöglicht. Sie können seitdem neben den lokalen Gewerkschaftsvertretungen eingerichtet werden. Praktisch sind sie außerhalb der größeren (gewerkschaftlich organisierten) Unternehmen sehr selten. Neben Gewerkschaft und Betriebsrat gibt es ggf. noch Vertreter bzw. Ausschüsse für Gesundheitsschutz und Sicherheit am Arbeitsplatz.

Faktisch existieren Beteiligungsformen nur im öffentlichen Sektor, da nur dort die Gewerkschaften hinreichend stark vertreten sind.

Der gewerkschaftliche Organisationsgrad wird je nach Quelle mit 16% bis 28% angegeben, wobei der Schwerpunkt aber jedenfalls im öffentlichen Bereich liegt. Im Privatsektor wird ein Wert von 18% genannt.

Im Wesentlichen gibt es auf nationaler Ebene nur zwei Gewerkschaftsbünde, zum einen die „Allgemeine Konföderation der griechischen Arbeiter" – *GSEE* (*Γενική Συνομοσπονδία Εργατών Ελλάδας/ Genik̲í Synomospondía Ergato̲n Ellády*), zum anderen das „Höchste Exekutivkomitee der Arbeitnehmer im Öffentlichen Dienst" – *ADEDY* (*Ανώτατη Διοίκηση Ενώσεων Δημοσίων Υπαλλήλων/Ano̲tati̲ Dioík̲isi̲ Eno̲seo̲n Di̲mosío̲n Ypall̲ílo̲n*). Die *GSEE* hat nach Eigenangaben ca. 472.000 Mitglieder, das *ADEDY* ca. 311.000, nach den Wahlergebnissen ergibt sich eine Gesamtzahl von ca. 650.000 Gewerkschaftsmitgliedern. Insgesamt ist das Gewerkschaftswesen jedoch ungemein zersplittert und parteipolarisiert, auf lokaler Ebene sollen 3.400 bis 4.000 Einzelgewerkschaften existieren.[1658]

Gleichzeitig sind die Gewerkschaften jedoch außerordentlich zurückhaltend, ihrerseits die Gründung von Betriebsräten zu forcieren und sich so gewissermaßen eine eigene Konkurrenz zu schaffen.

Nach lokalen Beobachtern stellt sich die betriebliche Arbeitnehmerbeteiligung daher als *„insgesamt unzureichend"* dar.[1659]

Eine Unternehmensmitbestimmung wurde erst 1981 gesetzlich geregelt. Sie erfasste aber nur staatlich kontrollierte Unternehmen und die Versorgungsunternehmen des öffentlichen Sektors. Die betreffenden Gesetze wurden 1996 novelliert und flexibilisiert und in ihrem Anwendungsbereich auf die Unternehmen beschränkt, die immer

---

1658 Vgl. Darstellungen bei *Fulton*, Abschnitt *Trade Union*, und *Stamati*, Abschnitt *Trade Unions* (beide oben Fn. 1656).

1659 *Stamati*, (oben Fn. 1656), Abschnitt *Workplace representation;* vgl. auch *Schulten/Zagelmeyer*, EIRO 1998, S. 18.

noch mehrheitlich durch den Staat kontrolliert werden. Für den Privatsektor wurde eine solche Beteiligung aber niemals diskutiert.

Aktuell: Angesichts der immer noch bestehenden Auswirkungen der Wirtschafts- und Finanzkrise sind die weitere Deregulierung und die Privatisierung des öffentlichen Sektors erklärte Aufgaben der aktuellen griechischen Innenpolitik. Die ohnehin geringe Bedeutung der Unternehmensmitbestimmung dürfte hierdurch weiter abnehmen. In letzter Zeit kam es hier zu verschiedenen gesetzgeberischen Aktivitäten. Aus Beteiligungssicht bedeutendste Entwicklung in diesem Zusammenhang ist wohl das Gesetz *4024/2011*, das verschiedene Neuerungen und Flexibilisierungen für Tarifvereinbarungen auf Unternehmensebene vorsieht. Insbesondere können diese nun leichter, mit kürzeren Laufzeiten, individueller Reichweite und auch direkt zwischen Arbeitgebern und Arbeitnehmern geschlossen werden.[1660]

3. Organisationsverfassung der Kapitalgesellschaften

Die griechischen Gesellschaftsformen sind in Einzelgesetzen geregelt, die jeweiligen Kapitalgesellschaften sind monistisch organisiert. Insgesamt sind die Regelungen zum Zivil- und zum Handelsrecht stark vom deutschen und vom französischen Recht beeinflusst.[1661]

Die Aktiengesellschaft (*Ανώνυμη Εταιρεία/Anonimi Eteria*, abgekürzt *A.E.*)[1662] kann durch eine oder mehrere natürliche oder juristische Personen gegründet werden. Ihre Organe sind die Hauptversammlung (*γενική συνέλευση/genikí synélefsi*) und der Verwaltungsrat (*διοικητικό συμβούλιο/dioikitikó symvoúlio*). Letzterer be-

1660 *Stamati*, (oben Fn. 1656), Abschnitt *Legal context*. Knapp auch *International Labour Office – Report on the High Level Mission to Greece* (Athen, 19.–23.09.2011), hier S. 14f.; Text unter http://www.ilo.org/wcmsp5/groups/public/@ed_norm/@normes/documents/missionreport/wcms_170433.pdf; zu den neueren Entwicklungen und Anpassungen vgl. *Lampousaki, Union opposes changes in collective labour legislation* (29.07.2013) unter http://www.eurofound.europa.eu/eiro/2013/03/articles/gr1303019i.htm (beide englisch).

1661 Vgl. *Ioannou*, Country Report Greece, S. 50. Für einen Überblick vgl. die Zusammenstellungen von *Mouratidou*, Länderbericht Griechenland in: Notarius International 2/2001, S. 94ff., insbesondere S. 101ff., unter http://212.63.69.85/Database/2001/notarius_2001_02_094_de.pdf sowie der Wirtschaftsprüfungsgesellschaft *Prooptiki Ltd., Business in Greece* (Stand September 2010), S. 18ff., unter http://www.prooptikiltd.gr/Portals/0/documents/Business%20in%20GR-%20Short%20A5%20%2810-Sep-10%29.pdf (englisch).

1662 *Νόμος 2190/1920 Περί Ανωνύμων Εταιρειών/Nomos 2190/1920 Peri Anonymon Etairireion;* etwa „Gesetz Nr. 2190/1920 über die Aktiengesellschaft“, *Φ.Ε.Κ./FEK* [= *Φύλο Εφημερίδας Κυβέρνησης/Filo Efimeridas Kyvérnisis*, das griechische Amtsblatt] A' 216/19.09.1920. Der Gesetzestext findet sich u.a. bei http://www.1924.gr/downloads/N2190_1920.pdf (Stand 2007). Vgl. hier Art. 1 Abs. 3 (Einpersonengesellschaft), Art. 4 (Gründung), Art. 6 (Sitz), Art. 18ff. (Verwaltungsrat, zur Zuständigkeit vgl. Art. 22, zur Haftung vgl. Art. 22a), Art. 25ff. (Hauptversammlung, zur Zuständigkeit vgl. Art. 34).

steht aus mindestens drei Mitgliedern, die durch die Hauptversammlung für höchstens sechs Jahre bestellt werden. Möglich ist auch die Ernennung von Nichtgesellschaftern oder von juristischen Personen. Innerhalb des Verwaltungsrats werden die exekutiven und die nicht-exekutiven Mitglieder unterschieden; nach diesen Positionen und dem individuellen Aufgabenbereich bemisst sich ggf. auch die Haftung. Dem Verwaltungsratsvorsitzenden kann ggf. ein entscheidendes Stimmrecht eingeräumt werden.[1663]

Eine GmbH (*εταιρεία περιορισμένης ευθύνης/Eteria Periorismenis Efthinis*, abgekürzt *Ε.Π.Ε./E.P.E.*)[1664] kann ebenfalls durch eine oder mehrere natürliche oder juristische Personen gegründet werden. Die Einmann-GmbH wird dann als *Monoprosopi Eteria Periorismenis Efthinis* bezeichnet. Entscheidendes Organ ist die Gesellschafterversammlung (*συνέλευση των εταίρων/synelefsi ton eteron*). Die Führung der Angelegenheiten und die Vertretung der Gesellschaft obliegt grundsätzlich gemeinsam allen Gesellschaftern (*εταίρος*; Plural: *εταίροι/eteros* bzw. *eteri*). Sie kann aber für bestimmte oder unbestimmte Zeit einem oder mehreren Geschäftsführern angetragen werden (*διαχειριστής/diachiristis*). Hier ist auch die Ernennung von Nichtgesellschaftern möglich.

Für beide Rechtsformen gelten umfangreiche Registrierungs- und Publikationspflichten, erst die abschließende Veröffentlichung in der jeweiligen Abteilung des Regierungsanzeigers wirkt konstitutiv.[1665]

Das Mindestkapital für eine *A.E.* lag grundsätzlich bei 60.000,– Euro, Ende 2012 wurde es auf grundsätzlich 24.000,– Euro herabgesetzt.[1666] Es kann aber, je nach Einzelgesetzen, in bestimmten Fällen auch signifikant höher sein (z.B. bei Banken, Factoringgesellschaften, Exportgesellschaften, Aktiengesellschaften, die aus Fusio-

1663 Zur Corporate Governance, Vergütung des Verwaltungsrats und Audit vgl. Art. 2ff., 5 und 7ff. Gesetz 3016/2002, in einer inoffiziellen englischen Übersetzung abrufbar unter http://www.bankofgreece.gr/BogDocumentEn/Law_3016 17.5.2002 On_corporate_governance,board_remuneration_and_other_issues.pdf (englisch).

1664 *Νόμος 3190/1955 Περί Εταιρειών Περιορισμένης Ευθύνης/Nomos 3190/1955 Peri Etaireion Periorismenis Eythynis*, etwa „Gesetz Nr. 3190/1955 über Gesellschaften mit beschränkter Haftung", griechisches Amtsblatt *Φύλλο Εφημερίδας Κυβέρνησης/Filo Efimeridas Kyvérnisis; Φ.Ε.Κ./FEK* A' 91/16.04.1955. Der Gesetzestext ist im Original abrufbar unter http://nomothesia.ependyseis.gr/eu-law/getFile/%CE%9D+3190+1955.pdf?bodyId=561110. Eine inoffizielle deutsche Übersetzung findet sich bei der griechischen Anwaltsgesellschaft *Kosmidis & Partner* unter http://www.gesellschaftsrecht.gr/gmbh-gesetz_uebersicht.html. Vgl. hier Art. 10ff. (Gesellschafterversammlung, zur Zuständigkeit vgl. Art. 14), Art. 16 (Geschäftsführung), Art. 17ff. (Geschäftsführer, zu deren Haftung vgl. Art. 26), Art. 43a (Einpersonengesellschaft).

1665 U.a. ist die Gesellschaft bei der Steuerverwaltung anzumelden. Die Veröffentlichung erfolgt im Amtsblatt *Φύλο Εφημερίδας Κυβέρνησης/Filo Efimeridas Kyvérnisis.*

1666 *Πράξη Νομοθετικού Περιεχομένου/Praksi Nomothetikou Periechomenou* (abgekürzt „P. N. P.", etwa „Gesetz"/„Rechtsakt") vom 12.12.2012.

nen und Umstrukturierungen hervorgegangen sind,[1667] etc.). Das Mindestkapital für eine *E.P.E.* wurde ebenfalls wiederholt reduziert, zuletzt Ende 2012, und beträgt nun noch 2.400,– Euro, wovon mindestens die Hälfte in bar eingezahlt sein muss.[1668]

4. Arbeitnehmerbeteiligung

a) Betriebliche Interessenvertretung

aa) Voraussetzungen

Ähnlich wie in Italien ist auch in Griechenland die gewerkschaftliche Vereinigungsfreiheit bereits in der Verfassung garantiert.[1669]

Auch faktisch liegt die Arbeitnehmerbeteiligung in Griechenland nahezu ausschließlich in den Händen der betrieblichen Gewerkschaftsvertretungen (*σωματειο εργαζομένων/somateio ergazomenon*). Sie operieren auf Grundlage eines Gesetz aus dem Jahr 1982, in dem ihnen erstmals Unterrichtungs- und Anhörungsrechte eingeräumt wurden.[1670] Seit 1990 verfügen die Gewerkschaften auch über Verhandlungsrechte für Kollektivvereinbarungen.[1671] Diese spielen namentlich auf lokaler Ebene eine gewisse praktische Rolle und sollen in ihrer Bedeutung weiter zunehmen.

Betriebsräte (Singular: *συμβούλιο εργαζομένων/simvoulio ergazomenon*) sind seit 1988 möglich,[1672] jedoch faktisch nur in solchen Unternehmen vorhanden, in denen auch eine gewerkschaftliche Präsenz existiert. Ihre Rechte bleiben hinter denen der Gewerkschaftsvertretungen zurück.

Tatsächlich sind Betriebsräte außerordentlich selten. Überhaupt wären durch das Gesetz nur 3% aller griechischen Unternehmen betroffen. Auch die wirkliche Verbreitung ist aber verschwindend gering. 1998 schätzte das Ministerium für Arbeit und soziale Sicherheit *Υπουργείο Εργασίας και Κοινωνικής Ασφάλισης/Ypourgeío Ergasías kai Koinonikís Asfálisis – YPAKP*, dass von theoretisch 6.441 vom Gesetz erfassten Unternehmen lediglich 126 auch tatsächlich über einen Betriebsrat verfügten. Dies entspricht einem prozentualen Wert von gerade einmal 1,96%. Es wird vermutet, dass die Zahl seitdem noch weiter abgenommen haben dürfte.[1673]

1667 Hier sind mindestens 300.000,– Euro notwendig; Gesetze N.D. 1297/72 und N. 2166/93.

1668 Vgl. für die *A.E.* Art. 7a Abs. 1–6 und 7b Abs. 1–15; 8 Abs.2 Gesetz 2190/1920, für die *E.P.E.* Art. 8 Abs. 1–6; 4 Gesetz 3190/1955.

1669 Art. 12 I, 22 II, 23 II der Verfassung der Griechischen Republik vom 09.06.1975; inoffizielle deutsche Fassung unter http://www.verfassungen.eu/griech/verf75.htm.

1670 Gesetz Nr. 1264/1982, *Gia ton ekdimokratismo tou syndikalistikou kinimatos kai tin katoxyrosi ton syndikalistikon eleftherion ton ergazomenon*, etwa „Gesetz über Gewerkschaftsdemokratie".

1671 Gesetz 1876/1990.

1672 Gesetz 1767/1988, *Symvoulia Ergazomenon kai alles ergatikes diataxeis – Kyrosi tis Diethnous Symvasis Ergasias.*

1673 Vgl. *Lampousaki, Greece: EIRO CAR on „The effect of the Information and Consultation Directive on Industrial Relations in the EU Member States five years after its transposition"* (19.01.2011),

Als zusätzliche Form der Arbeitnehmervertretung können sich seit 1982 in Betrieben mit weniger als 40 Beschäftigten, in denen zugleich keine Gewerkschaft besteht, separate Arbeitnehmergruppen bilden (*εκπρόσωποι εργαζομένων/ekprósopi ergazoménon* bzw. *enoseis prosopon*). Praktisch kam ihnen durchaus schon immer eine gewisse Bedeutung zu da sie, weil ja gerade keine Gewerkschaft vorhanden war, ihrerseits die Tarifvereinbarungen schließen konnten.[1674] Ursprünglich mussten ihnen mindestens drei Fünftel der Gesamtbelegschaft des Betriebs angehören. Zudem konnten sie sich nur für einen begrenzten Zeitraum von sechs Monaten bilden und mussten nach Ablauf dieser Halbjahresspanne aufgelöst werden. Im Rahmen der Wirtschaftskrise wurden jedoch auch die Befugnisse dieser Personalvereinigungen erweitert. Zum einen unterliegen sie nun keinen zeitichen Beschränkungen mehr, zum anderen können sie jetzt vollkommen unabhängig von der Unternehmensgröße auch Tarifvereinbarungen schließen, sofern sie mindestens 60% der im Unternehmen beschäftigten Arbeitnehmer vertreten. Nach wie vor haben sie aber kein ständiges Mandat und sind daher auch nicht besonders geschützt.[1675]

In Betrieben mit mehr als 20 Beschäftigten sind schließlich bestimmte Vertreter für den Gesundheitsschutz zu bestellen, in Betrieben mit mehr als 50 Mitarbeitern ist für diese Aufgabe ein eigener Ausschuss vorgesehen.[1676]

Auch hier soll die Umsetzung in der Praxis unzureichend sein; entsprechende Beauftragte würden in lediglich 30% der möglichen Unternehmen bestellt.[1677]

Auf betriebsübergreifender Ebene können die Betriebsräte der einzelnen Unternehmen aus ihren Reihen Vertreter zur Koordinierung ernennen.[1678]

bb) Größe und Zusammensetzung

(1) Gewerkschaftsvertretung

Das Gewerkschaftsgesetz regelt auch die Organisation der Gewerkschaftsvertretungen. Demnach liegt der Schwellenwert für die Gründung einer Gewerkschaft bei mehr als 20 Arbeitnehmern.

---

abrufbar unter http://www.eurofound.europa.eu/eiro/studies/tn1009029s/gr1009029q.htm (englisch). *Stamati*, (oben Fn. 1656), Abschnitt *Workplace representation*, stellt darum fest: „*In practice, works councils do not operate in Greec*“.

1674 So *Stamati*, (oben Fn. 1656), Abschnitt *Legal context – Association of Workers*.

1675 ETUI-GR-BI, S. 1; *Stamati*, (oben Fn. 1656), Abschnitt *Workplace representation*.

1676 Gesetz Nr. 1568/1985, *Hygieni kai asfalia ton ergazomenon*.

1677 *Stamati*, (oben Fn. 1656), Abschnitt *Workplace representation*.

1678 ETUI-GR-BI, S. 1f.

Aus diesem Minimalerfordernis folgt gleichzeitig, dass lokale Gewerkschaftsvertretungen faktisch selten sind, da private Unternehmen mit mehr als 20 Beschäftigten gerade einmal 3% aller Unternehmen ausmachen.[1679]

Sie muss einen Exekutivausschuss wählen, der sich zunächst aus dem Vorsitzenden, einem Stellvertreter, einem Sekretär und dem Schatzmeister zusammensetzt. Hinzu kommen weitere Mitglieder, deren Zahl nicht vorgeschrieben ist. Jedoch regelt das Gesetz, wie viele dieser zusätzlichen Mitglieder einen besonderen Kündigungsschutz genießen. Dieser Wert wiederum richtet sich nach der Größe des Betriebs und liegt zwischen sieben und maximal elf (in Betrieben mit bis zu 200 Beschäftigten bzw. in solchen mit mehr als 1.000 Arbeitnehmern). Wahlen zum Exekutivausschuss werden alle drei Jahre abgehalten. Ist keine Gewerkschaftsvertretung vorhanden treten alternativ auch einzelne Arbeitnehmer als Gewerkschaftsangehörige auf, die dann aber keinen gesonderten Schutz genießen. Ggf. gibt es auch die Arbeitnehmerausschüsse.

(2) Betriebsrat

Betriebsräte können theoretisch in allen Betrieben mit mehr als 20 Beschäftigten gebildet werden, wenn es dort keine Gewerkschaft gibt. Anderenfalls liegt der Schwellenwert bei mehr als 50 Mitarbeitern, was gleichzeitig der praktische Regelfall sein soll.[1680] Notwendig hierzu ist eine Initiative der lokalen Gewerkschaftsvertretung oder von mindestens 10% der Beschäftigten. Er besteht ggf. aus drei bis maximal sieben Mitgliedern, die von den Arbeitnehmern aus ihren Reihen im Rahmen einer Belegschaftsversammlung in geheimer Abstimmung gewählt werden. Die Amtszeit liegt bei zwei Jahren.

cc) Befugnisse

(1) Beteiligung

Die Aufgaben und Befugnisse der Gremien sind nur sehr allgemein umschrieben, beim Betriebsrat aber etwas genauer als bei den Gewerkschaften.

Unabhängig von der Anzahl der Arbeitnehmer im Betrieb verfügt die Gewerkschaftsvertretung über bestimmte Rechte.[1681] Sie haben die generelle Aufgabe (und das Privileg), mit dem Arbeitgeber zu verhandeln. Im Rahmen der Unterrichtung und Anhörung haben die Gewerkschaftsvertretungen das Recht auf regelmäßige Sitzungen mit dem Arbeitgeber, daneben besteht ein Auskunftsrecht im Hinblick

1679 *Stamati*, (oben Fn. 1656), Abschnitt *Workplace representation*.
1680 ETUI-GR-BI, S. 1; *Stamati*, (oben Fn. 1656), Abschnitt *Workplace representation*.
1681 Zur Gewerkschaftsfreiheit vgl. Art. 12, 23 Abs. 1 der Verfassung.

auf die allgemeine Wirtschaftslage und die Personalpolitik des Unternehmens. Vor Änderungen der Arbeitsbedingungen, Änderungen der Rechtsform des Unternehmens und Massenentlassungen sind sie anzuhören.

Als Massenentlassung gilt seit 2010, wenn in Betrieben zwischen 20 und 150 Arbeitnehmern mehr als sechs Personen bzw. in Betrieben über 150 Beschäftigte mehr als 30 Mitarbeiter gleichzeitig entlassen werden.[1682]

Der Betriebsrat ist über die allgemeine wirtschaftliche Lage des Unternehmens inklusive des Jahresberichts und -abschlusses zu informieren. Vor bestimmten Maßnahmen hat der Arbeitgeber den Betriebsrat zu unterrichten. Dies betrifft die Änderung der Rechtsform, Übertragung und wesentliche Veränderung der Produktionskapazität, Einführung neuer Technologien, Änderungen der Belegschaftsstruktur, Überstunden und Investitionen bei Gesundheitsschutz und Sicherheit.

Der Betriebsrat hat das Recht, Vorschläge für die Verbesserung der Produktivität und der Arbeitsbedingungen zu unterbreiten. Diese Vorschläge sind aber in keiner Weise bindend. Praktisch dürfte deren Wirkung daher recht begrenzt sein.[1683]

In einigen engen Bereichen kann der Betriebsrat „im Einvernehmen mit dem Arbeitgeber" auch Entscheidungen treffen. Dies betrifft die Berufsbildung, Einführung neuer Technologien, Urlaubsregelung, Wiedereingliederung nach einem Betriebsunfall, soziale und kulturelle Bereiche und allgemein die Betriebsordnung.

Insgesamt also sind die Befugnisse des Betriebsrats schon inhaltlich außerordentlich begrenzt. Zu allen diesen Bereichen können aber die Gewerkschaften mit dem Arbeitgeber einzelne Vereinbarungen treffen, die dann Vorrang vor dem Betriebsrat haben, so dass sich dessen Rechte ggf. verringern (lassen).

Die Gewerkschaftsvertretungen treffen sich monatlich mit dem Arbeitgeber, der Betriebsrat alle zwei Monate, es sei denn, beide Seiten wünschen häufigere gemeinsame Sitzungen. Hierbei sollen sich *„beide Seiten bemühen, etwaige Probleme im Zusammenhang mit den Beschäftigten oder ihrer Gewerkschaft zu lösen"*.[1684]

Das griechische Umsetzungsgesetz zur Richtlinie 2002/14/EG weist die Unterrichtungs- und Anhörungsbefugnisse „den Arbeitnehmervertretungen" zu, was sich gleichermaßen auf die Gewerkschaftsvertretungen, die Betriebsräte und die Gesundheitsschutzbeauftragten beziehen kann. Da-

1682 *Lampousaki, New law facilitates dismissals and cuts labour costs* (17.09.2010), unter http://www.eurofound.europa.eu/eiro/2010/07/articles/gr1007019i.htm (englisch).

1683 ETUI-GR-BI, S. 2.; *„In Greece, consultation ‚does not happen' […]", Hall/Purcell*, EIRO I&C 2011, S. 16.

1684 ETUI-GR-BI, S. 1 a.E.

neben wurde die Richtlinie im Wortlaut übernommen, eigene Definitionen und Verfahren fehlen jedoch völlig, was die Umsetzung in der Praxis schwierig macht.[1685]

(2) Ausstattung und Kündigungsschutz

Auch die Rechte auf Freistellung sind begrenzt. So haben in Betrieben mit weniger als 500 Beschäftigten bei den Gewerkschaftsvertretungen der Vorsitzende, der Stellvertreter und der Sekretär einen Anspruch auf monatlich drei Tage Freistellung, in größeren Betrieben sind es monatlich fünf Tage. Während der Freistellungen werden jedoch keine Bezüge geleistet.

In Betrieben mit mehr als 100 Mitarbeitern hat der Arbeitgeber der größten Gewerkschaft ein eigenes Büro zur Verfügung zu stellen.

Betriebsratsmitglieder haben einen Anspruch auf wöchentlich zwei Stunden Freistellung und darüber hinaus innerhalb ihrer zweijährigen Amtszeit einen zusätzlichen Anspruch auf zwölf Tage bezahlter Freistellung, um an Fortbildungsmaßnahmen teilnehmen zu können.

In Betrieben mit mehr als 100 Mitarbeitern ist dem Betriebsrat vom Arbeitgeber ein eigenes Büro zur Verfügung zu stellen. Nach Zustimmung des Arbeitgebers kann er im Rahmen seiner Arbeit externe Sachverständige hinzuziehen

Bei den Gewerkschaftsvertretungen genießt eine bestimmte Anzahl von Vertretern, je nach Betriebsgröße, auch einen besonderen Kündigungsschutz. Dieser Schutz gilt auch für die Betriebsratsmitglieder, nicht aber für diejenigen der Personalvereinigungen. Eine Entlassung solcher geschützter Personen ist nur in sehr begrenzten Fällen möglich, z.B. bei der Weitergabe vertraulicher Informationen, Androhung oder Anwendung von Gewalt oder Beleidigung des Arbeitgebers.[1686]

dd) Vertretung auf supranationaler Ebene

Auch im Rahmen der europäischen Interessenvertretung liegt die maßgebliche Rolle bei den Gewerkschaften. Sie wählen die griechischen Mitglieder im Besonderen Verhandlungsgremium beim EBR (*ειδική διαπραγματευτική ομάδα/eidikị́ diapragmateftikị́ omáda*). Nur falls eine gewerkschaftliche Vertretung fehlt, ist der Betriebsrat berufen. Ist auch dieser nicht vorhanden, werden die Delegierten von der Belegschaft direkt gewählt. Das Gesetz regelt nicht, ob die Gremiumsmitglieder auch Be-

---

1685 Vgl. *Lampousaki, Effect* (oben Fn. 1673), die auch eine, nicht näher spezifizierte, Gerichtsentscheidung erwähnt, nach der die Richtlinie nicht vollständig in das griechische Recht umgesetzt wurde im Sinne der Etablierung eines besonderen Systems, um die Rechte auf Information und Konsultation in einer effizienteren Weise zu schützen.

1686 ETUI-GR-BI. S. 2.

schäftigte im Unternehmen sein müssen. Anders hingegen, falls die Auffangregelung Anwendung findet. Hier kommen nur Mitarbeiter zum Zuge.

Bei der SE werden die Mitglieder des Besonderen Verhandlungsgremiums und des Vertretungsorgans direkt gemäß der Auffangregelung eingesetzt.[1687]

b) Unternehmensmitbestimmung

Griechenland kennt im privaten Sektor keine Unternehmensmitbestimmung. Auch eine entsprechende Debatte findet nicht statt.

Lediglich in einigen Staatsbetrieben der Daseinsvorsorge ist seit 1981 eine beschränkte Arbeitnehmerbeteiligung vorgesehen. Die betreffenden Gesetze, recht „*ad hoc*" eingeführt (*Ioannou*), sollten zunächst auch auf den privaten Bergbaubereich ausgedehnt werden. Hierzu kam es praktisch jedoch nicht mehr. Da die entsprechenden Vorhaben für eine beträchtliche Kapitalflucht aus dem betreffenden Sektor sorgten, gelangten die Unternehmen unter staatliche Kontrolle und wurden von den bestehenden Regelungen erfasst.

Die betreffenden Gesetze wurden 1996 novelliert und in ihrem Anwendungsbereich auf die Unternehmen beschränkt, die immer noch mehrheitlich durch den Staat kontrolliert werden. Privatisierte Unternehmen hingegen sind auch nicht (mehr) mitbestimmt. Derzeit gelten die Bestimmungen noch für die staatliche Stromversorgungsgesellschaft, Eisenbahn, Post und Nationalbank. Hier wählen die Beschäftigten zwei Mitglieder in den Verwaltungsrat, der aus mindestens sieben und maximal 13 Mitgliedern besteht. Daneben ist noch ein Sitz für einen Repräsentanten des Nationalen Ökonomischen und Sozialen Ausschusses (*OKE*) vorgesehen, bei dem es sich im Regelfall auch um einen Vertreter der Arbeitnehmerseite handeln soll. Vorgeschlagen werden die entsprechenden Kandidaten von den Gewerkschaften; die Amtszeit lag bei fünf Jahren. Ihre Rechte und Pflichten, inklusive der Entlohnung, entsprechen denen der übrigen Verwaltungsratsmitglieder.[1688] Selbst von dieser schwach ausgeprägten Form der Mitbestimmung konnten die staatlichen Unternehmen noch befreit werden. Tatsächlich erfasst waren hiervon maximal ledig-

1687 ETUI-GR-EI, S. 1. Zum EBR vgl. den Erlass des Präsidenten über das Recht der Arbeitnehmer in gemeinschaftsweit tätigen Unternehmen und Konzernen auf Unterrichtung und Anhörung gemäß der Richtlinie 94/45/EG (*Dikaioma ton ergazomenon stin enimerosi kai diavoulefsi se koinotikis klimakas epixeirisis kai omilous epixeiriseon se symmorfosi pros tin odigia 94/45/EK*), abrufbar unter http://ec.europa.eu/social/ajax/BlobServlet?docId=4880&langId=de. Zur SE und den griechischen Umsetzungsgesetzen vgl. *Patra, Transposition of Societas Europaea (SE) Legislation in Greece* unter http://www.worker-participation.eu/content/download/2283/18863/file/TRANSPOSITION_OF_SE_LEGISLATION_IN_GREECE.pdf.

1688 Nach *Ioannou* beträgt die Durchschnittsvergütung ca. 3.000,– Euro; Country Report Greece, S. 52.

lich 50 Unternehmen, die aber insgesamt immerhin mehr als 10% der griechischen Arbeitnehmer beschäftigten.[1689]

Erklärtes Ziel und Aufgabe der derzeitigen griechischen Innenpolitik ist die weitere Deregulierung[1690] und Privatisierung des öffentlichen Sektors, was angesichts der griechischen Finanzkrise auch auf den Druck der Geldgeber aus EU und IWF zunehmend akuter wird. Die ohnehin geringe Bedeutung der Unternehmensmitbestimmung dürfte hierdurch weiter abnehmen.

5. Zusammenfassung

- Griechenland folgt dem monistischen System. Die Regeln zur Arbeitnehmerbeteiligung sind außerordentlich rudimentär. Sie findet ausschließlich auf betrieblicher Ebene und dort hauptsächlich über die lokalen Gewerkschaftsvertretungen statt. Betriebsräte sind theoretisch in Betrieben mit mehr als 20 Beschäftigten möglich, praktisch jedoch selten. Es bestehen begrenzte Unterrichtungs- und Anhörungsbefugnisse, jedoch keine Mitentscheidungsmöglichkeiten im eigentlichen Sinn. Die Mitbestimmung auf Leitungsebene ist nahezu unbekannt. Lediglich im staatlichen Sektor gibt es noch einige wenige mitbestimmte Unternehmen, weitere Privatisierungen – und damit der Wegfall der Mitbestimmung – sind geplant.
- Betriebliche Vertretungsgremien sind vor allem die lokalen Gewerkschaftsvertretungen und ggf. die Betriebsräte. In Betrieben zwischen 20 und 40 Beschäftigten können sich auch bestimmte Personalvereinigungen bilden. Zudem sind in Betrieben mit mehr als 20 Beschäftigten Vertreter für den Gesundheitsschutz vorgesehen. Betriebsübergreifend können die Betriebsräte der einzelnen Unternehmen aus ihren Reihen Vertreter zur Koordinierung ernennen.
- Die Gewerkschaftsvertretungen sind gesetzlich genau geregelt. Je nach Betriebsgröße genießen insgesamt zwischen elf und 15 ihrer Mitglieder besondere Kündigungsschutzrechte. Sie verfügen über gesetzliche Unterrichtungs- und Anhörungsrechte (bezüglich der allgemeinen Wirtschaftslage, der Personalpolitik, Änderungen der Arbeitsbedingungen, der Rechtsform des Unternehmens und Massenentlassungen) sowie über allgemeine Verhandlungsbefugnisse für Kollektivvereinbarungen. Ggf. lassen sich so die Rechte des Betriebsrats aushebeln. Die Amtszeit liegt bei drei Jahren.

1689 ETUI-GR-MB, S. 1; *Ioannou*, Country Report Greece, S. 49 f.

1690 Vgl. hierzu z.B. *Lampousaki, Radical challenges in collective employment relationships* (29.04.2011), abrufbar unter http://www.eurofound.europa.eu/eiro/2011/02/articles/gr1102029i.htm (englisch).

- Betriebsräte, erstmals 1988 gesetzlich geregelt, sind faktisch außerordentlich selten. Der Schwellenwert liegt bei mindestens 20 Arbeitnehmern, de facto finden sie sich nur in Betrieben mit mehr als 50 Arbeitnehmern. Sie werden auf Initiative der lokalen Gewerkschaftsvertretung oder von mindestens 10% der Beschäftigten gebildet. Sie bestehen je nach Betriebsgröße ggf. aus drei bis maximal sieben Mitgliedern, die von den Arbeitnehmern aus ihren Reihen im Rahmen einer Belegschaftsversammlung in geheimer Abstimmung gewählt werden. Die Amtszeit liegt bei zwei Jahren. Sie haben begrenztere Unterrichtungs- und Anhörungsrechte. Echte Mitentscheidungsbefugnisse bestehen nicht.

VIII. Tabelle 3 – Betriebliche Interessenvertretung im romanischen Rechtskreis

Mitgliedstaat	Gremium	Schwellenwert	Vertreterzahl	Bestellung	Befugnisse	Anmerkungen
FR	a) GW b) Belegschaftsvertreter c) BR	a) nach GW, seit 2008 verschärfte Vss, um als „repräsentativ" anerkannt zu sein, u.a. 10% Stimmen bei BR-Wahl; bei U > 50 AN genießt GW weitergehende Rechte, sonst nur einzelner Vertreter. b) mind. 11 AN c) mind. 50 AN (darunter durch Tarifvertrag mgl.)	a) nach GW; U > 50 AN und GW repräsentativ: 1 ANV; U > 500 AN oder U aus mind. 2 Betrieben je > 50 AN und insgesamt > 2.000 AN: 1 zentraler GWdelegierter durch repräsentative GW b) 11–25 AN: 1 ANV, darüber nicht linear gestaffelt, nach oben nicht begrenzt c) immer auch 1–3 Uvertreter; 50–74 AN: 3 ANV, darüber gestaffelt, maximal bei ≥10.000 AN: 15; plus jeweils gleiche Zahl Stellvertreter,	a) GWdelegierter wird von der jeweiligen GW vorgeschlagen und muss mind. 10% der Stimmen auf sich vereinen, um „repräsentativ" zu sein. Verfahren bei b) und c): Wahl durch Belegschaft; je nach Betriebsgröße ein Wahlkollegium für Gesamtbelegschaft oder mehrere Wahlkollegien je nach ANkategorie. Maximal 2 Wahlgänge: 1. Wahlgang: Listen mit bestimmten GWvorschlägen, Kandidaten erhalten ≥50% der	a) Interessenvertretung der GW; wenn GW repräsentativ: 1x/Jahr Verhandlungen mit U über Verbesserung der Arbeitsbedingungen, hierzu I. b) Gesetzlich nur allgemein umrissen; Interessenvertretung der AN im Betrieb, Verhandlung über konkrete Anliegen; wenn keine GW vorhanden ist: zusätzlich Rechte von a). c) I/K, vor allem im sozialen und wirtschaftlichen Bereich, z.T. recht detailliert, K aber allgemeiner, insbesondere bei unter-	individuelles Beteiligungsrecht des AN (Tarifvereinbarung). übergeordnete Ebene: bei mehreren BR: ZentralBR aus Mitgliedern der EinzelBR, im Konzern: KonzernBR, Mitglieder aus EinzelBR von GW ausgewählt. In U 50–200 AN kann Arbeitgeber entscheiden, b) und c) zu einem gemeinsamen Vertretungsgremium zusammenzuschließen; I/K bei BR soll vor allem einen „garan-

Mitgliedstaat	Gremium	Schwellenwert	Vertreterzahl	Bestellung	Befugnisse	Anmerkungen
			die an Sitzungen teilnehmen, aber nicht mitstimmen; bei U > 300 AN ist GWdelegierter zugleich Mitglied BR; Vorsitz bei Arbeitgeber, Sekretär AN	Stimmen: Wahl gültig, Sitze nach Ergebnis verteilt. Anderenfalls binnen 15 Tagen 2. Wahlgang, hier auch GWexterne mgl. b) nur AN c) AN und 1–3 Uvertreter, diese vom U bestimmt.	nehmerischen Maßnahmen mit Auswirkungen auf Größe und Struktur der Belegschaft, auch Rechte aus RL 2002/14/EG; BR muss aber nur Stellungnahme abgeben können, U bleibt in Entscheidungen frei	tierten Dialog“ ermöglichen. Seit 2013 Einführung einer zentralen Unternehmensdatenbank mit den relevanten Informationen für I/K; hierdurch Ersetzung der Regelberichterstattung. BR erhält ein eigenes Budget in Höhe von 0,2% der gesamten jährlichen Lohnkosten BRmitglieder haben Teilnahmerecht bei Sitzungen des Verwaltungs-/Aufsichtsrats. Sie erhalten dort die selben Informationen wie die anderen Mitglieder, können bestimmte

Mitgliedstaat	Gremium	Schwellenwert	Vertreterzahl	Bestellung	Befugnisse	Anmerkungen
						Punkte auf die Tagesordnung setzen lassen und haben Recht auf Antwort, aber kein Stimmrecht; personell zw. 1 und 4 ANV.
BE	a) BR b) GW c) Ausschuss für Gefahrenverhütung und Schutz am Arbeitsplatz	a) > 100 AN b) nach GW und Branchentarifvertrag c) mind. 50 AN	a) Vertreter der AN und des U; je nach Ugröße 6–25 ANV und eine stets niedrigere Zahl von Vertretern des U. Leitung durch Vertreter des U, Sekretär durch ANV. b) nach GW c) Vertreter von AN und U, die im jeweiligen U für Gesundheit und Sicherheit verantwortlich sind.	a) Listenwahl durch die Belegschaft im Zuge der Sozialwahlen, Kandidaten werden von jeweils repräsentativer GW ernannt. b) nach GW c) Wahl durch Belegschaft im Zuge der Sozialwahlen.	a) I/K; M nur bei gravierenden Ereignissen (Massenentlassungen, Fusionen). Auf etwaige Vorschläge muss U nicht reagieren. b) nach GW; Tarifverhandlungen auf Uebene; Interventionsrecht in Konfliktfällen Arbeitgeber-AN c) I/K in U 50–100 AN	GW vertritt grundsätzlich ausschließlich die Rechte der GWmitglieder, in U < 50 AN übernehmen GW die I/K für alle AN. I/K- Rechte nach der RL 2002/14/EG wurden den Gefahrenverhütungsausschüssen zugewiesen.
LU	a) Personaldelegation	a) mind. 15 AN	a) 15–25 AN: 1 ANV, darüber gestaffelt,	a) Wahl aus und durch Gesamtbe-	a) I/K; Verfahren im Einzelnen zwischen	übergeordnete Ebene: in U > 3 Be-

Mitgliedstaat	Gremium	Schwellenwert	Vertreterzahl	Bestellung	Befugnisse	Anmerkungen
	b) Unternehmens-ausschuss	b) mind. 150 AN	nach oben nicht begrenzt; jeweils ein Mitglied zuständig für Gesundheitsschutz bzw. Gleichberechtigung b) paritätisch aus ANV und Uvertretern; bei 150–499 AN: 3 ANV, darüber gestaffelt, maximal bei >5.000 AN: 8 ANV; Vorsitz bei U, Sekretär AN	legschaft; Vorschläge von GW oder 5% der Gesamtbelegschaft (faktisch nur GW) b) ANV: geheime Listenwahl durch Mitglieder der Personaldelegation Uvertreter durch Uleitung bestimmt.	den Sozialpartnern verhandelbar b) I/K bei allen unternehmerischen Maßnahmen, die Auswirkungen auf die Unternehmensstruktur oder die Beschäftigungslage haben könnten. M v.a. bei Arbeitsordnung.	triebe und ≥100 AN: zentrale Personaldelegation mit max. 5 ANV; ansonsten U mit mehreren Betrieben: zentrale Personaldelegation mit je 3 ANV pro Einheit. Grds: Trennung. → Personaldelegation wahrt und verteidigt ANpositionen allgemein, Unternehmensausschuss ist Forum zur Verbesserung der Arbeitsbeziehungen insgesamt; GW haben lediglich Vorschlagsrechte und führen die Tarifverhandlungen. Seit Sommer 2013 geplant: Verschmelzung der Gremien in die Per-

Mitgliedstaat	Gremium	Schwellenwert	Vertreterzahl	Bestellung	Befugnisse	Anmerkungen
						sonaldelegation, Abschaffung des Unternehmensausschusses, Mitwirkungsrechte aber weiterhin nur bei mind. 150 AN (= bisheriger Schwellenwert für Unternehmensausschuss).
ES	a) Personaldelegation bzw. BR (nur begriffliche Unterscheidung nach Ugröße) b) GW	a) Personaldelegation: 11–49 AN, BR: mind. 50 AN; ggf. in Betrieben mit mind. 6 AN ein einzelner Personaldelegierter mgl. b) nach GW	a) ≤30 AN: 1 Personaldelegierter, 31–49 AN: 3 Personaldelegierte, 50–100 AN: 5 Betriebsräte; darüber gestaffelt, maximal 75; zusätzlich zum BR kann in U > 250 AN jede GW, die Mitglieder im BR stellt, jeweils einen Gewerkschaftsdelegierten wählen. b) nach GW	a) geheime und direkte Listenwahl durch Belegschaft, getrennt nach Arbeitern und Angestellten; Vorschläge durch GW oder AN (dann 3x mehr Unterstützer, als Mandate zu vergeben sind) b) nach GW	a) I/K; Rechte aus RL 2002/14/EG; auch Tarifverhandlungen, wenn GWmitglieder im BR eine Mehrheit haben, keine M. b) GW haben das Recht, vor einer geplanten unternehmerischen Maßnahme gegen die AN im Allgemeinen und ihre eigenen Mitglieder im Besonderen angehört zu werden; BR	übergeordnete Ebene: KonzernBR mit maximal 13 ANV mgl. (Tarifvertrag) daneben in U ≥ 100 AN paritätische Arbeitsschutzausschüsse; diese auch kleineren U, wenn in gefahrintensiver Branche BR faktisch durch GW dominiert.

Mitgliedstaat	Gremium	Schwellenwert	Vertreterzahl	Bestellung	Befugnisse	Anmerkungen
					diesbezüglich nur nachträglich vom Arbeitgeber zu unterrichten	
PO	a) GW b) BR	a) grds. nach GW, Gesetz bestimmt aber Höchstwerte dahin, wie viele GWvertreter auch Schutzrechte genießen nach Mitgliederzahl im Betrieb. b) kein Schwellenwert, Einrichtung BR erfolgt „auf Wunsch" der Belegschaft. In jedem U kann nur ein einziger BR eingerichtet werden, so dass ggf. auf betrieblicher Ebene UnterBR gebildet werden.	a) geschützte GWmitglieder: < 50 AN: 1, darüber nicht linear gestaffelt, nach oben nicht begrenzt b) < 50 AN: 2, maximal bei > 1.000 AN: 11; UnterBR: 1 – maximal 5 Mitglieder (bei > 201 AN)	a) nach GW b) geheime Listenwahl durch Belegschaft aus ihren Reihen; Vorschläge durch GW oder von mind. 100 AN oder 20% der Belegschaft	a) I/K aus RL 2002/14/EG; GW ausschließlich für Tarifverhandlungen zuständig. b) I/K, in bestimmten Bereichen Gegenvorschläge und Stellungnahmen mgl, die U aber nicht binden	GW vertreten ausschließlich ihre Mitglieder, BR die Gesamtbelegschaft. Bei „ausreichender" Zahl von GWvertretern, können diese einen eigenen Ausschuss einrichten, mehrere GWvertretungen bilden einen gemeinsamen GWausschuss. Für BR unterschiedlicher U Koordinierungsausschüsse mgl, praktisch aber selten.
IT	GW	GW schon ab 1 Person mgl.	≤ 200 AN: 3 ANV, darüber gestaffelt, 3 ANV pro 300 AN;	⅔ geheime Listenwahl durch Belegschaft an der mind.	I/K, auch aus RL 2002/14/EG (für alle Betriebe mit	oft mehrere GW in 1 Betrieb;

Mitgliedstaat	Gremium	Schwellenwert	Vertreterzahl	Bestellung	Befugnisse	Anmerkungen
		BetriebsGW ab > 15 AN	bei >3.000 AN: 3 ANV pro 500 AN; nach oben nicht begrenzt, ausschließlich AN	50% der Stimmberechtigten teilnehmen müssen; Kandidaten vorgeschlagen von den „befugten" GW ⅓ Bestimmung durch GW	mind. 50 AN). K begrenzt (v.a. Arbeitssicherheit, Massenentlassungen, Umstrukturierungen). K in der Regel in paritätischen Ausschüssen von U und GW; Tarifverhandlungen	Vertretungsanspruch der GW ist universell, Selbstverständnis geht aber ausschließlich auf Vertretung der GWangehörigen. Bestehen in einem Betrieb mehrere GW, wird eine einheitliche GWvertretung gebildet; praktisch ist dies der Regelfall. übergeordnete Ebene: Koordinierungsgremien (Tarifvereinbarung)
GR	a) GW b) BR	a) mind. 21 AN; kein eigentlicher Höchstwert, Gesetz bestimmt Höchstwerte nur dahin, wie viele GWmitglieder auch Schutzrechte genießen nach Betriebsgröße	a) geschützte GWmitglieder: U ≤ 200 AN: 7 ANV, maximal in U > 1.000 AN: 11 ANV b) 3–7 Mitglieder	a) nach GW b) geheime Wahl durch Belegschaft aus ihren Reihen in Belegschaftsversammlung	a) I/K, praktisch sehr begrenzt; Verhandlungsprivileg, über das sich Rechte des BR ausheben lassen; Tarifverhandlungen b) I/K; BR hat Recht, nicht bin-	U ohne GW: Bildung einer ANgruppe mgl., diese Vereinigung kann ggf. Tarifvereinbarungen schließen, sofern sie mindestens 60% der im U beschäftigten AN vertreten; aber: kein

Mitgliedstaat	Gremium	Schwellenwert	Vertreterzahl	Bestellung	Befugnisse	Anmerkungen
		b) mind. 21 AN, wenn gleichzeitig keine GW, sonst U > 50 AN; Einrichtung auf Initiative der GW oder von 10% der Belegschaft			dende Vorschläge für die Verbesserung der Produktivität und der Arbeitsbedingungen zu unterbreiten; M in einigen engen Bereichen „in Einvernehmen mit U“.	ständiges Mandat, daher auch nicht besonders geschützt Übergeordnete Ebene: Ernennung von einzelnen „koordinierenden BR“ aus Reihen der BR mgl. Praxis: sowohl GW als auch BR im privaten Sektor selten.

Die faktisch jeweils verbreitetste Vertretungsform ist in der Darstellung vorangestellt.

Legende

AN: Arbeitnehmer
ANV: Arbeitnehmervertreter
ArbSchb: Arbeitschutzbeauftragte
BR: Betriebsrat
GW: Gewerkschaft
I: Information
IuK: Information und Konsultation
K: Konsultation
M: Mitwirkung
U: Unternehmen
Vss: Voraussetzungen

IX. Tabelle 4 – Unternehmensmitbestimmung im romanischen Rechtskreis

MS	Kapitalgesellschaft	Abkg.	Org.	VSS	Anzahl ANV	Bestellung	Anmerkungen
FR	*Société Anonyme*	*S.A.*	M/D				MB grds. in staatlichen U ≤ 200 AN. In privatisierten U kann sie freiwillig beibehalten werden. Freiwillig im privaten Sektor in *S.A.*; ggf. max. 4 ANV auf Leitungsebene (in börsennotierten U max. 5 ANV), aber höchstens ⅓ der Gesamtsitze des jeweiligen Gremiums. Seit 2013: Großunternehmen mit ≥ 5.000 AN in Frankreich oder ≥ 10.000 AN weltweit in der Rechtsform *S.A.* oder *S.C.A.* müssen MB im strategiedefinierenden UGremium einführen. Je nach Größe des Restgremiums: 1 ANV (bei bis zu 12 sonstigen
	Société à Responsabilité Limitée	*SARL* oder *S.a.r.l.*	M				

MS	Kapitalgesellschaft	Abkg.	Org.	VSS	Anzahl ANV	Bestellung	Anmerkungen
							Mitgliedern) sonst 2 ANV. Wählbar sind nur Beschäftigte des U selbst oder eines TochterU und nur diejenigen, die in Frankreich selbst arbeiten. Kandidaten dürfen im U kein weiteres Wahlamt bekleiden. Ggf. gleiche Rechte und Pflichten wie die übrigen Mitglieder. Praktisch selten. Daneben: Mitglieder des BR (*Comité d'Entreprise, CE*) haben Teilnahmerecht an den Sitzungen von VerwR/AR, sie erhalten dort dieselben Informationen wie die anderen Mitglieder, können bestimmte Punkte auf die Tagesordnung setzen lassen und

MS	Kapitalgesellschaft	Abkg.	Org.	VSS	Anzahl ANV	Bestellung	Anmerkungen
							haben Recht auf Antwort, aber kein Stimmrecht; personell zw. 1 und 4 ANV.
BE	*Société Anonyme/ Naamloze vennootschap*	*S.A./NV*	M				MB nur in einigen staatl. U.
	Société privée à responsabilité limitée/ Besloten vennootschap met beperkte aansprakelijkheid	*S.p.r.l/bvba*	M				
LU	*Société Anonyme*	*S.A.*	M/D				MB im privaten Sektor nur bei S.A. mit in 3 aufeinander folgenden Jahren ≥ 1.000 AN; dort ⅓ des Verwaltungsrats/AR; ANV werden direkt von den Mitgliedern des BR aus den im U seit mindestens zwei Jahren beschäftigten AN in geheimer Listenwahl gewählt, praktisch ausschließlich Mitglieder des BR.
	Société à responsabilité limitée	*S.a.r.l.*	M				

MS	Kapitalgesellschaft	Abkg.	Org.	VSS	Anzahl ANV	Bestellung	Anmerkungen
							Sonderregeln für U mit mind. 25% Staatsbeteiligung/ staatl. Konzessionen. Praxis: vereinzelt MB auf Satzungsgrundlage.
ES	*Sociedad Anónima*	*S. A.*	M				MB nur in einigen staatl. U.; Sonderregeln für lokale Sparkassen
	Sociedad de Responsabilidad Limitada	*S.L.* oder *S.R.L.*	M				
PO	*Sociedade Anonima*	*S. A.*	M/D				MB nur für den öffentlichen Sektor vorgesehen, faktisch nie umgesetzt.
	Sociedade por Quotas, kurz „*Limitada*“	*L.*[da]	M				
IT	*Società per azioni*	*S.p.A.*	M/D				MB in Verfassung vorgesehen, faktisch nie umgesetzt
	Società a responsabilità limitata	*S.r.l.*	M				
GR	*Ανώνυμη Εταιρεία/ Anonimi Eteria*	*A.E.*	M				MB nur in einigen staatlichen U.
	εταιρεία περιορισμένης ευθύνης/Eteria Periorismenis Efthinis	*E.P.E/Ε.Π.Ε.*	M				

Vorangestellt ist jeweils die nationale Aktiengesellschaft.

Legende:
Abkg.: Abkürzung
AN: Arbeitnehmer
ANV: Arbeitnehmervertreter
AG: Aktiengesellschaft
AR: Aufsichtsrat
BR: Betriebsrat
D: Dualistisch
EK: Eigenkapital
GW: Gewerkschaft
idR: in der Regel
M: Monistisch
MB: Mitbestimmung
Mgl: möglich
MS: Mitgliedstaat
Org: Organisationsstruktur
U: Unternehmen
VerwR: Verwaltungsrat
Vss: Voraussetzungen

C. Angelsächsischer Rechtskreis

I. Großbritannien[1691]

1. Übersicht

Großbritannien steht sämtlichen Formen der Arbeitnehmerbeteiligung bereits traditionell skeptisch bis offen ablehnend gegenüber. Einheitliche Vertretungsstrukturen bestehen nicht, allenfalls auf betrieblicher Ebene existieren lokale Gewerkschaftsvertretungen. Mittlerweile können die Gewerkschaften aber bei genügend Rückhalt in der Belegschaft den Arbeitgeber zu Verhandlungen zwingen, so dass sich ihre Verhandlungsposition verfestigt hat. Wo jedoch keine Gewerkschaften bestehen, gibt es auch keine Arbeitnehmervertretung.

Eine Mitbestimmung auf Leitungsebene ist nahezu vollkommen unbekannt und existiert nicht einmal in staatlichen Unternehmen.

2. Hintergrund

Das britische System ist insgesamt dezidiert voluntaristisch. Auch die industriellen Beziehungen sind traditionell durch freiwillige Vereinbarungen zwischen den Sozialpartnern gekennzeichnet, staatliche Interventionen sind auf ein Minimum beschränkt. Tarifvereinbarungen, (*collective bargaining*) – sie werden auf Unternehmensebene geschlossen, haben aber keinen rechtlich bindenden Charakter – waren immer bedeutender als rechtliche Regulierung. Gesetztes Recht sollte nach Ansicht von Arbeitgebern und Gewerkschaften lediglich die Tarifvereinbarungen schützen und stützen, nicht aber das Gesamtsystem umfassend regeln. Zuletzt wurden allerdings durch *New Labour* unter *Blair* auch zunehmend gesetzliche Regulierungen zum Schutz des Individualarbeitsverhältnisses getroffen.[1692]

1691 *Taylor,* Überblick, S. 73 f.; *Fulton,* ETUI-UK-Betriebliche Interessenvertretung, ETUI-UK-Unternehmensmitbestimmung sowie ETUI-UK-Europäische Interessenvertretung (ETUI-UK-BI, ETUI-UK-MB, ETUI-UK-EI) unter http://www.worker-participation.eu/National-Industrial-Relations/Countries/United-Kingdom; *Wilson, United Kingdom: Industrial relations profile* (z.T. 18.04.2013), bei Eiro online unter http://www.eurofound.europa.eu/eiro/country/united.kingdom.htm (englisch).

1692 *Wilson,* (oben Fn. 1691), Abschnitt *Background,* konstatiert darum *„As of 2012, the UK system of industrial relations would appear to exhibit a mixture of characteristics."*

Pointiert heißt es auch: *„Kollektivvereinbarungen sind freiwillige Mittel auf Ehrenbasis“.*[1693] Allerdings werden die entsprechenden Vereinbarungen gewöhnlich in den individuellen Arbeitsvertrag übernommen und sind dann auch rechtlich durchsetzbar.

Die Arbeitnehmerbeteiligung hat im Vereinigten Königreich keinerlei Tradition. Rein rechtlich ist die Unternehmensleitung ausschließlich dem Wohl der Anteilseigner verpflichtet, so dass schon deshalb kein wirkliches Bedürfnis für Arbeitnehmervertreter beim Betrieb des Unternehmens gesehen wird.

Erst durch die Umsetzung der europäischen Richtlinien wurden die Unternehmen in bestimmten Bereichen zu Unterrichtung und Anhörung verpflichtet. Dies betrifft nahezu ausschließlich diejenigen Fragen, die sich direkt und unmittelbar auf die Beschäftigung, auf Massenentlassungen und auf Privatisierungen beziehen.

Da es dauerhafte verpflichtende Gremien nicht gibt, werden die entsprechenden Befugnisse meist von den lokalen Gewerkschaftsvertretungen wahrgenommen. Diese sind aber in der gelebten Praxis nicht gleichermaßen verbreitet, so dass in vielen britischen Betrieben keinerlei regelmäßige Arbeitnehmervertretung besteht.

Die Unternehmensmitbestimmung wird derzeit nicht einmal bei den Gewerkschaften thematisiert. Die Arbeitgeber stehen diesem Konzept gänzlich ablehnend gegenüber, ihre Einführung im Zusammenhang mit der SE bewerteten sie als *„nicht vereinbar mit der britischen Unternehmenskultur“* (*Taylor*). Auch die britischen Regierungen, gleich welcher politischen Couleur, weisen entsprechende Ansätze stets zurück.

3. Organisationsverfassung der Kapitalgesellschaften

Großbritannien vertritt das monistische Organisationsmodell. Ursprünglich beruht das britische Gesellschaftsrecht auf einer vergleichsweise schlanken gesetzlichen Regelung, die ihrerseits aber umfassend durch Richterrecht weiterentwickelt wurde. Es galt im gesamten britischen Einflussbereich, inklusive der Kronkolonien, und hatte insoweit Vorbildfunktion für eine Vielzahl weiterer Staaten. Generell erlaubt es viele individuelle Gestaltungen durch entsprechende Satzungsregelungen. Zuletzt wurde es umfangreich überarbeitet. Es enthält nunmehr u.a. ausdrückliche Kodifizierungen verschiedener zuvor lediglich richterrechtlicher *common law principles* und führte neue Regelungen für die Gesellschaften ein.

Maßgebliche Rechtsquelle ist der *Companies Act 2006* – offizielle Langbezeichnung *Companies Act 2006 Chapter 46 – An Act to reform company law and restate the greater part of the enactments relating to companies; to make other provision re-*

1693 *„Collective agreements are voluntary instruments that are binding ‚in honour only“*; *Wilson*, (oben Fn. 1691), Abschnitt *Collective bargaining*.

lating to companies and other forms of business organisation; to make provision about directors' disqualification, business names, auditors and actuaries; to amend Part 9 of the Enterprise Act 2002; and for connected purposes. [8th November 2006].[1694] Das Gesetzeswerk ist mit ca. 1.300 Normen nebst diverser Anhänge für angelsächsische Verhältnisse äußerst umfangreich. Dies beruht neben den bereits erwähnten Ergänzungen u.a. darauf, dass hier die Regelungen des *Companies Act 1985*, des *Companies Act 1989* und des *Companies (Audit, Investigations and Community Enterprise) Act 2004* zusammengefasst wurden. Da er beträchtliche Änderungen vorsah, wurde er über einen Zeitraum von drei Jahren in Teilstücken in Kraft gesetzt. Im Wesentlichen abgeschlossen wurde die Einführung zum Oktober 2009.[1695] Mit dem *Companies Act 2006* wurde der Fokus auf Flexibilisierung und Vereinfachung, insbesondere für kleine und mittlere Unternehmen gelegt.[1696]

Als Gesellschaftsformen, deren Kapital in Anteile zerlegt ist, stehen ausschließlich Aktiengesellschaften zur Verfügung (*companies*). Diese haben entweder einen privaten oder einen öffentlichen Charakter und werden dann als *private companies* und *public companies* bezeichnet.[1697] Mit dem *Companies Act 2006* wurde die *private company* zum gesellschaftsrechtlichen Grundmodell.

Die *private companies* sind solche, deren Anteile nach ihrer Satzung nicht öffentlich angeboten werden können. Traditionell war ihre Mitgliederzahl nach oben auf eine Höchstzahl begrenzt, mit der Neuregelung ist diese Beschränkung weggefallen.

Größeren Gesellschaften, die ihre Anteile öffentlich anbieten wollen, was dann in der Regel über Börsen geschieht, steht die Form der *public company* offen. Das ist aber kein Automatismus. So muss eine *public company* keineswegs zwangsläufig

---

1694 Im Folgenden *ukCA*. Der konsolidierte Text ist abrufbar unter http://www.legislation.gov.uk/ukpga/2006/46/contents. Allgemein muss bezüglich des britischen Rechtssystems zwischen den einzelnen Landesteilen (England, Wales, Schottland, Nordirland) unterschieden werden. Der *Companies Act 2006* findet aber im Wesentlichen im gesamten Vereinigten Königreich gleichermaßen Anwendung, für die Details vgl. die *Explanatory Notes* des Wirtschaftsministeriums, damalige Bezeichnung *Department of Trade and Industry – DTI*, inzwischen *Department for Business, Innovation and Skills – BIS*, Rubrik *Territorial Extent and Devolution*, unter http://www.legislation.gov.uk/ukpga/2006/46/notes/division/5. Instruktiv zum ukCA auch die Darstellung bei der Registerbehörde *Companies House* unter http://www.companieshouse.gov.uk/companiesAct/companiesAct.shtml (alle englisch).

1695 Derzeit ist die Einführung von drei kleineren Abschnitten aufgeschoben worden, für einen aktuellen Überblick vgl. die Informationen unter http://www.bis.gov.uk/policies/business-law/company-and-partnership-law/company-law/company-law-faqs/company-law-what-is-in-force (englisch).

1696 Vgl. dazu statt vieler die Darstellung beim *Companies House* unter http://www.companieshouse.gov.uk/infoAndGuide/compLawReform.shtml (englisch).

1697 Sec. 4 ukCA, für die hauptsächlichen Unterschiede zwischen beiden vgl. Sec. 4 Abs. 4 i.V.m. Sec. 755 ff. ukCA.

über einen großen Gesellschafterkreis verfügen oder ihre Anteile über die Börsen anbieten, es ist ihr lediglich möglich. Falls sie diese Option zieht wird sie als *listed company* bezeichnet. Für sie bestehen vor allem weitergehende Informationspflichten.

Die rechtlichen Unterschiede zwischen *private* und *public companies* (mit Ausnahme der *listed companies*) sind vergleichsweise gering und vor allem technischer Natur.[1698] Auch deshalb werden beide Formen häufig nur als zwei verschiedene Ausprägungen einer einheitlichen Kapitalgesellschaft angesehen.[1699]

Die Haftung der Eigner kann durch die Satzung beschränkt werden.[1700] Gilt dies auf den Nennwert der Gesellschaftsanteile, die *shares*, wird dem Unternehmensnamen ein *limited by shares* (auch *Limited, Ltd.* oder *ltd.*) hinzugesetzt.[1701]

Funktional ähneln sich auf der einen Seite die *private company limited by shares* und die GmbH bzw. die „kleine" AG, auf der anderen Seite die *Public Limited Company* und die „große" AG. Etablierte Abkürzungen sind *Ltd.* bzw. *PLC.* Gängig ist statt der Langform *private company limited by shares* meist lediglich die Bezeichnung *Limited.*

Der *Limited* kommt eine nicht unbeträchtliche Modellwirkung im Hinblick auf Einfachheit und Praktikabilität zu.

Die Gründung einer *Company* erfolgt durch Eintragung der Gesellschaft in das jeweilige nationale Register (in Großbritannien *Companies House*).[1702] Einpersonengesellschaften sind möglich.[1703]

Die Satzung, das Gesetz verwendet den Terminus *constitutional documents*, besteht aus dem *memorandum of association*,[1704] in dem die notwendigen Angaben zur Gründung niedergelegt sind, und den *articles of association*,[1705] in denen das Innen-

1698 *Fulton*, Country Report UK, S. 127.

1699 *Siems/Rosenhäger/Herzog*, Der Konzern 2008, S. 393; *Lutter/Bayer/J. Schmidt*, EuropUR 2012, § 11, Rn. 8.

1700 Sec. 3 ukCA.

1701 Vgl. Sec. 59 ukCA; in Wales ist alternativ „*cyf.*" für „*cyfyngedig*" möglich.

1702 Sec. 16 ukCA.

1703 Sec. 7 Abs. 1, 123 ukCA.

1704 Sec. 8 uKCA; die Form wird geregelt in *Companies (Registration) Regulations 2008 (S.I. 2008/3014)*. Sie wurde stark vereinfacht und besteht im Wesentlichen nunmehr lediglich aus der Erklärung, dass jeder Unterzeichner beabsichtigt, ein Mitglied der zu gründenden Company zu werden und bereit ist, mindestens einen Anteil zu zeichnen. Insbesondere die Angabe des Unternehmensgegenstands ist nicht mehr erforderlich. Es dient nunmehr lediglich als „*historic document*"; vgl. dazu die *Explanatory Notes, Chapter 2, Articles of Association*, Nr. 65, abrufbar unter http://www.legislation.gov.uk/ukpga/2006/46/notes/division/5/9 (englisch).

1705 Sec. 18 ff. ukCA.

verhältnis bestimmt wird. Hierfür gelten bestimmte Formvorschriften; die haftungsbeschränkten Gesellschaften müssen bei der Registrierung ggf. weitere Dokumente vorlegen, insbesondere das *statement of capital and shareholdings*, das zuvor Teil des *memorandum* war.[1706] Für die verschiedenen Gesellschaftsformen bestehen Standardvorlagen, *model articles*, deren Vorgaben ggf. übernommen werden können, bzw. die bei etwaigen Lücken als Standardvorgabe gelten (in Großbritannien *Table A–F*). Insbesondere kleinere Gesellschaften, die keine Notwendigkeit für individuelle Anpassungen sehen und die insoweit „das Rad nicht neu erfinden müssen" (*Companies House*), können geschlossen auf die *model articles* zurückgreifen.[1707]

Organe sind die Gesellschafterversammlung (*general meeting* oder *assembly of shareholders*) [1708] und der Verwaltungsrat (*board of directors*), dem Leitung und Kontrolle des Unternehmens obliegen.

Der Verwaltungsrat wird von den Anteilseignern bestellt. Namentlich in größeren Gesellschaften wird er noch personal aufgeteilt in operativ geschäftsführende *executive directors* und eher beratende bzw. überwachende *non-executive directors*, die faktisch meist auch unterschiedliche Bezüge beziehen. Für die geschäftsführenden Verwaltungsratsmitglieder ist auch die Bezeichnung *Chief Officer* gebräuchlich.

Eine *public company* muss mindestens zwei Direktoren haben, in der *private company* genügt einer. Mindestens ein Direktor muss eine natürliche Person sein. Das Mindestalter ist mit der Reform auf 16 Jahre festgelegt worden.[1709]

Ggf. kommt noch der Schriftführer (*(company) secretary*) hinzu, dem in der Regel bestimmte Verwaltungsaufgaben obliegen, namentlich die Meldungen und Mitteilungen an das Handelsregister. Im Rahmen dieser Befugnisse kann er die Gesellschaft binden, darüber hinausgehend aber nur dann, wenn besondere Bevollmächtigungen bestehen. Der *secretary* ist für *private companies* nicht zwingend vorgeschrieben, bei der *PLC* aber aufgrund der umfangreicheren Berichtspflichten obligatorisch.[1710] Für ihn bestehen gewisse persönliche Anforderungen, z.B. muss es sich gewöhnlich um einen Buchhalter oder einen Rechtsanwalt handeln.[1711]

1706 Vgl. zu den Formvorschriften Sec. 9 ff. ukCA.

1707 Vgl. für die *Ltd.* Sec. 20 ukCA. Die *Companies Act 2006 model articles* sind abrufbar unter http://www.legislation.gov.uk/uksi/2008/3229/pdfs/uksi_20083229_en.pdf (englisch). Zu ihrer Anwendung und den erfolgten Änderungen vgl. *Companies Act 2006 final implementation – changes to constitutional documents, including model articles: a summary of what the new approach means*; abrufbar beim britischen Wirtschaftsministerium, dem *Department for Business, Innovation and Skills – BIS* unter http://www.bis.gov.uk/files/file53041.pdf (englisch).

1708 Zur Beschlussfassung vgl. Sec. 301 ff. ukCA.

1709 Sec. 154, 155 ukCA. Zum Mindestalter vgl. Sec. 157 Abs. 1 ukCA. Zu den allgemeinen Pflichten vgl. Sec. 170 ff. ukCA, zur zivilrechtlichen Haftung vgl. Sec. 178 ukCA.

1710 Sec. 270, 271 ukCA.

1711 Sec. 273 ukCA.

In einer *public company* muss mindestens einmal jährlich eine Gesellschafterversammlung einberufen werden (*Annual General Meeting, AGM*), bei einer *private company* besteht dieses Erfordernis nicht (mehr). Beschlüsse können nunmehr vereinfacht im Umlaufverfahren gefasst werden.[1712]

Ein Mindestkapital ist gesetzlich nur für die *PLC* vorgeschrieben, hier liegt es bei 50.000,– £ bzw. dem Äquivalent in Euro (ca. 60.000,– Euro). Für die *Ltd.* wird lediglich geregelt, dass jeder Anteil einen bestimmten Nominalwert haben muss.[1713]

4. Arbeitnehmerbeteiligung

a) Betriebliche Interessenvertretung

aa) Voraussetzungen

(1) Grundlagen

In Großbritannien besteht keine formale Rechtsgrundlage für eine regelmäßige Arbeitnehmerbeteiligung auf betrieblicher Ebene. Insbesondere Betriebsräte oder sonstige einheitliche Vertretungsgremien sind nicht vorgesehen.

An dieser grundsätzlichen Situation hat sich auch nichts durch die Umsetzung der Unterrichtungs- und Anhörungsrichtlinie geändert, da das betreffende Einführungsgesetz (kurz *ICE*)[1714] keine Bestimmungen über die Schaffung besonderer dauerhafter Strukturen für die Arbeitnehmervertretung enthält.

Allerdings wird auch berichtet, dass seit den 1980er Jahren die direkte Kommunikation zwischen Arbeitnehmern und Unternehmensleitung wie auch die direkte Arbeitnehmerbeteiligung zunehmend üblicher geworden sein soll.[1715]

Wenn eine indirekte Vertretung stattfindet, geschieht dies faktisch durch die lokalen Gewerkschaftsvertretungen. Allerdings ist dies an die Voraussetzung der Anerkennung durch den Arbeitgeber geknüpft (*recognition*). Erst wenn und soweit der Arbeitgeber zu Anhörung und Verhandlung mit der Gewerkschaft bereit ist, findet eine gewerkschaftliche Vertretung überhaupt statt. Die „Vertretungsreichweite" schwankt so zwischen Verhandlungen über Lohn und Arbeitsbedingungen einer-

---

1712 Sec. 336 ff. ukCA.

1713 Sec. 542 ukCA. Für die *PLC* vgl. Sec. 542 Abs. 3 UAbs. 2 i.V.m. Sec. 765, 761, 763 Abs. 1 ukCA.

1714 *Statutory Instruments 2004 No. 3426, Terms and Conditions of Employment, The Information and Consultation of Employees Regulations 2004 (ICE)*, unter http://www.legislation.gov.uk/uksi/2004/3426/contents/made (englisch).

1715 *Purcell/Hall, UK: EIRO CAR on „The effect of the Information and Consultation Directive on Industrial Relations in the EU Member States five years after its transposition"* (19.01.2011), unter http://www.eurofound.europa.eu/eiro/studies/tn1009029s/uk1009029q.htm (englisch).

seits und (bloßen) Disziplinarfragen und Einzelbeschwerden andererseits, das Spektrum ist also beträchtlich.

Den Gewerkschaftsvertretungen wurden grundsätzlich auch die Befugnisse aus der Unterrichtungs- und Anhörungsrichtlinie zugewiesen. Ggf. sind aber auch andere Gremien wählbar, hier vor allem eigenständige nicht-anerkannte Gewerkschaftsvertreter sowie beratende Ausschüsse, die sich gleichermaßen aus Arbeitgeber- und Arbeitnehmervertretern zusammensetzen. Wenn es aber keine anerkannten Gewerkschaften gibt, gibt es im Regelfall auch keine (sonstige) Arbeitnehmervertretung. Falls dem im Einzelfall doch so sein sollte, entscheidet der Arbeitgeber über deren Aufgaben und Befugnisse; so kann er nicht-gewerkschaftliche Sicherheitsbeauftragte zu Gesundheits- und Arbeitsschutz anhören.[1716]

Die Anerkennung durch den Arbeitgeber erscheint überdies relativ willkürlich, da sie beispielsweise nicht an die tatsächliche Durchsetzungsfähigkeit der Gewerkschaft gekoppelt wird. So können grundsätzlich auch absolute Minderheitsgewerkschaften „anerkannt" werden, die Schwelle hierfür liegt bei einer Vertretung von 10% der Arbeitnehmer in der relevanten unternehmerischen Einheit.

Seit November 2000 gilt aber eine gesetzliche Regelung, über die der Arbeitgeber für Betriebe mit mehr als 21 Beschäftigten zur Anerkennung der Gewerkschaft gezwungen werden kann.[1717] Hierzu müssen die Gewerkschaften vor einem unabhängigen Gremium, dem *Central Arbitration Committee (CAC)*, nachweisen, dass die Mehrheit der Beschäftigten einer bestimmten Verhandlungseinheit (***bargaining unit***; möglich sind Betrieb, Betriebsteil und mehrere Betriebe) von einer bestimmten Gewerkschaft vertreten werden will. Möglich ist dies durch den Nachweis, dass über die Hälfte der Beschäftigten in der betroffenen Verhandlungseinheit Mitglieder der betreffenden Gewerkschaft sind. Alternativ, indem bei einer Urabstimmung über die gewerkschaftliche Vertretung die fragliche Gewerkschaft die Unterstützung von der

1716 ETUI UK-BI, S. 1f. Vgl. im Einzelnen den *Health and Safety at Work etc. Act 1974*, unter http://www.legislation.gov.uk/ukpga/1974/37/contents (englisch).

1717 *Chapter VA* (Art. 70A–70C) i.V.m. *Schedule A1 (Collective Bargaining: Recognition)* des *Trade Union and Labour Relations (Consolidation) Act 1992*, konsolidierte Fassung abrufbar unter http://www.legislation.gov.uk/ukpga/1992/52/contents (englisch), dort insbesondere Sec. 2 Abs. 2 (Verhandlungseinheit), Sec. 7 Abs. 1 (a), 3 (Schwellenwert, Einbeziehung ausschließlich inländischer Beschäftigter), Sec. 11ff. (*CAC*-Verfahren zur Anerkennung, hier Sec. 14 Abs.5 zum 10%-Vertrertungswert für die Gewerkschaften), Sec. 29 Abs. 3 (40%-Schwellenwert), Sec. 52ff. (freiwillige Anerkennung), Sec. 64ff. (strukturelle Änderungen in der Verhandlungseinheit), Sec. 96ff. (Aberkennung, z.T. automatisch). Vgl. zur grundsätzlichen Freiwilligkeit weiter *The Trade Union Recognition (Method of Collective Bargaining) Order 2000*, abrufbar unter http://www.legislation.gov.uk/uksi/2000/1300/schedule/THE/made (englisch). Dort heißt es zum vorgegebenen Verhandlungsverfahren: *The specified method is not designed to be applied as a model for voluntary procedural agreements between employers and unions. Because most voluntary agreements are not legally binding and are usually concluded in a climate of trust and co-operation, they do not need to be as prescriptive as the specified method.*

Mehrheit der Beschäftigten bekommt, was mindestens 40% aller Beschäftigten in der Verhandlungseinheit entsprechen muss.

Das *CAC* ist eine öffentliche Körperschaft mit abgeleiteten Befugnissen. Die offizielle Bezeichnung hierfür lautet *non-departmental public body*, die gängige Abkürzung ist *quango*, was als Akronym für *quasi-autonomous non-governmental organisation* steht. Es soll nach gegenwärtigen Regierungsplänen mit dem *Certification Office* zusammengelegt werden.[1718]

Praktisch soll es meist zu einer Anerkennung ohne entsprechenden Entscheid durch das *CAC* kommen, sobald die Gewerkschaften die entsprechende Mitgliederzahl nachweisen können, da die Arbeitgeber der zwangsweisen Anerkennung entgehen wollen (*voluntary recognition*).
Nach lokalen Beobachtern sind zwischen November 2000, dem Inkrafttreten des Gesetzes, und Oktober 2005 insgesamt 1.110 Anerkennungen durch den Arbeitgeber erfolgt, in 90 Fällen geschah dies durch das *CAC*. Das Verfahren zur zwangsweisen Anerkennung wird von den Gewerkschaften zunehmend seltener bemüht; bis 2010/2011 gab es insgesamt nur 54 Fälle.[1719]

Durch die Umsetzung der Unterrichtungs- und Anhörungsrichtlinie hat sich an dieser allgemeinen Situation nur wenig geändert. Die diesbezüglichen britischen Umsetzungsvorschriften *ICE* wurden stufenweise eingeführt und sind insgesamt von einem hohen Grad an Flexibilität und geringer regulatorischer Dichte geprägt. Seit April 2008 erfassen sie Unternehmen mit mehr als 50 Arbeitnehmern.[1720]

Die dortigen Beschäftigten haben das Recht, mit ihrem Arbeitgeber eine Vereinbarung über Information und Konsultation auszuhandeln (*I&C agreement*), sofern noch kein entsprechendes System besteht (*pre-existing agreement, PEA*). Scheitert eine entsprechende Vereinbarung ist im *ICE* eine Auffangregelung vorgesehen (*standard information and consultation provisions*).[1721]

PEAs sind schriftliche Übereinkommen zu Unterrichtung und Anhörung außerhalb der Regularien des *ICE*, die alle Beschäftigten eines Unternehmens einbeziehen und von diesen gutgeheißen wurden (üblicherweise durch ein Abkommen mit den Arbeitnehmervertretern oder Belegschaftsabstimmung). Sie können auch alleine durch den Arbeitgeber gesetzt werden, sind dann aber nicht vor einem *I&C agreement* geschützt.[1722]

1718 Vgl. Regierungsmitteilung *Public Body Reform – Proposals for Change* (15.10.2010), abrufbar unter http://www.direct.gov.uk/prod_consum_dg/groups/dg_digitalassets/@dg/@en/documents/digitalasset/dg_191543.pdf (englisch). Eigendarstellung des *CAC* unter http://www.cac.gov.uk/ (englisch).

1719 ETUI-UK-BI, S. 1.

1720 Sec. 3 Abs. 1 (a) i.V.m. *Schedule* 1 *ICE*.

1721 Vgl. im Überblick die Darstellung bei der britischen Regierung unter http://www.direct.gov.uk/en/Employment/Employeeinformationandconsultation/index.htm, insbesondere Unterrubrik *Types of information and consultation arrangements* (englisch).

1722 *Purcel/Hall*, (oben Fn. 1715).

Das Verfahren kann entweder vom Arbeitgeber[1723] oder auf Antrag von (grundsätzlich) 10% der Beschäftigten eingeleitet werden, je nach Belegschaftsstärke mindestens aber deren 15 und maximal 2.500.[1724] Geschieht dies nicht, findet auch die Unterrichtung und Anhörung nicht statt. Bildhaft wird in diesem Zusammenhang bisweilen der Ausdruck „*trigger*" gebraucht (übersetzt „Auslöser", ursprünglich auch „Abzugshahn"). Falls das Verfahren eingeleitet wird, müssen Arbeitgeber und Arbeitnehmervertreter über ein bestimmtes Abkommen zu Unterrichtung und Anhörung verhandeln.[1725] Wenn es zu keiner diesbezüglichen Einigung kommen sollte bzw. wenn der Arbeitgeber die Verhandlungen trotz entsprechenden Antrags ablehnt wird nach der Auffangregelung ein Ausschuss gebildet.[1726] Die Ausschussmitglieder, eines pro 50 Beschäftigte und maximal 25, werden durch Urabstimmung der Gesamtbelegschaft gewählt.[1727]

Falls der Arbeitgeber die Anfrage der Arbeitnehmer nicht anerkennt, kann er sich an das *CAC* wenden.[1728]

Das *CAC* ist auch in sonstigen Streitfällen berufen, was aber vergleichsweise selten vorkommt. 2012 wurden drei Fälle entschieden; in den Jahren davor durchschnittlich sechs.[1729]

Wenn bereits ein Abkommen bestehen sollte (*PEA*), aber 40% oder mehr der Belegschaft dies wünschen, muss ein neues Abkommen ausgehandelt werden,[1730] allerdings grundsätzlich nicht vor Ablauf von drei Jahren.[1731]

In Großbritannien gab es im Jahr 2000 ca. 3,7 Mio. Unternehmen, von denen 2,5 Mio. Einzelunternehmen oder Partnerschaften ohne Angestellte waren. 1,2 Mio. waren haftungsbeschränkte Unternehmen, von denen wiederum mehr als 1 Mio. weniger als zehn Mitarbeiter beschäftigten, 170.000 hatten 10 bis 49 Mitarbeiter, 26.000 bis 249 und 7.000 hatten mehr als 250 Arbeitnehmer;[1732] es besteht also grundsätzlich durchaus ein gewisser Anwendungsbereich.

1723 Sec. 11 *ICE*.

1724 Sec. 7 *ICE*, für Betriebe unter 15 und über 2.500 Beschäftigte vgl. Abs. 3, zum Verfahren vgl. Abs. 4–9.

1725 Sec. 14 ff. *ICE*, zu den Mindestanforderungen insbesondere formeller Art vgl. Sec. 16 *ICE*.

1726 Sec. 18 ff. *ICE*, zur inhaltlichen Reichweite vgl. Art. 20 Abs. 1, 3 *ICE*.

1727 Sec. 19 i.V.m. *Schedule* 2 *ICE* (letzterer besteht aus 15 Einzelnormen).

1728 Sec. 13 *ICE*.

1729 Zu den letzten Entscheidungen *Hall, Information and consultation case highlights corporate complexity* (16.05.2013) unter http://www.eurofound.europa.eu/eiro/2013/03/articles/uk1303019i.htm (englisch).

1730 Für weniger als 40% vgl. Sec. 8 f. *ICE*.

1731 Sec. 12 *ICE*.

1732 Daten nach *Fulton*, Country Report UK, S. 126.

(2) Formen

Maßgebend sind also die anerkannten Gewerkschaftsvertretungen. Sofern es sie gibt, organisiert sich die Gewerkschaftsvertretung auf der betrieblichen Ebene je nach Gewerkschaft selbst. Je nach den internen Vorgaben muss die Wahl des betrieblichen Gewerkschaftsvertreters mitunter von einer höheren Gewerkschaftsebene bestätigt werden. Nach ihrem Selbstverständnis sind die Gewerkschaftsvertretungen ausschließlich „ihren" Gewerkschaftsmitgliedern und nicht etwa der Belegschaft insgesamt verpflichtet.

Die einzelnen Gewerkschaftsvertreter im Betrieb werden meist als *shop stewards* bezeichnet. Die nominelle Amtszeit der *shop stewards* liegt meist bei einem Jahr, faktisch bekleiden die Gewählten ihre Positionen aber für lange Zeit, da Wiederwahlen der Regelfall sind.

Üblich ist, dass die verschiedenen Arbeitsbereiche jeweils einen eigenen *shop steward* wählen, was keinesfalls immer geheim sondern oft durch schlichtes Handzeichen geschehen soll. In Industriebetrieben mit Mehrschichtbetrieb gibt es bisweilen für jeweils einzelne Schichten auch einzelne *shop stewards*.[1733] Die „Vertretungslandschaft" ist so recht zersplittert.

In größeren Betrieben schließen sich die verschiedenen *shop stewards* gewöhnlich zu einem gemeinsamen Gremium zusammen, dem *shop stewards' committee, SSC*. Dort wird in der Regel ein Sprecher gewählt, der *senior shop steward* oder *convenor*. Wo mehrere Gewerkschaften bestehen wird meist ein gemeinsamer Ausschuss gebildet (*joint shop stewards' committee, JSSC*, auch schlicht „Büro" genannt).[1734]

Teilweise besteht mit dem Arbeitgeber ein gemeinsamer beratender Ausschuss, *joint consultative committee, JCC*. Auch dieses Gremium beruht aber auf einer freiwilligen Vereinbarung und besteht keinesfalls in allen Unternehmen.

Nach Daten aus dem Jahr 2004 gab es in 29% der ihrerseits gewerkschaftlich vertretenen Betriebe auch ein *JCC*.[1735]

Auch betriebsübergreifende Vertretungsstrukturen existieren grundsätzlich nicht. Allenfalls auf freiwilliger Basis soll es auf Konzernebene zu Treffen von Arbeitnehmervertretern kommen, was dann gleichermaßen auf Initiative des Arbeitgebers wie derjenigen der Gewerkschaft beruht.[1736]

Im Jahr 2004 waren nach offiziellen Erhebungen in nur 30% der Betriebe mit mehr als 10 Beschäftigten Gewerkschaften anerkannt. Davon sollen immerhin 50%

1733 ETUI-UK-BI, S. 2.
1734 ETUI-UK-BI, S. 1 a.E.
1735 ETUII-UK-BI, S. 2.
1736 ETUI-UK-BI, S. 3.

aller Arbeitnehmer betroffen sein. Insbesondere in KMU sind Gewerkschaften aber außerordentlich selten.

Der gewerkschaftliche Organisationsgrad liegt nach einem Allzeithoch von 56,8% im Jahr 1980 derzeit bei ca. 26%, was in absoluten Zahlen ca. 7 Mio. Gewerkschaftsmitgliedern entspricht. Er ist im öffentlichen Bereich mit 56,5% signifikant höher als im privaten Bereich mit 14,1%.

Es gibt nur einen Dachverband, den *TUC (UK Trades Union Congress*, gegründet bereits 1868; in ihm sind nach Eigenangaben 58 Einzelgewerkschaften mit ca. 6,13 Mio. Mitglieder organisiert). Er hat allerdings keinerlei Verhandlungsbefugnisse; diese liegen viel mehr bei den ca. 180 Einzelgewerkschaften. Auf der Arbeitgeberseite steht vor allem die *CBI – Confederation of British Industry*, die nach Eigenangaben ca. 240.000 Unternehmen repräsentiert, aber ebenfalls kein allgemeines Verhandlungsmandat hat.[1737]

In KMU sind gerade einmal sieben Prozent aller Arbeitnehmer auch Gewerkschaftsmitglieder, verglichen mit zehn Prozent in mittelgroßen Unternehmen und 28 Prozent in Großbetrieben. Es dominierten direkte Kontakte zwischen der Unternehmensleitung und den Beschäftigten.[1738]

Ähnlich ungewöhnlich sind die *I&C agreements*. In der gelebten Praxis sind diese Abkommen insgesamt selten, allerdings in gewerkschaftlich vertretenen Betrieben immer noch häufiger als dort, wo die Gewerkschaften nicht anerkannt sind. In diesen soll bereits die 10%-Hürde eine beträchtliche Schwierigkeit darstellen, was darauf zurückgeführt wird, dass die Beschäftigten ihre Rechte nicht kennen oder nicht ausüben wollen würden.

Allerdings stehen selbst die Gewerkschaften den Unterrichtungs- und Anhörungsgremien nach der Richtlinie auch durchaus ambivalent gegenüber, da sie im Rahmen des Umsetzungsgesetzes *ICE* keinerlei Rolle spielen (dort nicht einmal erwähnt sind) und befürchten, dass die Arbeitgeber künftig nur noch mit diesen anderen Gremien verhandeln würden, was wiederum die Stellung der Gewerkschaften insgesamt unterminieren würde. Tatsächlich wurden auch einige Abkommen zur Unterrichtung und Anhörung geschlossen, um die Gewerkschaften aus dem Unternehmen heraus zu halten.

Insgesamt sollen nach Daten aus dem Jahr 2006 bei 150 eher gewerkschaftlich organisierten Unternehmen in lediglich 49 die Verfahren zu Unterrichtung und Anhörung überprüft, geändert oder neu gestaltet worden sein, in 22 wurden neue formale Abkommen geschlossen, was aber in 15 Fällen davon auf Initiative des Arbeitgebers geschah.

Selbst dort, wo sie eingeführt wurden, bestehen aber immer noch gravierende Abweichungen zwischen den Vorgaben aus der Richtlinie und der faktischen Umsetzung in den Betrieben. Anhörungen fänden überhaupt nur sehr selten vor einer unternehmerischen Entscheidung statt, noch seltener in einem zeitlichen Rahmen, der es den Arbeitnehmervertretungen ermöglicht, sich mit den entsprechenden Fragen eingehend zu befassen und eventuelle Alternativvorschläge zu unterbreiten. Informationen würden oft nur wenige Stunden vor der jeweils offiziellen Umsetzung erteilt. Stattdessen sähe die Unternehmensleitung den Zweck auch dezidierter Unterrichtungs- und Anhörungsgremien eher in der Bereitstellung eines Forums, in dem die Arbeitnehmer ihre Anliegen mit

---

1737 Vgl. *Wilson*, (oben Fn. 1691), Abschnitte *Main Actors, Trade unions, Employers' organisations.*

1738 Vgl. dazu die Daten bei ETUI-UK-BI, S. 1 sowie *Small and Medium-sized Enterprises: Findings from the 2004 Workplace Employment Relations Survey*, insbes. S. 44 ff., abrufbar unter http://www.bis.gov.uk/files/file31580.pdf (englisch). Eine neuere Erhebung (*Sixth Workplace Employment Relations Survey 2011*) wurde bis zum Juni 2012 durchgeführt. Die Ergebnisse sollen im Winter 2013/2014 publiziert werden; vgl. Darstellung unter http://www.bis.gov.uk/policies/employment-matters/research/wers/wers2011 (englisch).

der Unternehmensleitung erörtern könnten und in dem die Arbeitnehmervertreter etwaige Problempunkte bei unternehmerischen Maßnahmen nach vorheriger Diskussion mit ihren Wählern vorbringen könnten. Diese Beteiligungsform weicht zwar von den Vorgaben der Richtlinie ab, stellt jedoch im Rahmen der *PEAs* und vereinbarten Beteiligungen eine zulässige Verfahrensweise dar.[1739]
Vor diesem Hintergrund erachten sowohl Arbeitgeber als auch Gewerkschaften die britische Umsetzung der Unterrichtungs- und Anhörungsrichtlinie als *„Rohrkrepierer“*.[1740]

bb) Befugnisse

(1) Beteiligung

Die Hauptaufgabe der Gewerkschaftsvertretungen liegt neben der Interessenvertretung ihrer Mitglieder gegenüber dem Arbeitgeber in den Tarifverhandlungen, die in Großbritannien hauptsächlich auf betrieblicher Ebene stattfinden. Hierbei geht es vor allem um Lohnfragen und die Regelung der Arbeitsbedingungen. Ist die Gewerkschaft anerkannt, muss der Arbeitgeber sie über für die Verhandlungen bedeutende Faktoren wie z.B. die Lohnstrukturen, informieren. Weiterhin werden sie im Fall von Massenentlassungen und Unternehmensverkäufen angehört.[1741]

Ggf. stehen in erster Linie ihnen auch die Befugnisse aus der Unterrichtungs- und Anhörungsrichtlinie zu. Inhaltlich geht das Umsetzungsgesetz aber nicht über den durch die Richtlinie vorgegebenen Umfang hinaus. Es sieht grundsätzlich vor, dass der Arbeitgeber (bei deren Bestehen) die Gewerkschaftsvertretungen unterrichten und konsultieren muss. In Betrieben ohne Gewerkschaftsvertretung oder solchen, in denen nicht alle Arbeitnehmer durch die entsprechende Gewerkschaft repräsentiert werden, obliegt dies entweder anderen bereits existierenden Arbeitnehmervertretern oder es werden extra für diesen Zweck eigene Vertreter gewählt. Das entsprechende Gremium ist dann über die grundsätzliche Geschäftsentwicklung, etwaige Veränderungen und erwartete Entwicklungen bei der Beschäftigung zu informieren.[1742]

(2) Ausstattung und Kündigungsschutz

Zur Wahrnehmung ihrer Aufgaben haben die Vertreter der anerkannten Gewerkschaften auch einen Anspruch auf „angemessene“ bezahlte Freistellung und zur

1739 ETUI-UK-BI, S. 1; *Purcell/Hall,* (oben Fn. 1715).

1740 *„Both organisations* [= *CBI – Confederation of British Industry* und *TUC – Trades Union Congress*, Anm. d. Verf.] *see the ICE Regulations as something of a ‘damp squib’“*, *Purcell/Hall,* (oben Fn. 1715, Abschnitt *Views of the social partners).*

1741 ETUI-UK-BI, S. 2; *Wilson,* (oben Fn. 1691), Abschnitte *Trade unions, Workplace representation*; *Purcel/Hall,* (oben Fn. 1715).

1742 Vgl. Sec. 20 *ICE*, insbesondere die Aufzählung in Abs. 1 sowie Abs. 3. Zur Reichweite der Unterrichtung vgl. Sec. 25 f. *ICE*. Vgl. ferner *Fulton*, Country Report UK, S. 128 ff.

Teilnahme an Schulungen.[1743] Allerdings kann der Arbeitgeber die Freistellungszeit verweigern, wenn sie zu häufig oder zu einem ungünstigen Zeitpunkt in Anspruch genommen wird.

Besteht keine anerkannte Gewerkschaft, fehlt auch der Freistellungsanspruch, außer für die Wahrnehmung der gesetzlichen Rechte im Zusammenhang mit der ggf. notwendigen Unterrichtung. Ein gesetzlicher Anspruch auf die Ausstattung mit Sachmitteln besteht bis auf Ausnahmefälle nicht, allerdings wird er allgemein durch einen Verhaltenskodex anerkannt (sog. *ACAS Code of Practice – Time off for trade union duties and activities*).[1744]

ACAS, kurz für *Advisory, Conciliation and Arbitration Service*, ist wie das *CAC* eine quasi-autonome öffentliche Körperschaft mit abgeleiteten Befugnissen. Seine Aufgabe ist die Verbesserung der Arbeitsbeziehungen, er beruht seinerseits im Wesentlichen auf dem *Trade Union Act 1992*.[1745]

Besondere Kündigungsschutzgesetze für die Arbeitnehmervertreter bestehen nicht. Allerdings darf ein Gewerkschaftsmitglied nicht aufgrund seiner Mitgliedschaft oder seiner gewerkschaftlichen Aktivitäten benachteiligt oder entlassen werden.[1746]

cc) Vertretung auf supranationaler Ebene

Die britischen Mitglieder eines Besonderen Verhandlungsgremiums bei EBR bzw. SE (*special negotiating body*) werden von einem Gremium bestimmt, das die gesamte Belegschaft vertritt, sich ausschließlich aus gewählten Belegschaftsvertretern zusammensetzt und dem normalerweise die Wahrnehmung der Unterrichtungs- und Anhörungsbefugnisse obliegt. Existiert eine solche Vertretung nicht, werden sie von der Gesamtbelegschaft gewählt. Letzteres stellt den Regelfall dar, da die entsprechenden Ausschüsse praktisch selten sind. Externe Gewerkschaftsvertreter sind wählbar, sofern die Unternehmensleitung dem zustimmt bzw. die Gewerkschaft anerkennt.

Wird ein EBR nach der Auffangregelung eingerichtet, können die Arbeitnehmervertreter dessen Mitglieder bestimmen, auch wenn diese Vertreter nicht von der

1743 Sec. 27 f. *ICE*, Sec. 168 ff. *Trade Union and Labour Relations (Consolidation) Act 1992*, Sec. 43 *Employment Act 2002*.

1744 ETUI-UK-BI, S. 2 a.E. §§ 46 ff. ACAS-Code (Januar 2010), abrufbar unter http://www.acas.org.uk/CHttpHandler.ashx?id=274&p=0 (englisch).

1745 Vgl. zur Funktion Sec. 209 ff., zu den *Codes of Practice* Sec. 199 ff. *Trade Union Act 1992*.

1746 Sec. 146 ff., 152 ff. *Trade Union and Labour Relations (Consolidation) Act 1992*. Allgemein zur Kündigungen und Disziplinarmaßnahmen *Schedule 2 Employment Act 2002* sowie *ACAS Code of Practice – Discipline and grievances at work* (Mai 2012), unter http://www.acas.org.uk/media/pdf/s/o/Acas-Guide-on-discipline-and-grievances_at_work_(April_11)-accessible-version-may-2012.pdf (englisch).

Gesamtbelegschaft gewählt worden sein sollten. Gewerkschaftsvertretungen allerdings müssen die gesamte Belegschaft vertreten. Wählbar sind dann nur Beschäftigte des Unternehmens.

Bei der SE sieht das Umsetzungsgesetz für die britischen Arbeitnehmervertreter im Leitungsgremium nur vor, dass das SE-Arbeitnehmervertretungsorgan das Recht haben soll, die Board-Mitglieder zu wählen, zu ernennen, zu empfehlen oder die Ernennung abzulehnen, ferner billigt es ihnen die gleichen Rechte und Pflichten wie den übrigen Mitgliedern des Gremiums zu. Spezifische britische Regelungen bestehen nicht.[1747]

b) Unternehmensmitbestimmung

In Großbritannien besteht nicht einmal auf staatlicher Ebene ein Recht auf Beteiligung der Arbeitnehmer in den Leitungsgremien.

Eine entsprechende Tradition fehlt nahezu völlig. Zwar wurde die Einführung der Unternehmensmitbestimmung durchaus wiederholt thematisiert, vor allem in den 1970er Jahren, zu tatsächlichen Maßnahmen kam es jedoch nie.

Auch die supranationalen Entwicklungen gaben keinen Anstoß. Die Einführung der Mitbestimmung auf Leitungsebene im Zusammenhang mit der SE wurde von den Gewerkschaften augenscheinlich kaum zur Kenntnis genommen. Nur die britischen Arbeitgeber wandten sich generell gegen die SE-RL. Diese schaffe einen *„außerordentlich wenig hilfreichen Präzedenzfall“*, Arbeitnehmervertreter im Leitungsgremium entsprächen nicht der britischen Unternehmenskultur. Die britische Regierung (damals *New Labour* unter Führung von *Blair*) zeigte sich an der Frage ebenfalls nur mäßig interessiert, betonte stattdessen im Zuge der Beratungen, dass das rechtliche Rahmenwerk für die SE ein Maximum an Flexibilität bereithalten sollte.[1748] In eine ähnliche Richtung geht wohl auch die Forderung des damaligen Oppositionsführers (und nunmehrigen Premierministers) *Cameron*, der sich im November 2009 für ein britisches *„opt-out“* vom EU-Arbeitsrecht stark machte.[1749]

1747 ETUI-UK-EI, S. 1. Zum EBR vgl. *The Transnational Information and Consultation of Employees (Amendment) Regulations 2010*, abrufbar unter http://www.legislation.gov.uk/uksi/2010/1088/contents/made sowie *BIS – The Transnational Information and Consultation of Employees (Amendment) Regulations 2010* (April 2010), unter http://www.bis.gov.uk/assets/biscore/employment-matters docs/10-888-transnational-information-consultation-regulations-2010-guidance, zur SE Art. 13 f. *The European Public Limited-Liability Company (Employee Involvement) (Great Britain) Regulations 2009*, insbesondere *Schedule Standard Rules on Employee Involvement*, unter http://www.legislation.gov.uk/uksi/2009/2401/contents/made (alle englisch).

1748 Vgl. *Fulton*, Country Report UK, S. 131 (*“... the precedent, that it set was ‘extremely unhelpful’.“*). Zur generellen Zurückhaltung vgl. auch *Schulten/Zagelmeyer*, EIRO 1998, S. 16.

1749 *Hall, Conservative Party seeks new UK opt-out from EU employment legislation* (17.12.2009), abrufbar unter http://www.eurofound.europa.eu/eiro/2009/11/articles/uk0911039i.htm (englisch).

Daneben votierte *Cameron* für ein *„complete opt-out"* von der Grundrechtecharta. Zwar dürfte es sich vor allem um politisch motivierte Erklärungen handeln, deren tatsächliche Umsetzung in dieser Vehemenz (und deren anschließender Vereinbarkeit mit EU-Recht) durchaus zweifelhaft sind, jedoch veranschaulichen sie definitiv einen Standpunkt, mit dem man sich im Zuge eines weiteren Angleichungsprozesses auseinandersetzen müsste.

Aktuell steht die Mitbestimmung also weder auf der (politischen wie gewerkschaftlichen) Agenda, noch wird sie praktisch gelebt. Sehr ausnahmsweise soll es eine Mitbestimmung bei solchen Unternehmen geben, die (vollständig) im Besitz der Belegschaft sind,[1750] sowie bei zwei öffentlichen Buslinien.[1751] Diese Einzelfälle dürften aber kaum einen allgemeinen Trend verkörpern.

5. Zusammenfassung

- Großbritannien vertritt das monistische Modell. Eine Arbeitnehmerbeteiligung findet ausschließlich auf betrieblicher Ebene durch lokale Gewerkschaftsvertretungen statt, setzt aber deren vorherige Anerkennung durch den Arbeitgeber voraus. Die Anerkennung ist seit dem Jahr 2000 unter gewissen Voraussetzungen in Betrieben mit mehr als 21 Beschäftigten rechtlich durchsetzbar. Verpflichtende Betriebsräte und betriebsübergreifende Strukturen bestehen nicht. In Betrieben mit mehr als 50 Beschäftigten können Arbeitnehmervertreter für Unterrichtung und Anhörung gewählt werden, die dann die Befugnisse aus den Richtlinien genießen. Auf freiwilliger Grundlage sind, der britischen voluntaristischen Tradition entsprechend, weitere Gremien möglich, aber praktisch selten. Eine Unternehmensmitbestimmung ist selbst im staatlichen Sektor nahezu gänzlich unbekannt, sie existiert ausschließlich in einigen wenigen Einzelfällen

1750 ETUI-UK-MB, S. 1 bezeichnet eine *„tiny handful of exceptions"*, freilich ohne nähere Angaben. In der Literatur findet sich als einziges Beispiel die Einzelhandelskette *John Lewis Partnership PLC*, das drittgrößte private Unternehmen im Vereinigten Königreich mit ca. 68.000 Mitarbeitern.

1751 *Fulton*, Country Report UK, S. 129. Hierbei handelt es sich um *Nottingham City Transport* und *Lothian Buses plc*, beide befinden sich (nahezu) vollständig im Besitz der jeweiligen lokalen Kommunen. Bei *Nottingham* sitzen zwei Arbeitnehmervertreter im *Board*, die alle zwei Jahre von der Gesamtbelegschaft gewählt werden und dem *JSCC* berichtspflichtig sind. Zudem besteht dort ein *JCC*, in dem sich die Gewerkschaft nach jeder Verwaltungsratssitzung mit der Unternehmensleitung trifft. Bei *Lothian Buses* sitzt ein Arbeitnehmervertreter im *Board*, der von der Gesamtbelegschaft maximal zwei Mal für jeweils drei Jahre gewählt werden kann, er erhält das normale Gehalt plus der Entlohnung eines *non-executive directors*. *Fulton* macht jedoch keine Angaben dazu, auf welchen rechtlichen Grundlagen dies beruht. Insoweit dürfte von freiwilligen Vereinbarungen auszugehen sein. Für *Lothian* vgl. den Jahresbericht 2009, S. 5, abrufbar unter http://lothianbuses.com/images/stories/pdf_downloads/Consolidated_Statutory_Accounts_2009.pdf (englisch).

auf freiwilliger Grundlage. Ihre Einführung wird weder von den Arbeitgebern noch von den Gewerkschaften gewünscht.

- Die Arbeitnehmervertretung auf betrieblicher Ebene erfolgt durch lokale Gewerkschaftsvertretungen, die nach ihrem Selbstverständnis ausschließlich die Interessen ihrer jeweiligen Mitglieder vertreten (*shop stewards*). Instrument hierzu sind Tarifvereinbarungen, die auf unternehmerischer Ebene geschlossen werden, hauptsächlich aber Fragen der Entlohnung betreffen. In der Regel werden für jeden einzelnen Arbeitsbereich eigene *shop stewards* gewählt, die sich ggf. im Betrieb zusammenschließen. Auf freiwilliger Ebene gibt es gelegentlich gemeinsame Ausschüsse mit dem Arbeitgeber (*JCC*).
- Arbeitnehmer in Betrieben mit mehr als 50 Beschäftigten haben das Recht, mit ihrem Arbeitgeber eine Vereinbarung über Information und Konsultation auszuhandeln (*I&C agreement*), sofern noch kein entsprechendes System besteht (*pre-existing agreement, PEA*). Scheitert eine entsprechende Vereinbarung, ist im Umsetzungsgesetz *ICE* eine Auffangregelung vorgesehen (*standard information and consultation provisions*). Nach dieser wird ein Ausschuss gebildet, wenn es zu keiner diesbezüglichen Einigung kommen sollte bzw. wenn der Arbeitgeber die Verhandlungen trotz entsprechenden Antrags ablehnt. Die Ausschussmitglieder, eines pro 50 Beschäftigte und maximal 25, werden durch Urabstimmung der Gesamtbelegschaft gewählt. Das Verfahren kann entweder vom Arbeitgeber oder auf Antrag von (grundsätzlich) 10% der Beschäftigten, mindestens aber deren 15 und maximal 2.500, eingeleitet werden; geschieht dies nicht, findet auch die Unterrichtung und Anhörung nicht statt.

II. Irland[1752]

1. Übersicht

In Irland gibt es kein gesetzliches System für eine ständige Arbeitnehmervertretung, allenfalls existieren betriebliche Gewerkschaftsvertretungen, insbesondere im öffentlichen Bereich. Hier gibt es auch gesetzliche, betriebsratsähnliche Vertretungs-

1752 *Taylor*, Überblick, S. 74; *O'Kelly/Compton*, Country Report IRL, S. 56 ff.; *Fulton*, ETUI-IRL-Betriebliche Interessenvertretung, ETUI-IRL-Unternehmensmitbestimmung sowie ETUI-IRL-Europäische Interessenvertretung (ETUI-IRL-BI, ETUI-IRL-MB, ETUI-IRL-EI) unter http://www.worker-participation.eu/National-Industrial-Relations/Countries/Ireland; *Farrelly, Ireland: Industrial relations profile* (z.T. 18.04.2013), bei Eiro online unter http://www.eurofound.europa.eu/eiro/country/ireland.htm sowie die Darstellung beim irischen Ministerium für Arbeit, Unternehmen und Innovation, *Department of Jobs, Enterprise and Innovation – DJEI* [= offizielle Bezeichnung seit 2011, davor kurz *DETI*] unter http://www.djei.ie/employment/industrialrelations/index.htm (englisch).

strukturen für Unterrichtung und Anhörung, so genannte *sub-board-structures*, die auf freiwilliger Ebene bisweilen auch im privaten Bereich vorkommen und dann zusätzlich zu den Gewerkschaftsvertretungen bestehen. Zudem sind weitere abweichende Gestaltungen auf freiwilliger Basis möglich. Die weitaus meisten irischen Arbeitnehmer werden praktisch aber entweder durch die Gewerkschaft oder gar nicht vertreten.

Eine Mitbestimmung auf Unternehmensebene besteht nur in einigen wenigen Unternehmen im staatlichen Sektor. Durch Privatisierungen ist sie zunehmend weniger verbreitet.

2. Hintergrund

Das Rechtssystem der Republik Irland ist vom angelsächsischen *common law* und der richterlichen Rechtsfortbildung geprägt, verfügt allerdings im Gegensatz zum Vereinigten Königreich über eine geschriebene Verfassung (*Bunreacht na hÉireann*). Die Tradition ist daher ähnlich wie in Großbritannien ausgesprochen voluntaristisch, namentlich auch im Bereich der Arbeitsbeziehungen.

Wirtschaftlich machte Irland ab den 1980er Jahren eine rasante Entwicklung durch, die ihm in den 1990ern den Beinamen „Keltischer Tiger" einbrachte. Zunehmend lag der Schwerpunkt auf wissensbasierten Dienstleistungen und Hochtechnologie. 2002 wurde der Euro eingeführt; als einziges englischsprachiges Land in der Eurozone konnte es vor allem Investoren aus Nordamerika anziehen. Der wirtschaftliche Boom führte zu einer Einwanderungswelle von Arbeitskräften, vor allem aus Osteuropa.

Mit dieser Entwicklung wandelten sich auch die Arbeitsbeziehungen, weg von einer gegensätzlichen Kultur hin zum Konsens. Arbeitgeber, Gewerkschaften und die Regierung initiierten ab Ende der 1980er Jahren eine Reihe von nationalen Programmen, die sich mit sozialen und wirtschaftlichen Fragestellungen befassten (*social partnership*). In der Folge sollten auch Streitigkeiten möglichst nicht durch die Gerichte beigelegt werden, sondern der Lösung durch die betroffenen Parteien selbst offen stehen, ggf. assistiert durch eine tripartit besetzte staatliche Stelle (*Labour Relations Commission*).

Auch bei den Tarifvereinbarungen wird generell die grundsätzliche voluntaristische Ausrichtung betont. Es bestehe ein allseitiges Einverständnis, dass die Arbeitsbedingungen durch kollektive Vereinbarung zwischen Arbeitgebern und Arbeitnehmern, bzw. ihren jeweiligen Organisationen, festgelegt werden sollen, ohne staatliche Intervention.[1753]

1753 *DJEI*; Rubrik *Industrial Relations Legislation*, unter http://www.djei.ie/employment/industrialrelations/work.htm#_Industrial_Relations_Legislation (englisch).

Ursprünglich fanden die entsprechenden Verhandlungen auf nationaler Ebene statt. Im Zuge der Wirtschafts- und Finanzkrise wollte die irische Regierung jedoch im Jahr 2009 massive Einsparungen im öffentlichen Sektor durchsetzen, denen sich die Gewerkschaften aber verschlossen. Mit dem Abbruch der Gespräche soll auch ein Ende der zentralen Tarifvereinbarungen insgesamt einhergehen, wovon auch der private Sektor betroffen sein soll. Hier beklagten die Gewerkschaften aber fehlende Erfahrung und damit einhergehende Nachteile. Die nationalen Dachverbände von Arbeitgebern und Arbeitnehmern schlossen darum 2010 eine das Verfahren regelnde Vereinbarung, das *IBEC and ICTU National Protocol for the Orderly Conduct of Industrial Relations and Local Bargaining in the Private Sector.*[1754] Zuletzt sollen Tarifvereinbarungen darauf aufbauend zunehmend auf Unternehmensebene geschlossen werden.

Dessen ungeachtet werden insbesondere die individuellen Arbeitsbeziehungen zunehmend gesetzlich reguliert. Die Gesetze dienen dann auch der Beilegung von individuellen Konflikten, was eine Abkehr vom traditionellen Modell der „ausgehandelten Lösung" bedeutet. Diese zunehmende Kodifizierung der Arbeitsbeziehungen wird von manchen Beobachtern bereits als *„schrittweise Erosion des Voluntarismus und des Kollektivismus"* wahrgenommen.[1755]

Insgesamt hat das gemeinsame Konsensstreben also durch die jüngeren Entwicklungen im Zuge der Finanz- und Wirtschaftskrise einen beträchtlichen Dämpfer erlitten. Das Programm der *social partnership*, im Laufe der Zeit ohnehin immer weiter zerfasert in verschiedenste Initiativen, Untergruppen und Komitees, brach vollends zusammen. Namentlich die Gewerkschaften sehen sich inzwischen in einem *„besonders feindlichen Umfeld"*. Befürchtet wird daher, dass sie eine „Belagerungsmentalität" entwickeln würden, die jedweden Konsens noch schwieriger macht. Gleichwohl soll die Rezession bekämpft werden. Um insbesondere ausländische Investoren zu halten bzw. neue anzuziehen liegt ein strategischer Schwerpunkt der Regierung hierbei auf Flexibilität und Wettbewerbsfähigkeit, auch und insbesondere bei den industriellen Beziehungen. Jüngst wird auch eine Wiederbelebung des tripartiten Dialogs diskutiert.[1756]

1754 Vgl. *Labour Relations Commission*, Annual Report 2009, S. 10 ff., unter http://www.lrc.ie/documents/2010/annualreport.pdf und *dies.*, *Strategic Plan 2011-2013*, S. 7 f., unter http://www.lrc.ie/documents/2010/strategic.pdf (beide englisch). Zum öffentlichen Sektor, ebd., S. 8 ff.

1755 *Farrelly*, (oben Fn. 1752), Abschnitt *Industrial relations context („gradual erosion of voluntarism and collectivism and growing legislation of the employment relationship")*.

1756 *Labour Relations Commission, Strategic Plan 2011-2013*, S. 9, 12 f. unter http://www.lrc.ie/documents/2010/strategic.pdf; *Taoiseach* [= Titel des irischen Premierministers und Regierungschefs, wörtlich bedeutet er in etwa „Häuptling", Anm. d. Verf.], *Towards 2016 – Ten Year Framework Social Partnership Agreement 2006–2015*, S. 17 f., 80 ff., 92 ff., unter http://www.taoiseach.gov.ie/attached_files/Pdf%20files/Towards2016PartnershipAgreement.pdf, zu den anvisierten tripartiten Gesprächen *Sheehan, Social partnership system under the spotlight* (03.04.2013) unter http://www.eurofound.europa.eu/eiro/2013/02/articles/ie1302019i.htm (alle englisch).

3. Organisationsverfassung der Kapitalgesellschaften

Irland vertritt das monistische System. Maßgebliche Rechtsquellen sind noch die insgesamt sechzehn Gesellschaftsgesetze, *Companies Acts 1963–2012*.[1757]

Ähnlich wie in Großbritannien sehen diese für die Kapitalgesellschaft (*company*) auch hier zwei gesellschaftsrechtliche Grundtypen vor, die *private company* und die *public company*. Grundsätzlich kann eine *company* von mindestens sieben, eine *private company* bereits von mindestens zwei Personen gegründet werden. Einpersonengesellschaften sind in Form der *private company limited by shares* (*Ltd.*) möglich (*single-member-company*).

Eine *private company* liegt vor, wenn sie in ihrer Satzung das Recht zur Anteilsübertragung beschränkt und die öffentliche Zeichnung von Anteilen oder Anleihen verbietet. Ferner muss die Höchstzahl der Gesellschafter nach irischem Recht auf 99 begrenzt werden.[1758]

Je nach Satzung ist die Gesellschaft haftungsbeschränkt. Dem Unternehmensnamen ist dann grundsätzlich zwingend die Bezeichnung „*limited*" oder „*teoranta*" hinzuzufügen.[1759] Die Bezeichnungen können ggf. abgekürzt werden;[1760] für eine *PLC* ist alternativ die Bezeichnung „*cuideachta phoiblí theoranta*" möglich.

Die Satzung besteht zunächst notwendig aus dem *memorandum of association* für das Außenverhältnis, das Innenverhältnis wird durch die *articles of association* bestimmt. Bei der *Ltd.* müssen grundsätzlich keine eigenen *articles* erstellt und registriert werden, sie kann statt dessen auf die *model articles* zurückgreifen.[1761] Im

---

1757 Im Folgenden *ieCA [Jahreszahl]*. Eine Übersicht mit Links zu den jeweiligen Gesetzestexten findet sich beim *DJEI* unter http://www.djei.ie/commerce/companylawadmin/companiesact1963.htm sowie bei der Registerbehörde *CRO/OCC* unter http://www.cro.ie/ena/downloads-legislation.aspx. Der *Companies (Miscellaneous Provisions) Act 2013 (No. 46 of 2013)* wurde am 24.12.2013 verabschiedet, ist bislang aber noch nicht vollständig in Kraft getreten; vgl. insoweit die Darstellung beim Parlament, dem *Oireachtas*, unter http://www.oireachtas.ie/viewdoc.asp?fn=/documents/bills28/bills/2013/10913/document1.htm. Seit 2011 ist zudem eine grundlegende Reform mit umfassenden Vereinfachungen, namentlich für die *private companies*, geplant. Bislang liegt allerdings nur ein Entwurf vor. Vgl. hierzu und zu den Planungen insgesamt die Darstellung *The Draft Companies Bill – Summary of Key Provisions* unter http://www.cro.ie/ena/draft companies-bill.aspx (alle englisch).

1758 Ursprünglich lag die Höchstzahl bei 50 Gesellschaftern, Sec. 33 Abs. 1 ieCA 1963. Die Schwelle wurde erst heraufgesetzt durch Sec. 7 Abs. 1 ieCA 2006. Zur Haftung vgl. Sec. 21 ieCA 1983, Sec. 8 ieCA 2006.

1759 Sec. 5, 6 Abs. 1 (a), Abs. 2 ieCA 1963.

1760 Sec. 4 ieCA 1983.

1761 Vgl. im Zweiten Teil des *Table A/Tábla A*, Sec. 11, 13, 16; *First Schedule Table A – Part II Regulations for Management of a Private Company Limited by Shares* ieCA 1963, in dem im Wesentlichen die Vorgaben aus Teil I für die *PLC* für entsprechend anwendbar erklärt werden (vgl. dort zum *General Meeting* Sec. 47 ff., zu den *Directors* Sec. 75 ff., zum *Secretary* Sec. 113 f.), Sec. 2 f. ieCA 1982.

memorandum sind Geschäftszweck, Firmenname und Verwaltungssitz anzugeben. Formell muss es den Anforderungen des entsprechenden *Table* im Anhang des Gesellschaftsgesetzes entsprechen.[1762]

Organe sind die Gesellschafterversammlung (*[Annual] General Meeting*),[1763] der Verwaltungsrat (*Board of Directors*)[1764] und der *Secretary*.[1765]

Director und *secretary* gelten nach dem Gesetz als *officer* und sind als solche für die Einhaltung der Gesetze haftbar.

Jede Gesellschaft muss mindestens zwei Direktoren und einen *secretary* haben, wobei dieser aber mit einem *director* personenidentisch sein kann. Insgesamt muss das *board* also mit mindestens zwei Personen besetzt sein. Hiervon muss mindestens ein *director* seinen Wohnsitz im Europäischen Wirtschaftsraum haben.[1766] Das gilt auch in einer haftungsbeschränkten Einpersonengesellschaft. Der Anteilseigner kann hier allerdings auf ein jährliches *General Meeting* verzichten. Juristische Personen können nicht zum *director*, wohl aber zum *secretary* berufen werden.[1767] Beim Unternehmensregister muss eine Liste der Direktoren und Sekretäre nebst deren Zustimmungserklärung eingereicht werden.[1768] Grundsätzlich darf eine Person in nicht mehr als 25 Gesellschaften gleichzeitig einen Direktorenposten bekleiden, wobei *PLC*s zahlenmäßig aber nicht berücksichtigt werden.[1769]

Die, konstitutive, Eintragung in das Unternehmensregister erfolgt nur, wenn dem *Companies Registration Office (CRO)/Oifig um Chlárú Cuideachtaí (OCC)* glaubhaft dargelegt wird, dass man eine unternehmerische Tätigkeit in Irland aufnehmen wird.[1770]

1762 Vgl. für die *Ltd. Table B* im *First Schedule* ieCA 1963, für die *PLC Second Schedule* ieCA 1983. Für die Form des *memorandum* bei der *PLC* vgl. *Second Schedule* ieCA 1983. Zur Wirkung von *memorandum* und *articles* vgl. Sec. 25 ieCA 1963.

1763 Sec. 131, 134 ff. ieCA 1963.

1764 Sec. 174 ieCA 1963.

1765 Sec. 175 ieCA 1963. Zu den persönlichen Anforderungen an diesen in der *PLC* vgl. Sec. 236 ieCA 1990.

1766 Ursprünglich ausschließlich in Irland, Sec. 43 ieCA (No. 2) 1999 (*resident in the State*). Ersetzt und auf die EWR-Staaten ausgedehnt wurde die Vorgabe erst durch Sec. 10 Abs. 1 (c) *Companies (Amendment) Act 2009*. Zu den Befreiungsmöglichkeiten vgl. Sec. 44 ieCa (No. 2) 1999.

1767 Vgl. Sec. 176 ieCA 1963.

1768 Sec. 195 Abs. 6, 4 ieCA 1963, Sec. 8 ieCA 1982.

1769 Sec. 45 ieCA (No. 2) 1999.

1770 Sec. 42 ieCA (No. 2) 1999, Sec. 368, 17 ff. ieCA 1963, Sec. 5 Abs. 1 ieCA 1983, 83 ieCA 2001. Das *CRO* untersteht seinerseits dem *DJEI*. Für einen Überblick zur Unternehmensgründung vgl. dort die Darstellung „*Company Registration*" unter http://www.cro.ie/ena/business-registration-company.aspx (englisch).

Nach dem *CRO* besteht die weit überwiegende Mehrheit der in Irland registrierten Gesellschaften aus *private companies*, von denen die meisten aber nur einen oder zwei Gesellschafter haben. Insgesamt gab es im Jahr 2012 184.549 registrierte Gesellschaften, hiervon waren 158.666 oder 85,97% als *private limited* organisiert.[1771]

Das Mindestkapital bei der *PLC* beträgt 38.092,14 Euro (30.000,– irische £), von denen 25% eingezahlt sein müssen, für die *Ltd.* ist kein Wert festgelegt.[1772]

4. Arbeitnehmerbeteiligung

a) Betriebliche Interessenvertretung

aa) Voraussetzungen

(1) Grundlagen

Grundsätzlich lässt sich die Situation der Arbeitnehmervertretung in Irland mit derjenigen im Vereinigten Königreich vergleichen. Insgesamt ist das System hoch flexibel. Der Schwerpunkt liegt, einhergehend mit der voluntaristischen Tradition des Rechtssystems, nicht auf einer einheitlichen gesetzlichen Lösung sondern auf Verhandlungen und freiwilligen Vereinbarungen, was verallgemeinernde Darstellungen erschwert.

Eine praktisch bedeutsame Rolle bei der Ausgestaltung der industriellen Beziehungen spielt die Kommission für Arbeitsbeziehungen (*Labour Relations Commission/ An Coimisiún um Chaidreamh Oibreachais, LRC*). Sie setzt sich neben ihrem Vorsitzenden tripartit aus jeweils zwei Vertretern von Regierung, Arbeitgeberorganisationen und Gewerkschaften zusammen und operiert auf Grundlage des *Industrial Relations Act 1990*.[1773] Vorrangig dient sie als verbindliche vor- und außergerichtliche Schlichtungs- und Beratungsstelle. Daneben entwickelt sie nach Anhörung der Arbeitgeber- und Arbeitnehmerorganisationen offizielle Verfahrensregeln, die sog. *Codes of Practice*, unter anderem zur Arbeitnehmerbeteiligung. Diese *Codes of Practice* werden durch ministerielle Rechtsverordnung umgesetzt, sind aber nicht

1771 *CRO Annual Report 2012*, S. 11 ff, unter http://www.cro.ie/GetAttachment.aspx?id=da5eeb7f-8cc4-4146-b2bd-9080e0dc5932 (englisch).

1772 Sec. 6, 19 ieCA 1983, 53, 55 ieCA1963.

1773 Der vollständige Titel lautet *An Act to make further and better Provision for Promoting Harmonious Relations between Workers and Employers, and to Amend the Law relating to Trade Unions and for these and other purposes to Amend the Industrial Relations Acts, 1946 to 1976, and the Trade Union Acts, 1871 to 1982. [18th July, 1990]*, im Folgenden *IRA 1990*; Text unter http://www.irishstatutebook.ie/1990/en/act/pub/0019/index.html. Die letzte Änderung erfolgte durch den *Industrial Relations (Amendment) Act 2012,* abrufbar unter http://www.irishstatutebook.ie/2012/en/act/pub/0032/print.html (alle englisch). Nach dessen Sec. 1 Abs. 2 sind die IRA 1946–2004 sowie dieses Gesetz als einheitliches Ganzes auszulegen. Zur *LRC* vgl. Sec. 24 ff., Fourth Schedule IRA 1990.

rechtsverbindlich im formellen Sinn; nicht zuletzt können sich jedoch die Gerichte auf sie berufen.[1774]

Es besteht aber keine gesetzliche Grundlage für verpflichtende dauerhafte betriebliche Arbeitnehmervertretungen im privaten Sektor. Insbesondere sind keine Betriebsräte vorgesehen. Wie in Großbritannien wurden auch in Irland durch die Umsetzung der gemeinschaftlichen Unterrichtungs- und Anhörungsrichtlinie keine besonderen dauerhaften Strukturen für die Arbeitnehmervertretung geschaffen, sondern in erster Linie ein Verhandlungsmodell etabliert.

Ähnlich wie dort gilt daher, dass eine Interessenwahrnehmung an eine entsprechende Initiative geknüpft wird („*trigger mechanism*"), was in der gelebten Praxis entweder durch die betrieblichen Gewerkschaftsvertretungen erfolgen soll, oder gar nicht.

Wie in Großbritannien liegt die faktisch maßgebliche Rolle der Interessenvertretung daher zunächst bei den Gewerkschaften.[1775] Durch die Verfassung haben die Bürger u.a. das Recht, eine Gewerkschaft zu bilden und sich ihr anzuschließen.[1776] Nach dem obersten Gerichtshof *Supreme Court/An Chúirt Uachtarach* haben die Arbeitgeber aber ebenfalls ein konstitutionelles Recht, darüber zu entscheiden, ob sie mit den Gewerkschaften verhandeln möchten oder nicht, sprich, ob sie diese überhaupt anerkennen. Wo es sie gibt, operieren sie auf Grundlage des Gewerkschaftsgesetzes (*Trade Unions Act 1941*[1777]) und des *Code of Practice* für Arbeitnehmervertreter.[1778]

1774 Sec. 42 IRA 1990, dort insbesondere Abs. 3 und 4 *(„[...] a code of practice shall be admissible in evidence and any provision of the code which appears to the court, body or officer concerned to be relevant to any question arising in the proceedings shall be taken into account in determining that question.")* Zur leichten Ausweitung der Funktionen vgl. auch *Towards 2016* (oben Fn. 1756), S. 81ff., 103. Daneben soll ein *Office of the Director for Employment Rights Compliance (ORDEC)* eingerichtet werden; ebd., S. 92ff.

1775 *Farrelly*, (oben Fn. 1752), Abschnitt *Workplace representation.*

1776 Art. 40.6.1, iii der irischen Verfassung von 1937 *Bunreacht na hÉireann*, im Volltext unter https://www.constitution.ie/Documents/Bhunreacht_na_hEireann_web.pdf (Stand 2012) (englisch).

1777 *An act to provide for the licensing of bodies carrying on negotiations for fixing wages or other conditions of employment, to provide for the establishment of a tribunal having power to restrict the rights of organisation of trade unions, and for other matters connected with the matters aforesaid. [23rd September, 1941.]*, unter http://www.irishstatutebook.ie/1941/en/act/pub/0022/print.html (englisch).

1778 *Duties and Responsibilities of employee representatives and the protection and facilities afforded them by their employers*, kurz *Code of Practice on Employee Representatives, S.I.* [= *Statutory Instrument*, „Rechtsverordnung"] Nr. 169 von 1993 (Stand August 2006), abrufbar bei der *LRC* unter http://www.lrc.ie/documents/publications/codes/2EmployeeRepresentatives.pdf (englisch).

Anders als in Großbritannien besteht in Irland kein Verfahren zur zwangsweisen Anerkennung. Zwar wurden 2001 Regelungen eingeführt, mit denen die Gewerkschaften zunächst die *Labour Relations Commission* und dann ggf. das Arbeitsgericht anrufen können. Der Arbeitgeber kann dann zwar nicht gezwungen werden, mit der betreffenden Gewerkschaft zu verhandeln, das Arbeitsgericht kann ihn aber dahingehend verpflichten, die Bedingungen für seine Beschäftigten unter Berücksichtigung der Forderungen der Gewerkschaft zu verbessern.[1779] Selbst dieses Verfahren führt aber nach höchstrichterlicher Rechtsprechung nicht zu einer „Gewerkschaftsanerkennung durch die Hintertür der Arbeitsgerichte".

Insbesondere kann der Arbeitgeber ein entsprechendes gewerkschaftliches Engagement aushebeln, indem er seinerseits (irgend-)ein Verhandlungsverfahren mit seinen Arbeitnehmern etabliert, denn dem *Supreme Court* zufolge sollen die Arbeitsgerichte nach dem Willen des Gesetzgebers nur zu einer Entscheidung berufen sein, solange keinerlei kollektive Verhandlungsverfahren existierten und die Parteien keine Verhandlungen führten. Die entsprechenden Ausführungen des *Supreme Court* erfolgten zwar obiter dicta, sie geben aber gleichwohl einen eindeutigen Hinweis darauf, wie ein gesetzlicher Zwang zur Anerkennung und zur Einführung einheitlicher Strukturen bewertet werden würde.[1780]

(2) Formen

Grundsätzlich sind somit also die Gewerkschaftsvertretungen zur Vertretung berufen.

Der *Trade Unions Act 1941* sieht daneben auch die Möglichkeit vor, dass sich andere Arbeitnehmer zusammenfinden und individuell für ihre Gruppe entsprechende Verhandlungen führen, unter der einzigen Voraussetzung, dass alle Arbeitnehmer vom selben Arbeitgeber beschäftigt werden, sog. *excepted bodies*. Auch der *Code of Practice* zu Beschwerden und disziplinarischen Maßnahmen erkennt neben den Gewerkschaften „einen Beschäftigten nach Wahl der Arbeitnehmer" als Arbeitnehmervertreter an.[1781]

1779 ETUI-IRL-BI, S. 1. Zum Verfahren vgl. Sec. 8, 9 *Industrial Relations (Miscellaneous Provisions) Act 2004*, abrufbar unter http://www.irishstatutebook.ie/2004/en/act/pub/0004/print.html (englisch).

1780 „*Thus it was the intention of the Oireachtas* [hier = „Gesetzgeber", Anm. d. Verf.] *that the Labour Court's jurisdiction would only be invoked where collective bargaining arrangements were not in place and the parties are not engaged in talks.*" Supreme Court/Chúirt Uachtarach i.S. Ryanair –v- The Labour Court, [2007] IESC 6, 377/05, Volltext unter http://www.supremecourt.ie/Judgments.nsf/60f9f366f10958d1802572ba003d3f45/39e4508ad30bd86080257275003db5ad?OpenDocument. Vgl. dazu auch *Bradley, Flying into Trouble*, unter http://www.lkshields.ie/htmdocs/publications/newsletters/update19/update19_02.htm (Stand Sommer 2007) und *McCarroll, Trade Union Recognition in the Irish Work Place – Latest Developments* (17.12.2009), unter http://www.legal-island.ie/news/item/337/trade-union-recognition-in-the-irish-work-place-latest-developments/(alle englisch).

1781 Sec. 4.4. *Code of Practice – Grievance and Disciplinary Procedures*, S.I. No. 146 von 2000 (Stand August 2006), („*employee representative includes a colleague of the employee's choice*"), unter http://www.lrc.ie/documents/publications/codes/5GrievanceDisciplinary.pdf.

Die *excepted bodies* werden ggf. ebenfalls als Arbeitnehmervertreter anerkannt.[1782] Sie handeln aber nur für die jeweils zusammengeschlossenen Arbeitnehmer.[1783]

Praktisch gibt es vor allem in öffentlichen Einrichtungen und staatlichen Unternehmen betriebsratsähnliche Gremien für Unterrichtung und Anhörung, sog. *sub-board-structures*. Recht vereinzelt sollen auch in einigen privaten Unternehmen solche Ausschüsse neben den Gewerkschaftsvertretungen eingerichtet worden sein, allerdings ausschließlich auf freiwilliger Basis.[1784]

Die Gewerkschaften stehen diesen nicht-gewerkschaftlichen Vertretungsmechanismen erwartungsgemäß kritisch gegenüber. Insbesondere reklamieren sie eine fehlende Unabhängigkeit der so (ggf. durch den Arbeitgeber) initiierten Gremien.

Auf Anordnung des Arbeitsgerichts war ferner die Schaffung von *Joint Labour Committees (JLC)* möglich. Diese fungierten für eine gerichtlich festgelegte Klasse oder Gruppe von Arbeitnehmern als System zur Festsetzung von Mindestlöhnen und der Regulierung von Arbeitsbedingungen. Anträge auf Schaffung eines *JLC* konnten durch den zuständigen Minister oder durch repräsentative Arbeitgeber- wie Arbeitnehmergruppen gestellt werden, grundsätzlich sollte ihrer Schaffung aber ein „wesentliches Einverständnis" von Arbeitgeber und Arbeitnehmern vorausgehen. Es setzte sich zusammen zunächst aus einem unabhängigen Vorsitzenden der vom Minister ernannt wurde, und dann einer jeweils gleichen Zahl von Arbeitnehmer- und Arbeitgebervertretern, die vom Gericht ernannt wurden und die jeweilige Branche in angemessenem Umfang und angemessener Weise repräsentierten. Das *JLC* traf sich auf periodischer Basis um die Umstände und Bedingungen für die jeweils betroffenen Arbeitnehmer in der jeweiligen Branche zu diskutieren und zu verhandeln. Bei Einverständnis machte das *JLC* dem Arbeitsgericht entsprechende Vorschläge, die dann durch dieses für die bestimmte Arbeitnehmergruppe im spezifischen Sektor für verbindlich erklärt wurden (*Employment Regulation Order, ERO*). *JLCs* kamen insbesondere in solchen Branchen vor, in denen Kollektivvereinbarungen selten und die Löhne niedrig sind.[1785] Im Juli 2011 jedoch erklärte der irische *High Court* (*An Ard-Chúirt*, das oberste Zivil- und Strafgericht der Republik Irland) die *JLCs* in dieser Form für verfassungswidrig. Die Regierung erklärte daraufhin ihre

1782 Sec. 1 Abs. 2 *Code of Practice on Employee Representatives.*

1783 („[...] *a body which carries on negotiations for the fixing of the wages or other conditions of employment of its own (but no other) employees* [...]"), Sec. 6 Abs. III *Trade Union Act 1941.*

1784 ETUI-IRL-BI, S. 1, *Taylor*, Überblick, S. 74; beide allerdings ohne nähere Angaben.

1785 Sec. 35ff., insbesondere 36, 37 (b) (i), 41 i.V.m. *Schedule* 2, 42f. IRA 1946; Sec. 44 i.V.m. *Schedule* 5 IRA 1990; Sec. 8, 12 IRA 2009; *Regulatory Impact Analysis* zur *Industrial Relations (Amendment) Bill 2009*, unter http://www.djei.ie/publications/employment/2009/RIA.pdf (englisch).

Absichten zu einer grundsätzlichen Reform des Gremiums.[1786] Tatsächlich ergingen schon 2012 neue Regelungen, in denen die *JLCs* und ihre Vorgaben zum einen flexibilisiert wurden, zum anderen die *Labour Courts* mit weiteren Überprüfungsrechten und -pflichten ausgestattet wurden.[1787] Im Einzelnen können Unternehmen bei finanziellen Schwierigkeiten nun auch von den Vorgaben einer *ERO* abweichen. Das *JLC* kann neben einer *„basic adult rate"* auch zwei zusätzliche *„minimum rates"* festlegen. Das Arbeitsgericht führt regelmäßig alle fünf Jahre eine umfassende Überprüfung von Umfang und Reichweite des jeweiligen *JLC* durch um sicherzustellen, dass ihr Geltungsbereich noch angemessen ist. Niedergelegt wurden zudem mehrere Richtlinien und Prinzipien, die bei der Festlegung einer *ERO* beachtet werden müssen.

Hierzu zählen u.a. die berechtigten Interessen der Arbeitgeber und der Arbeitnehmer, die von den Vorschlägen betroffen sind, darunter die legitimen finanziellen und kommerziellen Interessen der Arbeitgeber in dem betroffenen Sektor, die Zweckmäßigkeit der Vereinbarung und die Aufrechterhaltung effizienter und nachhaltiger Arbeitspraktiken, die Zweckmäßigkeit der jeweiligen Vergütungssätze, Wettbewerbsfähigkeit, Beschäftigung und Arbeitslosigkeit im betreffenden Sektor, das allgemeine Lohnniveau in vergleichbaren Sektoren und der aktuelle nationale Mindeststundenlohn.

Sehr vereinzelt bestehen *Joint Consultative Committees, JCCs*, die sich aus Arbeitnehmer- und Arbeitgebervertretern zusammensetzen und in denen neben den *„lower-level"* Fragestellungen wie Betriebsorganisation und Arbeitsbedingungen auch *„higher-level"* Fragestellungen wie Produktivität und Unternehmensstrategie erörtert werden.

Die *JCCs* werden ebenfalls auf freiwilliger Basis gebildet, die Arbeitnehmervertreter sind meist gleichzeitig Gewerkschaftsvertreter, gelegentlich werden aber auch Nicht-Gewerkschafter gewählt. Bisweilen werden hier sog. *partnership agreements* geschlossen, Hauptaufgabe ist jedoch die *„Beratung"* der Arbeitnehmer.[1788]

Betriebsübergreifende Gremien sind grundsätzlich nicht vorgesehen. Wenn es auf Konzernebene zu Treffen von Arbeitnehmervertretern kommt – was dann gleichermaßen auf Initiative des Arbeitgebers wie derjenigen der Gewerkschaft beruht und praktisch vor allem dann der Fall ist, wenn auch auf dieser Ebene Tarifvereinbarungen stattfinden –, geschieht dies, einmal mehr, allein auf freiwilliger Basis.[1789]

1786 *Farrelly*, (oben Fn. 1752), Abschnitt *Industrial relations – Collctive bargaining.*

1787 Vgl. Sec. 41A IRA 1946 i.d.F. durch Sec. 11 *Industrial Relations (Amendment) Act 2012 (No. 32 of 2012)*, unter http://www.djei.ie/publications/employment/2012/Act32of2012.pdf (englisch). Insgesamt vgl. die Darstellung *Reform of Joint Labour Committees* vom 01.10.2013 unter http://www.djei.ie/press/2013/20131001c.htm (englisch).

1788 *Farrelly*, (oben Fn. 1752), Abschnitt *Workplace representation.*

1789 ETUI-IRL-BI, S. 2.

An dieser grundsätzlichen Freiwilligkeit hat sich auch durch das Umsetzungsgesetz zur Unterrichtungs- und Anhörungsrichtlinie[1790] nur wenig geändert. Seit März 2008 haben die Arbeitnehmer in allen irischen Betrieben mit 50 oder mehr Beschäftigten ein Recht auf Information und Konsultation.[1791] Dies gilt jedoch nicht automatisch sondern hängt ab von einer entsprechenden Initiative („*trigger mechanism*"), entweder vom Arbeitgeber selbst oder von mindestens 10% der Arbeitnehmer im betreffenden Betrieb, je nach Belegschaftsstärke mindestens jedoch deren 15 und höchstens 100. Deren (vertraulicher) Antrag kann an das zuständige Arbeitsgericht oder direkt an den Arbeitgeber gerichtet werden.[1792]

Wenn das entsprechende Quorum erreicht ist, muss der Arbeitgeber Verhandlungen über eine Vereinbarung zur Unterrichtung und Anhörung aufnehmen. Sollten die Arbeitnehmer nicht die notwendigen Schwellenwerte erreichen, kann ein neues Verfahren erst nach einer Frist von zwei Jahren eingeleitet werden.[1793]

Finden sich in dem betreffenden Betrieb gewerkschaftliche Vertretungen, müssen auch in dem Verhandlungsgremium auf einer *pro-rata*-Basis Gewerkschaftsmitglieder vertreten sein.[1794]

Resultat dieser Verhandlungen ist entweder eine individuelle Vereinbarung (*negotiated agreement*) oder die Anwendung der Auffangregelung (*Standard Rules*). Seit März 2008 ist es nicht mehr möglich, auf eine bereits bestehende Vereinbarung zurückzugreifen (*pre-existing agreement*).[1795]

Die Auffangregelung (näher dazu sogleich) kommt zur Anwendung, falls nach einem gültigen Antrag der Beschäftigten der Arbeitgeber nicht binnen drei Monaten Verhandlungen über eine entsprechende Vereinbarung aufnimmt oder falls nach sechs Monaten noch keine Einigung erzielt wurde.[1796] Die Frist kann einvernehmlich verlängert werden.[1797]

Das Verfahren stellt sich auf den ersten Blick als recht komplex dar. Dies folgt aber vor allem daraus, dass seine konkrete Umsetzung sehr von den jeweiligen Ge-

---

1790 *Employees (Provision of Information and Consultation) Act 2006* (*ICA 2006*), abrufbar unter http://www.djei.ie/publications/employment/2006/employees.pdf (englisch).

1791 Sec. 3 Abs. 1 ICA 2006.

1792 Vgl. Sec. 7 ICA 2006 (employee threshold) sowie Sec. 4.1., 4.2 des entsprechenden *Code of Practice, S.I. No. 132/2008 – Industrial Relations Act 1990 (Code of Practice on Information and Consultation) (Declaration) Order 2008 (Stand 30.07.2009)*, abrufbar unter http://www.irishstatutebook.ie/2008/en/si/0132.html (englisch).

1793 Sec. 4.4. *Code of Practice on Information and Consultation*; Sec. 7 Abs. 8 ICA 2006.

1794 Vgl. Sec. 6 ICA 2006.

1795 Vgl. Sec. 5.1, 6. ff., 7.1. (insbesondere Satz 3), 8 ff. *Code of Practice on Information and Consultation.*

1796 Sec. 7 Abs. 6; 8; 10, *Schedule* 1 ICA 2006. Zum Wahlverfahren vgl. *Schedule* 2 ICA 2006; er besteht aus lediglich sechs Einzelnormen und weist die Verantwortung zur fairen Organisation dem Arbeitgeber zu.

1797 Sec. 7 Abs. 7 ICA 2006.

gebenheiten im fraglichen Unternehmen abhängt. Gleichzeitig erlaubt es ein beachtliches Maß an individuellen Einstellungen und bietet so die Möglichkeit, ein für das betroffene Unternehmen passgenaues Modell zu schaffen.

Praktisch sind auch in Irland selbst die Gewerkschaftsvertretungen selten. Nur 34% der Arbeitnehmer gehören auch einer Gewerkschaft an. Im Privatsektor sind lediglich 36,3% in Betrieben beschäftigt, in denen eine anerkannte Gewerkschaft vertreten ist. Außerhalb findet keine Vertretung statt.

Es gibt nur einen Gewerkschaftsdachverband, den *Irish Congress of Trade Unions – ICTU*. Er umfasst 56 Einzelgewerkschaften, die aber weitgehend autonom sind. Nach Eigenangaben hat der *ICTU* in der Republik Irland ca. 612.000 Mitglieder, das nationale Statistikbüro nennt einen Wert von ca. 550.000 Mitgliedern. Der gewerkschaftliche Organisationsgrad ist zwischen 1994 und 2007 von ca. 46% auf ca. 31% gefallen, aktuell wird ein Wert von 34% angegeben, im öffentlichen Bereich ist er höher als im Privatsektor. Wichtigstes Äquivalent auf der Arbeitgeberseite ist die *Irish Business and Employers Confederation – IBEC,* die ca. 7.500 Unternehmen und Organisationen vertritt.[1798]

Auch die Verfahren zu einer verhandelten Unterrichtung und Anhörung stoßen nur auf wenig Resonanz. Konkret waren im Jahr 2009 ca. 21% der irischen Arbeitnehmer von einer verhandelten Unterrichtung und Anhörung erfasst, hauptsächlich aber in Unternehmen im öffentlichen Sektor (40% zu 16% im privaten Bereich) und in solchen mit mehr als 100 Beschäftigten (36,6% zu 20,5% bei Unternehmen mit 20 bis 99 Mitarbeitern und 9,5% in solchen mit neun bis 15 Beschäftigten). Hier wurden stets individuelle Mechanismen ausgehandelt, zur Anwendung der Auffangregelungen ist es hingegen in der Praxis bislang nicht gekommen.

Zurückgeführt wird diese eher begrenzte praktische Verbreitung – wiederum neben der allgemeinen irischen voluntaristischen Tradition – unter anderem auf die „minimalistische Umsetzung" der Richtlinie durch die Regierung und auf insgesamt fehlende Informationen der Arbeitnehmer über ihre Rechte, insbesondere in nicht-gewerkschaftlich organisierten Unternehmen.

Allerdings sind namentlich die irischen Gewerkschaften uneins darüber, ob sie die Gesetzgebung als „Chance oder Drohung" interpretieren, was ggf. eine gewisse Zurückhaltung hinsichtlich der Information durch sie erklären soll. Teilweise wird auch die konkrete Umsetzung kritisiert. Namentlich wird bereits die 10%-Schwelle für den initiierenden Antrag als zu hoch empfunden, hauptsächlich bei solchen Betrieben, in denen es keine gewerkschaftliche Vertretung gibt.[1799] Im Vergleich erscheint diese Hürde jedoch als niedrig, insbesondere, da zur Berechnung der Schwelle nur auf die Arbeiter im Allgemeinen zurückgegriffen, also nicht wie in anderen Staaten zwischen Teilzeit- und Vollzeitbeschäftigten unterschieden wird („*at least 10% of the workforce*").

Die Regierung wiederum hatte insbesondere die Sorge, dass zu weit reichende Regelungen die Investitionen aus dem Ausland, namentlich diejenigen amerikanischer Konzerne, gefährden könnten.[1800]

1798 Vgl. Darstellungen bei *Fulton*, Abschnitt *Trade Union*, und *Farrelly*, Abschnitte *Industrial relations context* und *Main Actors* (beide oben Fn. 1752).

1799 ETUI-IRL-BI, S. 1.

1800 *Farrelly*, (oben Fn. 1752), Abschnitt *Workplace representation; Dobbins, Final Questionnaire for EIRO CAR on „The effect of the Information and Consultation Directive on Industrial Relations in the EU Member States five years after its transposition – Ireland"* (19.01.2011), abrufbar unter http://www.eurofound.europa.eu/eiro/studies/tn1009029s/ie1009029q.htm (englisch). Vgl. auch die *National Workplace Surveys 2009* des staatlichen *National Centre for Partnership and Performance* (seinerseits seit März 2010 zusammengelegt mit dem *National Economic & Social Council/An Chom-*

Aktuell werden diese Möglichkeiten zu Information und Konsultation aber gleichermaßen von der Regierung, den Arbeitgebern, den Gewerkschaften und den Arbeitnehmern als „ziemlich nebensächlich" wahrgenommen („*rather peripheral by the government, employers, unions and/or employees*", *Dobbins*).

bb) Größe und Zusammensetzung

Der *Code of Practice* für Arbeitnehmervertreter[1801] definiert als Arbeitnehmerrepräsentanten zunächst solche Personen, die von einer Gewerkschaft formell und nach ihren jeweiligen Regeln für das jeweilige Unternehmen oder für die fragliche Niederlassung bezeichnet wurden. Sie werden von den Gewerkschaftsmitgliedern im Betrieb nach den Regeln und Vereinbarungen der Gewerkschaften bzw. den entsprechenden Vereinbarungen zwischen Gewerkschaften und Arbeitgebern gewählt. Häufig, aber nicht immer, werden diese Vertreter als *shop stewards* bezeichnet,[1802] es finden sich u.a. auch die Bezeichnungen *office representatives* oder *union representatives*. Ihre Gesamtzahl soll sich „in vernünftigem Maße" nach der Größe des jeweiligen Unternehmens oder Betriebs, der Anzahl der Gewerkschaftsmitglieder und der Anzahl der beteiligten Einzelgewerkschaften im Unternehmen bemessen, absolute Vorgaben werden jedoch ebenso wenig gemacht wie solche zur Amtszeit.[1803]

Wo es mehrere dieser Repräsentanten gibt, bilden sie gewöhnlich einen gemeinsamen Ausschuss und wählen dort als Vorsitzenden einen *chair* oder *convenor*. Mehrere Gewerkschaftsvertretungen schließen sich in der Regel zu einem *joint union committee* zusammen.

Wo ein *negotiated agreement* zum Zuge kommt, bestimmt dieses auch über die nähere Ausgestaltung des Vertretungsgremiums. Die zu schließende Vereinbarung kann auch vorsehen, dass statt eines besonderen Gremiums mit Arbeitnehmervertretern die betreffenden Arbeitnehmer direkt unterrichtet und angehört werden sollen, allerdings muss es den Beschäftigten möglich bleiben, sich zu einem späteren Zeitpunkt für eine indirekte Vertretung zu entscheiden.[1804] Die Details hängen sehr vom jeweiligen Betrieb, dem Grad der örtlichen gewerkschaftlichen Organisation, den unterschiedlichen Mehrheiten und ggf. bereits etablierten Verfahren ab.[1805] Im Rahmen der Auffangregelung kommt es zur Bildung eines bestimmten Gremiums,

hairle Náisiúnta Eacnamaíoch agus Shóisialta), abrufbar unter http://www.ucd.ie/issda/static/documentation/ncpp/ncpp-2009-employee.pdf (englisch).

1801 Oben Fn. 1778, hier Sec. 1.

1802 *Introduction Code of Practice on Employee Representatives* (oben Fn. 1778) und *Farrelly*, (oben Fn. 1752), Abschnitt *Workplace representation*.

1803 Sec. 4, 5 *Code of Practice on Employee Representatives* (oben Fn. 1778).

1804 Vgl. Sec. 11 ICA 2006; Sec. 10.1, 9.1, 9.2. *Code of Practice on Information and Consultation*.

1805 Vgl. Sec. 11, 12 *Code of Practice on Information and Consultation*.

das aus mindestens drei und maximal 30 Arbeitnehmervertretern zusammengesetzt ist (*Information and Consultation (Employee) Forum*). Die entsprechenden Mitglieder werden entweder in einem durch den Arbeitgeber organisierten Verfahren gewählt oder direkt von den Beschäftigten ernannt.[1806]

cc) Befugnisse

(1) Beteiligung

Aufgabe der Gewerkschaftsvertretungen ist v.a. die Interessenvertretung ihrer Mitglieder. Hierzu besprechen sie deren individuelle und kollektive Anliegen mit dem jeweiligen Arbeitgeber. Unter dem *Trade Unions Act 1941*[1807] können sie sich um eine ministerielle Verhandlungslizenz bewerben und dann Verhandlungen über Entlohnung und andere Arbeitsbedingungen durchführen.

„Minister" meint in diesem Fall denjenigen für Industrie und Handel. Die Erteilung (und Entziehung[1808]) einer solchen Lizenz erfolgt ggf. durch ein *Statutory Instrument/S.I.*.[1809]

Kommt es zu einer verhandelten Information und Konsultation bestimmt das *negotiated agreement* auch über die inhaltliche Reichweite. Die betreffenden Vorgaben der *Standard Rules* beschränken sich auf die Vorgaben aus der Richtlinie. So ist das *Information and Consultation Forum* über die gegenwärtige und wahrscheinliche zukünftige Entwicklung des Unternehmens und seiner wirtschaftlichen Situation zu informieren. Unterrichtung und Anhörung greifen im Hinblick auf die beschäftigungsrelevanten Fragen, also Situation, Struktur und wahrscheinlicher Entwicklung der Beschäftigungslage und entsprechende unternehmerische Maßnahmen.[1810] Ist weder eine Einigung erzielt, noch ein entsprechendes *Forum* eingerichtet worden, wird die Gewerkschaft zu diesen Fragen konsultiert. Besteht auch eine solche nicht, können Beschäftigte, die von einer Entlassung oder Versetzung bedroht sind, einzelne Vertreter aus ihren Reihen zur Vertretung ihrer Interessen hinzuziehen.[1811]

(2) Ausstattung und Kündigungsschutz

Detaillierte Regelungen zu Freistellungen und Ausstattung mit Sachmitteln bestehen kaum. Die Gesetze wie auch die einschlägigen *Codes of Practice* verweisen

---

1806 Sec. 1 Abs. 2, 4 Schedule 1 ICA 2006; Sec. 8.2. *Code of Practice on Information and Consultation.*
1807 Oben Fn. 1777.
1808 Sec. 17 *Trade Union Act 1941.*
1809 Sec. 2 Abs. 1; 5, 6, 9 *Trade Union Act 1941;* ETUI-IRL-BI, S. 1.
1810 Sec. 3 *Schedule* 1 ICA 2006.
1811 ETUI-IRL-BI, S. 2.

jedoch darauf, dass der Arbeitgeber die jeweiligen Arbeitnehmervertreter „angemessen“ versorgen soll, so dass diese ihre Aufgaben „prompt und effektiv“ erfüllen können, was sich auch auf Freistellungen bezieht. Andererseits sollen aber auch Größe, Bedarf und Leistungsfähigkeit des Unternehmens berücksichtigt werden.[1812] Praktisch dominieren auch in diesem Bereich Verhandlungslösungen.[1813]

Arbeitnehmervertreter dürfen nicht aufgrund ihrer Aktivitäten benachteiligt werden. Eine Entlassung von Gewerkschaftsvertretern ist nur nach vorheriger Anhörung der Gewerkschaft möglich.[1814]

dd) Vertretung auf supranationaler Ebene

Die irischen Mitglieder eines Besonderen Verhandlungsgremiums bei EBR bzw. SE (*special negotiating body*) werden in der Regel von der gesamten Belegschaft im Zuge einer besonderen Abstimmung gewählt.

Beim EBR werden die Mitglieder des Besonderen Verhandlungsgremiums entweder von den Beschäftigten direkt gewählt oder bestellt, oder auf Grundlage einer gesonderten Vereinbarung mit der Belegschaft von der Unternehmensleitung bestellt. Hier können auch unternehmensexterne Gewerkschafter ausgewählt werden. Kommt ein EBR nach der Auffangregelung zustande, können in diesen aber nur Beschäftigte des Unternehmens entsandt werden.

Bei der SE sind ebenfalls sowohl Beschäftigte des Unternehmens als auch externe Gewerkschaftsvertreter in das Besondere Verhandlungsgremium wählbar. Das entsprechende Verfahren wird (falls vorhanden) grundsätzlich von den „berufenen Organen der jeweiligen Unternehmen“ organisiert. Wird nach den Bestimmungen des Anhangs der Richtlinie ein Vertretungsorgan für die SE eingesetzt, entscheidet das Besondere Verhandlungsgremium über dessen Mitglieder und das anzuwendende Wahlverfahren.

Grundsätzlich haben auch die Beschäftigten der SE das Recht, entsprechend ihrer Vertretungsverhältnisse ihre Vertreter im Aufsichts- oder Leitungsgremium zu wählen, zu ernennen, zu empfehlen oder sich gegen die Ernennung auszusprechen. Die im Zuge der Auffangregelung ggf. zu bestimmenden irischen Arbeitnehmervertreter auf Leitungsebene werden von den irischen Mitgliedern des Vertretungsorgans aus ihren Reihen ausgewählt.[1815]

1812 Vgl. z. B. Sec. 13 Abs. 3, 4, 5 ICA 2006; Sec. 11 ff. *Code of Practice on Employee Representatives.*

1813 ETUI-IRL-BI, S. 1 a.E.

1814 Sec. 5 *Code of Practice on Employee Representatives.*

1815 ETUI-IRL-EI, S. 1. Zum EBR vgl. *Transnational Information and Consultation of Employees Act 1996*, abrufbar unter http://www.irishstatutebook.ie/1996/en/act/pub/0020/print.html (englisch); dort Sec. 3 Abs. 1 (Definition employees' representatives), Sec. 10 (Besonderes Verhandlungsgremium). Zur SE vgl. *S.I. No. 623* von 2006, *European Communities (European Public Limited-Lia-*

b) Unternehmensmitbestimmung

Im privaten Bereich ist eine Unternehmensmitbestimmung in Irland unbekannt.

Lediglich in einigen staatlichen Unternehmen können die Arbeitnehmer auf Grundlage eines Gesetzes aus dem Jahr 1977 bis zu einem Drittel der Mitglieder des Leitungsorgans stellen (*worker directors*).[1816]

Der Gesetzgebung vorangegangen waren breitere Diskussionen zwischen den Sozialpartnern über die Einführung einer Arbeitnehmerbeteiligung auf Leitungsebene, die jedoch allesamt fruchtlos verliefen. Um die Entwicklung anzustoßen sah sich die Regierung genötigt, ihrerseits *„die Führung zu übernehmen“*.[1817]

Ursprünglich erstreckte sich das Gesetz auf sieben Unternehmen. Durch Privatisierungen werden von diesen Regelungen aber zunehmend weniger Betriebe erfasst, obwohl manche die etablierten Modelle auch danach beibehalten haben. Dies geschah aber, wiederum gemäß den entsprechenden Traditionen, auf freiwilliger Basis.[1818]

Eine Übertragung der Gesetze auf den privaten Sektor erfolgte jedoch nie und ist auch nicht geplant, die Regierung *„setzte auf Freiwilligkeit“* (*Taylor*, ähnlich auch *O'Kelly/Compton*), und tut dies auch heute noch. Soweit ersichtlich hat sich eine Mitbestimmung auf Leitungsebene aber im privaten Sektor nicht etablieren können. Die Sozialpartner befürchten unisono einen negativen Effekt auf die ausländischen Direktinvestitionen und halten sich ihrerseits mit entsprechenden Forderungen zurück.[1819]

5. Zusammenfassung

– Irland vertritt das monistische System. Eine Arbeitnehmerbeteiligung findet im privaten Bereich ausschließlich auf betrieblicher Ebene und meist durch

---

bility Company) (Employee Involvement) Regulations 2006, abrufbar unter http://www.djei.ie/publications/sis/2006/si623.pdf (englisch); dort zum Wahlverfahren insbes. Sec. 5 ff. sowie *Schedule* 1.

1816 Der Kurztitel lautet *Worker Participation (State Enterprises) Act 1977*, abrufbar unter http://www.irishstatutebook.ie/1977/en/act/pub/0006/print.html (englisch). Vgl. dort insbesondere Sec. 9 ff. (Wahlen), Sec. 15 (Ernennung), Sec. 23 (Drittelbeteiligung).

1817 *O'Kelly/Compton*, Country Report IRL, S. 56.

1818 ETUI-IRL-MB, S. 1; *Taylor*, Überblick, S. 74; *O'Kelly/Compton*, Country Report IRL, S. 57 f. *Taylor* und *O'Kelly/Compton* geben für das Jahr 2004 einen absoluten Wert von 54 *worker directors* in mehr als 20 staatlich kontrollierten Unternehmen an. Von den durch die Gesetze ursprünglich erfassten Unternehmen haben vier nach der zwischenzeitlichen Privatisierung ihr Arbeitnehmervertretungssystem aufgegeben. Andere Unternehmen haben statt der ursprünglich vier *worker directors* (4 von 12) nur noch einen.

1819 Vgl. *Schulten/Zagelmeyer*, EIRO 1998, S. 16, 22.

lokale Gewerkschaftsvertretungen statt, setzt aber deren vorherige Anerkennung durch den Arbeitgeber voraus. Anders als im Vereinigten Königreich ist diese Anerkennung in Irland jedoch nicht rechtlich durchsetzbar. Neben den Gewerkschaftsvertretungen existieren verschiedene andere Vertretungsformen, die aber allesamt auf freiwilliger Basis eingerichtet werden und praktisch sehr selten sind. Verpflichtende Betriebsräte und betriebsübergreifende Strukturen bestehen nicht. In Betrieben mit mindestens 50 Beschäftigten können Arbeitnehmervertreter für Unterrichtung und Anhörung gewählt werden (*Information and Consultation Forum*), deren Befugnisse grundsätzlich ausgehandelt werden können. Die Auffangregeln sehen die Befugnisse aus der Richtlinie vor.

Eine Unternehmensmitbestimmung wurde 1977 für einige wenige staatliche Unternehmen in Form der Drittelbeteiligung eingeführt. Dort existieren auch betriebsratsähnliche Strukturen zur Konsultation (*sub-board-structures*). Im privaten Sektor sind diese Gestaltungen theoretisch auf freiwilliger Basis möglich, faktisch aber unbekannt.

- Die Arbeitnehmervertretung auf betrieblicher Ebene stellt sich praktisch als recht zersplittert dar. In der Regel erfolgt sie durch lokale Gewerkschaftsvertretungen, die nach ihrem Selbstverständnis ausschließlich die Interessen ihrer jeweiligen Mitglieder vertreten (*shop stewards, union representatives*). Mehrere *shop stewards* schließen sich ggf. zu gemeinsamen Gremien zusammen. Auf freiwilliger Ebene gibt es gelegentlich weitere Vertretungsformen wie gemeinsame Ausschüsse mit dem Arbeitgeber (*JCC*) oder nicht-gewerkschaftliche Vereinigungen, die gleichwohl mit dem Arbeitgeber verhandeln (*excepted bodies*).
- Arbeitnehmer in Betrieben mit mindestens 50 Beschäftigten haben das Recht, mit ihrem Arbeitgeber eine Vereinbarung über Information und Konsultation auszuhandeln. Die Initiative hierzu kommt entweder vom Arbeitgeber selbst oder von mindestens 10% der Arbeitnehmer im betreffenden Betrieb, mindestens jedoch von deren 15 und höchstens 100. Resultat dieser Verhandlungen ist entweder eine individuelle Vereinbarung (*negotiated agreement*) oder die Anwendung der Auffangregelung (*standard rules*). Diese sieht die Bildung eines bestimmten Gremiums vor, das aus mindestens drei und maximal 30 Arbeitnehmervertretern zusammengesetzt ist (*Information and Consultation Forum*). Die entsprechenden Mitglieder werden entweder in einem durch den Arbeitgeber organisierten Verfahren gewählt oder direkt von den Beschäftigten ernannt. Inhaltlich umfassen die Befugnisse zu Information und Konsultation im Rahmen der *standard rules* die Vorgaben aus der entsprechenden Gemeinschaftsrichtlinie.

III. Zypern[1820]

1. Übersicht

Zypern kennt ebenfalls kein Recht auf Unternehmensmitbestimmung, weder im staatlichen noch im privaten Bereich. Lediglich auf betrieblicher Ebene gibt es Interessenvertretungen durch die lokalen Gewerkschaften.

2. Hintergrund

Zypern war bis 1960 eine britische Kronkolonie, insoweit ist auch das zyprische Rechtssystem entsprechend beeinflusst. Das Land spielt aufgrund seiner politischen Teilung seit 1974 (auch) innerhalb der EU eine Sonderrolle. Beigetreten ist im Jahr 2004 ausschließlich die südliche Republik Zypern; die demilitarisierte Zone zwischen den beiden Landesteilen, die *Green Line/πράσινη γραμμή/yeşil hat*, wurde aber nicht als EU-Außengrenze definiert. Die EU ging völkerrechtlich also von der Aufnahme der Gesamtinsel aus, obwohl die faktische Kontrolle des Nordteils bei der – ausschließlich durch die Türkei anerkannten – sog. Türkischen Republik Nordzypern liegt. Hier findet der Acquis communautaire keine Anwendung. Seit Februar 2009 fanden verstärkt Verhandlungen zwischen den Landesteilen statt die darauf abzielen, eine gemeinsame Lösung für das Zypernproblem zu finden und die Teilung zu beenden. Soweit ersichtlich sind diese Gespräche zwischenzeitlich eingeschlafen.

Die zyprische Wirtschaft ist ebenfalls durch diese politische Spaltung geprägt. Der türkisch-zyprische Norden ist nach wie vor insbesondere agrarisch orientiert und hängt in bedeutendem Umfang von Zahlungen aus der Türkei ab. Der griechisch-zyprische Süden hingegen prosperierte (seit der Unabhängigkeit und bis 2008 deutlich), wurde aber durch die allgemeine Wirtschafts- und Finanzkrise hart getroffen. Zuletzt musste das Land darum bei der sog. Eurogruppe und dem IWF um

---

1820 *Kluge/Stollt*, MB in den neuen EU-MS, S. 100; *Ioannou*, Country Report Cyprus, S. 49 ff *Fulton*, ETUI-CY-Betriebliche Interessenvertretung, ETUI-CY-Unternehmensmitbestimmung sowie ETUI-CY-Europäische Interessenvertretung (ETUI-CY-BI, ETUI-CY-MB, ETUI-CY-EI) unter http://www.worker-participation.eu/National-Industrial-Relations/Countries/Cyprus; *Soumeli, Cyprus: Industrial relations profile* (z.T. 18.04.2013), bei Eiro online unter http://www.eurofound.europa.eu/eiro/country/cyprus.htm sowie die laufend aktualisierten Darstellungen des zyprischen Ministeriums für Arbeit und Sozialversicherung, Abteilung für Arbeitsbeziehungen, *MLSI – Department of Labour Relations*, Rubriken *Industrial Relations System, Social Dialogue* und *Legislation*, unter http://www.mlsi.gov.cy/mlsi/dlr/dlr.nsf/index_en/index_en?OpenDocument; ferner die Darstellung bei der Zyprischen Industrie- und Handelskammer *CCCI „Cyprus – The South Eastern Outpost of the European Union“* (Stand Oktober 2006) unter http://www.ccci.org.cy/wp-content/uploads/2013/05/BUSINESS-GUIDE-6-FINAL.pdf (alle englisch).

milliardenschwere Hilfskredite nachsuchen, die u.a. nur unter der Bedingung der Abschaffung diverser Steuererleichterungen gewährt wurden.[1821] Diese Entwicklungen wirkten auch auf die allgemeine wirtschaftliche Lage.

Die Arbeitsbeziehungen sind in Zypern traditionell durch konsensorientierten sozialen Dialog im Sinne einer tripartiten Kooperation zwischen Arbeitnehmern, Arbeitgebern und Staat sowie von Tarifvereinbarungen bestimmt. Die Tarifverhandlungen finden hauptsächlich auf Ebene der Unternehmen statt.[1822] Der gewerkschaftliche Organisationsgrad ist noch vergleichsweise hoch, der Trend aber stark rückläufig.

Aktuell liegt der Organisationsgrad liegt je nach Quelle zwischen unter 50% und 70%. In absoluten Zahlen wird von etwa 170.000 Gewerkschaftsmitgliedern gesprochen.

Diese verteilen sich namentlich auf die *PEO* (*Παγκύπρια Εργατική Ομοσπονδία/Pankýpria Ergatikí Omospondía/Tüm Kıbrıs İşçi Federasyonu* etwa „Panzyprische Arbeitsföderation“) und die *SEK* (*Συνομοσπονδία Εργαζομένων Κύπρου/Synomospondia Ergazomenon Kyprou/Götten Sikilenler Derneği* etwa „Konföderation Zyprischer Arbeiter“) mit jeweils ca. 70.000 Mitgliedern sowie auf eine Reihe weiterer, z.T. beträchtlich kleinerer Gewerkschaftsorganisationen. Traditionell sind die Gewerkschaften politisch.

Die wichtigsten Arbeitgebervereinigungen sind die *OEB* (*Ομοσπονδία Εργοδοτών & Βιομηχάνων/Omospondía Ergodotón & Viomichánon/Cyprus Employers and Industrialists Federation*) und die *CCCI* (*Κυπριακο Εμπορικο και Βιομηχανικο Επιμελητηριο (KEBE)/Kypriako Emporiko kai Viomichaniko Epimelitirio (KEVE)/Cyprus Chamber of Commerce and Industry*) mit nach Eigenangaben 4.500 bzw. 8.000 Mitgliedern. Diese beiden sind die national bedeutsamsten Dachorganisationen auf Arbeitgeberseite.[1823]

Fundamentales Prinzip ist auch hier der Voluntarismus. Dementsprechend haben sich auch in Zypern nur in begrenztem Maße allgemein vergleichbare Arbeitnehmerbeteiligungsformen entwickelt.

3. Organisationsverfassung der Kapitalgesellschaften

Das zyprische Rechtssystem ist durch das englische *Common Law* geprägt, die Kapitalgesellschaften sind monistisch organisiert. Entscheidende Rechtsquelle ist der

---

1821 Vgl. zu den Entwicklungen die Informationen des Auswärtigen Amts, unter http://www.auswaertiges-amt.de/DE/Aussenpolitik/Laender/Laenderinfos/Zypern/AktuelleLageInZypern_node.html und http://www.auswaertiges-amt.de/DE/Laenderinformationen/Zypern/Wirtschaft.html.

1822 Nach Daten des *MLSI* von 2008 gab es 17 sektorale Vereinbarungen und 400 auf Unternehmensebene, vgl. *Soumeli, Cyprus: Eiro annual review 2008* (19.02.2010), unter http://www.eurofound.europa.eu/eiro/studies/tn0903029s/cy0903029q.htm (englisch).

1823 Vgl. *Ioannou*, Country Report Cyprus, S. 50f., ferner die Darstellungen bei *Fulton*, Abschnitt *Trade Union* und *Soumeli*, Abschnitt *Main Actors* (beide oben Fn. 1820).

Companies Act, Chapter 113 (offizieller Kurztitel *Companies Law*, gebräuchlich ist auch die Bezeichnung *Cap 113*).[1824] Er beruht seinerseits auf dem *English 1948 Companies Act.*

Nach zyprischem Recht ist eine *private company* eine solche, die in ihrer Satzung das Recht zur Anteilsübertragung beschränkt und die öffentliche Zeichnung von Anteilen oder Anleihen verbietet. Ferner muss die Höchstzahl der Gesellschafter auf 50 begrenzt werden. Sie kann von natürlichen oder juristischen Personen gegründet werden.[1825] Jede Gesellschaft, die unter dem *Companies Act* registriert wird und deren Satzung nicht die genannten Regelungen umfasst, ist eine *public company*. Ihre Anteile können öffentlich zum Kauf angeboten werden, Einschränkungen bei der Anteilsübertragung sind nicht möglich. Grundsätzlich müssen die *public companies* mindestens sieben Anteilseigner haben, nach oben ist die Zahl unbegrenzt.[1826] Seit dem Jahr 2000 sind allerdings auch Einpersonengesellschaften möglich.[1827]

Organe sind die Hauptversammlung (*statutory meeting/general meeting*)[1828] und der Verwaltungsrat (*board of directors*). Es gibt mindestens einen Direktor, die Gesamtzahl der Direktoren ist nicht beschränkt. Ferner muss ein *Secretary* bestimmt werden, der, falls es nur einen *Director* gibt, mit diesem nicht personenidentisch sein darf.[1829] Die jeweiligen Befugnisse sind grundsätzlich durch die Satzung festzulegen.[1830]

Das Mindestkapital einer *public company* liegt bei 25.629,– Euro.[1831]

1824 *Companies Act, Chap.113, 1968-1965,* zuletzt geändert durch *Law 98(I)/2012*; im Folgenden *cyCL*. Soweit ersichtlich existiert keine offizielle elektronische Publikation. Eine englische, konsolidierte Fassung ist abrufbar beim *Office of the Law Commissioner* unter http://www.olc.gov.cy/olc/olc.nsf/all/E1EAEB38A6DB4505C2257A70002A0BB9/$file/The%20Companies%20Law,%20Cap%20113.pdf?openelement.

1825 Art. 29 cyCL; zum *memorandum* vgl. Art. 3 ff., zu den *articles of association* vgl. Art. 8 ff., zu den Folgen einer fehlerhaften Satzung vgl. Art. 30 f. cyCL.

1826 Art. 3 Abs. 1 cyCL.

1827 *Companies (Amendment) Law of 2000 (Law 2(I)/2000).*

1828 Art. 124 ff. cyCL.

1829 Art. 170 (*directors*), 171 (*secretary*), 172, 175 (persönliche Hinderungsgründe; für die *private company* vgl. aber Art. 175 Abs. 5 b)) cyCL, zur Haftung der Direktoren vgl. Art. 194 ff. cyCL.

1830 Vgl. aber für die *public company Part I Table A* cyCL, insbesondere Art. 75 ff. (Direktoren), 107 ff. (geschäftsführende Direktoren), Art. 110 ff. (*Secretary*), für die *Ltd.* vgl. *Part II*, nach dessen Art. 1 die Vorschriften aus *Part I* entsprechende Anwendung finden. Für Einpersonengesellschaften vgl. *Part III.*

1831 Art. 4A cyCL.

4. Arbeitnehmerbeteiligung

a) Betriebliche Interessenvertretung

aa) Voraussetzungen

(1) Grundlagen

Die zyprischen Wirtschaftsstrukturen und Traditionen haben die Ausbildung engmaschiger Beteiligungsstrukturen nicht erfordert. Gesetzliche Regelungen im eigentlichen Sinn existieren kaum, maßgeblich ist viel mehr der *Industrial Relations Code* (*IRC,* auch als *Basic Agreement* bezeichnet, offiziell *Κώδικας Βιομηχανικών Σχέσεων/Kódikas Viomichanikón Schéseon*), der im April 1977 als „Gentlemen's Agreement" von den Sozialpartnern unterzeichnet wurde. Hierbei handelt es sich um eine zwar freiwillige, aber allseits respektierte Vereinbarung.

Geregelt werden im *IRC* zunächst das Recht zur Organisation, daneben kollektive Vereinbarungen inklusive der Verfahren und Definitionen sowie schließlich die Selbstverpflichtung zur Einhaltung internationaler Arbeitsübereinkommen, die von der zyprischen Regierung unterzeichnet wurden. Erst bei Scheitern der Verhandlungen greift der Staat als Mediator ein.[1832]

Ferner wird im *Code* die Existenz bestimmter „Themenbereiche" abstrakt anerkannt. Unterschieden werden solche Bereiche, die verhandelbar sind, solche, die einer Konsultation zugänglich sind und solche, die ausschließlich der Unternehmensleitung obliegen sollen. Welche Bereiche konkret wie behandelt werden sollen, wird jedoch nicht im *Code* selbst definiert, stattdessen soll dies, soweit möglich, im Rahmen der Tarifvereinbarungen bestimmt werden.[1833]

Fehlen derartige Regelungen im Tarifvertrag, sollen jedenfalls gegenseitige Konsultationen aufgenommen werden, falls die Gewerkschaften oder die Beschäftigten der Ansicht sind, dass eine unternehmerische Maßnahme eventuell nachteilige Folgen für die Arbeitnehmer haben oder sich negativ auf die Beziehungen mit dem Arbeitgeber auswirken könnte. Selbst dann bleiben aber diejenigen Angelegenheiten ausgenommen, die ausschließlich der Unternehmensleitung vorbehalten sind, so dass der Arbeitgeber letztlich frei entscheiden kann.[1834]

Durch die Umsetzung der Unterrichtungs- und Anhörungsrichtlinie im Jahr 2005 hat sich an dieser Ausgangslage nur wenig geändert. Das nationale Umsetzungsge-

---

1832 Der Text des *Industrial Relations Code* vom 25.04.1977 ist abrufbar beim *MLSI,* Rubrik *Mediation in Labour Disputes,* Unterrubrik *Industrial Relations Code;* hier unter http://www.mlsi.gov.cy/mlsi/dlr/dlr.nsf/F2D01AEC93C7C090C22578AA0023C4B6/$file/Industrial%20Relations%20Code.pdf (englisch). Vgl. ferner *Ioannou*, Country Report Cyprus, S. 50; *Soumeli*, (oben Fn. 1820), Abschnitt *Legal context.*

1833 *Part I C.1, S. 2 – Issues Proper for Collective Bargaining and Joint Consultation, and Management Prerogatives; IRC* (oben Fn. 1832).

1834 *Part I C. – Issues Proper for Collective Bargaining and Joint Consultation, and Management Prerogatives; IRC* (oben Fn. 1832).

setz erfordert lediglich, dass die Unternehmensleitung und die bereits bestehenden betrieblichen Arbeitnehmervertretungen, mithin die lokalen Gewerkschaften, angemessene praktische Maßnahmen zur Unterrichtung und Anhörung der Belegschaft vereinbaren, sehen allerdings insoweit immerhin eine gesetzliche Verpflichtung vor („*mandatory*"). Diese Rechte galten zunächst nur in Betrieben mit mehr als 100 Beschäftigten, erst seit März 2008 liegt der Schwellenwert bei mehr als 30 Mitarbeitern.[1835]

In der Praxis wären hierdurch ca. 1,3% aller zyprischen Unternehmen betroffen. Offizielle Statistiken, wie viele davon zwischenzeitlich ein Verfahren zu Unterrichtung und Anhörung etabliert haben, existieren nicht, obwohl das Umsetzungsgesetz nach seinem Wortlaut eine entsprechende Pflicht vorsieht.

Faktisch geschieht dies ggf. auf Initiative der Gewerkschaften, die sich gleichwohl mit entsprechenden Bestrebungen zurückhalten, so dass solche Verfahren tatsächlich nur äußerst vereinzelt geschaffen wurden.[1836]

Ende Juli 2011 wurden durch das Law 106(I)/2011 verschiedene Anpassungen des zyprischen Rechts an europäische Vorgaben vorgenommen, insbesondere im Hinblick auf die EBR-Richtlinie von 2009.[1837]

Die tatsächliche Umsetzung dieser europäischen Vorgaben scheint jedoch zumindest lückenhaft.[1838]

---

(2) Formen

Diesen Vorgaben entsprechend existieren als Vertretungsgremien lediglich lokale Gewerkschaftsvertretungen auf betrieblicher Ebene. Betriebsräte sind nicht vorgesehen; sie wurden auch nicht im Zusammenhang mit der Umsetzung der Unterrichtungs- und Anhörungsrichtlinie eingeführt. Auch Vertretungen auf betriebsübergreifender Ebene fehlen.

Als zusätzliches Gremium besteht lediglich ein Ausschuss für Gesundheitsschutz und Sicherheit am Arbeitsplatz, der in Betrieben mit mindestens zehn Beschäftigten eingesetzt werden kann.[1839]

1835 *Law 78(I)/2005.*

1836 Vgl. *Soumeli, Cyprus: EIRO CAR on „The effect of the information and consultation directive on Industrial Relations in the EU Member States five years after its transposition"* (19.01.2011), unter http://www.eurofound.europa.eu/eiro/studies/tn1009029s/cy1009029q.htm (englisch).

1837 *Soumeli,* (oben Fn. 1820), Abschnitt *Legal context.*

1838 *Soumeli,* (oben Fn. 1820), Abschnitt *Workplace representation.*

1839 *Law 89(I)/1996; Regulatory Administrative Act 134/1997.*

bb) Größe und Zusammensetzung

Die konkrete Ausgestaltung der Gewerkschaftsvertretung richtet sich nach den jeweiligen betrieblichen Gegebenheiten. Als repräsentativ anerkannt wird sie jedoch nur bei mehr als 20 Arbeitnehmern.[1840]

Üblich ist die Wahl betrieblicher Gewerkschaftsvertreter in einen Ausschuss, die gewöhnliche Amtszeit beträgt ein Jahr. Die Gewerkschaftsausschüsse halten ihre Sitzungen dann normalerweise gemeinsam mit der Unternehmensleitung ab.[1841]

---

cc) Befugnisse

(1) Beteiligung

Die Aufgaben der Gewerkschaftsausschüsse liegen bei Arbeitsorganisation, Disziplin und der Einhaltung des Tarifvertrags. Nach dem *Industrial Relations Code* sind sie zudem bei geplanten Massenentlassungen zu informieren.[1842]

Der Text ist freilich sehr zurückhaltend formuliert, so „sollten" die Gewerkschaften lediglich zwei Monate vor der geplanten Maßnahme unterrichtet werden, wobei es zudem „wünschenswert" wäre, dass diese Benachrichtigung so früh als möglich erfolgen soll.

Ggf. beschäftigen sie sich auch mit Gesundheitsschutz und Sicherheit am Arbeitsplatz, falls das besondere Gremium nicht eingesetzt wurde.

Diese Rechte wurden durch das Umsetzungsgesetz zur Unterrichtungs- und Anhörungsrichtlinie leicht ausgedehnt. Demnach sollen nunmehr auch Informationen über die Entwicklung des Unternehmens zur Verfügung gestellt werden. Weiterhin „sollen" die Gewerkschaftsausschüsse zu solchen Fragen angehört werden, die Auswirkungen auf die Beschäftigung und die Arbeitsorganisation haben.

Praktisch sollen sich die lokalen Gewerkschaftsvertretungen vor allem mit bestehenden Missständen befassen, ferner mit den jeweiligen Vorschlägen des Arbeitgebers und den täglichen Belangen am Arbeitsplatz.[1843]

1840 *Law 71/1965 (Trade Union Law).*

1841 ETUI-CY-BI, S. 1.

1842 *Part II C. 1 (a) – Dismissals for reasons of redundancy; IRC,* (oben Fn. 1832).

1843 Insofern etwas vage ETUI-CY-BI, S. 1.

(2) Ausstattung und Kündigungsschutz

Zur Erfüllung ihrer Aufgaben haben die Gewerkschaftsvertreter lediglich „allgemeine Rechte“. In größeren Betrieben wird eine begrenzte Freistellung gewährt, zudem muss vom Arbeitgeber ein Raum zur Verfügung gestellt werden.

Besondere gesetzliche Kündigungsschutzregeln bestehen nicht. Allerdings dürfen die Gewerkschaftsmitglieder nicht aufgrund ihrer gewerkschaftlichen Aktivitäten benachteiigt werden.[1844]

dd) Vertretung auf supranationaler Ebene

Die zyprischen Mitglieder des Besonderen Verhandlungsgremiums beim EBR bzw. SE werden von der lokalen Gewerkschaftsvertretung gewählt. Falls diese fehlt, wählen die Beschäftigten ihre Vertreter direkt.

Wird ein EBR nach der Auffangregelung eingesetzt, müssen dessen Mitglieder im Unternehmen beschäftigt sein. Das Verfahren zu Wahl bzw. Bestellung der Arbeitnehmervertreter im Verwaltungs- oder Aufsichtsorgan einer SE wird vom Vertretungsorgan der SE bestimmt.[1845]

b) Unternehmensmitbestimmung

Eine Unternehmensmitbestimmung ist auch in Zypern nahezu völlig unbekannt. Gesetzliche Regelungen hierzu bestehen nicht, weder im gesellschaftsrechtlichen noch im arbeitsrechtlichen Bereich und noch nicht einmal als (verhandelbare) Option.

Lediglich in staatlichen bzw. halb-staatlichen Betrieben sind durch die Regierung vereinzelt hochrangige Gewerkschaftsvertreter in das Leitungsgremium berufen worden. Dies geschah allerdings weniger auf einer rechtlichen Grundlage als mehr aus Tradition. Die so Ernannten repräsentierten nach ihrem Selbstverständnis dann nicht mehr die Gewerkschaften, sondern agieren als unabhängige Persönlichkeiten.[1846] Im privaten Bereich ist erst vor kurzem in insgesamt zwei Banken jeweils

1844 Art. 8 *Law 78(I)/2005*, wonach sie einen „angemessenen Schutz“ genießen („*adequate protection*“); allerdings wird dieser Begriff nicht näher definiert; vgl. auch ETUI-CY-BI, S. 1.

1845 ETUI-CY-EI, S. 1. Zum EBR vgl. *Law No. 106(I) of 2011 concerning the Establishment of European Councils of Workers* sowie *Soumeli, European Works Councils – law and practice* (11.10.2004), abrufbar unter http://www.eurofound.europa.eu/eiro/2004/09/feature/CY0409103F.htm (englisch). Zur SE vgl. *Act No 277(1) of 2004 supplementing the Statute for a European company with regard to the involvement of employees with a view to enhancing employees' rights to participate in management and decisions concerning the European public limited-liability company (SE)*. Das Umsetzungsgesetz zum EBR verwendet in der englischen, gleichwohl inoffiziellen, Übersetzung den Begriff „*special negotiation team*“, bei der SE heißt es „*special negotiating body*“.

1846 *Ioannou*, Country Report Cyprus, S. 49.

ein Vertreter in das Leitungsorgan berufen worden. Hintergrund hierfür war ein entsprechender gewerkschaftlicher Druck.[1847]

Eine Einführung entsprechender Normen erscheint derzeit weder geplant noch gewünscht. Selbst die maßgeblichen Gewerkschaftsorganisationen fordern allenfalls eine Ausweitung des traditionell etablierten sozialen Dialogs, wogegen die Regierung eine weitere Deregulierung der industriellen Beziehungen befürwortet.[1848]

5. Zusammenfassung

- Zypern folgt dem monistischen System. Eine Arbeitnehmerbeteiligung besteht ausschließlich auf betrieblicher Ebene und obliegt den lokalen Gewerkschaftsvertretungen, Betriebsräte und betriebsübergreifende Gremien gibt es nicht. Maßgeblicher Rahmen ist eine zwischen den Sozialpartnern geschlossene, im Grunde freiwillige, Vereinbarung, auf deren Grundlage Tarifvereinbarungen für die Unternehmen geschlossen werden. Eine Beteiligung in den Leitungsgremien ist gesetzlich nicht vorgesehen.
- Betriebliche Vertretungsgremien sind ausschließlich die lokalen Gewerkschaftsvertretungen. Üblich ist die Bildung von Gewerkschaftsausschüssen. Deren konkrete Ausgestaltung richtet sich nach dem jeweiligen Unternehmen. Sie werden bei mehr als 20 Arbeitnehmern als repräsentativ anerkannt. Die Gewerkschaftsvertreter werden von der Mitgliederversammlung für ein Jahr gewählt. Einziges gesondertes Gremium neben den Gewerkschaftsausschüssen ist ein Ausschuss für Gesundheitsschutz und Sicherheit am Arbeitsplatz, der in Betrieben mit ab zehn Beschäftigten eingesetzt werden kann.
- Die Aufgaben der Gewerkschaftsausschüsse sind sehr begrenzt. Sie umfassen Gesundheitsschutz und Sicherheit am Arbeitsplatz, Arbeitsorganisation, Disziplin und die Einhaltung des Tarifvertrags. Ferner sind sie grundsätzlich bei geplanten Massenentlassungen zu informieren. Zudem sollen in Betrieben mit mehr als 30 Mitarbeitern zwischen Arbeitgeber und Gewerkschaftsvertretungen angemessene praktische Maßnahmen zur Unterrichtung und Anhörung der Belegschaft vereinbart werden.

1847 ETUI-CY-MB, S. 1; *Marfin Popular Bank* (2006) und *Bank of Cyprus* (2007).

1848 Vgl. *Soumeli, Unions push for social dialogue on modernising industrial relations* (25.09.2006), unter http://www.eurofound.europa.eu/eiro/2006/07/articles/CY0607019I.htm, sowie *dies., Unions seek social dialogue on modernisation of industrial relations* (01.03.2006), unter http://www.eurofound.europa.eu/eiro/2006/02/feature/CY0602104F.htm (englisch).

IV. Malta[1849]

1. Übersicht

Die Arbeitnehmerbeteiligung ist in Malta wahrscheinlich mit am geringsten ausgeprägt. Sie findet ausschließlich auf betrieblicher Ebene statt und obliegt den lokalen Gewerkschaftsvertretungen, sofern diese vom jeweiligen Arbeitgeber anerkannt werden. Gesetzliche Regelungen zur Unternehmensmitbestimmung im privaten Sektor existieren nicht.

2. Hintergrund

Malta war für 150 Jahre ebenfalls eine britische Kronkolonie und ist erst seit 1964 unabhängig; das Rechtssystem ist entsprechend britisch geprägt. 1974 erklärte sich das Land zur Republik. Seit dem EU-Beitritt 2004 ist Malta der kleinste Mitgliedstaat, der Euro wurde 2008 eingeführt.

Die maltesische Wirtschaft beruht traditionell auf Landwirtschaft und Fischerei. Seit den 1970er Jahren wurden produzierende Unternehmen mit Steuervorteilen gelockt. Heutzutage spielen aber neben dem Tourismus vor allem Finanzdienstleistungen und das Freihafen-Umschlagszentrum eine bedeutende Rolle.

Auch die industriellen Beziehungen entsprechen traditionell dem britischen Modell. Die Interessenvertretung obliegt grundsätzlich den Gewerkschaftsvertretungen im jeweiligen Unternehmen. Auf dieser Ebene finden auch die Tarifverhandlungen statt. Traditionell konfliktgeprägt gewinnen in letzter Zeit Verhandlungen im Sinne einer tripartiten Kooperation an Bedeutung.

Versuchsweise wurde in den 1970er Jahren in einigen Unternehmen eine Arbeitnehmerbeteiligung auf Leitungsebene eingeführt, stark inspiriert von der Ideologie der Arbeiterselbstverwaltung. Dies geschah bei den staatlichen Betrieben aufgrund von Gesetz, ansonsten über tarifvertragliche Klauseln und gesonderte Vereinbarungen. Nach negativen Erfahrungen wurde sie aber über die Jahre stetig reduziert und inzwischen wieder, einhergehend mit einer Welle von Privatisierungen, nahezu vollständig abgeschafft. Im privaten Bereich existiert sie quasi nicht mehr.

1849 *Kluge/Stollt*, MB in den neuen EU-MS, S. 94 f.; *Grech*, MT-System, S. 18 ff.; *Fulton*, ETUI-MT-Betriebliche Interessenvertretung, ETUI-MT-Unternehmensmitbestimmung sowie ETUI-MT-Europäische Interessenvertretung (ETUI-MT-BI, ETUI-MT-MB, ETUI-MT-EI) unter http://www.worker-participation.eu/National-Industrial-Relations/Countries/Malta; *Grech, Malta: Industrial relations profile* (z.T. 18.04.2013), bei Eiro online unter http://www.eurofound.europa.eu/eiro/country/malta.htm (englisch).

3. Organisationsverfassung der Kapitalgesellschaften

Malta vertritt ausschließlich das monistische Modell. Maßgebliche Rechtsquelle ist das maltesische Gesellschaftsgesetz von 1995, zuletzt geändert 2013 (*Att Dwar Il-Kumpanniji*/offizieller Langtitel *Chapter 386, Companies Act: To regulate, in place of the Commercial Partnerships Ordinance, limited liability companies and other commercial partnerships as amended by [...] Act III and XX of 2013;* meist kurz *Companies Act, Cap. 386*).[1850] Es ist seinerseits stark vom britischen Recht beeinflusst und kennt dementsprechend private und publike *companies*.

Grundsätzlich sind für die Gründung einer maltesischen *Company* mindestens zwei Gesellschafter nötig, bei der *Ltd.* ist auch eine Einpersonengesellschaft möglich.[1851]

Eine *private company* liegt vor, wenn sie in ihrer Satzung das Recht zur Anteilsübertragung beschränkt und die öffentliche Zeichnung von Anteilen oder Anleihen verbietet. Ferner muss die Höchstzahl der Gesellschafter auf 50 begrenzt werden.[1852] Die Satzung besteht zwingend aus dem *memorandum of association* für das Außenverhältnis und fakultativ den *articles of association* für das Innenverhältnis. Falls keine *articles* registriert werden, greifen die Regelungen des ersten Anhangs zum *Companies Act*, sog. *First Schedule.*[1853]

Die Organisation erfolgt durch das *(Annual) General Meeting (of Shareholders)*,[1854] den *Company Secretary*[1855] und das *Board of Directors*. Die *PLC* muss mindestens zwei Direktoren haben, die *Ltd.* einen.[1856] Möglich ist hier auch die Ernennung von Nichtgesellschaftern bzw. von juristischen Personen, der *Secretary* muss aber stets eine natürliche Person sein.[1857]

Das Mindeststammkapital liegt bei 1.164,69 Euro für eine *Ltd.* und bei 46.587,47 Euro für eine *PLC*, hiervon müssen mindestens 20% bzw. 25% eingezahlt sein.[1858]

1850 Im Folgenden *mtCA*. Der Text ist abrufbar beim maltesischen Ministerium für Justiz und Heimatangelegenheiten *MJHA* unter http://www.justiceservices.gov.mt/DownloadDocument.aspx?app=lom&itemid=8853 (englisch). Die haftungsbeschränkten Kapitalgesellschaften (*companies*) sind dort namentlich in *Part V*, Art. 67 ff., geregelt, für die *private company* vgl. Art. 209–213.

1851 Art. 68 S. 1, 211, 212 mtCA (*exempt company, single member company*).

1852 Art. 68, 209, 212 mtCA.

1853 Vgl. Art. 69, 75 mtCA, die vollständige Bezeichnung lautet *First Schedule (Article 75) Model Regulations for the Management of a Limited Liability Company*; er besteht aus insgesamt 87 Einzelnormen (zum *General meeting* vgl. hier Art. 30 ff., zu den *Directors* Art. 50 ff., zum *Secretary* Art. 72).

1854 Art. 128 ff mtCA.

1855 Art. 138 mtCA, zu den persönlichen Anforderungen Abs. 3.

1856 Art. 137 mtCA, zu deren Pflichten vgl. Art. 136A mtCA, zur Haftung Art. 147 mtCA, zur Ernennung Art. 139 mtCA.

1857 Art. 69 Abs. 1 (g) mtCA.

1858 Art. 72 Abs. 1, 3 mtCA.

Das maltesische Unternehmensregister liegt bei der nationalen Finanzdienstleistungsaufsichtsbehörde, *Malta Financial Services Authority, MFSA*.[1859]

4. Arbeitnehmerbeteiligung

a) Betriebliche Interessenvertretung

aa) Voraussetzungen

Maßgebliche normative Regelung ist das Gesetz von 2002 über Beschäftigungsverhältnisse und Arbeitsbeziehungen, der *Employment and Industrial Relations Act, EIRA*.[1860]

Es weist die Arbeitnehmervertretung vor allem den vom Arbeitgeber ausdrücklich anerkannten Gewerkschaften zu. Die Anerkennung wiederum erfolgt durch sein Einverständnis zu Verhandlungen. Sie ist jedoch gesetzlich nicht geregelt und daher rechtlich nicht erzwingbar, praktisch soll dies aber keine Probleme bereiten.[1861]

In Umsetzung der Unionsrichtlinien wurde dem Gesetz 2002 eine Regelung hinzugesetzt, wie verfahren werden muss, wenn keine anerkannte Gewerkschaft vorhanden ist. Demnach ist auch dann ein Vertretungsgremium einzurichten. Diese nicht-gewerkschaftliche Interessenvertretung (das Gesetz nennt auch sie schlicht „Arbeitnehmervertreter", *employees' representative*) ist ggf. auch bei Massenentlassungen und Unternehmensübergängen zu informieren.[1862] 2006 wurden ihr auch die Rechte aus der Unterrichtungs- und Anhörungsrichtlinie zugewiesen. Rechtsquelle sind die *Employee (Information And Consultation) Regulations, EICR*.[1863] Das nicht-gewerkschaftliche Gremium für Unterrichtung und Anhörung musste zunächst in Unternehmen mit mehr als 150 Beschäftigten eingerichtet werden. Der Schwellenwert wurde in Zwischenschritten auf mittlerweile mehr als 50 Beschäftigte abgesenkt.[1864]

1859 Art 76 ff. mtCA.

1860 *Chapter 452 Employment and Industrial Relations Act, To consolidate, with amendments, the Conditions of Employment (Regulations) Act (Cap. 135) and the Industrial Relations Act (Cap. 266), Act XXII of 2002, as amended by [...] Legal Notice 426 of 2012*. Der Text ist abrufbar unter http://www.justiceservices.gov.mt/DownloadDocument.aspx?app=lom&itemid=8918&l=1 (englisch).

1861 Vgl. Definition in Art. 2 Abs. 1 UAbs. 17 EIRA („*[...] "employers' association" means an organisation consisting wholly or mainly of employers and of which the principal purpose is by its rules the regulation of relations between employers and workers or trade unions*"); ETUI-MT-BI, S. 1.

1862 Art. 2 Abs. 1 UAbs. 17 i.V.m. Art. 37, 38 EIRA.

1863 *Subsidiary Legislation 452.96, Employee (Information And Consultation) Regulations, 13th January 2006, 23rd March 2007, 23rd March 2008, Legal Notice 10 of 2006, as amended by Legal Notice 427 of 2007*. Der Text ist abrufbar unter http://www.justiceservices.gov.mt/DownloadDocument.aspx?app=lom&itemid=11230&l=1 (englisch).

1864 Vgl. Art. 1 Abs. 3 EICR.

Das Gesetz sieht für dieses Gremium keine eigene Bezeichnung vor sondern spricht ausschließlich von den „Vertretern für Unterrichtung und Anhörung“ (*information and consultation representatives*).

Eine Vertretung auf betriebsübergreifender Ebene ist gesetzlich nicht geregelt.

Vor allem diese alternative Vertretungsform soll in der Praxis so gut wie überhaupt nicht vorkommen. Das wird auch darauf zurückgeführt, dass die diesbezüglichen Regelungen nicht mehr greifen, sobald im Unternehmen eine Gewerkschaft errichtet worden ist. Das Mandat der nichtgewerkschaftlichen Vertretung endet dann automatisch, ihre Vertreter werden durch solche der Gewerkschaft abgelöst.[1865]

Tatsächlich werden die maltesischen Arbeitnehmer also entweder von einer lokalen Gewerkschaft vertreten, oder eine Vertretung fehlt völlig.[1866]

Dabei liegt der gewerkschaftliche Organisationsgrad je nach Quelle zwischen 56% und 60%. Nach Daten des *Department of Industrial and Employment Relations* (*DIER*) beim maltesischen Sozialministerium gab es 2012 insgesamt 30 registrierte Gewerkschaften. Die Mitgliederzahl lag bei 89.180. Die Hauptrolle hierbei spielt die traditionell sozialdemokratische *GWU* (*General Workers' Union*), in ihr sind ca. 52% der Gewerkschaftsmitglieder organisiert, ihr Hauptkonkurrent ist die christliche *UHM* (*UĦM – Union Ħaddiema Magħqudin*/*Union Haddiema Maghqudin*). Einziger offizieller Gewerkschaftsbund ist allerdings die *CMTU* (*Confederation of Malta Trade Unions*). Am stärksten vertreten sind die Gewerkschaften aber immer noch im öffentlichen Sektor und in den großen produzierenden Unternehmen.

Ihnen gegenüber stehen insgesamt 18 Arbeitgeberorganisationen mit 9.477 Mitgliedern. Als bedeutendste unter ihnen dürfte die *Malta Chamber of Commerce, Enterprise and Industry* zu nennen sein.[1867]

---

bb) Größe und Zusammensetzung

Die lokale Gewerkschaftsvertretung organisiert sich in den jeweiligen Betrieben selbst. Um überhaupt als repräsentativ anerkannt werden zu können muss sie sich allerdings registrieren lassen, was wiederum personal an ein Minimum von sieben Gewerkschaftsmitgliedern gebunden ist.[1868] Üblich ist die Bestellung eines Vertreters pro 50 Beschäftigte.[1869]

1865 Vgl. Art. 5 Abs. 1 Buchstabe (b), UAbs. 3, Buchstabe (c) UAbs. 2 EICR. Fünf Jahre nach Umsetzung der Richtlinie wird von lediglich zwei gesonderten Gremien zur Information und Konsultation berichtet (*Air Malta* und *Go*, eine Telekommunikationsgesellschaft); *Rizzo, Malta: EIRO CAR on „the effect of the Information and Consultation Directive on Industrial Relations in the EU Member States five years after its transposition“* (19.01.2011), unter http://www.eurofound.europa.eu/eiro/studies/tn1009029s/mt1009029q.htm (englisch).

1866 ETUI-MT-BI, S. 1; vgl. auch *Grech*, MT-System, S. 21.

1867 Vgl. *Grech*, (oben Fn. 1849), Abschnitt *Main Actors*; *Baldacchino/Debono, Trade union density in Malta from 1953 to 2008* (19.08.2009), unter http://www.eurofound.europa.eu/eiro/2009/06/articles/mt0906029i.htm sowie den Jahresbericht des *DIER* 2012, unter http://dier.gov.mt/en/About-DIER/Archives/Reports%20by%20the%20Registrar%20of%20Trade%20Unions/Documents/2012_tu_report.pdf (jeweils englisch).

1868 Art. 53 Abs. 1, 54 ff. EIRA.

1869 ETUI-MT-BI, S: 1.

Dort, wo keine anerkannte Gewerkschaft besteht, sind die *employees' representatives* zur Vertretung berufen. Nach der gesetzlichen Konzeption handelt es sich bei diesen zunächst auch um Gewerkschaftsvertreter, allerdings um solche, deren Gewerkschaft nicht anerkannt ist. Die Regeln gelten aber auch, wenn im Unternehmen keine Gewerkschaften bestehen. Für die nicht-gewerkschaftlich organisierten Arbeitnehmer bezieht sich der Begriff auf solche Vertreter, die im Rahmen einer geheimen Wahl, die im Übrigen durch den Arbeitgeber zu diesem Zweck organisiert wird, aus den Reihen der nicht-gewerkschaftlich organisierten Belegschaft gewählt werden.[1870] Bestimmte Zahlenwerte sind nicht vorgegeben. Geregelt ist nur, dass neben den Gewerkschaftsvertretern genau ein weiterer Vertreter gewählt werden soll für jede Kategorie von Arbeitnehmern, die nicht gewerkschaftlich vertreten wird. Die regelmäßige Amtszeit liegt bei drei Jahren, das Mandat endet aber, sobald sich in einem ehemals nicht-gewerkschaftliche vertretenen Betrieb eine entsprechende Vertretung bildet.[1871]

Der maßgebliche Absatz zum Wahlverfahren verfügt über lediglich acht Unterabschnitte; die Organisation wird grundsätzlich dem Arbeitgeber überlassen, der sie „*reasonably practicable*" gestalten soll, damit die Wahl fair abläuft.[1872]

Die Sitzungen werden alle sechs Monate gemeinsam mit dem Arbeitgeber abgehalten.[1873]

cc) Befugnisse

(1) Beteiligung

Hauptaufgabe der Gewerkschaften ist die Durchführung von Tarifverhandlungen. Daneben sind grundsätzlich sie die ersten Adressaten der Unterrichtungs- und Anhörungsbefugnisse aus den europäischen Richtlinien. Die Umsetzungsvorschriften gehen in ihrer Reichweite nicht über deren Vorgaben hinaus. Sie umfassen zunächst Informationen über die aktuelle und wahrscheinliche wirtschaftliche Entwicklung des Unternehmens. Zudem gilt dies für die Beschäftigungssituation und –struktur und für solche unternehmerische Entscheidungen, die zu substantiellen Veränderungen bei der Arbeitsorganisation oder den Arbeitsverträgen führen können. In diesen letzteren Bereich müssen die Arbeitnehmervertreter auch angehört werden.[1874]

Eben diese Unterrichtungs- und Anhörungsrechte gelten ggf. auch für die nicht-gewerkschaftlichen Arbeitnehmervertreter.

1870 Art. 2 Abs. 1 UAbs. 17 EIRA.
1871 Art. 5, insbes. Abs. 2 EICR.
1872 Vgl. Art.5 Abs. 2 (a), 1. HS EICR.
1873 Art. 5 Abs. 3 Buchstabe (c) EICR.
1874 Art. 4 Abs. 1, 3 EICR; zur Geheimhaltung vgl. Art. 7, insbesondere Abs. 7, 8 EICR.

(2) Ausstattung und Kündigungsschutz

Auch die Freistellungen sind nur vereinzelt geregelt. Lediglich diejenigen Arbeitnehmervertreter, die im Rahmen der Unterrichtung und Anhörung zuständig sind, haben einen Anspruch auf „angemessene Freistellung während ihrer Arbeitszeit, ohne Abzug von Arbeitslohn", um diese Aufgaben wahrnehmen zu können.[1875] Bei diesen Vorgaben handelt es sich nach dem Gesetzeswortlaut allerdings um Minimalerfordernisse, so dass andere Gestaltungen, namentlich durch Tarifvertrag, grundsätzlich möglich sind.[1876]

Eine Kündigung aufgrund der Tätigkeit als Arbeitnehmervertreter ist verboten.[1877]

dd) Vertretung auf supranationaler Ebene

Die maltesischen Mitglieder des Besonderen Verhandlungsgremiums bei EBR bzw. SE (*korp speċjali għan-negozjar*) werden in geheimer Wahl von der gesamten Belegschaft des Unternehmens gewählt.

Sie müssen grundsätzlich Angehörige des jeweiligen Unternehmens sein. Das gilt auch für einen EBR, der nach der Auffangregelung eingesetzt wird.

Bei der SE können aber auch externe Gewerkschaftsvertreter gewählt werden, wenn die Geschäftsleitung dies zulässt. Die Modalitäten der Wahl für die maltesischen Arbeitnehmervertreter im Aufsichtsrat bzw. Leitungsorgan der SE, das nach den Auffangregelungen errichtet wird, bleibt gänzlich dem Besonderen Verhandlungsgremium überlassen.[1878]

b) Unternehmensmitbestimmung

Gesetzliche Regelungen zur Unternehmensmitbestimmung auf privater Ebene gibt es in Malta nicht.

In den 1970er Jahren versprach die damalige Regierung mit dem Konzept der Arbeiterselbstverwaltung auch die Einrichtung der Mitbestimmung. Hierbei orientierte sie sich am jugoslawischen Modell. Konsequent wurden in staatlichen Betrie-

---

1875 Art. 8 Abs. 2 EICR.

1876 Art. 3 Abs. 3, 4 EICR.

1877 Art. 36 Abs. 14, UAbs. 2 a) EICR; zum Rechtsweg vgl. Art. 75 EICR.

1878 ETUI-MT-EI, S. 1. Für den EBR vgl. Art. 6 Abs. 3, Schedule (Regulation 8) Subsidiary Requirements Art. 1 b) *Subsidiary Legislation 452.107, European Works Council (Further Provisions) Regulations, Legal Notice 217 of 2011.* Der Text ist abrufbar unter http://www.justiceservices.gov.mt/DownloadDocument.aspx?app=lom&itemid=11668&l=1 (englisch). Für die SE vgl. Art. 5, Schedule (Regulation 10) Standard Rules, Part 3 *Subsidiary Legislation 452.94, Employee Involvement (European Company) Regulations, 22nd October 2004, Legal Notice 452 of 2004, as amended by Legal Notice 427 of 2007.* Der Text ist abrufbar unter http://www.justiceservices.gov.mt/DownloadDocument.aspx?app=lom&itemid=11228&l=1 (englisch).

ben und solchen, die sich im Besitz der Gewerkschaften bzw. der sozialdemokratischen *Labour Party* befanden, so genannte Arbeitnehmerdirektoren bestellt (*Director-worker*, in der Literatur findet sich auch der Begriff *worker director*). Beim seinerzeit größten Arbeitgeber des Landes, dem Werftbetrieb *Malta Drydocks*, waren so 1975 noch alle acht Direktoren von den Arbeitnehmern gewählt. Die Erfahrungen hierzu waren jedoch negativ. Selbst von Gewerkschaftsseite wird von einem „*Totalversagen des Systems*" gesprochen.[1879] Ab 1998 wurden im Zuge der allgemeinen Privatisierungen auch die *Director-worker* wieder abgeschafft.

Auf tarifvertraglicher bzw. freiwilliger Grundlage ist es aber heute noch immerhin theoretisch möglich, auch auf Leitungsebene eine Arbeitnehmervertretung zu installieren.

Praktisch ist dies aber sehr selten. So sollen derzeit insgesamt lediglich drei maltesische Unternehmen auch mitbestimmt sein, zwei gehören der größten Gewerkschaft des Landes und eine der *Labour Party*. In ihnen ist jeweils ein *Director-worker* bestellt. Dort, wo es sie gibt, werden die betroffenen Personen direkt von den Beschäftigten des Unternehmens in geheimer Abstimmung mit einfacher Mehrheit aus deren Mitte gewählt; externe Vertreter sind nicht möglich. Nach ihrer Ernennung haben die *Director-worker* die gleichen Rechte und Pflichten wie die anderen Verwaltungsratsmitglieder, inklusive der Vergütung.[1880]

5. Zusammenfassung

- Malta vertritt das monistische Modell. Eine Arbeitnehmerbeteiligung findet ausschließlich auf betrieblicher Ebene und meist durch lokale Gewerkschaftsvertretungen statt, sofern diese durch den Arbeitgeber anerkannt werden. Um im Unternehmen als repräsentativ anerkannt zu werden, muss sich die jeweilige Gewerkschaftsvertretung registrieren lassen, was wiederum an ein personales Minimum von sieben Personen geknüpft ist. Darüber hinausgehend bestimmen die Gewerkschaften ihre Organisation selbst. Die Anerkennung durch den Arbeitgeber ist rechtlich nicht definiert und erfolgt praktisch durch die Aufnahme von Tarifverhandlungen. Diesen Gewerkschaftsvertretungen sind auch die Un-

1879 *Grech*, MT-System, S. 21 ("*total failure of the system*").

1880 ETUI-MT-MB; S. 1; *Kluge/Stollt*, MB in den neuen EU-MS, S. 94 f.; *Grech*, MT-System, S. 19 ff. Für den staatlichen Energieversorger *Enemalta* war ursprünglich ebenfalls eine Mitbestimmung vorgeschrieben, sie wurde zwischenzeitlich ebenfalls abgeschafft; vgl. Art. 5 *Enemalta Act* und die *Subsidiary Legislation 423.10, Election of Director-worker Regulations, 7th December 1987, Legal Notice 63 of 1987, as amended by Legal Notice 104 of 1993*, unter http://www.justiceservices.gov.mt/DownloadDocument.aspx?app=lom&itemid=8762&l=1 bzw. http://www.justiceservices.gov.mt/DownloadDocument.aspx?app=lom&itemid=10674&l=1 (englisch).

terrichtungs- und Anhörungsrechte aus den Gemeinschaftsrichtlinien zugewiesen. Betriebsräte im engeren Sinn und betriebsübergreifende Strukturen bestehen nicht. Nur dort, wo keine Gewerkschaftsvertretungen existieren, können die Befugnisse aus den Gemeinschaftsrichtlinien anderen gewählten Arbeitnehmervertretern übertragen werden. Der Schwellenwert hierfür liegt bei mehr als 50 Beschäftigten, die Mindestgröße des Gremiums ist nicht geregelt. Sobald sich im Unternehmen aber eine Gewerkschaft bildet, fallen die Rechte an diese Gewerkschaftsvertretung. Praktisch ist diese Vertretungsform sehr selten. Eine Unternehmensmitbestimmung ist im privaten Sektor gänzlich unbekannt und auch im staatlichen Bereich allenfalls (noch) sehr vereinzelt vertreten. Hier beruht sie auf tarifvertraglicher bzw. freiwilliger Grundlage.

V. Tabelle 5 – Betriebliche Interessenvertretung im angelsächsischen Rechtskreis

Mitgliedstaat	Gremium	Schwellenwert	Vertreterzahl	Bestellung	Befugnisse	Anmerkungen
UK	a) GW b) I u K-Verhandlungen, sofern noch kein I u K-System besteht; ggf. Ausschuss	a) grds. nach GW, aber nur eingeschränkte Vertretung, solange nicht „anerkannt“ b) mind. 51 AN, aber nur auf Wunsch; Verfahren wird durch Arbeitgeber od. 10% der AN (mind. 15, max. 2.500) eingeleitet	a) GW b) grds. nach Verhandlungsergebnis, Auffanglösung: Ausschuss 1 Ausschussmitglied pro 50 AN, max. 25	a) nach GW b) nach Verhandlungsergebnis, Auffanglösung: Urabstimmung durch Gesamtbelegschaft	a) nach „Anerkennungsreichweite“ durch den Arbeitgeber, hauptsächlich Tarifverhandlungen (hier vor allem Lohnfragen); K bei Massenentlassungen und Unternehmensverkäufen; grds. vorrangige I u K-Rechte nach der Richtlinie 2002/14/EG b) nach Verhandlungsergebnis; wenn keine GW besteht, I u K nach Richtlinie 2002/14/EG	a) Vertretungsbefugnis der GW hängt von „Anerkennung“ durch Arbeitgeber ab. → Anerkennung mgl., wenn GW mind. 10% der AN in relevanter Einheit (Betrieb, Betriebsteil od. mehrere Betriebe) vertritt. durchsetzbarer Anerkennungsanspruch in Betrieben mit mehr als 21 AN; Vertretungsanspruch der GW grds. auf GWmitglieder beschränkt; einzelne GWvertreter schließen sich in der Regel zu einem ge-

Mitgliedstaat	Gremium	Schwellenwert	Vertreterzahl	Bestellung	Befugnisse	Anmerkungen
						meinsamen Gremium zusammen b) praktisch selten; übergeordnete Ebene: ggf. situative Treffen von ANvertretern auf Initiative entweder der GW oder des Arbeitgebers
IE	a) GW b) IuK-Verhandlungen, ggf. Ausschuss c) Joint Consultative Committee, JCC d) excepted bodies → Zusammenschluss von AN, die vom selben Arbeitgeber beschäftigt werden, aber keine GW bilden	a) nach GW b) mind. 50 AN; Verfahren wird durch Arbeitgeber od. 10% der AN (mind. 15, max. 100) eingeleitet; ggf. GWvertreter zu berücksichtigen c) auf freiwilliger Basis d) keine Vorgabe	a) keine absoluten Vorgaben, Zahl soll sich „in vernünftigem Maße" nach Größe des Unternehmens oder Betriebs, Anzahl der GWmitglieder und Anzahl der beteiligten EinzelGW bemessen b) nach Verhandlungsergebnis, Auffanglösung: Ausschuss mit mind. 3 und	a) nach GW b) nach Verhandlungsergebnis, Auffanglösung: entweder in vom Arbeitgeber organisierten Verfahren gewählt oder direkt von Belegschaft ernannt, keine Externe c) nach Vereinbarung	a) Aufgabe ist Interessenvertretung der GWmitglieder → Verhandlungen mit Arbeitgeber; bei ministerieller Verhandlungslizenz: zudem Verhandlungen über Entlohnung und andere Arbeitsbedingungen b) nach Verhandlungsergebnis, Auffanglösung:	a) kein Verfahren zur zwangsweisen Anerkennung; mehrere GWvertreter schließen sich in der Regel zu gemeinsamen Gremien zusammen; übergeordnete Ebene: ggf. situative Treffen von ANvertretern auf Initiative entweder der GW oder des Arbeitgebers, praktisch vor

Mitgliedstaat	Gremium	Schwellenwert	Vertreterzahl	Bestellung	Befugnisse	Anmerkungen
			max. 30 Mitgliedern c) paritätisch aus Arbeitnehmer- und Arbeitgebervertretern d) keine Vorgabe	d) keine Vorgabe	I u K nach Richtlinie 2002/14/EG. c) Erörterung von Betriebsorganisation, Arbeitsbedingungen, Produktivität und Strategie. d) Verhandlungen für die individuelle Gruppe.	allem dann, wenn auf dieser Ebene auch Tarifverhandlungen stattfinden
CY	GW	nach GW, „repräsentativ“ nur bei mehr als 20 AN. Gewählte Vertreter bilden meist einen Ausschuss.	nach GW und jeweiligen betrieblichen Gegebenheiten	nach GW	bestimmte Rechte insbesondere bei der Arbeitsordnung, K bei geplanten Massenentlassungen; bei entsprechender Vereinbarung: I u K aus der Richtlinie in Betrieben mit mehr als 30 AN	Ggf. noch Ausschüsse für Gesundheitsschutz und Sicherheit am Arbeitsplatz in Betrieben mit mind. 10 AN mgl. Praxis: Umsetzungsgesetz zur Richtlinie 2002/14/EG sieht eigentlich verpflichtende Vereinbarungen zu I/K vor, faktisch geschieht dies nur auf Initiative der GW.

Mitgliedstaat	Gremium	Schwellenwert	Vertreterzahl	Bestellung	Befugnisse	Anmerkungen
MT	a) GW b) nicht gewerkschaftliche Vertretung c) Vertreter für Unterrichtung und Anhörung (nach Richtlinie 2002/14/EG), nur wenn keine GWvertretung besteht	a) nach GW; „repräsentativ“ nur bei Registrierung → mind. 7 GWmitglieder; Anerkennung durch Arbeitgeber b) kann auch eine GWvertretung sein, allerdings eine nicht-anerkannte; keine sonstigen Vorgaben c) mind. 50 AN	a) nach GW b) keine Vorgaben c) Keine Mindestgröße, aber: mindestens ein Vertreter pro anerkannter GW plus ein weiterer Vertreter für jede Kategorie von AN, die ihrerseits nicht von der anerkannten GW vertreten wird; Mandat endet, sobald sich eine GWvertretung bildet.	a) nach GW b) geheime Wahl aus den Reihen der nicht-gewerkschaftlich organisierten Belegschaft, im Einzelnen organisiert durch den Arbeitgeber c) geheime Wahl durch die Belegschaft, im Einzelnen organisiert durch den Arbeitgeber	a) Tarifverhandlungen; wenn b) und c) nicht bestehen: I u K aus der Richtlinie b) ggf. I u K aus der Richtlinie c) I u K aus der Richtlinie 2002/14/EG, aber nur solange keine GW besteht	a) Kein formelles Verfahren zur ggf. zwangsweisen Anerkennung, praktisch aber kein Problem. b) und c): praktisch außerordentlich selten; keine übergeordneten Gremien

Die faktisch jeweils verbreitetste Vertretungsform ist in der Darstellung vorangestellt.

Legende

AN: Arbeitnehmer
ANV: Arbeitnehmervertreter
ArbSchb: Arbeitschutzbeauftragte
BR: Betriebsrat
GW: Gewerkschaft
I: Information
IuK: Information und Konsultation
K: Konsultation
M: Mitwirkung
U: Unternehmen
Vss: Voraussetzungen

VI. Tabelle 6 – Unternehmensmitbestimmung im angelsächsischen Rechtskreis

MS	Kapitalgesellschaft	Abkg.	Org.	VSS	Anzahl ANV	Bestellung	Anmerkungen
UK	*Public Limited Company*	*PLC*	M				Keine MB.
	private company limited by shares	*Ltd.*	M				
IE	*Public Limited Company/cuideachta phoiblí theoranta*	*PLC*	M				MB nur in einigen staatlichen U; dort $^1/_3$ des Verwaltungsrats. Wahl durch Belegschaft nach Vorschlag der bestehenden betrieblichen ANvertretungen.
	private company limited by shares	*Ltd.*	M				
CY	*public company*	*plc*	M				Keine MB. Sehr vereinzelt auf freiwilliger Basis/Tradition GWmitglieder im Leitungsgremium, diese dann unabhängig.
	private company	*Ltd.*	M				
MT	*public company*	*PLC*	M				Keine MB.
	private company	*Ltd.*	M				

Vorangestellt ist jeweils die nationale Aktiengesellschaft.

Legende:

Abkg.: Abkürzung
AN: Arbeitnehmer
ANV: Arbeitnehmervertreter
AG: Aktiengesellschaft
AR: Aufsichtsrat
BR: Betriebsrat

D: Dualistisch
EK: Eigenkapital
GW: Gewerkschaft
idR: in der Regel
M: Monistisch
MB: Mitbestimmung

Mgl: möglich
MS: Mitgliedstaat
Org: Organisationsstruktur
U: Unternehmen
VerwR: Verwaltungsrat
Vss: Voraussetzungen

D. Nordischer Rechtskreis

I. Dänemark[1881]

1. Übersicht

Dänemark verfügt über ein ausgefeiltes System der Arbeitnehmerbeteiligung. Es umfasst sowohl betriebliche Vertretungen durch lokale Gewerkschaften und andere Gremien, als auch eine optionale Beteiligung auf Leitungsebene in allen Kapitalgesellschaften mit mindestens 35 Beschäftigten. Diese wirkt faktisch als Drittelbeteiligung.

2. Hintergrund

a) Nordischer Rechtskreis allgemein

Ein Hauptkennzeichen im Bereich der gesamten nordischen Corporate Governance wie auch in weiteren gesellschaftlichen Bereichen ist die Selbstregulierung.[1882] Die relevanten Rahmenbedingungen in den industriellen Beziehungen werden oft durch die Sozialpartner ausgehandelt, ggf. unter Hinzuziehung der Regierung in tripartiten Verhandlungen. Insbesondere die Gewerkschaften treten hierbei traditionell sehr selbstbewusst auf, was sich mit einem bemerkenswert hohen Organisationsgrad erklären lässt. In allen nordischen Ländern liegt dieser bei ca. 70%. Hintergrund hierfür ist, dass die nordischen Staaten, womöglich durchgreifender als der ursprüngliche „Erfinder" Belgien, das „*Gent*-System" etabliert hatten und die Arbeitslosenversicherung lange Zeit an die gewerkschaftlichen Institutionen gekoppelt war; erst die Mitgliedschaft in einer Gewerkschaft führte zur Mitgliedschaft in einer Arbeitslosenversicherung (allgemein kurz *a-kassa*/*A-kasser*). Zu-

---

1881 *Taylor*, Überblick, S. 68 f.; *Dragsbæk*, Country Report DK, S. 19 ff.; *Andersen*, Co-Determination DK, S. 11 ff.; *Fulton*, ETUI-DK-Betriebliche Interessenvertretung, ETUI DK Unternehmensmitbestimmung sowie ETUI-DK-Europäische Interessenvertretung (ETUI-DK-BI, ETUI-DK-MB, ETUI-DK-EI) unter http://www.worker-participation.eu/index.php/National-Industrial-Relations/Countries/Denmark; *Jørgensen*, *Denmark: Industrial relations profile* (z.T. 18.04.2013), bei Eiro online unter http://www.eurofound.europa.eu/eiro/country/denmark.htm (englisch). Eine Einführung in englischer Sprache findet sich ferner beim dänischen Gewerkschaftsbund *LO* unter http://www.lo.dk/~/media/LO/English/2008_LOpjecen_engelsk.ashx.

1882 Als Überblick vgl. die gemeinsam von den jeweiligen nationalen Corporate Governance-Organisationen herausgegebene Broschüre *Corporate Governance in the Nordic Countries* (April 2009), unter http://www.corporategovernance.dk/graphics/Corporategovernance/Nordic%20CG%20booklet%20-%20final%20web%20version.pdf (englisch).

letzt wurden jedoch allgemein vielfältige Systemänderungen vorgenommen, die u.a. auch reflexhaft zu abnehmenden Mitgliedszahlen bei den Gewerkschaften führen. Zudem nehmen viele Gewerkschaftsmitglieder als Rentner und Studenten nicht am aktiven Erwerbsleben teil. Der Trend bei den gewerkschaftlichen Mitgliederzahlen ist so im gesamten Norden durchgängig negativ, ein Umdenken setzt jedoch nur allmählich ein.

b) Dänemark

Auch in Dänemark beruhen die industriellen Beziehungen traditionell auf Tarifvereinbarungen. Gesetzgebung und staatliche Interventionen spielen eine vergleichsweise geringe Rolle.

Die Grundlagen hierzu wurden bereits 1899 durch den sogenannten „September-Kompromiss" gelegt (*Septemberforliget*). Hier erkannten Arbeitnehmer und Arbeitgeber wechselseitig ihr Recht zur Organisation und damit zu Verhandlungen an. 1910 wurden durch den Staat flankierend ein Arbeitsgericht und öffentliche Schlichtungsstellen geschaffen. Abgesehen von (Streit-)Schlichtung und Vermittlung kamen und kommen dem Staat aber keine Aufgaben zu. Auch heute noch werden die wesentlichen arbeitsmarktpolitischen Fragen durch Tarifvertrag geregelt. Auf nationaler Ebene werden dazu Basistarifverträge mit längeren Laufzeiten geschlossen, in denen u.a. die wesentlichen Verfahren und Bestimmungen für die Verhandlungen auf sektoraler oder unternehmerischer Ebene niedergelegt sind. In letzter Zeit geht der Trend aber auch hier zur Dezentralisierung. Die Verhandlungsebene verschiebt sich zunehmend weg von der übergeordneten Ebene hin zu den individuellen Unternehmen. Das „Dänische Modell" wird somit bestimmt durch die Institutionalisierung von Konflikten, vergleichsweise hohe Mitgliedsraten in den Organisationen[1883] und eine allseits anerkannte Präferenz von Konsens und Kooperation über alle Ebenen.

Der gewerkschaftliche Organisationsgrad ist seit 1996 kontinuierlich leicht rückläufig, aber immer noch bemerkenswert hoch. Er wird aktuell mit 67–77% angegeben, was in absoluten Zahlen bei einer Erwerbsbevölkerung von ca. 2,6 Mio. Menschen ca. 2 Mio. Gewerkschaftsmitgliedern entspricht.

Mit Abstand größter Gewerkschaftsbund ist die *LO, Landsorganisationen i Danmark*, die in 25 Mitgliedsorganisationen ca. 1,1 Mio. Mitglieder vereinigt. Tatsächlich sind Gewerkschaftsvertretungen v.a. im öffentlichen Bereich etabliert, zudem besteht auch in Dänemark eine gewisse Größenab-

---

1883 Art. 78 der dänischen Verfassung von 1953 (*Danmarks Riges Grundlov*) normiert die allgemeine Vereinigungsfreiheit, erwähnt aber die Gewerkschaften nicht explizit. In der deutschen Übersetzung lautet sein Abs. 1: *„Die Bürger sind berechtigt, ohne vorherige Erlaubnis Vereine zu jedem gesetzlich zulässigen Zweck zu bilden"*, Text unter http://www.verfassungen.eu/dk/daen53.htm#Kapitel%20VIII.

hängigkeit. Nach einer Untersuchung von 2010 verfügten 52% aller Betriebe mit mindestens 5 Beschäftigten über einen Gewerkschaftsvertreter, bei Unternehmen mit mindestens 50 Beschäftigten lag der Wert bei 83%. Im privaten Sektor verfügten 65% der Unternehmen bis 99 Beschäftigten über eine Gewerkschaftsvertretung, 81% bei bis zu 249 Beschäftigten und 91% bei Großunternehmen mit mehr als 250 Beschäftigten. Im öffentlichen Sektor besteht bereits bei Betrieben mit mindestens 50 Beschäftigten stets eine Gewerkschaftsvertretung.[1884]

Größter Arbeitgeberverband ist die *DA – Dansk Arbejdsgiverforening*, in deren ca. 27.000 Mitgliedsunternehmen insgesamt ca. 650.000 Arbeitnehmer und damit 52% aller im Privatsektor Beschäftigten angestellt sind. Auf sektoraler Ebene wird die *DI – Dansk Industri* mit ca. 10.000 Mitgliedsunternehmen als besonders einflussreich beschrieben. Zusammen mit dem größten Verhandlungsverbund auf Gewerkschaftsseite, *CO-Industri*, verhandelt *DI* das Industrie-Abkommen, das seinerseits den Standard für alle Tarifverhandlungen in Dänemark setzt.[1885]

Konsequent ist eine Arbeitnehmerbeteiligung sowohl in den Betrieben als auch auf unternehmerischer Ebene etabliert. Im betrieblichen Bereich wird sie schon traditionell meist durch die lokalen Gewerkschaftsvertretungen wahrgenommen. Seit 1947 gibt es daneben in Unternehmen mit mehr als 35 Beschäftigten Kooperationsausschüsse, die jeweils paritätisch mit Arbeitnehmer- und Arbeitgebervertretern besetzt sind und deren Funktion dem Betriebsrat vergleichbar ist. Weiterhin bestehen Ausschüsse für Gesundheit und Sicherheit.

Die Unternehmensmitbestimmung geht auf gewerkschaftliche Bestrebungen aus den 1960er/1970er Jahren zurück. Hier konnte sich der Gedanke der Selbstregulierung jedoch nicht durchsetzen. Schon 1965 hatte sich der Gewerkschaftsbund *LO* für die Einführung eines Systems eingesetzt, das sich eng am deutschen Modell orientierte. Wählbar sollten aber nur Gewerkschaftsmitglieder sein. Der Vorschlag konnte sich jedoch nicht durchsetzen, entsprechende gesetzliche Initiativen scheiterten 1967 und 1971. Letztlich erfolgte darum 1973 eine Regelung durch den Staat. Erfasst waren Unternehmen mit mehr als 50 Beschäftigten. Hier konnten die Arbeitnehmer mindestens zwei und maximal bis zu einem Drittel der Mitglieder des Leitungsgremiums stellen. Entgegen der vorherigen Vorschläge verlangte das Gesetz für die Wählbarkeit als Arbeitnehmervertreter nicht mehr die Mitgliedschaft in einer Gewerkschaft, sondern stellte ausschließlich auf den Status als Arbeitnehmer ab. Im Grundsatz blieben die Vorgaben seitdem weitgehend unverändert. Einzige bedeutende Ausnahme ist die Absenkung des Schwellenwerts von ursprünglich 50 auf nun 35 Beschäftigte im Jahr 1987.

1884 Daten nach ETUI-DK-BI, S. 1.

1885 Vgl. insgesamt die Darstellungen bei *Fulton*, Abschnitt *Trade Union* und *Jørgensen*, Abschnitt *Main Actors* (beide oben Fn. 1881), sowie *Larsen/Navrbjerg, Decline of the Danish shop steward* (15.11.2010), unter http://www.eurofound.europa.eu/eiro/2010/10/articles/dk1010029i.htm (englisch).

Hierdurch wurden deutlich mehr Unternehmen in den Anwendungsbereich der Mitbestimmung einbezogen, wobei die Zahl insgesamt aber noch überschaubar ist. Die weitaus meisten dänischen Unternehmen (geschätzt ca. 305.000) sind KMU. 98% beschäftigen weniger als 50 Arbeitnehmer, 95% weniger als 20 Arbeitnehmer.[1886]

Insgesamt erscheint das System als etabliert. Konflikte zwischen den Interessenvertretern der Arbeitnehmer und denen der Unternehmen sind äußerst selten. Auch seitens der Regierung wird kein grundsätzlicher Änderungsbedarf gesehen. Zuletzt hat sie sich im Rahmen eines „Entbürokratisierungsplans" aus dem Jahr 2009, in dem die allgemeinen Leitlinien zur Wirtschaftsregulierung und Anpassung an die modernen Entwicklungen festgehalten wurden, mit Blick auf die Reform der Gesellschaftsgesetze und ihre Anpassung an die internationalen „best practices" dafür ausgesprochen, die Regelungen zur Unternehmensmitbestimmung im Grunde zu erhalten. Allerdings sollte gleichermaßen die Möglichkeit vorgesehen werden, in großen Teilen von ihnen abzuweichen, sofern sich Unternehmensleitung und Arbeitnehmer hierüber einigen.[1887]

3. Organisationsverfassung der Kapitalgesellschaften

(1) Grundlagen

Ursprünglich war die Aktiengesellschaft (*Aktieselskab*, abgekürzt *A/S*) die einzige dänische Kapitalgesellschaftsform. Die GmbH (*Anpartsselskab*, abgekürzt *ApS*) wurde erst mit dem EG-Beitritt 1973 eingeführt. In beiden Rechtsformen galt ein leicht abgewandeltes dualistisches Modell. Normiert waren sie jeweils in Einzelgesetzen.[1888]

Ab dem Jahr 2009 wurde das dänische Gesellschaftsrecht grundlegend reformiert. Hierbei wurden beide Regelungen zusammengefasst im einheitlichen Gesetz über Aktiengesellschaften und Gesellschaften mit beschränkter Haftung, *Lov om*

1886 *Jørgensen, Denmark: EIRO CAR on „The effect of the Information and Consultation Directive on Industrial relations in the EU Member States five years after its transposition"* (19.01.2011), unter http://www.eurofound.europa.eu/eiro/studies/tn1009029s/dk1009029q.htm (englisch).

1887 *Afbureaukratiseringsplan for det erhvervsrettede område* vom März 2009, S. 11f. englische Fassung bei der Registerbehörde *Erhvervsstyrelsen*/englisch ursprünglich *Danish Commerce and Companies Agency, DCCA*, seit 01.01.2012 *The Danish Business Authority, DBA*, unter http://www.dcca.dk/graphics/publikationer/Administrative%20lettelser/Afbureaukratiseringsplan%20%28Eng%29.pdf.

1888 Zuletzt *Bekendtgørelse af lov om aktieselskaber – Aktieselskabsloven, Bekendtgørelse* [abgekürzt *BEK* = „Gesetzesbekanntmachung"] Nr. 649 vom 15.06.2006 bzw. *Bekendtgørelse af lov om anpartsselskaber – Anpartsselskabsloven, BEK* Nr. 650 vom 15.06.2006. Als rechtsverbindlich gelten nur diejenigen Gesetze, die im amtlichen Gesetzesanzeiger *Lovtidende* veröffentlicht wurden.

aktie- og anpartsselskaber (selskabsloven).[1889] Die Änderungen sehen unter anderem umfangreiche Deregulierungen und Wahlmöglichkeiten vor; insbesondere bei der *ApS* ist vieles der Satzungsfreiheit überlassen worden.

Technisch weist das Gesellschaftsgesetz (*selskabsloven*) drei Ebenen auf. Auf der ersten Ebene finden sich Regelungen, die allgemein auf die Kapitalgesellschaft (*kapitalselskab*) Anwendung finden, also die *A/S* und die *ApS* gleichermaßen betreffen. Die zweite Ebene enthält Bestimmungen, in denen die beiden Rechtsformen unterschiedlichen Regelungen unterworfen werden; i.d.R. sind hier für die *A/S* striktere und verbindlichere Vorgaben vorgesehen, während die *ApS* Wahlmöglichkeiten und Flexibilisierungen genießt. Auf der dritten Ebene werden die börsengehandelten *A/S* behandelt.
Gleichzeitig mit der Gesetzesreform ergingen durch das *Komitéen for god selskabsledelse/Committee on Corporate Governance in Denmark* im April 2010 neue Empfehlungen zur Corporate Governance. Vornehmlich richten sie sich an die börsennotierten Gesellschaften, jedoch sollen sie, oder Teile davon, auch für die nicht-öffentlich gehandelten Gesellschaften als Inspiration dienen.[1890]

Die Gründung sowohl einer *A/S* als auch einer *ApS* kann durch eine oder mehrere Personen erfolgen (*stiftere*). Diese unterzeichnen als Gründungsurkunde ein *memorandum of association* (*stiftelsesdokument*), in dem die Satzung (*vedtægter*) enthalten ist.[1891] Hauptmerkmal einer *ApS* ist, dass sie (nach wie vor) ihre Anteile nicht öffentlich anbieten darf.[1892]

Hinsichtlich der Organisation bestehen für beide Gesellschaften mehrere Gestaltungsmöglichkeiten.[1893] Zur Auswahl stehen grundsätzlich das „dänische", das „deutsche" und das „angelsächsische" Modell.

Beim herkömmlichen „dänischen Modell" wird das Unternehmen vom Verwaltungsrat (*bestyrelse*) und dem Vorstand geleitet (*direktion*, das einzelne Vorstandsmitglied wird als *direktør* bezeichnet). Der Verwaltungsrat verantwortet die strategische Ausrichtung und die Gesamtleitung, die *direktion* besorgt das Tagesgeschäft

---

1889 *LOV* (= „Gesetz") Nr. 470 vom 12.06.2009, zuletzt geändert durch *LOV* Nr. 1367 vom 10.12.2013; englische Bezeichnung *Danish Companies Act*, im Folgenden *dkCA*. Konsolidierter Text abrufbar unter https://www.retsinformation.dk (Suchmaske). Eine nicht verbindliche englische Übersetzung (Stand 2010) findet sich bei der *DBA* unter http://erhvervsstyrelsen.dk/file/249079/danish_companies_act.pdf, eine Übersicht über die sonstige unternehmensrelevante Gesetzgebung nebst Links unter http://danishbusinessauthority.dk/legislation.

1890 Vgl. i.E. *Komitéen for god selskabsledelse/Committee on Corporate Governance in Denmark, Recommendations on Corporate Governance*, (Stand Mai 2013) unter http://corporategovernance.dk/file/371640/commitee_on_corporate_governance_recommendations_on_corporate_governance.pdf (englisch).

1891 §§ 25, 26 dkCA, zum Mindestinhalt vgl. §§ 27–30 dkCA.

1892 § 1 *Stk.* 3, § 5 *Stk.* 2 dkCA.

1893 § 111 dkCA.

und muss den Leitlinien und Weisungen des Verwaltungsrats folgen. Die Gremien sind hier allerdings personal nicht strikt getrennt. Diese Organisationsform wird daher gelegentlich als *„one-and-a-half tier“*-Modell oder auch als *„dual executive system“* bezeichnet.[1894] In der *A/S* darf ein *direktør* nicht gleichzeitig Vorsitzender oder stellvertretender Vorsitzender des Verwaltungsrats sein. Zudem dürfen die Verwaltungsratsmitglieder nicht die Mehrheit der Geschäftsführer stellen. Außerdem muss in der *A/S* der Verwaltungsrat mit mindestens drei Personen besetzt sein.[1895]

Insgesamt müssen nur die wesentlichsten Entscheidungen durch die Anteilseignerversammlung getroffen werden. Die Unternehmensleitung ist in weiten Teilen deutlich flexibler als im deutschen System.[1896]

Im „deutschen“ Modell obliegt die Unternehmensleitung der *direktion*, die wiederum vom Aufsichtsrat (*tilsynsråd*) ernannt und überwacht wird. Personelle Überschneidungen sind hier nicht möglich. Die Unternehmensmitbestimmung erfolgt dann ebenfalls über den *tilsynsråd*, der in der *A/S* gleichfalls mindestens drei Mitglieder haben muss. Hierbei ist die dänische Variante hierarchischer als das bekannte deutsche Modell.

Unter anderem kann der Aufsichtsrat die jeweiligen *direktøren* umstandslos wieder aus dem Amt entfernen.[1897]

Die *ApS* schließlich kann sich auch noch für das „angelsächsische“ Modell entscheiden, in dem lediglich ein Verwaltungsrat vorgesehen ist.

Die Willensbildung erfolgt durch Beschlüsse im Rahmen der Anteilseignerversammlung (*generalforsamling*).[1898] Hier werden auch die Mitglieder der jeweiligen Führungsgremien gewählt.[1899]

(2) Aktuell

Im Rahmen der Reform von 2009 wurden auch die Mindestkapitalanforderungen diskutiert. Für die *A/S* wurden die Anforderungen unverändert bei 500.000,– *DKK*

1894 Bericht Reflexionsgruppe 2011, S. 55 f.

1895 § 111 Stk. 3 dkCA. Vgl. auch die Empfehlungen des *Committee on Corporate Governance in Denmark/Komitéen for god selskabsledelse*, Punkt 4, *The tasks and responsibilities of the supreme and the central governing bodies* und Punkt 5, *Composition and organisation of the supreme governing body.*

1896 *Andersen*, Co-Determination DK, S. 15.

1897 § 121 *Stk.* 1, 3. *pkt* dkCA; *Hansen*, EBOR 2010, S. 89.

1898 §§ 76 ff. dkCA. Die Hauptversammlung kann auch auf ausschließlich elektronischem Weg stattfinden, § 77 dkCA.

1899 § 120 dkCA.

(ca. 67.000,– Euro) belassen. Für die *ApS* wurde es reduziert; es lag seit 2010 bei 80.000,– *DKK* (ca. 10.750,– Euro).[1900] In beiden Fällen mussten mindestens 80.000,– *DKK* eingezahlt sein.[1901]

Zuletzt wurden mit *LOV* Nr. 616 vom 12.06.2013 einige weitere Erleichterungen beschlossen.[1902]

U.a. wurde das Mindestkapital für die *ApS* mit Wirkung vom 01.01.2014 noch weiter abgesenkt. Es liegt nun noch bei 50.000,– *DKK* (ca. 6.700,– Euro).[1903]

Daneben wurde nun auch in Dänemark ein Pendant zur deutschen UG (haftungsbeschränkt) eingeführt, die „haftungsbeschränkte Unternehmergesellschaft" (*iværksætterselskab*, abgekürzt *IVS*).[1904] Auf die *IVS* finden grundsätzlich die gleichen Vorschriften Anwendung wie auf die *ApS*, solange keine Sonderregeln gelten.[1905]

Die *IVS* ist insgesamt auf Praktikabilität und Einfachheit ausgerichtet. U.a. gelten erleichterte Gründungsvoraussetzungen. Zudem beträgt hier das Stammkapital nur noch 1,– *DKK* (ca. 0,14 Euro).[1906] Dabei ist auch hier, ebenso wie bei der deutschen UG (haftungsbeschränkt), mindestens ein Viertel des jährlichen Gewinns als Rücklage einzustellen. Dividenden dürfen nicht ausgeschüttet werden. Wenn Rücklagen und Stammkapital zusammen auf 50.000,– *DKK*, und damit das neue Mindestkapital der *ApS*, angewachsen sind, fallen diese Beschränkungen weg.[1907] Die *IVS* kann dann in eine gewöhnliche *ApS* umgewandelt werden. Das geschieht ggf. durch Beschluss der Anteilseignerversammlung.[1908]

1900 § 4 *Stk.* 2 dkCA i.d.F. von 2013.

1901 §§ 33 *Stk.* 1, 1. *pkt*; 40 *Stk.* 2 dkCA. Dänemark trat 1973 der EG bei, hat aber in verschiedenen Bereichen des Vertrags von Maastricht von einem *opting-out* Gebrauch gemacht, unter anderem bei der Europäischen Währungsunion. Obwohl die Konvergenzkriterien eingehalten (und teilweise übertroffen) wurden, hielt das Land an der Dänischen Krone, *DKK*, fest. Die *DKK* unterliegt aber dem Europäischen Wechselkursmechanismus II, der Leitkurs liegt bei 1 Euro = 7,46038 *DKK*/1 *DKK* = 100 øre = 0,14 Euro, die Schwankung darf maximal ± 2,25% betragen.

1902 *Lov om ændring af selskabsloven, lov om visse erhvervsdrivende virksomheder, årsregnskabsloven og lov om Det Centrale Virksomhedsregister* („Gesetz zur Änderung des Kapitallgesellschaftsgesetzes, des Gesetzes über gewerbliche Unternehmen, des Gesetzes über den Jahresabschluss und des Gesetzes über das Zentrale Unternehmensregister"). Zum Gesetz vgl. die Darstellung *Mindre kapitalkrav til ApS´er fra årsskiftet* (etwa „Gesenkte Mindestkapitalanforderungen für GmbHs zum Jahreswechsel") (11.10.2013) bei der *DBA* unter http://erhvervsstyrelsen.dk/pressesoeg/609839/5, zur *IVS* vgl. die Darstellung *Iværksætterselskaber (IVS)* (ohne Datum) unter http://erhvervsstyrelsen.dk/ivaerksaetterselskab (beide dänisch).

1903 Neuer § 4, *stk.* 2 dkCA.

1904 Neues Kapitel 20a, §§ 357a–d dkCA.

1905 Neuer § 357a, *stk.* 1 dkCA.

1906 Neuer § 357a, *stk.* 2 dkCA.

1907 Neuer § 357b dkCA.

1908 Neue §§ 357c, d dkCA.

Geregelt werden nun auch die grenzüberschreitenden Sitzverlegungen (*grænseoverskridende flytning af hjemsted)*. Die entsprechenden Vorschriften setzen die einschlägige EuGH-Rechtsprechung um.[1909]

4. Arbeitnehmerbeteiligung

a) Betriebliche Interessenvertretung

aa) Voraussetzungen

Auf betrieblicher Ebene bestehen zwei unabhängige Interessenvertretungen. Neben dem Gewerkschaftsvertreter auf lokaler Ebene (Singular: *Tillidsrepræsentant,* abgekürzt *TR*), gibt es Kooperationsausschüsse, die paritätisch mit Arbeitgeber- und Arbeitnehmervertretern besetzt werden (Singular: *Samarbejdsudvalg/Joint Consultation Committee*, auch *Joint Cooperation Committee* oder *Joint Consultative Committee*, im Folgenden *JCC*). In seiner Funktion lässt sich der *JCC* in etwa mit dem deutschen Betriebsrat vergleichen. Kooperationsausschüsse können in allen Unternehmen mit mindestens 35 Beschäftigten eingesetzt werden.

Rechtsgrundlage für die Gewerkschaftsvertretungen bilden die jeweiligen Tarifverträge. Hierbei werden die allgemeinen Befugnisse auf nationaler Ebene zwischen dem Arbeitgeberverband und den Gewerkschaften vereinbart, die besonderen Rechte werden in den Branchentarifverträgen reguliert. Zunehmend kommt es auch zu individuellen Vereinbarungen auf Unternehmensebene.

Der Kooperationsausschuss *JCC* beruht auf einem nationalen Abkommen zwischen der Dachorganisation der Arbeitgeber und dem größten dänischen Gewerkschaftsbund (*Hovedaftalen/General Agreement* zwischen *Dansk Arbejdsgieverforening, DA* und *Landsorganisationen i Danmark, LO*).[1910] Dieses Abkommen gilt länger als die (sonstigen) Tarifvereinbarungen und erfasst faktisch die meisten Unternehmen im privaten Sektor. Für die nicht betroffenen Bereiche bestehen Sondervereinbarungen, die inhaltlich aber weitgehend mit dem *Hovedaftalen* zwischen *DA* und *LO* identisch sind.[1911] Im Abkommen finden sich auch Ausführungen zur direkten Kooperation mit dem jeweiligen Arbeitnehmer.

Nach dem *Hovedaftalen* können Kooperationsausschüsse auf Vorschlag des Arbeitgebers oder einer Mehrheit der Arbeitnehmer in Unternehmen mit „35 oder mehr Beschäftigten innerhalb desselben räumlichen Gebiets“ eingerichtet werden. Falls die Beteiligten dieses Gremium nicht einrichten wollen empfiehlt das Abkommen, dass stattdessen regelmäßige Informationsveranstaltungen zwischen Arbeitgeber

---

1909 Neues Kapitel 16 a, §§ 318a–o dkCA.

1910 *Cooperation Agreement* vom 09.06.1986, zuletzt geändert am 27.10.2006, in englischer Fassung unter http://www.samarbejdsnaevnet.dk/English.aspx.

1911 Solche Sondervereinbarungen bestehen z.B. für die Landwirtschaft und im Finanzsektor.

und Arbeitnehmern abgehalten werden. In kleineren Unternehmen sollen sich die Beteiligten über entsprechende Verfahren einigen.[1912]

Das Abkommen bezieht sich in seiner dänischen wie in seiner englischen Fassung auf „das selbe räumliche Gebiet"; „*Virksomheder, der beskæftiger 35 ansatte og derover inden for samme geografiske enhed ...*"/„*Enterprises, employing 35 persons or more within the same geographical area ...*". Wie genau dieser räumliche Geltungsbereich abgegrenzt wird, ist hier jedoch nicht näher definiert.

Praktisch sollen 70% der erfassten Unternehmen tatsächlich einen *JCC* eingerichtet haben.[1913]

Neben Gewerkschaftsvertretung und *JCC* bestehen noch die besonderen Ausschüsse für Sicherheit und Gesundheit (*Sikkerhedsudvalg* oder *Arbejdsmiljøorganisation*).[1914] In der Praxis werden *JCC* und *Sikkerhedsudvalg* gelegentlich auch kombiniert.

Betriebsübergreifend bilden die jeweiligen Gewerkschaftsvertretungen einen gemeinsamen Ausschuss. Bestehen mehrere Kooperationsausschüsse, so wird ein Hauptkooperationsausschuss eingesetzt, in dem Vertreter der jeweiligen Einzelgremien zusammenkommen.[1915]

Das dänische Umsetzungsgesetz zur Unterrichtungs- und Anhörungsrichtlinie verlangt, dass in Unternehmen mit mindestens 35 Beschäftigten Unterrichtungen und Anhörungen über bedeutende unternehmerische Entwicklungen stattfinden. Es gibt jedoch nicht vor, in welchem Gremium das zu geschehen hat sondern spricht insofern lediglich von den „üblichen Vertretern" (*ordinære repræsentanter*). Zudem findet das Gesetz keine Anwendung, wenn bereits eine entsprechende Pflicht in den anzuwendenden Tarifverträgen niedergelegt ist und hierfür Regelungen vorgesehen sind, die denen nach der Richtlinie gleichwertig sind.[1916]

1912 Cooperation Agreement, S. 12.

1913 ETUI-DK-DI, S. 1.

1914 Grundlage ist das Gesetz über Sicherheit und Gesundheitsschutz am Arbeitsplatz, *Bekendtgørelse af lov om arbejdsmiljø*, zuletzt geändert durch *LOV* Nr. 639 vom 12.06.2013, konsolidierte Fassung unter https://www.retsinformation.dk/Forms/R0710.aspx?id=133159, dort §§ 6a ff.; eine (veraltete) englische Übersetzung des Gesetzes ist abrufbar bei der Gewerbeaufsicht *Arbejdstilsynet* unter http://www.at.dk/ENGELSK/Regulations/Working-Environment-Act/Arbejdsmiljoloven.aspx?sc_lang=en.

1915 ETUI-DK-BI, S. 1f., Cooperation Agreement, S. 14f.

1916 *Loven gennemfører Europa-Parlamentets og Rådets direktiv nr. 2002/14/EF af 11. marts 2002 om indførelse af en generel ramme for information og høring af arbejdstagerne i Det Europæiske Fællesskab (EF-Tidende 2002 nr. L 80, s. 29). Direktivet er optrykt som bilag til loven.* – *Lov om information og høring af lønmodtagere*, kurz *LOV nr. 303 af 02/05.2005*, abrufbar unter https://www.retsinformation.dk/Forms/R0710.aspx?id=30249#FN501 (dänisch), dort insbesondere zum Anwendungsbereich §§ 2, 3, zur Reichweite § 4, zu den *ordinære repræsentanter* § 6, insbes. Abs. 1.

Letzteres wiederum soll in der Praxis nahezu der Regelfall sein.[1917]

bb) Größe und Zusammensetzung

(1) Gewerkschaftsvertretung

Die näheren Einzelheiten zur Ausgestaltung der jeweiligen lokalen Gewerkschaftsvertretung richten sich nach den Festlegungen des entsprechenden Tarifvertrags. Meist kann in Betrieben mit mehr als fünf Beschäftigten ein Gewerkschaftsvertreter gewählt werden, üblich ist die Bestellung eines Gewerkschaftsvertreters für jeweils 50 Beschäftigte. Wahlberechtigt sind grundsätzlich nur Gewerkschaftsmitglieder, jedoch kann hiervon durch Tarifvertrag abgewichen werden. Wenn in einem Betrieb mehrere Gewerkschaften gleichzeitig bestehen, was aufgrund der Struktur des dänischen Gewerkschaftswesens häufig sein soll,[1918] wählen die jeweiligen Vertreter ihrerseits oft einen gemeinsamen Vertreter (*fællestillidsrepræsentant*).

(2) Kooperationsausschuss/*JCC*

Ein *JCC* wird paritätisch aus Arbeitgeber- und Arbeitnehmervertretern zusammengesetzt. Seine absolute Größe richtet sich nach der Belegschaftsstärke und liegt zwischen jeweils zwei Vertretern in Unternehmen mit 35 bis 50 Beschäftigten und jeweils sechs Vertretern in solchen mit mehr als 500 Mitarbeitern. Bei mehr als 1.000 Arbeitnehmern kann eine höhere Vertreteranzahl vereinbart werden.[1919]

Konkrete Staffelschritte liegen bei 35, mehr als 50, mehr als 100, mehr als 200 und mehr als 500 Beschäftigten. Bei jedem Schritt kommt jeweils ein Vertreter hinzu.

Die Arbeitgebervertreter werden von der Unternehmensleitung ernannt. In diesem Zusammenhang zählen die Leitenden Angestellten als Arbeitgebervertreter. Sie genießen bestimmte Sonderrechte, die sich nach einem eigenen Abkommen bemessen.[1920]

1917 Vgl. *Jørgensen, Denmark: EIRO CAR on „The effect of the Information and Consultation Directive on Industrial relations in the EU Member States five years after its transposition“* (19.01.2011), unter http://www.eurofound.europa.eu/eiro/studies/tn1009029s/dk1009029q.htm (englisch); Abschnitt *Commentary by national correspondents.*

1918 ETUI-DK-BI, S. 1.

1919 Cooperation Agreement, S. 12 f.

1920 *Agreement made between the Confederation of Danish Employers (DA) and the Danish Association of Managers and Executives (LH) on Representation of Managers and Executives on Enterprise Cooperation Committees*; in Cooperation Agreement, S. 21 f. [LH = *Ledernes Hovedorganisation*].

Die Leitenden Angestellten besetzen im *JCC* mindestens einen Platz auf der Arbeitgeberbank.

Die Vertreter der Arbeitnehmer stammen zunächst aus den Reihen der Gewerkschaftsvertretungen, wobei der *fællestillidsrepræsentant* jedenfalls einen Platz erhält. Wenn es mehr Gewerkschaftsvertreter als zu besetzende Plätze auf der Arbeitnehmerbank geben sollte, wird von der Belegschaft alleine unter diesen Personen ausgewählt. Anderenfalls wählt die Gesamtbelegschaft die übrigen zu entsendenden Personen direkt aus ihrer Mitte. Hierbei müssen auch Arbeitnehmergruppen außerhalb des *LO* berücksichtigt werden.[1921]

Die Amtszeit beträgt einheitlich zwei Jahre.

Den Vorsitz im Gremium führt ein ranghohes Mitglied der Geschäftsleitung (*ansvarlig virksomhedsleder*), der Stellvertretende Vorsitzende wird von den Arbeitnehmervertretern gewählt. Beide Seiten zusammen wählen einen Sekretär.[1922]

Ein *JCC* tagt gewöhnlich sechs Mal im Jahr. Außerordentliche Sitzungen können auf Antrag einer Seite anberaumt werden.[1923]

cc) Befugnisse

(1) Beteiligung

α) Gewerkschaftsvertretung

Hauptaufgabe der lokalen Gewerkschaftsvertretungen ist die Überwachung der Einhaltung der Tarifverträge. Zunehmend führen sie aber auch selbst entsprechende Verhandlungen auf betrieblicher Ebene durch.[1924]

Ihre Rolle ist dabei auch auf Seiten der Arbeitgeber weithin anerkannt. Lokalen Beobachtern zufolge dienen die Gewerkschaftsvertreter als wichtiger „Sparringspartner", wenn es zu organisatorischen Änderungen am Arbeitsplatz kommt. Zudem wirkten sie oft als „Filter" und sorgten dafür, dass nur die entscheidendsten Mitarbeiteranliegen bis auf die Ebene der Unternehmensleitung gelangten.[1925]

β) Kooperationsausschuss/*JCC*

Der *JCC* dient der Förderung der Zusammenarbeit im gesamten Unternehmen. Hierzu nimmt er in erster Linie Unterrichtungs- und Anhörungsrechte wahr.[1926] Konkret ist er über die wirtschaftliche Lage des Unternehmens sowie die geplanten und er-

---

1921 Cooperation Agreement, S. 13 f.

1922 Cooperation Agreement, S. 11.

1923 Cooperation Agreement, S. 10.

1924 ETUI-DK-BI, S. 1.

1925 *Larsen/Navrbjerg, Management and employee views on benefits of shop stewards* (10.01.2011), abrufbar unter http://www.eurofound.europa.eu/eiro/2010/10/articles/dk1010039i.htm (englisch).

1926 Nach *Fulton* ist es *„the main information and consultation body"*, ETUI-DK-BI, S. 1.

warteten zukünftigen Entwicklungen zu informieren, ebenso über die personellen Entwicklungen, die Beschäftigungsaussichten und geplante wesentliche Änderungen und Umstrukturierungen in den betrieblichen Abläufen, vor allem bei der Einführung neuer Technologien.

Bemerkenswerterweise sind die Informationspflichten aber nicht als Einbahnstraße konzipiert; so haben die Arbeitnehmervertreter den *JCC* über die Angelegenheiten am Arbeitsplatz unterrichten, die „für das Klima der Kooperation von Bedeutung“ sind.[1927]

Daneben haben sich in ihm beide Seiten über eine Reihe von Prinzipien über die jeweiligen Arbeitsbedingungen zu einigen. Der *JCC* darf sich aber nicht mit solchen Themenkomplexen befassen, die ihrerseits in Tarifverträgen vereinbart werden.[1928] Insgesamt dient der *JCC* also als ein gemeinsames Forum, in dem von beiden Seiten grundlegende Fragen erörtert und geregelt werden können.

Ungeachtet dieser kooperativen Möglichkeiten hat der *JCC* jedoch keine Mitentscheidungsbefugnisse, insbesondere kein Vetorecht. Sämtliche Entscheidungsrechte liegen ausschließlich bei der Geschäftsleitung.[1929]

(2) Ausstattung und Kündigungsschutz

Auch die Freistellung und Sachausstattung der Gewerkschaftsvertreter richtet sich nach dem jeweiligen Tarifvertrag. Sämtliche Kosten im Zusammenhang mit dem *JCC* werden vom jeweiligen Unternehmen getragen.

Alle Arbeitnehmervertreter genießen einen besonderen Kündigungsschutz. Hierbei können Gewerkschaftsvertreter nur nach vorheriger Unterrichtung der Gewerkschaft und nach Abschluss eines Schlichtungsverfahrens entlassen werden. Bei nicht-gewerkschaftlichen Arbeitnehmervertretern wird die allgemeine Kündigungsfrist um sechs Wochen verlängert.[1930]

dd) Vertretung auf supranationaler Ebene

Die dänischen Mitglieder eines Besonderen Verhandlungsgremiums (*det særlige forhandlingsorgan*) bei EBR bzw. SE werden grundsätzlich vom *JCC* bestellt. Falls es im Unternehmen ein solches nicht gibt, durch die Gewerkschaftsvertreter oder durch direkte Abstimmung in der Gesamtbelegschaft. Wählbar sind ausschließlich Beschäftigte des Unternehmens. Dies gilt jeweils auch dann, falls die Auffangregelung zum Tragen kommt.

1927 Cooperation Agreement, S. 7; zum allgemeinen Verfahren vgl. ebd., S. 9 f.
1928 Vgl. Aufzählung in Cooperation Agreement, S. 8 f.
1929 Cooperation Agreement, S. 10 (*Scope of Cooperation*).
1930 ETUI-DK-BI, S. 1 a.E.; Cooperation Agreement, S. 10.

Die dänischen Arbeitnehmervertreter auf Leitungsebene bei einer SE mit Sitz in Dänemark werden von der Belegschaft selbst gewählt, entsprechend zu den Regelungen bei den anderen dänischen Kapitalgesellschaften.[1931]

b) Unternehmensmitbestimmung

Die maßgeblichen Regelungen zur Unternehmensmitbestimmung (*Medarbejderrepræsentation*, auch *Selskabsrepræsentation*) finden sich in den §§ 140 bis 143, Kapitel 8 des Gesellschaftsgesetzes *Lov om aktie- og anpartsselskaber.*

Nach diesen Vorgaben können die Arbeitnehmer in solchen Kapitalgesellschaften, die in den letzten drei Jahren im Durchschnitt mindestens 35 Mitarbeiter beschäftigt haben, Vertreter in das Leitungsgremium des Unternehmens wählen. Erfasst sind gleichermaßen die *A/S* wie auch die *ApS.*[1932]

Die Mitbestimmung hängt hier also nicht von der Organisationsform im engeren Sinne ab, sondern (quasi) ausschließlich vom Erreichen des fraglichen Schwellenwerts. Ihre tatsächliche Einführung ist aber an einen entsprechenden Antrag im Sinne eines *„triggering"* durch die Arbeitnehmer gekoppelt. Die Wahrnehmung des Mitbestimmungsrechts ist damit nicht verpflichtend, wie in Deutschland, sondern optional.

Angesiedelt wird die Mitbestimmung in jeweils dem Gremium, in dem die relevanten strategischen Entscheidungen getroffen werden (*det øverste ledelsesorgan/ supreme governing body*). Je nach gewählter Organisationsform ist das der Verwaltungsrat oder der Aufsichtsrat.

„Det øverste ledelsesorgan" der Gesellschaft wird in § 5 *Stk.* 5 dkCA definiert als: *„a) Bestyrelsen i selskaber, der har en bestyrelse, b) direktionen i selskaber, der alene har en direktion, og c) tilsynsrådet i selskaber, der både har en direktion og et tilsynsråd"*, übersetzt *„a) the board of directors of companies having a board of directors; b) the executive board of companies having only an executive board; and c) the supervisory board of companies having both an executive board and a supervisory board."*

Neben diesem „supreme governing body" steht das zentrale Leitungsorgan, *det centrale ledelsesorgan/the central governing body*, das je nach Wahl entweder das board oder das executive board der Gesellschaft ist; § 5 *Stk.* 4 dkCA.

1931 ETUI-DK-EI, S. 1 Vgl. § 141 *Stk.* 3 dkCA. Zum EBR (*Europæiske Samarbejdsudvalg*) vgl. §§ 11 ff. *Bekendtgørelse af lov om europæiske samarbejdsudvalg*, auf Dänisch abrufbar unter https://www.retsinformation.dk/Forms/R0710.aspx?id=121462. Zur SE vgl. §§ 8 ff. *Lov om det europæiske selskab (SE-loven)/The Danish Act on the European Company (the SE Act)*, in inoffizieller englischer Übersetzung unter http://www.dcca.dk/graphics/_ny%20eogs/English%20version/Legislation/SE_Act1.pdf.

1932 §§ 140 ff. dkCA; betroffen sind auch *A/S* im Staatsbesitz, § 351 dkCA.

Wie viele Arbeitnehmervertreter gewählt werden hängt von der Zahl der durch die Anteilseigner im Rahmen der Generalversammlung bestellten Mitglieder ab. Der Wert beträgt die Hälfte der durch die Anteilseigner bestimmten Mitglieder, mindestens aber zwei, ggf. wird aufgerundet.[1933]

Praktisch entspricht das einem Drittel der Mitglieder des Leitungsgremiums, der Wert kann jedoch im Einzelfall höher liegen. Beispielsweise werden bei einem Vorstand mit fünf Vertretern der Anteilseigner drei Arbeitnehmervertreter bestellt.

Ggf. greift das Mitbestimmungsrecht auch auf der übergeordnete Gruppenebene (*Koncernrepræsentation*). Nach den Vorgaben gilt bei Erreichen des Schwellenwerts dasselbe Bestellungsrecht für die Beschäftigten einer dänischen Elterngesellschaft und deren in Dänemark registrierten Tochterunternehmen sowie für die dänischen Niederlassungen ausländischer Unternehmen.[1934] Hier allerdings können die Arbeitnehmer mindestens drei Vertreter wählen.[1935] Beschäftigt die ausländische Gruppe Arbeitnehmer in ihren dänischen Niederlassungen, können die dortigen Beschäftigten mindestens einen Vertreter wählen.[1936] Erfüllt eine Tochter ihrerseits alleine die notwendigen Voraussetzungen, ist auch sie mitbestimmt.

„Elterngesellschaft" ist nach § 5 *Stk.* 20 dkCA eine Kapitalgesellschaft, die ein oder mehrere Tochterunternehmen kontrolliert. Maßstab ist die Möglichkeit der tatsächlichen Kontrolle über die finanziellen und operativen Entscheidungen des Unternehmens, §§ 6, 7 dkCA. Insbesondere das Institut des deutschen Beherrschungsvertrags ist nicht vorgesehen. Die Mitbestimmung wird so auf klar definierte Fälle begrenzt.[1937]

Eventuell findet eine Mitbestimmung also auf zwei Ebenen statt. Dabei kann die Anteilseignerversammlung die Mitbestimmung freiwillig auf alle global Beschäftigten ausdehnen. Für diesen Fall wird jedoch ein leichtes zahlenmäßiges Übergewicht für die dänischen Beschäftigten garantiert. Ansonsten bleiben die Arbeitnehmer außerhalb Dänemarks unberücksichtigt.[1938]

Anders als z.B. in Deutschland ist die dänische Mitbestimmung auf Leitungsebene kein Automatismus sondern lediglich eine Option. Zur Ausübung dieses Rechts muss sich grundsätzlich mindestens die Hälfte der Arbeitnehmer in der Ge-

---

1933 § 140 *Stk.* 1 dkCA.

1934 § 141 *Stk.* 1 dkCA.

1935 § 141 *Stk.* 2, 2. *pkt* dkCA.

1936 § 141 *Stk.* 3, 2. *pkt* dkCA.

1937 Vgl. *Werlauff*, ECL 2009, S.161; *Andersen*, Co-Determination DK, S. 14.

1938 § 143 *Stk.* 3 dkCA; *Hansen*, EBOR 2010, S. 89; *Hansen/Werlauff*, ECL 2009, S. 80; *Werlauff*, ECL 2009, S.165.

sellschaft, bzw. der Gesellschaft und deren Töchter, in einer vorgeschalteten Abstimmung dafür aussprechen, es sei denn, die Unternehmensleitung und die Arbeitnehmer einigen sich darauf, über diese Frage nicht abzustimmen.[1939]

Der dänische Corporate Governance Kodex vom August 2011, Nr. 5.5.1, empfiehlt, dass sich das jeweilige Unternehmen entweder in seinem Jahresbericht oder auf seiner Unternehmenswebsite über das jeweilige System und dessen Umsetzung erklärt.

Die konkrete Ausgestaltung des Wahlverfahrens, sowie die Verfahrensbestimmungen zur Information der Arbeitnehmervertreter, sind im Gesetz der Regelung durch die Registerbehörde *Erhvervs- og Selskabsstyrelsen/Danish Business Authority – DBA* zugewiesen.[1940] Maßgeblich ist insoweit die *BEK* Nr. 806 vom 28.06.2010, *Bekendtgørelse om medarbejderrepræsentation i aktie- og anpartsselskaber.*[1941]

Nach diesen Vorgaben werden die jeweiligen Arbeitnehmervertreter von der Gesamtbelegschaft aus ihrer Mitte gewählt. Sie haben grundsätzlich die gleichen Rechte, Pflichten und Verantwortlichkeiten wie die anderen Mitglieder des Leitungsorgans.[1942] Damit sind sie vorrangig dem Unternehmensinteresse verantwortlich. Insbesondere unterliegen sie auch der Verpflichtung zur Geheimhaltung und den zivil- und strafrechtlichen Haftungen, haben aber auch gleichen Anspruch auf Vergütung. Allerdings sind sie von Entscheidungen über Arbeitskonflikte ausgeschlossen.[1943]

Umstritten ist, worauf sich der Anspruch auf „gleiche Vergütung" genau erstrecken soll. Hierzu wird die Ansicht vertreten, dass es lediglich um „gleichen Lohn für gleiche Arbeit" gehe, so dass unterschiedliche Arbeitsbereiche und Verantwortlichkeiten für entsprechende Differenzierungen herangezogen werden könnten.[1944]

Voraussetzung neben dem Erreichen des Schwellenwerts[1945] ist, dass eine Mehrheit der betroffenen Arbeitnehmer diese Form der Repräsentation auch tatsächlich einführen will.

1939 § 142 dkCA.

1940 § 143 i.V.m. § 367 *stk.* 4 dkCA.

1941 Zuletzt geändert durch BEK Nr. 344 vom 30.03.2012. Der Text ist abrufbar unter https://www.retsinformation.dk/Forms/R0710.aspx?id=132617.

1942 § 20 BEK Nr. 806; zu deren Kündigungsschutz vgl. § 21; es gelten die selben Vorgaben wie für den Schutz der sonstigen Arbeitnehmervertreter.

1943 ETUI-DK-MB, S. 1; *Dragsbæk*, Country Report DK, S. 20 ff.; *Andersen*, Co-Determination DK, S. 17 ff.

1944 *Andersen*, Co-Determination DK, S. 19.

1945 Zur Berechnung der durchschnittlichen Mitarbeiterzahl vgl. §§ 12, 13 BEK Nr. 806; zu den Folgen beim Fall unter die Erheblichkeitsschwelle vgl. §§ 22 ff. BEK Nr. 806.

Hierzu wird unter der Belegschaft eine „Ja/Nein-Abstimmung" durchgeführt (*ja/nej-afstemning*).[1946] Diese wiederum kann von einer Mehrheit der Arbeitnehmervertreter im *JCC*, von den Arbeitnehmerorganisationen, die ihrerseits mindestens 10% der Mitarbeiter repräsentieren oder direkt von 10% der Belegschaft gefordert werden.[1947] Im gesamten Bereich der Unternehmensmitbestimmung ist dieses Antragsrecht für die Gewerkschaften die einzige Möglichkeit der Einflussnahme; sie spielen hier also eine ungleich geringere Rolle als auf der betrieb-lichen Ebene.

Konkret bedarf es lediglich eines entsprechenden Antrags an das Leitungsorgan, das dann innerhalb von sechs Wochen nach Eingang ein Wahlkomitee einsetzten muss. Das Wahlkomitee wird dann aus Arbeitgeber- und Arbeitnehmervertretern zusammengesetzt, wobei die Arbeitnehmer aber die Mehrheit stellen.[1948]

Spätestens vier Wochen danach ist unter der Gesamtbelegschaft geheim über die Einführung der Unternehmensmitbestimmung abzustimmen.

Wird die Einführung von mehr als 50% der Belegschaft befürwortet, muss anschließend binnen sechs Monaten die Wahl der Arbeitnehmervertreter im Leitungsgremium durchgeführt werden.[1949] Wird der Antrag zurückgewiesen ist eine erneute Abstimmung erst nach sechs Monaten möglich.[1950]

Auf demselben Weg kann eine einmal etablierte Unternehmensmitbestimmung auch wieder abgeschafft werden.[1951]

Bei positiver „Ja/Nein-Abstimmung" wird die anschließende Wahl der Arbeitnehmervertreter selbst vom Wahlkomitee organisiert. Grundsätzlich erstellt es hierzu nach Vorschlägen aus der Belegschaft zwei Wahllisten, getrennt nach Kandidaten und Ersatzleuten. Das Wahlkomitee kann einvernehmlich aber auch andere Verfahren beschließen.[1952]

Wählbar sind nur Beschäftigte des jeweiligen Unternehmens, nicht aber Mitglieder des Wahlkomitees. Wahlberechtigt sind alle Mitarbeiter über 15 Jahre des jeweiligen Unternehmens am Tag der Veröffentlichung der Wahllisten und am jeweiligen Wahltag selbst.[1953] Eine Wahl wird aber nur durchgeführt, wenn mehr Kandidaten als zu besetzende Plätze vorhanden sind, ansonsten werden die betreffenden Personen einfach ernannt. Dies gilt auch, wenn sich nur weniger Kandidaten finden, als Plätze zu vergeben wären, ggf. bleiben Positionen einfach unbesetzt.[1954]

1946 §§ 25 ff. BEK Nr. 806.

1947 § 25 *Stk.* 2 BEK Nr. 806.

1948 §§ 29 ff. BEK Nr. 806.

1949 §§ 33 ff. BEK Nr. 806; es können jederzeit kürzere Fristen vereinbart werden.

1950 § 28 BEK Nr. 806.

1951 § 34 *Stk.* 4 BEK Nr. 806.

1952 §§ 37 ff. BEK Nr. 806.

1953 Zum Wahlrecht vgl. §§ 14, 15 BEK Nr. 806. Zweifelsfälle obliegen der Entscheidung durch das Wahlkomitee.

1954 Vgl. §§ 10 *Stk.* 4, 40 *Stk.* 3, 41 *Stk.* 1 BEK Nr. 806.

Die mehrheitlich Gewählten nehmen ihre Arbeit nach der nächsten Jahreshauptversammlung auf.[1955]

Die Amtszeit beträgt vier Jahre. Daneben scheidet ein Arbeitnehmervertreter u.a. aus dem Leitungsgremium aus, wenn er von den Beschäftigten abgewählt wird. Zur Abwahl antragsberechtigt sind wiederum diejenigen, die auch die initiierende „Ja/Nein-Abstimmung" beantragen können. Die Verfahrensvorschriften gelten dann entsprechend.[1956]

In mitbestimmten Unternehmen sind die Leitungsgremien dafür verantwortlich, *„gute und effektiv wirksame Informationskanäle"* zu etablieren, durch die gewährleistet wird, dass die Arbeitnehmer stets hinreichend über die Unternehmenslage informiert sind.[1957] Diese Verpflichtung betrifft das gesamte Leitungsgremium, nicht nur die Arbeitnehmervertreter.

Im praktischen Alltag können sich dann Abgrenzungsprobleme im Hinblick auf die ebenfalls gegebene Verpflichtung zur Verschwiegenheit ergeben. Grundsätzlich obliegt es dem Leitungsgremium darüber zu befinden, ob eine Information ggf. zu Unrecht weitergegeben wurde. Nicht eindeutig geklärt ist, in welchem Maße sich die Arbeitnehmervertreter beispielsweise für auswärtige Expertise an die Gewerkschaften wenden können, wenn in diesem Zusammenhang Informationen über das Unternehmen weitergegeben werden. Ggf. besteht für sie bei einem Bruch der Verschwiegenheitsverpflichtung eine Schadensersatzpflicht.[1958]

Die Kosten für die Wahlen und die Informationsverfahren werden vom Unternehmen getragen, allerdings darf das Wahlkomitee keine ungewöhnlichen oder übermäßigen Kosten produzieren, ohne dass die Unternehmensleitung dies nicht vorher gestattet hat.[1959]

Für die Mitbestimmung auf Konzernebene gelten grundsätzlich dieselben Vorschriften. Insbesondere können hier aber mindestens drei Arbeitnehmervertreter gewählt werden und es ist auch eine indirekte Wahl möglich.[1960] Daneben muss das Wahlkomitee Arbeitnehmer aus jedem Konzernunternehmen umfassen[1961] und es können hier auch die internationalen Töchter einbezogen werden, wenn die Anteilseigner es beschließen.[1962]

1955 § 50 BEK Nr. 806.

1956 §§ 19 *Stk.* 1; 52 ff. BEK Nr. 806.

1957 § 57 BEK Nr. 806. Vorgeschlagen werden insbesondere die Veröffentlichung von Informationsblättern und internen Mitarbeiterzeitschriften sowie Treffen mit den Betriebsräten und gemeinsame Sitzungen; vgl. § 58 Stk. 2 BEK Nr. 806.

1958 Vgl. *Andersen*, Co-Determination DK, S. 18; *Schulten/Zagelmeyer*, EIRO 1998, S. 17.

1959 § 60 BEK Nr. 806.

1960 Vgl. § 142 dkCA, § 11 BEK Nr. 806.

1961 § 45 BEK Nr. 806; zum indirekten Wahlverfahren auf Konzernebene vgl. §§ 46, 47 BEK Nr. 806; die Wahlen können insbesondere auch lediglich per E-Mail durchgeführt werden.

1962 §§ 48, 49 BEK Nr. 806.

Arbeitnehmer und Arbeitgeber können jederzeit übereinstimmend eine von diesen Vorgaben abweichende freiwillige Vereinbarung für die Arbeitnehmerrepräsentation treffen (*Frivillige ordninger om medarbejderrepræsentation*).[1963] Auch eine Abschaffung ist möglich.[1964]

Für Unternehmen, die von Umstrukturierungen, namentlich von Verschmelzungen und Spaltungen betroffen sind, kann die *DBA* auf Antrag eine maximal dreijährige Befreiung von den Mitbestimmungsregelungen gestatten.[1965]

5. Zusammenfassung

- Dänemark vertrat traditionell ein leicht abgewandeltes dualistisches Modell. Seit 2010 können die Kapitalgesellschaften daneben zwischen einer monistischen und einer dualistischen Struktur wählen.
  Eine Arbeitnehmerbeteiligung findet sowohl auf betrieblicher als auch auf unternehmerischer Ebene statt, ist aber stets optional. Auf betrieblicher Ebene agieren namentlich die lokalen Gewerkschaftsvertretungen, in Betrieben mit mindestens 35 Beschäftigten sind zudem paritätisch besetzte Kooperationsausschüsse möglich, die für Information und Anhörung zuständig sind, aber keine Mitentscheidungsbefugnisse haben.
  In Unternehmen mit mindestens 35 Beschäftigten kann eine Mitbestimmung auf Leitungsebene etabliert werden. Die Regelungen sind für die dänische AG (*A/S*) und die dänische GmbH (*ApS*) gleich. Sie setzen eine entsprechende vorherige Abstimmung unter den Beschäftigten voraus („Ja/Nein-Abstimmung"/*ja/nej-afstemning*). Diese Abstimmung kann auch von den Gewerkschaften beantragt werden. Neben diesem Antragsrecht haben die Gewerkschaften im Bereich der Unternehmensmitbestimmung aber keine eigenen Rechte. Im Erfolgsfall können die Arbeitnehmer eine bestimmte Anzahl von Vertretern in das oberste Leitungsgremium entsenden. Dieser Wert ist an die Zahl der durch die Anteilseigner bestimmten Mitglieder gekoppelt, beträgt aber mindestens zwei Vertreter

---

1963 § 24 BEK Nr. 806.

1964 *Werlauff*, ECL 2009, S. 165, zufolge gilt „*total freedom of contract between management and employees*".

1965 § 56 BEK Nr. 806. Vgl. hierzu den besonderen „Leitfaden zur Arbeitnehmerrepräsentation im Zusammenhang mit Unternehmensumstrukturierungen", *Vejledning om medarbejderrepræsentation i forbindelse med omstrukturering – Bekendtgørelse om medarbejderrepræsentation i aktie- og anpartsselskaber § 56*; unter http://erhvervsstyrelsen.dk/file/307521/vejl_medarbrep_ifm_omstruk.pdf (Stand März 2011). Vgl. hier für die Fälle des Erwerbs eines anderen Unternehmens insgesamt und für die Übertragung eines Unternehmensteils S. 3, für die sog. vollständige Spaltung (*Ophørsspaltning/fuldstændig spaltning*) S. 5 f., für die Verschmelzung S. 6. und für die Umwandlung einer *A/S* in eine *ApS* und umgekehrt S. 7.

auf Unternehmensebene, auf Konzernebene mindestens drei. Faktisch entspricht dies einer Drittelbeteiligung.

- Die Interessenvertretung auf betrieblicher Ebene erfolgt in Dänemark zum einen durch die Gewerkschaftsvertreter auf lokaler Ebene (*Tillidsrepræsentant*), zum anderen durch Kooperationsausschüsse (Singular: *Samarbejdsudvalg/Joint Consultation Committee, JCC*). Betriebsübergreifend bilden die jeweiligen Gewerkschaftsvertretungen einen gemeinsamen Ausschuss. Bestehen mehrere Kooperationsausschüsse, so wird ein Hauptkooperationsausschuss eingesetzt, in dem Vertreter der jeweiligen Einzelgremien zusammenkommen. Rechtsgrundlage für beide Vertretungsformen sind entsprechende Vereinbarungen zwischen den Sozialpartnern.
- Die nähere Ausgestaltung der jeweiligen lokalen Gewerkschaftsvertretung richtet sich nach den Festlegungen des entsprechenden Tarifvertrags. Kooperationsausschüsse (*JCC*) können auf Vorschlag des Arbeitgebers oder einer Mehrheit der Arbeitnehmer in Unternehmen mit 35 oder mehr Beschäftigten innerhalb desselben räumlichen Gebiets eingerichtet werden. Sie werden paritätisch aus Arbeitgeber- und Arbeitnehmervertretern zusammengesetzt. Ihre absolute Größe staffelt sich nach der Belegschaftsstärke und liegt zwischen jeweils zwei Vertretern in Unternehmen mit 35 bis 50 Beschäftigten und jeweils sechs Vertretern in solchen mit mehr als 500 Mitarbeitern. Bei mehr als 1.000 Arbeitnehmern kann eine höhere Vertreteranzahl vereinbart werden. Die Arbeitgebervertreter werden von der Unternehmensleitung ernannt, für die Arbeitnehmervertreter bestehen zunächst Besetzungsprivilegien zugunsten der jeweils im Unternehmen vertretenen Gewerkschaft, die darüber hinaus zu besetzenden Plätze werden durch Wahlen in der Belegschaft besetzt. Die Leitenden Angestellten sitzen auf der Arbeitgeberbank. Der Vorsitz im Gremium liegt bei einem ranghohen Mitglied der Geschäftsleitung, der stellvertretende Vorsitzende ist ein Arbeitnehmer. Funktional nimmt der Kooperationsausschuss vor allem Unterrichtungs- und Anhörungsrechte wahr. Konkret ist er über die wirtschaftliche Lage des Unternehmens sowie die geplanten und erwarteten zukünftigen Entwicklungen zu informieren, ebenso über die Beschäftigungsaussichten und geplante wesentliche Änderungen und Umstrukturierungen in den betrieblichen Abläufen. Die Arbeitnehmervertreter sind ihrerseits verpflichtet, den Kooperationsausschuss über die Angelegenheiten am Arbeitsplatz unterrichten, die für das Klima der Kooperation von Bedeutung sind. Mitentscheidungsbefugnisse hat der Kooperationsausschuss jedoch nicht.
- Das Vertretungsrecht auf Leitungsebene (*Medarbejderrepræsentation*) greift ggf. sowohl auf Unternehmens- wie auch auf Konzernebene (*Selskabsrepræsentation* bzw. *Koncernrepræsentation*). Es ist unabhängig von der jeweils gewählten Organisationsverfassung stets bei demjenigen Leitungsgremium angesiedelt, das die strategische Ausrichtung des Unternehmens bestimmt. Voraussetzung ist, dass eine Mehrheit der jeweils betroffenen Arbeitnehmer eine Mitbestimmung will. Hierzu wird unter der Belegschaft eine einfache „Ja/Nein-Abstimmung" durchge-

führt (*ja/nej-afstemning*). Diese wiederum kann von einer Mehrheit der Arbeitnehmervertreter im Kooperationsausschuss, von denjenigen Arbeitnehmerorganisationen, die ihrerseits mindestens 10% der Mitarbeiter repräsentieren oder direkt von 10% der Belegschaft der betroffenen Einheit gefordert werden. Sprechen sich mehr als 50% der Belegschaft dafür aus, muss anschließend binnen sechs Monaten die Wahl der Arbeitnehmervertreter im Leitungsgremium durchgeführt werden. Wählbar sind nur Beschäftigte des jeweiligen Unternehmens. Die zu wählende Anzahl hängt ihrerseits von der Zahl der durch die Anteilseigner im Rahmen der Generalversammlung bestellten Mitglieder ab. Sie beträgt die Hälfte der durch die Anteilseigner bestimmten Mitglieder, mindestens aber zwei, ggf. wird aufgerundet. Auf Konzernebene gelten grundsätzlich dieselben Vorschriften, insbesondere können hier aber mindestens drei Arbeitnehmervertreter gewählt werden und es ist auch eine indirekte Wahl möglich. Die übliche Amtszeit liegt bei vier Jahren. Die Gewählten haben grundsätzlich die gleichen Rechte, Pflichten und Verantwortlichkeiten wie die anderen Mitglieder des Leitungsorgans und sind vorrangig dem Unternehmensinteresse verantwortlich. Insbesondere unterliegen sie auch der Verpflichtung zur Geheimhaltung und den zivil- und strafrechtlichen Haftungen, haben aber auch gleichen Anspruch auf Entlohnung. Allerdings sind sie von Entscheidungen über Arbeitskonflikte ausgeschlossen. Arbeitnehmer und Arbeitgeber können jederzeit übereinstimmend eine von diesen Vorgaben abweichende freiwillige Vereinbarung für die Arbeitnehmerrepräsentation treffen (*Frivillige ordninger om medarbejderrepræsentation*) oder die Mitbestimmung auch abschaffen. Unternehmen, die von Umstrukturierungen, namentlich von Verschmelzungen und Spaltungen betroffen sind, können auf Antrag für maximal drei Jahre von den Mitbestimmungsregelungen befreit werden.

II. Schweden[1966]

1. Übersicht

Schweden kennt eine Arbeitnehmerbeteiligung sowohl im Betrieb als auch auf der Leitungsebene. Im Betrieb wird sie durch die lokalen Gewerkschaftsvertretungen

1966 *Taylor*, Überblick, S. 78 f.; *Hemström*, Swedish Company Legislation, S. 193 ff.; *Victorin*, Board Participation Sweden, S. 125 ff.; *Sigeman*, Experiences, S. 265 ff.; *Nilsson*, Country Report Sweden, S. 111 ff.; *Levinson*, IRJ 2001, S. 264 ff.; *Hansen/Werlauff*, ECL 2009, S. 70 ff.; *Fulton*, ETUI-SW-Betriebliche Interessenvertretung, ETUI-SW-Unternehmensmitbestimmung sowie ETUI-SW-Europäische Interessenvertretung (ETUI-SW-BI, ETUI-SW-MB, ETUI-SW-EI) unter http://www.worker-participation.eu/National-Industrial-Relations/Countries/Sweden; *Kullander, Sweden: Industrial relations profile* (z.T. 18.04.2013), bei Eiro online unter http://www.eurofound.europa.eu/eiro/country/sweden.htm (englisch). Für einen Überblick vgl. ferner die Darstellung *Labour legislation* bei der *LO*, (Stand 19.05.2013) abrufbar unter http://www.lo.se/english/labour_legislation (englisch).

wahrgenommen. Die Regeln zur Unternehmensmitbestimmung erfassen nahezu alle privaten Unternehmen mit mindestens 25 Beschäftigten. Hier können die Arbeitnehmer mindestens zwei Vertreter in den Verwaltungsrat entsenden, in Unternehmen mit mindestens 1.000 Beschäftigten in verschiedenen Branchen innerhalb Schwedens sind es drei Arbeitnehmervertreter. Die Zahl der Arbeitnehmervertreter darf aber niemals die Anzahl der anderweitig bestellten Verwaltungsratsmitglieder übersteigen. Faktisch wirkt die Unternehmensmitbestimmung in der Regel als Drittelbeteiligung.

2. Hintergrund

Der Gedanke der Arbeitnehmerbeteiligung spielt in Schweden traditionell eine große Rolle. Erste Regelungen in diese Richtung gehen bis ins 17. Jahrhundert zurück.

Die Entwicklungen zur heutigen Form begannen mit dem „Dezember-Kompromiss" von 1906 (*decemberkompromissen*). Hierin erkannten die Arbeitgeber das Arbeitnehmerrecht zu Organisation und Verhandlung an, während die Gewerkschaften das Direktionsrecht der Arbeitgeber bestätigten. Zudem wurden bestimmte Organisationszugehörigkeitsklauseln (sog. „*Closed-shop*"-Regelungen) verboten.

In den 1930er Jahren entstanden die ersten modernen Beteiligungsformen auf betrieblicher Ebene. Mit dem Gedanken der Selbstregulierung beruhten sie, ebenso wie in Dänemark, ausschließlich auf freiwilligen Tarifvereinbarungen zwischen den Sozialpartnern. Auch in Schweden wurden gesetzliche Regelungen durch einen „starken Staat" stets abgelehnt. Folge dieses weithin unregulierten Zustands waren immer wieder aufbrechende Konflikte und Streiks, die mitunter gravierende Ausmaße annahmen.

Quasi die einzige, jedoch bedeutende, Ausnahme von der grundsätzlichen Selbstregulierung war die Schaffung eines Arbeitsgerichts im Jahr 1929 (*Arbetsdomstolen, AD*). Das *AD* ist ein Drei-Parteien-Gerichtshof, dem Vertreter des Staats, der Arbeitgeber und der Gewerkschaften angehören. Da es keine regionalen oder branchenbezogenen Arbeitsgerichte gibt, ist es die höchste, und meist die einzige, Instanz für alle arbeitsrechtlichen Streitigkeiten.[1967]

Die Situation änderte sich erst mit dem Abkommen von *Saltsjöbaden* vom 20.12.1938 (*Saltsjöbadsavtalet*). Der Arbeitgeberverband *SAF – Svenska Arbetsgivareföreningen* (heute: *Svenskt Näringsliv*) und die Gewerkschaftsorganisation *LO – Landsorganisa-*

1967 Internetauftritt des *AD* unter http://www.arbetsdomstolen.se/pages/page.asp?lngID=7&lngLangID=1 (englisch).

tionen i Sverige kamen darin überein, sämtliche tarifliche Fragen inklusive des Arbeitskampfes einvernehmlich zu regeln; kollektive Regulierung sei Rechtsvorschriften vorzuziehen.[1968]

Letztlich kam das *Saltsjöbadsavtalet* nur nach massivem Druck der Regierung zustande. Benannt wurde es nach seinem Unterzeichnungsort, einem Vorort von Stockholm.

Die Tragweite des Abkommens geht freilich über die reine Regulierungswirkung hinaus. Tatsächlich gilt das *Saltsjöbadsavtalet* auch heute noch ebenso als Meilenstein wie als Modell für die schwedischen industriellen Beziehungen insgesamt. Seine Wirkungen, bisweilen schlagwortartig als „Geist von *Saltsjödbaden*" umschrieben (*Saltsjöbadsandan*), liegen vor allem in dem darin begründeten Paradigmenwechsel, hin zu einem gemeinsamen Streben nach Konsens und dem Bemühen um einvernehmliche, friedliche Lösungen in zentralen Tarifverhandlungen. Das *Saltsjöbadsavtalet* gilt nach einigen Änderungen 1976 als Manteltarifvertrag noch heute. 1982 wurde es um das Entwicklungsabkommen ergänzt (*Utvecklingsavtalet*).[1969]

Auch wenn die genannten Abkommen auf Arbeitnehmerseite von der *LO* geschlossen wurden, finden sich nahezu wortgleiche Versionen bei den anderen Gewerkschaften; sie gelten also recht universell. Grundgedanke ist und bleibt die Selbstregulierung durch die Betroffenen, wobei diese allerdings jüngst an ihre Grenzen stößt. Zwischenzeitliche Bestrebungen, ein übergreifendes Nachfolge-Abkommen mit flexibleren Vorgaben zu schließen, wurden im März 2009 ergebnislos eingestellt.[1970]

Ungeachtet dieser gegenseitigen Blockaden wurden und werden staatliche Vorgaben nach wie vor kritisch gesehen. Gesetzlich vorgesehene Betriebsräte, die zwischen 1966 und 1977 bestanden, konnten sich praktisch nicht durchsetzen. Selbst tripartite Verhandlungen unter Einbeziehung des Staates sind selten und werden

---

1968 Knappe Darstellung zum Abkommen bei *Eurofound* unter http://www.eurofound.europa.eu/emire/SWEDEN/ANCHOR-SALTSJ-Ouml-BADSAVTALET-SE.htm (englisch). Der Text des Abkommens selbst ist im schwedischen Original abrufbar unter http://www.lo.se/home/lo/home.nsf/66f1676e041435a3c12571e1006e0bc1/1e21f6c24bed4f5dc12574dc0020d73b/$FILE/Nu%20g%C3%A4llande%20Huvudavtal%20SAF-LO.pdf. So weit ersichtlich existiert keine frei zugängliche Übersetzung.

1969 Knappe Darstellung bei *Eurofound* unter http://www.eurofound.europa.eu/emire/SWEDEN/ANCHOR-UTVECKLINGSAVTALET-SE.htm (Stand 14.08.2009) (englisch).

1970 *Axelsson, Inget nytt Saltsjöbadsavtal* (etwa „Kein neues Saltsjöbads-Abkommen"), 12.03.2009, abrufbar unter http://www.e24.se/makro/sverige/inget-nytt-saltsjobadsavtal_1164987.e24 (schwedisch). *Henriksson/Kullander*, *Sweden – Eiro Annual Review 2009*, Abschnitt *Negotions for a new central agreement*, m.w.N., 11.01.2011, abrufbar unter http://www.eurofound.europa.eu/eiro/studies/tn1004019s/se1004019q.htm (englisch).

als unliebsame Einmischung betrachtet.[1971] Die Legislative legt daher eine gewisse Passivität an den Tag, während die Sozialpartner immer noch sehr selbstbewusst agieren.

Immer noch sind die schwedischen Arbeitsbeziehungen von einem überdurchschnittlich hohen gewerkschaftlichen Organisationsgrad geprägt, quer durch alle Branchen und gleichermaßen im öffentlichen wie im privaten Sektor. Aktuell liegt er bei 68 bis 71%. Zwar sind die Gewerkschaften nicht mehr ganz so bedeutend und „*allgegenwärtig*" (*Svenska Institutet*) wie sie es lange Jahrzehnte waren, aber immer noch außerordentlich einflussreich.

Die aktuell ca. 2,7 bis 3,5 Millionen Gewerkschaftsmitglieder verteilen sich vor allem in drei großen Dachgewerkschaftsbünden, die ihrerseits unterschiedliche Berufsgruppen organisieren. Deren bedeutsamste ist *LO – Landsorganisationen i Sverige*, in der vor allem Arbeiter organisiert sind. Sie hat ca. 1,3 bis 1,6 Millionen Mitglieder. Daneben zu erwähnen sind die Angestelltengewerkschaft *TCO – Tjänstemännens Centralorganisation* mit ca. 950.000 bis 1,275 Millionen Mitgliedern und die Zentralorganisation Schwedischer Akademiker *SACO – Sveriges Akademikers Centralorganisation* mit ca. 460.000 bis 570.000 Mitgliedern. Die Gewerkschaftsverbände stehen untereinander kaum in Konkurrenz. Während *TCO* und *SACO* unpolitisch sind ist die *LO* eng mit den schwedischen Sozialdemokraten (*Sveriges socialdemokratiska arbetareparti, SAP*) verbunden.

Bedeutendster Gegenpart auf privater Arbeitgeberseite ist der 2001 aus zwei Vorläuferorganisationen hervorgegangene Verband *Svenskt Näringsliv* („Schwedische Wirtschaft"). Er verbindet 50 Mitgliederorganisationen mit ca. 55.–60.000 angeschlossenen Unternehmen und 1,5 bis 1,8 Millionen Beschäftigten, was 2008 geschätzt etwa 80% aller schwedischen Unternehmen umfasste.

Die tarifvertragliche Abdeckung liegt bei 90% aller Beschäftigten. Bis Ende der 1990er Jahre wurden die Tarifverhandlungen vor allem zentral und national geführt, heute ist die Branchenebene entscheidend, wobei es aber in der Regel zu lokalen (und teilweise hochindividuellen) Anpassungen kommt.[1972]

Bedeutende Ausnahme zur ansonsten vorherrschenden Selbstregulierung ist die Unternehmensmitbestimmung. Sie wurde, nach einer dreijährigen Testperiode, 1976 verbindlich gesetzlich normiert. Schon aufgrund dieses Wechsels auf die normative Regelungsebene, insbesondere aber auch wegen ihrer materiellen Vorgaben, stieß die Mitbestimmung bei den Arbeitgebern auf beträchtliche Widerstände. Praktisch wurden die Gesetze daher erst ab 1982 angewendet. 1987 wurden die Bestimmungen neu gefasst. In diesem Zusammenhang wurde auch der Schwellenwert von damals mehr als 100 Beschäftigten auf nur noch mindestens 25 Arbeitnehmer reduziert. Dieser Wert ist derzeit der niedrigste in der gesamten EU. Im Gegensatz zu anderen Mitgliedstaaten sind die schwedischen Regelungen jedoch auf ein beträchtliches Maß an Autonomie und Flexibilität ausgerichtet. Sie bieten den Sozialpartnern so-

1971 *Kullander*, (oben Fn. 1966), Abschnitt *Tripartite concertation*.

1972 Vgl. *Sigeman*, Experiences, S. 266f.; *Fulton*, Abschnitte *Trade Union* bzw. *Collective Bargaining*, sowie bei *Kullander*, Abschnitt *Main actors*, (beide oben Fn. 1966). *Kullander* nennt unter Rückgriff auf eine Studie von *Kjellberg* aus dem Jahr 2012 einen aktuellen gewerkschaftlichen Organisationsgrad von 70,4%, bei allgemein leicht abnehmender Tendenz; ebd.

mit gewisse Freiräume, für unterschiedliche Strukturen individuelle Lösungen zu finden.

Rein tatsächlich sollen die Mitbestimmungsgesetze die praktische Stellung der Arbeitnehmer und der Gewerkschaften signifikant gestärkt haben, obwohl die ursprüngliche gesetzgeberische Intention dahin ging, das bestehende Gleichgewicht der Kräfte nicht zu verändern.[1973]

3. Organisationsverfassung der Kapitalgesellschaften

Die einzige schwedische Kapitalgesellschaftsform ist die Aktiengesellschaft (*Aktiebolag*, abgekürzt *AB*). Aktuell maßgebliche Rechtsquelle ist das Aktiengesellschaftsgesetz von 2005, das *Aktiebolagslag*.[1974] Schweden vertritt das monistische Modell.

Unterschieden werden einerseits die private Aktiengesellschaft (*privat aktiebolag*), die funktional der deutschen GmbH entspricht, und andererseits die Publikumsaktiengesellschaft (*publikt aktiebolag*, abgekürzt *AB (publ)*), die auf Wunsch börsennotiert ist und grundsätzlich strengeren Anforderungen unterliegt.[1975]

Eine private *AB* darf maximal 200 Aktionäre haben und kann ihre Anteile nicht öffentlich anbieten.[1976] Die Gründung kann durch eine oder mehrere Personen in einem einzigen Prozess erfolgen und ist auch durch juristische Personen möglich (*stiftare*).[1977] Hierzu unterzeichnen die Gründer als Gründungsurkunde ein *memorandum of association* (*stiftelseurkund*), in dem die Satzung (*bolagsordning*) enthalten

1973 *Edlund* und *Nyström* 1995 in *Levinson*, IRJ 2001, S. 272.

1974 *Aktiebolagslag* (SFS 2005:551), zuletzt geändert durch SFS 2013:737 [*SFS* = *Svensk författningssammling*, schwedisches Gesetzblatt], im Folgenden *swCA* für *Swedish Companies Act.* (Offizielles Länderkürzel für Schweden ist nach ISO 3166 *„SE"*. Aus Lesbarkeitsgründen und zur besseren Abgrenzung mit der *Societas Europaea* wird hier *„Sw"* verwendet.) Die schwedischen Gesetzestexte sind abrufbar beim Parlament, *Sveriges Riksdag*, dort Rubrik *Dokument & lagar*, Unterrubrik *Lagar/ Svensk författningssamling* (Suchmaske). Eine konsolidierte Fassung des *Aktiebolagslag* ist abrufbar unter http://www.riksdagen.se/sv/Dokument-Lagar/Lagar/Svenskforfattningssamling/Aktiebolagslag-2005551_sfs-2005-551 (schwedisch). Eine englische Übersetzung (Stand 2005) ist abrufbar unter http://law.au.dk/fileadmin/www.asb.dk/omasb/institutter/erhvervsjuridiskinstitut/EMCA/NationalCompaniesActsMemberStates/Sweden/THE_SWEDISH_COMPANIES_ACT.pdf. Der swCA besteht aus 32 Kapiteln, die jeweils eine wechselnde Zahl von Einzelnormen enthalten. Zitiert wird zunächst das Kapitel und dann die Einzelnorm, die jeweiligen Nummern werden vorangestellt.

1975 1 kap. 2 § swCA. Für die Publikums-*AB* vgl. die Bestimmungen am jeweiligen Kapitelende unter der Überschrift *Särskilda bestämmelser för publika aktiebolag* [= „Besondere Bestimmungen für Publikumsaktiengesellschaften"]; eine Publikums-*AB* muss grundsätzlich stets die Bezeichnung *„publ"* im Firmennamen führen und darf nie die Bezeichnung *„privat"* verwenden, für eine private *AB* gilt das Umgekehrte, 3 kap. 11 §; 28 kap. 7, 2 §§ swCA.

1976 1 kap. 7 §; 1 kap. 8 § swCA.

1977 2 kap. 1 § swCA.

ist. Anschließend werden von einem oder mehreren Gründern die entsprechenden Aktien gezeichnet und bezahlt.[1978]

Grundsätzlich verfügt jede *AB* über drei Organe, die Hauptversammlung als oberstem beschließenden Organ (*bolagsstämma*),[1979] den Verwaltungsrat (*styrelse*, die einzelnen Mitglieder werden als *styrelseledamöter* oder nur *ledamöter* bezeichnet)[1980] und einen oder mehrere Wirtschaftsprüfer (*revisor(er)*).[1981] In einer Publikums-*AB* muss daneben ein geschäftsführender Direktor bestellt werden, dem dann das Tagesgeschäft obliegt (*verkställande direktör, VD*). In einer privaten *AB* kann dies freiwillig auf Satzungsgrundlage geschehen.[1982]

Eine kleine private *AB* kann auf Satzungsgrundlage auf den Wirtschaftsprüfer verzichten. Eine Gesellschaft gilt in diesem Sinn nicht mehr als „klein", wenn sie mehr als eine dieser Bedingungen erfüllt: in den letzten beiden Geschäftsjahren a) hatte sie durchschnittlich mehr als 3 Beschäftigte, b) belief sich die Bilanzsumme auf mehr als 1,5 Millionen *SEK*, c) belief sich der gemeldete Nettoumsatz auf mehr als 3 Millionen *SEK*.[1983]

In der Regel wird die Zahl der jeweiligen Verwaltungsratsmitglieder in der Satzung frei festgelegt.[1984] Vorgegebener Mindestwert sind im Verwaltungsrat einer Publikums-*AB* drei Personen, in einer privaten *AB* reichen ein bzw. zwei Personen aus, sofern gleichzeitig ein Ersatzmann bestellt wird.[1985] Etwa zu bestellende Arbeitnehmervertreter werden hierbei nicht mitgezählt, da sie nicht durch die Hauptversammlung eingesetzt werden.[1986] Die maximale Amtszeit für die Mitglieder im Verwaltungsrat beträgt vier Jahre, wobei Wiederbestellung möglich ist.[1987]

Das Mindestkapital beträgt für eine Publikumsaktiengesellschaft 500.000,– *SEK* (ca. 57.000,– Euro). Bei einer privaten *AB* liegt es seit April 2010 bei 50.000,– *SEK*

1978 2 kap. 3 §, 4 § swCA; zum Mindestinhalt der *stiftelseurkund* vgl. 2 kap. 5–10 §§ swCA, zur *bolagsordning* 2 kap. 10 § 1 stck, 3 kap. swCA, zur Zeichnung 2 kap. 12 ff. §§ swCA.

1979 7 kap. swCA.

1980 8 kap. swCA; zur Ernennung durch die Hauptversammlung 8 kap. 8 § swCA. Juristische Personen können nicht bestellt werden, 8 kap. 10 § swCA; zum Verwaltungsratsvorsitzenden vgl. 8 kap. 17 § swCa, zur Haftung für Gründer, Verwaltungsratsmitglieder und Geschäftsführer vgl. 29, 30 kap. swCA.

1981 9 kap. swCA.

1982 8 kap. 27 ff. §§; 8 kap. 50 § swCA; zu seinen Aufgaben vgl. 8 kap. 29 § swCA. In einer Publikums-*AB* kann der Vorsitzende des Verwaltungsrats nicht gleichzeitig zum *VD* bestellt werden, 8 kap. 49 § swCA.

1983 9 kap. 1 § 2, 3 *stck.* swCa.

1984 3 kap. 1 § 6 *stck.* swCA.

1985 8 kap. 1 §; 46 § swCA.

1986 3 kap. 1 § 1 *stck.*, UAbs. 2 swCA. Vgl. auch Darstellung der Unternehmensregisterbehörde *Bolagsverket, Starting up a limited company*, unter http://www.bolagsverket.se/polopoly_fs/1.7777!/Menu/general/column-content/file/starting_up_a_limited_company.pdf, (englisch; ohne Datum), S. 13.

1987 8 kap. 13 § swCA.

(ca. 5.700,– Euro).[1988] Es kann auch auf Euro lauten, muss dann aber dem jeweiligen Wert entsprechen.[1989]

Die *AB* wird bei der Unternehmensregisterbehörde *Bolagsverket* eingetragen.[1990]

4. Arbeitnehmerbeteiligung

a) Betriebliche Interessenvertretung

aa) Voraussetzungen

Die Interessenvertretung auf betrieblicher Ebene obliegt in Schweden ausschließlich den lokalen Gewerkschaften (*lokala* (*arbetarnas*) *fackföreningar* oder [seltener] *fackklubbar*).[1991]

Betriebsräte waren zwischen 1966 und 1977 gesetzlich vorgesehen, konnten sich in der Praxis aber nicht durchsetzen und wurden darum wieder abgeschafft.[1992]

Zentrale Grundlage für die Arbeit der Gewerkschaftsvertretungen ist das Gesetz über die Mitbestimmung in der Arbeitswelt, *Lag (1976:580) om medbestämmande i arbetslivet*, kurz *Medbestämmandelagen*, meist abgekürzt als *MBL*.[1993]

Das *MBL* ist ein Rahmengesetz, in dem einfachgesetzlich[1994] die beiderseitige Vereinigungsfreiheit garantiert wird.[1995] Es regelt vor allem die Tarifvereinbarungen und deren Auswirkungen, weist aber daneben den lokalen Gewerkschaften In-

---

1988 1 kap. 4 §; 1 kap. 14 § 1 *stck.*; 1 kap. 5 § 1 *stck.* swCA.

1989 1 kap. 5 § 2, 3 *stck.*, 1 kap. 14 § 2 *stck.* swCA. Die schwedische Krone unterliegt nicht dem Europäischen Wechselkursmechanismus II. Es gilt 1 *SEK* ≈ 0,1142 Euro/1 Euro ≈ 9,11 *SEK*.

1990 2 kap. 22 ff. §§ swCA.

1991 Daneben bestehen nur noch die Einrichtungen für die Sicherheit am Arbeitsplatz (*skyddsombud* oder auch *arbetsmiljöombud*), geregelt im *Arbetsmiljölag* (1977:1160), zuletzt geändert durch (SFS 2013:610); der Gesetzestext ist abrufbar unter http://www.riksdagen.se/sv/Dokument-Lagar/Lagar/Svenskforfattningssamling/Arbetsmiljolag-19771160_sfs-1977-1160 (schwedisch).

1992 *Victorin, Company Law Reform in OECD Countries – A Comparative Outlook of Current Trends* (Dezember 2000), unter http://www.oecd.org/corporate/ca/corporategovernanceprinciples/1931982.pdf (englisch), S. 3.

1993 Zuletzt geändert durch (SFS 2013:615) Der Gesetzestext ist abrufbar unter http://www.riksdagen.se/sv/Dokument-Lagar/Lagar/Svenskforfattningssamling/Lag-1976580-om-medbestamman_sfs-1976-580. Eine inoffizielle englische Übersetzung (Stand SFS 2010:229) ist abrufbar unter http://www.government.se/content/1/c6/17/41/31/59b8df50.pdf.

1994 Verfassungsrechtlich vgl. 2 kap. 1 § 5 *stck.* (Vereinigungsfreiheit), 17 § (Arbeitskampf), 20 § 18 *stck.* (Ausländerrechte) des Grundgesetzes zu den Regierungsformen (*Regeringsformen).* Insgesamt setzt sich die schwedische Verfassung aus vier einzelnen Grundgesetzen zusammen, neben demjenigen zu den Regierungsformen noch aus dem Thronfolgegesetz *Successionsordningen*, dem Gesetz über die Pressefreiheit *Tryckfrihetsförordningen* und dem über die Meinungsäußerung *Yttrandefrihetsgrundlagen*); vgl. allgemein http://www.riksdagen.se/en/Documents-and-laws/Laws/The-Constitution/(englisch).

1995 7 ff. §§ MBL (*Föreningsrätt*).

formations- und Anhörungs- sowie auch (sehr) begrenzte Mitentscheidungsrechte zu. Umgesetzt und konkretisiert wird es durch auf nationaler Ebene geschlossene Tarifverträge, den *avtal*. Deren bedeutsamste sind das *Saltsjöbadsavtalet* von 1938 und (eingeschränkt) das *Utvecklingsavtalet* von 1982. Die weitergehenden Details, insbesondere das praktische Vorgehen, werden dann zwischen den Arbeitgebern und den lokalen Gewerkschaften unter Berücksichtigung der individuellen Umstände ausgehandelt;[1996] dementsprechend sind die Vorgaben des *MBL* eher allgemeiner Art.[1997]

Das *Utvecklingsavtalet*, abgekürzt *UVA*, ist eher programmatischer Natur. In ihm werden die gemeinsamen Werte „Effizienz", „Wirtschaftlichkeit" und „Wettbewerbsfähigkeit" sowie „Aufgeschlossenheit für den Wandel" *„als Parole beschworen"* (*Eurofound*).

Genannt wird die Notwendigkeit, praktikable und flexible Formen der Mitarbeiterbeteiligung im Unternehmen zu entwickeln, was vor allem durch Dezentralisierung, Delegation von Verantwortung und Entscheidungskompetenzen sowie kurze Kommunikationswege geschehen soll. Die genaue Gestaltung soll abhängig sein von den lokalen Gegebenheiten, namentlich Unternehmensgröße, Branche und Organisation.

Konkret wird in dem Abkommen den Gewerkschaftsmitgliedern allerdings ein Freistellungsanspruch eingeräumt; sie dürfen maximal fünf Stunden Arbeitszeit im Jahr nutzen, um an gewerkschaftlichen Veranstaltungen teilzunehmen, die für den jeweiligen Arbeitsplatz relevant sind (*§ 10 Facklig information på betald tid*).[1998]

---

bb) Größe und Zusammensetzung

Die nähere Ausgestaltung der lokalen Gewerkschaftsvertretung richtet sich nach deren jeweiliger Satzung. Wie die einzelnen Vertreter zu bestimmen sind, ist ebenfalls nicht detailliert bestimmt. Das Gesetz über Gewerkschaftsvertreter von 1974 spricht insofern lediglich von „allen Beschäftigten, die von einer lokalen Gewerkschaft zur Vertretung der Beschäftigten als Gewerkschaftsvertreter gewählt wurden".[1999] Auch, wie viele Vertreter letztlich gewählt werden, bleibt den Gewerkschaften überlassen.

1996 Schlagwortartig wird von *„lokalt ansvar"* gesprochen, etwa „lokale Verantwortung".

1997 Vgl. 23, 24 §§ MBL. Die Tarifverhandlungen finden auf nationaler, sektoraler und betrieblicher Ebene statt. Die im *Saltsjöbadsavtalet* geregelten Vorgehensweisen zum Arbeitskampf sollen hier nicht näher beleuchtet werden. Verkürzt gilt, dass dort, wo kein Tarifvertrag in Kraft ist, auch Streikmaßnahmen zulässig sind.

1998 Der, teils kommentierte, Text findet sich unter http://akademikerforbunden.se.preview.binero.se/wp-content/uploads/2013/06/PTK_utvecklingsavtal.pdf (schwedisch).

1999 1 § *Lag (1974:358) om facklig förtroendemans ställning på arbetsplatsen*, zuletzt geändert durch SFS 2009:417, im Internet abrufbar unter http://www.riksdagen.se/webbnav/index.aspx?nid=3911&bet=1974:358 (schwedisch).

Als Orientierungsgröße wird für Unternehmen mit 200 bis 300 Beschäftigten eine Zahl von drei bis vier Vertretern für die Arbeiter und eine „geringere Zahl" für die Angestellten und die Leitenden Mitarbeiter genannt. Praktisch werden die jeweiligen Vertreter bei der Jahreshauptversammlung für eine Amtszeit von ein bis zwei Jahren gewählt.[2000]

Wenn es in einem Betrieb keinerlei Gewerkschaftsvertretung gibt, können die Gewerkschaften eine einzelne Kontaktperson für Verhandlungen bestimmen.[2001]

Sind in einem Betrieb mehrere Gewerkschaften vertreten, was faktisch der Regelfall sein soll, muss ggf. mit jeder von ihnen einzeln verhandelt werden, solange sie sich nicht für gemeinsame Verhandlungen zusammenschließen.
Allerdings gilt dies ausschließlich für diejenigen Gewerkschaften, mit denen der jeweilige Arbeitgeber auch tatsächlich eine Tarifvereinbarung abgeschlossen hat.[2002] Voraussetzung ist also auch hier im weitesten Sinne eine „Anerkennung".

Auf betriebsübergreifender Ebene müssen die lokalen Gewerkschaftsvertretungen auch über den Konzern insgesamt informiert werden. Die Gewerkschaftsvertretungen benennen dann eine Gruppe von Vertretern, die befugt ist, mit der Konzernleitung Gespräche und Verhandlungen zu führen. Diese Gruppe verhandelt darüber, wie die Mitbestimmung ausgestaltet werden soll, wenn unternehmerische Entscheidungen bevorstehen, die Auswirkungen auf mehrere Bereiche des Konzerns haben können (*koncernfackligt samarbete*).[2003]

Nach der Kommentierung im *UVA* zu § 11 bezieht sich diese Regelung aber nur auf die Aktivitäten im Inland. Bei den Verhandlungen sollen die Größe und Struktur des Unternehmens bzw. des Konzerns, die Organisation, die Beschlussfassung und die bestehenden gewerkschaftlichen Strukturen berücksichtigt werden.

cc) Befugnisse

(1) Beteiligung

Das *MBL* verbrieft den Gewerkschaften das Recht, mit dem Arbeitgeber über sämtliche Fragen zu verhandeln, die sich auf die Beziehung zwischen dem Arbeitgeber und „ihren" Gewerkschaftsmitgliedern auswirken können. Auf diese Weise wird bereits ein „Mindestmaß an Unterrichtung und Anhörung" garantiert.

2000 ETUI-SW-BI, S. 1.

2001 *Utvecklingsavtalet* (oben Fn. 1998), § 9 *Mindre företag* [= „Kleine Unternehmen"].

2002 ETUI-SW-BI, S. 1.

2003 ETUI-SW-BI, S. 2 a.E.; Vgl. §§ 11, 12 MBL; *Utvecklingsavtalet* (oben Fn. 1998), § 11 *Koncerner och företag med flera driftsenheter* [= Konzerne und Unternehmen mit mehreren (unabhängigen) operativen Einheiten].

Diese Verhandlungen, und hier insbesondere die Informationen, die im Rahmen der Verhandlungen erteilt werden, bilden den faktischen Schwerpunkt im schwedischen System der industriellen Beziehungen, noch vor der Unternehmensmitbestimmung.[2004]

Eine privilegierte Position haben diejenigen Gewerkschaften, mit denen der Arbeitgeber Tarifvereinbarungen über Löhne oder allgemeine Arbeitsbedingungen geschlossen hat. Hier muss der Arbeitgeber ggf. auch Fragen von Abschluss und Beendigung von Arbeitsverträgen, Verwaltung und Führung von Arbeit und die Führung der Geschäfte im Allgemeinen erörtern.

Wenn eine solche privilegierte Gewerkschaft wünscht, mit dem Arbeitgeber über eine (weitere) Tarifvereinbarung zu verhandeln, ist der Arbeitgeber verpflichtet, an den Verhandlungen teilzunehmen und die dargelegten Forderungen objektiv zu diskutieren.[2005]

Die Gewerkschaft, mit der der Arbeitgeber einen Tarifvertrag abgeschlossen hat, ist laufend über die Entwicklung der Geschäftslage zu informieren. Dies betrifft die allgemeine wirtschaftliche Lage des Unternehmens, die Produktion und die Personalpolitik. Außerdem muss den Gewerkschaften Einblick in die Geschäftsbücher gewährt werden.[2006]

Hier sind auch abweichende Vereinbarungen möglich.[2007]

Die genaue Reichweite der Informationspflichten wird im *Utvecklingsavtalet* näher behandelt. Demnach soll den Gewerkschaftsvertretungen „Einblick und Einflussnahme auf die wirtschaftliche Situation, die Planung, den Haushalt und die Überwachung“ ermöglicht werden, so dass sie sich damit auseinandersetzen „und gemeinsam mit der Unternehmensleitung die Marktaussichten des Unternehmens, seine Einkaufspolitik, seine Wettbewerbsposition, die Produktentwicklung und Produktionsausrüstung sowie die Sicherheit der Arbeitnehmer und die Arbeitsentwicklung“ beurteilen können.[2008]

Vor „bedeutenden Veränderungen der Geschäftstätigkeit“ und vor „bedeutenden Veränderungen der Arbeits- und Beschäftigungsbedingungen der (gewerkschaftlichen) Arbeitnehmer“ muss der Arbeitgeber von sich aus Verhandlungen aufnehmen. Dies gilt bereits, sobald auch nur ein einzelnes Gewerkschaftsmitglied betroffen ist.

2004 *Victorin*, Board Participation Sweden, S. 126 ff.; *Nilsson*, Country Report Sweden, S. 111

2005 Vgl. *Sigeman*, Experiences, S. 268; *Victorin*, Board Participation Sweden, S. 126.

2006 18 ff. §§ MBL (*Rätt till information*), v.a. 19 §; zur Vertraulichkeit 21, 22 §§ MBL.

2007 4 § 2 *stck.* MBL.

2008 *Utvecklingsavtalet* (oben Fn. 1998), § 5 *Mom* 1, 2 (*Företagets ekonomi och resursfrågor*, etwa „Fragen, die die Finanzen und Ressourcen des Unternehmens betreffen“) [*Mom* = „Abschnitt“]. Vgl. auch *Victorin*, Board Participation Sweden, S. 127; *Hansen/Werlauff*, ECL 2009, S. 72.

Verschiedenen Entscheidungen des Arbeitsgerichts zufolge umfassen derartige „bedeutende Veränderungen" (*viktigere forandring*) solche der Arbeitsorganisation und Arbeitsweise, Personalveränderungen, strukturelle Veränderungen, Änderungen der Einstellungs- und Entlassungsbedingungen und die Vorbereitung des Jahresbudgets.[2009] Mit anderen Worten: es ist nahezu jedes Thema betroffen, über das die Gewerkschaft verhandeln möchte.[2010] Allerdings kann der Arbeitgeber bei besonderen Umständen die unternehmerischen Maßnahmen auch ohne Verhandlungen umsetzen.[2011]

Auch hier sind abweichende Vereinbarungen möglich.[2012]

Nach dem *Utvecklingsavtalet* können Gewerkschaften und Arbeitgeber weiterhin noch verhandeln über Entwicklung der Arbeitsorganisation zur Förderung des individuellen Mitarbeiters, technische Entwicklungen und Fragen im Zusammenhang mit der wirtschaftlichen Situation des Unternehmens. Diese Verhandlungen können direkt auf betrieblicher Ebene mit dem jeweiligen Vorgesetzten stattfinden, aber auch auf Leitungsebene geführt werden. Ggf. kann auch ein gemeinsamer Ausschuss aus Arbeitgeber- und Gewerkschaftsvertretern zur Entscheidungsfindung gebildet werden. Schließlich können auch für bestimmte, vorher klar definierte Bereiche, wie die Umstrukturierung eines Unternehmens, befristete gemeinsame Projektgruppen von Arbeitgeber und Gewerkschaften eingesetzt werden.[2013]

Praktisch finden diese Verhandlungen zunächst auf lokaler Ebene statt. Falls es dort zu keiner Einigung kommt, haben die Gewerkschaften das Recht, Verhandlungen auf übergeordneter nationaler Ebene zu verlangen (was aber tatsächlich nur selten geschieht). Erst danach kann der Arbeitgeber endgültig entscheiden (unabhängig von einer etwaigen gewerkschaftlichen Zustimmung). Handelt der Arbeitgeber diesen Vorgaben zuwider, macht er sich schadensersatzpflichtig.

Zur betrieblichen Mitbestimmung kann vereinbart werden, dass die jeweilige Entscheidung, die sonst durch den Arbeitgeber zu treffen wäre, von Vertretern der Arbeitnehmer oder gemeinsamen Stellen getroffen werden (*Medbestämmanderätt genom kollektivavtal*, etwa „Mitbestimmungsrecht durch Tarifvereinbarung" bzw. „*Medbestämmandeformer efter lokal överenskommelse*", etwa „Mitbestimmungsformen nach örtlicher Vereinbarung"). Das verschafft den etablierten Gewerkschaften

---

2009 ETUI-SW-BI, S. 2; vgl. auch *Hansen/Werlauff*, ECL 2009, S. 72.

2010 Hierzu gehört auch die Bestellung eines *Verkställande Direktör*; *Victorin*, Board Participation Sweden, S. 127, der gleichzeitig diese Ausweitung des Anwendungsbereichs kritisiert; eine derartige Bestellung stelle kaum eine bedeutende Veränderung der Geschäftstätigkeit dar.

2011 Vgl. 10 ff. §§ (*Förhandlingsrätt*), 11 § 2 *stck.*, 12 § MBL.

2012 4 § 2 *stck.* MBL. Vgl. auch *Victorin*, Board Participation Sweden, S. 127 f.

2013 *Utvecklingsavtalet* (oben Fn. 1998), § 8 *Mom* 2 (*Projektmedverkan*).

eine vergleichsweise starke Position, zulasten der kleineren oder neueren Gewerkschaften.[2014] Dieser Weg stellt aber lediglich eine Option und keinen Anspruch dar. Die Bestimmungen über das Verhandlungsrecht beinhalten zwar keine normierte, wohl aber eine mehr oder minder bedeutende faktische Pflicht zur Einigung, da ansonsten für diesen betreffenden Streitpunkt Streikmaßnahmen möglich sind (*kvarlevande stridsrätt*).[2015]

Darüber hinaus besteht in einem einzigen Anwendungsbereich ein als echtes Vetorecht ausgestaltetes Mitbestimmungsrecht. Es gilt beim Einsatz von Subunternehmern, die keine direkten Beschäftigten des Unternehmens sind, es sei denn, ein spezifischer Bedarf oder kurzfristige Anforderungen machen deren Einsatz notwendig.[2016] Ausgenommen sind wiederum bestimmte Bereiche der Daseinsvorsorge, wie bei öffentlichen Aufträgen, Versorgung mit Wasser, Energie, Verkehr und Postdienste.[2017]

Immer sind dabei die jeweiligen „Formen der Zusammenarbeit und Mitwirkung [...] an die jeweiligen örtlichen Gegebenheiten anzupassen".[2018]

Durch Umsetzung der Unterrichtungs- und Anhörungsrichtlinie gelten die hier skizzierten Pflichten für Information und Konsultation mittlerweile auch für die im Betrieb vertretenen Gewerkschaftsvertretungen, die mit dem Arbeitgeber keinen Tarifvertrag abgeschlossen haben.

Da in Schweden eine tarifliche Abdeckung von über 91% herrscht, sind tatsächlich nur sehr wenige Arbeitnehmer von diesen neuen Möglichkeiten betroffen.[2019]
Faktisch wirken sich all diese Verhandlungs- und Mitbestimmungsrechte aber lediglich dahingehend aus, dass der Arbeitgeber zwar zu Verhandlungen mit den Gewerkschaften verpflichtet ist, diese aber nicht zwangsläufig zu (bestimmten) Ergebnissen führen müssen. Viel mehr liegen sämtliche Entscheidungen bei der Unternehmensleitung.[2020] Nach lokalen Beobachtungen hat das *MBL* daher tatsächlich nur sehr begrenzte Wirkungen.[2021]

2014 32 § MBL; *Utvecklingsavtalet* (oben Fn. 1998), § 8 *Mom* 1. Vgl. *Sigeman*, Experiences, S. 267.

2015 *Sigeman*, Experiences, S. 268. Vgl. auch *Hansen/Werlauff*, ECL 2009, S. 72.

2016 38 ff. §§ MBL (*Facklig vetorätt i vissa fall* = „Gewerkschaftliches Vetorecht in bestimmten Fällen").

2017 Vgl. 39 § MBL. Vgl. auch *Sigeman*, Experiences, S. 276 f.

2018 *Utvecklingsavtalet* (oben Fn. 1998), *Kommentar till § 6–9: „Formerna för samverkan och medbestämmande måste anpassas till de lokala förhållandena."*

2019 Vgl. im Einzelnen *Kullander/Eklund, Sweden: EIRO CAR on „The effect of the Information and Consultation Directive on Industrial Relations in the EU Member States five years after its transposition"* (19.01.2011), unter http://www.eurofound.europa.eu/eiro/studies/tn1009029s/se1009029q.htm (englisch).

2020 Anerkannt wurde dieses Recht bereits im *Decemberkompromissen* von 1906, der noch heute gilt.

2021 Vgl. ETUI-SW-BI, S. 2; *Victorin*, Board Participation Sweden, S. 127 ff., zufolge wurde das *MBL* wegen seiner praktisch begrenzten Reichweite zwischenzeitlich als *„Horn-clanking Act"* verballhornt. Alles, was der Arbeitgeber tun müsse, sei, *„sein Signalhorn erschallen zu lassen, um anschließend die Gewerkschaft einfach zu überfahren."* (*„All the employer had to do was to clank his horn before 'running over the union'."*).

(2) Ausstattung und Kündigungsschutz

Auch die Reichweite bei Freistellungen und Ausstattung mit Sachmitteln variiert.

Gesetzlich vorgesehen ist lediglich, dass bezahlte Freistellung „im erforderlichen Umfang" gewährt werden soll, aber „nicht mehr, als nach den Bedingungen am Arbeitsplatz vernünftig ist". Einmal mehr werden die jeweiligen Details ausgehandelt.

Praktisch werden in sehr großen Betrieben mit mehr als 1.000 Beschäftigten bis zu zehn Gewerkschaftsvertreter alleine für die Gruppe der Arbeiter freigestellt, in Betrieben mit ca. 300 Arbeitnehmern sind ein Gewerkschaftsvertreter vollständig und zwei weitere jeweils für die Arbeiter und die Angestellten anteilig freigestellt. Daneben ist jedenfalls ein Raum zur Verfügung zu stellen. Die weitere Ausstattung mit technischen Mitteln bis hin zu Sekretariatsdiensten wird tarifvertraglich vereinbart. Praktisch soll der genaue Umfang der Sachausstattung zu den ersten Fragen gehören, die in den Tarifverhandlungen erörtert werden.[2022]

Des Weiteren können ggf. Berater hinzugezogen werden (*Arbetstagarkonsult*). Nach dem *Utvecklingsavtalet* gilt dies bei anstehenden „wesentlichen Veränderungen für die wirtschaftliche Situation des Unternehmens oder die Beschäftigungslage" nach Einverständnis der Unternehmensleitung. Üblicherweise sollen sie vom Arbeitgeber für eine Woche bezahlt werden. Diese Berater können sowohl intern als auch extern sein und auch aus einer Gewerkschaft stammen.

Lt. Kommentar zu § 12 gilt der Abschnitt nur in Unternehmen mit mindestens 50 Beschäftigten; in Unternehmen zwischen 25 und 50 Beschäftigten kann dies aber vereinbart werden.[2023]

Die Gewerkschaftsvertretungen können darüber befinden, ob ein bestimmtes Mitglied für ihre Arbeit von besonderer Bedeutung ist. Ein solches Mitglied ist bei Entlassungen geschützt. Wird die Person trotzdem entlassen, ist die Kündigung eventuell unwirksam.[2024]

dd) Vertretung auf supranationaler Ebene

Die schwedischen Vertreter in einem Besonderen Verhandlungsgremium bei EBR bzw. SE (*[särskilt] förhandlingsorgan*) werden von denjenigen lokalen Gewerkschaften ernannt, mit denen der Arbeitgeber Tarifvereinbarungen abgeschlossen hat. Sind mehrere Gewerkschaften vertreten und können diese sich nicht einigen, ent-

---

2022 Vgl. 3 § Lag (1974:358); ETUI-SW-BI, S. 2.

2023 *Utvecklingsavtalet* (oben Fn. 1998), § 12 *Arbetstagarkonsult*, dort *Mom* 2 zu den Voraussetzungen, *Mom* 3 zum Einsetzungsbeschluss und Bezahlung durch das Unternehmen, *Mom* 4 und 5 zu den persönlichen Anforderungen an den Berater, *Mom* 6 zum Kontakt zur Unternehmensleitung; zur Vertraulichkeit vgl. *Mom* 8.

2024 ETUI-SW-BI, S. 2.

scheidet die Gewerkschaft mit der größten Mitgliederzahl. Gibt es keinen Tarifvertrag, ist ebenfalls die Gewerkschaft mit der größten Mitgliederzahl im Unternehmen zur Entscheidung berufen. Sind mehrere Vertreter zu bestimmen, findet hier dasselbe Verfahren Anwendung wie bei der Unternehmensmitbestimmung. Das Gesetz sagt nichts darüber aus, ob die Vertreter auch Beschäftigte des Unternehmens sein müssen. Anders aber, falls die Auffangregelungen der jeweiligen Richtlinien zur Anwendung kommen; hier sind nur Beschäftigte berufen.

Dies gilt grundsätzlich auch für die Arbeitnehmervertreter auf Leitungsebene bei einer SE, falls diese nach den Auffangregelungen der Richtlinie ernannt werden. Allerdings können die Gewerkschaften hier die Ernennung auf die SE-Arbeitnehmervertretung (*arbetstagarråd*) übertragen.

Die Arbeitnehmervertreter in schwedischen SEs, die nach der Auffangregelung benannt wurden, dürfen ausdrücklich nicht an Diskussionen über Tarifverträge, Streikmaßnahmen oder andere Themen teilnehmen, bei denen möglicherweise ein erhebliches Eigeninteresse besteht, das zu demjenigen der SE in Konflikt steht.[2025]

b) Unternehmensmitbestimmung

aa) Grundlagen

Maßgeblich ist das Gesetz über die Arbeitnehmervertretung in den Unternehmensorganen in der Privatwirtschaft, *Lag (1987:1245) om styrelserepresentation för de privatanställda*, in Kraft seit dem 01.01.1988.[2026]

2025 ETUI-SW-EI, S. 1. Zum EBR vgl. *Lag (1996:359) om europeiska företagsråd*, zuletzt geändert durch (SFS 2006:478), abrufbar unter http://www.riksdagen.se/webbnav/index.aspx?nid=3911&bet=1996:359; zum Besonderen Verhandlungsgremium dort 14 ff. §§, zur Auswahl der schwedischen Mitglieder 16 §, zur Zusammensetzung in der Auffangregelung 26 §. Zur SE vgl. *Lag (2004:575) om Europabolag*, zuletzt geändert durch (SFS 2010:2068), abrufbar unter http://www.riksdagen.se/webbnav/index.aspx?nid=3911&bet=2004:575. Nach dessen 2 § wird die Arbeitnehmerbeteiligung im separaten *Lag (2004:559) om arbetstagarinflytande i europabolag*, zuletzt geändert durch (SFS 2008:16) geregelt; dessen Text ist abrufbar unter http://www.riksdagen.se/webbnav/index.aspx?nid=3911&bet=2004:559 (alle schwedisch); vgl. dort 2 § zur allgemeinen Erklärung, wie die Beteiligung der Arbeitnehmer in der schwedischen SE erreicht wird, zur Bildung des Besonderen Verhandlungsgremiums 6 ff. §§, konkret zur Auswahl der schwedischen Mitglieder 16 §, zum Verfahren im Rahmen der Auffanglösung 38, 39 §§, zur Mitwirkung 55 ff. §§, zum Mitwirkungsverbot im Zusammenhang mit Streiks etc. 62 § 2 *stck.* („*Arbetstagarrepresentanterna får dock inte delta i behandlingen av frågor som rör kollektivavtal eller stridsåtgärder eller av andra frågor där arbetstagarrådet eller en arbetstagarorganisation har ett väsentligt intresse som kan strida mot europabolagets.*“).

2026 Zuletzt geändert durch (SFS 2011:428), abrufbar unter http://www.riksdagen.se/sv/Dokument-Lagar/Lagar/Svenskforfattningssamling/Lag-19871245-om-styrelserep_sfs-1987-1245 (schwedisch). Es ist die konsolidierte Fassung des ursprünglichen Gesetzes von 1973 nebst einigen Anhängen. Eine inoffizielle englische Übersetzung, Stand (SFS 2006:479) ist abrufbar unter http://www.sweden.gov.se/content/1/c6/10/48/36/b39dad7d.pdf.

Nach dem Gesetz haben die Arbeitnehmer in fast allen privaten Unternehmen mit mindestens 25 Mitarbeitern in Schweden (*„här I landet“* – „in diesem Land“) das Recht, zwei Arbeitnehmervertreter in das Leitungsgremium zu entsenden (*arbetstagarledamöter*).[2027] In Unternehmen, die in mehr als einer Branche arbeiten, und im Inland mindestens 1.000 Mitarbeiter beschäftigten, sind es drei Arbeitnehmervertreter.[2028] Es darf im Verwaltungsrat jedoch niemals mehr Arbeitnehmer- als Arbeitgebervertreter geben.[2029]

Zusätzlich wird eine jeweils gleiche Anzahl an Stellvertretern gewählt.[2030] Selbst wenn der jeweilige Arbeitnehmervertreter bei der Verwaltungsratssitzung anwesend ist, haben die Stellvertreter „Sitz und Stimme“.[2031] Das heißt, die Stellvertreter werden zwar bei der Berechnung nicht mitgezählt, dürfen aber bei den Sitzungen anwesend sein und ihre jeweilige Meinung äußern. Sie dürfen aber nicht bei der Beschlussfassung abstimmen.

Nach gängiger Praxis besteht ein Verwaltungsrat in schwedischen Unternehmen meist aus sieben Personen, von denen dann zwei die Arbeitnehmerseite vertreten.[2032]

---

bb) Anwendungsbereich

Das Gesetz betrifft unterschiedslos sämtliche *AB*, es unterscheidet insbesondere nicht zwischen privater und Publikums-Aktiengesellschaft.[2033] Es gilt daneben auch für Banken, Hypothekenanstalten, Versicherungen und genossenschaftlich organisierte Unternehmen, sofern diese mindestens 25 Arbeitnehmer beschäftigen, nicht jedoch für die SE und für die SCE nur eingeschränkt.[2034]

Es gilt darüber hinaus auch für Konzerne. Was in den jeweiligen Unternehmensformen jeweils unter „Konzern“ zu verstehen ist, wird im *Lag (1987:1245)* über Weiterverweisungen in die jeweiligen Spezialgesetze geregelt.[2035] In diesen wird dann

---

2027 4 § 1 *stck.*, Satz 1 Lag (1987:1245).

2028 4 § 1 *stck.*, Satz 2 Lag (1987:1245).

2029 4 § 2 *stck.* Lag (1987:1245).

2030 4 § 1 *stck.*, Satz 1, Satz 2 a.E. Lag (1987:1245); (*„... och en suppleant för varje sådan ledamot.“*)

2031 12 § Lag (1987:1245), vgl. auch 8 kap. 20 § 2 *stck.* swCA.

2032 *Taylor*, Überblick, S. 79; *Nilsson*, Country Report Sweden, S. 113. Nach *Levinson*, IRJ 2001, S. 267 Fn. 5, haben drei Viertel aller Verwaltungsräte zwischen fünf und neun Mitglieder. Zwei Drittel davon haben zwei Arbeitnehmervertreter (plus zwei Stellvertreter), ein Sechstel hat drei Arbeitnehmervertreter und ein Zehntel hat lediglich einen Arbeitnehmervertreter. Nach ETUI-SW-MB, S. 1, sind in letzter Zeit kleinere Verwaltungsräte üblich.

2033 2 § 1 *stck.* Lag (1987:1245).

2034 2 §, zur SE 1 a, zur SCE 1 b, 4 a §§ Lag (1987:1245).

2035 2 § 2 *stck.* Lag (1987:1245), der m.W.v. 01.04.2011 geändert wurde. Für das *Aktiebolagslag* wird aber auch in der geänderten Fassung noch auf 1 Kap. 11, 12 §§ (SFS 2005:551) verwiesen.

normiert, was jeweils eine Elterngesellschaft und was eine Tochtergesellschaft ist bzw. wann über ein Unternehmen ein bestimmender Einfluss ausgeübt wird. Ggf. erstreckt sich die Mitbestimmung auch auf die Arbeitnehmer der Tochtergesellschaften. Einbezogen werden aber ausdrücklich nur die in Schweden selbst beschäftigten Arbeitnehmer einer in Schweden registrierten Gesellschaft.[2036]

Bei der Berechnung werden diejenigen Arbeitnehmer, die dauerhaft bei einer Konzerngesellschaft beschäftigt sind, ohne dort angestellt zu sein, als Angestellte des Unternehmens gezählt.[2037]

cc) Bestellung

Die konkreten Arbeitnehmervertreter werden grundsätzlich von derjenigen Gewerkschaft ernannt, mit der der Arbeitgeber einen Tarifvertrag abgeschlossen hat.[2038]

Bei der Ernennung der Arbeitnehmervertreter in der Elterngesellschaft reicht ein Tarifvertrag in einer Tochtergesellschaft. Das Gesetz spricht ausdrücklich von *„lokal arbetstagarorganisation som är bunden av kollektivavtal"*, also den lokalen Arbeitnehmervertretungen, die durch Tarifvereinbarung gebunden sind, was wiederum auf die Gewerkschaftsvertretungen zielt. Für den theoretisch denkbaren Fall, dass keine Gewerkschaftsvertretung vorhanden ist, wird keine gesonderte Regelung getroffen.[2039]

Vertritt die Gewerkschaft gleichzeitig die Mehrheit der Beschäftigten im Unternehmen, erfolgt dies aufgrund einer besonderen Vereinbarung zwischen Arbeitgeber und Gewerkschaft. Falls eine solche Vereinbarung nicht geschlossen werden kann, ist ein besonderes Verfahren vorgesehen. Danach kann eine Gewerkschaft allein beide Arbeitnehmervertreter entsenden, wenn sie mehr als 80% der Beschäftigten im jeweiligen Unternehmen vertritt. Organisiert eine andere Gewerkschaft mindestens 20% der Arbeitnehmer, besetzt sie den anderen Sitz. Ansonsten wird jeweils ein Sitz von den beiden größten Gewerkschaften im Unternehmen besetzt.[2040]

Tatsächlich geschieht dies in der Regel durch Wahl in einer Gewerkschaftsversammlung, gelegentlich auch direkt durch die jeweiligen Mitglieder oder durch Ernennung; andere Verfahren sind möglich und weit verbreitet. Meist spielen traditionelle, regionale und praktikable Erwägungen eine

---

2036 4 § 3, 1 *stck.* Lag (1987:1245); *Hansen/Werlauff*, ECL 2009, S. 76, 80.

2037 3 § Lag (1987:1245). (*„En arbetstagare hos ett kommittent- eller moderföretag, som stadigvarande är verksam i ett kommissionärs- eller dotterföretag utan att vara anställd där...“*, in der englischen Fassung *„An employee of a principal or parent company, who is permanently engaged in an agent or subsidiary, without being employed there,...“*).

2038 6, 7 §§ Lag (1987:1245).

2039 Vgl. auch *Nilsson*, Country Report Sweden, S. 114.

2040 8 § Lag (1987:1245).

Rolle. Üblicherweise wird eine entsprechende Vereinbarung im Unternehmen getroffen. Die gesetzliche Regelung nach 8 § dürfte daher lediglich als Auffangregelung fungieren.[2041]
Praktisch soll meist jeweils ein Arbeiter und ein Angestellter in den Verwaltungsrat entsandt werden. Dementsprechend ist meist der eine Vertreter ein Mitglied der *LO*, der andere Vertreter Mitglied der *TCO* oder der *SACO*.[2042]
Meistens stammen die Ernannten direkt aus dem Vorstand der lokalen Gewerkschaftsvertretung. Berichtet wird auch, dass in großen Unternehmen, in denen an sich drei Arbeitnehmervertreter zu entsenden wären, des Öfteren Vereinbarungen geschlossen werden, nach denen lediglich zwei Arbeitnehmervertreter bestellt werden sollen.[2043]

Nach dem Gesetz *„sollen"* die Arbeitnehmervertreter aus den Reihen der Mitarbeiter des Unternehmens stammen.[2044] Rein vom Wortlaut her ist also auch die Berufung von externen Gewerkschaftsfunktionären möglich. Praktisch kommt dies aber allenfalls in Einzelfällen vor.[2045]

Ist eine Person bereits Arbeitnehmervertreter in einem Verwaltungsrat, kann sie grundsätzlich nicht mehr in den Verwaltungsrat eines anderen Unternehmens entsandt werden, es sei denn, die betroffenen Unternehmen gehören zum selben Konzern oder die Unternehmen schließen eine anders lautende Vereinbarung ab.[2046] Die Amtszeit darf maximal vier Geschäftsjahre betragen[2047] und nur die jeweils ernennende Organisation ist befugt, den Arbeitnehmervertreter u.U. vorzeitig abzuberufen.[2048] Das Gesetz schweigt sich zu einer etwaigen Wiederwahl aus.

dd) Befugnisse

Im Verwaltungsrat haben die Arbeitnehmervertreter grundsätzlich die gleichen Rechte und Pflichten wie die Vertreter der Anteilseigner. Insbesondere müssen sie auch in etwaigen Ausschüssen vertreten sein; die genaue personale Zuweisung obliegt wiederum den lokalen Gewerkschaftsvertretungen.[2049]

2041 *Nilsson*, Country Report Sweden, S. 115. Zur Verbreitung von verschiedenen Besetzungsmodellen vgl. auch *Levinson*, IRJ 2001, S. 270.

2042 Vgl. ETUI-SW-MB, S. 1.

2043 *Nilsson*, Country Report Sweden, S. 114; *Victorin*, Board Participation Sweden, S. 131; *Levinson*, IRJ 2001, S. 270.

2044 9 § 1 *stck.* Lag (1987:1245) (*„... bör utses ..."*/*„... should be appointed ..."*).

2045 *Victorin*, Board Participation Sweden, S. 125; *Hansen/Werlauff*, ECL 2009, S. 71; *Taylor* Überblick, S. 79. *Nilsson*, Country Report Sweden, S. 116, nennt eine Größenordnung von 99,9% unternehmensangehöriger Arbeitnehmervertreter.

2046 9 § 2 *stck.* Lag (1987:1245).

2047 10 § 1 *stck.* Lag (1987:1245)

2048 10 § 2 *stck.*, Satz 1 Lag (1987:1245).

2049 11, 13 §§ Lag (1987:1245).

Allerdings können die Arbeitnehmervertreter nach dem Gesetzeswortlaut bereits an der Diskussion über solche Themen, bei denen möglicherweise ein wesentliches Eigeninteresse besteht bzw. in denen die Gewerkschaft und das Unternehmen entgegengesetzte Positionen vertreten, nicht teilnehmen.

Das Gesetz verwendet den Begriff „*får inte delta i behandlingen av frågor*",[2050] wörtlich „können nicht an der Behandlung von Fragen teilnehmen", was bereits die Diskussion und nicht erst eine Beschlussfassung umfassen dürfte.

Daneben sind sie ausgeschlossen bei der Beschlussfassung über religiöse, wissenschaftliche, künstlerische oder ähnliche Themen, solange hierbei keine Gewinnerzielungsabsicht verfolgt wird.[2051]

Die grundsätzlich gleichen Rechte erstrecken sich auch auf die Vergütung. Da diese jedoch durch die Hauptversammlung individuell für jedes Verwaltungsratsmitglied festgelegt wird,[2052] kann auch entschieden werden, den Arbeitnehmervertretern keinerlei (zusätzliche) Vergütung zukommen zu lassen.

Üblicherweise obliegen Ernennung und Entlohnung nach dem *Swedish Corporate Governance Code* vom Februar 2010 einem *Nomination Committee*.[2053]

Tatsächlich ist eine zusätzliche Vergütung „*außergewöhnlich*". So sollen in nahezu zwei Dritteln der Unternehmen keine weiteren Mittel gezahlt werden, in nur ca. zehn Prozent der Unternehmen erhalten die Arbeitnehmervertreter die gleiche Entlohnung wie die Vertreter der Anteilseigner. Tatsächlich soll die Frage der Vergütung aber keine besondere Rolle spielen. Entscheidender sei viel mehr, wie die Arbeitnehmervertreter im Hinblick auf Information und Teilhabe behandelt würden.[2054]

Im Rahmen der praktischen Arbeit soll entscheidend sein, wie sehr sich die Arbeitnehmervertreter in den individuellen Verwaltungsrat integrieren können, weil damit auch deren Akzeptanz durch die Anteilseignerseite steht und fällt.[2055]

Meist sollen sich die Arbeitnehmervertreter in der täglichen Arbeit des Verwaltungsrats eher zurückhalten. Strategische Entscheidungen würden nicht angegriffen, stattdessen bestehe ein erhöhtes Interesse an Personalangelegenheiten, insbesondere, sofern sie die Arbeitnehmer direkt beträfen. Hier würden die Arbeitnehmervertreter aktiv. Gelegentlich könnten sie auch mit Informationen

---

2050 14 § Lag (1987:1245).

2051 2 § MBL, der auch im Rahmen der Mitbestimmung gilt; *Victorin*, Board Participation Sweden, S. 125; *Nilsson*, Country Report Sweden, S. 119; *Van het Kaar*, ECL 2009, S.56.

2052 8 kap. 23a § swCA., vgl. ebd., Abschnitt 2.

2053 Der Code zielt allerdings ausschließlich auf börsennotierte Unternehmen; vgl. hier Abschnitt *2 Target Group*; Text unter http://www.corporategovernanceboard.se/media/45322/the%20swedish%20code%20of%20corporate%20governance,%201%20february%202010.pdf (englisch).

2054 So *Nilsson*, Country Report Sweden, S. 117 f. Vgl. auch ETUI-SW-MB, S. 1.

2055 *Levinson*, IRJ 2001, S. 265 ff., 272.

aus erster Hand dienen. Sie könnten so zur Arbeit des Verwaltungsrats substantiell beitragen, ohne die Abläufe zu stören.[2056]

Als problematisch wird jedoch auch hier die Gefahr der unerlaubten Weitergabe von Informationen gesehen. Tatsächlich seien Streitigkeiten hierüber vor den Gerichten aber selten bis ausgeschlossen.[2057]

ee) Befreiungsmöglichkeit

Ein Unternehmen kann vollständig von der Mitbestimmung nach dem *Lag (1987:1245)* befreit werden.

Voraussetzung hierfür ist, dass die Arbeitnehmermitbestimmung im Verwaltungsrat zu erheblichen Schwierigkeiten führen würde (*väsentlig olägenhet*). Das wiederum kann der Fall sein, weil die Zusammensetzung des Verwaltungsrats nach der Satzung oder nach den Umständen von erheblicher Bedeutung für die Durchsetzung bestimmter Politiken oder die Beziehungen bestimmter Interessen oder Interessengruppen ist. Alternativ, weil die Unternehmenssatzung für die Beschlussfassung eine qualifizierte Mehrheit vorsieht.[2058]

Die Befreiung soll dem Gesetz nach aber nur in Ausnahmefällen erteilt und sodann mit anderen Maßnahmen kombiniert werden, die sicherstellen, dass die Arbeitnehmer Informationen und Einfluss über die Geschäfte des Unternehmens erhalten. Zur Entscheidung berufen ist eine beim Arbeitsministerium angesiedelte Regierungsagentur, der „Rat für Mitbestimmungsfragen“ (*nämnden för styrelserepresentationsfrågor*, näher geregelt in *Förordning* 2007:909).[2059]

Ein relevanter Anwendungsfall für diese Befreiungsmöglichkeit sind Holding-Strukturen, bei denen die arbeitnehmerbezogenen Entscheidungen aber auf lokaler Ebene getroffen werden, und die Gewerkschaften schon daher nicht an einer Repräsentanz im Leitungsgremium interessiert sind.

Üblicherweise sollen die Beteiligten versuchen, im Rahmen der Verhandlungen andere Wege zur Unterrichtung und Anhörung zu finden. Falls doch die gesetzliche Befreiungsmöglichkeit genutzt wird, geht dies meist mit einer Ausweitung der Mitbestimmung auf lokaler Ebene einher.[2060]

2056 *Victorin*, Board Participation Sweden, S. 131; *Levinson*, IRJ 2001, S. 267 ff., der allgemein vorsichtiges und zurückhaltendes Verhalten der Arbeitnehmerrepräsentanten in der Mehrzahl der Angelegenheiten beobachtet.

2057 Vgl. *Victorin*, Board Participation Sweden, S. 130 f.; *Nilsson*, Country Report Sweden, S. 120; *Levinson*, IRJ 2001, S. 270 f. Zur grundsätzlichen Pflicht zum Schadensersatz vgl. 15, 16 §§ *Lag (1987:1245)*.

2058 17 § Lag (1987:1245).

2059 17 § 2 *stck.*, 18 § Lag (1987:1245).

2060 *Nilsson*, Country Report Sweden, S. 121; vgl. auch *Hansen/Werlauff*, ECL 2009, S.71.

5. Zusammenfassung

- Schweden folgt dem monistischen Modell, einzige Kapitalgesellschaftsform ist die Aktiengesellschaft (*Aktiebolag, AB*).

  Kennzeichnend für die industriellen Beziehungen ist die untergeordnete Rolle des Staates. Sie sind hauptsächlich durch Vereinbarungen der Sozialpartner bestimmt, der Gesetzgeber hingegen verhält sich „programmatisch passiv", gesetzliche Regelungen sind daher die Ausnahme.

  Eine Arbeitnehmerbeteiligung existiert sowohl auf betrieblicher Ebene als auch im Leitungsgremium und wird ausschließlich durch die Gewerkschaften wahrgenommen. Im betrieblichen Bereich basiert sie neben einem Rahmengesetz hauptsächlich auf freiwilligen tariflichen Vereinbarungen und kann außerordentlich individuell ausgestaltet werden. Grundsätzlich vorgesehen sind hier weit reichende Verhandlungsmöglichkeiten und ausgedehnte Informationspflichten des Arbeitgebers, aber nahezu keine Mitbestimmungsrechte.

  Die Mitbestimmung im Leitungsgremium ist gesetzlich normiert. Sie gilt grundsätzlich für nahezu alle privaten Unternehmen mit mindestens 25 Beschäftigten im Inland. Die Arbeitnehmer haben hier die Möglichkeit, zwei Vertreter in den Verwaltungsrat zu entsenden. In Unternehmen mit mindestens 1.000 Beschäftigten, die zudem in unterschiedlichen Branchen tätig sind, sind es drei Vertreter (*arbetstagarledamöter*). Von dieser Vorgabe wird in der Praxis oft durch Vereinbarung abgewichen, so dass auch hier nur zwei Arbeitnehmervertreter bestellt werden. Zusätzlich wird eine jeweils gleiche Anzahl an Stellvertretern gewählt, die in den Verwaltungsratssitzungen anwesend sein und ihre Meinung äußern können, aber von der Beschlussfassung ausgeschlossen sind. Insgesamt dürfen im Verwaltungsrat aber nicht mehr Arbeitnehmer- als Anteilseignervertreter sitzen. Praktisch wirkt die Mitbestimmung meist als Drittelbeteiligung.
- Die Interessenvertretung auf betrieblicher Ebene erfolgt in Schweden ausschließlich durch die Gewerkschaftsvertretungen ((*arbetarnas*) *fackföreningar* oder [seltener] *fackklubbar*). Betriebsräte oder andere gewählte Strukturen waren bis 1977 vorgesehen, konnten sich aber nicht durchsetzen und existieren nicht mehr. Die Gewerkschaftsvertretungen operieren auf Grundlage des *Medbestämmandelagen*, kurz *MBL*. Das *MBL* ist ein Rahmengesetz, das einfachgesetzlich die beiderseitige Vereinigungsfreiheit garantiert und vor allem die Tarifvereinbarungen und deren Auswirkungen regelt, daneben aber den lokalen Gewerkschaften umfangreiche Informations- und Anhörungs- sowie auch begrenzte Mitentscheidungsrechte zuweist. Umgesetzt und konkretisiert wird es durch auf nationaler Ebene geschlossene Tarifverträge, den *avtal*. Deren bedeutsamste sind das *Saltsjöbadsavtalet* von 1938 und (eingeschränkt) das *Utvecklingsavtalet* von 1982. Die weitergehenden Details werden dann zwischen den Arbeitgebern und den lokalen Gewerkschaften unter Berücksichtigung der individuellen Umstände ausgehandelt. Vorgesehen sind vor allem Informa-

tions- und Anhörungsrechte, die dann für diejenigen Gewerkschaften ausführlicher ausfallen, mit denen der Arbeitgeber eine Tarifvereinbarung geschlossen hat. Möglich ist auch die Verhandlung über Mitbestimmungsrechte („*Medbestämmandeformer efter lokal överenskommelse*", etwa „Mitbestimmungsformen nach örtlicher Vereinbarung"). Dies stellt aber lediglich eine Option und keinen Anspruch dar. Vor „bedeutenden Veränderungen der Geschäftstätigkeit" und vor „bedeutenden Veränderungen der Arbeits- und Beschäftigungsbedingungen der (gewerkschaftlichen) Arbeitnehmer" muss der Arbeitgeber von sich aus Verhandlungen aufnehmen. Dies gilt bereits, sobald auch nur ein einzelnes Gewerkschaftsmitglied betroffen ist. Die Bestimmungen über das Verhandlungsrecht beinhalten freilich keine Pflicht zur Einigung; die Entscheidungen liegen stets bei der Unternehmensleitung.

- Die Organisation der lokalen Gewerkschaftsvertretung richtet sich nach deren jeweiliger Satzung. Betriebsübergreifend ernennen die lokalen Gewerkschaftsvertretungen eine Gruppe von Vertretern, die befugt ist, mit der Konzernleitung Gespräche und Verhandlungen zu führen, v.a. wenn unternehmerische Entscheidungen bevorstehen, die Auswirkungen auf mehrere Bereiche des Konzerns haben können (*koncernfackligt samarbete*).
- Vom Mitbestimmungsgesetz erfasst sind alle *AB*, gleich ob privat oder Publikums-Aktiengesellschaft, daneben auch Banken, Hypothekenanstalten, Versicherungen und genossenschaftlich organisierte Unternehmen, nicht jedoch die SE und die SCE nur eingeschränkt. Erfasst sind auch Konzerne. Was in den jeweiligen Unternehmensformen jeweils unter „Konzern" zu verstehen ist, wird im Gesetz über Weiterverweisungen in die jeweiligen Spezialgesetze geregelt.

Die jeweiligen Arbeitnehmervertreter werden grundsätzlich von derjenigen Gewerkschaft ernannt, mit der der Arbeitgeber einen Tarifvertrag abgeschlossen hat. Hier wird ggf. relevant, ob die fragliche Gewerkschaft gleichzeitig die Mehrheit der Beschäftigten im Unternehmen vertritt. Theoretisch möglich, praktisch aber nur in Einzelfällen etabliert, ist auch die Berufung von Unternehmensexternen. Die jeweiligen konkreten Verfahren zur Bestellung variieren.

Im Verwaltungsrat haben die Arbeitnehmervertreter grundsätzlich die gleichen Rechte und Pflichten wie die Vertreter der Anteilseigner. Insbesondere müssen sie auch in etwaigen Ausschüssen vertreten sein. Bei der Diskussion sind sie aber von solchen Fragen ausgeschlossen, bei denen möglicherweise ein wesentliches Eigeninteresse besteht bzw. in denen die Gewerkschaft und das Unternehmen entgegengesetzte Positionen vertreten. Grundsätzlich besteht auch gleicher Anspruch auf Vergütung, da diese jedoch durch die Hauptversammlung festgelegt wird, ergeben sich oft individuelle Unterschiede.

Möglich ist auch eine Befreiung von der Mitbestimmung. Die Befreiung soll nach der Regelung aber nur in Ausnahmefällen erteilt und sodann mit anderen Maßnahmen kombiniert werden, die sicherstellen, dass die Arbeitnehmer Informationen und Einfluss über die Geschäfte des Unternehmens erhalten.

III. Finnland[2061]

1. Übersicht

Finnland kennt eine Arbeitnehmerbeteiligung sowohl auf betrieblicher Ebene als auch im Leitungsorgan. Wahrgenommen werden die Beteiligungsrechte durch die Gewerkschaftsvertretungen, die wiederum auf der Grundlage von Tarifvereinbarungen bestellt werden. In Betrieben mit mindestens 20 Beschäftigten sind für sie gewisse gesetzliche Rechte vorgesehen, die sich vornehmlich auf Unterrichtung und Anhörung erstrecken. Dabei ist das System insgesamt hinsichtlich seiner Themen festgelegt, in Bezug auf seine Modalitäten aber flexibel. Dieses Muster trifft auch auf die Unternehmensmitbestimmung zu. Sie gilt in privaten Gesellschaften mit mindestens 150 Beschäftigten. Wo dieses Mitbestimmungsrecht jedoch genau angesiedelt wird, ob im Verwaltungsrat, bei den einzelnen Geschäftseinheiten oder in einem extra hierfür eingerichteten Gremium, und wie es dann an dieser Stelle ausgestaltet wird, ist jeweils lokal auszuhandeln. Hierbei liegt die letzte Entscheidung aber jeweils bei den Unternehmenseignern. Es werden ein bis vier Belegschaftsangehörige gewählt. Maximal soll ein Viertel des jeweils ausgewählten Gremiums mit Arbeitnehmervertretern besetzt werden.

2. Hintergrund

Die finnischen industriellen Beziehungen sind vielschichtig. Die wesentlichen gesetzlichen Regelungen stammen aber erst aus jüngerer und jüngster Zeit.

Traditionell verfügte Finnland über ein zentralisiertes tripartites System. Der Schwerpunkt lag bei den (seit 1971 grundsätzlich allseitig bindenden) Tarifvereinbarungen, die auf Grundlage des Tarifvertragsgesetzes von 1946 ergingen (*Työehtosopimuslaki*).[2062] Daneben waren aber auch Arbeitskämpfe verbreitet. Die

---

2061 *Taylor*, Überblick, S. 70f.; *Toiviainen*, Co-Determination Finland, S. 25ff.; *Hellsten*, Country Report Finland, S. 26ff.; *Hansen/Werlauff*, ECL 2009, S. 73f.; *Fulton*, ETUI-FI-Betriebliche Interessenvertretung, ETUI-FI-Unternehmensmitbestimmung sowie ETUI-FI-Europäische Interessenvertretung (ETUI-FI-BI, ETUI-FI-MB, ETUI-FI-EI) unter http://www.worker-participation.eu/National-Industrial-Relations/Countries/Finland; *Jokivuori*, *Finland: Industrial relations profile* (15.04.2013) bei Eiro online unter http://www.eurofound.europa.eu/eiro/country/finland.htm und *ders.*, *Revised employee infomation act to extend coverage of enterprises* (19.09.2006), unter http://www.eurofound.europa.eu/eiro/2006/07/articles/fi0607019i.htm (beide englisch).

2062 *Työehtosopimuslaki* FFS 7.6.1946/436 [*FFS* = *Finlands Författningssamling*, das finnische Gesetzblatt]. Die finnischen Rechtstexte sind, zum Teil übersetzt, abrufbar unter http://www.finlex.fi, englisches Portal unter http://www.finlex.fi/en/. Die Website wird vom finnischen Justizministerium *Oikeusministeriö/Justitieministeriet* betrieben. Neben Finnisch ist auch nach wie vor Schwedisch

Arbeitnehmerbeteiligung hingegen hat keine Tradition und wurde *„nicht wirklich unterstützt“*.[2063]

Erstmalig wurden die gewerkschaftlichen Vertretungen auf betrieblicher Ebene 1969 etabliert. Ab 1970 wurden die jeweiligen Vertreter durch gesetzliche Maßnahmen besonders geschützt und erst seit 1978 sind ihnen in privaten Unternehmen mit mindestens 30 Beschäftigten Informations- und Konsultationsrechte sowie in bestimmten Bereichen auch Mitbestimmungsrechte eingeräumt worden. Gerichtet waren diese Maßnahmen sehr allgemein darauf, die Zusammenarbeit zwischen den Beteiligten zu fördern.

Die vorgesehenen Verfahren waren allerdings kompliziert und unklar. In der Praxis wurden sie daher allenfalls teilweise angenommen. Daher erging 2007 eine umfassende Neuregelung. Diese normiert sehr genau die Bereiche, in denen den Arbeitnehmern Unterrichtungs- und Anhörungsbefugnisse zukommen, ist aber hinsichtlich der jeweiligen Modalitäten sehr flexibel. Das neue Recht setzt insgesamt auf Kooperationsverhandlungen. Zudem wurde in diesem Zusammenhang auch der Schwellenwert für die Beteiligungsrechte auf mindestens 20 Beschäftigte abgesenkt.

Zeitgleich wurde in einem separaten Gesetz auch die Konzernvertretung geregelt. Sie betreffen für finnische Unternehmen mit mindestens 500 Arbeitnehmern in Finnland. Die Regelungen sehen vor allem eine Unterrichtung der Arbeitnehmervertreter vor, deren Wirkungen faktisch auf die betriebliche Ebene durchschlagen.

Seit 1991 ist zudem die Wahl von Arbeitnehmervertretern auf die Leitungsebene möglich. Das entsprechende Gesetz erfasst private Unternehmen mit mehr als 150 Arbeitnehmern. Auch hier sind die Modalitäten hinsichtlich der konkreten Umsetzung sehr flexibel. In welchem Unternehmensgremium wie viele Arbeitnehmerrepräsentanten letztlich vertreten sein sollen, wird durch eine Vereinbarung zwischen dem jeweiligen Unternehmen und den Gewerkschaftsvertretungen entschieden. Ergänzend ist eine Auffangregelung für das Scheitern der Verhandlungen vorgesehen.

Im Ergebnis kann die Unternehmensmitbestimmung selbst somit zwangsweise durchgesetzt werden, der Unternehmensleitung ist es aber möglich, sie auf bestimmte Organe zu beschränken und andere, beispielsweise den Verwaltungsrat, hiervon auszuschließen.

---

offizielle Landessprache. Aus Gründen der Übersichtlichkeit wird im Folgenden gleichwohl auf die Nennung des jeweiligen schwedischen Äquivalents grundsätzlich verzichtet. Das Tarifvertragsgesetz ist abrufbar unter http://www.finlex.fi/fi/laki/ajantasa/1946/19460436 (finnisch/schwedisch).

2063 *Taylor*, Überblick, S. 70.

Wesentliche Änderungen an diesem System sind gegenwärtig nicht geplant. Die Sozialpartner haben die Gegebenheiten im Prinzip akzeptiert, zumindest insoweit, als keine zwingende Verortung im *Board* selbst vorgeschrieben wird. Hintergrund ist auch hier, dass eine mögliche Haftung der Arbeitnehmervertreter im Verwaltungsrat befürchtet wird und daher vermieden werden soll.

Auch in Finnland ist der gewerkschaftliche Organisationsgrad beträchtlich. Der Maximalwert wurde in den Rezessionsjahren der 1990er erreicht und liegt nach Eigenangaben der Gewerkschaften derzeit bei bis zu 80%, andere Beobachter nennen eine immer noch bemerkenswerte Zahl von 74%. Ein Grund für diesen hohen Wert wird wie in den anderen nordischen Ländern in dem Zusammenhang mit den Arbeitslosengeldleistungen gesehen. Insgesamt ist der Trend aber rückläufig.[2064]

Die drei größten Gewerkschaftsbünde *SAK – Suomen Ammattiliittojen Keskusjärjestö* (etwa „Zentralorganisation Finnischer Gewerkschaften"), *STTK – Toimihenkilökeskusjärjestö* (etwa „Angestelltengewerkschaftsbund") und *AKAVA – Akateemis-ammatillinen Valtuuskunta* (etwa „Gewerkschaftsbund für akademische Berufe in Finnland") vereinen nach Eigenangaben insgesamt ca. 2,2 Millionen Mitglieder, wobei von diesen aber ein gewichtiger Anteil aus Rentnern, Arbeitslosen und Studenten besteht. Die durch die Dachgewerkschaften vertretenen Einzelgewerkschaften agieren in den Verhandlungen weitgehend autonom. Ihnen gegenüber steht auf Arbeitgeberseite zunächst der „Hauptverband der Finnischen Wirtschaft", *EK – Elinkeinoelämän Keskusliitto*. Der *EK* organisiert in 27 Unterverbänden ca. 16.000 Unternehmen mit insgesamt 950.000 Beschäftigten, die ihrerseits mehr als 70% des finnischen BIP verantworten. Die KMU werden namentlich vom *Suomen Yrittäjät* vertreten, dem „Verband Finnischer Unternehmen". Er organisiert in 52 Branchenverbänden ca. 110.000 Mitgliedsunternehmen.

Die Tarifverhandlungen finden traditionell auf nationalem und sektoralem Level statt, zuletzt verlagern sie sich, allerdings nur langsam, auch auf die lokale Ebene. Die Arbeitgeber wünschen insoweit eine noch weitergehende Schwerpunktverschiebung, hin zum Unternehmen und bis zum individuellen Arbeitnehmer. Inhaltlich regeln die Tarifvereinbarungen in der Regel sämtliche wesentlichen Arbeitsbedingungen, von der Entlohnung über Arbeitszeitmodelle, Weiterbildung bis hin zur Arbeitnehmerbeteiligung.

Zuletzt schlossen die Sozialpartner im Oktober 2011 eine neue, tripartite, Rahmenvereinbarung für ein zentrales nationales Übereinkommen über Löhne und Arbeitsbedingungen. Sie trat Anfang 2012 in Kraft und hatte zunächst eine Laufzeit von 25 Monaten. Verhandlungen über einen zentralen Tarifvertrag in diesem Bereich scheiterten jedoch im Frühjahr 2013 wegen zu unterschiedlicher Positionen zwischen Arbeitgebern und Gewerkschaften. Die Regierung bemüht sich seit Herbst 2013, die Gespräche wieder in Gang zu bringen.[2065]

2064 So *Jokivuori, Industrial relations profile* (oben Fn. 2061), Abschnitt *Main Actors*. Er nennt einen Wert von 68%.

2065 *Jokivuori, Social partners sign 'historic' tripartite framework agreement* (09.01.2012), unter http://www.eurofound.europa.eu/eiro/2011/11/articles/fi1111011i.htm, *ders., New national agreement talks collapse* (11.06.2013) unter http://www.eurofound.europa.eu/eiro/2013/04/articles/fi1304011i.htm, *ders,. Social partners urged to restart talks on centralised agreement* (13.09.2013) unter http://www.eurofound.europa.eu/eiro/2013/08/articles/fi1308011i.htm (alle englisch).

3. Organisationsverfassung der Kapitalgesellschaften

Ebenso wie in Schweden ist die einzige finnische Kapitalgesellschaftsform mit wirtschaftlicher Relevanz die Aktiengesellschaft (*Osakeyhtiö*). Ursprünglich waren die finnischen Regelungen den schwedischen Vorgaben recht ähnlich. Zuletzt wurde das Gesellschaftsrecht jedoch umfassend reformiert.

Aktuelle Rechtsquelle ist das neue Aktiengesellschaftsgesetz vom 21. Juli 2006, das *Osakeyhtiölaki*.[2066] Ähnlich wie in Schweden hält auch die finnische Neuregelung umfassende Vereinfachungen und Flexibilisierungen bereit. Eine Unterscheidung zwischen kleinen und großen Gesellschaften wurde weitestgehend abgeschafft. Insbesondere aber weist die Neuregelung erweiterte Gestaltungsmöglichkeiten durch Satzung auf. Wo die Satzung keine Entscheidungen trifft, hält das Gesetz entsprechende Vorgaben bereit. Mittlerweile ist u.a. auch die Wahl zwischen dem monistischen und dem dualistischen Modell möglich.

Wie in Schweden werden die Publikumsaktiengesellschaft (*julkinen osakeyhtiö*) und die private Aktiengesellschaft (*yksityinen osakeyhtiö*) unterschieden. Letztere entspricht funktional der deutschen GmbH und unterliegt allgemein weniger strengen Anforderungen,[2067] kann ihre Anteile aber nicht öffentlich handeln lassen.[2068] Übliche Abkürzungen für die Publikumsaktiengesellschaft sind *Oyj* bzw. schwedisch *Abp* für *publikt Aktiebolag*, die private Aktiengesellschaft wird mit *Oy* bzw. *Ab* abgekürzt.[2069]

Die Gründung kann durch eine oder mehrere Personen in einem einzigen Prozess erfolgen. Hierzu unterzeichnen die Gründer als Gründungsurkunde ein *memorandum of association* (*perustamissopimus*) mit einem gewissen Mindestinhalt. Die Satzung (*yhtiöjärjestys*) ist im *memorandum* entweder enthalten oder wird angehängt.[2070]

2066 *Osakeyhtiölaki/Aktiebolagslag* (FFS 624/2006), zuletzt geändert durch FFS 726/2013; im Folgenden *fiCA* für *Finnish Limited Liability Companies Act*. Der konsolidierte Text des fiCA findet sich unter http://www.finlex.fi/fi/laki/alkup/2006/20060624. Eine vom finnischen Justizministerium *Oikeusministeriö – OM* erstellte, aber nicht verbindliche, englische Übersetzung, Stand FFS 981/2011 (2012), ist abrufbar unter http://www.finlex.fi/en/laki/kaannokset/2006/en20060624.pdf. Der fiCA besteht aus 26 Kapiteln (*luku*), die ihrerseits eine wechselnde Zahl von Einzelnormen enthalten. Zitiert wird zunächst das Kapitel und dann die Einzelnorm, die jeweiligen Nummern werden vorangestellt. Anders als im schwedischen *swCa* wird für die Vorschriften kaum noch danach unterschieden, ob sie vor allem die größeren (börsennotierten) Gesellschaften betreffen; eine entsprechende Differenzierung findet sich ausschließlich im 2 kap. 13, 14 §§ (*Julkisia osakeyhtiöitä koskevat erityiset säännökset* = „besondere Vorschriften für öffentliche Gesellschaften").

2067 1 kap. 1 § fiCA.

2068 1 kap. 1 §, *n.* 2 fiCA.

2069 Anders als in Schweden ist die in Finnland übliche Schreibweise *Ab*. Der Firmenname muss in abgekürzter Form die Rechtsform enthalten, was in finnischer oder schwedischer Sprache möglich ist; mitunter werden auch parallel englische Bezeichnungen registriert.

2070 2 kap. 1 § (Memorandum), 2 § (Mindestinhalt Memorandum), 3 § (Mindestinhalt Satzung) fiCA.

Oberstes beschließendes Organ ist die Hauptversammlung (*yhtiökokous*).[2071] Grundsätzlich verfügt die Gesellschaft daneben über einen Verwaltungsrat (*hallitus*, die einzelnen Verwaltungsratsmitglieder werden als *hallituksen* bezeichnet, der Vorsitzende als *hallituksen puheenjohtaja*),[2072] zudem über einen oder mehrere Wirtschaftsprüfer (*tilintarkastajan*);[2073] auf Satzungsgrundlage auch über einen geschäftsführenden Direktor (*toimitusjohtaja*)[2074] und einen Aufsichtsrat (*hallintoneuvosto*).[2075]

Eine Gesellschaft ist nach 2 kap. 4 § *tilintarkastuslaki/Auditing Act* von der Bestellung eines Buchprüfers grundsätzlich ausgenommen, wenn in den letzten zwei Geschäftsjahren nicht mehr als eine dieser Voraussetzungen erfüllt war: 1) die Bilanzsumme übersteigt 100.000,– Euro, 2) der Nettoumsatz übersteigt 200.000,– Euro oder 3) die Anzahl der durchschnittlich beschäftigten Arbeitnehmer übersteigt drei.[2076]

Aufgrund der Neuregelung ist auch hier das Größenkriterium weggefallen, so dass nunmehr jedes Unternehmen einen Aufsichtsrat einrichten kann. Noch zur alten Rechtslage wurde allerdings festgestellt, dass Aufsichtsräte insgesamt sehr selten und nur in ca. einem Dutzend großer Industrieunternehmen, die sich zudem zu einem bedeutenden Anteil im Staatsbesitz befanden, zu finden waren.[2077] Mit Blick auf den Anteil der Industrie an der finnischen Wirtschaft dürfte das „Konzept Aufsichtsrat" immer noch nur bedingt verbreitet sein.

Dem Verwaltungsrat kommt die „umfassende Kompetenz" zur Unternehmensleitung zu (*yleistoimivalta*).[2078] Er besteht aus ein bis fünf Mitgliedern, die grundsätzlich von der Hauptversammlung ernannt werden; durch die Satzung kann dieses Recht auch dem Aufsichtsrat übertragen werden.[2079] Bei weniger als drei Verwaltungsratsmitgliedern muss ein Ersatzmitglied benannt werden.[2080] Kommt es bei der Beschlussfassung zu einem Patt, so hat der Vorsitzende ein Entscheidungsrecht.[2081]

2071 5 kap. fiCA; zur Beschlussfassung dort 11 ff., 26 ff. §§, zum Verfahren 16 ff. §§, zur Satzungsänderung 30 §.

2072 6 kap. 1 § *n.* 1 fiCA, zur Haftung vgl. ebd. *n.* 2 und 22 kap., zur Vertretung der Gesellschaft nach außen 6 kap. 25 ff. §§.

2073 7 kap. fiCA.

2074 6 kap. 17 ff. §§ fiCA. Er kann aus dem Vorstand stammen oder extern bestellt sein, vgl. 6 kap. 18 § fiCA. In der Vorgängerregelung war die Ernennung eines *toimitusjohtaja* noch für Unternehmen ab einer bestimmten Größe verbindlich.

2075 6 kap. 21 ff. §§ fiCA.

2076 Inoffizieller englischer Text des *Auditing Act* FFS 459/2007 unter http://www.finlex.fi/en/laki/kaannokset/2007/en20070459.pdf.

2077 *Hellsten*, Country Report Finland, S. 26.

2078 6 kap. 2 § *n.* 1 fiCA.

2079 6 kap. 9, 21 §§ fiCA.

2080 6 kap. 8, 9 §§ fiCA.

2081 6 kap., 3 §, *n.* 1, Satz 2 fiCA.

Die Bestellung von juristischen Personen ist nicht möglich.[2082] Mindestens ein Verwaltungsratsmitglied muss seinen Wohnsitz im EWR haben.[2083]

Der Aufsichtsrat überwacht die Unternehmensleitung und wird hierzu von den anderen Organen informiert. Seine genauen Kompetenzen werden durch die Satzung festgelegt, allerdings können ihm nur solche Aufgaben übertragen werden, die in die allgemeine Kompetenz des Verwaltungsrats fallen. Insbesondere darf der Aufsichtsrat aber weder das Unternehmen vertreten noch den geschäftsführenden Direktor bestellen. Falls die Satzung keine näheren Vorgaben macht wird der Aufsichtsratsvorsitzende von den Aufsichtsratsmitgliedern gewählt.[2084] Er besteht aus mindestens drei Mitgliedern: Etwaige Arbeitnehmervertreter werden hierbei nicht mitgezählt, sie werden ggf. zusätzlich entsandt.[2085]

Das Mindestkapital für eine Publikumsaktiengesellschaft beträgt 80.000 Euro, das für eine private *Oy* liegt bei 2.500 Euro.[2086]

Innerhalb von drei Monaten nach Unterzeichnung des *memorandum* muss die Gesellschaft zur Eintragung im Handelsregister angemeldet werden. Mit Registrierung erlangt die Gesellschaft ihre Rechtspersönlichkeit.[2087]

Die konstitutive Wirkung der Eintragung wurde ebenfalls erst 2006 eingeführt, zuvor war ein Gründerkonzept vorgesehen. Das Handelsregister (*kaupparekisteri*) untersteht dem Handels- und Industrieministerium und wird vom finnischen Patent- und Registeramt geführt, dem *Patentti- ja rekisterihallitus*, kurz *PRH*. Neben Aktiengesellschaften sind auch die meisten finnischen Einzelkaufleute, Personenhandelsgesellschaften und Niederlassungen ausländischer Unternehmen registrierungspflichtig.[2088]

---

4. Arbeitnehmerbeteiligung

a) Betriebliche Interessenvertretung

aa) Voraussetzungen

(1) Grundlagen

Die Rechtsgrundlagen für die Arbeitnehmerbeteiligung auf betrieblicher Ebene wurden erst 2006 umfassend überarbeitet. Vorangegangen waren tripartite Bera-

---

2082 6 kap. 10 § *n.* 1 fiCA.

2083 6 kap. 10 § *n.* 2 fiCA.

2084 6 kap. 21 § *n.* 2, 22, 23 §§ fiCA. Im Übrigen gelten für den Aufsichtsrat dieselben Verfahrensvorschriften wie für den Verwaltungsrat, 6 kap. 24 § fiCA.

2085 Vgl. *Hellsten*, Country Report Finland, S. 27.

2086 1 kap. 2 § *n.* 1 fiCA.

2087 1 kap. 2 § *n.* 1, 2 kap. 8 ff. §§ (Registrierung) fiCA.

2088 Zum Firmenrecht vgl. das *Toiminimilaki/Firmalag*, FFS 128/1979, zuletzt geändert durch FFS 910/2006, dort insbesondere 7 § *n.* 4, 11 §. Soweit ersichtlich existiert keine frei zugängliche Übersetzung.

tungen, um die unterschiedlichen Bedürfnisse der verschiedenen Interessengruppen so weit als möglich einzubeziehen.

Aktuell maßgebliche Rechtsgrundlage für die Betriebe ist das Gesetz über die Zusammenarbeit in Unternehmen, *Laki yhteistoiminnasta yrityksissä*, FFS 334/2007.[2089] Darin wird der Schwellenwert für die meisten Beteiligungsrechte auf Unternehmen mit mindestens 20 Beschäftigten herabgesetzt, einige Regelungen gelten nur für Unternehmen mit mindestens 30 Mitarbeitern.[2090]

Die Absenkung des Schwellenwerts bezog weitere 2.600 Unternehmen mit 70.000 Beschäftigten in den Anwendungsbereich des Gesetzes ein.[2091]

Das Gesetz erfasst nahezu alle privatwirtschaftlichen Unternehmen, auch diejenigen ohne Gewinnerzielungsabsicht; ausgenommen sind lediglich staatliche, kommunale und kirchliche Einrichtungen.[2092]

Ggf. ergeht zur Einbeziehung eines Unternehmens mit eventuellem Tendenzbezug eine Entscheidung durch den tripartit besetzten „Rat für Arbeit" (*Työneuvosto/Arbetsrådet*, englische Bezeichnung *Labour Council*), einer speziellen Stelle im Bereich des Arbeitsministeriums. Seine Entscheidungen sind zwar nicht rechtlich verbindlich, jedoch weichen die Gerichte grundsätzlich nicht von ihnen ab.[2093]

Betriebsübergreifend gilt das Gesetz über finnische und gemeinschaftsweit operierende Unternehmensgruppen, *Laki yhteistoiminnasta suomalaisissa ja yhteisönlaajuisissa yritysryhmissä*, FFS 335/2007.[2094]

2089 Zuletzt geändert durch FFS 1137/2013. Eine vom Arbeitsministerium (seit 2008: Ministerium für Beschäftigung und Wirtschaft, *Työ ja elinkeinoministeriö – TEM*) erstellte englische Übersetzung ist abrufbar unter http://www.finlex.fi/en/laki/kaannokset/2007/en20070334.pdf (Stand 2007). Das Gesetz besteht aus zehn Kapiteln, anders als beim fiCA sind die Einzelnormen hier fortlaufend nummeriert. Ein erläuternder Text des *TEM* mit dem Titel *„The new Act on Co-operation within Undertakings – Negotiations in the spirit of co-operation"* (23.07.2007) ist abrufbar unter http://www.tem.fi/files/21590/tme8020e_teksti.pdf (englisch).

2090 2 § FFS 334/2007.

2091 Vgl. *Jokivuori, Revised employee information act to extend coverage of enterprises* (oben Fn. 2061), Abschnitt *Response of social partners*.

2092 3, 4 §§ FFS 334/2007.

2093 Vgl. 6 § FFS 334/2007, er operiert auf der Grundlage von FFS 400/2004. Zum *Työneuvosto* vgl. die englische Darstellung bei *Eurofound* (14.08.2009), unter http://www.eurofound.europa.eu/emire/FINLAND/ANCHOR-TY-Ouml-NEUVOSTOARBETSR-Aring-DET-FI.htm.

2094 Zuletzt geändert durch FFS 620/2011. Eine vom *TEM* erstellte englische Übersetzung findet sich unter http://www.finlex.fi/en/laki/kaannokset/2007/en20070335.pdf. Das Gesetz besteht aus fünf Kapiteln, die Einzelnormen sind auch hier fortlaufend nummeriert.

Finnische Unternehmensgruppen[2095] sind hiervon betroffen, wenn sie insgesamt mindestens 500 Mitarbeiter in Finnland beschäftigen. Die Bestimmungen gelten dann für diejenigen Konzernunternehmen, die ihrerseits über mindestens 20 Arbeitnehmer verfügen. Besteht eine Unternehmensgruppe wiederum aus mehreren Gruppen, so gilt das Gesetz grundsätzlich nur für die oberste Ebene.[2096] Abweichende Vereinbarungen sind möglich. Wenn ein Teilunternehmen funktional nicht eng mit dem Restkonzern verbunden ist, kann es von der Konzernarbeitnehmerbeteiligung ausgeschlossen werden.[2097]

Ausschlaggebend ist der Durchschnittswert der im Unternehmen in den letzten zwei Jahren Beschäftigten, wobei Teilzeitbeschäftigte und befristet Angestellte einbezogen werden.[2098] Ist die Einbeziehung eines Konzerns in den Anwendungsbereich des Gesetzes strittig, ist auch hier der *Työneuvosto* zur Entscheidung berufen.[2099]

Das Gesetz FFS 335/2007 sieht grundsätzlich Verhandlungen über die Zusammenarbeit auf der betriebsübergreifenden Ebene vor, alternativ greift ein Standardverfahren (*toissijaiset säännökset yhteistoiminnasta yritysryhmässä ja yrityksessä*, etwa „Standardregeln über die Kooperation innerhalb einer Unternehmensgruppe oder eines Unternehmens“).[2100]

(2) Formen

Allgemein stellt das Gesetz FFS 334/2007 über die Zusammenarbeit in den Unternehmen auf die Kooperation zwischen den Beteiligten ab, gibt dafür aber keine bestimmte (noch dazu dauerhafte) Struktur vor. Partner der gemeinschaftlichen Zusammenarbeit sind der Arbeitgeber und das Personal des jeweiligen Unternehmens.[2101]

2095 Zur Definition der Unternehmensgruppe vgl. 4 § FFS 335/2007, zur Kontrolle über ein anderes Unternehmen ebd, *n.* 3. Gemeinschaftsweit operierende Unternehmensgruppen, die innerhalb des EWR mindestens 1.000 Arbeitnehmer beschäftigen, sind erfasst, wenn sie in mindestens zwei verschiedenen EWR-Mitgliedstaaten mindestens zwei Unternehmen mit jeweils mindestens 150 Mitarbeitern betreiben, oder ein gemeinschaftsweit operierendes Unternehmen beschäftigt in jedem von mindestens zwei verschiedenen EWR-Staaten mindestens 150 Arbeitnehmer, 13 ff. §§ FFS 335/2007 (Kapitel 3). Dieser Teil des Gesetzes setzt die EBR-Richtlinie um.

2096 7 § FFS 335/2007.

2097 7 § *n.* 4 FFS 335/2007.

2098 Zur Berechnung der Mitarbeiterzahl vgl. 5 § FFS 335/2007.

2099 6 § FFS 335/2007.

2100 9–12 §§ FFS 335/2007.

2101 1 § FFS 334/2007, *n.* 1: *„... yrityksen ja sen henkilöstön välisiä vuorovaikutuksellisia yhteistoimintamenettelyjä ...“/„... interaktiva samarbetsförfaranden mellan ett företag och dess personal ...“*

Erklärter Gesetzeszweck ist, dass Arbeitgeber und Arbeitnehmer einvernehmlich bestimmte Verfahren und Mechanismen zur Zusammenarbeit entwickeln, um den Arbeitnehmern einen Einfluss auf die unternehmerischen Entscheidungen im Zusammenhang mit ihrer Arbeit, den Arbeitsbedingungen und ihrer Stellung im Unternehmen zu sichern (*yhteistoiminnan* bzw. *samarbete,* in der englischen Übersetzung *co-operation*, mit *Fulton* „Kooperationsverhandlungen"[2102]).

Daneben soll die Zusammenarbeit zwischen Arbeitgeber, Arbeitnehmern und Behörden gestärkt werden, um die Position der Arbeitnehmer zu verbessern und ihre Beschäftigung im Hinblick auf etwaige Unternehmensveränderungen zu sichern. Grundlage hierfür sind rechtzeitige und umfassende Informationen über den Status des Unternehmens und die geplanten Entwicklungen.[2103]

Grundsätzlich sollen diese Verhandlungen direkt und anlassbezogen zwischen dem jeweils konkret betroffenen Arbeitnehmer und seinem Vorgesetzten stattfinden, alternativ zwischen ein oder mehreren Vertretern der betroffenen Arbeitnehmergruppe und dem jeweiligen Gegenpart auf Seiten des Arbeitgebers. Sind mehrere Arbeitnehmergruppen betroffen, wird in einer gemeinsamen Versammlung von Arbeitgeber und Vertretern der jeweiligen Arbeitnehmergruppen verhandelt.[2104] Ggf. können diese gemeinsamen Sitzungen auch zu allen anderen Themen der Kooperation im Unternehmen oder in den Betrieben abgehalten werden, unabhängig davon, welche Berufsgruppe gerade betroffen ist.

Im Fall von Unternehmenszusammenschlüssen bzw. -abspaltungen kann auch das übertragende bzw. aufnehmende Unternehmen einbezogen werden.[2105]

Alternativ ist es möglich, dass ein ständiger Ausschuss eingerichtet wird, in dem diese Themen verhandelt werden und der mit Vertretern der Arbeitnehmer und der Arbeitgeber besetzt ist (*yhteinen kokous ja neuvottelukunta/gemensamt möte och delegation* etwa „Gemeinsamer Ausschuss und Delegation"). Voraussetzung ist, dass alle Beteiligten dem zustimmen. Erzwingen lässt sich ein solches Gremium aber nicht. Über diese dauerhafte (aber grundsätzlich kündbare) Vertretungsform wird dann eine Vereinbarung geschlossen, in der (wenigstens) die Zusammensetzung und die Amtszeit des gemeinsamen Ausschusses sowie die dort zu behandelnden Themen festgelegt werden. Gesetzlich vorgesehen sind eine Amtszeit von zwei Jahren und eine Kündigungsfrist von sechs Monaten, wovon aber durch Vereinbarung abgewichen werden kann.[2106]

2102 ETUI-FI-BI, S. 1 („*cooperation negotiations*").
2103 1 § FFS 334/2007.
2104 7 § FFS 334/2007.
2105 7 § *n.* 3 FFS 334/2007.
2106 9 § FFS 334/2007.

Die Kooperationsverhandlungen sind damit also von Gesetzes wegen nicht an eine bestimmte, vorgegebene Struktur gebunden, ebenso wenig an bestimmte (oder gar stets die gleichen) Personen. So nennt das Ministerium für Beschäftigung und Wirtschaft *Työ- ja elinkeinoministeriö – TEM* auf einer Website zum dort als „*Yt-lain*" abgekürzten Gesetz FFS 334/2007 als mögliche Kooperationspartner (*yhteistoiminnan osapuolet*) auf der einen Seite zunächst den Arbeitgeber und die Mitarbeiter des Unternehmens (*työnantaja ja yrityksen henkilöstö*), sodann auf der anderen Seite als Arbeitnehmervertreter die Gewerkschaftsvertretung (*luottamusmies*), besondere gewählte Vertreter (*luottamusvaltuutettu*), die Arbeitsschutzbeauftragten (*työsuojeluvaltuutettu*) oder einen speziellen Ombudsmann (*yhteistoimintaedustaja*). Hier findet sich auch die Vorgabe, dass die Verhandlungen vom Streben nach Konsens bestimmt sein sollen.[2107]

Faktisch wahrgenommen werden diese Rechte indes, ebenso wie die Befugnisse aus der Umsetzung der Richtlinie zu Unterrichtung und Anhörung, durch die lokalen Gewerkschaftsvertretungen. Die jeweiligen Vertreter werden als *luottamusmies* bezeichnet, wörtlich „Vertrauensmann".[2108] Betriebsräte oder andere gewählte nicht-gewerkschaftliche Strukturen bestehen demgegenüber nicht. Die dort ebenfalls erwähnten Arbeitsschutzbeauftragten (*työsuojeluvaltuutetun*) füllen eine Sonderrolle aus. Sie sind in Betrieben mit mindestens zehn Beschäftigten obligatorisch zu bestellen und genießen im Bereich Sicherheit und Gesundheitsschutz v.a. bestimmte Informationsrechte.[2109]

bb) Größe und Zusammensetzung

Die Gewerkschaftsvertretungen werden in Übereinstimmung mit den Details des jeweiligen Tarifvertrags gewählt.

Üblicherweise soll jeder Betrieb über einen leitenden Gewerkschaftsvertreter sowie weitere Vertreter verfügen, die bestimmte Abteilungen und Berufsgruppen betreuen. Häufig ist auch eine Differenzierung nach Arbeitern und Angestellten sowie Leitenden Angestellten. Die genaue Anzahl wird dann auf Branchen- oder sogar auf Betriebsebene bestimmt. Die jeweiligen Vertreter werden dann von den Gewerkschaftsmitgliedern im Betrieb gewählt.[2110]

2107 *TEM*-Website *Yt-lain ydinkohdat* etwa „Kernpunkte des Mitbestimmungsgesetzes" (Stand 05.08.2013), unter http://www.tem.fi/?s=4242 (finnisch) bzw. http://www.tem.fi/?l=sv&s=4242 (schwedisch). Die jeweiligen schwedischen Äquivalente sind bezeichnet als „*Samarbetspartner*", auf der einen Seite „*Arbetsgivaren och företagets personal*", auf der anderen Seite als „*Företrädare för personalgrupperna*" *förtroendemannen, förtroendeombudet, arbetarskyddsfullmäktigen eller samarbetsombudet*. Vgl. auch *TEM, The new Act on Co-operation within Undertakings* (oben Fn. 2089), S. 3ff. sowie neuerdings die englische Fassung der besagten Website unter http://www.tem.fi/en/work/labour_legislation/co-operation_procedure/key_points_of_the_co-operation_act.

2108 Zur gewerkschaftlichen Vereinigungsfreiheit vgl. § 13 Abs. 2 Satz 3 des finnischen Grundgesetzes *Suomen perustuslaki*, FFS 731/1999, in einer inoffiziellen deutschen Übersetzung des Justizministeriums unter http://www.finlex.fi/en/laki/kaannokset/1999/de19990731.pdf.

2109 Rechtsgrundlage ist das Gesetz FFS 44/2006 (zuletzt geändert durch FFS 701/2006), hier insbesondere 29ff. §§; in einer inoffiziellen englischen Übersetzung durch das Gesundheitsministerium unter http://www.finlex.fi/en/laki/kaannokset/2006/en20060044.pdf.

2110 ETUI-FI-BI, S. 1, 2.

Wenn eine Mehrheit der Arbeitnehmer im jeweiligen Unternehmen nicht gewerkschaftlich organisiert ist, oder aus bestimmten Gründen auch von den organisierten Arbeitnehmern für die jeweiligen Verhandlungen keine Vertreter gewählt wurden, können diese Arbeitnehmer aus ihrer Mitte mit Mehrheitsentscheidung einen eigenen Vertreter für eine maximale Amtszeit von zwei Jahren bestellen. Das jeweilige Verfahren wird hierbei von den Betroffenen selbst so organisiert, dass jeder nichtgewerkschaftlich organisierte Arbeitnehmer daran teilnehmen kann. Falls gar keine Arbeitnehmervertreter gewählt werden sollten, kann der Arbeitgeber direkt mit der jeweils betroffenen Belegschaftsgruppe verhandeln.[2111]

cc) Befugnisse

(1) Gewerkschaft

Erste Aufgabe der Gewerkschaftsvertretungen ist es, die Einhaltung der Tarifverträge zu überwachen. Das beinhaltet auch die Überwachung auf Seiten der Gewerkschaftsmitglieder, da für etwaige Vertragsverletzungen die Gewerkschaft herangezogen wird. Zudem hat sie die Interessen ihrer Mitglieder zu vertreten.[2112]

(2) Betrieb

Für die gesetzlichen Beteiligungsrechte regelt das FFS 334/2007 zwar sehr flexibel die Modalitäten. Es macht aber sehr enge Vorgaben dahingehend, in welchen Bereichen den Arbeitnehmervertretern im Rahmen der Kooperationsverhandlungen welche Rechte zukommen. Das Gesetz unterscheidet hier bestimmte Themen.[2113]

Zunächst sind die Arbeitnehmervertreter über die finanziellen Belange des Unternehmens zu unterrichten. Dies beinhaltet mindestens zweimal im Bilanzjahr einen detaillierten Bericht über die finanzielle Situation des Unternehmens, inklusive der Perspektiven für Beschäftigung, Rentabilität und Kostenstruktur, daneben ist unmittelbar nach Prüfung die Jahresbilanz vorzulegen. Auf Anfrage der Arbeitnehmervertreter sind diese Daten und die aus ihnen folgenden Informationen über die geplanten Entwicklungen der Gesamtbelegschaft darzulegen, wobei die genauen Umstände im Rahmen der Kooperationsverhandlungen festgelegt werden.[2114]

2111 8 § FFS 334/2007, ggf. i.V.m. 13 kap. 3 § FFS 26.01.2005/55 (*Työsopimuslaki/Arbetsavtalslag*, „Gesetz über Arbeitsverträge").

2112 ETUI-FI-BI, S. 1.

2113 Vgl. Kapitel 3 bis 8 FFS 334/2007; *TEM*, *The new Act on Co-operation within Undertakings* (oben Fn. 2089), S. 6 ff.; Darstellung *Duty to inform representatives of personnel groups* (07.03.2013) unter http://www.tem.fi/en/work/labour_legislation/co-operation_procedure/key_points of_the_co-operation_act/duty_to_inform (englisch).

2114 10, 18 §§ FFS 334/2007.

In Unternehmen mit insgesamt 20 bis 29 Beschäftigten kann der Bericht im Rahmen einer gemeinsamen Veranstaltung der Gesamtbelegschaft erteilt werden.

Des Weiteren sind den Arbeitnehmervertretern jährlich statistische Daten über die Löhne derjenigen Beschäftigtengruppe mitzuteilen, die sie jeweils repräsentieren.[2115]

Vierteljährlich können die Arbeitnehmervertreter einen Bericht über die Zahl der befristet Angestellten und Teilzeitbeschäftigten im Unternehmen verlangen,[2116] jährlich über den Einsatz von Subunternehmern, insbesondere deren Einsatzorten, Aufgaben und zeitlicher Dauer.[2117] Zu all diesen Komplexen können die Arbeitnehmervertreter weitere Fragen stellen, die vom Arbeitgeber *„innerhalb angemessener Frist“* beantwortet werden müssen.[2118]

Bei der Beschäftigung muss u.a. über die allgemeinen Prinzipen und Methoden der Einstellung (ggf. unterschieden nach Gruppen oder Arbeitsaufgaben) verhandelt werden. Jährlich ist zudem ein detaillierter Weiterbildungsplan zu erstellen. Die Verhandlungsvorgaben sind sehr detailliert, variieren mitunter sogar für Einzelfragen, und gelten grundsätzlich für alle Unternehmen oberhalb des Schwellenwerts von 20 Beschäftigten. Für kleinere Unternehmen mit 20 bis 29 Arbeitnehmern bestehen aber Erleichterungen.[2119]

Die Verhandlungsvorgaben erstrecken sich daneben z.B. auch auf die Maßnahmen zur Orientierung im neuen Beruf, Gleichstellungsfragen, die Nutzung von elektronischen Netzwerken und Datenschutz, die Überwachung, eventuelles Vorgehen bei Alkohol- und Drogenmissbrauch sowie Regeln zu gewinnabhängigen Prämiensystemen und Pensionsfonds.

Plant der Arbeitgeber den Einsatz von Leiharbeitern, sind die Repräsentanten derjenigen Beschäftigten, deren Arbeitsbereiche durch die Leiharbeiter betroffen werden würden, vorab hierüber zu informieren.[2120] Die Arbeitnehmervertreter können verlangen, dass die Frage in die Kooperationsverhandlungen einbezogen wird und so lange diese Verhandlungen laufen, können die Leiharbeiter nicht eingestellt werden; dies gilt allerdings nicht in Unternehmen mit weniger als 30 Beschäftigten, für

2115 11 § FFS 334/2007.

2116 12 § FFS 334/2007 („*fixed term and part-time employment relationships in the undertaking*“).

2117 13 § FFS 334/2007.

2118 14 § FFS 334/2007 („*within a reasonable time*“).

2119 15 ff. §§ FFS 334/2007. Die Vorschriften von 15 §, 17 § *n.* 3 und 4, 18 §, 19 § und 27 § *n.* 1 2-4 gelten nicht für Unternehmen mit 20 bis 29 Beschäftigten, 2 § FFS 334/2007. Zur Übersicht vgl. auch die Darstellung *Matters to be handled in the co-operation procedure* (07.03.2013) unter http://www.tem.fi/en/work/labour_legislation/co-operation_procedure/key_points_of_the_co-operation_act/matters_to_be_handled_in_the_co-operation_procedure (englisch).

2120 17 § FFS 334/2007.

dringende und kurzfristige Arbeiten und für solche Aufgaben, die normalerweise nicht von der ständigen Belegschaft erledigt werden.[2121]

Diese Information muss die geplante Anzahl der Leiharbeiter, ihren Arbeitsbereich und die dortigen Aufgaben, die Dauer des Vertrags und den Einsatzzeitraum umfassen.[2122]

Über diese Fragen im Themenbereich „Beschäftigung" muss im Vorfeld der Kooperationsverhandlungen informiert werden, die Verpflichtung hierzu liegt beim Arbeitgeber. Sie liegt zeitlich so, dass sich die Arbeitnehmervertreter hinreichend auf die Verhandlungen vorbereiten können. Anschließend soll über die Gründe, Zielsetzungen und möglichen Effekte in einem „Geist der Zusammenarbeit" verhandelt werden, um einen umfassenden Konsens zu erreichen. Ist nur eine Arbeitnehmergruppe betroffen, erfolgen auch die Verhandlungen nur mit dieser, anderenfalls wird das Thema in den gemeinsamen Ausschuss getragen. Die letztlich getroffene Entscheidung wird protokolliert und ist den jeweiligen Arbeitnehmervertretern oder der Gesamtbelegschaft mitzuteilen.[2123]

Ähnliches gilt bei Änderungen im Geschäftsbetrieb, die sich auf das Personal oder die Arbeitsbedingungen auswirken, z.B. bei Betriebsstilllegungen, Verlagerungen von Produktionen, Expansionen, den Ankauf neuer Maschinen, Änderungen im Produkt- bzw. Dienstleistungsangebot und ähnlich wirkenden Veränderungen sowie beim Einsatz von externen Arbeitskräften.[2124] Ebenso bei Unternehmensverschmelzungen und -übernahmen.

Bei besonders gewichtigen Gründen kann die Pflicht zu den Kooperationsverhandlungen im Beschäftigungsbereich ausnahmsweise wegfallen, wenn und solange hierdurch der Geschäftsbetrieb beeinträchtigt würde. Sind die Hindernisse beseitigt, soll der Arbeitgeber unverzüglich wieder in die Kooperationsverhandlungen eintreten und die Gründe für das vorherige abweichende Verhalten erklären.[2125]

Ein leicht geändertes Verfahren greift dann, wenn unternehmerische Maßnahmen, inklusive Verschmelzungen etc., zu einem dauerhaften Stellenabbau führen sollten.

Dies gilt bereits, sobald auch nur ein einzelner Arbeitnehmer von einer möglichen Beendigung des Arbeitsvertrags betroffen ist.

2121 2, 17 §§, insbesondere *n.* 3 FFS 334/2007.

2122 17 § *n.* 3 FFS 334/2007.

2123 20 ff. §§ FFS 334/2007 (insbesondere 20 §, *„spirit of co-operation"*).

2124 32 ff. §§ FFS 334/2007 (*„Changes in business operations affecting the personnel and arrangement of work"*).

2125 60 § i.V.m. 32, 33, 44 *n.* 1 §§ FFS 334/2007. Zur Vertraulichkeit vgl. 57 ff. §§.

Verhandlungsparteien sind hier der Arbeitgeber und die betroffenen Arbeitnehmervertreter der jeweiligen Gruppe, alternativ auch der Gemeinsame Ausschuss. Die Arbeitnehmervertreter sind im Vorfeld zu informieren.

Sollen mehr als zehn Beschäftigte entlassen werden, gilt dies als Massenentlassung und die Anforderungen verschärfen sich. Neben Informationspflichten im Hinblick auf Gründe und erwartete Folgen der Maßnahme müssen hier vom Arbeitgeber auch weitere Informationen zur Beschäftigungssicherung bzw. Beschäftigungsförderung erteilt werden. Ferner ist die Behörde zu informieren.

Die Dauer der dann folgenden Kooperationsverhandlungen ist genau festgelegt und liegt je nach Zahl der wegfallenden Stellen zwischen zwei und sechs Wochen. In ihrem Rahmen sollen auch Wege zur Begrenzung und Milderung der Folgen bei den betroffenen Arbeitnehmern erörtert werden.[2126]

Bei Missachtung dieses Verfahrens droht dem Arbeitgeber eine Schadensersatzzahlung an den von der Kündigung betroffenen Arbeitnehmer bis zu 30.000,– Euro.[2127]

In allen Themenbereichen gilt aber, dass es „ausschließlich" der Verhandlungen bedarf. Hat der Arbeitgeber nach vorangegangener hinreichender Information im „Geist der Zusammenarbeit" und mit dem Willen zum Konsens mit den Arbeitnehmervertretern verhandelt, so hat er das seinerseits Erforderliche getan.[2128] Eine Pflicht zur Einigung besteht also nicht, die letztliche Entscheidung verbleibt beim Unternehmen.

(3) Betriebsübergreifend

In finnischen Unternehmensgruppen mit mindestens 500 Beschäftigten sollen Arbeitgeber und Arbeitnehmervertreter grundsätzlich Verhandlungen über die Zusammenarbeit auf der betriebsübergreifenden Ebene führen, insbesondere über Inhalt und Verfahren der Kooperationsverhandlungen und die Verteilung der Arbeitnehmervertreter auf die jeweiligen Berufsgruppen. Kann hierbei keine Einigung erzielt werden, greift ein Standardverfahren.[2129]

2126 41 ff. §§ FFS 334/2007, vgl. insbesondere zu den erweiterten Informationspflichten 47 §, zur Dauer der Kooperationsverhandlungen 51 §. Zur Übersicht vgl. auch die Darstellung *Co-operation procedure on reducing the use of personnel* (07.03.2013) unter http://www.tem.fi/en/work/labour_legislation/co-operation_procedure/key_points_of_the_co-operation_act/co-operation_procedure_on_reducing_the_use_of_personnel (englisch).

2127 62 § FFS 334/2007. Zur Übersicht vgl. auch die Darstellung *Penalties for violation of the Co-operation Act and confidentiality regulations* (07.03.2013) unter http://www.tem.fi/en/work/labour_legislation/co-operation_procedure/key_points_of_the_co-operation_act/penalties_for_violation_of_the_co-operation_act_and_confidentiality_regulations (englisch).

2128 25, 31, 38 f. §§ FFS 334/2007. Vgl. aber zur möglichen Haftung 67 §.

2129 Vgl. 2, 7, 8, 9 ff. §§ FFS 335/2007.

Dieses Standardverfahren sieht vor, dass alle konzernangehörigen Unternehmen mit mindestens 20 Beschäftigten einen Arbeitnehmervertreter wählen, der dann an den Kooperationsverhandlungen auf der übergeordneten Ebene teilnimmt. Hierbei sollen alle Arbeitnehmergruppen im Konzern durch mindestens einen Repräsentanten vertreten sein.[2130]

Inhaltlich genießen die Vertreter auf Konzernebene nach dem Standardverfahren aber lediglich Informationsrechte. Der Arbeitgeber muss ihnen insgesamt einen umfassenden Bericht über die finanzielle Situation des Konzerns vorlegen und ferner Informationen erteilen über die Entwicklungen bezüglich Produktion, Personal, Rentabilität und Kostenstruktur sowie über die geplanten Änderungen der Personalstruktur und besondere Qualifikationsbedürfnisse in der jeweiligen Berufsgruppe. Den jeweils betroffenen Arbeitnehmerrepräsentanten müssen zudem Informationen erteilt werden über die unternehmerischen Pläne zur Expansion, Einschränkung oder Einstellung von Unternehmensbereichen und schließlich über geplante materielle Veränderungen beim Produkt- bzw. Dienstleistungsangebot, die möglicherweise Konsequenzen für die Beschäftigten nach sich ziehen könnten.[2131]

Die außerhalb Finnlands gelegenen Unternehmensteile werden eingeschränkter informiert.[2132]

Verfahrenstechnisch muss dies so geschehen, dass eine wirksame Durchführung der Kooperationsverhandlungen auf der jeweils betroffenen untergeordneten Ebene möglich ist, also entweder dem Unternehmen oder dem Betrieb.[2133]

(4) Neuer Ombudsmann für die Zusammenarbeit

In der gelebten Praxis konnten sich aber offenbar auch die Instrumente aus der Neuregelung nicht im gewünschten Maße etablieren. Statt auf regelmäßiger Basis erfolgten die Verhandlungen auch weiterhin vor allem im Vorfeld von Massenentlassungen, während sie ansonsten unterblieben. Im Juli 2010 wurde daher mit dem *Laki yhteistoiminta-asiamiehestä*[2134] die Stelle eines unabhängigen „Ombudsmanns für die Zusammenarbeit" geschaffen. Die Bezeichnung für das Amt selbst lautet „*Yhteistoiminta-asiamies*" bzw. „*Samarbetsombudsmannen*", die englische Übertragung ist „*Cooperation Ombudsman*".

2130 10 § FFS 335/2007.

2131 11 § *n.* 1, Nr. 1–4; 12 § *n.* 2 FFS 335/2007.

2132 Vgl. 11 § *n.* 2 FFS 335/2007.

2133 12 § *n.* 3 FFS 335/2007 i.V.m. Kapitel 6–8 [= 32–53 §§] FFS 334/2007.

2134 FFS 216/2010, eine durch das *TEM* erstellte inoffizielle Übersetzung ist abrufbar unter http://www.finlex.fi/en/laki/kaannokset/2010/en20100216.pdf (englisch).

Die erste Amtsträgerin nahm ihre Geschäfte zum 1. September 2010 auf.[2135] Einhergehend mit dem Schwellenwert des Gesetzes FFS 334/2007 von mindestens 20 Beschäftigten erfasst die Aufsicht insgesamt ca. 8.300 Unternehmen mit ca. 900.000 Arbeitnehmern, und damit ein Drittel der gesamten finnischen Erwerbsbevölkerung.[2136]

In erster Linie hat dieser Ombudsmann die Aufsicht über die Umsetzung sämtlicher Arbeitnehmerbeteiligungsgesetzte im privaten Bereich.[2137] Daneben hat er die Aufgabe, durch verschiedene Anordnungen und Initiativen die Kooperation zwischen Arbeitgebern und Arbeitnehmern zu fördern und zu verbessern, notwendigen Rat zu erteilen und ggf. beim *Työneuvosto* eine Meinung darüber einzuholen, ob ein Unternehmen oder ein Konzern von den Beteiligungsgesetzen erfasst wird.[2138]

Hierzu bestehen bestimmte Informations- und Inspektionsrechte, ggf. kann er eine schriftliche Abmahnung erteilen (*kirjallinen kehote/uppmaning*; die englische Übersetzung verwendet *improvement notice*) und in bestimmten Fällen die Sache vor Gericht bringen, wo er auch die Verhängung von Strafzahlungen verlangen kann.[2139]

Nach dem Gesetz arbeitet der Ombudsmann mit dem Ministerium für Beschäftigung und Wirtschaft *TEM* zusammen.[2140]

(5) Ausstattung und Kündigungsschutz

Je nach Tarifvereinbarung haben die gewerkschaftlichen Arbeitnehmervertreter einen Anspruch auf Freistellung. In größeren Betrieben werden gewöhnlich der leitende Gewerkschaftsvertreter und der Arbeitsschutzbeauftragte voll freigestellt. Daneben muss der Arbeitgeber einen Raum für Sitzungen, allerdings außerhalb der Arbeitszeit, zur Verfügung stellen.

Tatsächlich sehen die Tarifvereinbarungen meist weitergehende Verpflichtungen vor.[2141]

2135 Zu persönlichen Anforderungen an den Amtsträger und Amtszeit vgl. 1 § *n.* 2 FFS 216/2010.

2136 Darstellung beim *TEM, Co-operation ombudsman* (11.10.2013) unter http://www.tem.fi/en/ministry/organisation_of_the_ministry/co-operation_ombudsman (englisch).

2137 1 § FFS 216/2010 nennt neben FFS 334/2007 und 335/2007 das Beteiligungsgesetz für SE und SCE, FFS 758/2004 (dazu sogleich näher Abschnitt dd) Vertretung auf supranationaler Ebene), das Mitbestimmungsgesetz 725/1990 (dazu sogleich näher Abschnitt b) Unternehmensmitbestimmung) und das Personalfondsgesetz FFS 814/1989.

2138 2 § FFS 216/2010 i.V.m. 8 § FFS 400/2004.

2139 Vgl. 4–8 §§ FFS 216/2010; zur Unabhängigkeit 1 § *n.* 3.

2140 1 § FFS 216/2010, HS. 1.

2141 Vgl. ETUI-FI-BI, S. 2.

Die Arbeitnehmervertreter nach dem Gesetz FFS 334/2007 haben einen Anspruch auf bezahlte Freistellung, sofern es ihr Mandat erfordert, also zur Wahrnehmung der unmittelbaren Kooperationsverhandlungen (ggf. auch außerhalb der Arbeitszeit) und zu den damit einhergehenden Weiterbildungsmaßnahmen. Darüber hinausgehend werden von Fall zu Fall Einzelvereinbarungen zwischen den Beteiligten getroffen.[2142]

Außerdem können die Arbeitnehmervertreter zur Vorbereitung und Durchführung der Kooperationsverhandlungen Sachverständige hinzuziehen; hierbei sollte es sich so weit möglich um Experten aus dem Unternehmen selbst handeln, die ihrerseits dann ebenfalls im erforderlichen Maß freigestellt werden.[2143]

Die Gewerkschaftsvertreter ebenso wie die etwaigen sonstigen gewählten Vertreter können grundsätzlich nur mit Zustimmung des jeweiligen Gremiums, das sie vertreten, entlassen werden.[2144]

dd) Vertretung auf supranationaler Ebene

Die finnischen Vertreter in einem Besonderen Verhandlungsgremium bei EBR bzw. SE (*[erityisen] neuvotteluryhmän*) werden grundsätzlich von den Belegschaften der betroffenen Unternehmen direkt bestellt oder gewählt. Können diese sich nicht auf ein Bestellungsverfahren einigen, wird ein Wahlverfahren gemeinsam von den Arbeitsschutzbeauftragten organisiert, die die beiden größten Berufsgruppen im Betrieb oder Unternehmen vertreten. An diesem Wahlverfahren können sich Arbeitnehmer der betroffenen Unternehmen oder Betriebe beteiligen.[2145]

Während 21 § FFS 335/2007 bei den Arbeitsschutzbeauftragten auf die beiden größten vertretenen Berufsgruppen abstellt („*the industrial safety delegates representing the two largest personnel groups of the undertakings or operational units*") trennt 8 § FFS 758/2004 noch nach Arbeitern und Angestellten („*the occupational safety delegates representing the greatest number of workers and salaried employees*").[2146] Faktisch könnte dies beim EBR also auf eine Arbeiter- und eine Angestelltengewerkschaft hinauslaufen, aber bei entsprechender personaler Verteilung auch auf zwei Angestelltengewerkschaften.

2142 56 § FFS 334/2007

2143 55 § FFS 334/2007.

2144 13 kap. 3 § i.V.m. 7 kap. 10 § FFS 26.01. 2011/55 (*Työsopimuslaki/Arbetsavtalslag*, „Gesetz über Arbeitsverträge").

2145 Vgl. für den EBR 21 § FFS 335/2007 bzw. für die SE 8 § *Act on Employee Involvement in European Companies (SE)*, FFS 758/2004, (*Laki henkilöstöedustuksesta eurooppayhtiössä (SE)*, zuletzt geändert durch FFS 221/2010). Eine vom *TEM* erstellte inoffizielle englische Übersetzung des FFS 758/2004 ist abrufbar unter http://www.finlex.fi/en/laki/kaannokset/2004/en20040758.pdf.

2146 Im finnischen bzw. schwedischen Original: 8 § „*työntekijöiden ja toimihenkilöiden*" bzw. „*arbetstagare och tjänstemän*", 21 § „*suurinta henkilöstöryhmää edustavien*" bzw. „*två största personalgrupper*".

Ob externe Gewerkschaftsvertreter in das Besondere Verhandlungsgremium entsandt werden können, ist gesetzlich nicht geregelt; sie sind ausdrücklich weder einbezogen, noch ausgeschlossen.[2147]

Nach dem Gesetzeswortlaut können sich die jeweils betroffenen Arbeitnehmer *„beteiligen"*, wodurch aber nicht gesagt ist, dass sie nicht ggf. Unternehmensexterne vorschlagen können. Ebenso wenig ist normiert, wer zur Entscheidung berufen sein soll, wenn keine Arbeitsschutzbeauftragten bestellt worden sein sollten; da eine Pflicht hierzu nur in Unternehmen mit mindestens zehn Beschäftigten besteht, stellt dies zumindest ein theoretisches Szenario dar.

Das Gleiche gilt für die nach den jeweiligen Auffangregeln bestellten Vertretungsgremien[2148] und auch für das Vertretungs- bzw. Aufsichtsorgan bei der SE.[2149]

Die dortigen Vertreter sind bei der Beschlussfassung über Tarifvereinbarungen, Arbeitskampfmaßnahmen oder sonstigen Fragen, in denen die Interessen der Arbeitnehmer mit denen der SE in Konflikt geraten könnten, ausgeschlossen.[2150]

Die SE erfreut sich in Finnland aber augenscheinlich keiner besonderen Beliebtheit. Bis zum 31.12.2013 war beim *PRH* unter insgesamt 583.640 Unternehmen genau eine SE registriert.[2151]

---

b) Unternehmensmitbestimmung

aa) Grundlagen

Rechtsgrundlage ist hier das Gesetz über die Arbeitnehmervertretung in der Unternehmensleitung, *Laki henkilöstön edustuksesta yritysten hallinnossa/Lag om personalrepresentation i företagens förvaltning*, FFS 725/90.[2152]

Nach dessen Vorgaben hat die Belegschaft ein Teilnahmerecht an den unternehmerischen Entscheidungen in den geschäftsführenden, überwachenden oder beratenden Gremien, wenn dort für die Geschäftstätigkeit, die Finanzen und die

---

2147 Vgl. ETUI-FI-EI, S. 1.

2148 29 § FFS 335/2007 bzw. 20 § *n.* 4 FFS 758/2004.

2149 29 § *n.* 2 FFS 758/2004.

2150 30 § *n.* 2 FFS 758/2004.

2151 Statistik *Number of businesses in the Trade Register* unter http://www.prh.fi/en/kaupparekisteri/tilastot/lkm.html.

2152 Zuletzt geändert durch FFS 220/2010. Eine vom *TEM* erstellte inoffizielle englische Übersetzung, Stand FFS 68/2001, ist abrufbar unter http://www.finlex.fi/en/laki/kaannokset/1990/en19900725.pdf. Die wesentlichste Gesetzesänderung seitdem erfolgte durch FFS 1128/2007. Hierdurch wurden u.a. die §§ 9a bis 9f eingefügt, die die Mitbestimmungsfragen bei grenzüberschreitenden Verschmelzungen regeln, vgl. Darstellung unter http://www.finlex.fi/fi/laki/alkup/2007/20071128 (finnisch).

Position der Belegschaft im Unternehmen bedeutende Fragestellungen behandelt werden. Hierdurch sollen die Funktion des Unternehmens verbessert, die Kooperation zwischen Unternehmen und Personal intensiviert, und die Einflussnahmemöglichkeiten der Belegschaft erweitert werden.[2153] Hauptaufgabe ist es, eine Arbeitnehmerrepräsentation in den Unternehmensorganen sicherzustellen.[2154]

Faktisch umgesetzt wird das im Einklang mit den finnischen Traditionen grundsätzlich durch eine Vereinbarung zwischen Unternehmen und Arbeitnehmervertretern, es besteht jedoch eine gesetzliche Auffangregelung, die bei Scheitern der Verhandlungen zum Tragen kommt.

Das Gesetz FFS 216/2010 über den Ombudsmann für die Zusammenarbeit erstreckt dessen Aufsichtsbefugnis auch auf den Bereich des Mitbestimmungsgesetzes FFS 725/90.[2155]

---

bb) Anwendungsbereich

Das Mitbestimmungsgesetz gilt für alle finnischen Aktiengesellschaften, Genossenschaften und anderen wirtschaftlichen Vereinigungen sowie Banken und Versicherungen, die in Finnland gewöhnlich mindestens 150 Mitarbeiter beschäftigen.[2156] Jedoch enthält es keine Sondervorschriften für Unternehmensgruppen. Daher sind Arbeitnehmervertreter auf der Leitungsebene von Konzernen grundsätzlich nicht vorgeschrieben, insofern besteht ausschließlich das Recht auf Unterrichtung und Anhörung nach FFS 335/2007.[2157]

Das Gesetz regelt auch nicht, wie die konkrete Berechnung von „gewöhnlich 150 Beschäftigten“ durchzuführen ist. Es fehlen insbesondere zeitliche Vorgaben.[2158]

Losgelöst von dieser gesetzlich vorgesehenen Form ist es stets (und auch für kleinere Unternehmen) möglich, eine Unternehmensmitbestimmung freiwillig in der Satzung zu verankern.[2159]

2153 1 § FFS 725/90 (*Lain tarkoitus/Lagens syfte*; „Gesetzeszweck“).

2154 *Hellsten*, Country Report Finland, S. 26.

2155 1 § *n.* 1 FFS 216/2010.

2156 2 § FFS 725/90 (*...olevan henkilöstön määrä Suomessa/i arbetsförhållande i Finland/„...working in Finland“*). Nicht erfasst sind die Personengesellschaften OHG (*avoin yhtiö*) und KG (*kommandiittiyhtiö*) sowie Einzelkaufleute.

2157 Vgl. *Hellsten*, Country Report Finland, S. 29.

2158 Vgl. 2 § FFS 725/90 am Ende (*„... säännöllisesti on vähintään 150“/„... normalt uppgår till minst 150“/„... a regular staff of at least 150 ...“*).

2159 Vgl. dazu *Toiviainen*, Co-Determination Finland, S. 26 f., 29 f. 32 f., 34 ff., 38, 40 ff. (Ausführungen allerdings noch vornehmlich zum alten Gesellschaftsrecht); *Hellsten*, Country Report Finland, S. 27.

cc) Bestellung

(1) Vereinbarungsmodell

Die ursprüngliche gesetzliche Regelung von 1991 hatte noch vorgesehen, dass Arbeitgeber und Arbeitnehmervertreter in den betroffenen Unternehmen auf freiwilliger Basis eine Vereinbarung zur Mitbestimmung treffen konnten. Diese Grundentscheidung zu einem vereinbarten System ist beibehalten worden.

Das entsprechende Abkommen wird dann recht frei zwischen dem Arbeitgeber und mindestens zwei Gewerkschaften geschlossen, die ihrerseits zusammen die Mehrheit der Arbeitnehmer repräsentieren (*sopimukseen perustuva henkilöstön edustus*, etwa „vertragliche Arbeitnehmervertretung“).[2160]

Die Vereinbarung kann entweder während eines besonderen Treffens oder im Zuge der Einrichtung eines gemeinsamen Ausschusses nach 9 § FFS 334/2007 getroffen werden, wobei ein qualifiziertes Mehrheitserfordernis besteht. Notwendig ist die Zustimmung von mindestens zwei der drei Arbeitnehmergruppen (Arbeiter, Angestellte, Führungskräfte), die zusammen die Mehrheit der Belegschaft repräsentieren. Über die Vereinbarung ist ein Protokoll anzufertigen.[2161]

Die konkrete Verortung der Mitbestimmung, Reichweite des Abkommens und Zahl der Arbeitnehmerrepräsentanten können frei vereinbart werden. Insbesondere das „wo“ der Mitbestimmung wird hierbei aber als wesentlich angesehen.[2162] Denkbar ist eine Verortung in jedem Unternehmensorgan ebenso wie ein Ausschluss einzelner Gremien. Gesetzgeberische Leitlinie ist die Beteiligung in demjenigen Gremium, in dem die konkreten Entscheidungen bezüglich der tatsächlichen unternehmerischen Aktivitäten unmittelbar für den jeweiligen Arbeitnehmer getroffen werden.[2163]

Die Vereinbarung unterliegt nur drei gesetzlichen Einschränkungen, die die persönlichen Anforderungen an Wählbarkeit der Arbeitnehmervertreter, ihren Kündigungsschutz und ihre Pflicht zur Verschwiegenheit betreffen, was ggf. mit einer Haftungsverpflichtung verbunden ist. Hier sind die gesetzlichen Vorgaben zwingend.[2164] Abgewichen werden darf auch nicht von den spezifischen Vorgaben zu Qualifikation und Verantwortung der Mitglieder im jeweiligen Gremium.[2165] Mittelbar ist hierdurch auch gleichzeitig gewährleistet, dass eine Vereinbarung einen gewissen Minimalstandard einhält, es kann also auch im Vereinbarungsweg nicht

2160 3 § Satz 1, 4 § FFS 725/90.

2161 4 § FFS 725/90 i.d.F. FFS 339/2007 i.V.m. 54 § FFS 334/2007.

2162 *Hellsten*, Country Report Finland, S. 27.

2163 *Hansen/Werlauff*, ECL 2009, S. 77 unter Verweis auf RP 247/1989, S. 8 („*[T]he objective is to allow employees via their representatives to participate in the decision making on the body/bodies where the concrete decisions on matters concerning the company's practical activities are made.*“).

2164 Vgl. 6, 11, 12 §§ FFS 725/90, ggf. i.V.m. 15 § FFS 725/90 (Haftung).

2165 4 § 2 *n*. FFS 725/90.

vollkommen auf die Mitbestimmung verzichtet werden.[2166] Aufgrund dieser Flexibilität wird eine gesonderte Regelung zur Konzernvertretung auch nicht für erforderlich erachtet.[2167]

Das Gesetz schweigt sich darüber aus, wer die Verhandlungen initiieren muss, beispielsweise ob eine Arbeitgeberpflicht besteht, bei Überschreiten des Schwellenwerts von sich aus Verhandlungen anzubieten. Realistisch dürfte sein, dass die Arbeitnehmer, im Rahmen der Kooperationsverhandlungen hinreichend informiert, von sich aus das Verfahren anstoßen werden, sollten sie auch eine Mitbestimmung wünschen.

---

(2) Gesetzliches Modell

Sollte es nicht möglich sein, eine entsprechende Vereinbarung zu erzielen, kann seit 1992 eine Mitbestimmung durch die Belegschaft erzwungen werden (*lakiin perustuva henkilöstön edustus*, etwa „gesetzliche Arbeitnehmervertretung").[2168]

Die Vorschriften setzen zumindest nach ihrem Wortlaut vorherige Verhandlungen voraus (*„Jos henkilöstön edustuksesta ei voida ... mainituin tavoin sopia eikä..."*/*„Kan överenskommelse ... inte nås..."*/*„If no agreement is reached..."*).

Hierzu bedarf es nach dem Scheitern der Verhandlungen einer entsprechenden Forderung von mindestens zwei Gewerkschaften, die zusammen die Mehrheit der Arbeitnehmer im jeweiligen Unternehmen repräsentieren. Ein entsprechendes Verlangen einer einzelnen Gewerkschaft reicht selbst dann nicht, wenn sie die deutliche Mehrheit des Personals organisiert.[2169]

Im Rahmen dieser Auffangregelung hat die Belegschaft das Recht, ihre Repräsentanten nebst Stellvertretern zu bestimmen. Das Unternehmen entscheidet jedoch darüber, in welches Gremium diese gesandt werden sollen.

Die hier relevante Norm 5 § *n.* 1 FFS 725/90 bestimmt *„yrityksen valinnan mukaan"*, in der schwedischen Fassung *„enligt företagets val"*, beides lässt sich mit „nach Wahl des Unternehmens" übertragen, was auf eine Entscheidung durch die Anteilseigner hinauslaufen dürfte. Die Übersetzung durch das *TEM* lautet auf *„selected by the undertaking"*.

Das Gesetz sieht als Möglichkeiten den Aufsichtsrat, den Verwaltungsrat oder die Leitungsgremien der untergeordneten Geschäftseinheiten vor. Das Unternehmen

---

2166 *Hellsten*, Country Report Finland, S. 27.

2167 *Hansen/Werlauff*, ECL 2009, S. 75.

2168 3 § Satz 2 und 5 § *n.* 1, 16 § *n.* 1 FFS 725/90. Bei Missachtung sieht 14 § i.d.F. FFS 220/2010 die Möglichkeit eines Zwangsgelds vor (*uhkasakko*).

2169 Vgl. *Hellsten*, Country Report Finland, S. 27.

muss hierbei jedoch Sorge tragen, dass die Arbeitnehmervertreter jedenfalls an den Entscheidungen über seine wirtschaftlichen Maßnahmen beteiligt werden.

Das Gesetz verwendet in 5 § *n.* 1 den Terminus *„tulosyksiköt"*, in der schwedischen Fassung *„företagets resultatenheter"* was sich jeweils mit „Geschäftseinheit" übertragen lässt. Die Übersetzung durch das *TEM* wählt die Wendung *„profit units of the undertaking"*, ebenso *Hellsten*. Nach *Toiviainen* ist eine probate Übertragung ins Englische *„unit responsible by results"*. Er legt den Begriff dahingehend aus, dass wenn die Mitbestimmung außerhalb von Verwaltungsrat oder Aufsichtsrat angesiedelt wird, die Arbeitnehmervertreter auch auf der untergeordneten Ebene das Recht haben müssen, in all den Unternehmensgremien präsent zu sein, die für die Gewinnerzielung verantwortlich sind.[2170]

Die Mitbestimmung muss binnen eines Jahres nach Erfüllung der Anwendungsvoraussetzungen und dem entsprechenden Antrag durch die Belegschaft implementiert werden. Falls sich die Unternehmensstruktur ändert soll auch die Mitbestimmung an die veränderten Gegebenheiten angepasst werden.[2171]

Es bleibt stets möglich, abweichend vom gesetzlichen Modell das Vereinbarungsmodell zum Zug kommen zu lassen.[2172]

Es können zwischen einem und höchstens vier Arbeitnehmervertreter ernannt werden, die sich dann ausschließlich aus den Reihen der Beschäftigten des Unternehmens rekrutieren. Sie dürfen insgesamt maximal ein Viertel der Mitglieder desjenigen Gremiums ausmachen, in dem die Mitbestimmung stattfindet.[2173]

Die jeweiligen Personen werden grundsätzlich gewählt, vorschlagsberechtigt sind die Gewerkschaftsvertretungen. Können diese sich nicht auf ein eigenes Verfahren einigen, wird das Wahlverfahren für die Arbeitsschutzbeauftragten entsprechend angewendet.[2174]

Nicht-Gewerkschaftsmitglieder sind grundsätzlich wählbar, praktisch handelt es sich gleichwohl (nahezu) ausschließlich um Mitglieder derjenigen Gewerkschaften, die im jeweiligen Unternehmen vertreten sind. Das Gesetz verbietet es nicht, dass ggf. dieselben Personen bestellt werden, die

---

2170 Vgl. *Toiviainen*, Co-Determination Finland, Fn. 18.

2171 5 § *n.* 3 FFS 725/90.

2172 5 § *n.* 4 FFS 725/90.

2173 5 § *n.* 2, Satz 2 FFS 725/90. Zu den persönlichen Anforderungen vgl. 6 §, zum Stellvertreter bei Verhinderung vgl. 8 §.

2174 7 § FFS 725/90 i.V.m. 13 ff. §§ FFS 131/1973 und 18–21 §§ FFS 954/1973. Die 13 ff. §§ FFS 131/1973 sehen vor, dass die Wahlen so durchgeführt werden, dass alle Beschäftigten die Möglichkeit der Teilnahme haben; das Ergebnis muss dem Arbeitgeber schriftlich mitgeteilt werden. Die 18 ff. §§ FFS 954/1973 enthalten technische Vorgaben, u.a. muss der Arbeitgeber eine Belegschaftsliste bereitstellen und die Wahl auf dem Firmengelände gestatten. Die Gesetzestexte sind in inoffiziellen englischen Übersetzungen verfügbar unter http://www.finlex.fi/en/laki/kaannokset/1973/en19730131.pdf und unter http://www.finlex.fi/en/laki/kaannokset/1973/en19730954.pdf. Vgl. auch *Toiviainen*, Co-Determination Finland, S. 31 f.

auch die Kooperationsrechte aus dem FFS 334/2007 wahrnehmen. Für ihre eventuelle Zusammenarbeit sind keine Verfahrensvorschriften etabliert worden, so dass sich individuelle Verfahren in den jeweiligen Unternehmen herausbilden können. Praktisch kommt es hinsichtlich der Besetzung unter den Gewerkschaften oft zu Rotationen.[2175]

Ist die Mitbestimmung im Verwaltungsrat angesiedelt und wird nur ein regulärer Arbeitnehmervertreter bestellt, darf dessen Stellvertreter bei den Sitzungen anwesend sein und seine Meinungen kundtun, ansonsten kommen die Stellvertreter aber nur im Verhinderungsfall des eigentlichen Arbeitnehmerrepräsentanten zum Zug.[2176]

Von diesen Vorgaben kann jederzeit zugunsten des Vereinbarungsmodells abgewichen werden.[2177]

dd) Befugnisse

Die Arbeitnehmervertreter haben die gleichen Rechte und Pflichten wie die übrigen Mitglieder des Gremiums, was ausdrücklich auch die Pflicht zum Schadensersatz bei Missmanagement umfasst. Die Repräsentanten können allerdings nicht an der Beschlussfassung über die Einstellung, Entlassung und Vertragsbedingungen von Führungskräften sowie über die Beschäftigungsbedingungen des Personals und Arbeitskampfmaßnahmen teilnehmen. Weitergehende Einschränkungen sind durch Vereinbarung möglich.[2178]

Allerdings erwähnt der finnische Corporate Governance Kodex vom 15.06.2010 *(Suomen listayhtiöiden hallinnointikoodi)*, wenn auch eher beiläufig, ein mögliches Recht der Arbeitnehmer zur Ernennung der *directors* im Zuge eines besonderen Verfahrens, nach Satzungsgrundlage *(special appointment procedure)*. Gem. Empfehlung 12 wäre ein solches Verfahren offenzulegen.[2179]

Auch die Amtszeit der Arbeitnehmervertreter ist grundsätzlich ebenso lang wie diejenige der sonstigen Gremiumsmitglieder, maximal liegt sie aber bei drei Jahren.[2180]

2175 Vgl. *Hellsten*, Country Report Finland, S. 29 ff.
2176 9 § *n.* 3 FFS 725/90.
2177 5 § *n.* 4 i.V.m. 4 § FFS 725/90.
2178 9 § FFS 725/90.
2179 Inoffizielle englische Übersetzung des Corporate Governance Code bei der finnischen Handelskammer unter http://www.keskuskauppakamari.fi/site_eng/content/download/37492/667662/CG_2010_eng.pdf.
2180 5 § *n.* 2, Sätze 3, 4 FFS 725/90.

Relevant ist hier, dass die Geschäftseinheiten als solche nirgendwo gesetzlich geregelt sind, folglich auch eine „entsprechende Amtszeit" nicht definiert ist. Insofern wird vorgeschlagen, die Amtszeit in solchen Gremien nach vernünftigen Corporate Governance-Regeln festzulegen.[2181]

Für unmittelbare Vorbereitung und Teilnahme an den Sitzungen sind die Arbeitnehmervertreter freizustellen, der entgangene Lohn ist zu kompensieren. Für Sitzungen außerhalb der normalen Arbeitszeit soll das Unternehmen den Arbeitnehmervertretern die entstandenen Auslagen ersetzen und zusätzlich ein Sitzungsgeld zahlen. Darüber hinausgehende Fragen zu Freistellung und Entlohnung sollen im jeweiligen Einzelfall zwischen dem Unternehmen und dem Arbeitnehmervertreter abgestimmt werden.[2182]

Zusätzliche Entlohnungen, die über das Sitzungsgeld hinausgehen, sollen nicht üblich sein.[2183] Freilich sagt dies allein noch nichts über die mögliche Höhe der Sitzungsgelder aus.

5. Zusammenfassung

- Die einzige finnische Kapitalgesellschaftsform mit wirtschaftlicher Relevanz ist die Aktiengesellschaft (*Osakeyhtiö, Oy*). Finnland erlaubt hier die Wahl zwischen dem monistischen und dem dualistischen Modell. Unterschieden werden die Publikumsaktiengesellschaft und die private Aktiengesellschaft (*julkinen osakeyhtiö* bzw. *yksityinen osakeyhtiö*).
- Die industriellen Beziehungen sind traditionell vor allem durch Tarifvereinbarungen bestimmt, während gesetzliche Regelungen ein relativ junges Phänomen sind. Sie normieren vor allem Verfahren und Mindeststandards und beruhen meist auf tripartitem Konsens.
- Eine Arbeitnehmerbeteiligung findet sowohl in den Betrieben als auch auf übergeordneter Ebene statt, die entsprechenden Rechte werden faktisch von den lokalen Gewerkschaftsvertretungen wahrgenommen.
- In Betrieben mit mindestens 20 Beschäftigten haben die Arbeitnehmer gewisse Rechte zur Kooperation. Der Arbeitgeber muss über bestimmte Themenbereiche verhandeln, ein Zwang zur Einigung besteht aber nicht.
- Die Mitbestimmung im Leitungsgremium gilt für nahezu alle privaten Unternehmen mit gewöhnlich mindestens 150 Beschäftigten im Inland. Vorgesehen ist grundsätzlich ein Vereinbarungsmodell, dessen Einzelheiten zwischen dem Arbeitgeber und den Gewerkschaftsvertretungen auszuhandeln sind. Falls kei-

2181 *Toiviainen*, Co-Determination Finland, S. 33f.
2182 10 § FFS 725/90.
2183 *Toiviainen*, Co-Determination Finland, S. 38f.

ne Einigung erzielt werden kann, können die Arbeitnehmer ihre Vertreter benennen, das Unternehmen entscheidet aber grundsätzlich darüber, in welchem Gremium die Mitbestimmung angesiedelt wird. Quantitativ werden ein bis vier Belegschaftsangehörige gewählt, maximal soll ein Viertel des jeweils ausgewählten Gremiums mit Arbeitnehmervertretern besetzt werden.

- In nahezu allen privatwirtschaftlichen Unternehmen mit mindestens 20 Beschäftigten haben die Arbeitnehmer auf der betrieblichen Ebene bestimmte gesetzliche Rechte, die inhaltlich jedoch fast ausschließlich auf Unterrichtung und Anhörung gerichtet sind und im Rahmen von Kooperationsverhandlungen näher ausgestaltet werden. Je nach Thema treffen den Arbeitgeber weiterreichende Informations- und ausgedehntere Verhandlungspflichten. Einschlägige Themenbereiche sind u.a. finanzielle Situation des Unternehmens, Beschäftigungsbedingungen und Stellenabbau. Hierzu entwickeln Arbeitgeber und Arbeitnehmer einvernehmlich bestimmte Verfahren und Mechanismen zur Zusammenarbeit, um den Arbeitnehmern einen Einfluss auf die unternehmerischen Entscheidungen im Zusammenhang mit ihrer Arbeit, den Arbeitsbedingungen und ihrer Stellung im Unternehmen zu sichern. Die einzigen relevanten, praktisch gleichwohl eingeschränkten Mitbestimmungsmöglichkeiten gelten bei der Beschäftigung von Leiharbeitern. Diese Kooperationsverhandlungen sind gesetzlich nicht dauerhaft an bestimmte Personen(gruppen) gebunden; grundsätzlich sollen sie direkt und anlassbezogen zwischen dem betroffenen Arbeitnehmer und seinem Vorgesetzten stattfinden, alternativ zwischen ein oder mehreren Vertretern der betroffenen Arbeitnehmergruppe und dem jeweiligen Gegenpart auf Seiten des Arbeitgebers. Falls mehrere Arbeitnehmergruppen betroffen sind, findet eine gemeinsame Verhandlung von Arbeitgeber und Vertretern der jeweiligen Arbeitnehmergruppen statt. Einigen sich die Beteiligten, kann auch ein dauerhafter Gemeinsamer Ausschuss eingerichtet werden, erzwingbar ist ein solches Gremium aber nicht. Faktisch werden die Verhandlungen aber üblicherweise von den Gewerkschaftsvertretungen geführt. Eine Pflicht zur Einigung besteht aber nicht, die endgültige Entscheidung verbleibt beim Unternehmen.
- Betriebsübergreifend ist für finnische Unternehmensgruppen, die insgesamt mindestens 500 Mitarbeiter in Finnland beschäftigen, ein Verhandlungsverfahren vorgesehen. Ggf. greift eine Auffangregelung, nach der die Information auch auf der übergeordneten Ebene gewährleistet wird. Demnach wählen alle konzernangehörigen Unternehmen mit mindestens 20 Beschäftigten einen Arbeitnehmervertreter, der dann an den Kooperationsverhandlungen auf der übergeordneten Ebene teilnimmt. Hierbei sollen alle Arbeitnehmergruppen im Konzern durch mindestens einen Repräsentanten vertreten sein.
- Die gesetzliche Unternehmensmitbestimmung gilt für alle finnischen Aktiengesellschaften, Genossenschaften und anderen wirtschaftlichen Vereinigungen sowie Banken und Versicherungen mit gewöhnlich mindestens 150 Beschäftig-

ten in Finnland. Die näheren Details werden grundsätzlich zwischen dem Arbeitgeber und mindestens zwei Gewerkschaften vereinbart, die ihrerseits zusammen die Mehrheit des Personals repräsentieren (*sopimukseen perustuva henkilöstön edustus*, etwa „vertragliche Arbeitnehmervertretung"). Scheitern die Verhandlungen, kommt es nach einer entsprechenden Forderung von mindestens zwei Gewerkschaften, die zusammen die Mehrheit der Arbeitnehmer im jeweiligen Unternehmen organisieren, zu einer gesetzlichen Arbeitnehmervertretung, *lakiin perustuva henkilöstön edustus*. Die Belegschaft kann dann ihre Repräsentanten nebst Stellvertretern bestimmen, während das Unternehmen entscheidet, in welches Gremium diese gesandt werden sollen. Gesetzlich vorgesehen sind der Aufsichtsrat, der Verwaltungsrat oder die Leitungsgremien der untergeordneten Geschäftseinheiten. Das Unternehmen muss hierbei jedoch Sorge tragen, dass die Arbeitnehmervertreter jedenfalls an den Entscheidungen über seine wirtschaftlichen Maßnahmen beteiligt werden. Quantitativ werden ein bis vier Belegschaftsangehörige gewählt, es können ggf. dieselben Personen bestellt werden, die auch die Kooperationsrechte auf betrieblicher Ebene wahrnehmen. Ist die Mitbestimmung im Verwaltungsrat angesiedelt und wird nur ein regulärer Arbeitnehmervertreter bestellt, darf dessen Stellvertreter bei den Sitzungen anwesend sein und seine Meinungen kundtun, ansonsten sind die Stellvertreter nur im Verhinderungsfall des eigentlichen Arbeitnehmerrepräsentanten berufen. Die Arbeitnehmervertreter haben grundsätzlich die gleichen Rechte und Pflichten wie die übrigen Mitglieder des jeweiligen Gremiums, inklusive der Haftung, können allerdings nicht an der Beschlussfassung über die Einstellung, Entlassung und Vertragsbedingungen von Führungskräften sowie über die Beschäftigungsbedingungen des Personals und Arbeitskampfmaßnahmen teilnehmen. Etwa entgangener Lohn ist zu kompensieren.

– Seit Juli 2010 gibt es einen unabhängigen Ombudsmann für die Zusammenarbeit, dem die Aufsicht über die Einhaltung der Arbeitnehmerbeteiligungsgesetze obliegt. Daneben soll er durch verschiedene Anordnungen und Initiativen die Kooperation zwischen Arbeitgebern und Arbeitnehmern fördern und verbessern. Hierzu bestehen bestimmte Informations- und Inspektionsrechte, ggf. kann er eine Abmahnung erteilen und in bestimmten Fällen die Sache vor Gericht bringen, wo er auch die Verhängung von Strafzahlungen verlangen kann. Seine Hauptaufgabe liegt im Bereitstellen von Leitlinien für die Umsetzung der Gesetze, gleichzeitig soll er als „neutrale Anlaufstelle" für Unternehmen und Belegschaften dienen.

IV. Tabelle 7 – Betriebliche Interessenvertretung im nordischen Rechtskreis

Mitgliedstaat	Gremium	Schwellenwert	Vertreterzahl	Bestellung	Befugnisse	Anmerkungen
DK	a) GW b) Kooperationsausschuss	a) nach Tarifvertrag, üblich: Betrieb > 5 AN b) mind. 35 AN im U „im selben räumlichen Gebiet“ (Zuordnungsobjekt ist nicht der Betrieb sondern das U). Errichtung auf Vorschlag des Arbeitgebers oder durch eine Mehrheit der AN	a) nach Tarifvertrag, üblich: 50 AN: 1 ANV b) paritätisch aus ANV und Arbeitgebervertretern; gestaffelt nach Belegschaftsgröße 35–50 AN: je 2 ANV; > 500 AN : je 6 ANV; > 1.000 AN: Vereinbarung, Vorsitz bei Arbeitgeber, Stellvertreter von AN	a) nach Tarifvertrag, üblich: Wahl durch GWmitglieder, bisweilen auch Nicht-GWmitglieder wahlberechtigt b) Arbeitgebervertreter werden von Uleitung ernannt, hierbei haben die Leitenden Angestellten bestimmte Sonderrechte; ANV werden von Belegschaft gewählt, zunächst aus den Reihen der GWvertretungen, dann aus Reihen der Gesamtbelegschaft	a) Überwachung der Tarifverträge; zunehmend Tarifverhandlungen. b) I/K; vor allem kooperative Möglichkeiten aber keine Mitentscheidungsrechte.	Betriebsübergreifend bilden die jeweiligen GWvertretungen einen gemeinsamen Ausschuss. Bestehen mehrere Kooperationsausschüsse wird ein Hauptkooperationsausschuss eingesetzt; in kleineren U sollen sich die Beteiligten selbst über entsprechende I/K – Verfahren einigen. ANV im Kooperationsausschuss haben gesetzliche Pflicht, ihrerseits die Uleitung über die Angelegenheiten am Arbeitsplatz zu unterrichten, die „für das Klima der Ko-

Mitgliedstaat	Gremium	Schwellenwert	Vertreterzahl	Bestellung	Befugnisse	Anmerkungen
						operation von Bedeutung“ sind
SW	GW; gibt es in einem Betrieb keine lokale GW, können die GW eine einzelne Kontaktperson für Verhandlungen bestimmen	nach GW	nach GW; als Orientierung: 200–300 AN: 3–4 ANV für die Arbeiter plus eine „geringere Zahl“ für Angestellte und für Leitende Mitarbeiter	nach GW, meist von der lokalen GW im Rahmen der Jahreshauptversammlung gewählt	I/K; eingeschränkt M (eingeschränktes Vetorecht für Beschäftigung von Subunternehmen). Erhöhte Reichweite für diejenigen GW, mit denen der Arbeitgeber Tarifvereinbarungen abgeschlossen hat („Anerkennung“ im weiteren Sinne); vor „bedeutenden Veränderungen der Arbeitsbedingungen der gewerkschaftlichen AN“ muss der Arbeitgeber von sich aus Verhandlungen aufnehmen (→ schon, sobald nur 1 AN betroffen ist), Verhandlungen zunächst auf lokaler,	Gesetzliche Betriebsräte bestanden zwischen 1966 und 1977, konnten sich aber in Schweden nicht durchsetzen. GWvertretungen basieren auf einem nationalen Rahmengesetz und werden auf betrieblicher Ebene individuell ausgehandelt. GW vertreten jeweils nur ihre Mitglieder; schließen sich die im Betrieb vorhandenen „anerkannten“ GW nicht zu einer gemeinsamen Vertretung zusammen, muss ggf. mit jeder einzeln verhandelt werden.

Mitgliedstaat	Gremium	Schwellenwert	Vertreterzahl	Bestellung	Befugnisse	Anmerkungen
					ggf. auf nationaler Ebene, erst danach abschließende Entscheidung durch Arbeitgeber mgl.	Ggf. ernennen die GW betriebsübergreifend eine Gruppe von Vertretern, die für Gespräche mit der Konzernleitung befugt ist.
FI	a) GW b) „besonderer ANV“	a) nach GW; gewisse weitergehende Rechte in U mit mind. 20 AN und mit mind. 30 AN b) wenn Mehrheit der AN im jeweiligen U nicht gewerkschaftlich organisiert ist (faktisch selten)	a) nach GW und Tarifvertrag; in der Regel ein leitender GWvertreter pro Betrieb plus weitere Vertreter für die jeweiligen Abteilungen und Berufsgruppen, differenziert nach Arbeitern, Angestellten und Leitenden Angestellten b) nach U	a) nach GW b) Wahl durch Mehrheitsentscheidung aus Reihen der nicht-gewerkschaftlich organisierten Belegschaft; Verfahren wird von den Beteiligten so organisiert, dass jeder nicht-gewerkschaftlich organisierte AN daran teilnehmen kann	beide: I/K, eingeschränkt M (bei der Beschäftigung von Leiharbeitern); nähere Ausgestaltung im Rahmen von Kooperationsverhandlungen	Betriebsübergreifend gelten Sonderregeln für U mit mind. 500 AN in Finnland, grds. Verhandlungen über konkrete Form der Zusammenarbeit, Auffangregelung sieht jeweils 1 ANV für jedes U mit mind. 20 AN vor, diese haben dann Informationsrechte, die dann zu Kooperationsverhandlungen auf der untergeordneten Ebene führen; Gesetz sieht Pflicht zu Kooperationsverhandlungen vor,

Mitgliedstaat	Gremium	Schwellenwert	Vertreterzahl	Bestellung	Befugnisse	Anmerkungen
						bindet sie aber nicht an bestimmte Gruppen; grundsätzlich sollen sie anlassbezogen zw. dem betroffenen AN und seinem Vorgesetzen stattfinden, ggf. auch in gemeinsamen Sitzungen zwischen ANgruppen und dem entsprechenden Gegenpart, auf Wunsch aller Beteiligten Einsetzung eines paritätischen Gemeinsamen Ausschusses mgl.; faktisch meist GW

Die faktisch jeweils verbreitetste Vertretungsform ist in der Darstellung vorangestellt.

Legende
AN: Arbeitnehmer
ANV: Arbeitnehmervertreter
ArbSchb: Arbeitschutzbeauftragte
BR: Betriebsrat
GW: Gewerkschaft
I: Information
IuK: Information und Konsultation
K: Konsultation
M: Mitwirkung
U: Unternehmen
Vss: Voraussetzungen

V. Tabelle 8 – Unternehmensmitbestimmung im nordischen Rechtskreis

MS	Kapitalgesellschaft	Abkg.	Org.	VSS	Anzahl ANV	Bestellung	Anmerkungen
DK	*Aktieselskab*	*A/S*	M/D/ Satzung	Ø mind. 35 AN in den letzten 3 Jahren	½ des Werts der durch die Anteilseigner in das oberste Leitungsorgan bestellten Mitglieder, mind. 2; faktisch idR ⅓	Wahl aus und durch Belegschaft über Wahllisten nach Vorschlägen aus der Belegschaft	MB nach dem Gesetz rechtsformunabhängig; Schwellenwert bis 1987 bei 50 AN. Einführung der MB hängt von positivem Ausgang einer „Ja/Nein-Abstimmung“ ab, Antrag hierzu durch 10% der AN bzw. Repräsentanten (dieses Antragsrecht ist gleichzeitig für die GW die einzige Einflussnahmemöglichkeit im Rahmen der MB). ANV dürfen nicht über Arbeitskonflikte abstimmen; Sonderregelung zur Konzernmitbestimmung
	Anpartsselskab	*ApS*	M/D/ Satzung				
SW	*publikt aktiebolag*	*AB (publ)*	M	mind. 25 AN in Schweden	grds. 2 ANV, bei U in mehreren Branchen und ≤ 1.000 AN: 3 ANV,	Ernennung durch die GW, mit der U einen Tarifvertrag geschlossen hat, meist	ANV schon bei Diskussion bestimmter Themen ausgeschlossen
	privat aktiebolag	*AB*	M				

MS	Kapitalgesellschaft	Abkg.	Org.	VSS	Anzahl ANV	Bestellung	Anmerkungen
					aber nie Mehrheit des Verwaltungsrats, faktisch meist $^1/_3$; zusätzlich gleiche Anzahl an Stellvertretern, diese haben im Verwaltungsrat Teilnahme- und Rederecht, auch wenn der eigentliche ANV anwesend ist, aber kein Stimmrecht	im Zuge einer GWversammlg, alternative Verfahren mgl. Externe theoretisch mgl.	Praxis: Hauptrolle bei Tarifvereinbarungen und den Informations- und Anhörungsrechten nach nat. Rahmengesetz; MB wird nur als ein weiterer Informationskanal wahrgenommen. Vergütung für ANV unüblich. Sonderregelung für Konzerne.
FI	*julkinen osakeyhtiö/ publikt aktiebolag* *yksityinen osakeyhtiö/privat aktiebolag*	*Oyj/Abp* *Oy/Ab*	M/D M/D	mind. 150 AN	Modalitäten der MB werden grds. zw. dem Arbeitgeber u. den GW-vertretungen vereinbart. Falls Einigung nicht mgl. entscheidet das U über die Verortung: Verwaltungsrat oder AR oder Leitungsebene der einzelnen Geschäftseinheiten. Quantitativ: 1 – 4 ANV, maximal $^1/_4$ des	Wahl durch Belegschaft aus ihrer Mitte, Vorschläge durch GW (ggf. unter Rückgriff auf das Verfahren zur Bestellung der Arbeitsschutzbeauftragten)	MB gilt für alle finnischen AG, Genossenschaften und andere wirtschaftliche Vereinigungen, Banken und Versicherungen, keine Sondervorschriften für Konzerne. MB seit 1992 erzwingbar, wenn nach Scheitern der Verhandlungen entsprechendes Verlangen von mindestens 2 GW, die zusammen die Mehrheit

MS	Kapitalgesellschaft	Abkg.	Org.	VSS	Anzahl ANV	Bestellung	Anmerkungen
					jeweils ausgewählten Gremiums; findet MB im Verwaltungsrat statt und wird dort nur ein regulärer ANV bestellt, darf dessen Stellvertreter anwesend sein, aber nicht mit abstimmen.		der AN im jeweiligen U organisieren. ANV ausgeschlossen bei Beschlussfassung über Einstellung, Entlassung und Vertragsbedingungen von Führungskräften sowie über Beschäftigungsbedingungen des Personals und Arbeitskampfmaßnahmen. Praxis: MB hauptsächlich in größeren Unternehmen und auf denkbar unterster Ebene. Wg. zögerlicher Umsetzung seit 2010 Ombudsmann.

Vorangestellt ist jeweils die nationale Aktiengesellschaft.

Legende:

Abkg.: Abkürzung
AN: Arbeitnehmer
ANV: Arbeitnehmervertreter

AG: Aktiengesellschaft
AR: Aufsichtsrat
BR: Betriebsrat

D: Dualistisch
EK: Eigenkapital
GW: Gewerkschaft

idR: in der Regel
M: Monistisch
MB: Mitbestimmung

Mgl: möglich
MS: Mitgliedstaat
Org: Organisationsstruktur

U: Unternehmen
VerwR: Verwaltungsrat
Vss: Voraussetzungen

E. Exkurs: Arbeitnehmerbeteiligung in den EWR-Staaten und der Schweiz

I. Norwegen[2184]

1. Übersicht

Norwegen kennt sowohl eine betriebliche Arbeitnehmerbeteiligung, die vor allem von den Gewerkschaftsvertretungen wahrgenommen wird, als auch eine Unternehmensmitbestimmung in Unternehmen mit mindestens 30 Beschäftigten. Die Beziehungen sind traditionell konsensorientiert, die jeweiligen Beteiligungsmodelle sind praktisch allseitig anerkannt und weit verbreitet.

Im Jahr 2003 verfügten nach nationalen Beobachtern 80% aller Unternehmen mit mehr als 10 Beschäftigten über zumindest eine Form der betrieblichen Arbeitnehmerbeteiligung.[2185]

2. Betriebliche Beteiligung

Die betriebliche Beteiligung umfasst vor allem Informations- und Konsultationsrechte und wird hauptsächlich durch die lokalen Gewerkschaftsvertreter wahrgenommen, die von den Gewerkschaftsmitgliedern gewählt werden (*tillitsvalgt*). Auf Unternehmensebene werden hierzu unter im Einzelfall wechselnden Bezeichnungen Vertretungsgremien etabliert, die einen garantierten Dialog zwischen dem Arbeitgeber und den Gewerkschaftsvertretern ermöglichen sollen.[2186]

Die Zahl der jeweiligen Gewerkschaftsvertreter richtet sich nach der Menge der Gewerkschaftsangehörigen im jeweiligen Unternehmen, konkret liegt sie zwischen zwei und zwölf. Da in einem Unternehmen gleichzeitig mehrere Gewerkschaftsbün-

---

2184 Vgl. *Hansen/Werlauff*, ECL 2009, S. 69 f., 76; *Fulton*, ETUI-NO-Betriebliche Interessenvertretung sowie ETUI-NO-Unternehmensmitbestimmung (ETUI-NO-BI, ETUI-NO-MB) unter http://www.worker-participation.eu/National-Industrial-Relations/Countries/Norway, *Nergaard, Norway: Industrial Relations Profile* (z.T. 18.04.2013), unter http://www.eurofound.europa.eu/eiro/country/norway.htm, *Løken/Aarvaag Stokke, Labour relations in Norway* (FAFO Report 2009), unter http://www.fafo.no/pub/rapp/20123/20123.pdf (alle englisch), Daten nach *Hagen, Ansatte i styret – Statusrapport 2007 (FAFO Rapport 2008:09)* (etwa „Arbeitnehmer im Leitungsgremium – Sachstandsbericht 2007") S. 9 ff., unter http://www.fafo.no/pub/rapp/20051/20051.pdf (norwegisch).

2185 *Løken/Aarvaag Stokke*, FAFO Report 2009 (oben Fn. 2184), S. 48.

2186 *Nergaard* (oben Fn. 2184), Abschnitt *Workplace representation*, zählt hier als Bezeichnungen für diese Gremien „*contact comittees, ‚works councils', etc.*" auf. Ungeachtet des Begriffs „Betriebsrat" ist aber jedenfalls eine rein gewerkschaftliche Vertretung gemeint.

de etabliert sein können und jeder von diesen ggf. auch Vertreter entsenden kann, sind im Einzelfall insgesamt ggf. höhere Zahlen möglich.

Ggf. können auf tarifvertraglicher Grundlage auf übergeordneter Ebene zudem betriebsübergreifende Gewerkschaftsausschüsse etabliert werden.

Es gibt in Norwegen insgesamt vier übergeordnete Gewerkschaftsbünde, in denen ca. 93% aller Gewerkschaftsmitglieder organisiert sind. Dies sind *Landsorganisasjonen i Norge – LO* (21 Einzelgewerkschaften, ca. 880.000 Mitglieder), *UNIO* (ehemals *UHO*, zwölf Einzelgewerkschaften, ca. 320.000 Mitglieder, meist im öffentlichen Sektor), *Yrkesorganisasjonenes Sentralforbund – YS* (19 Einzelgewerkschaften, ca. 227.500 Mitglieder) und *Akademikerne* (13 Einzelgewerkschaften, ca. 170.000 Mitglieder).[2187] Neben diesen Gewerkschaftsbünden gibt es mehrere, z.T. signifikante, Einzelgewerkschaften, die sich keinem Bund angeschlossen haben.

Insgesamt gab es zum Stichtag 31.12.2012 nach Angaben von *Statistics Norway* 1.727.129 Gewerkschaftsmitglieder, was gegenüber 2011 einen Zuwachs um 39.469 Personen bedeutet. Insgesamt lag die Zahl der Erwerbstätigen bei 2.680.000, der gewerkschaftliche Organisationsgrad läge damit bei 64,4%.[2188]

Größter Dachverband auf privater Arbeitgeberseite ist *Næringslivets Hovedorganisasjon – NHO*, die in 20 Mitgliedsverbänden ca. 22.000 Mitgliedsunternehmen mit insgesamt 538.000 Beschäftigten repräsentiert. Daneben besteht v.a. noch *Virke – Hovedorganisasjonen* mit ca. 17.000 vertretenen Unternehmen und ca. 220.000 Beschäftigten.[2189]

Die Arbeitnehmervertreter operieren vor allem auf Grundlage von Rahmenabkommen, die auf nationaler Ebene zwischen den Sozialpartnern geschlossen werden und sich in ihren Grundzügen ähneln (*hovedavtale* oder auch *tariffavtalens del 1*, in Abgrenzung zu den Tarifvereinbarungen, die dann als *tariffavtalens del 2* bezeichnet werden).

In diesen Rahmenabkommen sind auch die Befugnisse der Gewerkschaftsvertreter ausgehandelt worden. Sie sehen derzeit u.a. (mindestens) monatliche Treffen mit der Unternehmensleitung vor, in deren Rahmen finanzielle und beschäftigungspolitische Belange erörtert werden. Ferner bestehen, zum Teil sehr spezifische, Anhörungs- und Einsichtnahmerechte, u.a. sind auf Anfrage die Bücher vorzulegen. Im Falle von Entlassungen können die Gewerkschaftsvertreter eigene Stellungnahmen abgeben. Die Unternehmensleitung kann diese Stellungnahme ihrerseits mit Be-

---

2187 Mitgliederzahlen jeweils Eigenangaben. Eigendarstellungen unter http://www.lo.no/language/Deutsch/, http://www.unio.no/kunder/unio/cms2011.nsf/pages/english, http://www.ys.no (Rubrik „*Om YS*“), http://www.akademikerne.no/no/om_akademikerne/organisasjon/(Rubrik „*Om Akademikerne – Organisasjon*“). *LO* und *YS* stehen traditionell untereinander im Mitgliederwettbewerb, wobei *YS* tendenziell eher Angestellte vertritt.

2188 Daten beim Statistischen Zentralamt *SSB (Statistisk Sentralbyrå)* unter http://www.ssb.no/arborg_en/bzw. http://www.ssb.no/aku_en/(englisch).

2189 Daten jeweils Eigenangaben; Eigendarstellungem unter https://www.nho.no/en/about-nho/About-NHO/bzw. http://www.virke.no/omvirke/aboutvirke/Sider/default.aspx (beide englisch).

gründung ablehnen. Diese Ablehnung wird protokolliert. Bei gravierenden Änderungen bzw. bei Unternehmensverschmelzungen sind die Gewerkschaftsvertretungen unverzüglich zu konsultieren. Unter bestimmten Voraussetzungen, je nach Rahmenabkommen, können die Gewerkschaftsvertretungen auch für die Belegschaft insgesamt verhandeln.[2190] Daneben gibt es auch Tarifvereinbarungen auf sektoraler Ebene, die ggf. weitere Details zu Information und Konsultation regeln.[2191]

Praktisch sehen die Gewerkschaftsvertretungen ihren Vertretungsanspruch als mehr oder weniger umfassend an. Sie sind im Alltag daher die bedeutendste Form der Arbeitnehmerbeteiligung.[2192]

Neben den Tarifvereinbarungen besteht seit 1977 eine gesetzliche Regelung, das *Lov om arbeidsmiljø, arbeidstid og stillingsvern mv.* („Gesetz über die Arbeitsumgebung, Arbeitszeit und Beschäftigung etc.", meist nur als *Arbeidsmiljøloven* bezeichnet und als *AML* abgekürzt).[2193] Das *AML* setzt in seiner zuletzt 2006 grundlegend überarbeiteten Fassung u.a. die EU-Richtlinie über Unterrichtung und Anhörung um und erfasst insoweit Unternehmen mit mindestens 50 Arbeitnehmern.[2194] Daneben regelt es u.a. grundlegende Fragen zum Arbeitsverhältnis und enthält detaillierte Vorschriften zur Kündigung.

Nach dem *AML* haben im Bereich von Unterrichtung und Anhörung aber Tarifvereinbarungen stets den Vorrang vor gesetzlichen Regelungen.[2195]

2190 Vgl. statt aller das *Basic Agreement 2010-2013* zwischen *LO* und *NHO* unter http://www.lo.no/Documents/english/Basic_Agreement_2010_2013.pdf (englisch). Dort für die Gewerkschaftsvertretungen v.a. Kapitel 5, 6 und 9.

2191 *Nergaard* (oben Fn. 2184), Abschnitt *Workplace representation*. Zu den Vereinbarungen auf lokaler Ebene auch *Løken/Aarvaag Stokke*, FAFO Report 2009 (oben Fn. 2184), S. 37 f.

2192 Vgl. *Løken/Aarvaag Stokke*, FAFO Report 2009 (oben Fn. 2184), S. 47 f., die auch eine „Verschmelzung" von Gewerkschaftsvertretung und Arbeitnehmervertretung beobachten (*„amalgamation"*).

2193 Zuletzt geändert durch LOV-2011-06-24-18 vom 01.07.2011. Die norwegischen Rechtstexte sind im Original abrufbar auf den Websiten der Privatstiftung *Lovdata*, die vom Justizministerium und der Juristsichen Fakultät der Universität Oslo betrieben wird, unter http://www.lovdata.no; dort auch z.T. Links zu englischen Übersetzungen. Der Text des *AML* ist abrufbar unter http://lovdata.no/dokument/NL/lov/2005-06-17-62, eine norwegisch-englische Fassung findet sich unter http://www.ilo.org/dyn/travail/docs/2476/Act%20on%20working%20environment%20informal%20translation%20English.pdf (Stand 01.07.2011). Seit 1980 ist die Mitbestimmung auch in der Verfassung verankert; Art. 110 II *Kongeriget Norges Grundlov* von 1814 (*Medbestemmelseret paa sin Arbeidsplads; Nærmere Bestemmelser om Ansattes Medbestemmelsesret paa deres Arbeidsplads, fastsættes ved Lov.* Übersetzt etwa „Besondere Bestimmungen bezüglich des Rechts der Arbeitnehmer auf Mitbestimmung an ihrem Arbeitsplatz werden durch das Gesetz festgelegt"); Text beim Parlament, dem *Storting*, unter http://www.stortinget.no/en/In-English/About-the-Storting/The-Constitution/The-Constitution/(Stand 2012) (englisch).

2194 *Kapittel 8. Informasjon og drøfting* („Unterrichtung und Anhörung") *AML*.

2195 Vgl. hier § 8-2, Abs. 4 *AML*.

Aufgrund der generellen Größenvorgaben, und da die tarifliche Abdeckung im Privatsektor bei 58% liegt,[2196] gilt das *AML* daher faktisch nur für eine Minderheit der Unternehmen.

In Unternehmen mit mindestens 100 Beschäftigten wird zusätzlich ein paritätisch besetzter Betriebsrat eingerichtet (*bedriftsutvalg*), in kleineren Unternehmen kann ein Betriebsrat auf Antrag der Gewerkschaft etabliert werden.[2197] Ggf. ist zudem in Unternehmen mit mehr als 200 Beschäftigten bei geographisch oder auf sonstige Weise abgetrennten Abteilungen auch ein eigener Abteilungsbetriebsrat möglich (*avdelingsutvalg*). Die Arbeitnehmer entsenden in den Betriebsrat je nach Vereinbarung bzw. nach Unternehmensgröße zwischen drei und sieben Vertreter.[2198]

Seine Aufgaben sind weniger auf dezidierte Interessenwahrnehmung der Arbeitnehmer gerichtet als eher auf die Steigerung der Effizienz und Wettbewerbsfähigkeit des Unternehmens insgesamt. Praktisch sind die Betriebsräte darum eher von untergeordneter Bedeutung[2199] und gering verbreitet; nach Daten aus dem Jahr 2009 sind in der norwegischen Privatwirtschaft nur ein Drittel der Arbeitnehmer in Unternehmen mit Betriebsräten tätig.

Zusätzlich gibt es Arbeitsschutzbeauftragte sowie ggf. in Unternehmen mit mindestens 50 Beschäftigten einen eigenen Ausschuss für Arbeitsschutz, in Unternehmen mit 20 bis 50 Beschäftigten kann dieser ggf. auch auf Verlangen der lokalen Gewerkschaftsvertretung etabliert werden.[2200]

3. Unternehmensmitbestimmung

In Unternehmen mit mindestens 30 Beschäftigten besetzen die Arbeitnehmer einen Sitz im Leitungsorgan, unabhängig von der Anzahl der Gesamtmitglieder. In Unternehmen mit 50 bis 200 Beschäftigten belegen sie ein Drittel der Sitze. Die entsprechenden Vorgaben erfassen nahezu alle Gesellschaftsformen und staatlichen Ein-

---

2196 *Løken/Aarvaag Stokke*, FAFO Report 2009 (oben Fn. 2184), S. 33 unter Rückrgiff auf Daten aus dem Jahr 2004.

2197 Vgl. z.B. Kapitel 12 *Basic Agreement 2010-2013* (oben Fn. 2190), hier zu den Gründungsvoraussetzungen § 12-1, zur Zusammensetzung § 12-2 (nach dieser Vereinbarung entsenden die Arbeitnehmer fünf Vertreter), zu den Aufgaben § 12-8.

2198 Vgl. z.B. Kapitel 13 *Basic Agreement 2010-2013* (oben Fn. 2190), hier zu den Gründungsvoraussetzungen § 13-1, zur Zusammensetzung § 13-2 (bleibt grundsätzlich der Vereinbarung im individuellen Unternehmen überlassen, jeweils ein Mitglied der Arbeitgeber, der Arbeitnehmer und der Leitenden Angestellten sind aber vorgegeben), zu den Aufgaben § 13-3.

2199 ETUI-NO-BI, S. 1.

2200 *Løken/Aarvaag Stokke*, FAFO Report 2009 (oben Fn. 2184), S. 49 f.

richtungen, Ausnahmen gelten vor allem für bestimmte Wirtschaftszweige wie die Auslandsschifffahrt. Maßgeblich sind die jeweiligen Gesellschaftsgesetze.[2201]

Nach lokalen Beobachtern sind grundsätzlich auch die gesetzlich nicht erfassten Branchen mitbestimmt, dann aber auf Grundlage der Tarifverträge.[2202]

Die Mitbestimmung wird jedoch nicht automatisch etabliert, sondern erst auf Anfrage der Arbeitnehmer. Dazu muss ein von mindestens 50% der Belegschaft unterzeichneter Antrag eingereicht werden, alternativ muss eine Mehrheitsabstimmung durchgeführt werden, die auf Initiative einer Gewerkschaft oder des Betriebsrats durchgeführt wird. Einbezogen werden grundsätzlich alle Arbeitnehmer, egal ob in Norwegen oder im Ausland beschäftigt.[2203]

In noch größeren Unternehmen mit mehr als 200 Beschäftigten ist grundsätzlich neben dem Leitungsorgan eine „Betriebsversammlung" zu etablieren (*bedriftsforsamling*). Diese hat allgemein eine Aufsichtsfunktion und wählt zwei Drittel der Mitglieder des Leitungsorgans aus. Sie besteht ihrerseits aus zwölf Mitgliedern, von denen ein Drittel von den Arbeitnehmern gewählt wird. Unternehmen und Gewerkschaften können sich unter bestimmten Voraussetzungen darauf einigen, keine *bedriftsforsamling* einzusetzen. Dann erhöht sich aber der Anteil der Arbeitnehmervertreter im Leitungsgremium um ein weiteres (aktives) Mitglied und zwei weitere Beobachter.

Tatsächlich gibt es eine *bedriftsforsamling* nur in einem Fünftel der theoretisch erfassten Unternehmen. Die jeweiligen Mitglieder werden von und aus den Reihen der Gesamtbelegschaft gewählt, praktisch soll es sich meist um (führende) Gewerkschaftsvertreter handeln. Sie haben die gleichen Rechte und Pflichten wie die anderen Mitglieder im Leitungsorgan. Ggf. ist auch eine Konzernrepräsentanz möglich.[2204]

2201 Vgl. hierzu konkret z.B. § 6-4 (*Ansattes rett til å velge styremedlemmer*, etwa „Recht der Arbeitnehmer, die Unternehmensleitung zu bestimmen"), § 6-5 (*Ansattes rett til å velge styremedlemmer i konsernforhold*) im *Lov om allmennaksjeselskaper (allmennaksjeloven)*, kurz *asal*, LOV-1997-06-13-45, zuletzt geändert durch LOV-2013-06-14-41 vom 01.07.2013 unter http://lovdata.no/dokument/NL/lov/1997-06-13-45/*#* bzw. § 6-4. (*Ansattes rett til å velge styremedlemmer*) im *Lov om aksjeselskaper (aksjeloven)*, kurz *asl*, LOV-1997-06-13-44, zuletzt geändert durch LOV-2013-06-14-41 vom 01.07.2013, unter http://lovdata.no/dokument/NL/lov/1997-06-13-44/*#* (beide norwegisch) [Dabei ist die *Allmennaksjeselskap*, abgekürzt *ASA*, die „große", in der Regel börsennotierte Aktiengesellschaft, die *Aksjeselskap*, abgekürzt *AS*, ist die „kleine" Aktiengesellschaft, die funktional der deutschen GmbH entspricht. Sie wird traditionell auch als „*Lutlag*" bezeichnet, abgekürzt *LL* oder *L/L*.].

2202 ETUI-NO-MB, S. 1.

2203 *Hansen/Werlauff*, ECL 2009, S. 78.

2204 *Hansen/Werlauff*, ECL 2009, S. 70, 76; *Løken/Aarvaag Stokke*, FAFO Report 2009 (oben Fn. 2184), S. 48 f., ETUI-NO-MB, S. 1

II. Island[2205]

1. Übersicht

Island kennt keine Regeln zur Unternehmensmitbestimmung. Lediglich auf betrieblicher Ebene wird in allen Arbeitsstätten mit mindestens fünf Beschäftigten ein einzelner gewerkschaftlicher Arbeitnehmervertreter bestellt, dem aber hauptsächlich die Überwachung der Tarifvereinbarungen obliegt. Seit 2006 bestehen auch Rechte auf Unterrichtung und Anhörung in allen Unternehmen mit gewöhnlich mindestens 50 Beschäftigten.

Eine umfassende Arbeits- und Sozialgesetzgebung existiert in Island nicht. Die industriellen Beziehungen sind durch Tarifvereinbarungen gekennzeichnet. Grundlage hierfür ist das Gesetz über Gewerkschaften und Arbeitskonflikte Nr. 80/1938, das seitdem mehrfach geändert worden ist.[2206] In ihm sind gewisse Mindestbedingungen niedergelegt, von denen nicht zu Lasten der Arbeitnehmer abgewichen werden darf. Geregelt werden dort unter anderem die Gewerkschaften, der Arbeitskampf, die Kollektivvereinbarungen und die Arbeitnehmervertretung. Das Gesetz weist den Gewerkschaften die Hauptrolle im Arbeitsmarkt zu.

Konsequent und für die nordischen Länder typisch hat dies einen hohen gewerkschaftlichen Organisationsgrad zur Folge, der mit 85–90% angegeben wird.

Maßgebliche Gewerkschaftsvereinigung ist das Isländische Arbeitsbündnis, *Alþýðusamband Íslands – ASÍ*, das mit 109.000 Mitgliedern ca. zwei Drittel aller Gewerkschaftsmitglieder repräsentiert. Wichtigste Arbeitgebervereinigung ist der Isländische Arbeitgeberverbund *Samtök Atvinnulífsins – SA*, der mit 2.000 Mitgliedsunternehmen ca. 50% der isländischen Beschäftigten vertritt.[2207]

2205 *Hansen/Werlauff*, ECL 2009, S. 74 f.;. *Júlíusdóttir, Icelandic Labour Law* in: *Scandinavian Studies in Law 2002*, S. 357 ff., S. 361 f., 369 ff.; unter http://www.scandinavianlaw.se/pdf/43-13.pdf; *Icelandic Confederation of Labour (ASI)* (Hrsg.), *Icelandic Labour Law* (2009), S. 10 f., 34 ff.; unter http://www.vsfk.is/resources/Files/Icelandic_labour_law_-4_utg_14102009.doc; *Björgvinsdóttir, Icelandic Company Law* in: *Scandinavian Studies in Law 2004*, S. 45 ff., S. 51 f.; unter http://www.scandinavianlaw.se/pdf/45-3.pdf; Darstellung „*Employment*" beim isländischen Wohlfahrtsministerium *Velferðarráðuneytið*, unter http://eng.velferdarraduneyti.is/information/employment/(alle englisch).

2206 Englische Fassung *Act on Trade Unions and Industrial Disputes, No. 80/1938* (zuletzt geändert durch Gesetz No. 126/2011) abrufbar beim *Velferðarráðuneytið* unter http://eng.velferdarraduneyti.is/media/acrobat-enskar_sidur/Act_on_trade_unions_and_industrial_disputes_No_80_1938_with_subsequent_amendments.pdf.

2207 Eigendarstellungen unter http://asi.is/desktopdefault.aspx/tabid-382/521_read-1115/ bzw. http://www.sa.is/english/(jeweils englisch).

Das Gesetz Nr. 80/1938 betrifft aber nicht nur Gewerkschaftsangehörige, sondern nahezu alle Arbeitnehmer, lediglich für die Angestellten im öffentlichen Sektor und im Bankbereich gelten Sonderregelungen. Insbesondere ist der Vertretungsanspruch des Gewerkschaftsvertreters umfassend.[2208]

2. Betriebliche Beteiligung

An jeder Arbeitsstätte (*place of work*) mit mindestens fünf Beschäftigten kann der Vorstand jeder lokalen Gewerkschaftsvertretung aus der Belegschaft zwei Personen als mögliche Arbeitnehmervertreter benennen. Der Arbeitgeber „soll" dann einen von diesen als gewerkschaftlichen Arbeitnehmervertreter im Betrieb gutheißen.[2209] In Betrieben mit mehr als 50 Beschäftigten werden zwei Arbeitnehmervertreter bestellt (*trúnaðarmenn stéttarfélaga*). Die, an sich für den öffentlichen Sektor vorgeschriebene aber auch im privaten Bereich übliche, Amtszeit liegt bei zwei Jahren.

Der Arbeitnehmervertreter hat vornehmlich die Aufgabe, im Betrieb über die Einhaltung der Tarifvereinbarungen zu wachen. Daneben fungiert er im Konfliktfall als Verbindungsmann zwischen Arbeitnehmern und Arbeitgeber. Er genießt nach Rücksprache mit dem Arbeitgeber ein gewisses Freistellungsrecht, um seinen gewerkschaftlichen Pflichten nachkommen zu können. Zwei Mal im Jahr kann er im Einvernehmen mit der jeweiligen Gewerkschaft und der Unternehmensleitung ein Treffen während der Arbeitszeit und am Arbeitsplatz einberufen.

Im Jahr 2006 wurde nach dem Vorbild der Unterrichtungs- und Anhörungsrichtlinie 2002/14/EG ein inhaltlich entsprechendes Gesetz erlassen. Demnach müssen die Beschäftigten in Unternehmen mit mindestens 50 Arbeitnehmern regelmäßig über die gegenwärtige und wahrscheinliche zukünftige Entwicklung des Unternehmens im Hinblick auf die finanzielle Situation informiert werden. Bei Fragen von Beschäftigung und Beschäftigungsbedingungen sowie etwaigen substantiellen Veränderungen bei der Arbeitsorganisation oder in den vertraglichen Beziehungen sind Informationen und Konsultationen vorgesehen, wobei letztere auf der jeweils entscheidenden Ebene von Arbeitgeber und Arbeitnehmervertretung geführt werden müssen. Zeitlich müssen sie so erfolgen, dass die Arbeitnehmervertreter nach vorheriger Meinungsäußerung noch mit dem Arbeitgeber zusammentreffen und eine entsprechende Reaktion erhalten können.

Nach einer Rahmenvereinbarung aus dem Jahr 2008 können die Arbeitnehmer in Betrieben mit mindestens 50 Beschäftigten zwei Mitglieder eines insgesamt vierköpfigen Komitees entsenden. Dieses Komitee dient als Forum für den wechselseitigen Informationsaustausch zwischen Arbeitnehmer- und Arbeitgebervertretern.

2208 Art. 10 f. Law No. 80/1938.

2209 Art. 9 Law No. 80/1938.

3. Unternehmensmitbestimmung

Eine Unternehmensmitbestimmung war und ist weder in der isländischen AG (*hlutafélag*, abgekürzt *hf.*) noch in der GmbH (*einkahlutafélag*, abgekürzt *ehf.*) vorgesehen. Im Gegenteil wird es als besonderes Ausprägungsmerkmal beschrieben, dass keine gesetzliche Verpflichtung zur Arbeitnehmerbeteiligung in den Leitungsgremien existiert und auch andere Wege zur Einflussnahme auf unternehmerische Entscheidungen nicht bestehen.

Weder Gewerkschaften noch andere Arbeitnehmerorganisationen waren in dieser Hinsicht aktiv und scheinen, nach lokalen Beobachtungen, *„nicht sonderlich interessiert“* daran, derartige Regelungen zu etablieren,[2210] obwohl es namentlich seit dem Beitritt zum EWR im Jahr 1993 zu einigen Änderungen gekommen ist.[2211] Zwar gab es seitdem einige Gesetzesinitiativen, um das Gesellschaftsrecht entsprechend zu ergänzen, jedoch war keine von ihnen erfolgreich.[2212]

III. Liechtenstein

Liechtenstein hat eine gesetzliche Regelung zur Mitwirkung auf betrieblicher Ebene getroffen, eine Mitbestimmung auf Unternehmensebene ist hingegen nicht vorgesehen.

Entsprechende Rechtsgrundlage ist das Mitwirkungsgesetz von 1997.[2213] Es gewährt der Arbeitnehmerschaft in liechtensteinischen Betrieben bzw. Unternehmen mit mindestens 50 Beschäftigten bzw. in Unternehmensteilen mit mindestens 20 Beschäftigten einen Anspruch auf die Einrichtung einer Arbeitnehmervertretung (*ANV*).[2214]

2210 *Björgvinsdóttir*, S. 51 f.

2211 So wurden 1999 die Europäischen Betriebsräte eingeführt, 2000 ergingen ein Gesetz zur Gleichstellung von Mann und Frau (entsprechende Gleichstellungspläne sind für alle Unternehmen mit mehr als 25 Beschäftigten verpflichtend) und neue Regelungen zu Mutterschutz und Elternrechten. Umgesetzt wurden beispielsweise auch die Gemeinschaftsrichtlinie 98/59/EG über Massenentlassungen und die Sitzverlegungsrichtlinie.

2212 *Björgvinsdóttir*, S. 51 a.E.

2213 Gesetz vom 23. Oktober 1997 über die Unterrichtung und Anhörung der Arbeitnehmerschaft in den Betrieben, im Folgenden *liMWG*, Liechtensteinisches Landesgesetzblatt (LGBl.) 822.11; zuletzt geändert durch LGBl. 2006 Nr. 39, bei der Gesetzesdatenbank *LILEX* des *Rechtsdiensts der Regierung – RDR* unter https://www.gesetze.li/DisplayLGBl.jsp?Jahr=1997&Nr=211. Vgl. ferner Darstellung „Die Arbeitnehmervertretung“ beim *Liechtensteinischen ArbeitnehmerInnenVerband – LANV*, (ohne Datum) unter http://www.lanv.li/Dienstleistung/Arbeitnehmervertretung/tabid/115/Default.aspx.

2214 Vgl. Art. 3 I liMWG.

Das Mitwirkungsgesetz unterscheidet nicht zwischen „Betrieb“ und „Unternehmen“, definiert aber den „Unternehmensteil“ als „Betrieb, der einem Unternehmen zuzurechnen und gleichzeitig eigenständiges Steuersubjekt ist“.

Über die Einführung einer *ANV* wird im Betrieb geheim abgestimmt. Ggf. wird ihre Größe dann durch Arbeitgeber und Arbeitnehmer gemeinsam und unter Berücksichtigung der individuellen Gegebenheiten festgelegt, das Minimum liegt bei drei Personen.[2215]

Aufgabe ist die Vertretung der Belegschaft gegenüber der Geschäftsleitung und die Förderung der Zusammenarbeit *„zum beiderseitigen Nutzen“*. Vorgesehen sind Unterrichtungs- und Anhörungsrechte im Hinblick auf die wirtschaftliche Entwicklung des Unternehmens, die Beschäftigungslage und ihre voraussichtliche Entwicklung und grundlegende Veränderungen in der Arbeitsorganisation. Im Bereich der Arbeitssicherheit, bei Betriebsübergängen und Massenentlassungen bestehen besondere Mitwirkungsrechte.[2216] Wird der Schwellenwert erreicht, jedoch keine separate *ANV* errichtet, stehen die Mitwirkungsrechte der Arbeitnehmerschaft direkt zu.[2217]

Die Arbeitnehmervertretung wird *„in dem für die Erfüllung ihrer Aufgaben notwendigen Umfang“* unterstützt und kann ihre Tätigkeit auch während der Arbeitszeit ausüben, allerdings nur, wenn die Wahrnehmung ihrer Aufgaben es erfordert und die Berufsarbeit es zulässt. Leitlinie für die Zusammenarbeit ist der Grundsatz von Treu und Glauben.[2218]

IV. Schweiz[2219]

In der Schweiz existiert lediglich eine Arbeitnehmerbeteiligung auf betrieblicher Ebene, Regelungen zu einer Unternehmensmitbestimmung bestehen nicht. Parlamentarische Initiativen auf Ausweitung der Mitbestimmungsregelungen wurden im Dezember 2003 und im Juni 2012 abschlägig beschieden.[2220]

2215 Art. 4, 5 liMWG.
2216 Art. 6 ff. liMWG.
2217 Art. 3a liMWG.
2218 Art. 9 liMWG.
2219 *Fulton*, ETUI-CH-Betriebliche Interessenvertretung (ETUI-CH-BI) unter http://www.worker-participation.eu/National-Industrial-Relations/Countries/Switzerland (englisch); Darstellung „Mitwirkung“ beim Schweizerischen Staatssekretariat für Wirtschaft *SECO* (ohne Datum) unter http://www.seco.admin.ch/themen/00385/00420/00422/index.html?lang=de.
2220 Vgl. Darstellung „Totalrevision des Mitwirkungsgesetzes“, unter http://www.parlament.ch/d/suche/seiten/geschaefte.aspx?gesch_id=20020472 bzw. Amtliches Bulletin Nationalrat vom

Auch die betriebliche Beteiligung stellt ein recht junges Phänomen dar. Erst 1993 wurde ein Mitwirkungsgesetz verabschiedet.[2221] Erfasst sind davon größenunabhängig alle privaten Betriebe in der Schweiz, die ständig Arbeitnehmer beschäftigen.[2222] Es sieht für die Arbeitnehmer hauptsächlich Unterrichtungs- und Anhörungsrechte vor.

In Betrieben mit mindestens 50 Beschäftigten kann auf Wunsch und Initiative der Beschäftigten eine Arbeitnehmervertretung eingerichtet werden,[2223] was üblicherweise in größeren Unternehmen geschieht und in KMU eine Ausnahme darstellt. In Betrieben und Betriebsbereichen ohne Arbeitnehmervertretung stehen die Beteiligungsrechte den Arbeitnehmern direkt zu.[2224] Überbetriebliche Vertretungsgremien sind vom Gesetz nicht vorgesehen, allerdings sind daneben Vertretungen auf tarifvertraglicher Basis möglich.

Zur Einrichtung einer Arbeitnehmervertretung notwendig ist ein entsprechendes Verlangen von einem Fünftel der Belegschaft bzw. in größeren Betrieben mit mehr als 500 Beschäftigten von 100 Arbeitnehmern. Größe und nähere Ausgestaltung der Arbeitnehmervertretung werden dann gemeinsam von Arbeitgeber und Arbeitnehmern unter Berücksichtigung der betrieblichen Strukturen festgelegt, sie besteht aber aus mindestens drei Personen. Die jeweiligen Mitglieder werden in Wahlen bestimmt, die gemeinsam von Arbeitgeber und Arbeitnehmern durchgeführt werden.[2225]

Sonderrechte der Gewerkschaften bestehen nicht. Faktisch sollen jedoch enge Verbindungen zwischen den Gewerkschaften und den Arbeitnehmervertretungen bestehen.[2226]

Die Arbeitnehmervertretung hat einen Informationsanspruch bzgl. aller wesentlichen Sachverhalte, Neuerungen und/oder Änderungen bestimmter Sachbereiche, deren Kenntnis die Voraussetzung für eine ordnungsgemäße Erfüllung ihrer Aufgaben ist. Daneben muss der Arbeitgeber sie mindestens einmal jährlich über die Auswirkungen des Geschäftsgangs *„auf die Beschäftigung und die Beschäftigten“*

11.06.2012 unter http://www.parlament.ch/ab/frameset/d/n/4904/383434/d_n_4904_383434_383726.htm.

2221 Bundesgesetz über die Information und Mitsprache der Arbeitnehmerinnen und Arbeitnehmer in den Betrieben (Mitwirkungsgesetz) vom 17.12.1993, Nr. 822.14, im Folgenden *chMWG*, Stand 01.01.2011, bei den *Bundesbehörden der Schweizerischen Eidgenossenschaft* unter http://www.admin.ch/ch/d/sr/8/822.14.de.pdf.

2222 Das Gesetz erwähnt den Terminus „Unternehmen“ nicht; zum Geltungsbereich Art. 1 chMWG.

2223 Art. 3 chMWG.

2224 Art. 4 chMWG.

2225 Art. 5 ff. chMWG.

2226 ETUI-CH-BI, S. 1

informieren. Verpflichtend und stets müssen sie informiert werden in Fragen der Arbeitssicherheit, beim Betriebsübergang, bei Massenentlassungen und bei Pensionsplänen. Leitlinie für die Zusammenarbeit zwischen Arbeitgeber und Arbeitnehmervertretung ist der Grundsatz von Treu und Glauben. Die Arbeitnehmer haben daneben das individuelle Recht, sich mit Fragen und Anregungen an den Arbeitgeber zu wenden und Vorschläge zu unterbreiten.[2227]

„*Wenn die Wahrnehmung der Aufgabe es erfordert und ihre Berufsarbeit es zulässt*" kann die Arbeitnehmervertretung ihre Aufgaben während der Arbeitszeit ausüben.[2228] Weitergehende Regelungen bestehen nicht, insbesondere muss der Arbeitgeber von Gesetzes wegen keinerlei Ressourcen bereitstellen.

2227 Art. 9 ff. chMWG.
2228 Art. 13 chMWG.

Teil 5 – **Arbeitnehmerbeteiligung in ausgesuchten Europäischen Richtlinien**

A. Europäischer Betriebsrat – RL 2009/38/EG[2229]

I. Hintergrund

Im Zuge des Binnenmarkts kam es im Gemeinschaftsraum zunehmend zu grenzüberschreitenden Kooperationen und Zusammenschlüssen von großen Wirtschaftsunternehmen. Ein einheitlicher Weg, wie in solchen multinationalen Strukturen mit den Kollektivrechten der Arbeitnehmer verbindlich umgegangen werden sollte, war aber nicht ersichtlich. Verschiedene Regulierungsbemühungen der Kommission schlugen wegen zu unterschiedlichen Vorstellungen fehl. Auch die Sozialpartner auf europäischer Ebene konnten sich nicht auf eine entsprechende umfassende Vereinbarung einigen, die Verhandlungen scheiterten im März 1994.[2230]

Die Lösung lag dann zum einen in der Beschränkung auf die Fragen der Unterrichtung und Anhörung, während die Aspekte der Mitwirkung bzw. der (unternehmerischen) Mitbestimmung ausgeklammert wurden. Zum anderen wurde ein anderer regulatorischer Ansatz gewählt. Statt einer einheitlichen verbindlichen Regelung für alle Länder sollte nun eine Vereinbarung maßgeblich sein, die jeweils individuell zwischen dem Unternehmen und den Arbeitnehmern ausgehandelt würde. Für das Scheitern der Verhandlungen wurde eine Auffanglösung vorgesehen. Dieses Vereinbarungsmodell ermöglichte es auf der europäischen Ebene erstmalig, trotz unterschiedlichster nationaler Ausgangspositionen zu einer einheitlichen Lösung zu gelangen und einen Ausgleich zwischen den nicht immer synchronen Interessen zwischen den Belegschaften in den verschiedenen Mitgliedstaaten zu erreichen.[2231]

Im September 1994 konnte daher die Richtlinie über die Einsetzung eines Europäischen Betriebsrats (EBR) verabschiedet werden.[2232] Diese wurde zwischenzeitlich

---

2229 Kommission, EBR-RL 2011, S. 1ff.; BMAS, Mitbestimmung 2008, S. 60ff.; *Greif*, EBR-Rl, S. 1; *Henssler* in *Henssler/Braun*, EuropArbR, Rn. 87ff.; *Thüsing*, EuropArbR, § 10, Rn. 13ff.; *Behrens* in *Dauses*, EUWR, E III, Rn. 120f.; Kommission Mitbestimmung 1998, S. 107, 111f.; Zusammenfassungen der Rechtslage und Überblicksdarstellungen zu Entwicklung und Verbreitung bei der Europäischen Union unter http://europa.eu/legislation_summaries/employment_and_social_policy/social_dialogue/c10805_de.htm (Stand 10.09.2009) und beim Europäischen Gewerkschaftsinstitut unter http://www.worker-participation.eu/European-Works-Councils (fortlaufend aktualisiert; englisch).
2230 Vgl. zur Entwicklung („*Vredeling*-Initiative", ABl. C 297 vom 15.11.1980, S. 3, bzw. ABl. C 217 vom 12.12.1983, S. 3) ausführlicher *Mävers*, SE-Mitbestimmung 2002, S. 273ff., kurz *Behrens* in *Dauses*, EUWR, E III, Rn. 120; *Henssler* in *Henssler/Braun*, EuropArbR, Fn. 255.
2231 *Thüsing*, EuropArbR, § 10, Rn. 32f.; vgl. auch *Henssler*, ZHR 173 (2009), S. 225.
2232 Richtlinie 94/45/EG des Rates vom 22. September 1994 über die Einsetzung eines Europäischen Betriebsrats oder die Schaffung eines Verfahrens zur Unterrichtung und Anhörung der Arbeitnehmer in gemeinschaftsweit operierenden Unternehmen und Unternehmensgruppen; (ABl. L 254/64, ber. ABl. 2009 L 103/30) EU-Dok.-Nr. 3 1994 L 0045 Zuletzt geändert durch Art. 17 Abs. 1 ÄndRL 2009/38/EG vom 6. Mai 2009 (ABl. L 122/28), im Folgenden *EBR-RL 1994*.

überarbeitet[2233] und neugefasst als Richtlinie 2009/38/EG, in Kraft seit dem 5. Juni 2009.[2234]

In der Neufassung von 2009 war für einige Vorschriften eine Übergangsfrist bis zum 06.06.2011 vorgesehen.[2235] Eine, seitens der Gewerkschaften gewünschte, automatische Anpassungspflicht bestehender EBR-Vereinbarungen konnte jedoch nicht durchgesetzt werden, so dass die bis dahin gültigen Vereinbarungen Bestandsschutz genießen dürften.[2236]

Die Neufassung enthält einige bedeutende Weiterentwicklungen.
In ihr wurden u.a. die Begriffe „Unterrichtung" und „Anhörung" einheitlich definiert und an die übrigen einschlägigen Richtlinien angepasst.[2237]
Zudem wird der (vereinfacht: „geschäftsführende") „engere Ausschuss" personell auf fünf Mitglieder aufgestockt und bekommt erstmals das Recht auf eigenständige Sitzungen. So sollen eine Koordinierung und höhere Effizienz der regelmäßigen Arbeit des EBR sowie im Falle außergewöhnlicher Umstände eine schnellstmögliche Unterrichtung und Anhörung ermöglicht werden.[2238]
Neu ist auch ein Anspruch auf Anpassungen. Kommt es zu wesentlichen Restrukturierungen, gibt es nach der neuen EBR-RL künftig einen Anspruch auf Neuverhandlungen alter EBR-Vereinbarungen.[2239] Wann genau eine derart „wesentliche" Strukturänderung vorliegen soll, die diesen Anspruch auslöst, wird freilich in der Richtlinie nicht festgelegt; allerdings werden in Erwägungsgrund 40, S. 1, die Beispiele einer Fusion, einer Übernahme oder einer Spaltung aufgezählt.
Wird gegen die Verpflichtungen aus der EBR-RL verstoßen, sollen Sanktionen vorgesehen werden, die „*wirksam, abschreckend und im Verhältnis zur Schwere der Zuwiderhandlung angemessen sind*".[2240] Welche Sanktionen das konkret sein werden, ist den Mitgliedstaaten überlassen.[2241]

2233 Zur Entstehungsgeschichte *Greif*, EBR-RL, S.2f.

2234 Richtlinie 2009/38/EG des Europäischen Parlaments und des Rates vom 6. Mai 2009 über die Einsetzung eines Europäischen Betriebsrats oder die Schaffung eines Verfahrens zur Unterrichtung und Anhörung der Arbeitnehmer in gemeinschaftsweit operierenden Unternehmen und Unternehmensgruppen (Neufassung) (ABl. L 122/28, 16.05.2009), im Folgenden *EBR-RL 2009*; Text unter http://eur-lex.europa.eu/LexUriServ/LexUriServ.do?uri=CELEX:32009L0038:DE:NOT.

2235 Art. 18 EBR-RL 2009.

2236 S. dazu *Greif*, EBR-RL, S. 7.

2237 Erwägungsgründe 21 ff., Art. 2 I f), g) EBR-RL 2009.

2238 Erwägungsgründe 30, 44 S. 3, Anhang I 1 d) EBR-RL 2009. Vgl. auch die Neuformulierung in Anhang I 1 d), die nun programmatisch ausdrücklich auf die Sicherstellung der Koordination abstellt.

2239 Erwägungsgründe 28, 40, Art. 6 II g), 13 EBR-RL 2009.

2240 Erwägungsgrund 36 EBR-RL 2009.

2241 Zu den Sanktionsmöglichkeiten in Deutschland vgl. die Straf- und Bußgeldvorschriften §§ 44, 45 EBRG. Die Sozialkammer der französischen *Cour de Cassation* bejahte in einer Entscheidung vom 16.01.2008, Rs. *Gaz de France, Suez* (*N° de pourvoi: 07-10597*) einen Unterlassungsanspruch des EBR und erklärte, dass Aufsichts- und Verwaltungsräte multinationaler Unternehmen keine Fusion mit anderen Unternehmen beschließen dürften, bevor die Anhörung des EBR nicht vollständig und korrekt abgeschlossen worden sei. Zu diesem Verfahren gehöre auch eine betriebswirtschaftliche Analyse durch Beratungsgesellschaften, die der EBR selbst auswählen kann. Der EBR habe ein eigenständiges Beteiligungsrecht, unabhängig von den Rechten der Betriebsräte einzelner Länder;

Die Richtlinie wurde inzwischen innerhalb der gesamten EU umgesetzt, allerdings in unterschiedlicher Weise und mit z.T. sehr verschiedener Reichweite. Teilweise wurden eigenständige Neuregelungen getroffen, teilweise wurden die Umsetzungsvorschriften in die bestehenden Gesetze integriert. Dies geschah bisweilen in den Gesellschafts-, meist aber in den Arbeitsgesetzen.

Deutsches Umsetzungsgesetz ist das Europäische Betriebsräte-Gesetz vom 28.10.1996, EBRG.[2242] Darin werden u.a. die Unterrichtungs- und Anhörungsbefugnisse des EBR bestimmt und zudem ein Recht auf Fortbildung vorgegeben.[2243]

Hauptcharakteristikum der EBR-RL ist, dass sie vergleichsweise wenige „harte" materielle Festlegungen trifft und sich überwiegend auf die Bereitstellung von Verfahren beschränkt. Hierbei haben freiwillige, praxisnahe Vereinbarungen durch die unmittelbar Betroffenen Priorität.

Kann keine Vereinbarung erzielt werden, legt die Richtlinie die Bedingungen fest, denen die subsidiären Bestimmungen der Mitgliedstaaten entsprechen müssen.

II. Grundkonzeption

Die Richtlinie hat das Ziel, in gemeinschaftsweit tätigen Unternehmen und Konzernen eine grenzüberschreitende Arbeitnehmervertretung mit Konsultations- und Informationsrechten zu schaffen. So soll eine rechtzeitige und angemessene Unterrichtung und Anhörung auch dann gewährleistet sein, wenn Mitarbeiter eines Unternehmens von Entscheidungen betroffen werden, die außerhalb des Mitgliedsstaats ergehen, in dem sie selbst beschäftigt sind.

Instrument hierzu ist die Einrichtung eines Europäischen Betriebsrats, alternativ die Schaffung eines anderen geeigneten Verfahrens zur länderübergreifenden Unterrichtung und Anhörung der Arbeitnehmer.[2244]

Entscheidungstext unter http://www.legifrance.gouv.fr/affichJuriJudi.do?oldAction=rechExpJuriJudi&idTexte=JURITEXT000017963436&fastReqId=1943601743&fastPos=134 (französisch); vgl. auch EBR-News Nr. 01/2009 vom 20.03.2009.

2242 Gesetz über Europäische Betriebsräte (Europäische Betriebsräte-Gesetz – EBRG) vom 28. Oktober 1996 (BGBl. I S. 1548, 2022), neugefasst durch Bekanntmachung vom 7. Dezember 2011 (BGBl. I. S. 2650), konsolidierter Text unter http://www.gesetze-im-internet.de/ebrg/BJNR154810996.html.

2243 §§ 29, 30, 38 EBRG.

2244 Vgl. Erwägungsgründe 11 bis 14, Art. 1 EBR-RL 2009.

Die Einrichtung eines EBR ist dabei also unter verschiedenen Varianten nur eine Möglichkeit.[2245] In erster Linie wird verhandelt, ggf. ist aber ein EBR erzwingbar.

Geschaffen wird also ein bestimmtes Gremium/Verfahren. Daneben wird auch dessen Arbeitsweise festgelegt. Nach ausdrücklicher Vorgabe ist es aber ausschließlich auf die Behandlung der transnationalen Fragen beschränkt.[2246]

Sein Mandat ist also gerade nicht umfassend. Das länderübergreifende Gremium/Verfahren verdrängt damit nicht die jeweiligen nationalen Beteiligungsgremien, sondern wird ggf. parallel zu diesen errichtet.

III. Anwendungsbereich

Die EBR-RL betrifft alle „gemeinschaftsweit operierenden Unternehmen". Das wiederum ist nach der Legaldefinition der Richtlinie ein Unternehmen mit mindestens 1.000 Arbeitnehmern in den Mitgliedstaaten und mit jeweils mindestens 150 Arbeitnehmern in mindestens zwei Mitgliedstaaten.[2247] Normiert werden also ein zweifaches quantitatives und ein geographisches Kriterium.

Das EBRG gilt für solche „gemeinschaftsweit tätigen" Unternehmen bzw. Unternehmensgruppen, deren (Haupt-)Sitz in Deutschland liegt. Erfasst werden auch die in den Mitgliedstaaten befindlichen Niederlassungen internationaler Konzerne, die ihren Hauptsitz außerhalb der Gemeinschaft haben.[2248]

Die EBR-RL definiert auch den „Konzern". Demnach ist eine „Unternehmensgruppe" eine Gruppe, die aus einem herrschenden Unternehmen und den von diesen abhängigen Unternehmen besteht. Die Beherrschung wiederum folgt aus Eigentum, finanzieller Beteiligung oder Satzungsbestimmung, wobei die Beurteilung dem Recht des Mitgliedstaats unterliegt, das auf das herrschende Unternehmen anwendbar ist. Liegt eine Unternehmensgruppe vor, wird der EBR nach den Richtlinienvorgaben grundsätzlich auf der höchsten Entscheidungsebene eingesetzt, es sei denn, es wird etwas anderes vereinbart.[2249]

2245 Dies wird schon durch den Titel der Richtlinie deutlich. Allerdings dürfte der Gesetzgeber primär von der Errichtung eines Europäischen Betriebsrats ausgehen; *Thüsing*, EuropArbR, § 10, Rn. 15.

2246 Art. 1 III 2 EBR-RL 2009, zur Definition von „länderübergreifend" ebd., Abs. 4.

2247 Art. 2 I a) EBR-RL 2009.

2248 § 2 I, II EBRG.

2249 Art. 2 I b), 3 I (Definition), II (Vermutungswirkung), VI (Sitzstaat); Art. 1 V EBR-RL 2009.

IV. Verfahren

1. Beginn

Das Verfahren beginnt mit einer entsprechenden Initiative der zentralen Unternehmensleitung[2250] oder mit einem schriftlichen Antrag von mindestens 100 Arbeitnehmern oder deren Vertretern aus mindestens zwei Betrieben oder Unternehmen in mindestens zwei verschiedenen Mitgliedstaaten. In den darauf folgenden Verhandlungen werden die Arbeitnehmer von einem „Besonderen Verhandlungsgremium" vertreten, das sich aus Arbeitnehmervertretern aus all den Mitgliedstaaten zusammensetzt, in denen das betreffende Unternehmen insgesamt operiert.[2251] Im Besonderen Verhandlungsgremium finden sich also nicht nur diejenigen Arbeitnehmer wieder, die ihrerseits ggf. das Verfahren angestoßen haben, sondern die gesamte Belegschaft.

Die EBR-RL überlässt die näheren Wahlmodalitäten hierfür den Mitgliedstaaten.[2252] Verantwortlich für die Datenerhebung und die Weiterleitung der relevanten Informationen ist seit der Neufassung die zentrale Unternehmensleitung.[2253]

Die Unternehmensleitung und das Besondere Verhandlungsgremium verhandeln miteinander, um letztlich zu einer Vereinbarung über die Modalitäten der Durchführung der Richtlinienziele zu gelangen, mithin also darüber, wie die grenzüberschreitende Unterrichtung und Anhörung der Arbeitnehmer ausgestaltet wird. Hier können die Verhandlungspartner insbesondere die Errichtung eines oder mehrerer (evt. branchenbezogener) mehr oder weniger zentraler Europäischer Betriebsräte vereinbaren, oder ein bestimmtes dezentrales Unterrichtungsverfahren etablieren.

2. Abbruch der Verhandlungen

Das Besondere Verhandlungsgremium kann auch beschließen, keine Verhandlungen zu beginnen bzw. die bereits eröffneten Verhandlungen zu beenden. Notwendig ist dazu eine Mehrheit von mindestens zwei Dritteln der Stimmen.

2250 Gem. Art. 2 I e) EBR-RL 2009 „*die zentrale Unternehmensleitung eines gemeinschaftsweit operierenden Unternehmens oder bei gemeinschaftsweit operierenden Unternehmensgruppen die zentrale Unternehmensleitung des herrschenden Unternehmens*".

2251 Vgl. Art. 5 I, II EBR-RL 2009.

2252 Art. 5 II a) EBR-RL 2009; neu ist die präzisere Fassung der Verhandlungsumstände in Abs. 4. Zu Bildung, Zusammensetzung und Bestellung des Besonderen Verhandlungsgremiums in Deutschland vgl. §§ 9–11 EBRG.

2253 Art. 4 IV EBR-RL 2009.

Durch einen derartigen Beschluss würde das Verfahren abgebrochen, auch zur Anwendung der Auffangregelung käme es nicht mehr. Ein neuer Antrag auf Bildung eines Besonderen Verhandlungsgremiums kann dann erst frühestens zwei Jahre nach diesem Beschluss gestellt werden.[2254]

3. Vereinbarungsmodell

Regelfall dürfte jedoch das Bemühen um den Abschluss einer Vereinbarung sein. Grundsätzlich sind die Parteien darin sehr frei. Allerdings muss die, im Übrigen schriftlich zu schließende,[2255] Vereinbarung einige Mindestvorgaben enthalten, die im Einzelnen aufgeführt werden.[2256]

Hierzu zählt insbesondere die Zusammensetzung des Europäischen Betriebsrats bzw. Vertretungsgremiums, namentlich die Anzahl der Mitglieder und die Sitzverteilung (was ggf. auch für einen geschäftsführenden „engeren Ausschuss" gilt[2257]).
Zudem zu regeln sind der Tätigkeitsbereich, die Befugnisse und das Unterrichtungs- und Anhörungsverfahren, ferner Ort, Häufigkeit und Dauer der Sitzungen des Europäischen Betriebsrats, die für diesen bereitzustellenden finanziellen und materiellen Mittel, sowie die Laufzeit der Vereinbarung und Änderungsmodalitäten.[2258]

Das Besondere Verhandlungsgremium kann bei den Verhandlungen Sachverständige seiner Wahl hinzuziehen, was sich ausdrücklich auch auf Gewerkschaftsfunktionäre erstreckt. Falls gewünscht, nehmen diese Sachverständigen an den Verhandlungen in beratender Funktion teil. Die Kosten im Zusammenhang mit den Verhandlungen werden grundsätzlich von der zentralen Unternehmensleitung getragen, allerdings können die Mitgliedstaaten die Übernahme der Kosten auf die Kosten für einen einzigen Sachverständigen begrenzen.[2259]

Deutschland hat von dieser Möglichkeit Gebrauch gemacht.[2260]

Leitlinie für die Verhandlungen ist hier einerseits die Wirksamkeit der Unterrichtungs- und Anhörungsbefugnisse, andererseits muss die effiziente Beschlussfassung des Unternehmens möglich bleiben.

2254 Art. 2 V EBR-RL 2009; § 15 I EBRG.
2255 Art. 5 III EBR-RL 2009.
2256 Art. 6 II a)–g) EBR-RL 2009; § 18 I 1.) –7.) EBRG.
2257 Zum engeren Ausschuss vgl. Erwägungsgründe 30, 44, Art. 6 II e) EBR-RL 2009, § 29 EBRG.
2258 Art. 5 III, 6 II EBR-RL 2009; vgl. auch §§ 17, 18 EBRG.
2259 Art. 5 IV, VI EBR-RL 2009.
2260 § 16 EBRG.

4. Subsidiärer „EBR kraft Gesetzes" nach Auffangregelung

Die Verhandlungen können jedoch auch scheitern. Für diesen Fall ist eine Auffanglösung vorgesehen, nach der subsidiär die Rechtsvorschriften desjenigen Mitgliedstaats zur Anwendung kommen, in dem die zentrale Unternehmensleitung ihren Sitz hat. Allerdings müssen die subsidiären Vorschriften wiederum den im Anhang I zur EBR-RL 2009 niedergelegten Bestimmungen genügen.[2261]

Erreicht wird so ein gewisser, EU-weit einheitlicher Mindeststandard.

Kommt demnach zwischen Unternehmensleitung und Besonderem Verhandlungsgremium eine Vereinbarung nicht zustande, verhandelt die Unternehmensleitung innerhalb von sechs Monaten nach Antragstellung zur Bildung des Besonderen Verhandlungsgremiums nicht, wird keine Verhandlungslösung innerhalb von drei Jahren gefunden oder erklären beide Seiten vorzeitig das Scheitern der Verhandlungen, ist ein „EBR kraft Gesetzes" zu errichten.

Für Zuständigkeiten und Zusammensetzung dieses EBR kraft Gesetzes macht die Richtlinie verschiedene eigene Vorgaben. Unter anderem ist zur Koordination der Aktivitäten innerhalb des EBR ein „engerer Ausschuss" zu bestellen.[2262] Die jeweiligen Mitglieder des EBR werden entsprechend den einzelstaatlichen Rechtsvorschriften und/oder Gepflogenheiten gewählt oder benannt.[2263]

Die Mitgliedstaaten können insoweit also beispielsweise bestimmte Besetzungsrechte vorsehen.[2264]

Der EBR kraft Gesetzes ist insbesondere in wirtschaftlichen Angelegenheiten des gemeinschaftsweit operierenden Unternehmens zuständig.[2265] Er ist einmal kalenderjährlich durch die zentrale Leitung über die Entwicklung der Geschäftslage und die Perspektiven des Unternehmens bzw. Konzerns zu unterrichten und durch sie anzuhören.[2266] Über diese turnusmäßige Unterrichtung hinaus ist der EBR bei außergewöhnlichen Umständen, die erhebliche Auswirkungen auf die Interessen der Arbeitnehmer haben, z.B. Verlegung oder Stilllegung von Unternehmensteilen, rechtzeitig zu unterrichten und auf Verlangen anzuhören.[2267]

2261 Art. 7 i.V.m. Anhang I EBR-RL 2009, §§ 21 ff. EBRG.

2262 Anhang I, Abs. 1 d) EBR-RL 2009.

2263 Anhang I, Abs. 1 b), UAbs. 2 EBR-RL 2009.

2264 Für Deutschland vgl. § 23 EBRG.

2265 Anhang I, Abs. 1 a) EBR-RL 2009; §§ 29, 30 EBRG.

2266 Anhang I, Abs. 1 a), UAbs. 2 EBR-RL 2009; § 29 I EBRG. § 29 II EBRG listet in zehn Unterpunkten die besonders relevanten Aspekte auf.

2267 § 30 EBRG. Zur Reichweite des Auskunftsanspruchs vgl. auch EuGH v. 29.03.2001, Rs. C-62/99 (*Bofrost*) sowie EuGH v. 13.01.2004, Rs. C-440/00 (*Kühne und Nagel*).

Die Mitglieder des EBR informieren die örtlichen Arbeitnehmervertreter über Inhalt und Ergebnisse der durchgeführten Informations- und Konsultationsverfahren.[2268]

Der EBR kraft Gesetzes verfügt damit über recht genau definierte Informations- und Konsultationsbefugnisse, aber über keinerlei Mitbestimmungsrechte. Funktional ist der EBR daher grundsätzlich mit einem europäischen Wirtschaftsausschuss vergleichbar, ähnlich wie ihn das BetrVG für deutsche Unternehmen mit mehr als 100 Beschäftigten vorsieht,[2269] oder auch mit einem Betriebsrat nach französischem Vorbild.

B. Unterrichtungs- und Anhörungsrichtlinie – RL 2002/14/EG[2270]

I. Hintergrund

Ein gemeinschaftsweit allgemeiner Standard für die Mitwirkung der Arbeitnehmer auf nationaler Ebene wurde erstmals durch die Unterrichtungs- und Anhörungsrichtlinie[2271] festgelegt. Hierdurch sollten Lücken und Mängel der auf nationaler wie europäischer Ebene bestehenden Bestimmungen beseitigt[2272] und eine „allgemeine Homogenisierung" in diesem Bereich erreicht werden.

Erste Bestrebungen dazu reichen bis ins Jahr 1995 zurück.[2273] Ab 1997 wurden die Anstrengungen forciert.

2268 § 36 EBRG.

2269 §§ 106 ff. BetrVG.

2270 *Henssler* in *Henssler/Braun*, EuropArbR, Rn. 102 f.; *Thüsing*, EuropArbR, § 10, Rn. 46 ff.; *Reichold*, NZA 2003, S. 289; Entschließung des Europäischen Parlaments vom 19.02.2009 (Verfahren 2008/2246(INI), (P6_TA(2009)0061); Überblick bei der Europäischen Union unter http://europa.eu/legislation_summaries/employment_and_social_policy/social_dialogue/c10817_de.htm und beim Europäischen Gewerkschaftsinstitut unter http://www.worker-participation.eu/EU-Framework-for-I-C-P/Information-and-Consultation/General-framework-for-informing-and-consulting-employees-Directive-2002-14-EC (englisch).

2271 Richtlinie 2002/14/EG des Europäischen Parlaments und des Rates vom 11. März 2002 zur Festlegung eines allgemeinen Rahmens für die Unterrichtung und Anhörung der Arbeitnehmer in der Europäischen Gemeinschaft, ABl. L 80/29 vom 23.03.2002; Text unter http://eur-lex.europa.eu/smartapi/cgi/sga_doc?smartapi!celexapi!prod!CELEXnumdoc&lg=DE&numdoc=32002L0014&model=guichett.

2272 So Darstellung EU (oben Fn. 2270).

2273 Mitteilung der Kommission zur Information und Konsultation der Arbeitnehmer vom 14.11.1995 (KOM(95) 547 endg.), unter http://eur-lex.europa.eu/LexUriServ/LexUriServ.do?uri=COM:1995:0547:FIN:DE:PDF.

Rechtspolitischer Hintergrund waren die Vorkommnisse um die Schließung des *Renault*-Werks im belgischen *Villvoorde*. Ohne dass die örtlichen Arbeitnehmervertreter oder der Europäische Betriebsrat hiervon zuvor unterrichtet, geschweige denn angehört worden waren, wurde dort Anfang 1997 entschieden, dass das Werk mit 3.000 Beschäftigten zum Jahresende geschlossen werden sollte. Diese Vorgehensweise zog Forderungen nach einer strengeren Regulierung von Unterrichtung und Anhörung nach sich. Aufgrund dieser Entstehungsgeschichte wird sie in der Literatur gelegentlich auch als „*Renault*-Richtlinie" bezeichnet. Und tatsächlich wurden auch diese Umstände im letztlichen Richtlinientext gestreift.[2274]

Einmal mehr geriet das Projekt aber aufgrund von Meinungsdivergenzen unter den Mitgliedstaaten wie auch zwischen Europäischem Parlament und Rat im Hinblick auf die angezeigte Reichweite einer Arbeitnehmermitwirkung ins Stocken. Erst mehr als drei Jahre später konnte die Richtlinie verabschiedet werden; die Umsetzungsfrist lief bis zum 23.03.2005.[2275]

Praktisch wurde das Ziel eines gemeinschaftsweiten Mindeststandards bislang allerdings nicht erreicht. Tatsächlich bestehen in den Mitgliedstaaten – zum Teil beträchtliche – Umsetzungsunterschiede und -defizite.[2276]

II. Grundkonzeption

Die Unterrichtungs- und Anhörungsrichtlinie ist eine Rahmenrichtlinie mit einem antizipativen Ansatz. Durch sie werden die Mitgliedstaaten verpflichtet, auf jeweils nationaler Ebene Mindestvorschriften für das Recht auf Unterrichtung und Anhörung der Arbeitnehmer zu treffen und an die verschiedenen Gepflogenheiten und Praktiken anzupassen, so dass ihre Wirksamkeit gewährleistet ist.[2277] Hierzu werden *„die Grundsätze, Begriffe und Modalitäten der Unterrichtung und Anhörung"*[2278] definiert.

2274 Vgl. insoweit Erwägungsgründe 6 und 9.

2275 Art. 11 I RL 2002/14/EG.

2276 In diesem Zusammenhang kam es zu Vertragsverletzungsverfahren gegen Spanien (EuGH, Rs. C-317/06 vom 05.07.2007), Belgien (EuGH, Rs. C-320/06 vom 29.03.2007), Luxemburg (EuGH, Rs. C-321/06 vom 14.06.2007), Italien (EuGH, Rs. C-327/06 vom 01.03.2007) und Griechenland (EuGH, Rs. C-381/06 vom 13.09.2007).

2277 Zum antizipativen Ansatz vgl. Erwägungsgründe 6, 7, 8, 9, 10, 13, zum allgemeinen Rahmen Erwägungsgrund 18, zur Zielsetzung Art. 1 RL 2002/14/EG. Die Mitgliedstaaten können spezifische Bestimmungen für Unternehmen oder Betriebe vorsehen, die unmittelbar und überwiegend politischen, koalitionspolitischen, konfessionellen, karitativen, erzieherischen, wissenschaftlichen oder künstlerischen Bestimmungen oder Zwecken der Berichterstattung oder Meinungsäußerung dienen, falls das innerstaatliche Recht solche Bestimmungen bereits zum Zeitpunkt des Inkrafttretens der Richtlinie enthält; Art. 3 II RL 2002/14/EG.

2278 Erwägungsgrund 23 Satz 1.

Praktisch wurden auf diesem Wege erstmals national einheitliche Mindeststandards für Information und Konsultation entwickelt. Die Richtlinie schafft aber ihrerseits keine eigenen „neuen" Arbeitnehmervertretungsinstitutionen und verlangt auch nicht die Einführung von tatsächlichen Mitwirkungs- bzw. Mitbestimmungsrechten.

Da der bestehende deutsche Rechtsrahmen mit BetrVG und PersVG jedenfalls nach Ansicht des deutschen Gesetzgebers über die Anforderungen der Richtlinie hinausgeht, wurden hier keine Maßnahmen zur Umsetzung getroffen.[2279]

III. Verfahren

In der Richtlinie werden vor allem Unterrichtungs- und Anhörungsrechte normiert, die sich ihrerseits auf drei unternehmensbezogene Bereiche konzentrieren. Diese sind a) die Entwicklungen in wirtschaftlicher, finanzieller und strategischer Hinsicht, b) die Beschäftigungsstruktur, die voraussichtliche Beschäftigungsentwicklung und die daraus jeweils folgenden Maßnahmen, sowie c) die unternehmerischen Entscheidungen, die wesentliche Veränderungen der Arbeitsorganisation und der arbeitsvertraglichen Beziehungen mit sich bringen können.[2280]

Im Bereich der wirtschaftlichen Entwicklung ist ausschließlich eine Unterrichtung und gerade keine Anhörung vorgesehen, dafür geht der Richtlinienbegriff der „Anhörung" über denjenigen des BetrVG hinaus.[2281]

Die Mitgliedstaaten bestimmen in gewissen Grenzen über den Anwendungsbereich der Richtlinie. Je nach ihrer Entscheidung werden grundsätzlich Unternehmen mit mindestens 50 Beschäftigten oder Betriebe mit mindestens 20 Beschäftigten in einem Mitgliedstaat erfasst.[2282] Sie können aber auch Unternehmen mit weniger als 50 bzw. Betriebe mit weniger als 20 Beschäftigten von der Anwendung der Richtlinie ausnehmen. Die Mitgliedstaaten bestimmen auch, wie die Schwellenwerte berechnet werden.[2283]

2279 Vgl. insoweit §§ 106, 111 ff. BetrVG. Teilweise wird aber aufgrund der Divergenzen zwischen den Richtlinienvorgaben und dem nationalen Recht trotzdem ein Umsetzungsbedarf gesehen; *Reichold,* NZA 2003, S. 298 f.

2280 Art. 4 II RL 2002/14/EG.

2281 Vgl. Art. 2 b), 4 IV c) und d) RL 2002/14/EG. Zum Inhalt von Unterrichtung und Anhörung *Reichold,* NZA 2003, S. 295 f.

2282 Art. 3 I a) bzw. b) RL 2002/14/EG. Zum wahlweisen Anknüpfungspunkt auch *Reichold,* NZA 2003, S. 292.

2283 Art. 3 I S. 2 RL 2002/14/EG.

Die Richtlinie definiert in ihrem Art. 2 d) zwar den Begriff „Arbeitnehmer", verweist aber dazu auf das nationale Arbeitsrecht. Die Mitgliedstaaten ihrerseits können nun aber nicht bestimmte Arbeitnehmergruppen, wie z.B. die leitenden Angestellten oder solche mit einem gewissen Alter, hiervon ausnehmen, und so den Anwendungsrahmen flexibel selbst bestimmen. Maßgeblich ist allein der allgemeine Arbeitnehmerbegriff des jeweiligen Mitgliedstaats.[2284]

Die Begriffe „Unternehmen" und „Betrieb" werden zwar unionsautonom durch die Richtlinie definiert,[2285] allerdings kann das Bezugsobjekt von Mitgliedstaat zu Mitgliedstaat variieren.

Diese vergleichsweise weiten Vorgaben waren notwendig, um Friktionen bei der Umsetzung zu vermeiden.[2286] Grundsätzlich musste aber gewährleistet werden, dass die in der Richtlinie vorgeschriebenen Ergebnisse erreicht würden.[2287]

Tatsächlich werden die einzelnen Modalitäten für die Anwendung der in der Richtlinie vorgesehenen Mechanismen zu Unterrichtung und Anhörung vom Arbeitgeber und den Arbeitnehmervertretern – aber nur von diesen und nicht etwa direkt von den einzelnen Arbeitnehmern – *„im Geiste der Zusammenarbeit und unter gebührender Beachtung ihrer jeweiligen Rechte und gegenseitigen Verpflichtungen festgelegt bzw. durchgeführt"*.[2288] Leitlinie ist auch hier die praktische Wirksamkeit.[2289]

Allerdings sind ähnlich wie bei den anderen Richtliniendefinitionen auch diejenigen von „Unterrichtung" und „Anhörung" vergleichsweise unbestimmt. Sie können daher je nach Umsetzung hinsichtlich des geschuldeten Ausmaßes gewisse Auslegungsschwierigkeiten nach sich ziehen.[2290] Das Europäische Parlament hat daher in seiner diesbezüglichen Entschließung die Mitgliedstaaten aufgefordert, bei ihren Umsetzungsmaßnahmen – zumindest, aber bemerkenswerterweise auch ausschließlich – den Begriff der „Unterrichtung" genau zu definieren, ohne Möglichkeiten für unterschiedliche Auslegungen zuzulassen, insbesondere den Arbeitnehmervertretern zu ermöglichen, *„die zur Verfügung gestellten Informationen zu prüfen und sich nicht darauf zu beschränken, das Ende des Verfahrens der Unterrichtung abzuwarten, wenn die Beschlüsse des Unternehmens unmittelbare Auswirkungen auf die Arbeitnehmer haben."*[2291]

2284 Vgl. EuGH vom 13.01.2007, Rs. C-385/05 (*Confédération générale du travail u.a.*); *Thüsing*, EuropArbR, § 10, Rn. 54 ff.; Entschließung des EP vom 19.02.2009 (oben Fn. 2270), Nr. 4.

2285 Art. 2 a) bzw. b) RL 2002/14/EG.

2286 *Thüsing*, EuropArbR, § 10, Rn. 52.

2287 Art. 11 I, 2. HS RL 2002/14/EG.

2288 Art. 1 III RL 2002/14/EG; zum Arbeitnehmervertreter vgl. die Definition in Art. 2e).

2289 Art. 1 II RL 2002/14/EG.

2290 Art. 2 f) und g) RL 2002/14/EG. Vgl. auch *Rebhahn* in *Riesenhuber*, EuMethodenlehre 2010, S. 549.

2291 Entschließung des EP vom 19.02.2009 (oben Fn. 2270), Nr. 6 a).

Ggf. können die Sozialpartner auch Vereinbarungen über Art und Weise eines Unterrichtungs- und Anhörungsverfahrens treffen, falls der Mitgliedstaat von einer entsprechenden Richtlinienoption Gebrauch macht.[2292]

Flankierend sind Vorgaben zur Vertraulichkeit vorgesehen.[2293] Zudem müssen die Mitgliedstaaten *„geeignete Maßnahmen"* für den Fall der Nichteinhaltung der Unterrichtungs- und Anhörungspflichten vorsehen. Dies betrifft einerseits geeignete Verwaltungs- und Gerichtsverfahren, andererseits *„wirksame, angemessene und abschreckende"* Sanktionen.[2294]

Allerdings lässt die Richtlinie die Existenz von betriebsratlosen Betrieben zu, sofern das Fehlen der Arbeitnehmervertretung den Arbeitnehmern selbst zuzurechnen ist.[2295]

C. Verschmelzungsrichtlinie – RL 2005/56/EG[2296]

I. Hintergrund

Die sog. Verschmelzungsrichtlinie[2297] regelt die grenzüberschreitende Verschmelzung von Kapitalgesellschaften zu einer einzigen Kapitalgesellschaft. Ihre Einfüh-

---

2292 Art. 5 RL 2002/14/EG.

2293 Art. 6 RL 2002/14/EG; hierzu auch Entschließung des EP vom 19.02.2009 (oben Fn. 2270) Nr. 5. (Dauer nach Beendigung des Mandats; berechtigtes Interesse des Unternehmens an Geheimhaltung).

2294 Art. 8 RL 2002/14/EG.

2295 *Thüsing*, EuropArbR, § 10, Rn. 57 f.; EuGH vom 08.06.1994, Rs. C-382/92, Rn. 18 (*Kommission ./. Vereinigtes Königreich*) und vom selben Tag, Rs. C-383/92, Rn. 19 (*Kommission ./. Vereinigtes Königreich*).

2296 *Thüsing*, EuropArbR, § 10, Rn. 44 ff.; *Henssler* in *Henssler/Braun*, EuropArbR, Rn. 100; *Riesenhuber*, EuArbR, § 30, Rn. 1 ff.; *Ulmer/Habersack/Henssler*, MitbestG, Einl., Rn. 80; *Kleinsorge* in *Fitting/Wlotzke/Wißmann/Koberski/Kleinsorge*, MitbestR, EU-Recht, Rn. 70 ff.; *Lutter/Bayer/J. Schmidt*, EuropUR 2012, § 23, zur Arbeitnehmerbeteiligung insbesondere Rn. 147 ff.; *Kisker*, RdA 2006, S. 209 ff.; *Schubert*, RdA 2007, S. 9 ff.; *Habersack*, ZHR 171 (2007), S. 613 ff., insbes. S. 619 ff.; *Brandes*, ZIP 2008, S. 2193 ff.; *Müller-Bonanni/Müntefering*, NJW 2009, S. 2347 ff.; *Götze/Winzer/Arnold*, ZIP 2009, S. 252 ff.; *Teichmann*, Der Konzern 2007, S. 89 ff. Überblicksdarstellungen bei der Europäischen Union unter http://europa.eu/legislation_summaries/internal_market/businesses/company_law/l26041_de.htm, bei der Europäischen Kommission unter http://ec.europa.eu/internal_market/company/mergers/index_de.htm und beim Europäischen Gewerkschaftsinstitut unter http://www.worker-participation.eu/Company-Law-and-CG/Company-Law/Cross-Border-Mergers (englisch).

2297 Richtlinie 2005/56/EG des Europäischen Parlaments und des Rates vom 26. Oktober 2005 über die Verschmelzung von Kapitalgesellschaften aus verschiedenen Mitgliedstaaten, Abl. L 310/1 vom 25.11.2005, zuletzt geändert durch Richtlinie 2012/17/EU des Europäischen Parlaments und des Rates vom 13. Juni 2012 zur Änderung der Richtlinie 89/666/EWG des Rates sowie der Richtlinien 2005/56/EG und 2009/101/EG des Europäischen Parlaments und des Rates in Bezug auf die Verknüpfung von Zentral-, Handels- und Gesellschaftsregistern, ABl. L. 156/1 vom 16.06.2012; konsoli-

rung geschah mit Blick auf die EuGH-Rechtsprechung zur Niederlassungsfreiheit, durch die die Rechtslage auf dem Gebiet der grenzüberschreitenden Fusionen zunehmend reformbedürftiger wurde. Die Richtlinie soll festlegen, welches mitgliedstaatliche Recht bei einer grenzüberschreitenden Verschmelzung für die beteiligten Gesellschaften maßgeblich ist.

Sie enthält u.a. bestimmte Vorgaben zum Schutz bereits bestehender Arbeitnehmermitbestimmungsrechte. Das Verfahren orientiert sich grundsätzlich am Verhandlungsmodell der SE, enthält aber auch einige bedeutende Abweichungen. Denn anders als dort liegt der Fokus bei der Verschmelzungsrichtlinie auf dem nationalen Recht, eben weil aus der grenzüberschreitenden Verschmelzung eine nationale und keine supranationale Gesellschaft hervorgeht. Auch für die Mitbestimmung soll konsequent so weit wie möglich das nationale Recht angewandt werden,[2298] während die Verhandlungslösung nur bei einer drohenden Herabsetzung des bereits bestehenden Niveaus zum Zuge kommt. Die Verschmelzungsrichtlinie trifft jedoch keine eigene Regelung über die betriebliche Arbeitnehmerbeteiligung, sondern klammert die Aspekte der Unterrichtung und Anhörung aus dem Verschmelzungsverfahren aus.

II. Grundkonzeption

Die Verschmelzungsrichtlinie erleichtert die grenzüberschreitende Verschmelzung von Kapitalgesellschaften unterschiedlicher Rechtsformen.[2299] Dabei zielt sie auf einen möglichst weiten Anwendungsbereich und möchte ein entsprechendes Vorgehen insbesondere auch solchen Unternehmen ermöglichen, die ihrerseits keine SE gründen wollen.[2300]

Tatsächlich wird im Bereitstellen dieses allgemeinen Verfahrens ein Hauptvorteil der Richtlinie gesehen. Vor Inkrafttreten der Richtlinie sahen sich die Unternehmen mit umständlichen Prozessen konfrontiert, die mit Unsicherheiten, Kosten und Verzögerungen einhergingen. Dies gilt insbesondere auch im Hinblick auf die „Alternative SE".[2301] Mit der Verschmelzungsrichtlinie steht ein betreffendes Instrumentarium auch den KMU zur Verfügung.

---

dierte Fassung unter http://eur-lex.europa.eu/LexUriServ/LexUriServ.do?uri=CONSLEG:2005L0056:20120706:DE:PDF. [In der englischen Literatur findet sich die Abkürzung *CBMD* für *Cross-Border Mergers Directive*.].

2298 Vgl. Erwägungsgrund 13 S. 2, 2. HS RL 2005/56/EG.

2299 Art. 2 Nr. 1 RL 2005/56/EG verweist auf die Begrifflichkeiten von Art. 1 der sog. Publizitätsrichtlinie.

2300 Zur Zielvorgabe vgl. Europäische Union (oben Fn. 2296).

2301 Vgl. dazu *Study on the Application of the Cross-Border Mergers Directive* von *Bech-Bruun* und *Lexidale* für die Kommission vom September 2013, hier insbes. S. 7 f., 44 f., 48; Text unter http://ec.europa.eu/internal_market/company/docs/mergers/131007_study-cross-border-merger-directive_en.pdf (englisch).

Die Verschmelzungsrichtlinie hält für das Verfahren der Verschmelzung gemeinschaftsrechtliche Vorgaben bereit, konkret regelt sie Verschmelzungsplan, Verschmelzungsbericht, Verschmelzungsprüfung und Verschmelzungsbeschluss. Schon hier werden die Arbeitnehmerinteressen mit berücksichtigt. Nach den Richtlinienvorgaben sind die nationalen Arbeitnehmerschutzrechte zu beachten, im Verschmelzungsplan ist anzugeben, wie die Mitbestimmung in der entstehenden Gesellschaft geregelt wird, im Verschmelzungsbericht sind die Auswirkungen auf die Arbeitnehmer zu erläutern, der Bericht ist den Arbeitnehmervertretern zugänglich zu machen.[2302]

Ungeachtet des europäischen Verfahrens geht es um die Verschmelzung von mitgliedstaatlichen Gesellschaften. Am Ende der Verschmelzung steht (wieder) eine Gesellschaft nationalen Rechts, konkret dem Recht desjenigen Mitgliedstaats, in dem der Hauptsitz gewählt wurde.

Maßgeblich sind hier vor allem die Art. 2 bis 15 der Richtlinie, die gesellschaftsrechtliche Vorgaben treffen, und insbesondere Art. 16, der die Mitbestimmung regelt. Die Umsetzung in das nationale Recht erfolgte in Deutschland in mitbestimmungsrechtlicher Sicht durch das MgVG[2303] und in gesellschaftsrechtlicher Sicht durch die §§ 122a ff. UmwG.

III. Verfahren

1. Grundsatz Sitzstaatsprinzip

Im Grundsatz gilt für die Mitbestimmung das Sitzstaatsprinzip. Auf die aus der Verschmelzung hervorgehende Gesellschaft findet daher im Regelfall das Mitbestimmungsrecht Anwendung, das in dem Mitgliedstaat gilt, in dem die Gesellschaft ihren Satzungssitz hat.[2304]

In ihrer deutschen Fassung spricht die Richtlinie lediglich vom „Sitz“, so dass neben dem Satzungssitz auch der Verwaltungssitz gemeint sein könnte. Der Bezug auf den Satzungssitz folgt aber eindeutig aus der englischen bzw. französischen Sprachfassung (*„registered office“/„siège statuaire“*).

2302 Art. 4 I b), II, 5 j), 7 II RL 2005/56/EG.

2303 Gesetz über die Mitbestimmung der Arbeitnehmer bei einer grenzüberschreitenden Verschmelzung vom 21. Dezember 2006 (BGBl. I S. 3332), zuletzt geändert durch Gesetz vom 30.07.2009 (BGBl. I 2479).

2304 Art. 16 I RL 2005/56/EG.

2. Verhandlungslösung

a) Voraussetzungen

Unter bestimmten Voraussetzungen greifen aber die Mitbestimmungsgrundsätze der SE, d.h., es ist eine einvernehmliche Lösung der Mitbestimmungsfrage durch eine Vereinbarung zwischen Arbeitgeber und Arbeitnehmern vorgesehen (Verhandlungslösung).[2305]

Hierzu wird zunächst ein Besonderes Verhandlungsgremium gebildet, das die betroffenen Arbeitnehmer insgesamt repräsentiert. Das Besondere Verhandlungsgremium verhandelt dann bis zu sechs Monate, ggf. mit Einverständnis beider Parteien bis zu einem Jahr, mit den beteiligten Unternehmensleitungen über die Mitbestimmung in der aus der Verschmelzung hervorgehenden Gesellschaft, u.a. über die Zahl der Arbeitnehmervertreter im Aufsichts- bzw. Leitungsorgan, deren Rechte und das Verfahren, nach dem sie zu wählen bzw. zu bestellen sind.[2306] Auch hier gilt der Grundsatz der Parteienautonomie.[2307]

Das deutsche MgVG gibt in § 8 III für die Besetzung des Besonderen Verhandlungsgremiums eine Drittelbeteiligung von Gewerkschaftsvertretern vor.[2308]

Scheitern die Verhandlungen, und unterlag gleichzeitig mindestens ein Drittel der Arbeitnehmer der Mitbestimmung, kommt die Auffangregelung zum Zug, die sich wiederum grundsätzlich nach den Vorgaben der SE-RL richtet.[2309]

Die Auffangregelung findet grundsätzlich Anwendung, wenn die Parteien es vereinbaren oder wenn innerhalb der Frist keine Vereinbarung zustande kommt. Anders als bei der SE wurde der Schwellenwert aber heraufgesetzt.[2310]

Die anschließende registerrechtliche Kontrolle stellt die Einhaltung dieses Verfahrens sicher.[2311]

2305 Zum Verfahren verweist Art. 16 III RL 2005/56/EG im Wesentlichen auf die Vorschriften der SE-RL, was sich insbesondere auch auf die Modalitäten und die Dauer der Verhandlungen erstreckt.
2306 Für Deutschland vgl. §§ 6-21, 22, 23 MgVG.
2307 Vgl. Art. 16 III b) RL 2005/56/EG i.V.m. Art. 4 II a), g), h) SE-RL.
2308 Kritisch hierzu *Thüsing*, EuropArbR, § 10, Rn. 45c, demzufolge diese Privilegierung durch den Richtliniengeber nicht vorgesehen ist.
2309 Art. 16 III h) RL 2005/56/EG verweist auf Anhang, Teil 3 b) der SE-RL.
2310 Art. 16 III e) RL 2005/56/EG. Vgl. auch *Riesenhuber*, EuArbR, § 30, Rn. 15.
2311 Vgl. Art. 11 I 2 a.E. RL 2005/56/EG.

Anders als bei der SE ist im Rahmen der Verschmelzungsrichtlinie der Abschluss des Verhandlungsverfahrens keine Voraussetzung für die Eintragung der Verschmelzung.[2312] Das bedeutet auch, dass etwaige Verzögerungen beim Verhandlungsverfahren keine Blockadewirkung entfalten.

Weil in der Verschmelzungsrichtlinie keine eigene Regelung über die betriebliche Arbeitnehmerbeteiligung getroffen wird, gilt insofern ebenfalls das Recht des Sitzstaats, inklusive der einschlägigen Richtlinien, insbesondere der EBR-RL.[2313] Damit entfällt, anders als bei der SE, auch die Notwendigkeit, im Voraus über einen (SE-) Betriebsrat zu verhandeln.[2314]

Zum Verhandlungsverfahren kommt es, wenn infolge des Sitzstaatsprinzips in der hervorgehenden Gesellschaft eine Herabsetzung gegenüber dem vorher bestehenden Niveau an Mitbestimmung in den Ausgangsgesellschaften entstehen würde.[2315]

Haben die Arbeitnehmer mindestens einer an der Verschmelzung beteiligten Gesellschaften also Mitbestimmungsrechte, und sieht das innerstaatliche Recht des Sitzstaats der aus der Verschmelzung hervorgehenden Gesellschaft nicht den gleichen Umfang an Mitbestimmungsrechten wie die Rechtsordnungen der Sitzstaaten der an der Verschmelzung beteiligten Gesellschaften vor, sprich, käme es zu einer Minderung des Mitbestimmungsniveaus, *„muss die Mitbestimmung der Arbeitnehmer in der aus der grenzüberschreitenden Verschmelzung hervorgehenden Gesellschaft neu geregelt werden"*.[2316] Eine „Flucht aus der Mitbestimmung" soll also über das Vehikel der grenzüberschreitenden Verschmelzung nicht möglich werden.

Konkret betrifft dies drei Fälle, nämlich wenn

a) mindestens eine der an der Verschmelzung beteiligten Gesellschaften in den sechs Monaten vor Veröffentlichung des Verschmelzungsplans durchschnittlich mehr als 500 Arbeitnehmer beschäftigt hat und in dieser Gesellschaft ein System der Arbeitnehmermitbestimmung besteht,[2317] oder
b) das für die aus der Verschmelzung hervorgehende Gesellschaft maßgebliche innerstaatliche Recht nicht mindestens den gleichen Umfang an Mitbestimmung der Arbeitnehmer gewährleistet, wie er in den jeweiligen an der Verschmelzung beteiligten Gesellschaften bestand,[2318] oder

2312 *Habersack*, ZHR 171 (2007), S. 624.

2313 Erwägungsgrund 12 RL 2005/56/EG.

2314 *Kleinsorge* in *Fitting/Wlotzke/Wißmann/Koberski/Kleinsorge*, MitbestR, EU-Recht, Rn. 71; *Riesenhuber*, EuArbR, § 30, Rn. 8; *Kisker*, RdA 2006, S. 209; *Teichmann*, Der Konzern 2007, S. 91; *Lutter/Bayer/J. Schmidt*, EuropUR 2012, § 23, Rn. 148.

2315 Art. 16 II RL 2005/56/EG.

2316 Erwägungsgrund 13 S. 1 a.E. RL 2005/56/EG.

2317 Art. 16 II, 1. HS RL 2005/56/EG. Zu den näheren Voraussetzungen, insbesondere im Hinblick auf den Vergleich des Umfangs und ob aus deutschem Blickwinkel die Einbeziehung des Arbeitsdirektors gem. § 33 MitbestG angezeigt ist, *Schubert*, RdA 2007, S. 10 f.

2318 Art. 16 II a) RL 2005/56/EG.

c) für die Arbeitnehmer in Betrieben der aus der Verschmelzung hervorgehenden Gesellschaft, die sich in anderen Mitgliedstaaten befinden, nicht der gleiche Anspruch auf Ausübung von Mitbestimmungsrechten vorgesehen ist, wie sie den Arbeitnehmern in demjenigen Mitgliedstaat gewährt werden, in dem die aus der Verschmelzung hervorgehende Gesellschaft ihren Sitz hat.[2319]

Letzteres zielt vor allem auf das aktive und das passive Wahlrecht und kann international zur Ausdehnung der Mitbestimmung führen.[2320]

„Umfang an Mitbestimmung" meint dabei den Anteil der Arbeitnehmervertreter in dem Verwaltungs- bzw. Aufsichtsorgan, den Ausschüssen oder dem Leitungsgremium, das für die Ergebniseinheiten zuständig ist.[2321] Wie bei der SE wird dieser Anteil rein quantitativ bestimmt. Anders als dort erstreckt er sich bei der Verschmelzungsrichtlinie aber nicht mehr nur ausschließlich auf den Anteil der Arbeitnehmervertreter im Verwaltungs- bzw. Aufsichtsorgan in den beteiligten Gesellschaften. Hinzu kommt auch noch der Anteil an Arbeitnehmervertretern in Ausschüssen sowie in den Ergebniseinheiten, wenn dort eine Mitbestimmung besteht.[2322]

Der Begriff der „Ergebniseinheit" dürfte auf die entsprechenden finnischen Regelungen zielen. Das finnische Gesetz FFS 725/90 verwendet in 5 § *n.* 1 den Terminus *„tulosyksiköt"*, in der schwedischen Fassung *„företagets resultatenheter"* was sich jeweils mit „Geschäftseinheit" oder auch „Ergebniseinheit" übertragen lässt, die englischen Fassungen verwenden den Begriff *„business unit"*. Die englische Fassung der Richtlinie bedient sich der Wendung *„profit unit"*.[2323] Gemeint ist damit meist ein logisch trennbarer Bereich eines Unternehmens, das einen bestimmten Funktionsbereich repräsentiert.

Das deutsche MgVG hat diese Vorgaben inhaltlich übernommen. Für die anderen Fälle bestimmt § 4 MgVG, dass für die aus der Verschmelzung hervorgehende Gesellschaft die Mitbestimmungsregelungen des Sitzstaats Anwendung finden.[2324]

Faktisch dürfte aus deutscher Sicht die Verhandlungslösung der Regelfall sein.[2325] Der Schwellenwert von „mehr als 500 Arbeitnehmern" aus Art. 16 II, 1. HS der Richtlinie stimmt mit den Vorgaben

---

2319 Art. 16 II b) RL 2005/56/EG.

2320 Vgl. *Riesenhuber*, EuArbR, § 30, Rn. 13; *Teichmann*, Der Konzern 2007, S. 91.

2321 Vgl. Art. 16 II a), 2. HS RL 2005/56/EG.

2322 Art. 16 II a) RL 2005/56/EG. Vgl. auch *Kleinsorge* in *Fitting/Wlotzke/Wißmann*, MitbestR, EU-Recht, Rn. 75; *Riesenhuber*, EuArbR, § 30, Fn. 20; *Kisker*, RdA 2006, S. 211, Fn. 52.

2323 Näher zu den finnischen Regelungen oben Teil 4 D III.

2324 Vgl. § 5 MgVG; *Thüsing*, EuropArbR, § 10, Rn. 44b; *Henssler*, ZHR 173 (2009), S. 227.

2325 Kritisch *Brandes*, BB 2008, 2193ff., 2195; *Henssler*, RdA 2005, 331f.; vgl. auch *Ulmer/Habersack/Henssler*, MitbestG, Einl., Rn.74 a.E.; *Kleinsorge* in *Fitting/Wlotzke/Wißmann/Koberski/Kleinsorge*, MitbestR, EU-Recht, Rn. 72.

von § 1 I Nr. 1 DrittelbG überein, so dass für eine Gesellschaft mit Sitz in Deutschland bereits regelmäßig schon die erste Variante greifen dürfte. Zudem dürfte meist das Kriterium des „nichtgleichen Anspruchs auf Ausübung von Mitbestimmungsrechten" aus Art. 16 II b) erfüllt sein, da den in einem anderen Mitgliedstaat beschäftigten Arbeitnehmern nicht das gesetzliche Wahlrecht für die Arbeitnehmervertreter im (deutschen) Aufsichtsrat zukommt.
Das bedeutet letztlich aber auch, dass mittels der Verschmelzung einer ausländischen Tochtergesellschaft auf die deutsche Mutter erreicht werden kann, dass selbst eine deutsche AG oder GmbH ihr spezifisches Mitbestimmungsmodell individuell mit der Belegschaft aushandeln kann. Dies gilt ungeachtet des Wortlauts von § 1 I Nr. 1 MitbestG und § 1 I Nr. 1 DrittelbG.[2326] Da zudem nach herrschender Meinung die sonstigen deutschen Mitbestimmungsregeln durch das MgVG verdrängt werden, lässt sich das ausgehandelte Niveau dann sogar gegenüber zukünftigen Entwicklungen „einfrieren".[2327]

b) Auffangregelung

aa) Grundsatz

Scheitern die Verhandlungen, kommt die gesetzliche Auffangregelung zum Zug. Sie schreibt grundsätzlich den Anteil an Arbeitnehmervertretern im Aufsichts- bzw. Leitungsorgan der übernehmenden Gesellschaft fort, der auch zuvor bei den verschmolzenen Gesellschaften bestand. Bei mehreren verschiedenen Mitbestimmungssystemen setzt sich dasjenige System durch, in dem der quantitativ höchste Anteil an Arbeitnehmervertretern vorgesehen ist. Wie bei der SE greift also das Vorher-Nachher-Prinzip und das höchste Niveau der Mitbestimmung setzt sich durch.[2328]

Die Auffangregelung gilt grundsätzlich auch über die Verschmelzungsphase hinaus und auch bei nachfolgenden strukturellen Veränderungen. Insofern gilt ein Bestandsschutz von drei Jahren nach Wirksamwerden der grenzüberschreitenden Verschmelzung für jede folgende innerstaatliche Verschmelzung.[2329]

Anders als bei der SE greift die Auffangregelung nach der Verschmelzungsrichtlinie aber erst dann, wenn mindestens exakt ein Drittel der Gesamtbelegschaft mitbestimmt war. Bei der SE liegt das Minimum je nach Gründungsart bereits bei einem Viertel.[2330]

2326 Vgl. i.E. *Baums*, NJW-Spezial 2009, S. 410; *Götze/Winzer/Arnold*, ZIP 2009, S. 253.

2327 Hintergrund ist, dass die deutschen Mitbestimmungsregeln keine diskriminierungsfreie Beteiligung der ausländischen Arbeitnehmer ermöglichen, Art. 16 II b RL 2005/56/EG und § 5 Nr. 3 MgVG dies aber gewährleisten; *Brandes*, ZIP 2008, S. 2196, 2199; *Bormann/Böttcher*, NZG 2011, Fn. 30, 31.

2328 Vgl. hierzu *Thüsing*, EuropArbR, § 10, Rn. 44c, 45f.

2329 Vgl. Art. 16 VII RL 2005/56/EG, § 30 MgVG; *Thüsing*, EuropArbR, § 10, Rn. 45e; *Riesenhuber*, EuArbR, § 30, Rn. 25; *Habersack*, ZHR 171 (2007), S. 641.

2330 Art. 16 III e) RL 2005/56/EG („33 ⅓"), § 23 I 2 MgVG.

bb) Besonderes Wahlrecht der Unternehmensleitung

Besonderer „Gimmick“ im Rahmen der grenzüberschreitenden Verschmelzung ist, dass die beteiligten Unternehmen hier auf die Verhandlungen mit den Arbeitnehmern einseitig verzichten können. Ist das notwendige Arbeitnehmerquorum von einem Drittel erreicht, kann die Unternehmensleitung erklären, dass die gesetzliche Auffanglösung unmittelbar gelten soll.[2331]

Somit lässt sich nicht nur auch für nationale Gesellschaften die Arbeitnehmerbeteiligung aktiv gestalten. Es entfällt zudem auch die sechsmonatige Verhandlungspflicht, was in zeitlicher und finanzieller Hinsicht vorteilhaft sein kann.

Uneinigkeit besteht aber dahingehend, ob man im Rahmen der Auffanglösung dennoch ein Besonderes Verhandlungsgremium bilden muss. Ein solches dürfte wohl dann entbehrlich sein, wenn ihm lediglich die Aufgabe zukommen soll, die mathematisch festgelegten Sitze individuell zuzuweisen, allerdings müssen die europäischen Arbeitnehmervertretungen über das Verschmelzungsvorhaben informiert werden.[2332]

---

cc) Monistische Gesellschaft

Nach der Verschmelzungsrichtlinie können die Staaten mit einem monistischen Organisationsmodell vorsehen, dass die Arbeitnehmerbeteiligung auf eine Drittelbeteiligung beschränkt wird.[2333]

Falls eine derartige Regelung getroffen wird, kann die aufnehmende Gesellschaft die Mitbestimmungsquote im Rahmen der Auffangregelung auf maximal ein Drittel der Verwaltungsratsmitglieder beschränken.

Das heißt, die Fusionspartner können sich dahingehend entscheiden, im Verwaltungsrat der verschmolzenen Gesellschaft auch dann eine Drittelparität einzurichten, wenn vorher für eine (oder mehrere) der beteiligten Gesellschaften die paritätische Mitbestimmung gegolten hat. Ggf. richtet sich die Frage, ob diese Möglichkeit besteht, nach den jeweiligen nationalen Umsetzungsgesetzen.[2334]

2331 Art. 16 IV a) RL 2005/56/EG, § 23 I 1 Nr. 3 MgVG. *Riesenhuber*, EuArbR, § 30, Rn. 16; *Brandes*, ZIP 2008, S. 2193 ff., 2196; *Müller-Bonanni/Müntefering*, NJW 2009, S. 2351 ff.; *Götze/Winzer/Arnold*, ZIP 2009, S. 253; *Teichmann*, Der Konzern 2007, S. 92.

2332 *Brandes*, ZIP 2008, S. 2197 f., wohl auch *Müller-Bonanni/Müntefering*, NJW 2009, S. 2352 f.; hingegen für die verpflichtende Bildung eines Besonderen Verhandlungsgremiums *Schubert*, RdA 2007, S. 14; *dies.*, ZIP 2009, S. 796 ff.

2333 Art. 16 IV c) RL2005/56/EG.

2334 Eine entsprechende Vorgabe findet sich z.B. in Sec. 39 der britischen *Companies (Cross-Border Mergers) Regulations 2007;* S.I. 2007/2974, zuletzt geändert durch S.I. 2008/583, Text unter http://www.legislation.gov.uk/uksi/2007/2974/contents/made (englisch).

Teil 6 – **Arbeitnehmerbeteiligung in supranationalen Rechtsformen – SE und SPE**

A. Hinführung

Bei europäischen supranationalen Gesellschaftsrechtsformen sind Gründung, Aktivitäten und Auflösung grundsätzlich einheitlich auf Unionsebene geregelt. Mit dieser, im Wesentlichen bestehenden, strukturellen Uniformität sollen die grenzüberschreitenden Tätigkeiten eines Unternehmens innerhalb der EU vereinfacht werden. Möglich werden z.B. die Gründung von Holdingstrukturen unter einheitlichen Parametern oder eine identitätswahrende Verlegung auch über die Landesgrenzen hinweg. Supranationale Gesellschaftsformen stehen ergänzend neben den bereits etablierten nationalen Formen.

Geregelt werden sie durch eine Europäische Verordnung,[2335] flankierend auch durch Europäische Richtlinien.[2336] Solche Richtlinien bedürfen der nationalen Umsetzung, so dass sich schon durch jeweils unterschiedliche Umsetzungsmaßnahmen Abweichungen unter den Mitgliedstaaten ergeben können. Dessen ungeachtet weisen aber auch die hier relevanten Verordnungen mehr oder weniger weit reichende Wahlrechte und Verweise ins mitgliedstaatliche Recht auf, so dass auch sie durch Ausführungsvorschriften der Mitgliedstaaten ergänzt werden. Die angestrebte Uniformität der supranationalen Rechtsform wird so faktisch, mitunter deutlich, relativiert, da die Gesellschaft in allen Bereichen, die nicht europäisch vorgegeben sind, den Vorschriften des Staates unterliegt, in dem sie eingetragen ist.

Die Entwicklungen in diesem Bereich sind noch nicht abgeschlossen. Als Kapitalgesellschaft zur Verfügung steht bislang namentlich die Europäische Gesellschaft, *Societas Europaea (SE)*. Die ursprünglich für 2010 geplante Schaffung einer Europäischen Privatgesellschaft, *Societas Privata Europaea (SPE)*, geriet zuletzt ins Stocken.

2335 Art. 288 II AEUV.

2336 Art. 288 III AEUV.

B. Arbeitnehmerbeteiligung in der Societas Europaea – RL 2001/86/EG[2337]

I. Hintergrund

Erste, und immer noch eindeutig bedeutendste, supranationale Rechtsform ist die *Societas Europaea, SE,* deutsch meist als *Europäische Aktiengesellschaft* übersetzt, umgangssprachlich hat sich der Begriff *„Europa-AG"* etabliert.

Die SE hat eine recht lange Entwicklung hinter sich. Der Wunsch nach einer überstaatlichen börsenfähigen Kapitalgesellschaft bestand in der europäischen Wirtschaft schon lange. Verschiedene Positionen unter den Mitgliedstaaten, insbesondere auch im Hinblick auf die Frage der Arbeitnehmerbeteiligung, vereitelten jedoch für mehr als vier Jahrzehnte eine Einigung. Erst mit der Verhandlungslösung aus der EBR-RL war auch ein Weg gefunden worden, die Gegebenheiten zu nivellieren.

Regulatorisch bedurfte es hierzu allerdings der Trennung der Rechtsgrundlagen. Die gesellschaftsrechtliche Regulierung der SE wurde von der Frage der Arbeitnehmerbeteiligung abgetrennt. Beides wurde in separaten Rechtsakten normiert, die man aber als einheitliches Statut gleichzeitig verabschiedete.

Rechtsgrundlage für die Europäische Gesellschaft selbst ist die SE-Verordnung, im Folgenden *SE-VO.*[2338] Diese wird hinsichtlich der Arbeitnehmerbeteiligung durch die SE-Richtlinie flankiert, im Folgenden *SE-RL.*[2339] Beide traten 2004 in Kraft.

2337 *Behrens* in *Dauses*, EUWR, E III, Rn. 155 ff.; *Henssler* in *Henssler/Braun*, EuropArbR, Rn. 93 ff.; *Thüsing*, EuropArbR, § 10, Rn. 20 ff.; *Riesenhuber*, EuArbR, § 29, Rn. 1 ff.; *Ulmer/Habersack/Henssler*, MitbestG, Einl., Rn. 79, §§ 34 bis 36; *Lutter/Bayer/J. Schmidt*, EuropUR 2012, § 41, Rn. 186 ff.; *Junker*, ZfA 2005, S. 16 ff.; *Kisker*, RdA 2006, S. 207 f.; *Habersack*, ZHR 171 (2007), S. 613 ff.; *Henssler*, ZHR 173 (2009), S. 222 ff.; *Eidenmüller/Engert/Hornuf*, EBOR 2009, S. 1 ff (insbes. S. 8 f., 26 ff.); *Stollt/Wolters*, SE Handbook 2011, S. 23 ff.; Darstellungen der Europäischen Kommission (30.01.2014) unter http://ec.europa.eu/internal_market/company/se/index_de.htm sowie beim Europäischen Gewerkschaftsinstitut (fortlaufend aktualisiert) unter http://www.worker-participation.eu/European-Company (englisch).

2338 Verordnung (EG) Nr. 2157/2001 des Rates vom 8.10.2001 über das Statut der Europäischen Gesellschaft (SE), ABl. L 294 vom 10.11.2001, S. 1, zuletzt geändert durch Verordnung (EG) Nr. 1791/2006 des Rates vom 20. November 2006, ABl. L 363 vom 20.12.2006, S. 1; Text unter http://eur-lex.europa.eu/LexUriServ/LexUriServ.do?uri=CELEX:32001R2157:DE:NOT.

2339 Richtlinie 2001/86/EG des Rates vom 8. Oktober 2001 zur Ergänzung des Statuts der Europäischen Gesellschaft hinsichtlich der Beteiligung der Arbeitnehmer, ABl. L 294 vom 10.11.2001, S. 22. Text unter http://eur-lex.europa.eu/LexUriServ/LexUriServ.do?uri=CELEX:32001L0086:DE:NOT. Die Umsetzung der SE-RL in der gesamten EU dauerte (trotz eigentlicher Frist bis zum Oktober 2004) bis Anfang 2007.

Die Bestimmungen der SE-RL stellen eine *„untrennbare Ergänzung"* der SE-VO dar.[2340] Dementsprechend verbindet Art. 12 II SE-VO Richtlinie und Verordnung miteinander.
Der Rückgriff auf das Regelungsinstrument der Europäischen Richtlinie geschah vor allem, um den Mitgliedstaaten gewisse Spielräume für national gewünschte Abweichungen im Bereich der Arbeitnehmerbeteiligung zu belassen.
Eine echte Uniformität der Rechtsform gibt es aber ohnehin nicht, da die SE-VO selbst nur die unmittelbaren Kernbereiche regelt und für alle Bereiche außerhalb der Verordnung und der Satzung auf das (Aktien-)Recht des jeweiligen Sitzstaats verweist. Schon darum ist für jede SE also zu einem beträchtlichen Teil nationales Recht maßgeblich.[2341] Tatsächlich machte die Vielzahl der Verweisungen und Wahlrechte der SE-VO auf das nationale Recht sogar ein separates Ausführungsgesetz notwendig, obwohl eine Europäische Verordnung grundsätzlich unmittelbar in jedem Mitgliedstaat gilt und keiner Umsetzung bedarf.

Der deutsche Gesetzgeber hat die regulatorische Trennung mit dem SE-Ausführungsgesetz (SEAG)[2342] und dem SE-Beteiligungsgesetz (SEBG)[2343] übernommen.

II. Organisation – Kernfaktoren

Die Gründung einer SE ist auf vier verschiedene Arten möglich (sog. numerus clausus der Gründungsformen).

Zur Verfügung stehen

- Verschmelzung von zwei oder mehr Aktiengesellschaften aus mindestens zwei Mitgliedstaaten,
- Gründung einer Holding, an der Aktiengesellschaften oder GmbHs aus mindestens zwei Mitgliedstaaten beteiligt sind,
- Gründung einer Tochtergesellschaft durch Gesellschaften aus mindestens zwei Mitgliedstaaten, oder
- Umwandlung einer nationalen Aktiengesellschaft in eine SE, wenn diese nationale Aktiengesellschaft seit mindestens zwei Jahren eine dem Recht eines anderen Mitgliedstaats unterliegende Tochtergesellschaft oder eine Zweigniederlassung hat.

2340 Erwägungsgrund 19 S. 2 SE-VO.

2341 Vgl. Art. 9 SE-VO mit der darin enthaltenen Normenpyramide. Insgesamt ergeben sich hierdurch neun Regelungsebenen. Das kann durchaus kritisch gesehen werden.

2342 Gesetz zur Ausführung der Verordnung (EG) Nr. 2157/2001 des Rates vom 8. Oktober 2001 über das Statut der Europäischen Gesellschaft (SE) (SE-Ausführungsgesetz – SEAG) vom 22.12.2004 (BGBl. I S. 3675), zuletzt geändert durch Gesetz vom 30.07.2009 (BGBl. I S. 2479); Text unter http://www.gesetze-im-internet.de/seag/BJNR367510004.html.

2343 Gesetz über die Beteiligung der Arbeitnehmer in einer Europäischen Gesellschaft (SE-Beteiligungsgesetz – SEBG) vom 22.12.2004 (BGBl. I S. 3675, 3686); Text unter http://www.gesetze-im-internet.de/sebg/BJNR368600004.html. Zur Umsetzung insgesamt BT-Drucks. 15/3405, insbes. S. 30 ff.

Demgegenüber ist eine Neugründung „auf der grünen Wiese“ nicht möglich.[2344]

Bedeutendste praktische Ausnahme ist die Gründung einer Tochter-SE durch eine bereits bestehende Mutter-SE (sog. sekundäre Gründungsform).[2345]

Eine SE setzt also stets mindestens eine bereits bestehende Gesellschaft voraus. Daneben bedarf es grundsätzlich zwingend eines grenzüberschreitenden Elements, abhängig von der jeweiligen Gründungsform. Sonderfall ist die sekundäre Gründungsform Tochter-SE einer Mutter-SE, da hier das grenzüberschreitende Element bereits bei der ursprünglichen SE vorgelegen hat.

Beschließendes Organ ist die Hauptversammlung der Aktionäre.[2346] Daneben kann sich eine SE wahlweise dualistisch oder monistisch organisieren.[2347]

Diese Grundsatzentscheidung wird allein von den Leitungsorganen der Gründungsgesellschaften gefällt, eine Arbeitnehmerbeteiligung ist in diesem Bereich ausgeschlossen.

Die SE-VO legt grundsätzlich keine bestimmte Gremiumsgröße fest, die entsprechenden Vorgaben müssen aber in der Satzung getroffen werden. Ggf. können die Länder eine Mindest- oder Höchstzahl festsetzen.[2348] Falls jedoch ein monistisches Modell gewählt wurde und die Beteiligung der Arbeitnehmer der SE-RL unterliegt, muss der Verwaltungsrat der SE zwingend über mindestens drei Mitglieder verfügen.[2349]

Nach der SE-VO müssen Sitz und Hauptverwaltung der SE im gleichen Land liegen. Eine Sitztrennung ist also nicht möglich. Die Mitgliedstaaten können darüber hinaus vorschreiben, dass sich Sitz und Hauptverwaltung am selben Ort befinden müssen.[2350] Allerdings kann eine SE ihren Sitz jederzeit identitätswahrend in einen anderen Mitgliedstaat verlegen.[2351]

Das Mindestkapital in der SE liegt bei 120.000,– Euro.[2352] Die SE muss in das jeweils in den Mitgliedstaaten für Kapitalgesellschaft zuständige Register eingetragen werden; in Deutschland ist das das Handelsregister am Sitz der SE.[2353] Die Eintragung wirkt konstitutiv.[2354]

2344 Vgl. Art. 2 SE-VO, dort Abs. 1 (Verschmelzung), 2 (Holding), 3 (Tochter-SE) und 4 (Umwandlung).

2345 Zur Sekundärgründung Art. 3 II SE-VO.

2346 Art. 38 a), 52 ff. SE-VO.

2347 Art. 38 I, II SE-VO; zum dualistischen System Art. 39 ff., zum monistischen System Art. 43 ff. SE-VO.

2348 Art. 39 IV, 43 II SE-VO; vgl. § 23 SEAG; zu den Direktoren § 40 SEAG.

2349 Art. 43 II 2 SE-VO.

2350 Art. 7 SE-VO.

2351 Art. 8 SE-VO.

2352 Art. 4 II SE-VO.

2353 Art. 12 SE-VO, § 3 SEAG.

2354 Art. 1 III i.V.m. 16 I SE-VO

III. Arbeitnehmerbeteiligung – Grundkonzeption

Eine SE kann nur eingetragen werden, wenn zuvor eine Regelung über die Beteiligung der Arbeitnehmer geschaffen wurde.[2355] D.h., ohne eine solche Regelung kann eine SE nicht gegründet werden.

Die SE-RL definiert die Beteiligung der Arbeitnehmer dabei als *„jedes Verfahren – einschließlich der Unterrichtung, der Anhörung und der Mitbestimmung –, durch das die Vertreter der Arbeitnehmer auf die Beschlussfassung innerhalb der Gesellschaft Einfluss nehmen können“*.[2356] Der grundsätzliche Ansatz ist damit einheitlich und umfassend, er erstreckt sich gleichermaßen auf die unternehmerische Mitbestimmung wie auch auf Unterrichtung und Anhörung.[2357] Infolgedessen betrachtet auch das deutsche SEBG die Beteiligung auf betrieblicher Ebene und die Unternehmensmitbestimmung als Einheit und weicht so von der traditionellen deutschen Sichtweise ab.[2358]

Für deutsche Betriebsstätten bleibt die betriebliche Mitbestimmung nach dem BetrVG allerdings unberührt, da sie nicht dispositiv ist.[2359]

Zur Erreichung dieses Ziels setzt die SE-RL vorrangig auf eine freiwillige Vereinbarung. Deren konkrete Ausgestaltung wird, ebenso wie bei der EBR-RL, zwischen einem Besonderen Verhandlungsgremium der Arbeitnehmer und den beteiligten Unternehmensleitungen ausgehandelt.

Bei Scheitern der Verhandlungen findet eine mitgliedstaatliche Auffangregelung Anwendung, bei der wiederum die bisher bestehende Mitbestimmungslage in den beteiligten Gesellschaften berücksichtigt wird. Die bereits erworbenen Beteiligungsrechte werden geschützt.

Anders als die meisten nationalen Rechtsordnungen verzichtet die SE-RL daher auf die Festlegung von eigenen Schwellenwerten zur „Neubegründung“ solcher Rechte. Viel mehr soll der in den Gründungsgesellschaften schon vorhandene Bestand an Beteiligungsrechten grundsätzlich auch in der SE gegeben sein, eine Flucht aus der Mitbestimmung soll ebenso verhindert werden wie ihre Ausdehnung (sog. Vorher-Nachher-Prinzip).[2360]

Die wesentlichen Charakteristiken sind also „Vereinbarungslösung, Auffangregelung und Bestandsschutz“.

2355 Art. 12 II – IV SE-VO i.V.m. SE-RL.

2356 Art. 2 h) SE-RL.

2357 Vgl. auch die separaten Definition zu *„Unterrichtung“*, *„Anhörung“* und *„Mitbestimmung“* in Art. 2 i), j) und k) SE-RL sowie Art. 4 I SE-RL, der auf *„die Beteiligung der Arbeitnehmer innerhalb der SE“* insgesamt abstellt.

2358 Vgl. § 21 SEBG.

2359 *Rieble*, BB 2006, Fn. 20.

2360 Vgl. Erwägungsgründe 21 SE-VO, 3 S. 1, 7, 18; Art. 1 II SE-RL; § 1 I S. 2 SEBG.

IV. Verfahren

1. Vorbereitung

Das Verfahren ähnelt demjenigen bei der EBR-RL. Auch bei der SE ist zunächst zu verhandeln.

Hierzu müssen die Leitungs- bzw. Verwaltungsorgane der beteiligten Gesellschaften nach Aufstellung des Gründungs- bzw. Verschmelzungsplans so rasch wie möglich die erforderlichen Schritte für die Aufnahme von Verhandlungen mit den jeweiligen Arbeitnehmervertretern über die Vereinbarung einer Beteiligung der Arbeitnehmer in der SE einleiten. Hierzu gehört ausdrücklich auch die Unterrichtung über die Identität der beteiligten Gesellschaften und der betroffenen Tochtergesellschaften oder betroffenen Betriebe, sowie die Zahl ihrer Beschäftigten.[2361]

Es handelt sich insoweit um eine Obliegenheit der Unternehmensleitung. Die Arbeitnehmer spielen hier, anders als beim EBR, keine Rolle.

Auf Seiten der Arbeitnehmer wird dann ein Besonderes Verhandlungsgremium eingesetzt. Dessen Mitglieder werden abhängig von den jeweiligen Beschäftigtenzahlen der Gesellschaften in jedem Mitgliedstaat bestimmt. Im Einzelnen werden die Sitze zwischen den Mitgliedstaaten, in denen die betroffenen Unternehmen Arbeitnehmer beschäftigen, proportional zur Anzahl der dort jeweils Beschäftigten aufgeteilt. Für jeweils 10%, bzw. einen Bruchteil dieses Wertes, der Gesamtzahl der Beschäftigten, wird ein Vertreter in das Besondere Verhandlungsgremium geschickt.[2362]

Wesentlich ist hier die Gleichbehandlung aller Arbeitnehmer, egal ob in- oder ausländisch. Jedes betroffene Land verfügt über mindestens ein Mitglied im Besonderen Verhandlungsgremium.

Die konkreten Vertreter werden je nach den nationalen Vorgaben gewählt oder ernannt, das entsprechende Verfahren legen die Mitgliedstaaten fest. Diese entscheiden u.a. über zeitliche Vorgaben oder die Wählbarkeit externer Gewerkschaftsvertreter.[2363]

Deutschland z.B. sieht zur Wahl oder Bestellung der Mitglieder eine Frist von zehn Wochen vor.[2364] Österreich hingegen macht keine konkrete zeitliche Vorgabe.[2365] Daneben bestehen in Deutschland

2361 Art. 3 I SE-RL; § 4 II SEBG

2362 Zur mitunter recht komplexen Zusammensetzung des Besonderen Verhandlungsgremiums vgl. Art. 3 II SE-RL; §§ 5 ff. SEBG.

2363 Vgl. Art. 3 II b) S. 1 SE-RL.

2364 § 11 SEBG.

2365 Vgl. §§ 217 ff. ArbVG.

diverse Entsendeprivilegien für Gewerkschaften und Leitende Angestellte.[2366] Aus diesen mitunter beträchtlichen Abweichungen unter den mitgliedstaatlichen Regelungen können in der Folge gewisse zeitliche Verzögerungen für die SE-Gründung resultieren.

2. Durchführung

Im Anschluss handelt das Besondere Verhandlungsgremium mit den jeweils zuständigen Organen der beteiligten Gesellschaften eine Vereinbarung über die konkrete Ausgestaltung der Arbeitnehmervertretung, deren Unterrichtungs- und Anhörungsbefugnisse, die Unternehmensmitbestimmung und die Sachausstattung aus.[2367] Hierbei können individuelle Präferenzen berücksichtigt werden. Beispielsweise ist es auch möglich, ein „Weniger“ im Bereich der unternehmerischen Mitbestimmung durch ein „Mehr“ bei der betrieblichen Beteiligung auszugleichen.

Art. 4 I SE-RL regelt den möglichen Inhalt der Vereinbarung, bezieht sich aber seinem ausdrücklichen Wortlaut nach nicht nur auf die Mitbestimmung im engeren Sinn, sondern erstreckt sich auf *„die Beteiligung der Arbeitnehmer innerhalb der SE“*. Damit sind auch die Beteiligungsfragen auf betrieblicher Ebene erfasst.[2368]

Um die Verhandlungen möglichst weit fassen zu können, nimmt die SE-RL die SE und ihre Tochtergesellschaften von der Geltung verschiedener anderer Richtlinien, darunter u.a. auch die EBR-RL, aus.[2369] Soweit die nationalen Umsetzungsgesetze Regelungen über die Mitbestimmung treffen, werden die übrigen nationalen Mitbestimmungsregeln verdrängt. Sonstige nationale Regeln bleiben unberührt.[2370] Leitlinie ist der Wille zur Verständigung.[2371]

Bei den Verhandlungen kann das Besondere Verhandlungsgremium Sachverständige seiner Wahl hinzuziehen, um sich von ihnen bei seiner Arbeit, ggf. auch direkt in den Verhandlungen, unterstützen zu lassen. Zu diesen Sachverständigen können auch Vertreter der einschlägigen Gewerkschaftsorganisationen auf Gemeinschaftsebene zählen.[2372]

2366 Vgl. §§ 6 III, IV; 8 I SEBG, z.B. für Österreich § 217 I 2 ArbVG.

2367 Vgl. Art. 4 II SE-RL; §§ 1 II, 21, 22ff. SEBG.

2368 Vgl. die Definition in Art. 2 h) SE-RL: *„Beteiligung der Arbeitnehmer“ jedes Verfahren – einschließlich der Unterrichtung, der Anhörung und der Mitbestimmung –, durch das die Vertreter der Arbeitnehmer auf die Beschlussfassung innerhalb der Gesellschaft Einfluss nehmen können“*.

2369 Art. 13 SE-RL.

2370 *Kleinsorge* in *Fitting/Wlotzke/Wißmann/Koberski/Kleinsorge,* MitbestR, EU-Recht, Rn. 21.

2371 Art. 4 I SE-RL.

2372 Art. 3 V 1,2 SE-RL.

Die Kosten, die im Zusammenhang mit der Tätigkeit des Besonderen Verhandlungsgremiums sowie generell mit den Verhandlungen entstehen, werden von den beteiligten Gesellschaften getragen. Allerdings können die Mitgliedstaaten bestimmte Regeln für die Finanzierung festlegen, insbesondere die Übernahme der Kosten auf die Kosten eines einzigen Sachverständigen begrenzen.[2373]

Die Dauer dieser Verhandlungen beträgt grundsätzlich sechs Monate, jedoch können die Parteien einvernehmlich beschließen, sie auf bis zu insgesamt ein Jahr nach Einrichtung des Besonderen Verhandlungsgremiums auszudehnen.[2374]

Insgesamt kann somit von dessen Etablierung bis zum Abschluss einer Vereinbarung mehr als ein Jahr vergehen. Das Verfahren selbst lässt sich, anders als im Rahmen der Verschmelzungsrichtlinie, weder umgehen noch abkürzen. Selbst wenn das Unternehmen anbietet, in der SE das vor Verschmelzung bzw. Umwandlung bestehende Mitbestimmungsniveau beizubehalten, ist es nicht möglich, auf die Begründung eines Besonderen Verhandlungsgremiums und die Durchführung des Verhandlungsverfahrens zu verzichten.

---

3. Inhalte

Inhaltlich sind die Verhandlungen grundsätzlich recht frei. Die SE-RL trifft nur einige Minimalanforderungen dahingehend, was in einer Beteiligungsvereinbarung mindestens festgelegt werden muss. Dies betrifft z.B. den Anwendungsbereich der Vereinbarung, die Zusammensetzung, die Anzahl der Mitglieder und die Verteilung der Sitze des Vertretungsorgans, dessen Zuständigkeiten, die Häufigkeit der Versammlungen, die Sachausstattung sowie Zeitpunkt des Inkrafttretens und Dauer der Vereinbarung.[2375]

Auch eine Minderung oder gar vollständige Abschaffung der in den Gesellschaften bislang Beteiligungsrechte ist als Ergebnis denkbar, dies hängt allerdings an einer qualifizierten Mehrheit im Besonderen Verhandlungsgremium.

Dem Grundgedanken zum Schutz der erworbenen Rechte folgend sieht die SE-RL bestimmte Abstimmungsregelungen beim Besonderen Verhandlungsgremium vor. Grundsätzlich beschließt es mit der absoluten Mehrheit seiner Mitglieder.[2376] Hat der Beschluss jedoch die Minderung der Mitbestimmungsrechte zur Folge, bedarf es dafür grundsätzlich einer qualifizierten Zweidrittelmehrheit.[2377]

2373 Art. 3 VII SE-RL.

2374 Art. 5 SE-RL; § 20 SEBG.

2375 Art. 4 II a)–h) SE-RL. Für Deutschland vgl. § 21 I 1)–6), III 1)–3) SEBG.

2376 Art. 3 IV S. 1 SE-RL; § 15 II SEBG.

2377 Art. 3 IV S. 3, 4 SE-RL; § 15 III SEBG.

Dabei wird die „Minderung der Mitbestimmungsrechte" dahingehend definiert, dass der (arbeitnehmerbeeinflusste) Anteil der Mitglieder der Organe der SE geringer ist als der höchste in den beteiligten Gesellschaften geltende Anteil.[2378] Der Wert wird also ausschließlich quantitativ bestimmt. Damit ist z.B. das Recht, Kandidaten für die Hälfte der Sitze im Gremium zu empfehlen, quantitativ bedeutsamer als das Recht, ein Drittel der Plätze direkt zu besetzen.

Dieses Mehrheitserfordernis wiederum gilt nicht, wenn die Mitbestimmung vor Gründung der SE nur eine Minderheit der Arbeitnehmer erfasst hat. Hier wird die gewählte Gründungsform der SE relevant. Denn die entsprechenden Grenzwerte liegen bei 25% der Gesamtzahl der Arbeitnehmer in einer Verschmelzungs-SE und bei 50% in einer Holding- bzw. Tochter-SE. Für die Umwandlungs-SE ist eine Minderung für *„alle Komponenten der Arbeitnehmerbeteiligung"* sogar explizit ausgeschlossen,[2379] allerdings ist dieser Begriff praktisch interpretationsbedürftig.[2380]

Die unterschiedlichen Mehrheiten reflektieren nach dem europäischen Gesetzgeber ein jeweils angemessenes Verhältnis zur Gefahr der Beseitigung bzw. Einschränkung der bestehenden Mitbestimmung. Diese Gefahr wird bei einer Umwandlungs- bzw. Verschmelzungs-SE als größer erachtet, als bei eine Holding- bzw. Tochter-SE.[2381]

Normiert ist weiterhin, dass eine SE nicht dazu missbraucht werden darf, Arbeitnehmern Beteiligungsrechte zu entziehen oder vorzuenthalten. Jedoch wird der Begriff des „Missbrauchs" weder in der SE-VO noch in der SE-RL definiert. Die entsprechenden Maßnahmen treffen daher die Mitgliedstaaten.[2382]

Relevanteste Frage in diesem Bereich dürfte derzeit sein, was bei „strukturellen Änderungen" nach Registrierung der SE geschieht. Nach dem europäischen Gesetzgeber soll das Vorher-Nachher-Prinzip im Ansatz nicht nur für Neugründungen, sondern auch für „strukturelle Veränderungen" einer bereits gegründeten SE gelten.[2383]

Falls nämlich in die Vereinbarung keine Strukturanpassungsklauseln aufgenommen werden,[2384] wäre hier eine Isolierung der SE vor zukünftigen Entwicklungen, ein „Einfrieren der Mitbestimmung" auf einem gewissen Niveau, möglich.

Ungeklärt ist insbesondere, ob bei Gründung einer zunächst arbeitnehmerlosen SE[2385] und deren anschließender „Aktivierung" durch die Einstellung von Arbeitnehmern ein „gründungsähnlicher

---

2378 Art. 3 IV S. 4 i.V.m. Art. 2 k) SE-RL.

2379 Art. 4 IV SE-RL; § 21 VI SEBG.

2380 Dazu *Henssler* in *Henssler/Braun*, EuropArbR, Rn. 95; *ders.*, ZHR 2009, S. 241f., *Jacobs*, FS K. Schmidt 2009, S. 800.

2381 Erwägungsgrund 10 SE-RL.

2382 Vgl. zum einen Art. 11 SE-RL, zum anderen § 43 SEBG, der insofern eine Vermutung aufstellt, die aber weniger präzise gefasst ist als z.B. die im österreichischen § 229 ArbVG.

2383 Erwägungsgrund 18 S. 2 SE-RL.

2384 Nach dem deutschen Umsetzungsgesetz „soll" eine entsprechende Klausel in die Vereinbarung aufgenommen werden, § 21 IV SEBG.

2385 Mittlerweile dürfte nahezu unstrittig sein, dass auch eine arbeitnehmerlose (Vorrats-)SE zulässig und somit einzutragen ist. Schon die im Statut vorgesehene Gründungsform der Holding-SE spricht eindeutig dafür, dass die Gründung von arbeitnehmerlosen SE möglich sein sollte; Art. 2 II, 32ff. SE-VO; *Henssler*, ZHR 173 (2009), S. 233. Daneben scheinen auch viele nationale Register in diesem Umstand kein Problem zu sehen, da sie auch arbeitnehmerlose SE zuließen; *Stollt/Wolters*,

Vorgang" vorliegt, der seinerseits so gravierend ist, dass eine wirtschaftliche „Neugründung" vorliegt, und es daher auch zu (Neu-)Verhandlungen mit den Arbeitnehmern kommen muss. Problematisch ist aber bereits, dass der Begriff der „strukturellen Änderung" in der SE-RL selbst nicht definiert wird. Im Zuge der Umsetzung hat auch längst nicht jeder Mitgliedstaat entsprechende Regelungen vorgesehen.[2386] Allgemein dürfte insoweit mittlerweile die Ansicht vorherrschen, dass eine restriktive Interpretation vorzugswürdig ist. „Gründungsähnlich" sind nur korporative Akte von erheblichem Gewicht, z.B. Änderungen der gesellschaftsrechtlichen Struktur der SE, nicht aber der bloße „organische" Anstieg der Beschäftigtenzahl.[2387] Auch nach deutscher Rechtsprechung führt allein der spätere Anstieg der Arbeitnehmerzahl nach dem Konzept von SE-RL und SE-VO nicht zu einer erneuten Aufnahme von Verhandlungen.[2388] Konsequent wäre dann eine solche Nutzung auch kein „Missbrauch", sondern allenfalls „Gebrauch" der Regelungen.

4. Mögliche Folgen

Im Rahmen der Verhandlungen sind drei Szenarien möglich.

Zunächst kann das Besondere Verhandlungsgremium beschließen, keine Verhandlungen zu eröffnen, bzw. die Verhandlungen abzubrechen. Dann gelten nur die nationalen Vorgaben zu Unterrichtung und Anhörung von Arbeitnehmern. Es kann lediglich ein EBR eingesetzt werden.[2389]

SE Handbook 2011, S. 30. Auch mehrere hiesige gerichtliche Entscheidungen haben in der reinen Arbeitnehmerlosigkeit kein Eintragungshindernis gesehen; AG Düsseldorf vom 16.01.2006, Az. HRB 52618, AG München vom 29.03.2006, Az. HRB 159649; AG Berlin-Charlottenburg Az. HRB 96289 B; OLG Düsseldorf, Beschluss vom 30.03.2009, Az. I-3 Wx 248/08, ZIP 2009, S. 918 ff., 920. Vgl. *Forst*, NZG 2009, S. 688 f., *Lutter/Bayer/J. Schmidt*, EuropUR 2012, § 41, Rn. 194; *Casper* in *Spindler/Stilz*, AktG, Art. 3 SE-VO, Rn. 28 f.; wohl auch *Jacobs* in MüKo-AktG 2012, § 3 SEBG, Rn. 2 a, der sich ebenfalls für die Gründungsmöglichkeit ausspricht, allerdings sei die Gründung nur dann beteiligungsfrei, wenn die Gründungsgesellschaften keine oder insgesamt weniger als zehn Arbeitnehmer beschäftigen. (Sowohl nach deutschem als auch nach europäischem Recht sind mindestens zehn Arbeitnehmer notwendig, um ein Besonderes Verhandlungsgremium besetzen zu können, § 5 I SEBG, Art. 3 II SE-RL; näher *Casper* in *Spindler/Stilz*, AktG, Art. 3 SE-VO, Rn. 28, 30).

2386 Eine Ausnahme ist z.B. § 228 des österreichischen ArbVG, der in Abs. 2 eine nicht abschließende Liste von Regelbeispielen enthält.

2387 Vgl. *Rieble*, BB 2006, S. 2022; *Habersack*, ZHR 171 (2007), S. 641 f.; *Jacobs* in MüKo-AktG 2012, § 3 SEBG, Rn 2b, § 18 SEBG, Rn.12. Für Mitbestimmungsfreiheit bei organischem Wachstum auch *Casper* in *Spindler/Stilz*, AktG, Art. 3 SE-VO, Rn. 31; *Henssler* in *Ulmer/Habersack/Henssler*, Einl. SEBG, Rn. 209 ff.

2388 OLG Düsseldorf, Beschluss vom 30.03.2009, Az. I-3 Wx 248/08, ZIP 2009, S. 918 ff., Rn. 52.

2389 Zum EBR als Mindeststandard § 16 I 3 SEBG; *Kleinsorge* in *Fitting/Wlotzke/Wißmann/Koberski/Kleinsorge*, MitbestR, EU-Recht, Rn. 22, 38; *Habersack*, ZHR 171 (2007), Fn. 43.

Hierzu bedarf es einer qualifizierten doppelten Zweidrittelmehrheit.[2390] Dies ist allerdings nicht möglich in einer durch Umwandlung gegründeten SE, wenn in der umzuwandelnden SE eine Mitbestimmung besteht.[2391]

Kommt es innerhalb des Verhandlungszeitraums zu einer Vereinbarung, ist für die Arbeitnehmerbeteiligung in der SE alleine diese Vereinbarung maßgebend. Insbesondere finden mitgliedstaatliche Mitbestimmungsrechte dann keine Anwendung mehr.[2392]

Scheitern die Verhandlungen oder wird kein Ergebnis erzielt, gilt als Auffangregelung grundsätzlich das Recht des Mitgliedstaats, in dem die SE ihren Sitz haben wird. Hierzu ist jeder Mitgliedstaat verpflichtet, eine Auffangregelung einzuführen, die im Einklang mit der SE-RL steht.

Natürlich können sich die Parteien aber auch freiwillig auf die Anwendung der Auffangregelung einigen.

5. Sonderfall Auffangregelung

Die Auffangregelung unterscheidet Unterrichtung und Anhörung und Mitbestimmung voneinander.

Unterrichtung und Anhörung haben sich inhaltlich nach den Mindestvorgaben des Anhangs der SE-RL zu richten. Unter anderem ist in diesem Zusammenhang ein besonderes eigenständiges Vertretungsorgan einzurichten.[2393]

Dort werden Wahl und Zusammensetzung des Vertretungsorgans geregelt und seine Mitwirkungsrechte definiert. Regelmäßig einmal im Jahr muss es vom Leitungsorgan über grenzüberschreitende Sachverhalte unterrichtet und angehört werden,[2394] darüber hinaus auch bei außergewöhnlichen Umständen, die erhebliche Auswirkungen auf die Interessen der Arbeitnehmer haben können. Die endgültige Entscheidung liegt aber stets bei der Unternehmensleitung. Das deutsche Umsetzungsgesetz wählt für das Gremium die Bezeichnung „SE-Betriebsrat".[2395]

Bei der Mitbestimmung orientiert sich die Auffangregelung am bislang bestehenden Status quo der gründenden Gesellschaften. Sie bewirkt grundsätzlich die Fortgel-

2390 Art. 3 VI, 13 I SE-RL, § 16 II 2 SEBG.
2391 Art. 3 VI UAbs. 3 SE-RL.
2392 Vgl. Art. 13 II, III a) SE-RL; § 47 I Nr. 1 SEBG.
2393 Art. 7 I i.V.m. Anhang Teil 1 und 2 SE-RL.
2394 Vgl. insoweit auch Erwägungsgrund 6 SE-RL.
2395 Vgl. §§ 1 II 2, 22 ff., 28, 29, 34 ff. SEBG.

tung des höchsten bisherigen Mitbestimmungsgrads. Die Mitgliedstaaten müssen in der Auffangregelung festlegen, dass die Arbeitnehmer in der SE einen Teil der Mitglieder des Verwaltungs- oder Aufsichtsorgans bestellen.

Die deutsche Auffangregelung garantiert nur den bestehenden Anteil, nicht etwa eine bestimmte Zahl.[2396] Wird das Gremium insgesamt verkleinert, lässt sich die absolute Zahl der Arbeitnehmervertreter reduzieren.

Im Einzelnen ist auch hier das jeweilige Gründungsverfahren entscheidend. In einer Umwandlungs-SE gilt die bisherige Mitbestimmung mit all ihren Komponenten weiter.[2397] Bei den anderen Gründungsverfahren kommt es auf die Zahl der betroffenen Arbeitnehmer an, die bisher Mitbestimmungsrechte genossen haben. Grundsätzlich setzt sich das höchste Niveau durch, das in einer der beteiligten Gründungsgesellschaften vorher bestanden hat. Die Schwellenwerte liegen wiederum bei 25% bzw. bei 50%.[2398]

Maßgeblich ist auch hier allein das quantitative Niveau, die letztliche Zahl bemisst sich nach dem höchsten maßgeblichen Anteil in den beteiligten Gesellschaften vor Eintragung der SE.[2399]

Für Deutschland heißt das, falls eine paritätisch mitbestimmte AG an der SE beteiligt wird, setzt sich deren Mitbestimmungsregime durch. Konkret wird dann der, eine Wahl zum dualistischen Modell unterstellt, Aufsichtsrat der SE zur Hälfte mit Arbeitnehmervertretern besetzt. Die einzelnen Plätze werden aber international auf die jeweiligen Mitgliedstaaten verteilt.[2400]

Diese Arbeitnehmervertreter sind dann vollberechtigte Mitglieder des betreffenden Organs.

Das gilt allerdings nicht, wenn in keiner der beteiligten Gesellschaften überhaupt eine Unternehmensmitbestimmung besteht. Denn das „Vorher-Nachher-Prinzip“ zielt nur darauf, bereits bestehende nationale Beteiligungsrechte zu schützen. Eine „neue“ Einführung von Mitbestimmungsrechten verlangt es hingegen nicht.[2401]

2396 § 35 II 2 SEBG.

2397 Für Deutschland vgl. § 21 VI SEBG. *Rieble*, BB 2006, S. 2020, weist insofern zutreffend darauf hin, dass auch hier Ausweichmöglichkeiten bestehen, z.B. wenn ein paritätisch mitbestimmtes Unternehmen einen anderen Errichtungsweg wählt.

2398 Art. 7 II SE-RL. Für Deutschland vgl. §§ 34 ff. SEBG. Dazu auch *Henssler*, ZHR 173 (2009), S. 225; *Habersack*, ZHR 171 (2007), S. 625; *Ulmer/Habersack/Henssler*, MitbestG, Einl. SEBG, Rn. 194.

2399 Vgl. Teil 3 b) UAbs. 1 Anhang SE-RL.

2400 § 36 SEBG.

2401 Vgl. auch Anhang Teil 3 b) UAbs. 2 SE-RL sowie Kommission, Mitteilung SE-RL 2008, S. 6.

C. Arbeitnehmerbeteiligung in der SPE[2402]

I. Hintergrund

Die SE eignet sich als satzungsstrenge Aktiengesellschaft mit ihren verschiedenen, komplizierten Voraussetzungen für Gründung und täglichen Betrieb sowie dem hohen Mindestkapital nur bedingt für Kleine und Mittlere Unternehmen (KMU). Wollen auch diese im gleichen Maße grenzüberschreitend tätig werden, müssen sie in den Mitgliedstaaten ein Netz von Tochtergesellschaften in unterschiedlichen nationalen Gesellschaftsformen gründen und aufrecht erhalten. Die KMU sind darum beim Wettbewerb im europäischen Raum benachteiligt.

Um diese Lücke zu schließen sollte die „kleine Schwester" der SE geschaffen werden, die *Societas Privata Europaea*, kurz *SPE*, deutsch meist als *Europäische Privatgesellschaft* übersetzt, schlagwortartig wird auch von *„Europa-GmbH"* gesprochen.

Die SPE würde es u.a. ermöglichen, ein Unternehmen mit mehreren Zweigstellen in der selben Rechtsform zu betreiben, unabhängig vom jeweiligen Mitgliedstaat. Das wäre rechtssicherer und zudem weniger zeit- und kostenaufwändig. Möglich würde auch ein individueller und flexiblerer Zuschnitt von grenzüberschreitenden Konzernstrukturen. Die SPE könnte somit neben den KMU auch Großunternehmen zugute kommen.

Auch die SPE hat eine längere Historie. Entsprechende Ideen lassen sich bis in die 1970er Jahre zurückverfolgen. Tatsächlich gewannen die Entwicklungen aber erst ab 2001 mit Einführung der SE an Fahrt. Nach verschiedenen Vorarbeiten einer Expertengruppe und des Europäischen Wirtschafts- und Sozialausschusses nahm die Kommission die SPE 2003 in ihre Binnenmarktstrategie auf. Im Sommer 2008 legte sie einen Verordnungsvorschlag für ein Statut für eine Europäische Privatgesellschaft vor.[2403] Darin war ursprünglich ein Inkrafttreten der SPE-Verordnung zum 01.07.2010 vorgesehen.[2404]

Tatsächlich schien die Gesellschaftsform auf einem guten Weg. Der Verordnungsvorschlag wurde Ende 2008 im Rat erörtert[2405] und im Frühling 2009 auch durch

---

2402 Als Überblick z.B. *Habighorst* in *Priester/Mayer/Wicke*, HbGesR III, § 76, Rn. 1ff.; *Riesenhuber*, EuArbR, § 32, Rn. 1ff; *Fuchs/Marhold*, EuArbR, S. 363ff.; Darstellungen bei der Europäischen Kommission unter http://ec.europa.eu/internal_market/company/epc/index_de.htm sowie beim Europäischen Gewerkschaftsbund unter http://www.worker-participation.eu/European-Company-SE/European-Private-Company-SPE (englisch).

2403 Vorschlag für eine Verordnung des Rates über das Statut der Europäischen Privatgesellschaft), 25.06.2008, KOM (2008)396; abrufbar unter http://ec.europa.eu/internal_market/company/docs/epc/proposal_de.pdf. Im Folgenden *SPE-VOE-KOM*.

2404 Art. 48 SPE-VOE-KOM.

2405 Entwurf eines Protokolls zur 2910. Tagung des Rates der Europäischen Union vom 1./2.12.2008, Dok-Nr. 16580/08, S. 7.

das Europäische Parlament unter einigen Änderungen gebilligt.[2406] Aufgrund der Rechtsgrundlage[2407] wäre nun noch ein einstimmiges Ergebnis im Rat notwendig gewesen. Diese Einstimmigkeit konnte jedoch nicht erzielt werden. Einmal mehr war es u.a. die Frage der Arbeitnehmerbeteiligung, die eine Einigung unter den Mitgliedstaaten blockierte. Statt dessen wurde beschlossen, den Text weiter zu überarbeiten.[2408]

Seitdem gerieten die Entwicklungen immer weiter ins Stocken. Trotz verschiedener Kompromissvorschläge der jeweiligen Ratspräsidentschaften zwischen 2008 und 2011 – und ungeachtet des Drängens sowohl der Wirtschaft als auch des Europäischen Parlaments – blieb der Durchbruch indes aus.[2409] Zwar konnte über die meisten offenen Punkte zwischenzeitlich weitgehendes Einvernehmen erreicht werden. Unterschiedliche Ansichten bestanden aber immer noch im Hinblick auf die eng zusammenhängenden Aspekte des Sitzes einer SPE und der Arbeitnehmermitbestimmung. Der vorerst letzte Kompromissvorschlag durch die ungarische Ratspräsidentschaft vom Mai 2011[2410] konnte sich letztlich nicht durchsetzen.

Die folgenden Ratspräsidentschaften brachten das Projekt nicht weiter voran. Trotz eines zwischenzeitlich erneuten Anstoßes durch das Europäische Parlament[2411] nimmt die Kommission zuletzt zunehmend Alternativlösungen in den Blick.[2412] Im Oktober 2013 kündigte sie sogar an, angesichts der Blockaden im Rat und der daher geringen Aussichten auf einen erfolgreichen Abschluss des Verfahrens, ihren Vorschlag zum SPE-Statut vollständig zurückzuziehen[2413] – wobei sie gleichzeitig jedoch die Vorlage eines neuen Vorschlags erwägt.[2414]

2406 Legislative Entschließung des Europäischen Parlaments vom 10. März 2009 zu dem Vorschlag für eine Verordnung des Rates über das Statut der Europäischen Privatgesellschaft, 10.03.2009, P6_TA(2009)0094.

2407 Art. 352 I 1 AEUV. Demnach erlässt der Rat einstimmig auf Vorschlag der Kommission und nach Zustimmung des Europäischen Parlaments die geeigneten Vorschriften.

2408 Pressemitteilung zur 2982. Tagung des Rates Wettbewerbsfähigkeit vom 3./4.12.2009, Dok-Nr. 17076/09 (Presse 365), S. 22.

2409 Europäisches Parlament, Entschließung vom 12.05.2011 zum Fortschrittsbericht zum „Small Business Act", B7_TA(2011)0235, dort 2. Vgl. auch die Stellungnahme von *Lehne,* Zukunftskonferenz 2011, S. 5.

2410 Vermerk – Vorschlag für eine Verordnung des Rates über die Europäische Privatgesellschaft – Politische Einigung, 23.05.2011, 10611/11, DRS 84, SOC 432, abrufbar unter http://register.consilium.europa.eu/pdf/de/11/st10/st10611.de11.pdf. Im Folgenden *SPE-VOE-Hu.*

2411 Entschließung des Europäischen Parlaments vom 14.06.2012, P7_TA(2012)0259, Pkt. 2.

2412 Kommission, Konsultation EuGesR 2012, S. 12 f.; *dies.*, Aktionsplan 2012, S. 16.

2413 Kommission, Mitteilung Refit 2013, S. 8; *dies.*, Refit-Annex 2013, S. 9; Pressemitteilung „REFIT – Fit für Wachstum" – Kommission leitet weitreichende Schritte zur Vereinfachung des EU-Rechts ein; European Commission – IP/13/891 vom 02.10.2013.

2414 Kommission, Mitteilung Refit 2013, S. 8, Fn. 16; *dies.*, Refit-Annex 2013, S. 9, Fn. 40; Pressemitteilung „REFIT – Fit für Wachstum" – Kommission leitet weitreichende Schritte zur Vereinfachung des EU-Rechts ein; European Commission – IP/13/891 vom 02.10.2013, Fn. 2. Zum Vorschlag einer *SUP* vom April 2014 siehe S. 561 f.

Ob es jemals zur Verabschiedung des SPE-Statuts kommt erscheint insofern nicht sicher. Das ändert aber nichts am uneingeschränkt weiterhin bestehenden Bedarf in der Wirtschaft sowie der Benachteiligung der KMU im grenzüberschreitenden Wettbewerb. Die SPE könnte hier einen wichtigen Beitrag zu investitionsfreundlichen Rahmenbedingungen leisten. Ihre integrierende Wirkung könnte helfen, internes Wachstumspotential zu erschließen. Sie trüge damit zur Stärkung des Unternehmertums generell und zu derjenigen Europas im internationalen Wettbewerb bei, zum Nutzen von Arbeitgebern und Arbeitnehmern gleichermaßen.

Vor dem Hintergrund eines stetig wachsenden globalisierten Wettbewerbs hilft es weder, dieses Problem zu negieren noch zu ignorieren, es hilft nur, es zu lösen. Ein zumindest teilweiser Rückgriff auf die bisherigen Ergebnisse erscheint insofern nicht unwahrscheinlich. Daher wird auch hier der aktuellste Sachstand wiedergegeben.

II. Eckpunkte der SPE nach dem Kommissionsentwurf vom 25.06.2008

1. Regelungstechnik

Konzeptionell angestrebt wurde ein einheitliches und abschließendes Statut, in dem alle Kernmerkmale der Gesellschaft sowie die für Dritte maßgeblichen Fragen möglichst abschließend normiert werden sollten.

Das Außenverhältnis der SPE wurde durch die direkt anwendbaren obligatorischen Bestimmungen der SPE-VO selbst geregelt,[2415] das Innenverhältnis wurde vor allem durch die Satzung geordnet,[2416] die bestimmte Mindestinhalte abdecken musste. Diese Mindestinhalte wurden im Anhang I des Verordnungsentwurfs niedergelegt. Vorgegeben wurden bestimmte, verbindlich zu regelnde Themenbereiche. Inhaltlich waren die Gründer jedoch frei (sog. Regelungsauftrag).[2417]

Angesichts der im Einzelfall durchaus vorhandenen Komplexität sind verschiedentlich einheitliche Mustersatzungen gefordert worden, die einen leichteren Gebrauch der Rechtsform sicherstellen sollten.[2418]

2415 Erläuterung des Vorschlags, SPE-VOE-KOM, S. 6 sowie Erwägungsgrund 6.

2416 Art. 8 I, 26 II, 27 SPE-VOE-KOM. Art. 27 enthält eine nicht abschließende Liste der durch die Anteilseigner zu fassenden Beschlüsse und entsprechender Mehrheitserfordernisse.

2417 Zur Reichweite der Regelungsaufträge *Hommelhoff/Teichmann*, GmbHR 2008, S. 898, zur Kategorisierung der Satzungsebenen und Normanwendung *Jung*, GesRZ 2012, S. 154 ff.

2418 Vgl. zum Komplex Regelungsauftrag/Mustersatzung insgesamt z.B. BT-Drucks. 16/12645 vom 20.04.2009, S. 2; BDI/BDA, Positionspapier vom 11.09.2008, S. 2; Stellungnahme DIHK 2008, S. 3 f.; *AKEUR*, Stellungnahme 2008, Rn. 14; *Habighorst* in *Priester/Mayer/Wicke*, HbGesR III, § 76, Rn. 27; *Hommelhoff/Teichmann*, DStR 2008, S. 930.

Für Fragen, die weder die Verordnung noch die Satzung regeln, sowie in einigen wenigen entsprechend spezifizierten Fällen, blieb das nationale Gesellschaftsrecht anwendbar.

Anders als bei der SE waren zumindest im SPE-Verordnungsentwurf der Kommission nur wenige Verweise auf das nationale Recht enthalten,[2419] was die praktische Handhabbarkeit erhöht hätte.

Entscheidend war dann das Recht des Registersitzes.[2420]

Die deutsche Fassung des Verordnungsvorschlags spricht nur von „Sitz“, die englische Fassung verwendet das eindeutigere *„registered office“*, die französische Fassung *„siège statutaire“*, was beides „Registersitz“ bedeutet.

Das nationale Recht am Registersitz regelte auch die Bereiche außerhalb des Gesellschaftsrechts, wie Bilanz-, Steuer- und Insolvenzrecht, vor allem aber auch das Arbeitsrecht.[2421]

Insgesamt sollte sich so für die jeweilige SPE ein recht einheitliches Außenverhältnis und ein hochindividuelles Innenverhältnis ergeben.

2. Ausgestaltung

Die SPE sollte nach dem Kommissionsentwurf sowohl durch Umwandlung, Spaltung und Verschmelzung bestehender Gesellschaften als auch, und insoweit anders als die SE, „gänzlich neu“ gegründet werden können.[2422]

Der Begriff der „Umwandlung“ nach dem Kommissionsentwurf ist nach deutscher Terminologie unscharf, tatsächlich handelt es sich um einen Rechtsformwechsel nach §§ 190 ff. UmwG.[2423] Der letzte Kompromisstext der ungarischen Ratspräsidentschaft sieht demgegenüber als Gründungsmöglichkeiten neben der Neugründung nur noch Umwandlung und Verschmelzung vor.[2424]

2419 Z.B. in Art. 25 I, II, 27 IV 2, 31 V, 39, 40 II SPE-VOE-KOM.

2420 Art. 4 I SPE-VOE-KOM.

2421 Art. 4 I i.V.m. 7 I SPE-VOE-KOM; Erläuterung des Vorschlags, S. 7, vgl. auch Erwägungsgrund 6, S. 4.

2422 Art. 5 SPE-VOE-KOM, vgl. auch Erwägungsgrund 7.

2423 *Habighorst* in *Priester/Mayer/Wicke*, HbGesR III, § 76, Fn. 41 m.w.N., insgesamt zur Gründung *Lutter/Bayer/J. Schmidt*, EuropUR 2012, § 43, Rn. 32 ff, zur Gründung durch Umwandlung Rn. 35 ff.

2424 Art. 5 SPE-VOE-Hu. Zum Erfordernis einer grenzüberschreitenden Komponente zum Zeitpunkt der Eintragung zuletzt Art. 3 III SPE-VOE-Hu.

Gründer konnten eine oder mehrere, natürliche oder juristische Personen sein.[2425]

Der Anwendungsbereich war also außerordentlich weit. Die juristischen Personen werden legaldefiniert als alle Gesellschaften im Sinne von Art. 48 II EG (jetzt: Art. 54 AEUV).[2426] Erfasst werden sowohl Personen- als auch Kapitalgesellschaften. Auch eine SE oder eine andere SPE könnte sich damit an der Gründung einer SPE beteiligen.[2427] An die Herkunft der natürlichen Personen werden keine weiteren Anforderungen gestellt. Nach dem ungarischen Kompromissvorschlag können Neugründer einer SPE eine oder mehrere natürliche oder juristische Personen des öffentlichen oder privaten Rechts sein.[2428]

Mit Geschäftsführungsorgan und Gesellschafterversammlung[2429] hatte sie nur zwei notwendige Organe. Das Leitungsorgan konnte wahlweise dualistisch oder monistisch organisiert werden,[2430] allerdings durfte bei einer mitbestimmten SPE die gewählte Struktur die Ausübung der Mitbestimmung nicht einschränken.[2431]

Die SPE musste in das jeweilige mitgliedstaatliche Handelsregister eingetragen werden, in dem sie ihren Sitz hat. Die Eintragung wirkte konstitutiv.[2432]

Das notwendige Mindestkapital sollte nach dem Kommissionsvorschlag lediglich 1,– Euro betragen.[2433]

Wohl gravierendste Neuerung gegenüber der SE war die Möglichkeit, bei der SPE Registersitz und Verwaltungssitz voneinander getrennt in verschiedenen Mitgliedstaaten zu wählen.[2434]

Begründet wurde das mit den Wirkungen der EuGH-Rechtsprechung zur Niederlassungsfreiheit sowie mit den tatsächlichen Gegebenheiten in einigen Mitgliedstaaten.[2435]

Tatsächlich bestimmt nach EuGH Rs. C-210/06 (*Cartesio*), Rn. 110, der jeweilige Mitgliedstaat über die Anknüpfung, nach der eine Gesellschaft nach innerstaatlichem Recht als gegründet angesehen wird. Damit kann der Staat also eine zwangsweise Kopplung von Satzungs- und Verwaltungssitz vorsehen, ebenso wie eine Sitzaufspaltung.

2425 Art. 3 I e) SPE-VOE-KOM.

2426 Art. 3 III SPE-VOE-KOM.

2427 Vgl. auch Art. 5 III SPE-VOE-KOM.

2428 Art. 5a I SPE-VOE-Hu.

2429 Vgl. Art. 27 SPE-VOE-KOM. Der deutsche Text verwendet die Bezeichnungen „*Leitungsorgan*" und „*Hauptversammlung*". Für den letzten Kompromisstext vgl Art. 27 Ia, Ic SPE-VOE-Hu.

2430 Art. 2 I (d), 26 I, Anhang I, 33. Regelungsauftrag SPE-VOE-KOM (vgl. Art. 2 I (d), (e), 27 III, IIIa SPE-VOE-Hu); vgl. auch Erwägungsgrund 13.

2431 Erläuterung SPE-VOE-KOM, S. 9; vgl. Art. 27 IIIa SPE-VOE-Hu.

2432 Art. 9 I, II SPE-VOE-KOM/Art. 10 I, II SPE-VOE-Hu.

2433 Art. 19 IV SPE-VOE-KOM.

2434 Art. 7 II SPE-VOE-KOM.

2435 Erläuterung SPE-VOE-KOM, S. 7. Vgl. Erwägungsgrund 4 SPE-VOE-KOM.

Praktisch hätten sich so sämtliche in der Rechtsform der SPE organisierten Gesellschaften in einem einzigen Mitgliedstaat registrieren und damit auch (weitgehend) einheitlich verwalten lassen.
Auf diese Weise hätten sich beträchtliche Synergieeffekte ergeben, z.B. im Bereich der organisatorischen und operativen Kosten. Im Einzelfall wäre es beispielsweise auch möglich gewesen, alle unternehmerischen Aktivitäten in den verschiedenen Staaten unter eine einheitliche behördliche Aufsicht zu stellen, beispielsweise im Finanzsektor.
Daneben wären auch getrennte Sitzverlegungen möglich gewesen, und zwar gleichermaßen von Register- wie von Verwaltungssitz.

Diese Planungen stießen allerdings auf beträchtlichen mitgliedstaatlichen Widerstand. Hintergrund hierfür ist die Vorgabe von Art. 4 I SPE-VOE-KOM. Demnach gelten, wenn ein Punkt weder durch die Artikel noch durch den Anhang der Verordnung gedeckt ist, die Rechtsvorschriften des Staates, in dem die SPE ihren (registrierten) Sitz hat.

Aus dieser Anknüpfung an den Registersitz, unabhängig vom Ort der tatsächlichen unternehmerischen Tätigkeit, ergeben sich qualitativ neue Wege zur Umgehung der einschlägigen mitgliedstaatlichen Regelungen.[2436] Betroffen wäre vor allem auch die Arbeitnehmermitbestimmung, da die SPE hier den Regeln des Mitgliedstaats unterliegt, in dem sie ihren eingetragenen Sitz hat.[2437] Die Lösung dieser Problems war und ist kontrovers diskutiert.

III. Vorschlag der ungarischen Ratspräsidentschaft vom 23.05.2011[2438]

Dargestellt wird hier der Verhandlungsstand bzgl. der umstrittensten Problembereiche nach dem derzeit letzten Kompromisstext, der gleichzeitig die Diskussionsgrundlage für mögliche weitere Schritte ist.[2439]

1. Mindestkapital

Beim Mindestkapital wird an der grundsätzlichen Summe von 1,– Euro festgehalten. Da diese Vorgabe jedoch unter den Mitgliedstaaten hoch umstritten war, dürfen sie

2436 Vgl. zur Kritik z.B. *Ehricke* in Neue Wege 2001, S. 28; *Krause* in *Hirte/Teichmann* SPE 2013, S. 382.
2437 Art. 34 I SPE-VOE-KOM; vgl. auch Erläuterung SPE-VOE-KOM, S. 10; Erwägungsgrund 6 SPE-VOE-KOM. Vgl. Art. 4 I, 35 I SPE-VOE-Hu.
2438 Allgemein zur SPE nach diesem Kompromissvorschlag *Lutter/Bayer/J. Schmidt*, EuropUR 2012, § 43, zur Arbeitnehmerbeteiligung speziell ebd. Rn. 172 ff.; *Katuoka/Česnulevičiūtė*, MRU 2012, S. 159 ff.
2439 Vgl. *Proposal for a Council Regulation on a European private company – Preparation for political agreement* vom 20.06.2011, Dok.-Nr. 11786/11. Nach der dortigen Fn. 1 ist dessen Text identisch mit dem Kompromissvorschlag in Dok.-Nr. 10611/11 (hier SPE-VOE-Hu).

nun als Kompromiss für in ihrem Hoheitsgebiet eingetragene SPE einen höheren Betrag von insgesamt bis zu 8.000,– Euro vorschreiben (sog. Optionsmodell). Zudem wurde die Mindestkapitalanforderung in die allgemeine Überprüfungsklausel aufgenommen.[2440] Vorgesehen wurde zudem eine eigene erste Kontrollfrist: Zwei Jahre nach Inkrafttreten der SPE-Verordnung soll die Kommission die Auswirkungen dieser den Mitgliedstaaten erteilten Erlaubnis für unterschiedliche Kapitalanforderungen untersuchen.[2441]

2. Sitz

Hinsichtlich der Sitzfrage waren in den Verhandlungen Positionen von einem kompletten Sitzgleichlauf bis zu einer vollkommen freien Sitzaufspaltung vertreten worden. Der letzte Kompromissvorschlag des Rates sieht hier vermittelnd vor, dass eine SPE ihren Sitz und ihre Hauptverwaltung bzw. Hauptniederlassung *„im Einklang mit dem geltenden einzelstaatlichen Recht"* in der Europäischen Union haben muss.[2442]

Je nach dessen Vorgaben bliebe es also bei der grundsätzlichen Möglichkeit zur Sitztrennung und damit ggf. zur Umgehung.

Im diesbezüglichen Erwägungsgrund wird ausgeführt, dass die Mitgliedstaaten erforderlichenfalls unter Beachtung des Gemeinschaftsrechts sicherstellen sollten, dass eine SPE nicht dazu missbraucht wird, um die Auflagen zu umgehen, die für die SPE in dem Mitgliedstaat gelten, in dem sie niedergelassen sind.[2443]

3. Mitbestimmung

a) Definition

Die Arbeitnehmermitbestimmung wird für die SPE einheitlich definiert. Demnach bezeichnet sie *„die Einflussnahme eines Gremiums der Arbeitnehmervertretung und/ oder der Arbeitnehmervertreter auf die Angelegenheiten einer SPE durch i) das Recht, einige Mitglieder des Aufsichtsorgans oder des Verwaltungsorgans der Gesellschaft zu wählen oder zu bestellen oder ii) das Recht, eine solche Bestellung zu empfehlen und/ oder abzulehnen"*.[2444]

2440 Seiten 3, 4; Art. 19, 48 SPE-VOE-Hu.

2441 Art. 19 III a) SPE-VOE-Hu.

2442 Art. 7, einziger Absatz SPE-VOE-Hu.

2443 Seiten 3, 4; Erwägungsgrund 6 a SPE-VOE-Hu.

2444 Art. 2 I (f) SPE-VOE-Hu.

Spätestens aus der Zusammenschau mit der Auffangregel[2445] und mit Erwägungsgrund 16b[2446] dürfte folgen, dass es auch hier allein auf quantitative Aspekte ankommt.

b) Grundsatz Sitzstaatsprinzip

Grundsätzlicher Anknüpfungspunkt der Mitbestimmung bleibt das Sitzstaatsprinzip. Maßgeblich ist damit zunächst das entsprechende Recht des Satzungssitzstaats.[2447] Sieht dieses eine Mitbestimmung vor, muss die SPE, je nach den Vorschriften dieses Rechts, über ein Verwaltungs- oder ein Aufsichtsorgan verfügen.[2448]

c) Verhandlungslösung – „grenzüberschreitendes System der Arbeitnehmermitbestimmung“

Nur für Großunternehmen und bei Sitzverlegungen muss zum Ausgleich etwa bestehender Unterschiede nach einem eigenen, aber einheitlichen Verfahren verhandelt werden. Es entsteht dann ein „grenzüberschreitendes System der Arbeitnehmermitbestimmung“, das das gesamte Unternehmen erfasst. Auch in diesem Fall muss die SPE verbindlich über ein Verwaltungs- oder Aufsichtsorgan verfügen, in dem die Mitbestimmungsrechte ausgeübt werden können.[2449]

Zu derartigen Verhandlungen kommt es, wenn

- die SPE während eines ununterbrochenen Zeitraums von drei Monaten nach ihrer Eintragung mindestens 500 Arbeitnehmer beschäftigt, die regelmäßig in einem Mitgliedstaat arbeiten, der ein höheres Niveau der Arbeitnehmermitbestimmung vorsieht, als der Sitzmitgliedstaat,[2450]

oder, bei einer Sitzverlegung

- wenn mindestens ein Drittel der Arbeitnehmer, wenigstens aber 500 Arbeitnehmer, zum Zeitpunkt der Registrierung im Aufnahmemitgliedstaat regelmäßig im Herkunftsmitgliedstaat der SPE arbeiten

und

2445 Art. 35d II SPE-VOE-Hu. Demnach haben die Arbeitnehmer das Recht, *„eine Zahl von Mitgliedern“* zu wählen etc.

2446 Demzufolge sollten die Mitbestimmungsrechte gemindert werden, wenn *„der Anteil der von den Arbeitnehmern gewählten, bestellten, empfohlenen oder abgelehnten Mitglieder des Aufsichtsorgans oder des Verwaltungsorgans niedriger ist als der höchste Anteil in den jeweiligen betroffenen Mitgliedstaaten“*. Es kommt also zu einem quantitativen Vergleich.

2447 Art. 35 I SPE-VOE-Hu.

2448 Art. 27 IIIa SPE-VOE-Hu.

2449 Art. 27 IIIa, UAbs. 2 SPE-VOE-Hu.

2450 Art. 35 Ia (a) SPE-VOE-Hu.

– für die Arbeitnehmer im Herkunftsmitgliedstaat ein höheres Niveau der Arbeitnehmermitbestimmung galt, als im Aufnahmemitgliedstaat der SPE.[2451]

Wenn zum Zeitpunkt der Sitzverlegung bereits ein grenzüberschreitendes Beteiligungssystem existiert, das in Übereinstimmung mit diesen Vorgaben eingerichtet worden ist, soll es auch nach der Sitzverlegung fortbestehen, wenn zwischen SPE und Besonderem Verhandlungsgremium nichts anderes vereinbart wird.[2452]

Nach dem Wortlaut muss es sich also 1.) um eine bereits ausgehandelte Beteiligung handeln, und 2.) muss stets ein Besonderes Verhandlungsgremium gebildet werden. Das gilt sogar dann, wenn bereits im Vorfeld feststeht, dass es bei den schon etablierten Regeln bleiben soll.

Mindestens alle drei Jahre prüft das Geschäftsführungsorgan der SPE, ob diese Voraussetzungen noch gegeben sind.[2453]

Den Arbeitnehmern steht nach diesem Kompromisstext kein Überprüfungsrecht zu.

Falls eine SPE an einer grenzüberschreitenden Verschmelzung beteiligt ist, gelten die Umsetzungsvorschriften zur Verschmelzungsrichtlinie.[2454]

Die Überwachung und die Etablierung eines Missbrauchsschutzes in Bezug auf die Mitbestimmungsrechte obliegt den Mitgliedstaaten.[2455]

d) Verfahren

Wenn die oben beschriebenen Voraussetzungen erfüllt sind, und zwar unabhängig davon ob bereits bei Gründung oder im Zusammenhang einer späteren Überprüfung, leitet das Geschäftsführungsorgan die erforderlichen Schritte ein, um mit den Arbeitnehmern Verhandlungen über eine Vereinbarung zur Mitbestimmung in der SPE aufzunehmen. Dazu wird innerhalb von drei Monaten ein Besonderes Verhandlungsgremium eingesetzt.[2456] Für dessen Konstituierung trifft der Unionsgesetzgeber nur eine Rahmenregelung, die Grundsätze entsprechen dabei dem bereits bekannten Muster von EBR- und SE-RL.[2457] Unter anderem ist gewährleistet, dass die Be-

---

2451 Art. 35 Ia (b) SPE-VOE-Hu; für die Definitionen von „Herkunftsmitgliedstaat" und „Aufnahmemitgliedstaat" vgl. Art. 2 I (g) und (h) SPE-VOE-Hu.

2452 Art. 35 Ia, UAbs. 2 SPE-VOE-Hu.

2453 Art. 35 Ib SPE-VOE-Hu.

2454 Art. 35 III SPE-VOE-Hu; zur Gründung einer SPE durch Verschmelzung Art. 5c) SPE-VOE-Hu. Näher dazu *Bormann/Böttcher*, NZG 2011, S. 414 f. Zur Verschmelzungsrichtlinie oben Teil 5 C.

2455 Vgl. Art. 35 IV SPE-VOE-Hu.

2456 Art. 35a I, II 1 SPE-VOE-Hu.

2457 Vgl. Art. 35a II SPE-VOE-Hu.

legschaft jedes betroffenen Mitgliedstaats durch mindestens eine Stimme vertreten ist.

Neu ist jedoch eine „Ausstiegsklausel“ für nationale Belegschaften. Arbeitnehmer aus einem oder mehreren Mitgliedstaaten können von ihrer Beteiligung bei der Begründung des Besonderen Verhandlungsgremiums Abstand nehmen. In diesem Fall nehmen sie auch nicht (mehr) an der Ausübung von Mitbestimmungsrechten in der SPE teil. Ihre Anzahl wird bei der Zusammensetzung des Besonderen Verhandlungsgremiums nicht berücksichtigt und bleibt auch bei der dortigen Beschlussfassung außen vor. Konzeptionell zielt das auf diejenigen Mitgliedstaaten, deren Arbeitnehmer traditionell einen eher konfrontativen, grundsätzlich mitbestimmungsaversen Kurs vertreten. Falls es einer nationalen Belegschaft nicht binnen der Mindestfrist gelingt, ihre Vertreter für das Besondere Verhandlungsgremium zu bestimmen, soll dies automatisch als Rechtsverzicht gelten. Die gesamte Frist für die Etablierung des Besonderen Verhandlungsgremiums verlängert sich dann um einen Monat, um die unbesetzt gebliebene(n) Position(en) im Besonderen Verhandlungsgremium auf die übrigen Mitglieder verteilen zu können. Ihr etwaiger Ausstieg ist aber nicht notwendig ein endgültiger. Die Arbeitnehmer, die nach diesen Vorgaben auf ihr Recht zur Mitbestimmung verzichtet haben, können einem grenzüberschreitenden System beitreten, wenn durch die Arbeitnehmer neue Vertreter im Verwaltungs- bzw. Aufsichtsorgan besetzt werden.[2458]

Wesentliche Ausgestaltungen des Verfahrens, unter anderem bezüglich der Wahl oder Bestellung, aber auch bezüglich des „Ausstiegs“ der nationalen Belegschaften aus dem Besonderen Verhandlungsgremium, obliegen den Mitgliedstaaten.[2459] Diese entscheiden auch darüber, ob externe Gewerkschaftsvertreter im Gremium zugelassen sein sollen.[2460]

Werden innerhalb der Drei-Monats-Frist gar keine Mitglieder des Besonderen Verhandlungsgremiums gewählt oder bestellt, gelten für die SPE, soweit vorhanden, die Mitbestimmungsregeln des Sitzstaats.[2461]

Die Verhandlungen können bis zu sechs Monaten dauern, sind aber einvernehmlich verlängerbar. Sachverständige können, auch unmittelbar bei den Verhandlungen, als Berater hinzugezogen werden. Die Kosten für die Verhandlungen werden von der SPE getragen. Diese kann allerdings, von sich aus, die Übernahme der Kosten auf die Kosten eines einzigen Sachverständigen übertragen.[2462]

Grundsätzliches Ziel ist stets eine Vereinbarung über die Arbeitnehmermitbestimmung in der SPE. Leitlinie ist dabei der Wille zur Verständigung.[2463] Materiell gibt die Verordnung im Hinblick auf die Vereinbarung lediglich einen absoluten Mindestgehalt vor.

2458 Art. 35a II (g) SPE-VOE-Hu.
2459 Vgl. Art. 35a, insbes. Abs. II (c), (d), (ea) SPE-VOE-Hu.
2460 Art. 35a II (d) SPE-VOE-Hu.
2461 Art. 35a II (e), (f) SPE-VOE-Hu.
2462 Art. 35b IV–V SPE-VOE-Hu.
2463 Art. 35c I SPE-VOE-Hu.

Geregelt werden muss mindestens u.a. der Geltungsbereich der Vereinbarung, Wahl, Zusammensetzung und Befugnisse der Arbeitnehmervertretung, Inkrafttreten und Laufzeit der Vereinbarung, Fälle der Neuaushandlung und das dann anzuwendende Verfahren sowie die Folgen des Nichtzustandekommens einer neuen Vereinbarung. Zudem, wie solche Arbeitnehmer einbezogen werden können, die zuvor auf ihr Bestellungsrecht verzichtet haben. Nicht eindeutig aufgeführt ist die Sachausstattung.[2464]

Die Parteien können aber auch direkt die Anwendung der Auffangregel vereinbaren.[2465]

Das Besondere Verhandlungsgremium hat daneben das Recht, mit einer qualifizierten Mehrheit von zwei Dritteln der Mitglieder, die gleichzeitig mindestens zwei Drittel der Arbeitnehmer in mindestens zwei Mitgliedstaaten vertreten müssen, zu beschließen, die Mitbestimmungsrechte der Arbeitnehmer in der SPE gegenüber den in den betreffenden Mitgliedstaaten bestehenden Vorschriften zu mindern oder keine Verhandlungen aufzunehmen bzw. bereits aufgenommene Verhandlungen abzubrechen und ggf. die einschlägigen Vorschriften des Sitzmitgliedstaats zur Anwendung kommen zu lassen.[2466]

Nach Erwägungsgrund 16b „*sollten*" die Mitbestimmungsrechte gemindert werden, wenn der Anteil der von den Arbeitnehmern gewählten, bestellten, empfohlenen oder abgelehnten Mitglieder des Aufsichtsorgans oder des Verwaltungsorgans niedriger ist als der höchste Anteil in den jeweils betroffenen Mitgliedstaaten; jedoch ist hier keine Sanktion vorgesehen.[2467]

e) Auffangregel

Die Auffanglösung basiert konzeptionell auf derjenigen aus der Verschmelzungsrichtlinie.

Nach den Vorgaben haben die Arbeitnehmer der SPE insgesamt das Recht, eine Zahl von Mitgliedern des Verwaltung- oder des Aufsichtsorgans der SPE zu wählen oder zu bestellen bzw. deren Bestellung zu empfehlen oder abzulehnen, die dem Anteil in dem betroffenen Mitgliedstaat mit dem höchsten Niveau der Mitbestimmung entspricht.[2468] Stehen hier mehrere verschiedene Mitbestimmungsformen im Raum entscheidet das Besondere Verhandlungsgremium darüber, welche davon

2464 Art. 35c II, Aufzählung in (a) bis (c) SPE-VOE-Hu. Sofern nicht anders vereinbart gilt die Auffangregel des Artikels 35d nicht für die Vereinbarung; Art. 35c I, II, insbes. UAbs.2 SPE-VOE-Hu.

2465 Art. 35d I (a) SPE-VOE-Hu.

2466 Art. 35b III SPE-VOE-Hu.

2467 Erwägungsgrund 16b SPE-VOE-Hu.

2468 Art. 35 d II SPE-VOE-Hu.

zum Zuge kommen soll und wie die entsprechenden Sitze verteilt und besetzt werden.[2469]

Die Mitgliedstaaten können aber in den Fällen, in denen die Auffangregelung Anwendung findet, ungeachtet dieser Vorgaben den Anteil der Arbeitnehmervertreter im Verwaltungs- bzw. Aufsichtsorgan auf ein Drittel beschränken. Dies gilt sowohl für den Aufsichtsrat als auch für den Verwaltungsrat.[2470]

Letzteres ist damit eine Weiterentwicklung der Verschmelzungsrichtlinie.

Neben dem Fall der direkten Vereinbarung[2471] kommt die Auffangregelung zum Zug, wenn bis zum Ablauf der Verhandlungsfrist keine Vereinbarung zustande gekommen ist und das Besondere Verhandlungsgremium gleichzeitig keinen Abbruchbeschluss gefasst hat.[2472]

Daneben hat *„die SPE“* das Recht, wenn die Voraussetzungen nach Art. 35 Abs. 1a erfüllt sind, zu beschließen, die Auffangregelung ohne vorherige Verhandlung unmittelbar anzuwenden.[2473]

Wie in der Verschmelzungsrichtlinie besteht also auch hier die Möglichkeit, das Verfahren abzukürzen und so Zeit und Kosten zu sparen.

Die entsprechend benannten Arbeitnehmervertreter sind dann Mitglieder des jeweiligen Organs mit denselben Rechten, einschließlich des Stimmrechts, und Pflichten wie die nicht-geschäftsführenden Mitglieder, die die Gesellschafter vertreten.[2474] Nach der Auffangregelung muss allerdings jedes Mal ein Besonderes Verhandlungsgremium eingesetzt werden, wenn die Arbeitnehmervertreter neue Mitglieder des Verwaltungs- oder Aufsichtsorgans bestellen sollen.[2475]

4. Sonstige Beteiligungsrechte

Die Vereinbarung beschränkt sich auf die unternehmerische Mitbestimmung und lässt die betriebliche Beteiligung außen vor. Bei den Unterrichtungs- und Anhö-

2469 Art. 35d IIIa, IV SPE-VOE-Hu.
2470 Vgl. Art. 35d III SPE-VOE-Hu.
2471 Art. 35d I (a) SPE-VOE-Hu.
2472 Art. 35d I (b); zur Verhandlungsfrist vgl. Art. 35b IV, SPE-VOE-Hu.
2473 Art. 35d I (c) SPE-VOE-Hu.
2474 Art. 35d V SPE-VOE-Hu.
2475 Vgl. Art. 35d VI SPE-VOE-Hu.

rungsbefugnissen tragen die Mitgliedstaaten dafür Sorge, dass die entsprechenden *„geltenden"* Rechte auch dann gewahrt werden, wenn länderübergreifend Arbeitnehmer beschäftigt werden bzw. wenn sie nicht im Sitzstaat beschäftigt sind.[2476]

Die englische Fassung verwendet *„existing rights"*, was sich auch mit „bestehende Rechte", also den schon im Unternehmen etablierten Rechten, übersetzen lässt.[2477]

5. Allgemeine Überprüfungsklausel

Schwellenwerte und Mindestkapitalerfordernis wurden ausdrücklich in die ansonsten eher pauschal gehaltene allgemeine Überprüfungsklausel einbezogen. Sie sollen damit fünf Jahre nach Inkrafttreten der Verordnung von der Kommission überprüft werden.[2478]

6. Weiterer Ablauf

Auch dieser Kompromisstext fand nicht die für die Annahme des Vorschlags erforderliche Einstimmigkeit.[2479] Schweden, Österreich und Deutschland erhoben ihr Veto. Namentlich die Vorgaben zum Sitz und zum Mindestkapital wurden von den deutschen wie auch von den österreichischen Vertretern abgelehnt.[2480]

Angesichts des uneingeschränkt bestehenden Bedarfs für eine supranationale Rechtsform für die KMU bleiben die weiteren Entwicklungen abzuwarten.

Mit Datum vom 09.04.2014 hat die Europäische Kommission einen Vorschlag für eine Richtlinie betreffend Gesellschaften mit beschränkter Haftung mit einem einzigen Gesellschafter vorgestellt.[2481] Die Richtlinie, ausdrücklich als *„Alternative zu SPE"* bezeichnet,[2482] zielt darauf ab, für

2476 Vgl. ergänzten Art. 35e SPE-VOE-Hu.

2477 Zu den einbezogenen Richtlinien (und den entsprechenden Definitionen) vgl. Erwägungsgrund 17.

2478 Art. 48 SPE-VOE-Hu.

2479 Pressemitteilung zur 3094. Tagung des Rates Wettbewerbsfähigkeit vom 30./31.05. 2011, Dok-Nr. 10547/11 (Presse 146), dort S. 9.

2480 Für Deutschland vgl. auch VDI-Nachrichten vom 30.1.2012, Text unter http://www.vdi-nachrichten.com/artikel/Berlin-blockiert-die-Europa-GmbH/61628/3, für Österreich vgl. Wirt schaftsblatt.at vom 30.05.2011.

2481 Vorschlag für eine Richtlinie des Europäischen Parlaments und des Rates über Gesellschaften mit beschränkter Haftung mit einem einzigen Gesellschafter vom 09.04.2014; COM(2014) 212 final, 2014/0120 (COD), im Folgenden *SUP-RLE*, unter http://ec.europa.eu/prelex/detail_dossier_real.cfm?CL=de&DosId=1041889 dazu *Memo/14/274 Proposal for a Directive on single-member private limi-*

Unternehmen die Gründung von Tochtergesellschaften in anderen Mitgliedstaaten zu erleichtern, beschränkt sich aber auf Einpersonengesellschaften. Begründet wird dies insbesondere mit dem Umstand, dass Tochtergesellschaften zumeist mit der Muttergesellschaft nur über eine einzige Gesellschafterin verfügten.

Mit dem Vorschlag „*werden die Mitgliedstaaten aufgefordert, in Ihren Rechtsordnungen eine nationale Gesellschaftsrechtsform vorzusehen, für die in allen Mitgliedstaaten dieselben Vorschriften und die einheitliche Abkürzung* SUP – Societas Unius Personae *gelten würden*".[2483] Die SUP würde damit auf den in den Mitgliedstaaten (weitgehend) harmonisierten Vorschriften beruhen, wäre jedoch keine neue, eigene supranationale Rechtsform des „29. Regimes", sondern würde neben die jeweiligen nationalen Formen treten. Damit wäre die SUP aber kein vollwertiger Ersatz für die SPE.

Der Vorschlag beschränkt sich auf die Harmonisierung derjenigen nationalen Rechtsvorschriften, die eine Gesellschaftsgründung erschweren, insbesondere im Hinblick auf den Eintragungsvorgang und das Mindestkapital. Hierzu wählt er die Möglichkeit einer Online-Eintragung, einer einheitlichen Vorlage für die Satzung, und einem Mindestkapitalerfordernis von nur 1,– Euro nebst Bilanztest und Solvenzbescheinigung.[2484]

Der Vorschlag belässt die übrigen Entscheidungen aber dem jeweils nationalen Recht, was insbesondere auch für alle Aspekte der Arbeitnehmerbeteiligung, also gleichermaßen Unterrichtung, Anhörung und unternehmerische Mitbestimmung,[2485] und die Möglichkeit einer Sitzverlegung[2486] gelten soll. Da aber insbesondere die Möglichkeit zur Sitztrennung beibehalten werden soll,[2487] dürften die aus der Diskussion um die SPE bekannten Beteiligungsprobleme bleiben.

Der entscheidende Unterschied besteht allerdings bei der gewählten Rechtsgrundlage. Der gegenwärtige Vorschlag zur SUP stützt sich, anders als bei der SPE, nicht auf Art. 352 AEUV, sondern auf Art. 50 II f) AEUV,[2488] und damit auf das ordentliche Gesetzgebungsverfahren gem. Art. 294 AEUV. In diesem entscheidet der Rat aber nicht einstimmig, wie bei Art. 352 AEUV, sondern mit qualifizierter Mehrheit.[2489] Mit der geänderten Rechtsgrundlage ist auch die Blockade des Vorhabens durch einen einzelnen Mitgliedstaat nicht mehr möglich. Sonstige Einigung unterstellt, könnte auf diese Weise ein wirksames Instrument zur grenzüberschreitenden Organisation von Kapitalgesellschaften Wirklichkeit werden.

---

ted liability companies – frequently asked questions vom gleichen Tag unter http://ec.europa.eu/rapid/press-release_MEMO-14-274_en.htm?locale=EN (englisch).

2482 SUP-RLE (oben Fn. 2481), S. 3.

2483 SUP-RLE (oben Fn. 2481), S. 3.

2484 SUP-RLE (oben Fn. 2481), S. 5; Art. 11 f. (Satzung), 13 f. (Eintragung), 16 ff. (Stammkapital).

2485 Memo 14/274 (oben Fn. 2481), Pkt. 15.

2486 Memo 14/274 (oben Fn. 2481), Pkt. 5.

2487 SUP-RLE (oben Fn. 2481), S. 3, vgl. auch Art. 10 SUP-RLE.

2488 SUP-RLE (oben Fn. 2481), S. 5 f., 11.

2489 Vgl. Art. 238 IIIa) AEUV. Demnach gilt als eine qualifizierte Mehrheit eine Mehrheit von mindestens 55% der Mitgliedstaaten und gleichzeitig mindestens 65% der Gesamtbevölkerung. Zwischen 2014 und 2017 soll dabei nach dem Vertrag von Lissabon ein neues System der Stimmengewichtung eingeführt werden; vgl. Darstellung *Qualifizierte Mehrheit*, beim Europäischen Parlament unter http://www.europarl.europa.eu/brussels/website/media/Lexikon/Pdf/Qualifizierte_Mehrheit.pdf.

Stichwortverzeichnis

[Anmerkung: *Gesellschaftsrechtsformen* sind kursiv gesetzt.]

B

T

U

V

W

Y

Z